Histoire Géographie

T^erm S

NOUVEAU PROGRAMME 2014

CONFORME AUX NOUVELLES ÉPREUVES DU BAC

Sous la direction de **Guillaume Le Quintrec** et **Éric Janin**

Viviane Bories
Certifiée d'Histoire-Géographie
Professeur au lycée international de Valbonne à Sophia-Antipolis

Jean-Marie Darier
Agrégé d'Histoire
Professeur en classes préparatoires au lycée Saint-Exupéry à Mantes-la-Jolie

Juliette Hanrot
Agrégée d'Histoire
Professeur au lycée Eugène Ionesco à Issy-les-Moulineaux

Daniel Henri
Agrégé d'Histoire, ancien élève de l'École normale supérieure
Professeur en classes préparatoires au lycée Henri IV à Paris

Éric Janin
Agrégé de Géographie
Professeur en classes préparatoires au lycée Lakanal à Sceaux

Heinrich Jannot
Agrégé de Géographie
Professeur au lycée Étienne Bézout à Nemours

Caroline Lechat
Agrégée de Géographie
Professeur en classes préparatoires au lycée Jean Jaurès à Montreuil

Florian Louis
Agrégé d'Histoire
Professeur au lycée Jean-Jacques Rousseau à Sarcelles

Nicolas Le Brazidec
Agrégé de Géographie
Professeur en classes préparatoires au lycée Auguste Mariette à Boulogne-sur-Mer

Guillaume Le Quintrec
Agrégé d'Histoire, ancien élève de l'École normale supérieure
Professeur en classes préparatoires au lycée Fénelon à Paris

Anne-Claire Michel
Agrégée d'Histoire, ancienne élève de l'École normale supérieure
Professeur au lycée René Descartes à Champs-sur-Marne

Coordination pédagogique en histoire : **Jean-Marie Darier**

Programme d'Histoire-Géographie Terminale S
Bulletin officiel spécial n°8 du 21 février 2013

Histoire
Regards historiques sur le monde actuel

› Pour traiter le programme

Les trois thèmes sont déclinés en **six questions** dont la mise en œuvre se fait à partir d'**études**. Loin de constituer une juxtaposition d'objets singuliers, ces études, choisies en fonction de leur pertinence pour faire comprendre une période et/ou un phénomène historique, doivent être sous-tendues par une **problématique** et impliquent une **mise en perspective** par rapport à la question traitée. Le professeur exerce pleinement sa liberté et sa responsabilité pédagogiques. Il a la possibilité de **construire son propre itinéraire** en traitant les thèmes dans un ordre différent de celui de leur présentation, **à l'exclusion du thème 1** qui doit ouvrir obligatoirement la mise en œuvre du programme. À l'intérieur de chaque thème, les questions peuvent être traitées dans un ordre différent.

› Thème 1 introductif – Le rapport des sociétés à leur passé *(4-5 heures)*

Question	Mise en œuvre
Les mémoires : lecture historique	Une étude au choix parmi les deux suivantes : – L'historien et les mémoires de la Seconde Guerre mondiale en France ; – L'historien et les mémoires de la guerre d'Algérie.

› Thème 2 – Grandes puissances et conflits dans le monde depuis 1945 *(14-15 heures)*

Questions	Mise en œuvre
Les chemins de la puissance	– Les États-Unis et le monde depuis 1945. – La Chine et le monde depuis 1949.
Un foyer de conflits	Le Proche et le Moyen-Orient, un foyer de conflits depuis la fin de la Seconde Guerre mondiale.

› Thème 3 – Les échelles de gouvernement dans le monde *(11-12 heures)*

Questions	Mise en œuvre
L'échelle de l'État-nation	Gouverner la France depuis 1946 : État, gouvernement, administration et opinion publique.
L'échelle continentale	Une gouvernance européenne depuis le traité de Maastricht.
L'échelle mondiale	Une gouvernance économique mondiale depuis le sommet du G6 de 1975.

› En histoire, comme en géographie, le programme est conçu pour être traité dans un horaire annuel de 29 à 32 heures.

Retrouvez l'intégralité du programme sur le site : **www.nathan.fr/HG-TS-lequintrec-janin-2014**

© Éditions Nathan 2014 · ISBN = 978-2-09-172805-6

Géographie

Mondialisation et dynamiques géographiques des territoires

› Pour traiter le programme

Le programme comporte **cinq questions** organisées en **trois thèmes**.

Le **premier thème** vise à présenter et à discuter quelques grandes notions et grilles permettant une lecture des territoires mondiaux. Ces grilles de lecture du thème 1 seront ensuite reprises tout au long du programme. Ce thème est donc **obligatoirement étudié en début d'année**.

Le **thème 2** aborde les dynamiques de la mondialisation. Le **thème 3** porte sur trois grandes aires continentales, appréhendées chacune selon une problématique spécifique. Pour chaque aire continentale, le programme prévoit deux entrées.

Le professeur détermine l'ordre dans lequel les thèmes 2 et 3 sont traités en fonction de son projet pédagogique. De même, au sein de ces thèmes 2 et 3, les différentes questions peuvent être abordées dans un **ordre librement choisi**. Comme en classes de seconde et de première, le programme accorde une **place substantielle aux études de cas** ; celles-ci ont une portée générale par les problématiques qu'elles soulèvent, les méthodes qu'elles mettent en œuvre, les enjeux et les choix qu'elles illustrent.

On accordera une place essentielle à la **construction de représentations cartographiques** par les élèves (croquis et schémas) afin de rendre compte des multiples dimensions territoriales du programme.

› Thème 1 introductif – Clés de lecture d'un monde complexe *(4-5 heures)*

Question	Mise en œuvre
Des cartes pour comprendre le monde	L'étude consiste à approcher la complexité du monde par l'interrogation et la confrontation de grilles de lectures géopolitiques, géoéconomiques, géoculturelles et géoenvironnementales. Cette étude, menée principalement à partir de cartes, est l'occasion d'une réflexion critique sur les modes de représentations cartographiques.

› Thème 2 – Les dynamiques de la mondialisation *(8-9 heures)*

Question	Mise en œuvre
La mondialisation, fonctionnement et territoires	– Un produit mondialisé (étude de cas). – Acteurs, flux, débats. – Des territoires inégalement intégrés à la mondialisation. – Les espaces maritimes : approche géostratégique.

› Thème 3 – Dynamiques géographiques de grandes aires continentales *(17-18 heures)*

Questions	Mise en œuvre
L'Amérique : puissance du Nord, affirmation du Sud	– Le continent américain : entre tensions et intégrations régionales. – États-Unis-Brésil : rôle mondial, dynamiques territoriales.
L'Afrique : les défis du développement	– Le Sahara : ressources, conflits (étude de cas). – Le continent africain face au développement et à la mondialisation.
L'Asie du Sud et de l'Est : les enjeux de la croissance	– L'Asie du Sud et de l'Est : les défis de la population et de la croissance. – Japon-Chine : concurrences régionales, ambitions mondiales.

SOMMAIRE

HISTOIRE › Regards historiques sur le monde actuel 16

Partie 1 — Le rapport des sociétés à leur passé

CHAPITRE 1
L'historien et les mémoires de la Seconde Guerre mondiale en France 18

Retour sur... La France dans la Seconde Guerre mondiale 20
1. Une mémoire désunie (1945-1958) 22
2. Le réveil des mémoires (1958-1980) 24
3. Une mémoire apaisée (depuis 1981) ? 26
Étude La mémoire de la Résistance 28
Étude La mémoire de la Shoah en France 30
Étude L'histoire des femmes et la mémoire de la guerre 32
Étude L'histoire de la Seconde Guerre mondiale dans les manuels scolaires 33
Révision 34

BAC
- Analyse de document 36
- Composition 38
- Bac blanc 39

CHAPITRE 2
L'historien et les mémoires de la guerre d'Algérie 40

Retour sur... La guerre d'Algérie 42
1. Les mémoires de la guerre en Algérie 44
2. Les mémoires de la guerre en France 46
Étude Les pieds-noirs et la mémoire de la guerre d'Algérie 48
Étude Des vies marquées par la guerre : la mémoire des combattants 50
Étude Les commémorations du cinquantenaire de l'indépendance en Algérie 52
Étude Le travail de mémoire de l'État français 53
Révision 54

BAC
- Analyse de document 56
- Composition 58
- Bac blanc 59

Partie 2 — Grandes puissances et conflits dans le monde depuis 1945

CHAPITRE 3
Les États-Unis et le monde depuis 1945 60

Retour sur... Les États-Unis 62
Étude Le rêve américain 64
Cartes Les États-Unis dans la guerre froide (années 1960) 66
1. Les États-Unis entrent en guerre froide (1945-1962) 68
Étude Les États-Unis et l'Europe au début de la guerre froide (1947-1950) 70
2. Les États-Unis sortent vainqueurs de la guerre froide (1962-1989) 72
3. De l'hyperpuissance au déclin relatif (1990-2013) 74
Étude Les États-Unis et l'Asie-Pacifique : un tournant diplomatique ? 76
Étude La lutte contre le terrorisme 77
Étude Les États-Unis et le continent américain 78
Carte Les États-Unis, puissance mondiale au début du XXIe siècle 80
Révision 82

BAC
- Analyse de document 84
- Bac blanc 85
- Composition 86
- Bac blanc 87

CHAPITRE 4
La Chine et le monde depuis 1949 88

Retour sur... La Chine 90
1. Les débuts de la Chine communiste (1949-1976) 92
Étude La rivalité entre la Chine et l'URSS 94
Étude La Chine de Mao et le Tiers-Monde 95
Étude La Chine et les États-Unis pendant la guerre froide 96
2. Modernisation et ouverture sur le monde (1976-2013) 98
Étude La Chine, une puissance spatiale de premier plan 100

Étude La Chine populaire et l'Afrique	101
Étude L'Occident et la Chine face à la question des droits de l'homme	102
Étude La Chine en Asie, l'ascension d'une puissance régionale	104
Carte La Chine du XXIe siècle, une grande puissance	106
Révision	108

BAC
- Analyse de document — 110
- Bac blanc — 111
- Composition — 112
- Bac blanc — 113

CHAPITRE 5
Le Proche et Moyen-Orient, foyer de conflits depuis 1945 — 114

Retour sur... Le Moyen-Orient avant 1945	116
Cartes Géopolitique du Moyen-Orient	118
1. Le Moyen-Orient, une région instable	120
2. Le Moyen-Orient dans la guerre froide (1949-1979)	122
3. Le Moyen-Orient dans les relations internationales depuis 1979	124
Étude Le pétrole au Moyen-Orient, richesse ou malédiction ?	126
Étude Islam et politique au Moyen-Orient	128
Étude Deux foyers majeurs de conflits : le Liban et la Syrie	130
4. Le processus de paix israélo-palestinien (1979-2011)	132
Étude Aux origines du conflit israélo-arabe	134
Étude Une ville au cœur du conflit proche-oriental : Jérusalem	135
Étude L'évolution du problème palestinien depuis 1948	136
Révision	138

BAC
- Analyse de documents — 140
- Bac blanc — 141
- Composition — 142
- Bac blanc — 143

Partie 3
Les échelles de gouvernement dans le monde

CHAPITRE 6
Gouverner la France depuis 1946 — 144

Retour sur... L'État en France	146
Repères Comment la France est-elle gouvernée ?	148
1. La refondation de l'État républicain (1946-1958)	150
Étude Apprendre à gouverner : l'École nationale d'administration	152
Étude Gouverner la France d'outre-mer	153
2. L'État gaullien (1958-1974)	154
3. L'érosion du pouvoir de l'État (1974-2014)	156
Étude La décentralisation : une nouvelle façon de gouverner la France	158
Étude Gouvernement et opinion publique	160
Révision	162

BAC
- Analyse de documents — 164
- Bac blanc — 165
- Composition — 166
- Bac blanc — 167

CHAPITRE 7
Une gouvernance européenne depuis le traité de Maastricht (1992) — 168

Retour sur... La construction européenne avant 1992	170
Repères L'espace européen et les institutions européennes	172
1. Une Europe à l'échelle continentale	174
2. Une Europe politique toujours en chantier (depuis 1992)	176
Étude Le couple franco-allemand, moteur de la construction européenne	178
Étude Le Royaume-Uni et l'Europe	179
Étude Y a-t-il un sentiment européen ?	180
Révision	182

BAC
- Composition — 184
- Bac blanc — 185

CHAPITRE 8
Vers une gouvernance économique mondiale depuis 1975 — 186

Retour sur... La coopération économique mondiale depuis 1944 — 188
Cartes Vers une gouvernance économique mondiale — 190
1. La coopération économique mondiale (1975-1990) — 192
Étude L'OMC, un acteur majeur de la gouvernance économique mondiale — 194
2. Vers une gouvernance économique mondiale — 196

Étude Le G20 : un nouvel acteur de l'économie mondiale — 198
Étude Gouvernance économique et sécurité alimentaire — 199
Révision — 200

BAC
- Composition — 202
- Bac blanc — 203

BIOGRAPHIES — 204
LEXIQUE HISTOIRE — 207

GÉOGRAPHIE › Mondialisation et dynamiques géographiques des territoires — 212

Partie 1
Clés de lectures d'un monde complexe

INTRODUCTION
- La carte : qu'est-ce que c'est ? — 214
- Différents types de cartes — 216
- Clés de lectures géographiques **1** — 218
- Clés de lectures géographiques **2** — 220

CHAPITRE 9
Des cartes pour comprendre le monde — 222

- Clé de lecture géopolitique — 224
- Clé de lecture géoéconomique — 228
- Clé de lecture géoculturelle — 232
- Clé de lecture géoenvironnementale — 236

Révision — 240

BAC
- Analyse de document — 242
- Analyse de document — 244

Partie 2
Les dynamiques de la mondialisation

CHAPITRE 10
La mondialisation, fonctionnement et territoires — 246

Étude de cas Le téléphone portable : un produit mondialisé — 248
Bilan de l'étude de cas — 252
Cartes La mondialisation : processus et fonctionnement — 254
1. Acteurs et débats de la mondialisation — 256
2. La mondialisation des échanges — 258
3. Des territoires inégalement intégrés à la mondialisation — 260
Cartes Mondialisation et hiérarchisation des territoires — 262
4. Les espaces maritimes au cœur d'enjeux géostratégiques — 264
Dossier La piraterie maritime : un enjeu géostratégique — 266
Révision — 268

BAC
- Croquis — 270
- Croquis — 272
- Composition — 274

Partie 3
Dynamiques géographiques des grandes aires continentales

CHAPITRE 11
L'Amérique : puissance du Nord, affirmation du Sud — 276

Cartes L'Amérique : fractures, concurrences et intégrations — 278
1. L'Amérique : puissance du Nord, affirmation du Sud — 280
2. Un continent de plus en plus intégré — 282
Dossier La frontière États-Unis/Mexique : une interface active — 284
Cartes États-Unis, Brésil : puissances rivales ? — 286
3. États-Unis, Brésil : des puissances rivales ? — 288
Cartes États-Unis, Brésil : dynamiques territoriales — 290
4. États-Unis, Brésil : des territoires reflets de la puissance — 292
Dossier États-Unis et Brésil : fermes du monde — 294
Dossier L'Amazonie brésilienne dans la mondialisation — 296
5. États-Unis, Brésil : les faiblesses de deux géants — 298
Révision — 300

BAC
- Compositions — 302
- Croquis — 304
- Analyse de document — 306

CHAPITRE 12
L'Afrique : les défis du développement — 308

Étude de cas Le Sahara : ressources, conflits — 310
Bilan de l'étude de cas — 314
Cartes L'Afrique : villes, ressources et développement — 316
1. L'Afrique : les défis du développement — 318
Dossier Les défis de la sécurité alimentaire — 320
2. Un continent en pleine transition — 322
Dossier Le Soudan du Sud, un nouvel État — 324
Cartes L'Afrique : développement durable et insertion dans la mondialisation — 326
3. L'Afrique dans la mondialisation — 328
4. Une Afrique, des Afrique — 330
Révision — 332

BAC
- Composition — 334
- Croquis — 336
- Composition — 337
- Analyse de documents — 338

CHAPITRE 13
L'Asie du Sud et de l'Est : les enjeux de la croissance — 340

Cartes L'Asie du Sud et de l'Est : espace, population et enjeux de la croissance — 342
1. Plus de la moitié de l'humanité — 344
Dossier L'Asie : une aire continentale en voie d'urbanisation — 346
2. Les défis de la croissance économique — 348
Cartes Tensions et fragilités en Asie du Sud et de l'Est — 350
3. L'Asie : un colosse aux pieds d'argile ? — 352
Dossier Le Xinjiang : l'intégration d'une marge chinoise — 354
Cartes Japon et Chine : organisation des territoires — 356
4. Japon et Chine : des ambitions mondiales — 358
5. Japon et Chine : une concurrence régionale — 360
Dossier Japon et Chine : les ambitions de deux puissances militaires concurrentes — 362
Révision — 364

BAC
- Croquis — 366
- Compositions — 368
- Analyse de documents — 370

ATLAS — 372
LEXIQUE GÉOGRAPHIE — 380

- Les épreuves d'histoire-géographie au baccalauréat — 9
- Méthode générale de la composition — 10
- Méthode générale de l'analyse de document(s) — 12
- Méthode générale du croquis — 14
- Méthode générale de l'épreuve orale — 15
- Biographies — 204
- Lexique Histoire — 207
- Atlas — 372
- Lexique Géographie — 380

Les pages BAC et les fiches méthode

Histoire

❯ Analyses de document (s) (18 sujets)

- **Analyser un texte** *(chapitre 1)*
Sujet : L'État et les mémoires de la Seconde Guerre mondiale en France ... 36
- **Analyser un texte** *(chapitre 2)*
Sujet : L'État français et la mémoire de la guerre d'Algérie ... 56
- **Analyser une photographie** *(chapitre 3)*
Sujet : Les États-Unis, une puissance régionale très active au début du XXIe siècle ... 84
- **Analyser un document statistique** *(chapitre 4)*
Sujet : La Chine et le monde depuis 1978 ... 110
- **Analyser deux documents de nature différente** *(chapitre 5)*
Sujet : L'islamisme en Iran ... 140
- **Analyser deux documents aux points de vue opposés** *(chapitre 6)*
Sujet : Le rôle de l'État français à l'heure de la mondialisation libérale ... 164

→ Et 12 Bacs blancs supplémentaires

❯ Compositions (8 sujets)

- **Analyser le sujet** *(chapitre 1)*
Sujet : Les mémoires de la Seconde Guerre mondiale en France depuis 1945 ... 38
- **Analyser le sujet** *(chapitre 2)*
Sujet : Les mémoires de la guerre d'Algérie en France depuis 1962 ... 58
- **Formuler une problématique** *(chapitre 3)*
Sujet : La puissance américaine dans le monde depuis 1947 ... 86
- **Construire un plan** *(chapitre 4)*
Sujet : La Chine dans les relations internationales depuis 1949 ... 112
- **Construire une argumentation** *(chapitre 5)*
Sujet : Guerre et paix au Proche et Moyen-Orient depuis 1945 ... 142
- **Rédiger une introduction** *(chapitre 6)*
Sujet : L'État en France de 1974 à 2012 ... 166
- **Rédiger une conclusion** *(chapitre 7)*
Sujet : Le projet d'une gouvernance européenne depuis 1992 ... 184
- **Rédiger et présenter une composition** *(chapitre 8)*
Sujet : Une gouvernance économique mondiale depuis 1995 ... 202

Géographie

❯ Croquis (6 sujets)

- **Analyser le sujet** *(chapitre 10)*
Sujet : Une inégale intégration des territoires dans la mondialisation ... 270
- **Sélectionner les informations** *(chapitre 10)*
Sujet : Pôles et flux de la mondialisation ... 272
- **Sujet guidé** *(chapitre 11)*
Les dynamiques territoriales aux États-Unis ... 304
- **Sujet guidé** *(chapitre 11)*
Les dynamiques territoriales au Brésil ... 305
- **Sujet guidé** *(chapitre 12)*
Le continent africain : contrastes de développement et inégale intégration dans la mondialisation ... 336
- **Choisir les figurés et organiser la légende** *(chapitre 13)*
Sujet : Les défis de la croissance en Asie du Sud et de l'Est ... 336

❯ Analyse de document (s) (5 sujets)

- **Analyser le sujet** *(chapitre 9)*
Sujet : Religions et dynamiques religieuses : quelle représentation du monde actuel ? ... 242
- **Identifier et déterminer l'idée centrale du document** *(chapitre 9)*
Sujet : Richesse et développement dans le monde ... 244
- **Montrer l'intérêt et les limites du document** *(chapitre 11)*
Sujet : L'Amérique : intégrations régionales et concurrences ... 306
- **Extraire et confronter les informations** *(chapitre 12)*
Sujet : Urbanisation et développement en Afrique ... 338
- **Répondre à la consigne** *(chapitre 13)*
Sujet : Population et développement en Asie du Sud et de l'Est ... 370

❯ Compositions (9 sujets)

- **Mobiliser ses connaissances** *(chapitre 10)*
Sujet : Pôles et flux de la mondialisation ... 274
- **Sujet guidé** *(chapitre 11)*
Le continent américain entre tensions et intégrations régionales ... 302
- **Sujet guidé** *(chapitre 11)*
États-Unis-Brésil : rôle mondial, dynamiques régionales ... 303
- **Rédiger la composition** *(chapitre 12)*
Sujet : Le continent africain face au développement et à la mondialisation ... 334
- **Sujet guidé** *(chapitre 12)*
Le Sahara, un espace convoité ... 337
- **Sujet guidé** *(chapitre 13)*
Les défis de la population et de la croissance en Asie du Sud et de l'Est ... 368
- **Sujet guidé** *(chapitre 13)*
Japon-Chine : concurrences régionales, ambitions mondiales ... 369

→ Et 2 Bacs blancs supplémentaires

L'épreuve écrite d'histoire-géographie au baccalauréat pour la série S

Définition de l'épreuve écrite

D'après le *Bulletin officiel de l'Éducation nationale* n° 43 du 21 novembre 2013.

1. Nature de l'épreuve

Épreuve écrite : durée 3 heures ; coefficient 3.

L'épreuve écrite d'histoire-géographie au baccalauréat général, série S, porte sur le programme de la classe de terminale de cette série, défini par l'arrêté du 7 janvier 2013 (B.O.E.N. n°8 du 21 février 2013).

2. Objectifs de l'épreuve

L'épreuve d'histoire-géographie du baccalauréat en série S a pour objectif d'évaluer l'aptitude du candidat à :
- mobiliser, au service d'une réflexion historique et géographique, les connaissances fondamentales pour la compréhension du monde et la formation civique et culturelle du citoyen ;
- exploiter, hiérarchiser et mettre en relation des informations ;
- analyser et interpréter des documents de sources et de natures diverses ;
- rédiger des réponses construites et argumentées, montrant une maîtrise correcte de la langue ;
- comprendre, interpréter et pratiquer différents langages graphiques.

3. Structure de l'épreuve

La durée totale de l'épreuve est de **trois heures**.
L'épreuve est composée de **deux parties**.

	1re possibilité (3 heures)	2e possibilité (3 heures)
PREMIÈRE PARTIE	• Histoire Le candidat peut choisir entre deux compositions. Sujet 1 : composition. Sujet 2 : composition.	• Géographie Le candidat peut choisir entre deux compositions. Sujet 1 : composition. Sujet 2 : composition.
DEUXIÈME PARTIE	• Géographie – soit l'analyse d'un ou de deux document(s) ; – soit la réalisation d'un croquis d'organisation spatiale d'un territoire.	• Histoire – Analyse d'un ou de deux document(s).

L'épreuve orale de contrôle

Durée : 20 minutes (10 minutes d'exposé ; 10 minutes de questionnement).
Temps de préparation : 20 minutes.

- L'épreuve porte à la fois sur le programme d'histoire et de géographie de la classe de terminale. Le candidat tire au sort un sujet. Chaque sujet comporte une question d'histoire et une question de géographie.
- Les questions du sujet portent sur des thèmes majeurs ou ensembles géographiques du programme. L'une des questions (histoire ou géographie) est accompagnée d'un document.
- L'évaluation des réponses de chaque candidat est globale et doit utiliser tout l'éventail des notes de 0 à 20.
- L'examinateur évalue la maîtrise des connaissances, la clarté de l'exposition et la capacité à tirer parti d'un document.
- Le questionnement qui suit l'exposé peut déborder le cadre strict des sujets proposés et porter sur la compréhension d'ensemble des questions étudiées.

La composition

Les caractéristiques générales
D'après le *Bulletin officiel de l'Éducation nationale* n° 43 du 21 novembre 2013.

Le candidat traite un sujet parmi deux proposés à son choix dans la même discipline.
En histoire comme en géographie, il doit montrer qu'il sait analyser le sujet et qu'il maîtrise les connaissances nécessaires. Pour traiter le sujet choisi, il produit une réponse organisée et pertinente, comportant une introduction, plusieurs paragraphes et une conclusion.
Il peut y intégrer une (ou des) production(s) graphique(s).

Les étapes de l'épreuve

LE TRAVAIL PRÉPARATOIRE AU BROUILLON		45 minutes
Analyser le sujet → L'analyse du sujet permet une compréhension précise et juste de l'énoncé qui évite les contresens et le hors-sujet.	• Il faut définir précisément les termes du sujet. L'analyse du sujet est guidée par les questions : – **Quoi ?** Définir le phénomène historique ou géographique désigné par le sujet. Utiliser pour cela les définitions du cours et donner s'il le faut des synonymes. – **Qui ?** Définir précisément les acteurs. – **Où ?** Il faut délimiter précisément l'espace concerné. **EN GÉOGRAPHIE** il faut se poser la question : à quelle échelle se situe le sujet ? – **Quand ?** • Ces questions sont nécessaires pour ne pas dépasser le sujet (ce qui mène à des hors-sujet) et pour ne pas le restreindre (ce qui mène à faire un devoir incomplet). **CONSEIL** Soyez attentif à l'ordre des termes, à l'emploi des mots de liaison, à l'utilisation du singulier ou du pluriel, etc.	
Formuler une problématique → C'est le **fil directeur du sujet** et de votre raisonnement.	• La problématique est une **question simple** qui porte le plus souvent sur les **causes** (Pourquoi ?) et la **nature** du phénomène étudié (Comment ?) ou ses conséquences. • Elle doit être **formulée clairement** : vous ne pouvez pas apporter une réponse et une argumentation précises à une problématique qui n'est pas claire. • Elle doit être **proche du sujet**, en reformuler ou en reprendre les termes essentiels.	
Organiser ses idées → **Construire un plan** vous permet de structurer votre raisonnement.	• L'analyse du sujet vous a permis de réunir les informations nécessaires au brouillon : **idées, noms, dates, lieux, citations, notions clés.** • L'élaboration du plan permet de **classer** ces informations en deux, trois ou quatre parties (paragraphes), chacune portant sur un point précis que vous souhaitez développer. • Il existe plusieurs types de plans dont les plus courants sont : – **Le plan thématique** : chaque partie du devoir étudie un aspect du sujet. **EN HISTOIRE**, il est adapté aux périodes courtes et à celles qui demandent un bilan ou le tableau d'un lieu, d'un phénomène ou d'un groupe social, à une date précise, ainsi qu'aux sujets qui reposent sur l'analyse d'un phénomène, ses causes et ses conséquences. **EN GÉOGRAPHIE**, le plan thématique permet de présenter les aspects d'un phénomène ou d'un espace géographique puis d'en analyser ses causes ou son fonctionnement et enfin d'analyser ses limites, son influence. **EN HISTOIRE** – **Le plan chronologique** : chaque partie du devoir correspond à une période identifiée par des dates charnières. Il est adapté aux sujets étudiant l'évolution d'un phénomène sur une longue durée. **EN GÉOGRAPHIE** – **Le plan typologique** : chaque partie du devoir correspond à un espace différent. Il permet une étude hiérarchisée de ces espaces. – **Le plan de comparaison** : il permet l'analyse d'un phénomène géographique dans **deux espaces** (points communs, différences).	

Construire une argumentation → Argumenter consiste à **exposer vos idées** pour répondre au sujet.	• Chaque paragraphe est composé d'une **idée directrice** qui doit être **argumentée** et accompagnée d'un ou deux **exemples** soigneusement sélectionnés.
Intégrer une production graphique (Voir les exemples de schéma pp. 252 et 314)	• **EN HISTOIRE** comme **EN GÉOGRAPHIE**, vous pouvez insérer des représentations graphiques dans votre devoir (schéma, organigramme, carte, etc.) pour appuyer votre raisonnement et illustrer un phénomène ou une notion. Cela permet de **valoriser votre copie**.
Rédiger une introduction et une conclusion ⚠ **Attention !** L'introduction et la conclusion forment le premier et le dernier élément dont le correcteur prend connaissance. Elles influencent donc son impression sur la copie.	→ **L'introduction** a pour objectif de **dégager l'intérêt du sujet** et de **présenter** la manière dont vous allez le faire. Elle comporte trois éléments : – **Une entrée en matière**, qui définit et analyse le sujet. – **La problématique** : attention à bien relier cette question directrice à ce qui précède. – Éventuellement, **l'annonce du plan** : utilisez pour cela des mots tels que « d'abord », « ensuite », « puis » ou « enfin » avant l'intitulé des parties. Ils facilitent le repérage du plan par le correcteur. → **La conclusion** est constituée d'un **bref bilan** qui résume ce qui a été dit dans le développement. – Vous pouvez aussi proposer une **ouverture** qui évoque les conséquences ou suites possibles du phénomène que vous venez d'étudier.

LA RÉDACTION DU DEVOIR SUR LA COPIE — 1 heure

Soigner l'expression écrite	• La rédaction du devoir est l'étape de mise en forme du travail préparatoire réalisé au brouillon. Un devoir au style soigné impressionne très favorablement le correcteur. • Soignez la **syntaxe**, la **grammaire** et l'**orthographe**. Utilisez un langage soutenu, mais écrivez des phrases simples et courtes. **EN HISTOIRE**, n'écrivez pas au futur mais au présent de narration. • Évitez l'emploi de la première personne du singulier (je). • N'utilisez **aucune abréviation**. • Réservez les **guillemets** aux citations. • N'abusez pas des parenthèses qui évitent de rédiger.
Être rigoureux et logique	• **Argumentez** avec rigueur : développez des idées accompagnées d'exemples précis (dates, lieux, faits, etc.). • Enchaînez **logiquement** les idées sans vous contenter de juxtaposer des faits. Pour cela : – utilisez des connecteurs logiques (donc, en conséquence, ainsi, car, en effet, cependant, mais, etc.) ; – rédigez des **phrases de transition** entre les parties afin de mettre en valeur votre raisonnement.
Soigner la présentation	• La présentation permet au correcteur de **mieux comprendre** votre raisonnement et lui facilite la lecture, tout en le mettant dans de bonnes dispositions pour juger votre travail. • Aérez le devoir pour faire ressortir vos paragraphes, pour cela sautez des lignes. • Évitez les astérisques qui renvoient dans la marge, ou à la fin du devoir, des éléments oubliés. Cela rend la lecture difficile. • Soignez votre écriture afin qu'elle soit facilement lisible.

LA RELECTURE — 5 minutes

La relecture du devoir est une étape essentielle et trop souvent négligée. Relisez-vous pour corriger l'orthographe et le style.

Analyse de document(s)

Les caractéristiques générales
D'après le *Bulletin officiel de l'Éducation nationale* n° 43 du 21 novembre 2013.

L'exercice d'analyse de document(s), en histoire comme en géographie, comporte un titre, un ou deux documents et, si nécessaire, des notes explicatives. Il est accompagné d'une consigne visant à orienter le travail du candidat.

- **En histoire, l'analyse d'un ou de deux document(s)**

Le candidat doit mettre en œuvre les démarches de l'analyse de document en histoire. Il doit faire la preuve de sa capacité à comprendre le contenu du ou des document(s), à en dégager les apports et les limites pour la compréhension de la situation historique abordée. Lorsque deux documents sont proposés, on attend du candidat qu'il les mette en relation en montrant l'intérêt de cette confrontation.

- **En géographie, l'analyse d'un ou de deux document(s)**

Le candidat doit mettre en œuvre les démarches de l'analyse de document en géographie. Il doit faire la preuve de sa capacité à comprendre le contenu du ou des document(s) ainsi que les enjeux spatiaux qu'il(s) exprime(nt), à en dégager les apports et les limites pour la compréhension de la situation géographique abordée. Lorsque deux documents sont proposés, on attend du candidat qu'il les mette en relation en montrant l'intérêt de cette confrontation.

Les étapes de l'épreuve

LE TRAVAIL PRÉPARATOIRE		35 minutes
Identifier le(s) document(s)	• Les documents peuvent être de **nature variée** : – sources écrites. – iconographiques : affiche, photographie, caricature, dessin, etc. – statistiques : tableaux, courbes, histogrammes, etc. – cartographiques : plans, croquis, cartes analytiques ou synthétiques, etc. **CONSEIL** Il faut utiliser le terme le plus exact et précis possible pour les définir.	
Identifier l'auteur, la source, et les destinataires du document	• **L'auteur** : utilisez vos connaissances pour le situer (sa fonction, ses idées et son rôle). La source est-elle officielle, objective ? • Pour certains documents (affiches ou cartes par exemple), il est parfois difficile d'identifier l'auteur. Il faut alors se poser la question de son **commanditaire** (organisations internationales, associations, etc.). • Identifiez aussi son **destinataire**. • Cette étape permet de **comprendre les intentions de l'auteur** du document, et d'en définir les limites.	
Identifier le contexte du document	**EN GÉOGRAPHIE**, il faut replacer les informations dans leur **contexte géographique**, et montrer en quoi les **enjeux spécifiques** exposés dans les documents permettent d'illustrer des **enjeux plus généraux**. **EN HISTOIRE**, le contexte social, politique, culturel, économique ou militaire doit être explicité. ⚠️ **Attention !** La date à laquelle le document est produit, la date des faits évoqués et la date de publication peuvent être toutes les trois différentes. Il ne faut pas les confondre.	

Déterminer l'idée centrale du document	• Il s'agit de mettre en évidence les **objectifs** du document. • Lisez la consigne puis le document (et les notes explicatives s'il y en a) une première fois pour en repérer l'idée principale. Puis plusieurs fois le crayon en main, pour : – repérer les termes importants, qu'il faudra expliquer ; – souligner et annoter les passages utiles d'un texte et dégager les différentes idées en utilisant une couleur différente pour chaque thème. ⚠️ **Attention !** Il ne s'agit pas ici de copier le titre du document mais bien de reformuler l'idée développée par l'auteur.
Confronter des documents	• Le sujet peut comporter deux documents. • Il ne faut pas les étudier l'un après l'autre, mais ensemble, afin de les confronter. • Commencez par identifier leur **thème commun**. Mettez en évidence **la logique** qui a incité à les présenter ensemble. **EN HISTOIRE**, comparez leurs dates. Si elles ne sont pas identiques, mettez en valeur l'évolution du contexte entre les deux. • Ensuite, prélevez et confrontez les informations. Classez-les par thème et identifiez points communs et différences. Expliquez les divergences à l'aide de vos connaissances.
Montrer l'intérêt et les limites des documents	• Interrogez **l'apport du document** : – Quel est son intérêt pour la compréhension de la question historique ou géographique étudiée ? – Quelles sont aussi ses limites ? Interrogez-vous sur la fiabilité des informations apportées par le document, mentionnez les erreurs ou les oublis de l'auteur. – Interrogez-vous sur la portée du document.

RÉPONDRE À LA CONSIGNE SUR LA COPIE — 30 minutes

Rédiger une réponse construite et argumentée à la consigne	• Même si la consigne ne le précise pas, vous pouvez commencer votre réponse par une **courte présentation introductive** du document en évoquant : sa nature, sa date, sa source et son contexte, ainsi que son thème général. • La consigne propose le plan à suivre. Respectez la règle « une idée par paragraphe » et soignez l'expression écrite. • Prélevez des informations en **citant le document** entre guillemets, de manière courte et compréhensible. • Explicitez ces citations à l'aide de **connaissances personnelles** précises (exemples datés, localisés, chiffrés, etc.). • Évitez d'utiliser le document comme un simple prétexte à une récitation du cours. **Évitez aussi la paraphrase**, qui consiste à répéter le document sans l'expliquer.

LA RELECTURE — 5 minutes

Prenez le temps de vous relire. Corrigez l'orthographe et le style. Vérifiez l'exactitude des citations.

La réalisation d'une production graphique : croquis d'organisation spatiale d'un territoire

Les caractéristiques générales
D'après le *Bulletin officiel de l'Éducation nationale* n° 43 du 21 novembre 2013.

En géographie, à la place de l'analyse d'un document, un exercice d'un autre type peut être proposé : réalisation d'un croquis d'organisation spatiale d'un territoire, en réponse à un sujet (dans ce cas, un fond de carte est fourni au candidat).

Exemple de croquis : Le Sahara, ressources et conflits

Retrouvez les croquis du Bac pp. 271, 273, 304, 305, 336, 367.

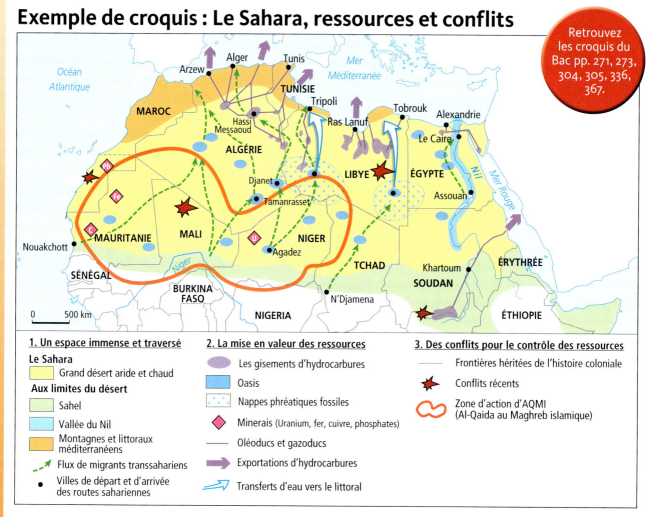

Les étapes de l'épreuve

TRAVAIL PRÉPARATOIRE AU BROUILLON		35 minutes
Analyser le sujet	• **Définir précisément** les différents termes du sujet. • **Délimiter** le thème et l'espace concerné. **CONSEIL** Bien observer le fond de carte fourni.	
Formuler une problématique	• S'interroger sur le sujet : Que devra montrer la production graphique ?	
Sélectionner les informations à cartographier	• Sélectionner les informations nécessaires à partir des connaissances personnelles et de la réflexion sur la problématique : **12 à 18 informations maximum.**	
Choisir les figurés	• Respecter les règles graphiques. • Choisir des figurés cohérents. • Les figurés choisis doivent pouvoir se superposer. Ils doivent exprimer la hiérarchie des phénomènes représentés. **CONSEIL** Voir le langage cartographique en fin de manuel.	

Construire la légende	• Les informations peuvent être regroupées en deux ou trois thèmes majeurs permettant de répondre au sujet. • Chaque partie peut comporter un titre problématisé. *EXEMPLE* *« Une population inégalement répartie », au lieu de « Répartition de la population ».* Dans chaque partie, les informations sont classées selon leur importance.

REALISER LA PRODUCTION GRAPHIQUE — 35 minutes

Compléter le croquis (fond de carte)	• **Dessiner les figurés** : reporter les informations en commençant par les **figurés ponctuels**, puis les **figurés linéaires** et enfin les **figurés de surface**. Les figurés doivent être les mêmes que ceux définis dans la légende. • Indiquer les noms de lieux importants. • Recopier la légende au propre. **CONSEIL** La production doit être soignée, claire et lisible : éviter l'utilisation du crayon à papier et du stabilo ; colorier proprement et utiliser une règle pour les tracés linéaires.
Insérer le titre	• Le titre reprend ou reformule le sujet. **CONSEIL** Mettre la légende au propre sur une feuille séparée.

L'épreuve orale de contrôle

TEMPS DE PRÉPARATION — 20 minutes

Organiser son temps	• L'oral comprend une **question d'histoire** et une **question de géographie**. Consacrez **10 minutes** à la préparation de chacune. Des feuilles de brouillon sont mises à votre disposition. N'essayez pas de tout rédiger. Contentez-vous d'y noter : – le **plan** de votre exposé ; – les **idées essentielles** que vous allez aborder ; – les **notions clés**, les **dates**, les **faits**, les **lieux** et **personnages** précis à évoquer. • Rédigez au brouillon votre introduction et votre conclusion, dans un style télégraphique.
Préparer une question sans document	• La question porte sur un **thème majeur**, donc large, du programme. Concevez votre oral comme vous prépareriez une composition, c'est-à-dire en préparant une introduction, un développement structuré en **deux ou trois parties** et une **conclusion**. **CONSEIL** Insérez une production graphique avec sa légende : vous pouvez dessiner au brouillon un schéma simple et le présenter au correcteur en l'expliquant ou le refaire au tableau.
Préparer une question avec document	• Dans ce cas, la question est accompagnée d'un document qui a pour but de l'éclairer, mais ne comporte aucune consigne. – Commencez par le **présenter**. – **Étudiez-le de manière critique** comme vous le feriez à l'écrit, pour mettre en valeur son apport dans la compréhension de la question historique posée.

ORAL — 20 minutes

Présenter son travail à l'examinateur	• Soyez **poli** et présentez-vous dans une **tenue correcte**. • Le **démarrage** est le moment le plus difficile : le fait d'avoir rédigé l'introduction vous permet de vous lancer en minimisant votre stress. • Essayez de consacrer un **temps égal** à la question d'histoire et à celle de géographie (4-5 minutes chacune).
Répondre aux questions de l'examinateur une fois l'exposé terminé	• Ces questions ont pour but de vous faire préciser ou approfondir certains points, voire de vous faire **rectifier** une erreur. • Elles peuvent **déborder le cadre des sujets** proposés et porter sur la compréhension d'ensemble des questions étudiées. • **Restez serein** : n'oubliez pas que cet oral de contrôle, appelé souvent « oral de rattrapage » par les élèves, a pour but de vous donner une seconde chance, et non de vous mettre en difficulté.

CHAPITRE 1
L'HISTORIEN ET LES MÉMOIRES DE LA SECONDE GUERRE MONDIALE EN FRANCE

À la Libération, les autorités issues de la Résistance souhaitent refermer au plus vite la « parenthèse vichyste ». La célébration de la France résistante doit effacer la honte de la défaite de 1940 et de la collaboration avec l'Allemagne nazie. Avec le temps toutefois, le souvenir du régime de Vichy refait surface, suscitant polémiques et conflits de mémoire.

PROBLÉMATIQUES

- Pourquoi la mémoire de la Seconde Guerre mondiale a-t-elle été longtemps conflictuelle ?
- Quel est le rôle des historiens dans la transmission de la mémoire de la guerre ?

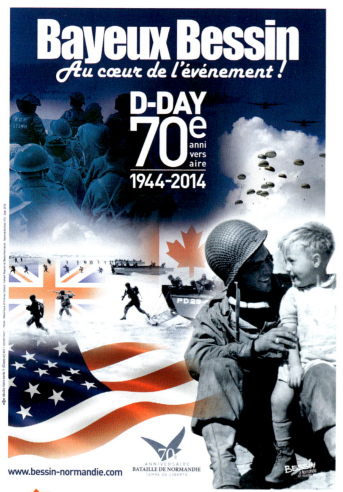 

1 La transmission de la mémoire : commémorer…
Carte postale de 2014 juxtaposant deux affiches éditées par la ville de Bayeux et sa région, le Bessin, en vue de la commémoration du 70e anniversaire du débarquement de Normandie.

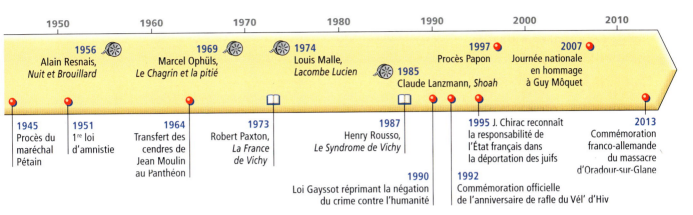

| 1945 | 1951 | 1964 | 1973 | 1987 | 1995 | 2013 |
| Procès du maréchal Pétain | 1re loi d'amnistie | Transfert des cendres de Jean Moulin au Panthéon | Robert Paxton, *La France de Vichy* | Henry Rousso, *Le Syndrome de Vichy* | J. Chirac reconnaît la responsabilité de l'État français dans la déportation des juifs | Commémoration franco-allemande du massacre d'Oradour-sur-Glane |

1990 — Loi Gayssot réprimant la négation du crime contre l'humanité

1992 — Commémoration officielle de l'anniversaire de rafle du Vél' d'Hiv

2 ... Et comprendre

Une du *Point*, 1er octobre 2009. Une du *Nouvel Observateur*, 9 juillet 1992.

Retour sur... La France dans la Seconde Guerre mondiale

Grands repères — Des épisodes qui ont marqué la mémoire collective

18 juin 1940 – L'appel du général de Gaulle

Sous-secrétaire d'État à la Guerre dans le gouvernement de Paul Reynaud depuis le 6 juin 1940, le général de Gaulle s'oppose à la signature d'un armistice avec l'Allemagne. Il envisage la poursuite des combats en Afrique du Nord, aux côtés des Britanniques. Après la démission de Paul Reynaud, le 16 juin 1940, le général de Gaulle gagne Londres où il lance son appel deux jours plus tard à la radio anglaise (la BBC). Peu entendu à l'époque, cet appel donne naissance à la France libre et marque rétrospectivement le coup d'envoi de la Résistance.

22 juin 1940 – La signature de l'armistice à Rethondes

Entrée en guerre le 3 septembre 1939, l'Allemagne nazie lance son offensive contre la France le 10 mai 1940. L'armée française s'effondre en quelques semaines. Le 16 juin 1940, le chef du gouvernement, Paul Reynaud, cède la place au maréchal Pétain. Fort de sa popularité, le « vainqueur de Verdun » appelle à cesser les combats. La défaite française est pour lui définitive et la responsabilité en incombe au pouvoir politique et non à l'armée. L'armistice est signé à Rethondes, en présence d'Hitler, dans le wagon où avait été signé celui du 11 novembre 1918.

24 octobre 1940 – L'entrevue de Montoire

Chef de « l'État français » depuis le vote des pleins pouvoirs du 10 juillet 1940, le maréchal Pétain estime que la France ne doit pas attendre la fin de la guerre en Europe pour se relever de la défaite. Il engage ainsi la France dans une politique de collaboration avec l'Allemagne, dont l'objectif est d'obtenir des allégements du régime d'occupation. La collaboration d'État est donc une initiative française, dont le coup d'envoi est officialisé par la poignée de main entre Pétain et Hitler lors de l'entrevue de Montoire (Loir-et-Cher).

16-17 juillet 1942 – La rafle du Vél' d'Hiv

Dès octobre 1940, le régime de Vichy édicte de sa propre autorité un « statut des juifs » discriminatoire et enferme une partie des juifs étrangers dans des camps. À partir de 1942, l'occupant allemand fait pression sur le gouvernement français pour déporter les juifs de France vers les camps d'extermination. Les déportations juives sont négociées dans le cadre de la politique de collaboration, en échange d'hypothétiques concessions. En juillet 1942, plus de 12 000 juifs sont ainsi raflés en région parisienne par la police française, et conduits dans des bus de la RATP jusqu'au vélodrome d'Hiver (XVe arrondissement), avant d'être pour la plupart exterminés à Auschwitz.

8 mai 1945 – La capitulation allemande
Une de *L'Humanité*, 8 mai 1945.

La capitulation allemande est signée une première fois à Reims, le 7 mai 1945. Mais Staline a exigé que l'acte de capitulation définitif soit signé à Berlin le lendemain, en présence du maréchal soviétique Joukov, le vainqueur de la bataille de Berlin. La France était représentée par le général de Lattre de Tassigny, chef de la première armée française. Le 8 mai (le 9 mai en Russie) est ainsi la date retenue pour la commémoration de la victoire des Alliés sur le nazisme.

RETOUR SUR...

Pour entrer dans le chapitre

1. Les pertes humaines françaises de la Seconde Guerre mondiale

Pertes militaires		Pertes civiles	
Soldats tués en 1939-1940	76 000	Pertes civiles sur le sol national *dont :*	environ 112 000
Pertes militaires de Vichy dans les colonies (1940-1942)	6 500	– victimes des bombardements	50 000 à 70 000
Pertes militaires de la France libre	12 000	– victimes des internements, massacres et exécutions perpétrés par les Allemands, Vichy ou la Milice	7 000 à 12 000
Libération de la France	27 700 (dont 13 700 FFI[1], parmi lesquels au moins 3 000 exécutions sommaires)	– otages exécutés par les Allemands ou par Vichy – épuration « sauvage »	3 700 9 000
Prisonniers morts en captivité	37 000	Pertes civiles en dehors du territoire national	
« Malgré-Nous » Alsaciens-Lorrains morts sous l'uniforme allemand	32 500	– déportés juifs – déportés hors de France – travailleurs civils hors de France	76 000 36 000 moins de 40 000
Volontaires français de la SS et de la Légion des Volontaires Français (LVF)	quelques milliers		
Total pertes militaires[2]	environ 195 000[2]	Total pertes civiles	264 000
Total pertes humaines : entre 460 000 et 485 000			

1. Forces françaises de l'intérieur : créées en 1944, elles rassemblent en théorie tous les groupes armés de la Résistance intérieure.
2. Autre estimation : 200 000 morts sous un uniforme français et 40 000 sous un uniforme allemand.

Source : Nicolas Beaupré, *Les Grandes Guerres 1914-1945*, Belin, 2012.

2. La commémoration officielle de la Seconde Guerre mondiale en France

Journées nationales	Date de célébration	Date de création
– Journée internationale de commémoration en mémoire des victimes de la Shoah	27 janvier	2005
– Journée nationale du souvenir des victimes et héros de la déportation	Dernier dimanche d'avril	1954
– Commémoration de la victoire de 1945	8 mai (jour férié depuis 1981)	1946
– Journée nationale de la Résistance	27 mai (jour anniversaire de la création du Conseil national de la Résistance)	2013
– Journée nationale commémorative de l'appel du général de Gaulle	18 juin	2006
– Journée nationale à la mémoire des victimes des crimes racistes et antisémites de l'État français, et d'hommage aux « Justes » de France	Dimanche le plus proche du 16 juillet	2000
Autres commémorations :		
– La cérémonie annuelle en hommage à Jean Moulin au Panthéon (17 juin)		
– La célébration des grands anniversaires (débarquements de Normandie et de Provence)		
– Les hommages exceptionnels (comme celui en souvenir de Guy Môquet en octobre 2007)		
– Les commémorations locales des libérations de villes, comme Paris le 25 août		

REPÈRES CHRONOLOGIQUES

● **La commémoration du 8 mai en France**

1946 : Loi instituant la commémoration de la victoire sur l'Allemagne nazie le 8 mai si ce jour est un dimanche, ou au premier dimanche suivant le 8 mai.

1953 : À la demande des associations d'anciens combattants, résistants et déportés, une loi institue le 8 mai comme jour férié, mais non payé.

1959 : Le 8 mai n'est plus jour férié ; la célébration est fixée au deuxième dimanche du mois.

1968 : Un décret rétablit la célébration du 8 mai, mais en fin de journée.

1975 : Au nom de l'amitié franco-allemande, le président V. Giscard d'Estaing supprime la célébration de la victoire alliée de 1945.

1981 : Élu président de la République, F. Mitterrand rétablit le 8 mai comme jour férié de commémoration nationale.

▲ François Mitterrand et Jacques Chirac (Premier ministre) lors des cérémonies du 8 mai 1945 sur les Champs-Élysées à Paris, 8 mai 1986.

Chapitre 1. L'HISTORIEN ET LES MÉMOIRES DE LA SECONDE GUERRE MONDIALE EN FRANCE

COURS 1. Une mémoire désunie (1945-1958)

> Pourquoi est-ce avant tout la mémoire d'une France résistante qui domine au lendemain de la Seconde Guerre mondiale ?

→ Voir **ÉTUDE** pp. 28-29.
→ Voir **ÉTUDE** pp. 30-31.

REPÈRES

• **L'épuration**
C'est l'élimination ou la condamnation des individus ayant collaboré avec l'occupant allemand et le gouvernement de Vichy. L'épuration légale a pris trois formes : judiciaire, administrative (sanctions et révocations de fonctionnaires), et professionnelle (dirigeants d'entreprise, intellectuels, etc.).
Les tribunaux ont jugé 125 000 personnes, dont 75 % ont été condamnées : 44 000 à des peines de prison, 50 000 à la dégradation nationale (perte des droits civiques). 1 536 collaborateurs sont exécutés à l'issue d'une sentence légale.

VOCABULAIRE

CED : voir p. 207.
« Malgré-nous » : nom donné aux 130 000 Alsaciens-Lorrains incorporés de force dans l'armée allemande.
Ossuaire de Douaumont : monument commémoratif élevé sur le site de la bataille de Verdun (1916).
Pacte germano-soviétique : signé par l'URSS et l'Allemagne le 23 août 1939, ce traité déclare que les deux puissances ne se feront jamais la guerre.
STO : Service du travail obligatoire, créé en 1943, qui fait obligation aux jeunes Français de travailler dans les entreprises allemandes.

NOTION CLÉ

Shoah : signifiant « catastrophe », ce mot hébraïque vise à souligner la spécificité du génocide des juifs perpétré par les nazis pendant la Seconde Guerre mondiale, mieux que celui d'« Holocauste », surtout employé aux États-Unis.

A Le mythe d'une France unanimement résistante

• **« Vichy nul et non avenu » (général de Gaulle).** Pour l'ensemble des forces issues de la Résistance, la priorité, au lendemain de la guerre, est de rétablir l'unité nationale et la puissance de la France. Il convient de faire oublier la défaite de 1940 et l'existence du régime de Vichy, une fois ses principaux responsables condamnés. L'épuration est à l'origine d'un conflit mémoriel durable, selon qu'on la jugera excessive ou, au contraire, trop clémente.

• **Deux mémoires dominantes.** Au-delà de leurs divergences politiques, gaullistes et communistes enracinent, après la guerre, le culte d'une France massivement résistante (voir p. 28). La mémoire gaulliste privilégie la dimension militaire de la Résistance et tend à minorer la part prise par les Alliés dans la libération du pays. En se présentant comme le « parti des 75 000 fusillés », le PCF récupère quant à lui les traditions patriotiques de la gauche française et cherche à faire oublier son approbation du pacte germano-soviétique en 1939. Dans les années 1950, il exploite le ressentiment germanophobe pour s'opposer à la CED (doc. 2 et p. 170).

B Des mémoires refoulées

• **Le retour des déportés.** En dépit de l'émotion suscitée par le retour des survivants de la Shoah, les responsabilités de Vichy et de l'administration française dans la déportation des juifs de France sont éludées. Les rescapés qui, dès cette époque, veulent témoigner, se heurtent à une société qui est peu réceptive à l'évocation de leur souffrance. La mémoire juive est ainsi occultée ou confondue dans le souvenir global de la déportation (voir p. 30).

• **Le rôle des associations.** La multiplication des associations rend plus difficile la formation d'une mémoire unitaire de la guerre, en dépit des initiatives prises en ce sens (doc. 4). Les résistants se rassemblent dans des associations différentes, au gré de leurs affinités politiques. Les anciens combattants et prisonniers de guerre, qui ne peuvent obtenir la même reconnaissance mémorielle que les poilus de 1914, mettent surtout en avant leurs revendications matérielles. Les requis du STO revendiquent durant de nombreuses années la qualité de « déportés du travail », ce qui leur est définitivement refusé en 1979.

C Une mémoire sélective et conflictuelle

• **Des conflits accentués par la guerre froide.** Les débats sur l'amnistie des condamnations prononcées à la Libération provoquent de vives tensions politiques. En 1950, le général de Gaulle reproche à la IVᵉ République le maintien en détention du maréchal Pétain. Après la mort de celui-ci en 1951, l'association pour défendre la mémoire du maréchal Pétain réclame la révision de son procès de 1945 et le transfert de ses cendres à l'ossuaire de Douaumont (doc. 1).

• **De l'amnistie à l'amnésie.** La droite vote contre la gauche deux lois d'amnistie qui, en 1951 et en 1953, libèrent la plupart des personnes encore détenues depuis la guerre. La polémique sur ces lois rebondit en 1953 à l'occasion du procès de 21 membres de la division SS « Das Reich » jugés en France pour le massacre des 642 habitants d'Oradour-sur-Glane. Parmi les accusés, figuraient 12 « malgré-nous » alsaciens qui ont été condamnés, mais aussitôt amnistiés. La IVᵉ République a ainsi souvent choisi de taire les sujets qui fâchent, comme en 1956, lorsque la censure frappe le film *Nuit et Brouillard* d'Alain Resnais (doc. 3).

1 **Les tentatives de réhabilitation du maréchal Pétain**

Brochure diffusée par la revue d'extrême droite *Aspects de la France* après la mort du maréchal Pétain, 1951.

▶ Quels sont les principaux éléments du « mythe Pétain » ?

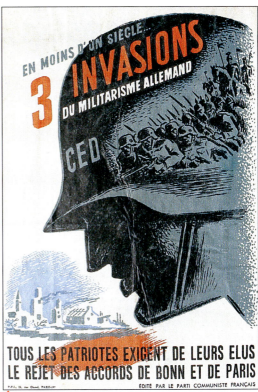

2 **Le souvenir de la guerre à l'heure de la guerre froide**

Affiche du Parti communiste contre la CED, 1953.

▶ De quelles références historiques le PCF use-t-il pour s'opposer au réarmement de la RFA ?

3 **Vichy et les persécutions antisémites**

Nuit et Brouillard est le premier documentaire consacré à l'univers concentrationnaire nazi. Réalisé en 1956 par Alain Resnais, ce court-métrage a été censuré : on a masqué d'un gros trait noir le képi du policier français gardant le camp de Pithiviers.

▶ Pourquoi cette image a-t-elle été censurée ?

4 **Une mémoire solidaire ?**

Affiche pour les Journées nationales du souvenir, 1946.

▶ Identifiez chacun de ces personnages. Quelle est l'intention des organisateurs de ces Journées nationales du souvenir ?

COURS

2. Le réveil des mémoires (1958-1980)

Comment l'opinion a-t-elle été amenée à revisiter l'histoire de la France occupée ?

→ Voir ÉTUDE pp. 28-29.
→ Voir ÉTUDE pp. 30-31.
→ Voir ÉTUDE p. 32.
→ Voir ÉTUDE p. 33.

VOCABULAIRE

Diaspora : ensemble des communautés juives dispersées dans le monde, vivant en dehors de l'État d'Israël.

Milicien : membre de la Milice, organisation paramilitaire fasciste et collaborationniste créée et dirigée par Joseph Darnand en 1943, responsable de nombreux assassinats de résistants et de juifs.

Politique mémorielle : ensemble des moyens mis en œuvre par les pouvoirs publics pour entretenir et commémorer le souvenir d'un événement, d'une personnalité ou d'un groupe de personnes (mémoriaux, musées, cérémonies officielles, actions éducatives, etc.).

Procès Eichmann : dirigeant nazi responsable des déportations juives pendant la guerre, Adolf Eichmann, réfugié en Argentine, est enlevé clandestinement par les services secrets israéliens en 1960, jugé à Jérusalem, condamné à mort et pendu en 1962.

Révolution nationale : nom donné par le maréchal Pétain en 1940 à son programme de « régénération » de la France et de réaction contre les principes de 1789.

NOTIONS CLÉS

Crimes contre l'humanité : nouveau chef d'accusation défini lors du procès de Nuremberg (nov. 1945-oct. 1946) comme étant « l'assassinat, l'extermination, la réduction en esclavage, la déportation et tout autre acte inhumain inspirés par des motifs politiques, philosophiques, raciaux ou religieux et organisés en exécution d'un plan concerté à l'encontre d'un groupe de population civile ».

Négationnisme : négation de l'existence des chambres à gaz et du génocide des juifs par ceux qui prétendent « réviser » l'histoire. Ils se qualifient eux-mêmes de « révisionnistes ».

A Une politique mémorielle contestée

• **Une mémoire officielle et sélective de la guerre.** Dans les années 1960, le général de Gaulle encourage la diffusion d'une mémoire sélective de la guerre qui évacue le souvenir de Vichy et de la collaboration (voir p. 28). Les célébrations en l'honneur de la Résistance culminent lors de la cérémonie organisée pour le transfert des cendres de Jean Moulin au Panthéon en 1964 (doc. 1). Plus d'une vingtaine de musées sont construits entre 1960 et 1969, tous consacrés à la France combattante.

• **Un passé qui ne passe plus.** Les successeurs du général de Gaulle éprouvent bien plus de difficultés à justifier les choix de leur politique mémorielle. En 1972, alors que l'opinion s'émeut de la grâce partielle accordée au milicien Paul Touvier en 1971, le président Pompidou s'en explique en déclarant le moment venu « d'oublier ces temps où les Français ne s'aimaient pas ». En 1975, Valéry Giscard d'Estaing s'attire les vives critiques des milieux résistants en décidant de ne plus commémorer le 8 mai au nom de l'amitié franco-allemande.

B La mémoire de la Shoah

• **Le réveil de la mémoire juive.** À partir des années 1960, s'affirme une mémoire juive qui insiste dorénavant sur le sort spécifique réservé aux juifs durant la guerre. Deux événements jouent un rôle majeur en ce sens : le procès Eichmann en 1961 (voir p. 30), qui donne pour la première fois la parole aux témoins, et la guerre des Six-Jours (voir p. 124), qui a fait craindre une possible destruction de l'État d'Israël. Dès lors, les communautés de la diaspora se mobilisent autour de la commémoration du génocide. En France, le réveil de la mémoire juive de la guerre rompt le silence entretenu sur l'antisémitisme de Vichy.

• **La relève des générations.** Les crimes contre l'humanité sont imprescriptibles depuis 1964. Dès cette époque, Serge Klarsfeld (fils de déporté) et son épouse allemande Beate s'emploient à faire juger en France ou en Allemagne les responsables du génocide. En 1978, il publie un *Mémorial de la déportation des juifs de France*, qui recense les noms des victimes françaises de la Shoah. Il fonde l'année suivante l'association des Fils et Filles des déportés juifs de France. Cette mobilisation des nouvelles générations intervient alors que le négationnisme trouve un écho inattendu dans les médias.

C Un autre regard sur les années noires

• **Une image moins glorieuse de la France occupée.** À partir des années 1970, les tabous entretenus jusque-là sur Vichy sautent les uns après les autres. Dans la presse ou au cinéma, l'image héroïque d'une France massivement résistante s'efface derrière une représentation plus nuancée et moins glorieuse de la France occupée (doc. 2). Avec des films comme *Le Chagrin et la pitié* (1969) ou *Lacombe Lucien* (1974), le cinéma contribue à la « déshéroïsation » de la guerre (doc. 4).

• **Un renouvellement historiographique.** Fondé en 1951, le Comité d'histoire de la Seconde Guerre mondiale oriente surtout ses recherches sur l'histoire de la guerre et de la Résistance. Jusqu'aux années 1960, le régime de Vichy et le maréchal Pétain demeurent largement épargnés par les historiens français. La parution en France de l'ouvrage de l'historien américain Robert Paxton, *La France de Vichy* (1973), opère sur ce plan un renouvellement complet : il montre que la Révolution nationale et la collaboration ont été des initiatives françaises, assumées aussi bien par Pétain que par Laval (doc. 3).

1 Jean Moulin au Panthéon

André Malraux, alors ministre de la Culture du général de Gaulle, prononce ce discours lors du transfert des cendres de Jean Moulin au Panthéon, le 19 décembre 1964.

Lorsque, le 1er janvier 1942, Jean Moulin fut parachuté en France, la Résistance n'était encore qu'un désordre de courage [...]. Certes, les résistants étaient des combattants fidèles aux Alliés. Mais ils voulaient cesser d'être des Français résistants, et devenir la Résistance française. C'est pourquoi Jean Moulin est allé à Londres [...].

Chaque groupe de résistants pouvait se légitimer par l'allié qui l'armait et le soutenait, voire par son seul courage ; le général de Gaulle seul pouvait appeler les mouvements de Résistance à l'union entre eux et avec tous les autres combats, car c'était à travers lui seul que la France livrait un seul combat. [...]

Comme Leclerc entra aux Invalides, avec son cortège d'exaltation dans le soleil d'Afrique et les combats d'Alsace, entre ici, Jean Moulin, avec ton terrible cortège. Avec ceux qui sont morts dans les caves sans avoir parlé, comme toi ; et même, ce qui est peut-être plus atroce, en ayant parlé ; avec tous les rayés et tous les tondus des camps de concentration, avec le dernier corps trébuchant des affreuses files de Nuit et Brouillard[1], enfin tombé sous les crosses ; avec les huit mille Françaises qui ne sont pas revenues des bagnes, avec la dernière femme morte à Ravensbrück pour avoir donné asile à l'un des nôtres. Entre, avec le peuple né de l'ombre et disparu avec elle – nos frères dans l'ordre de la Nuit...

1. Le décret « *Nacht und Nebel* » (« Nuit et brouillard ») de 1941 visait les opposants allemands qui devaient être éliminés sans laisser de traces.

▶ À travers la figure de Jean Moulin, quelle image de la Résistance André Malraux veut-il glorifier ?

2 Les mutations du « paysage mémoriel » dans les années 1970

REGARDS D'HISTORIENS

Jusqu'en 1969, [la mémoire de la Seconde Guerre mondiale] se focalisait sur la vision d'une France glorieuse, exaltant les résistants, niant l'incidence de Vichy et la spécificité de la Shoah. Désormais, elle agrège de plus sombres réalités, rappelant la réalité et la popularité de l'État français, découvrant le sort que le nazisme et son allié vichyste réservèrent aux juifs vivant dans l'Hexagone entre 1940 et 1944 [...]. La figure du héros s'efface devant celle de la victime. Buchenwald[1] symbolisait la réalité concentrationnaire ; Auschwitz l'incarne dorénavant. La Résistance passionnait l'opinion ; c'est aujourd'hui Vichy qui l'intrigue. Les Français communiaient volontiers dans la légende ; maintenant, ils réclament la vérité et se muent en procureurs. Les pouvoirs publics avaient, jusqu'alors, adopté une vision plutôt syncrétique du passé, défendant [...] une conception extensive de la Résistance, confondant dans la barbarie nazie les destins tragiques du déporté, du prisonnier, voire du requis. Les temps nouveaux invitent à la distinction.

O. Wieviorka, *La Mémoire désunie. Le souvenir politique des années sombres de la Libération à nos jours*, éditions du Seuil, 2010.

1. Camp de concentration vers lequel ont été déportés de nombreux résistants français.

▶ Pourquoi le souvenir de la guerre a-t-il à ce point évolué dans l'opinion à partir de la fin des années 1960 ?

3 Vers une autre histoire de l'Occupation : la France de Vichy

REGARDS D'HISTORIENS

À l'automne 1960, étudiant de Harvard, j'arrivais à Paris pour entamer ma thèse d'histoire sur le corps des officiers dans la France de Vichy. Bien que seize ans seulement se fussent écoulés depuis la Libération, je croyais naïvement qu'un historien pouvait étudier la France de l'Occupation avec la même liberté que la guerre de Sécession. Elle aussi avait longtemps été l'objet de débats passionnés [...]. Il a suffi d'une visite au Service historique de l'armée de terre [...] pour que la réalité me rattrape brutalement. Les blessures de l'Occupation étaient encore si douloureuses que, loin de stimuler la recherche historique, elles l'inhibaient : on m'informa que les archives françaises devaient rester closes cinquante ans [...].

J'ai tout de même réussi à trouver des archives sur la question, celle des Allemands. Quand je me suis plongé dans les télégrammes et les notes envoyés quotidiennement à Berlin [...], je me suis aperçu que les postulats qui soutenaient *L'Histoire de Vichy* de Robert Aron, l'ouvrage de référence en ces années-là, ne correspondaient pas à ce que j'étais en train de lire. Force était de conclure que [...] comprendre véritablement ce qu'avait été le régime de Vichy demandait de recourir à un cadre interprétatif fondamentalement différent.

R. Paxton, *La France de Vichy, 1940-1944*, éditions du Seuil, 1973, avant-propos à la seconde édition.

▶ Pourquoi les recherches historiques sur Vichy en France ont-elles été longtemps retardées ?

4 La « déshéroïsation » de la guerre au cinéma

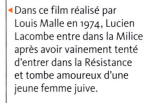

◀ Dans ce film réalisé par Louis Malle en 1974, Lucien Lacombe entre dans la Milice après avoir vainement tenté d'entrer dans la Résistance et tombe amoureux d'une jeune femme juive.

Le Chagrin et la pitié est un documentaire réalisé par M. Ophüls en 1969 sur la vie quotidienne sous l'Occupation. La Résistance y apparaît comme un phénomène très minoritaire, tandis que l'antisémitisme français semble très répandu. ▶

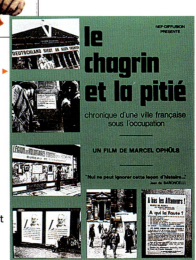

▶ En quoi les thèmes choisis pour ces deux films manifestent-ils un changement d'attitude de l'opinion par rapport à la mémoire de la guerre ?

COURS 3. Une mémoire apaisée (depuis 1981) ?

> Comment les conflits de mémoire liés au souvenir de Vichy ont-ils été surmontés ?

→ Voir ÉTUDE pp. 30-31.
→ Voir ÉTUDE p. 33.

A Un « devoir de mémoire »

● **La mémoire de la Shoah prédominante.** Depuis les années 1980, l'exigence nouvelle d'un « devoir de mémoire » recentre la mémoire de la guerre sur celle de ses victimes juives (doc. 1). Les procès pour crimes contre l'humanité en France, notamment celui du haut fonctionnaire Maurice Papon en 1997, établissent désormais clairement la complicité de l'appareil d'État dans les déportations.

● **Les dernières manifestations du syndrome de Vichy.** Issu de la Résistance, le président François Mitterrand rétablit la célébration du 8 mai. Il est le premier chef d'État à assister, le 16 juillet 1992, à la commémoration de l'anniversaire de la rafle du Vél' d'Hiv. Il refuse toutefois de reconnaître officiellement la responsabilité de la France, et non plus seulement de Vichy, dans la déportation des juifs (voir p. 31). Les révélations sur son rôle à Vichy en 1942 ou sur sa décision de fleurir la tombe du maréchal Pétain le 11 novembre (de 1987 à 1992) font toutefois ressurgir le « syndrome de Vichy ».

B Une mémoire plus consensuelle

● **La reconnaissance des crimes de l'État français.** En 1995, Jacques Chirac lève les dernières ambiguïtés du discours officiel : « Oui, la folie criminelle de l'occupant a été secondée par des Français, par l'État français. » Il tient néanmoins à rendre simultanément hommage aux « Justes de France », dont le souvenir est désormais associé à celui des victimes de la déportation lors de la journée commémorative du 16 juillet.

● **Des mémoires solidaires ou concurrentes ?** D'autres acteurs oubliés de la guerre ont été réintégrés tardivement dans la mémoire nationale, comme les soldats des troupes coloniales originaires d'Afrique noire ou du Maghreb (doc. 4). L'État s'est ainsi montré plus respectueux de la pluralité des mémoires, y compris de celle de l'ennemi d'hier, l'Allemagne. En 2004, Jacques Chirac invite pour la première fois un chancelier allemand, Gerhard Schröder, aux cérémonies d'anniversaire du débarquement de Normandie. En 2013, François Hollande et son homologue allemand Joachim Gauck commémorent ensemble le massacre d'Oradour-sur-Glane. Ces manifestations permettent ainsi de célébrer l'unité européenne et la réconciliation franco-allemande.

C Comment transmettre la mémoire de la guerre ?

● **Mémoire et repentance.** Hostile à la repentance, le président Nicolas Sarkozy a souhaité redonner toute sa place à la mémoire de la Résistance (doc. 3). En 2007, une journée nationale est organisée en l'honneur de Guy Môquet : un choix contesté, car ce jeune militant communiste, fusillé par les Allemands en 1941, avait été arrêté pour ses activités politiques et non pour des faits de Résistance. Le Parlement a voté en 2013 l'instauration d'une journée nationale de la Résistance (voir p. 21), tandis que le président François Hollande a tenu à rappeler le rôle de l'Éducation nationale dans la transmission de la mémoire de la Shoah (doc. 2).

● **Histoire et mémoire.** Les historiens se sont pour la plupart montrés réticents devant les appels au « devoir de mémoire », estimant que leur rôle est de comprendre et d'expliquer, non de commémorer. Devant l'inflation des lois « mémorielles », certains d'entre eux ont même remis en cause l'opportunité de la loi Gayssot (1990). Cette loi qualifie de délit la contestation de l'existence des crimes contre l'humanité. Au-delà de ces polémiques, de nombreux ouvrages, français ou étrangers, rendent compte aujourd'hui de la complexité de la période de l'Occupation : ils contribuent eux aussi à l'apaisement des conflits mémoriels.

REPÈRES

● **Le syndrome de Vichy**

Publié en 1987, *Le Syndrome de Vichy* est l'un des premiers ouvrages consacrés non plus à l'histoire de la guerre, mais à celle de sa mémoire. L'historien Henry Rousso y définit ce syndrome comme « l'ensemble hétérogène des symptômes, des manifestations, en particulier dans la vie politique, sociale et culturelle, qui révèlent l'existence du traumatisme engendré par l'Occupation ». Il y a bien un syndrome de Vichy, dans la mesure où les conflits mémoriels ne sont pas liés principalement au souvenir de la défaite ou de l'occupation allemande, mais à l'existence du régime de Vichy.

VOCABULAIRE

« Justes » : titre attribué depuis 1953 par le mémorial Yad Vashem de Jérusalem aux personnes non juives (« Justes parmi les nations ») ayant, au péril de leur vie, sauvé des juifs de l'extermination nazie. Au 1er janvier 2013, 3 654 Français l'ont reçu, les plus nombreux après les Polonais et les Néerlandais.

Lois « mémorielles » : lois qui, sur certains sujets, établissent des vérités historiques officielles et visent à réprimer ceux qui les nient ou les falsifient.

Repentance : acte par lequel une institution (État, entreprise, Église, etc.) reconnaît officiellement une faute commise dans le passé.

NOTION CLÉ

Devoir de mémoire : expression apparue dans les années 1990, qui désigne l'obligation d'entretenir le souvenir des souffrances endurées par les victimes et de réparer le préjudice moral et matériel qu'elles ont subi.

26

1. *Shoah* et le « devoir de mémoire »

L'œuvre de Claude Lanzmann est emblématique, par son titre même, de la volonté de mettre en évidence la spécificité du génocide des juifs. Le cinéaste renonce délibérément à utiliser des images d'archives. Il filme et interroge les témoins survivants avant qu'ils ne disparaissent.
Affiche de *Shoah* de Claude Lanzmann, 1985.

▶ Pourquoi la mémoire de la Seconde Guerre mondiale est-elle aujourd'hui avant tout liée à celle de la Shoah ?

2. L'école et la transmission de la mémoire

Enseigner le passé, c'est la seule façon de l'empêcher de se reproduire. C'est aussi l'unique arme dont nous disposons contre l'indifférence, l'oubli et, pire encore, le négationnisme.

Dans cette perspective, le partenariat étroit qui unit le mémorial de la Shoah[1] au ministère de l'Éducation nationale doit accompagner l'inauguration de ce nouveau bâtiment.

Je demande au ministre de faire en sorte que partout, dans tous les établissements, soit enseignée la Shoah, du CM2 à la troisième et à la première, qu'elle soit enseignée partout, sans aucune restriction. Ses leçons doivent être méditées dans chaque établissement. Sa singularité ne doit jamais pouvoir être remise en cause ni même contestée. Je fais confiance aux enseignants.

La mémoire de la Shoah est bien sûr celle des juifs, qui, depuis 1945, sont des survivants et des témoins.

Mais la mémoire de la Shoah, c'est aussi l'histoire et donc l'affaire de l'Europe et de la France.

L'école de la République, c'est le lieu où notre récit collectif se construit, où les mémoires s'additionnent, se confondent pour faire ce qu'on appelle le récit national, ce qui nous unit tous. Il n'y a pas de concurrence entre les mémoires. Il n'y a pas de hiérarchie entre elles.

Intervention du président de la République François Hollande à l'occasion de l'inauguration du Mémorial de Drancy, 21 septembre 2012.

1. voir doc. 5 p. 31.

▶ Quel doit être le rôle de l'école dans la transmission des mémoires de la Seconde Guerre mondiale ?

3. Se souvenir sans se repentir

Durant la campagne des élections présidentielles de 2007, Nicolas Sarkozy énonce les grandes lignes de la politique mémorielle qu'il souhaite mettre en œuvre à l'Élysée.

Je déteste cette mode de la repentance qui exprime la détestation de la France et de son histoire. Je déteste la repentance qui veut nous interdire d'être fiers de notre pays. Je déteste la repentance qui est la porte ouverte à la concurrence des mémoires. [...]

Voilà ma vérité.

Je suis de ceux qui pensent que la France n'a pas à rougir de son histoire. Je voudrais rappeler à tous ses détracteurs que la France n'a pas commis de génocide. Elle n'a pas inventé la solution finale. La France a inventé les droits de l'homme et est le pays au monde qui s'est le plus battu pour la liberté du monde. Voilà ce qu'est l'histoire de la France ! [...] Durant la guerre tous les Français n'ont pas été pétainistes, il y a eu les héros de la France libre et de la Résistance. Si certains Français ont dénoncé des juifs à la Gestapo, d'autres, plus nombreux, les ont aidés au péril de leur vie, des mères ont caché des enfants juifs parmi leurs propres enfants.

Extraits du discours prononcé à Lyon, 5 avril 2007.

▶ Pourquoi Nicolas Sarkozy s'oppose-t-il à la repentance ?

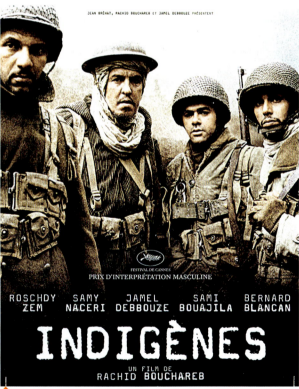

4. Une reconnaissance tardive : les « indigènes » de la République

En 2006, le film *Indigènes* de Rachid Bouchareb rappelle la part prise par les soldats originaires des colonies françaises dans les combats pour la libération de la France et de l'Europe. À la suite de l'émotion suscitée par ce film, leurs pensions, très inférieures à celles des anciens combattants français, ont été revalorisées.

▶ Quel message ce film tente-t-il de faire passer ?

ÉTUDE
La mémoire de la Résistance

→ Voir COURS pp. 22-23.
→ Voir COURS pp. 24-25.

La mémoire de la Résistance se partage entre différents courants et sensibilités. Mais qu'elle soit gaulliste ou communiste, elle célèbre la même France combattante, unie contre l'occupant nazi et ses complices français. Depuis la fin des années 1960, d'autres mémoires de la guerre se sont affirmées. La mémoire de la Résistance a ainsi perdu, dans l'espace mémoriel, le monopole qui était le sien au lendemain de la guerre ; elle demeure toutefois bien vivante par la voix de ses grandes figures. De nombreux musées, mémoriaux ou commémorations entretiennent également son souvenir.

LE SENS DES MOTS

● **Résistantialisme, résistancialisme** : le mot « **résistantialisme** » a été popularisé par le chanoine Desgranges (*Les Crimes masqués du résistantialisme*, 1948), un ancien résistant et député démocrate-chrétien. Il vise à dénoncer les « excès » de l'épuration et l'exploitation de la mémoire résistante à des fins politiques par le PCF. Le terme « **résistancialisme** » n'a pas cette connotation péjorative. Employé par l'historien Henry Rousso, il désigne le mythe d'une France unanimement résistante.

1 La mémoire gaulliste : le mémorial du mont Valérien

Un millier d'otages et de prisonniers ont été fusillés par les Allemands au fort du mont Valérien près de Paris. Le général de Gaulle y inaugure le Mémorial de la France combattante le 18 juin 1960. Une cérémonie est organisée chaque année pour commémorer l'appel du 18 juin, ici en 2002.

2 La mémoire communiste

Affiche des années 1950 à la mémoire des 27 otages exécutés à Châteaubriant (Loire-Atlantique) en 1941, en représailles d'un attentat contre un officier allemand ; parmi eux, Guy Môquet, militant communiste âgé de 17 ans.

3 La construction du mythe d'une France unanimement résistante

Gaullistes et communistes se sont retrouvés pour exagérer l'ampleur du fait résistant au sein de la population, les uns en identifiant la Résistance à une certaine idée de la France tout entière, incarnée par le général à lui tout seul, les autres en décrivant la Résistance comme un vaste mouvement populaire d'insurrection nationale. Ils se sont retrouvés également pour marginaliser le rôle de Vichy, « poignée de traîtres » pour les uns, expression d'une frange de la « bourgeoisie » pour les autres. […]

[Le mythe résistancialiste] a laissé sur la touche d'autres mémoires tout aussi marquées par l'Occupation : les prisonniers de guerre, plus d'un million d'hommes qui n'ont pas connu l'Occupation, sont restés souvent attachés au Pétain de la Grande Guerre […] ; les travailleurs du STO, mémoire honteuse par suite de la glorification outrée du réfractaire[1], assimilé souvent au maquisard ; les déportés raciaux, juifs en tête, ombre insupportable au tableau idyllique, dont le réveil tardif dans les années 1970 a précisément contribué à modifier la représentation des années de guerre ; et peut-être aussi une bonne partie des… résistants eux-mêmes, dépossédés de leur histoire, et dont beaucoup ont été en porte à faux du fait de leurs réserves à l'égard du gaullisme et du communisme.

H. Rousso, *Le Syndrome de Vichy de 1944 à nos jours*, éditions du Seuil, 1987.

1. Personne ayant refusé de travailler pour l'Allemagne au titre du STO.

4 Un témoin engagé : Lucie Aubrac

Grande figure féminine de la Résistance, Lucie Aubrac (1912-2007) a combattu contre les guerres coloniales et en faveur de la cause des femmes. Témoin lors du procès de Klaus Barbie, elle multiplie les interventions dans les établissements scolaires, dont plusieurs portent aujourd'hui son nom.

Tout a changé avec le procès Barbie en 1987. Avant, les anciens déportés et résistants devaient demander à rencontrer les élèves pour entretenir la mémoire de cette période […]. Depuis le procès, en revanche, nous sommes très demandés et nous avons du mal à répondre à toutes les demandes. Il s'agit peut-être d'un effet de génération. Pour les enfants du premier « baby boom », ceux nés entre 1940 et 1960, nous, les résistants, appartenions au passé. Pour les enfants d'aujourd'hui, nous sommes des « consciences » !

L. Aubrac, *Cette exigeante liberté. Entretiens avec Corinne Bouchoux*, L'Archipel, 1997.

▲ Lucie Aubrac devant les élèves du lycée Clemenceau, Nantes, 1997.

5 L'actualité de la Résistance

Cet appel est lancé à Paris par de grandes personnalités de la Résistance, le 8 mars 2004.

Au moment où nous voyons remis en cause le socle des conquêtes sociales de la Libération, nous, vétérans des mouvements de Résistance et des forces combattantes de la France libre (1940-1945), appelons les jeunes générations à faire vivre et retransmettre l'héritage de la Résistance et ses idéaux toujours actuels de démocratie économique, sociale et culturelle. Soixante ans plus tard, le nazisme est vaincu, grâce au sacrifice de nos frères et sœurs de la Résistance et des nations unies contre la barbarie fasciste. Mais cette menace n'a pas totalement disparu et notre colère contre l'injustice est toujours intacte.

Nous appelons, en conscience, à célébrer l'actualité de la Résistance, […] pour que la flamme de la Résistance ne s'éteigne jamais : nous appelons […] les éducateurs, les mouvements sociaux, les collectivités publiques, les créateurs, les citoyens, les exploités, les humiliés, à célébrer ensemble l'anniversaire du programme du Conseil national de la Résistance (CNR) adopté dans la clandestinité le 15 mars 1944 : Sécurité sociale et retraites généralisées, contrôle des « féodalités économiques », droit à la culture et à l'éducation pour tous, une presse délivrée de l'argent et de la corruption, des lois sociales ouvrières et agricoles, etc. Comment peut-il manquer aujourd'hui de l'argent pour maintenir et prolonger ces conquêtes sociales, alors que la production de richesses a considérablement augmenté depuis la Libération, période où l'Europe était ruinée ? […]

Plus que jamais, à ceux et celles qui feront le siècle qui commence, nous voulons dire avec notre affection : « Créer, c'est résister. Résister, c'est créer ».

Parmi les signataires : L. Aubrac, R. Aubrac, S. Hessel, G. Séguy, G. Tillion, J.-P. Vernant.

Questions

▶ Exploiter et confronter les documents

1. Identifiez le symbole sculpté à l'entrée du mémorial du mont Valérien. Quelle mémoire de la guerre veut-il entretenir ? **(doc. 1)**

2. Pourquoi le Parti communiste célèbre-t-il le martyre des fusillés de Châteaubriant ? **(doc. 2)**

3. En quoi consiste la mémoire de la Résistance diffusée par les gaullistes et les communistes ? **(doc. 1 et 2)**

4. Quels sont les aspects consensuels de la mémoire résistante ? Pourquoi a-t-elle rejeté au second plan les autres mémoires de la guerre ? **(doc. 3)**

5. Comment les résistants ont-ils voulu perpétuer le souvenir de la Résistance ? Quelles valeurs cherchent-ils à transmettre ? **(doc. 4 et 5)**

▶ Organiser et synthétiser les informations

6. Montrez que la nature et la place de la mémoire de la Résistance ont évolué depuis 1945.

7. Quelles questions adresseriez-vous à une personnalité de la Résistance qui viendrait témoigner dans votre établissement scolaire ?

ÉTUDE
La mémoire de la Shoah en France

→ Voir COURS pp. 22-23.
→ Voir COURS pp. 24-25.
→ Voir COURS pp. 26-27.

Plus nombreux qu'on ne l'a dit à vouloir exprimer leurs souffrances dès l'époque de la Libération, les survivants du génocide trouvèrent néanmoins une société relativement indifférente à leurs témoignages. C'est alors seulement qu'ils se réfugièrent dans le silence.

Une mémoire juive de la déportation ne s'affirme qu'à partir des années 1960 pour revendiquer le caractère unique de la Shoah et pour combattre la banalisation de son souvenir. Elle rencontre désormais un large écho au sein d'une société soucieuse de mieux cerner les responsabilités du régime de Vichy. Cela a contraint les autorités françaises, longtemps réticentes, à reconnaître officiellement la complicité de l'administration française dans l'exécution des crimes nazis.

1 Retour d'une déportée

Ancienne ministre et survivante d'Auschwitz, Simone Veil est présidente d'honneur de la Fondation pour la mémoire de la Shoah créée en décembre 2000.

Dès le retour des camps, nous avons ainsi entendu des propos plus déplaisants encore qu'incongrus, des jugements à l'emporte-pièce, des analyses géopolitiques aussi péremptoires que creuses. Mais il n'y a pas que de tels propos que nous aurions voulu ne jamais entendre. Nous nous serions dispensés de certains regards fuyants qui nous rendaient transparents. Et puis, combien de fois ai-je entendu des gens s'étonner : « Comment, ils sont revenus ? Ça prouve bien que ce n'était pas si terrible que ça. » Quelques années plus tard, en 1950 ou 1951, lors d'une réception dans une ambassade, un fonctionnaire français de haut niveau, je dois le dire, pointant du doigt mon avant-bras et mon numéro de déportée, m'a demandé avec le sourire si c'était mon numéro de vestiaire ! Après cela, pendant des années, j'ai privilégié les manches longues. […]

Le départ de de Gaulle en janvier 1946 ne m'était pas apparu comme une catastrophe nationale. Il avait tellement voulu jouer la réconciliation entre les Français qu'à mes yeux les comptes de l'Occupation n'étaient pas soldés. Au procès de Laval, comme à celui de Pétain, il n'y avait pas eu un mot sur la déportation. La question juive était complètement occultée. Du haut au bas de l'État, on constatait donc la même attitude : personne ne se sentait concerné par ce que les juifs avaient subi.

S. Veil, *Une Vie*, Stock, 2007.

2 L'avènement du témoin

REGARDS D'HISTORIENS

Dans une première période, celle qui suit immédiatement la Shoah, […] les associations de survivants juifs sont des lieux de sociabilité et d'entraide sans l'ambition de s'adresser à d'autres qu'à ceux qui ont vécu la même expérience. […] Ainsi, la mémoire individuelle, inscrite dans celle d'un groupe clos, se construit dès l'événement. Mais cette mémoire n'est pas dans l'air du temps […]. Pour que le souvenir du génocide pénètre le champ social, il faut que […] le témoignage notamment, un des vecteurs essentiels de la mémoire, se charge d'un sens qui dépasse l'expérience individuelle […].

Le procès Eichmann[1] marque un véritable tournant dans l'émergence de la mémoire du génocide, en France, en Allemagne, aux États-Unis comme en Israël. […] Pour la première fois, un procès se fixe comme objectif explicite de donner une leçon d'histoire. Pour la première fois, apparaît le thème de la pédagogie et de la transmission […]. Le procès Eichmann marque aussi l'avènement du témoin. En effet, à la différence du procès de Nuremberg où l'accusation s'était fondée principalement sur des documents, le procureur israélien, Gideon Hausner, décide de construire la scénographie du procès sur la déposition des témoins […]. Le procès Eichmann a libéré la parole des témoins. Il a créé une demande sociale de témoignages, comme le feront en France d'autres procès ultérieurs, ceux de Klaus Barbie, Paul Touvier et Maurice Papon. Avec le procès Eichmann, le survivant des camps et ghettos acquiert son identité de survivant parce que la société la lui reconnaît.

Yves Léonard, « La mémoire de la Shoah », *La Mémoire, entre histoire et politique, Les Cahiers français*, La Documentation française, juillet-août 2001.

[1]. Dirigeant nazi responsable des déportations juives en Europe, capturé en Argentine par les services secrets israéliens en 1960, jugé à Jérusalem et condamné à mort en 1961.

▶ Eichmann devant ses juges en 1961.

3 La République peut-elle assumer les crimes de l'État français ?

Le président de la République François Mitterrand répond aux questions du journaliste Jean-Pierre Elkabach.

Question : Au bout du compte, quel est votre propre jugement sur le régime de Vichy ? Est-ce qu'il y a des choses qui sont aujourd'hui, pour vous, condamnables et irréparables ?

Le président : Écoutez, cela fait combien de fois que je le dis ? La première chose condamnable pour Vichy, c'est d'avoir tiré un trait sur la République. C'était un acte vraiment intolérable et c'est comme cela que s'est installé un état de fait. [...]

Question : [...] Pourquoi la France ne demanderait-elle pas pardon des crimes et des horreurs qui ont été commises à cette époque-là, parfois en son nom ?

Le président : Non, non. La République n'a rien à voir avec cela. Et j'estime moi, en mon âme et conscience, que la France non plus n'en est pas responsable, que ce sont des minorités activistes qui ont saisi l'occasion de la défaite pour s'emparer du pouvoir et qui sont comptables de ces crimes-là. Pas la République, pas la France. Et donc je ne ferai pas d'excuses au nom de la France. Et j'ai déjà dit cela. [...]

Interview du 12 septembre 1994, palais de l'Élysée.

4 Les « fautes du passé »

Peu après son accession à la présidence de la République, Jacques Chirac décide de reconnaître officiellement les responsabilités de l'État français dans la déportation des juifs.

Il est, dans la vie d'une nation, des moments qui blessent la mémoire, et l'idée que l'on se fait de son pays. [...] Il est difficile de les évoquer, aussi, parce que ces heures noires souillent à jamais notre histoire, et sont une injure à notre passé et à nos traditions. Oui, la folie criminelle de l'occupant a été secondée par des Français, par l'État français. Il y a cinquante-trois ans, le 16 juillet 1942, 450 policiers et gendarmes français, sous l'autorité de leurs chefs, répondaient aux exigences des nazis. [...] La France, patrie des Lumières et des droits de l'homme, terre d'accueil et d'asile, la France, ce jour-là, accomplissait l'irréparable. Manquant à sa parole, elle livrait ses protégés à leurs bourreaux. [...]

Certes, il y a les erreurs commises, il y a les fautes, il y a une faute collective. Mais il y a aussi la France, une certaine idée de la France, droite, généreuse, fidèle à ses traditions, à son génie. Cette France n'a jamais été à Vichy. Elle n'est plus, et depuis longtemps, à Paris. Elle est dans les sables libyens et partout où se battent des Français libres. Elle est à Londres, incarnée par le général de Gaulle. Elle est présente, une et indivisible, dans le cœur de ces Français, ces « Justes parmi les nations » qui, au plus noir de la tourmente, en sauvant au péril de leur vie, comme l'écrit Serge Klarsfeld, les trois quarts de la communauté juive résidant en France, ont donné vie à ce qu'elle a de meilleur. Les valeurs humanistes, les valeurs de liberté, de justice, de tolérance qui fondent l'identité française et nous obligent pour l'avenir.

Allocution du président de la République Jacques Chirac, prononcée lors des cérémonies commémorant la grande rafle des 16 et 17 juillet 1942, 16 juillet 1995.

5 Le Mur des noms au Mémorial de la Shoah

Le Mémorial de la Shoah a été inauguré en janvier 2005 à Paris, sur le site du Mémorial du martyr juif inconnu, qui avait été édifié en 1956. Sur le Mur des noms ont été gravés ceux de 76 000 juifs, dont 11 000 enfants, déportés de France vers les camps d'extermination nazis

Questions

▶ **Exploiter et confronter les documents**

1. Comment la question de la déportation et du génocide des juifs a-t-elle été abordée au lendemain de la guerre ? **(doc. 1)**

2. Quand la mémoire juive de la Shoah s'est-elle réveillée et pourquoi ? **(doc. 2)**

3. Comment se transmet la mémoire de la Shoah ? **(doc. 2 et 5)**

4. Pourquoi François Mitterrand se refuse-t-il à adresser les excuses de la France au sujet de la déportation des juifs ? **(doc. 3)**

5. En quoi la position du président Chirac est-elle nouvelle ? **(doc. 4)**

▶ **Organiser et synthétiser les informations**

6. Comment la mémoire de la déportation des juifs s'est-elle transmise en France depuis la fin de la Seconde Guerre mondiale ?

ÉTUDE
L'histoire des femmes et la mémoire de la guerre

→ Voir **COURS** pp. 24-25.

De plus en plus nombreuses sont aujourd'hui les recherches historiques qui s'interrogent sur les violences spécifiques infligées aux femmes, longtemps occultées par la mémoire collective après la Seconde Guerre mondiale.

1 Les « tontes » de la Libération — REGARDS D'HISTORIENS

À la Libération, environ 20 000 femmes ont été rasées en public, dans la majorité des cas pour avoir eu des relations sexuelles avec des soldats allemands. Mais beaucoup d'autres l'ont été pour d'autres motifs (collaborationnisme, dénonciation, etc.).

Les « tontes » de femmes sont une violence spécifique aisément identifiable [...]. Pour une bonne partie de la population, il s'agit de la première violence exercée contre l'ennemi, ou plutôt contre celle qui l'incarne. Elle lui permet de passer de la violence subie de l'Occupation, à une violence donnée. Enfin redevenue actrice, [une bonne partie de la population] s'affirme dans une identité commune patriotique [...]. Toutefois [...] la volonté d'agir sur l'événement, de participer à la reconstruction d'une nation purifiée et forte, s'accompagne de l'aspiration à s'éloigner d'une situation de violence guerrière [...]. Le changement d'image des acteurs de la tonte manifeste le basculement entre la volonté d'effacer toutes les marques de la trahison et celle d'en finir avec la guerre. Le passage pour la « tondue » du statut de coupable à celui de victime, et la disparition de l'aura éphémère du tondeur, rejeté au rang de résistant de la dernière heure, voire de lâche, est un processus assez long. La « tondue de Nevers » dans *Hiroshima mon amour*[1], en 1960, marque probablement le terme de ce retournement au moment où apparaît le mythe du peuple résistant.

Fabrice Virgili, *La France « virile » : des femmes tondues à la Libération*, Petite Bibliothèque Payot, 2004.

1. Film d'Alain Resnais sur un scénario de Marguerite Duras, 1959.

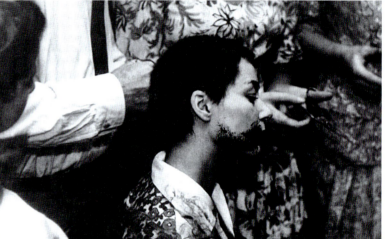

▲ Extrait du film *Hiroshima mon amour* (1959).

2 Les violences de l'armée américaine — REGARDS D'HISTORIENS

Dans un ouvrage récent, l'historienne américaine Mary Louise Roberts a enquêté sur les violences sexuelles perpétrées par les soldats des États-Unis au lendemain du débarquement de Normandie.

Il y a eu des viols et des crimes partout où les G. I.[1] étaient stationnés, à Reims, Cherbourg, Brest, Le Havre, Caen [...]. Selon les statistiques du chef de la police militaire en Europe, 152 soldats américains ont été traduits en justice pour viols entre juin et octobre 1944 [...]. On s'aperçoit que l'armée a surtout poursuivi les soldats noirs en cour martiale [...] : sur les 152 accusés, 139 étaient des Noirs, soit 75 %, alors qu'ils ne formaient que 10 % des troupes sur le théâtre européen. Les États-Unis ont « racialisé » les viols. Mais il y a eu aussi une part de racisme de la part des Françaises qui portaient ces accusations.

Comment votre livre a-t-il été accueilli aux États-Unis ? [...]

Le livre a dérangé beaucoup de gens. Je reçois des courriels hostiles tous les jours. On me reproche de jeter l'opprobre sur les G. I. Mais je ne cherche pas à offenser. Je cherche simplement à faire entrer les Français dans un tableau dont ils ont été presque complètement effacés. En France, l'archiviste de Saint-Lô (Manche), Alain Talon, me l'a dit : « Vous, vous pouvez écrire ce livre, pas nous ». Les Français ne veulent pas apparaître ingrats. Même soixante-dix ans plus tard.

Mary Louise Roberts, « Le sexe a été une manière d'assurer la domination américaine », propos recueillis par Corine Lesnes, *Le Monde*, 18 juillet 2013.

1. Acronyme désignant couramment les soldats de l'armée des États-Unis.

Consigne

• Montrez comment l'histoire des femmes contribue à faire évoluer aujourd'hui la mémoire des événements de la Libération.

▶ **Aide pour répondre à la consigne**

1. Comment l'historien F. Virgili interprète-t-il les « tontes » de femmes à la Libération ? **(doc. 1)**

2. En quoi le film *Hiroshima mon amour* témoigne-t-il d'un renversement de l'image des femmes tondues à partir de 1960 ? **(doc. 1)**

3. Comment les viols commis par les soldats américains en France ont-ils été sanctionnés ? Pourquoi ont-ils été occultés par la suite, en France comme aux États-Unis ? **(doc. 2)**

L'histoire de la Seconde Guerre mondiale dans les manuels scolaires

→ Voir **COURS** pp. 24-25.
→ Voir **COURS** pp. 26-27.

Depuis l'inscription de la Seconde Guerre mondiale dans les programmes d'histoire à l'école primaire en 1962, les manuels scolaires ont pris en compte le renouvellement des recherches historiques sur la période de l'Occupation. C'est notamment le cas en ce qui concerne le rôle du régime de Vichy et la Shoah. Les manuels ont ainsi contribué à l'évolution des mémoires de la Seconde Guerre mondiale.

1 Extraits d'un manuel de 1964

La défaite de la France entraîna la fin de la IIIe République. Un nouveau gouvernement, dont le maréchal Pétain était le chef, s'installa à Vichy.

À la suite de l'invasion, les armées allemandes sont demeurées en France ; les Allemands étaient les maîtres chez nous. Ils réquisitionnaient le blé, les pommes de terre, le bétail, qu'ils expédiaient en Allemagne. Nos usines devaient travailler pour eux ; des milliers d'ouvriers français furent emmenés pour travailler dans les usines allemandes […].

La majorité des Français refusaient d'obéir aux Allemands et de les aider. Beaucoup de patriotes décidèrent de leur résister. Ils sabotèrent le travail dans les usines ; ils se cachèrent pour ne pas aller travailler en Allemagne.

Poursuivis par la police allemande, la Gestapo, les résistants se réfugiaient dans le maquis, c'est-à-dire les forêts et les montagnes ; on les appelait les maquisards. À l'aide de la radio, ils renseignaient les Alliés. Mais quand la Gestapo en arrêtait, elle les torturait, les fusillait ou bien les déportait dans des camps de concentration, à Dachau, Auschwitz. Il y eut de véritables massacres, comme à Oradour.

E. Billebault, *Histoire de la France et des Français*, cours moyen, éditions de l'École, 1964.

2 Extraits d'un manuel de 1997

L'Occupation

Les Français vivent, durant ces quatre années, **sous l'occupation allemande**. Ils connaissent alors une période très dure : privations pour tous, arrestations, déportation et souvent la mort pour ceux qui résistent. **Les juifs déportés** dans des camps de concentration **sont exterminés**.

Durant ces épreuves, la plus grande partie de la population cherche avant tout à survivre. Il faut se procurer de la nourriture, des vêtements, du charbon pour se chauffer, toutes choses qui sont devenues très rares du fait de la guerre.

Pendant que certains, comme le maréchal Pétain, **collaborent** avec l'occupant **nazi** et se mettent à son service – et même combattent sous l'uniforme allemand –, d'autres résistent.

Vocabulaire

Collaboration : les collaborateurs acceptaient de s'entendre avec l'occupant nazi.

Déportation : les personnes déportées étaient envoyées dans des camps où les mauvais traitements entraînaient le plus souvent la mort.

Nazi : les nazis (membres du parti « National-Socialiste » allemand) considéraient les Allemands comme une race supérieure et haïssaient les juifs.

▲ **Vieil homme juif dans Paris occupé**
À partir de 1942, les juifs sont obligés de porter une étoile jaune sur leurs vêtements.

Histoire, cycle 3, collection Gulliver, Nathan, 1997.

Consigne

- Analysez les changements intervenus dans l'enseignement de l'histoire de la Seconde Guerre mondiale à l'école et expliquez-en les raisons.

▶ **Aide pour répondre à la consigne**
1. Comment ces deux manuels envisagent-ils le rôle du maréchal Pétain ? **(doc. 1 et 2)**
2. Comment la Résistance est-elle présentée ? **(doc. 1 et 2)**
3. En quels termes la déportation est-elle évoquée ? **(doc. 1 et 2)**

L'historien et les mémoires de la Seconde Guerre mondiale en France

L'essentiel

1 Une mémoire sélective (1945-1958)

- **Tourner la page.** La priorité du gouvernement provisoire qui succède à l'État français est de refermer au plus vite la « parenthèse » vichyste. Les principaux acteurs de celle-ci sont condamnés, alors que son importance est minimisée par la promotion du mythe d'une France unanimement résistante.

- **Deux mémoires dominantes.** Pour les gaullistes, cela permet de glorifier l'action de leur leader et d'effacer l'humiliation de la défaite de 1940. Les communistes jouent sur le patriotisme en soulignant le sacrifice de leurs « 75 000 fusillés ». Dans ce contexte, qui met en avant l'action héroïque des résistants, la mémoire des victimes juives de la déportation ne rencontre guère d'écho.

2 Le temps des remises en cause (1958-1980)

- **L'histoire revisitée.** Dans les années 1970, sous l'impulsion de cinéastes comme Marcel Ophüls ou d'historiens comme Robert Paxton, le mythe d'une France tout entière résistante s'effrite. Un nouveau regard est porté sur les années noires.

- **L'affirmation de la mémoire juive.** C'est dans ce contexte qu'émerge une mémoire juive portée par des associations comme celle de Serge Klarsfeld. Celles-ci ont pour ambition de faire reconnaître le caractère spécifique de la déportation des juifs durant la guerre, ainsi que le rôle actif de l'État français dans celle-ci.

3 Le temps de l'apaisement (depuis 1981) ?

- **L'État reconnaît son implication.** En 1992, François Mitterrand est le premier président à commémorer la rafle du Vél' d'Hiv. Son successeur Jacques Chirac va plus loin en reconnaissant officiellement en 1995 l'implication de l'État français dans la déportation.

- **Des conflits mémoriels moins violents.** Au début des années 2000, la mémoire des combattants coloniaux de la guerre est ravivée et officiellement reconnue. Celle des voisins allemands, ennemis devenus partenaires, est également mieux prise en compte dans un souci de réconciliation.

LES DATES CLÉS

1945 : Procès du maréchal Pétain.

1964 : Transfert des cendres de Jean Moulin au Panthéon.

1973 : Robert Paxton publie *La France de Vichy*.

1985 : *Shoah* de Claude Lanzmann.

1990 : Loi Gayssot.

1995 : J. Chirac reconnaît la responsabilité de l'État français dans la déportation des juifs.

LES MOTS CLÉS

- Devoir de mémoire
- Déportation
- Épuration
- Résistance
- Shoah

LE SENS DES MOTS

- **Génocide, holocauste et Shoah**

En 1944, le juriste américain Raphaël Lemkin invente le terme de **génocide** (du grec *genos*, « espèce » et du latin *caedere*, « tuer ») pour désigner la spécificité du crime commis par les nazis, à savoir la tentative d'extermination préméditée d'un groupe humain dans son entier. À partir des années 1970, le terme **holocauste**, qui désignait dans l'Antiquité grecque un sacrifice par immolation, se diffuse principalement dans le monde anglo-saxon pour désigner la politique d'extermination des nazis. Ce terme est concurrencé, principalement dans le monde francophone, par celui de **Shoah**, qui signifie en hébreu « anéantissement » et qui fut choisi par Claude Lanzmann comme titre pour son célèbre film de 1985.

- **Négationnisme et révisionnisme**

Le terme **négationnisme** a été inventé par l'historien Henry Rousso en 1987 pour qualifier les thèses de ceux qui nient la réalité de l'extermination des juifs d'Europe par les nazis durant la Seconde Guerre mondiale. Il vise à placer hors du débat historiographique ces personnes, qui préfèrent se qualifier de **révisionnistes**, prétendant réviser la lecture du passé et non en nier la réalité. Depuis la loi Gayssot de 1990, les thèses négationnistes sont réprimées par la loi française.

RÉVISION BAC

Schéma de synthèse

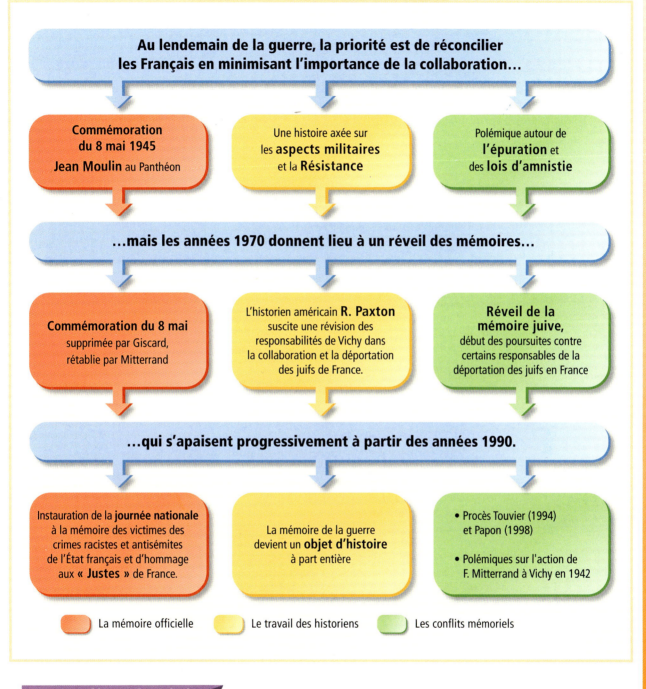

Au lendemain de la guerre, la priorité est de réconcilier les Français en minimisant l'importance de la collaboration...

- Commémoration du 8 mai 1945. Jean Moulin au Panthéon
- Une histoire axée sur les **aspects militaires** et la **Résistance**
- Polémique autour de l'**épuration** et des **lois d'amnistie**

...mais les années 1970 donnent lieu à un réveil des mémoires...

- Commémoration du 8 mai supprimée par Giscard, rétablie par Mitterrand
- L'historien américain **R. Paxton** suscite une révision des responsabilités de Vichy dans la collaboration et la déportation des juifs de France.
- **Réveil de la mémoire juive**, début des poursuites contre certains responsables de la déportation des juifs en France

...qui s'apaisent progressivement à partir des années 1990.

- Instauration de la **journée nationale** à la mémoire des victimes des crimes racistes et antisémites de l'État français et d'hommage aux « **Justes** » de France.
- La mémoire de la guerre devient un **objet d'histoire** à part entière
- Procès Touvier (1994) et Papon (1998)
- Polémiques sur l'action de F. Mitterrand à Vichy en 1942

Légende :
- 🟧 La mémoire officielle
- 🟨 Le travail des historiens
- 🟩 Les conflits mémoriels

Pour aller plus loin

À LIRE

- Lucie Aubrac, *Cette exigeante liberté*. Entretiens avec Corinne Bouchoux, éditions de l'Archipel, 1997.
- Robert Paxton, *La France de Vichy*, Le Seuil, 1973.
- Henry Rousso, *Le Syndrome de Vichy*, Le Seuil, 1987.
- Henry Rousso, *La Hantise du passé*, Textuel, 1998.

À VOIR

- Alain Resnais, *Nuit et Brouillard*, 1956.
- Marcel Ophüls, *Le Chagrin et la pitié*, 1971.
- Louis Malle, *Lacombe Lucien*, 1974.
- Claude Lanzmann, *Shoah*, 1985.
- Rachid Bouchareb, *Indigènes*, 2006.

À CONSULTER

- www.memorial-caen.fr
- www.memorialdelashoah.org
- www.fondationresistance.com

Chapitre 1. L'HISTORIEN ET LES MÉMOIRES DE LA SECONDE GUERRE MONDIALE EN FRANCE

BAC — Analyse de document

Analyser un texte

1	Analyser un texte	
2	Analyser une photographie	p. 84
3	Analyser un document statistique	p. 110
4	Analyser deux documents de nature différente	p. 140
5	Analyser deux documents aux points de vue opposés	p. 164

▶ **Sujet :** L'État et les mémoires de la Seconde Guerre mondiale en France

Consigne : Analysez ce document afin de mettre en valeur la manière dont a évolué le rôle de l'État dans la construction des mémoires de la Seconde Guerre mondiale en France. Montrez que ce document peut être critiqué en raison de la politique mémorielle qu'il défend.

Pourquoi une journée nationale de la Résistance ?

Le 25 juin 2013, la Commission parlementaire de la défense nationale et des forces armées examine la proposition de loi, adoptée par le Sénat, relative à l'instauration du 27 mai comme journée nationale de la Résistance.

En cette année de célébration du soixante-dixième anniversaire de la création du Conseil national de la Résistance, le texte propose de fixer au 27 mai, date de sa première réunion, la journée nationale de la Résistance. [...] Selon les mots de Jean Moulin, le 27 mai constitue « la première réunion d'une assemblée représentative de la France résistante, la première également depuis la trahison de l'Assemblée nationale, le 10 juillet 1940 ». [...]

Cette loi ne participe pas à l'inflation commémorative de ces dernières années constatée par le rapport Kaspi[1] et liée à l'émergence d'un certain « clientélisme » ou « communautarisme » mémoriel[2]. Elle prétend, au contraire, unifier la mémoire de la Résistance en mettant en place des pratiques commémoratives communes, à l'image de celles liées au souvenir de la Grande Guerre. Elle n'est pas non plus une loi mémorielle, qui viserait à faire dire à l'Histoire ce qu'elle n'est pas, à imposer un prisme. Cette proposition de loi ne crée pas d'interprétation, elle ne dit pas l'Histoire ; elle est tout simplement une loi du souvenir, une loi pour ne pas oublier.

Plusieurs rendez-vous du calendrier commémoratif sont aujourd'hui liés au souvenir de la Seconde Guerre mondiale ou de la Résistance mais aucun ne permet d'en restituer toute la signification. La journée nationale du souvenir des victimes et héros de la déportation, la journée nationale à la mémoire des victimes des crimes racistes et antisémites de l'État français, et le 8 mai ne concernent ainsi la Résistance que de façon incidente.

Émilienne Poumirol, députée et rapporteuse de la proposition de loi.

1. En 2008, le gouvernement charge l'historien André Kaspi d'une réflexion sur la modernisation des commémorations publiques. Son rapport propose des solutions afin de lutter contre l'inflation commémorative qui mène à un « désintérêt généralisé » du public pour ces cérémonies.
2. L'auteure fait aussi référence à d'autres mémoires que celles de la Seconde Guerre mondiale.

---

1 Rappelez qui est Jean Moulin ainsi que l'importance de son œuvre.

2 Trouvez des exemples.

3 Montrez que des mémoires concurrentes ont existé.

4 Pourquoi cette mémoire, prise comme modèle, est-elle plus consensuelle ?

5 Que reprochent certains historiens à ce type de loi ?

6 Expliquez ce qu'est le « devoir de mémoire ».

7 Que cela révèle-t-il sur l'évolution des mémoires ?

36

Méthode	Application guidée
1 Identifier la nature du texte : les sources écrites sont variées : texte littéraire, texte savant (essai, philosophie, histoire, etc.), témoignage, article de presse, texte législatif ou juridique (loi, traité, Constitution, etc.), texte politique (programme, discours), etc.	➡ Il s'agit d'un discours politique. Les discours politiques ont des objectifs précis : convaincre, justifier une action, présenter un programme, etc. Celui-ci vise à convaincre du bien-fondé d'un projet de loi.
2 Identifier l'auteur et les destinataires du texte : utilisez vos connaissances pour le situer (sa fonction, ses idées et son rôle historique). Cela permet de comprendre **ses intentions** et de poser un regard critique sur le document. Le destinataire détermine le **ton et les arguments employés**. À qui et à quel usage ce texte est-il destiné ?	➡ Émilienne Poumirol est une députée socialiste inconnue du grand public. Il n'est pas nécessaire de la connaître pour comprendre et analyser le document. ➡ Ici, les destinataires sont les députés de la Commission chargée d'étudier le projet de loi. L'auteure s'adresse donc à un public éclairé, qui maîtrise le sujet débattu, et leur présente des arguments afin d'emporter leur adhésion.
3 Identifier le contexte du document : la date à laquelle le document est écrit, la date des faits relatés et la date de publication peuvent être toutes les trois différentes. Il ne faut pas les confondre. Le contexte social, politique, culturel, économique ou militaire qui a conduit l'auteur à rédiger le texte doit être explicité.	➡ Le document qui date de 2013 s'inscrit dans un contexte d'apaisement des conflits mémoriels après plusieurs décennies d'oubli, de désunion puis de réveil des mémoires de la Seconde Guerre mondiale.
4 Dégager les idées générales du document : lisez la consigne puis le texte (et les notes explicatives s'il y en a) : • une première fois pour en repérer le **thème principal** ; • puis plusieurs fois le crayon en main pour : – **repérer les termes importants**, les éléments qu'il faudra expliquer (dates, personnages, allusions, etc.), – **souligner et annoter** les passages utiles.	*Exemple* ➡ **Thème principal :** il s'agit ici de faire adopter une « journée nationale de la Résistance » malgré « l'inflation commémorative » constatée au XXIe siècle. **CONSEIL** Explicitez et justifiez le choix de la date du 27 mai. Relevez ce qui permet à l'auteure de dire qu'il ne s'agit pas d'une loi mémorielle.
5 Dégager l'intérêt historique du document : il s'agit d'interroger l'apport du document. – Quel est son intérêt pour la compréhension de la question historique étudiée ? – Quelles sont aussi ses **limites** ? Omet-il des éléments ? **Confrontez** le document à vos connaissances personnelles et éventuellement à d'autres sources **(→ BAC p. 164)**. – Quelle est la portée du document ?	➡ Montrez que ce document permet à l'historien de saisir certaines évolutions de l'État vis-à-vis de la mémoire de la guerre. ➡ Ce discours peut-être critiqué : quelle contradiction révèle-t-il de la part du gouvernement ? ➡ La date récente ne permet pas encore d'en mesurer la portée.
6 Organiser votre réponse : au brouillon, élaborez la structure de la réponse. La consigne propose souvent un plan à suivre.	➡ La consigne propose de mettre en valeur une évolution et suggère donc un plan chronologique.
7 Rédiger une réponse à la consigne : – Respectez la règle « une idée par paragraphe » et soignez l'expression écrite. – Prélevez des informations en citant le texte entre guillemets. – Éclairez, confirmez, nuancez, ce que dit l'auteur à l'aide d'exemples datés, localisés, chiffrés, etc. ⚠ **Attention !** Deux pièges sont à éviter : – la paraphrase, qui consiste à répéter le texte sans l'expliquer ; – utiliser le texte comme un prétexte à une récitation du cours.	➡ Présentez le document. Expliquez tout d'abord les conflits de mémoire que le texte évoque (encadrés 3 et 4). Montrez qu'il permet d'identifier les mémoires prédominantes que l'État français a choisi d'encourager dans les années 1980 (encadré 7), ainsi que le « devoir de mémoire » né dans les années 1990 (encadrés 5 et 6). Montrez que ce projet de loi révèle un retour à une mémoire plus consensuelle (encadré 1), mais que cette politique suscite des critiques (encadré 2).

BAC Composition

Analyser le sujet

①	Analyser le sujet	
②	Formuler une problématique	p. 86
③	Organiser ses idées	p. 112
④	Construire une argumentation	p. 142
⑤	Rédiger une introduction	p. 166
⑥	Rédiger une conclusion	p. 184
⑦	Rédiger et présenter une composition	p. 202

À savoir
L'analyse du sujet se fait au **brouillon**. Elle permet de **comprendre l'énoncé** de la consigne et ainsi d'**éviter les contresens et le hors-sujet**. Elle doit mener à l'élaboration de la **problématique**.

▶ **Sujet :** Les mémoires de la Seconde Guerre mondiale en France depuis 1945

- Le pluriel est important : il suppose des mémoires multiples selon les groupes et les époques.
- Une période de conflit qui a provoqué un traumatisme considérable.
- Un pays occupé, où l'unité de la nation a été rompue.
- La date de fin n'est pas précisée, le sujet porte donc jusqu'à nos jours et invite à mettre en valeur des évolutions.

Méthode

① Définir les termes du sujet : pour cela, il faut recopier le sujet sur une feuille de brouillon, repérer les mots-clés et s'interroger sur chacun d'eux.
– **Quoi ?** Définir le phénomène historique désigné par le sujet. Utiliser pour cela les définitions du cours et donner s'il le faut des synonymes. Chaque mot a un sens qu'il s'agit de bien interpréter.
– **Qui ?** Définir précisément les acteurs.

– Ne pas oublier qu'un phénomène historique doit souvent être étudié sous différents aspects : économique, politique, social, culturel, etc.

② Définir le cadre spatio-temporel du sujet : les questions où ? quand ? sont nécessaires pour ne pas dépasser le sujet (ce qui mène à des hors-sujet) et pour ne pas le restreindre (ce qui mène à un devoir incomplet).
– **Le cadre chronologique :** lorsque aucune indication n'est donnée, il faut fixer soi-même le champ chronologique du sujet. Dans tous les cas, il faut justifier le choix des dates dans l'introduction.
– **Le cadre spatial :** il doit lui aussi être justifié.

③ Formuler la problématique (→ BAC p. 86) : Cette **question simple** est le **fil directeur** du sujet. Si le sujet a été correctement analysé, elle devrait en découler naturellement.

Application guidée

➡ Qu'entend-on par « mémoires » ? Interrogez-vous sur le pluriel du mot.
En quoi les mémoires se différencient-elles de l'histoire ?

➡ Les acteurs :
– survivants du génocide et autres déportés, prisonniers de guerre, résistants, individus favorables à Vichy, collaborateurs, etc. ;
– les générations suivantes, notamment les enfants des premiers ;
– les historiens ;
– le pouvoir politique.

➡ Les mémoires sont un objet d'étude pour l'historien. Montrez qu'elles sont aussi un enjeu politique et social pour les Français.

➡ Le sujet débute avec l'immédiat après-guerre et se prolonge jusqu'à nos jours. Il appelle donc un plan chronologique mettant en valeur les étapes d'apparition des différentes mémoires sur la scène publique.

➡ Rappelez la situation particulière de la France pendant le conflit : un pays occupé, dont l'État et certains Français font le choix de la collaboration, alors que d'autres font celui de la Résistance.

Exemple
Comment se construisent et évoluent les mémoires de la Seconde Guerre mondiale en France depuis la fin du conflit ?

38

BAC BLANC

Analyse de documents

▶ **Sujet :** La mémoire de la Résistance

Consigne : À partir de l'analyse de ces deux documents, montrez la place et les usages de la mémoire de la Résistance dans la vie politique française.
En confrontant ces deux documents, expliquez l'expression « mémoires concurrentielles ».

1 La commémoration du souvenir de Guy Môquet dans les lycées

Guy Môquet, jeune militant du PCF, est arrêté le 13 octobre 1940 par la police française pour avoir distribué des tracts communistes. Détenu pendant un an, il est fusillé à Châteaubriant avec 26 autres otages en représailles de l'assassinat d'un officier allemand par un commando de trois jeunes résistants communistes.

Le 22 octobre 2007, le président de la République commémorera le souvenir de Guy Môquet, cet élève résistant du lycée Carnot arrêté à 16 ans en octobre 1940, puis fusillé le 22 octobre 1941 après avoir adressé, la veille de sa mort, une lettre poignante à sa mère. Cet épisode n'est malheureusement pas le seul moment tragique de cette période sombre, mais il fait partie des temps forts de l'histoire de notre pays et, à ce titre, mérite de servir d'exemple à la jeune génération. La commémoration de la mort de Guy Môquet, de ses 26 compagnons d'infortune et de tous les autres fusillés est en effet l'occasion de rappeler aux élèves des lycées l'engagement des jeunes gens et jeunes filles de toutes régions et de tous milieux qui firent le choix de la résistance, souvent au prix de leur vie. [...] Tous ces jeunes Français d'alors, passionnément attachés à la liberté au point de sacrifier leur propre vie pour défendre celle des autres, constituent un formidable exemple pour les jeunes d'aujourd'hui. Leur mémoire évoque les valeurs de liberté, d'égalité et de fraternité qui font la force et la grandeur de notre pays et qui appellent le sens du devoir, le dévouement et le don de soi. [...] Individuelle ou collective, nationale et européenne, la mémoire de la Seconde Guerre mondiale est encore aujourd'hui une condition du vivre ensemble [...]. C'est pourquoi je demande aux chefs d'établissement de mobiliser les équipes éducatives autour de ce souvenir et de ce qu'il signifie. La commémoration au cours de la matinée du 22 octobre commencera par la lecture, en classe ou en grand groupe selon le choix des établissements, de la lettre de Guy Môquet.

Le ministre de l'Éducation nationale, Xavier Darcos, encart du Bulletin officiel de l'éducation nationale du 2 août 2007 adressé aux recteurs, inspecteurs et proviseurs.

2 Affiche du Parti communiste français pour la fête de l'Humanité (septembre 2007)

CHAPITRE 2
L'HISTORIEN ET LES MÉMOIRES DE LA GUERRE D'ALGÉRIE

La guerre d'Algérie a laissé des traces profondes dans les sociétés française et algérienne. Les accords d'Évian, signés en 1962, étaient censés mettre un terme au conflit entre les deux pays. Pourtant, un demi-siècle plus tard, la guerre continue de faire l'objet de polémiques de part et d'autre de la Méditerranée. Dans ce contexte, le travail des historiens est à la fois compliqué et plus que jamais nécessaire.

PROBLÉMATIQUES

- Pourquoi la France et l'Algérie ne parviennent-elles pas à forger une mémoire commune autour de la guerre qui les a opposées ?
- Pourquoi au sein de la société française plusieurs mémoires de la guerre s'opposent-elles et en quoi cela rend-il le travail des historiens difficile ?

1 **Une mémoire qui s'apaise peu à peu entre les États...**
En visite officielle en Algérie en mars 2003, le président français Jacques Chirac (qui a pris part à la guerre d'Algérie en tant qu'appelé), accompagné de son homologue algérien Abdelaziz Bouteflika (qui combattait à l'époque dans les rangs du FLN), est accueilli chaleureusement par la population d'Oran.

| 1960 | 1970 | 1980 | 1990 | 2000 | 2010 |

- **10 avril 1975** Giscard d'Estaing, 1er président français en visite officielle en Algérie
- **Guerre civile en Algérie 1992-2002**
- **3 juillet 1962** Indépendance de l'Algérie
- **Mars 1962** Amnistie en France pour les faits commis durant la guerre
- **15 juillet 1970** 1re loi d'indemnisation des rapatriés d'Algérie
- **Avril 1980** « Printemps berbère » en Algérie
- **8 nov. 1983** Chadli Bendjedid, 1er président algérien en visite officielle en France
- **18 oct. 1999** Loi française officialisant l'appellation « guerre d'Algérie »
- **2001** Émeutes en Kabylie
- **2005** Débats en France sur le caractère « positif de la présence française outre-mer »

2 ... Mais qui demeure conflictuelle dans la société française

Le 13 mai 2008, cinquantième anniversaire du retour au pouvoir du général de Gaulle, des centaines de rapatriés d'Algérie (pieds-noirs, harkis et anciens combattants) manifestent à Marseille.

Retour sur... La guerre d'Algérie

Grands repères — Des épisodes qui ont marqué les mémoires

Mai 1945 – Les massacres de Sétif et Guelma

Reddition des insurgés algériens aux autorités françaises, 15 mai 1945.

Le 8 mai 1945, des nationalistes algériens profitent des défilés célébrant la victoire de la France sur l'Allemagne pour faire entendre leurs revendications. À Sétif et à Guelma, dans l'est de l'Algérie, la police tire sur les manifestants. Suivent de violentes échauffourées qui donnent lieu à la mort de 103 pieds-noirs. Dans les jours qui suivent, l'armée française appuyée par des milices de pieds-noirs se livre à une répression sanglante (entre 8 000 et 20 000 Algériens tués selon les historiens).

1954-1957 – Terreur et répression

Des parachutistes français fouillent des Algérois à la recherche d'armes dans la casbah d'Alger, 1957.

Le 1er novembre 1954, le FLN organise une vague d'attentats en Algérie : c'est la « Toussaint rouge ». En réaction, le gouvernement français décide d'augmenter les effectifs militaires en Algérie. C'est le début de la guerre d'Algérie qui atteint son apogée trois ans plus tard lors de la « bataille d'Alger ». Cette opération, efficace sur le plan militaire, crée un malaise dans l'opinion publique métropolitaine qui dénonce l'usage de la torture par les militaires.

4 juin 1958 – Le malentendu

De Gaulle s'adresse aux partisans de l'Algérie française massés sur la place du Forum à Alger.

Le 4 juin 1958 à Alger, de Gaulle est accueilli comme un sauveur par les partisans de l'Algérie française qui ont favorisé son retour au pouvoir quelques semaines plus tôt. « Je vous ai compris », clame-t-il pour les rassurer. Pourtant, son discours est assez éloigné de leurs revendications, puisqu'il affirme que les « dix millions de Français d'Algérie [...] auront à décider de leur propre destin » et que « leurs suffrages compteront autant que les suffrages de tous les autres ».

17 octobre 1961 – Répression à Paris

Des Algériens, arrêtés lors de la manifestation du 17 octobre 1961 à Paris, sont conduits vers des « centres d'identification ».

Le 5 octobre 1961, à la suite des attentats perpétrés par le FLN à Paris, un couvre-feu est instauré enjoignant « aux travailleurs algériens de s'abstenir de circuler la nuit dans les rues de Paris ». En signe de protestation, le FLN organise une manifestation le 17 octobre 1961 au soir. La répression policière est très violente : des dizaines d'Algériens sont tués, et des milliers d'autres arrêtés et maltraités.

Juillet 1962 – Indépendance et règlements de comptes

Manifestation de rue à Alger célébrant l'indépendance, 3 juillet 1962.

Les accords d'Évian signés par le gouvernement français et le FLN le 18 mars 1962 débouchent sur la proclamation de l'indépendance de l'Algérie le 3 juillet 1962. Celle-ci est célébrée dans la joie par des millions d'Algériens, mais elle est entachée par des exactions commises en dépit des accords de cessez-le-feu. À Oran, le 5 juillet, des centaines de pieds-noirs sont enlevés et pour la plupart exécutés. Ces violences, dont sont également victimes les harkis, provoquent l'exil de la majorité des pieds-noirs et de la minorité des harkis qui parviennent à s'enfuir.

Pour entrer dans le chapitre

1 Le bilan de la guerre

Victimes de l'armée française en Algérie	• 250 000 à 300 000 (dont la moitié sont des soldats de l'ALN).
Victimes du FLN en Algérie	• 24 614 militaires français, dont 5 000 harkis. • 16 378 civils algériens tués et 13 000 disparus. • 60 000 harkis exécutés après la guerre. • 2 788 pieds-noirs tués et 875 disparus avant le 19 mars 1962, 2 273 disparus après le cessez-le-feu.
Victimes de la guerre entre le FLN et le MNA	• environ 10 000 Algériens tués en France et en Algérie.
Victimes de l'OAS	• 2 200 morts (musulmans, pieds-noirs et Français de métropole).

À ces chiffres, il faut ajouter les victimes algériennes et françaises de la répression policière en métropole, des attentats du FLN en métropole et les membres de l'OAS victimes de la répression des autorités françaises.

Le nombre des victimes de la guerre est difficile à établir, particulièrement du côté algérien. Il fait par ailleurs l'objet de vives polémiques entre la France et l'Algérie.

LES MOTS À CONNAÎTRE

Accords d'Évian : accords signés à Évian le 18 mars 1962 entre le gouvernement français et le FLN. Ils reconnaissent l'indépendance de l'Algérie, prévoient un cessez-le-feu applicable dès le 19 mars et garantissent aux pieds-noirs le droit de rester en Algérie.

ALN : Armée de libération nationale, branche armée du FLN. Elle comprend les combattants de l'intérieur et ceux de l'armée des frontières.

Appelés : jeunes Français ayant combattu en Algérie dans le cadre de leur service militaire (environ 2 millions entre 1956 et 1962).

FLN : Front de libération nationale, créé en 1954. Il sort vainqueur en 1962 de sa lutte pour l'indépendance et contre les autres groupes nationalistes algériens.

Harkis : Algériens musulmans combattant aux côtés de l'armée française contre le FLN (environ 200 000 hommes). 50 000 gagnent la France en 1962 et sont regroupés dans des camps.

MNA : Mouvement national algérien, parti nationaliste rival du FLN créé en 1954 par Messali Hadj.

OAS : Organisation armée secrète, créée en 1961 par les plus radicaux des pieds-noirs afin d'empêcher l'indépendance de l'Algérie.

Pieds-noirs : nom donné aux Algériens d'origine européenne.

Porteurs de valises : nom donné aux Français de métropole qui soutiennent le FLN, principalement en transportant de l'argent et des faux papiers.

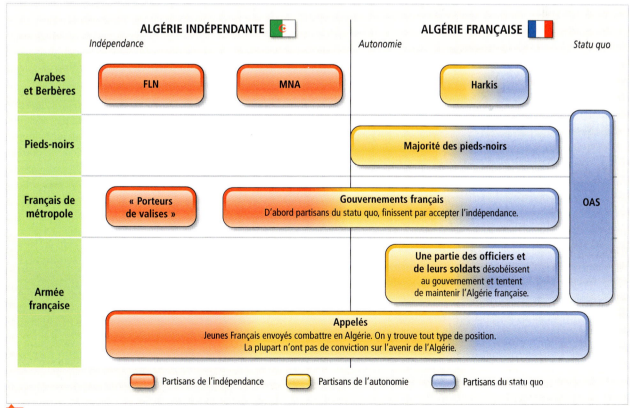

2 Les principaux acteurs de la guerre d'Algérie

COURS
1. Les mémoires de la guerre en Algérie

> Pourquoi le travail de l'historien est-il gêné par l'existence d'un récit officiel sur la guerre ?

→ Voir ÉTUDE pp. 48-49.
→ Voir ÉTUDE pp. 50-51.
→ Voir ÉTUDE p. 52.
→ Voir ÉTUDE p. 53.

REPÈRES
Le drapeau algérien

Ce drapeau est créé par les nationalistes au début des années 1940. Le 8 mai 1945, il est brandi par certains manifestants à Sétif. Le FLN en fait le drapeau officiel de l'Algérie en 1963.
Le vert, couleur de l'islam, symbolise la prospérité et la terre ; le blanc représente la pureté et la paix. Le croissant et l'étoile sont des symboles islamiques ; leur couleur rouge évoque le sang des martyrs.

VOCABULAIRE
ALN : Armée de libération nationale, branche armée du FLN. Elle comprend les combattants de l'intérieur et ceux de l'armée des frontières.
Armée des frontières : combattants de l'ALN basés au Maroc et en Tunisie.
Berbères : habitants de l'Afrique du Nord avant l'arrivée des Arabes au VIIe siècle. Les Kabyles sont le principal groupe berbère en Algérie.
FIS : Front islamique du salut, parti politique islamiste fondé en 1989 et interdit en 1992.
FLN : Front de libération nationale, créé en 1954. Il sort vainqueur en 1962 de sa lutte pour l'indépendance et contre les autres groupes nationalistes algériens.
GPRA : Gouvernement provisoire de la République algérienne. Branche politique du FLN de 1958 à 1962.

NOTION CLÉ
Arabisation : politique d'imposition de la langue arabe au détriment de la langue française et des langues berbères.

A La constitution d'une mythologie nationale (1962-1980)

• **Le FLN accapare le pouvoir et s'entredéchire.** Le 3 juillet 1962, l'indépendance de l'Algérie est officiellement proclamée. Un régime de parti unique est mis en place par le FLN. Les hommes issus de l'armée des frontières s'imposent au pouvoir, aux dépens des combattants de l'intérieur et du GPRA.

• **L'histoire instrumentalisée.** Pour les nouveaux dirigeants de l'Algérie, l'écriture de l'histoire de la « révolution », nom qu'ils donnent à la guerre d'indépendance, constitue un enjeu majeur. C'est en effet au nom de leur rôle dans la lutte anticoloniale qu'ils justifient leur mainmise sur le pouvoir. Le travail des historiens est ainsi étroitement encadré par le Centre national d'études historiques (CNEH), rattaché au ministère de l'Intérieur.

• **Une certaine vision de la guerre.** Toute à la gloire de l'ALN qui aurait remporté militairement la guerre, la propagande minimise le rôle politique du GPRA et des groupes nationalistes rivaux du FLN. Elle dresse le portrait d'un peuple algérien qui se serait unanimement soulevé à l'appel du FLN (doc. 1). Alors que les travaux des historiens estiment à 300 000 les victimes algériennes du conflit, le FLN impose le mythe du « million et demi de martyrs ». Leur dévouement est célébré dans les manuels scolaires et les cérémonies officielles.

B La remise en cause du récit national officiel (1980-1992)

• **Un nouveau rapport à l'histoire.** En avril 1980, des émeutes éclatent en Kabylie. Elles constituent un tournant dans le rapport des Algériens à leur histoire. En effet, ce « printemps berbère », durement réprimé, conteste la politique d'arabisation voulue par le pouvoir. Pour la première fois, le discours du FLN sur la nation algérienne est remis en cause. L'image simpliste d'un peuple algérien tout entier arabe et musulman se brouille. Un débat se développe sur l'histoire du pays, et notamment sur la guerre d'indépendance.

• **Nouvelles générations, nouvelles préoccupations.** Par ailleurs, plus de 60 % des Algériens ont moins de 20 ans dans les années 1980 et n'ont donc pas connu la guerre (doc. 3). C'est pourquoi ils adhèrent moins au discours du FLN qui légitime son pouvoir par la référence au passé. Mécontents de leurs conditions de vie, les jeunes se soulèvent en octobre 1988. Ces émeutes contraignent le FLN à accepter la création de partis politiques rivaux et l'organisation d'élections libres.

C L'Algérie face à son passé (depuis 1992)

• **Le retour de la guerre.** Par peur d'une victoire du FIS, l'armée décide en janvier 1992 d'interrompre le processus électoral. C'est le début d'une nouvelle guerre. Elle oppose pendant 10 ans les islamistes à l'armée, coûtant la vie à 150 000 Algériens. L'usage de la torture par les militaires et du terrorisme par les islamistes ravive les plaies de la guerre d'indépendance. N'ayant jamais opéré un retour critique sur les excès qu'il a commis lors de celle-ci, le FLN est mal placé pour dénoncer la violence des islamistes (doc. 2).

• **Le travail des historiens demeure difficile.** 50 ans après l'indépendance, l'Algérie est toujours dirigée par des hommes ayant participé à la guerre. Les relations avec la France demeurent entravées par le poids du passé malgré les gestes de réconciliation (voir p. 40). Les archives algériennes de la guerre sont toujours fermées aux historiens (doc. 4).

44

COURS

1 La guerre célébrée

Rue d'Alger, 1982.

▶ Quelle image de la guerre est véhiculée par ce panneau ?

2 D'une guerre à l'autre

Le 1er décembre 2001 à Alger, lors de la visite du président Chirac, des manifestants dénoncent le livre publié en France, dans lequel le général Aussaresses revendique l'usage de la torture pendant la guerre d'Algérie. Le GIA (Groupe islamique armé) est un mouvement terroriste islamiste actif durant la guerre civile algérienne.

▶ Expliquez le sens de la banderole déployée.

3 Les jeunes Algériens et leur passé

Nés durant la crise des années 1980 ou pendant la folie meurtrière des années 1990, les jeunes Algériens rêvent de liberté. Du combat des hommes du 1er novembre [1954], ils ne retiennent que de vagues notions apprises à l'école. « L'indépendance représente la fin d'une galère et l'avènement d'une autre, plus grande encore », nous dit ainsi Amine […]. « Ceux qui ont pris les armes contre la France étaient des jeunes épris de liberté : que sont-ils donc devenus ? » s'interroge-t-il. Certains feignent l'indifférence à l'approche de l'anniversaire du cessez-le-feu du 19 mars, affirmant avoir d'autres préoccupations. Et pour cause : la majorité de ces jeunes, sans rentrées d'argent, tournent en rond. […] « J'éprouve du respect pour ces hommes. J'ai honte de le dire, mais ces histoires ne m'intéressent pas. Je reconnais qu'ils ont fait des choses remarquables, mais il ne faut pas que ça devienne un fonds de commerce. » Au fond, semblent-ils penser, tout cela est « une affaire de vieux ». Cinquante ans après la fin de la guerre, cette jeunesse n'a pas de héros auxquels s'identifier, pas de symboles, pas de repères, pas même de rêves auxquels s'accrocher…

Amel Blidi, « 1962, c'est une affaire de vieux », *El Watan*, 15 mars 2012.

▶ Quels rapports les jeunes Algériens entretiennent-ils avec la guerre d'indépendance ? Comment l'expliquer ?

4 Être historien en Algérie

Né en 1933, Mohamed Harbi prend part à la guerre d'Algérie dans les rangs du FLN avant d'en devenir l'historien. Emprisonné de 1965 à 1968, puis placé en résidence surveillée, il part pour la France en 1973 où il réside jusqu'en 1991, date à laquelle il retourne en Algérie.

La priorité est d'établir la vérité historique. C'est le rôle des historiens. On ne peut rien construire sur l'oubli. On se doit de dépouiller les relations entre les deux pays des interprétations nationalistes chauvines et ne pas craindre la vérité, si cruelle fût-elle. […]

En Algérie, ce ne sont pas les historiens qui occupent le devant de la scène. On leur refuse, par divers procédés, l'accès aux archives. Les Algériens se passionnent pour le rapatriement de leurs archives qui sont encore en France et, à quelques voix près, on omet de dire que les archives disponibles en Algérie sont sous scellés. On condamne les historiens à l'autocensure et on les accuse cyniquement de lâcheté […].

Depuis l'indépendance, l'histoire est sous surveillance. Les pouvoirs successifs croient pouvoir consolider le lien social en occultant nos déchirements passés et présents et en taisant nos errances et nos crimes, ce qui permet à nos adversaires de les mettre sur le même pied que ceux de la colonisation. […]

La responsabilité des historiens algériens et français est de ne pas céder aux exigences des nationalismes d'État et de coopérer entre eux. Leur travail en direction de l'opinion finira par prévaloir.

Article de Mohamed Harbi, paru dans *Le Monde*, 21 mai 2010.

▶ Pourquoi le travail des historiens algériens sur la guerre d'indépendance est-il compliqué ?

Chapitre 2. L'HISTORIEN ET LES MÉMOIRES DE LA GUERRE D'ALGÉRIE **45**

COURS

2. Les mémoires de la guerre en France

> Pourquoi, un demi-siècle après sa fin, la guerre d'Algérie est-elle toujours un sujet de polémiques en France ?

➜ Voir ÉTUDE pp. 48-49.
➜ Voir ÉTUDE pp. 50-51.
➜ Voir ÉTUDE p. 52.
➜ Voir ÉTUDE p. 53.

A La guerre niée (1954-1970)

• **La guerre sans nom.** Dès le déclenchement de l'insurrection algérienne en 1954, tout est fait en France pour en minimiser l'ampleur. Pour l'État français, il ne saurait être question de guerre en Algérie. On préfère parler d'« événements », d'« opérations de police », d'« actions de maintien de l'ordre » ou de « pacification ». On prépare ainsi le terrain à l'oubli, après 1962, d'une guerre qui n'a jamais dit son nom.

• **Effacer le passé.** Entre 1962 et 1982, plusieurs lois sont votées garantissant l'impunité à tous ceux qui ont participé à la guerre, quel que soit leur camp. Dans la France en pleine mutation des « Trente Glorieuses », l'État tente ainsi de tirer un trait sur les divisions du passé pour mieux se tourner vers l'avenir.

• **Ceux qui refusent l'oubli.** Si la guerre d'Algérie est vite oubliée par la majorité des Français, elle ne l'est pas par ceux qui y ont été impliqués. Chez les pieds-noirs, c'est d'abord la « nostalgérie » qui l'emporte. Les anciens appelés sont frustrés de ne pas obtenir le statut d'anciens combattants (voir p. 50). Les harkis estiment avoir été trahis par la France. Les militants opposés à la guerre d'Algérie gardent surtout la mémoire de la répression en France.

B L'émergence des mémoires de la guerre dans le débat public (1970-1990)

• **Pieds-noirs et harkis en quête de reconnaissance.** Une loi est votée en 1970 pour indemniser les rapatriés de leurs biens laissés en Algérie, mais elle est jugée insuffisante. Dans certaines régions du Midi, les pieds-noirs, grâce à leur poids électoral, forment un groupe de pression important (voir p. 48). Quant aux harkis, ils se révoltent en 1975-1976 contre leurs conditions de vie dans des camps (doc. 2). Au même moment, livres et films sur la guerre d'Algérie se multiplient, marquant un regain d'intérêt pour le sujet.

• **La « génération beur ».** Les années 1980 voient la percée électorale du Front national. Ce parti accueille des nostalgiques de l'Algérie française et stigmatise l'immigration. Son chef, Jean-Marie Le Pen, a combattu en Algérie et est accusé par certains d'y avoir pratiqué la torture. Dans ce contexte, se développe un mouvement des Beurs contre le racisme. Pour la première fois, fils de militants FLN et fils de harkis manifestent côte à côte pour dénoncer leur mise à l'écart dans la société française.

C Une guerre plus présente que jamais (depuis 1990)

• **La guerre à la une.** Dans les années 1990, la guerre d'Algérie investit la scène médiatique sur un mode sensationnaliste. La pratique de la torture ou la répression de la manifestation parisienne du 17 octobre 1961, pourtant dénoncées dès l'époque des faits, apparaissent dans les journaux comme des révélations. Pieds-noirs, harkis, anciens appelés rivalisent d'activisme pour obtenir de l'État reconnaissance et indemnisation.

• **Les contradictions de l'État français.** L'État répond à ces demandes par la multiplication de lois, de commémorations et de gestes symboliques (doc. 1). En 1999, l'État français reconnaît officiellement avoir mené une « guerre » en Algérie. En 2005, un article de loi vantant « le rôle positif de la présence française en Afrique du Nord » suscite la polémique et est finalement retiré (doc. 3). Ces mesures sont souvent contradictoires car elles visent à apaiser des communautés antagonistes. C'est pourquoi elles exacerbent parfois les tensions et compliquent le travail des historiens.

REPÈRES

• **Charonne**
Le 8 février 1962, à l'appel du Parti communiste, une manifestation a lieu à Paris pour protester contre les attentats de l'OAS et demander la paix en Algérie. Les forces de l'ordre, dirigées par le préfet de police Maurice Papon, répriment brutalement la manifestation (8 morts au métro Charonne). Le 8 février 2007, la place du 8 février 1962 a été inaugurée à Paris, près du métro Charonne, en mémoire des victimes.

VOCABULAIRE

Appelés : jeunes Français ayant combattu en Algérie dans le cadre de leur service militaire (environ 2 millions entre 1956 et 1962).

Beurs : appellation argotique (« Arabes » en verlan) apparue au début des années 1980. Désigne les jeunes nés en France de parents maghrébins.

Harkis : Algériens musulmans combattant aux côtés de l'armée française contre le FLN (environ 200 000 hommes). 50 000 gagnent la France en 1962 et sont regroupés dans des camps.

« Nostalgérie » : désigne la nostalgie éprouvée par les pieds-noirs qui ont été contraints de quitter l'Algérie. Ils tendent en retour à l'idéaliser sous les traits d'un paradis perdu.

Pieds-noirs : nom donné aux Algériens d'origine européenne.

1 Le Mémorial national de la guerre d'Algérie et des combats du Maroc et de la Tunisie, Paris (2002)

Au sol, est gravé : « À la mémoire des combattants morts pour la France lors de la guerre d'Algérie [...] et à celle de tous les membres des forces supplétives [harkis] tués après le cessez-le-feu en Algérie, dont beaucoup n'ont pas été identifiés. »
Une plaque ajoute que « la Nation associe les personnes disparues et les populations civiles victimes de massacres ou d'exactions commis durant la guerre d'Algérie et après le 19 mars 1962 en violation des accords d'Évian, [...] à l'hommage rendu aux combattants morts pour la France en Afrique du Nord. »

① Noms des 24 614 soldats morts pour la France.
② Informations historiques sur les conflits coloniaux.
③ Grâce à une borne interactive, le visiteur peut afficher le nom du soldat de son choix.

▶ De quelles difficultés rencontrées par les concepteurs de ce monument témoignent les inscriptions qui l'accompagnent ?

2 La condition des harkis

Depuis mon adolescence, j'occulte cette histoire, gênée par le passé trouble de mes parents. « Fille de harkis... ». Le dire, le taire, je ne sais plus quelle attitude adopter. Honte, révolte, injustice, colère, larmes, désir de crier, de cogner... Je suis une fille de harkis, j'en pleure et j'enrage parce que je n'ai pas choisi de l'être. Je traîne une rancœur contre mon père, contre mon pays d'origine, contre celui dans lequel je vis... Et contre moi-même d'éprouver tout cela. C'est ma fêlure intime, mon chagrin secret. Un jour humiliée, un autre révoltée, sûrement paumée, je me suis tue trop longtemps. [...] Les harkis n'ont jamais été traités comme des hommes. Mais comme des indigènes par les colons, des traîtres par les Algériens, des soldats fidèles dévoués corps et âme à leur patrie par la France, des marginaux par les sociologues, des dépressifs chroniques par les psychiatres... Jamais personne, au fond, n'a vu en eux des jeunes gens, des pères et des mères, avec leurs émotions, leurs peurs, leurs angoisses, leurs espoirs, leurs déceptions, leur résignation, leurs déchirements, leurs illusions et leur fatalisme...

Dalila Kerchouche, *Mon père, ce harki*, éditions du Seuil, 2003.

▶ Pourquoi et contre qui les harkis éprouvent-ils de la rancœur ?

3 La mobilisation des historiens

Plus d'un millier d'historiens et d'enseignants ont signé cette pétition dénonçant la loi du 23 février 2005 dont l'alinéa 4, finalement abrogé, insistait sur « le rôle positif de la présence française outre-mer, notamment en Afrique du Nord ».

La loi du 23 février 2005 « portant reconnaissance de la Nation et contribution nationale en faveur des Français rapatriés » a des implications sur l'exercice de notre métier et engage les aspects pédagogiques, scientifiques et civiques de notre discipline. [...] Il faut abroger cette loi, parce qu'elle impose une histoire officielle, contraire à la neutralité scolaire et au respect de la liberté de pensée qui sont au cœur de la laïcité, parce que, en ne retenant que le « rôle positif » de la colonisation, elle impose un mensonge officiel sur des crimes, sur des massacres allant parfois jusqu'au génocide, sur l'esclavage, sur le racisme hérité de ce passé parce qu'elle légalise un communautarisme nationaliste suscitant en réaction le communautarisme de groupes ainsi interdits de tout passé.

Les historiens ont une responsabilité particulière pour promouvoir des recherches et un enseignement qui confèrent à la colonisation et à l'immigration, à la pluralité qui en résulte, toute leur place, qui par un travail en commun, par une confrontation entre les historiens des sociétés impliquées, rendent compte de la complexité de ces phénomènes, qui, enfin, s'assignent pour tâche l'explication des processus tendant vers un monde à la fois de plus en plus unifié et divisé.

Pétition initiée par l'historien Claude Liauzu, *Le Monde*, 25 mars 2005.

▶ Pour quelles raisons ces historiens s'opposent-ils à cette loi ?
▶ Comment, selon eux, doit-on écrire l'histoire de la colonisation ?

ÉTUDE
Les pieds-noirs et la mémoire de la guerre d'Algérie

→ Voir **COURS** pp. 46-47.

En 1962, près de 800 000 pieds-noirs quittent précipitamment leur terre natale pour s'installer en métropole. Souvent assimilés à tort aux extrémistes de l'OAS, ils y sont généralement mal accueillis.

Ce rejet et leur expérience commune du déracinement tendent en retour à créer de forts liens de solidarité entre eux. Ils constituent aujourd'hui une communauté qui défend sa mémoire de la guerre d'Algérie.

1 Une communauté revendicative

France-Horizon, Le Cri du rapatrié, publié par l'Association nationale des Français d'Afrique du Nord et d'Outre-Mer, février 1963.

LE SENS DES MOTS

• **Pieds-noirs :** D'origine inconnue, l'expression « pieds-noirs » désigne les habitants de l'Algérie nés en Europe ou descendants d'immigrés européens arrivés à partir de la conquête française en 1830.

Après 1962, on tend à associer les **juifs algériens** aux pieds-noirs, du fait de leur expérience commune de l'exil. C'est cependant contestable dans la mesure où les juifs sont présents en Algérie depuis bien plus longtemps et qu'ils ont entretenu des relations conflictuelles avec les pieds-noirs. Tout aussi contestable est l'usage du mot « rapatriés » pour désigner les pieds-noirs, la plupart d'entre eux n'étant jamais venus en France métropolitaine avant 1962.

2 Le traumatisme de la guerre

Il y avait certaines nuits où nous ne pouvions pas dormir. Il y avait des plasticages en série et on avait toujours peur que nos vitres volent en éclats. Moi, je me mettais la tête sous les draps parce que j'avais peur de voir arriver quelqu'un avec un couteau dans ma chambre. Je luttais contre le sommeil par peur d'être tuée endormie. Je préférais « monter la garde ». La dernière année, je ne pouvais pas aller à l'école sans voir un cadavre sur le trottoir. C'était à la fois naturel, puisqu'on n'en parlait même pas entre copines, et horrifiant puisqu'on faisait tout le temps des cauchemars.

Témoignage de Josyane G., pied-noire, recueilli par Danielle Michel-Chich dans *Déracinés, les pieds-noirs aujourd'hui*, éditions Plume, 1990.

ÉTUDE

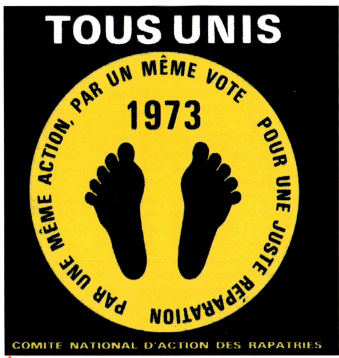

3 Unis dans l'exil
Autocollant du Comité national d'action des rapatriés, 1973.

4 Un rapport complexe aux Algériens

Quand on vient m'expliquer qu'il faut virer tous les Arabes qui se trouvent en France actuellement, parce qu'il n'y a rien à en tirer, je ne peux m'empêcher de penser que ceux qui sont maintenant ici sont les fils de mes camarades d'école. Je ne crois pas qu'on puisse condamner toute une communauté, je suis capable d'analyser la situation passée et présente avec un certain sang-froid, sans désir de revanche. Mais on ne peut nier qu'il subsiste chez nous, pieds-noirs, une amertume profonde à propos de ce qui s'est passé en Algérie, surtout à cause de la façon dont cela s'est passé, et une blessure encore fraîchement ouverte.

Je n'ai aucun esprit de revanche d'aucune sorte, mais je condamne les excès de l'immigration. Quand je parle d'immigration, je ne parle pas du malheureux qui vient gagner trois francs six sous, je parle de mes copains de lycée et de l'université d'Alger qui se sont engagés dans le FLN, ce que j'aurais peut-être fait si j'avais été arabe et à leur place, mais qui, pour un certain nombre d'entre eux, viennent maintenant s'installer en France et prennent la nationalité française. Moi je serais resté dans mon pays, parce qu'il reste à construire et à défendre contre les dangers intérieurs.

Témoignage de Robert Soulé, pied-noir, recueilli par Danielle Michel-Chich dans *Déracinés, les pieds-noirs aujourd'hui*, éditions Plume, 1990.

5 Un passé qui demeure sujet à controverse
En juin 2011, des pieds-noirs manifestent contre l'inauguration d'une statue du général de Gaulle, place de la Libération à Nice.

Questions

Exploiter et confronter les documents

1. Quels événements sont à l'origine de la mémoire des pieds-noirs ? **(doc. 1, 2 et 5)**

2. Selon vous, en quoi le récit de la guerre d'Algérie fait par un historien diffère-t-il de celui fait par un témoin ? **(doc. 2)**

3. Quelles sont les principales revendications des pieds-noirs ? **(doc. 1)**

4. Pourquoi peut-on dire que les pieds-noirs constituent une communauté bien organisée ? **(doc. 3 et 5)**

5. Quel rapport l'auteur entretient-il avec l'Algérie indépendante et ses habitants ? **(doc. 4)**

6. Expliquez le message de cette affiche brandie par une manifestante. **(doc. 5)**

Organiser et synthétiser les informations

7. Pourquoi, comment et dans quels buts les pieds-noirs se sont-ils mobilisés depuis leur rapatriement en France ?

8. Comment l'historien doit-il se situer face à la mémoire des pieds-noirs ?

Des vies marquées par la guerre : la mémoire des combattants

→ Voir **COURS** pp. 44-45.
→ Voir **COURS** pp. 46-47.

Des deux côtés de la Méditerranée, la guerre d'Algérie a mobilisé des millions de combattants dont la plupart n'étaient pas des militaires de métier. Pour tous, l'expérience de la guerre a constitué un épisode marquant dont la mémoire demeure vive. Aujourd'hui encore, cet épisode continue d'être au cœur de leurs souvenirs, de leurs préoccupations et, pour certains d'entre eux, de leurs revendications.

1 Les appelés

Le 3 octobre 1964, des milliers d'anciens appelés d'Algérie défilent à Paris pour réclamer la carte d'ancien combattant (voir p. 46).

LE SENS DES MOTS

● **Ancien combattant :** statut octroyé par l'État aux personnes ayant participé à une guerre. Il leur donne droit à une pension de retraite. L'État français refusant de qualifier de « guerre » ses opérations militaires en Algérie de 1954 à 1962, ceux qui y ont pris part ne pouvaient bénéficier de ce statut. L'État a fini par reconnaître en 1999 l'existence d'une « guerre d'Algérie » dont les soldats peuvent désormais être désignés comme anciens combattants.

2 Les anciens combattants de l'Armée de libération nationale (ALN)

Âgée de huit ans en 1962, Houria Hicham est issue d'une famille algérienne ayant participé activement à la lutte armée pour l'indépendance.

Ne dites jamais à un ancien combattant que la France a concédé son indépendance à l'Algérie. Il a souffert et lutté pour ça. C'est pourquoi je crois qu'il est important d'utiliser les bons mots. Dans ma famille aussi, vous ne pourrez jamais leur faire entendre que de Gaulle leur a donné l'indépendance. Il s'agit d'une victoire d'un pays colonisé qui avait de faibles moyens contre une nation extrêmement puissante, la France. Vous savez, cette victoire tient du miracle. Avoir tenu pendant sept ans et vaincre un tel adversaire autorise à une certaine fierté. [...]

Tous les maquisards de notre région, dont mon oncle, ont été arrêtés après l'indépendance. [...] Mon oncle est resté neuf mois en prison. [...] Ma mère était convaincue qu'il n'y avait rien à attendre des hommes politiques du pays. Un an après l'indépendance, elle voulait déjà quitter l'Algérie pour venir vivre en France, tellement elle était déçue. [...] Autre signe de son écœurement, elle a, par exemple, toujours refusé le revenu d'ancien combattant que l'État lui proposait. Elle soutenait que, si elle avait lutté, c'était pour l'indépendance de son pays et non pour en tirer profit par une quelconque rente. Pourtant, cette pension lui serait d'une grande utilité aujourd'hui, tant elle est dans le besoin.

Témoignage de Houria Hicham, recueilli en 1997 par Hacène Belmessous dans *Algérie, généalogie d'une fatalité*, éditions Paris-Méditerranée, 1998.

3 Réparer les souffrances

Rémi Serres, comme tous les anciens appelés d'Algérie ayant atteint l'âge de 65 ans, touche de l'État français une pension annuelle de 500 euros. En 2004, il a créé l'« Association des anciens appelés en Algérie contre la guerre » qui réunit plusieurs centaines d'anciens appelés qui lui reversent leur pension. Les fonds sont utilisés à des fins humanitaires, principalement en Algérie.

Opérations, embuscades, accrochages se succèdent. Les regroupements de population vident les villages, qui sont brûlés par l'armée française. Prisonniers abattus sans jugement, femmes violées, torture instituée en système : rien ne justifie de telles pratiques. Et nous les appelés nous avons gardé le silence. Nous n'avons rien dit. Cette guerre, comme la plupart d'entre nous, m'a profondément marqué. À mon retour, j'ai tenté d'oublier. [...] À 65 ans, j'aurais eu bien des raisons de toucher la retraite du combattant, eu égard à ma modeste retraite d'agriculteur. Mais pour moi, cet argent était taché de tout le sang coulé en Algérie, chargé de toutes les souffrances infligées au peuple algérien. Cet argent, je n'en voulais pas pour moi. Mais je voulais qu'il soit utile à ceux que nous avions fait souffrir.

Texte édité par l'Association des anciens appelés en Algérie contre la guerre, mai 2011.

ÉTUDE

L'ANCIEN D'ALGÉRIE — SPÉCIAL "VACANCES"

MENSUEL EDITE PAR LA
FNACA
« L'ANCIEN D'ALGERIE »
4, cité Joly - 75011 PARIS
Tél. 355.00.50 (6 lignes groupées)

No 118   JUILLET-AOUT 1974   1 F

LE SEUL JOURNAL SPECIFIQUE AUX ANCIENS COMBATTANTS EN ALGERIE – MAROC – TUNISIE

• **28 JUIN 1974 : 16 ANS D'ACTION POUR UN VOTE A L'ASSEMBLEE :** •

ENFIN RECONNUS COMBATTANTS !

4 Une mémoire à défendre

La Fédération nationale des anciens combattants d'Afrique du Nord (FNACA) a vu le jour en 1958. Elle revendique plus de 350 000 adhérents.
Une de *L'Ancien d'Algérie*, juillet-août 1974.

5 Une trace ineffaçable

Participant à la guerre d'Algérie en tant qu'appelé, Jean-Pierre Gaildraud y dirige une unité de harkis.

Je crois que ce qui a marqué toute cette génération d'appelés dont je faisais partie, c'est la découverte d'un beau pays qu'ils n'ont jamais oublié. Ils découvrent un pays magnifique. Parce que quand on a senti les orangers en fleur de la vallée de la Soummam, on ne l'oublie pas. Il y a une mémoire olfactive de l'Algérie. Et tous les anciens d'Algérie gardent cette mémoire olfactive et visuelle. Et sonore : des bruits de moteur, de GMC[1], des bruits d'hélicoptère… […]

C'est donc la rencontre d'un pays, mais c'est aussi, pour la plupart de ceux qui étaient dans les unités combattantes, la rencontre avec la mort. La mort sous la forme la plus horrible, avec un acharnement, ce qu'on appelait le « sourire kabyle[2] ». Des méthodes déroutantes qu'on ne pouvait pas comprendre. Il m'a fallu beaucoup de temps pour comprendre que l'égorgement correspondait à un rite réservé aux traîtres. […] C'est comme ça que j'analyse aujourd'hui. Mais quand vous arrivez de votre campagne profonde, métropolitaine, que vous découvrez ces horreurs-là, dans une France qui a vécu, il n'y a pas si longtemps, la Seconde Guerre mondiale…

Témoignage de Jean-Pierre Gaildraud, recueilli par Isabelle Clarke et Daniel Costelle dans *La Blessure, la tragédie des harkis*, Acropole, 2010.

1. Véhicules tout-terrain de la marque General Motors Company utilisés par l'armée française en Algérie.
2. Égorgement.

6 Le point de vue des officiers

Officiers ayant servi en Algérie de 1954 à 1962 […], nous voulons apporter notre témoignage sur le rôle de l'armée à cette époque. […] En Algérie, l'armée française s'est trouvée […] confrontée à une forme de guerre radicalement nouvelle, directement issue de la pratique marxiste-léniniste. Celle-ci consiste en particulier à prendre en otage la population civile et à la mettre en première ligne. […] Certains, pendant la bataille d'Alger en particulier, ont été confrontés à un dilemme : se salir les mains en interrogeant durement de vrais coupables ou accepter la mort certaine d'innocents. S'il y eut des dérives, elles furent marginales et en contradiction même avec les méthodes voulues et les objectifs poursuivis par la France et son armée ; alors que c'est au nom de leurs principes de guerre que les terroristes et même les combattants du FLN mutilaient et massacraient par l'attentat et l'assassinat femmes, enfants, population civile tant algérienne qu'européenne.

Manifeste publié en 2000 par 521 officiers généraux ayant servi en Algérie.

Questions

▶ **Exploiter et confronter les documents**

1. Quel bilan Houria Hicham dresse-t-elle de la guerre d'Algérie ? **(doc. 2)**

2. Pourquoi et comment la guerre d'Algérie a-t-elle marqué la mémoire des appelés ? **(doc. 3 et 5)**

3. Comment les appelés s'organisent-ils pour faire entendre leurs revendications ? Quels résultats obtiennent-ils ? **(doc. 1 et 4)**

4. Pourquoi la question de la torture est-elle particulièrement sensible ? Comment les officiers signataires de l'appel analysent-ils rétrospectivement le recours à la torture ? **(doc. 3 et 6)**

5. Pourquoi de nombreux acteurs de la guerre éprouvent-ils le besoin de témoigner ? **(doc. 3 et 5)**

▶ **Organiser et synthétiser les informations**

6. Pourquoi et comment l'expérience de la guerre continue-t-elle d'affecter la vie de millions de Français et d'Algériens ?

7. Si vous pouviez interroger un ancien combattant de la guerre d'Algérie, quelles questions lui poseriez-vous et comment utiliseriez-vous vos réponses pour votre travail ?

Chapitre 2. L'HISTORIEN ET LES MÉMOIRES DE LA GUERRE D'ALGÉRIE

ÉTUDE — Les commémorations du cinquantenaire de l'indépendance en Algérie

À l'occasion du cinquantenaire de l'indépendance, un spectacle musical, *Abtal El Qadar* (*Les Héros du destin*), a été commandé par l'État algérien au chorégraphe libanais Abdel-Halim Caracalla. Elle retrace les grandes étapes de l'histoire du pays de la colonisation française à nos jours. Elle a été présentée dans le cadre d'une tournée dans les principales villes algériennes au cours de l'année 2012. La première, dont rend compte le document 1, a eu lieu à Sidi-Fredj, là où les troupes françaises avaient débarqué en 1830.

1 Une certaine vision de l'histoire algérienne

D'une durée d'une heure quarante minutes, le spectacle, qui s'ouvre sur un poème dédié aux martyrs, nous place par la suite dans une salle de cours, dans une faculté où les étudiants, libres et heureux, jouissent pleinement de leurs droits. L'enseignant (Belkacem Zitout) entre dans la salle de cours et leur dispense une leçon d'histoire. Il leur rappelle les sacrifices des martyrs et moudjahidines[1] pour que vive l'Algérie libre et indépendante. Puis le temps remonte. [...] Le jour de l'indépendance finit par arriver et la joie et l'exaltation du peuple algérien sont représentées sur scène par des danses, des chants ainsi que des images d'archives. Abdel-Halim Caracalla nous présente, de manière très scolaire, les présidents de l'Algérie indépendante [...] et consacre la deuxième partie de son spectacle à l'actuel chef de l'État qu'il présente comme « un sauveur » et « un guide éclairé ».

Sans surprises, sans nuances, « les Héros du destin » sont en fin de compte, les chefs d'État et leurs accomplissements. Caracalla, qui semble ignorer beaucoup de choses de notre histoire nationale, a omis bien des personnalités qui ont également bâti l'Algérie et qui auraient dû figurer dans son spectacle. Du moins, d'après la façon dont il l'a conçu. Le peuple, quant à lui, est un personnage désincarné. Il est une masse, une foule indistincte qui ne fait que défiler dans les rues et saluer ce qu'on a fait et pensé pour elle. Il n'y a, dans le spectacle, ni artistes, ni intellectuels qui ont fait également cette Algérie indépendante. Les spectateurs invités ont affiché une certaine « déception » quant à ce spectacle qui a oublié les événements les plus marquants de l'Algérie indépendante, comme « les événements du 5 Octobre 1988 »[2]. D'autres encore, notamment des confrères se sont demandés pourquoi il a fallu « faire appel à un chorégraphe libanais qui a écrit en un temps record un spectacle qui laisse planer beaucoup d'ombres ». En cinquante années d'indépendance, n'avons-nous pas formé de chorégraphes ? [...] D'autres se sont demandé « pourquoi Caracalla a réduit les cinquante dernières années à une seule personne ? ».

Sara Kharfi, « Caracalla a surchargé le règne de Bouteflika », *Liberté*, 7 juillet 2012.

1. Combattant du *jihad*. Nom donné aux soldats de l'ALN.
2. Soulèvement de la jeunesse algérienne.

2 La révolution mise en scène
Représentation à Alger, juillet 2012.

Consigne

• Montrez que la guerre d'indépendance algérienne constitue un épisode fondateur dont la commémoration répond à des objectifs tout autant politiques qu'historiques.

▶ **Aide pour répondre à la consigne**

1. Comment le peuple algérien est-il représenté dans le spectacle selon l'auteur de l'article ? **(doc. 1)**
2. Qui est mis en valeur dans le spectacle ? **(doc. 1)**
3. Quels sont, d'après l'auteur de l'article, les principaux « oublis » du spectacle ? Comment les expliquer ? **(doc. 1)**
4. Quel événement est évoqué ici par le spectacle ? **(doc. 2)**

ÉTUDE — Le travail de mémoire de l'État français

En décembre 2012, quelques mois après son élection à la présidence de la République, et alors qu'on commémore les cinquante ans de l'indépendance algérienne, François Hollande se rend en visite officielle en Algérie. Il y prononce un important discours devant l'Assemblée nationale algérienne.

1 « Écrire ensemble une nouvelle page de notre histoire »

La question qui est posée à nos deux pays, l'Algérie et la France, elle est simple, elle est grave : sommes-nous capables d'écrire ensemble une nouvelle page de notre histoire ? Je le crois. Je le souhaite. Je le veux. [...] Mais cette amitié, pour vivre, pour se développer, elle doit s'appuyer sur un socle, ce socle, c'est la vérité. Cette vérité, nous la devons à tous ceux qui par leur histoire, par leur histoire douloureuse, blessés, veulent ouvrir une nouvelle page. Nous la devons à la jeunesse, à toutes les jeunesses, qui veulent avoir foi en leur avenir, et donc qui veulent savoir d'où elles viennent. Rien ne se construit dans la dissimulation, dans l'oubli, et encore moins dans le déni. La vérité, elle n'abîme pas, elle répare, la vérité, elle ne divise pas, elle rassemble.

Alors, l'histoire, même quand elle est tragique, même quand elle est douloureuse pour nos deux pays, elle doit être dite. Et la vérité je vais la dire ici, devant vous. Pendant 132 ans, l'Algérie a été soumise à un système profondément injuste et brutal, ce système a un nom, c'est la colonisation, et je reconnais ici les souffrances que la colonisation a infligées au peuple algérien. Parmi ces souffrances, il y a eu les massacres de Sétif, de Guelma, de Kherrata[1], qui, je sais, demeurent ancrés dans la conscience des Algériens, mais aussi des Français. Parce qu'à Sétif, le 8 mai 1945, le jour même où le monde triomphait de la barbarie, la France manquait à ses valeurs universelles.

La vérité, elle doit être dite aussi sur les circonstances dans lesquelles l'Algérie s'est délivrée du système colonial, sur cette guerre qui, longtemps, n'a pas dit son nom en France, la guerre d'Algérie. Voilà, nous avons le respect de la mémoire, de toutes les mémoires. Nous avons ce devoir de vérité sur la violence, sur les injustices, sur les massacres, sur la torture. Connaître, établir la vérité, c'est une obligation, et elle lie les Algériens et les Français. Et c'est pourquoi il est nécessaire que les historiens aient accès aux archives, et qu'une coopération dans ce domaine puisse être engagée, poursuivie, et que progressivement, cette vérité puisse être connue de tous.

La paix des mémoires, à laquelle j'aspire, repose sur la connaissance et la divulgation de l'histoire. Mais la nôtre est aussi une histoire humaine, car au-delà des blessures, au-delà des deuils, demeure la relation exceptionnelle nouée entre les Français et les Algériens ; les Français d'Algérie, instituteurs, médecins, architectes, professeurs, artistes, commerçants, agriculteurs qui, avec le peuple algérien, avaient su nouer, dans des conditions difficiles, intolérables parfois, des relations tellement humaines. [...] De même que la France et l'Allemagne avaient été capables après une guerre tragique qui les avait opposé d'être les moteurs de la construction européenne, eh bien, l'Algérie et la France peuvent construire aussi l'union, l'unité méditerranéenne de demain.

François Hollande, discours prononcé devant l'Assemblée nationale algérienne le 20 décembre 2012.

1. Voir p. 42.

LE POINT SUR...

● **François Hollande et l'Algérie**
Né en 1954, François Hollande n'a pas été un acteur de la guerre d'Algérie, mais son père était un fervent militant de l'Algérie française, proche de l'OAS. En 1978, il effectue dans le cadre de sa scolarité à l'ENA un stage de huit mois à l'ambassade de France à Alger. Depuis lors, il s'est rendu à plusieurs reprises en visite dans ce pays. Peu après son élection à la présidence de la République, à l'occasion de l'anniversaire du massacre d'octobre 1961 à Paris, il reconnaît officiellement cette « sanglante répression » et rend « hommage à la mémoire des victimes ».

Consigne

● Montrez que ce discours tente de ne froisser aucune des communautés impliquées dans la guerre d'Algérie.

▶ **Aide pour répondre à la consigne**

1. Pourquoi, selon François Hollande, est-il fondamental d'établir la vérité sur le passé franco-algérien ?

2. Quel bilan tire-t-il de la présence française en Algérie ?

3. Quel rôle assigne-t-il aux historiens ?

BAC Révision — L'historien et les mémoires de la guerre d'Algérie

L'essentiel

1. En Algérie, le conflit, un événement fondateur de la mémoire

• Une mémoire omniprésente. En tant qu'État, l'Algérie est née en 1962 de la guerre d'indépendance qu'a menée une partie de sa population contre la France. C'est pourquoi ce conflit tient une place centrale dans l'identité algérienne, qu'on peut comparer à celle qu'occupe la Révolution française dans celle des Français. En arguant de son rôle dans la guerre, le FLN a ainsi pu se maintenir au pouvoir jusqu'à aujourd'hui, malgré des contestations croissantes.

• Une mémoire tronquée. La mémoire de la guerre entretenue par le FLN est une mémoire sélective, conçue pour valoriser l'action du groupe indépendantiste devenu parti unique en 1962. Elle minore donc le rôle des autres groupes nationalistes, ses divisions internes et exagère l'adhésion du peuple algérien à son action. Le travail des historiens est difficile dans ce contexte.

2. En France, la mémoire, un sujet de controverses

• La résurgence des mémoires. Les Français ont tourné la page de la guerre d'Algérie d'autant plus vite que l'État en a longtemps nié l'existence, préférant parler à son propos de simples « événements ». C'est par le biais des populations ayant été directement impliquées dans le conflit (harkis, appelés, pieds-noirs, immigrés algériens) que le souvenir de la guerre a progressivement ressurgi sur la place publique.

• Des mémoires contradictoires. Loin de permettre la construction d'une mémoire consensuelle, cette résurgence de mémoires portées par des groupes antagonistes a fait de ce conflit passé la source d'affrontements présents. Organisés en associations, dont quelques-unes disposent d'une influence certaine sur le pouvoir politique, ces groupes tentent d'obtenir de l'État reconnaissance, réparation ou commémoration. L'historien doit rester objectif et décrypter les discours des différents groupes mémoriels.

LES DATES CLÉS

3 juillet 1962 : indépendance de l'Algérie.

1975 : première visite d'un président français en Algérie indépendante.

1999 : reconnaissance de la « guerre d'Algérie » par la France.

2005 : article de loi sur le caractère « positif » de la colonisation, finalement abrogé.

LES MOTS CLÉS

- Amnistie
- Ancien combattant
- Beur
- Commémoration
- Nostalgérie
- Torture

LE SENS DES MOTS

• Engagé et appelé

L'armée française qui a combattu en Algérie est composée de deux types de soldats :
– Une minorité est constituée d'**engagés**, c'est-à-dire de militaires de métier. Dans leur mémoire, la guerre d'Algérie n'est qu'un conflit parmi d'autres.
– La majorité des soldats sont des **appelés**, c'est-à-dire des jeunes hommes contraints d'aller combattre en Algérie dans le cadre de leur service militaire. Dans leur mémoire, la guerre d'Algérie constitue une expérience marquante, voire traumatisante.

• Guerre d'indépendance et guerre civile

En 50 ans, l'Algérie a connu deux guerres. La première qui dure de 1954 à 1962 met fin à la domination française et est donc qualifiée de **guerre d'indépendance**. La seconde confronte entre 1992 et 2002 l'armée algérienne à des groupes d'insurgés islamistes : n'opposant que des Algériens entre eux, elle est qualifiée de **guerre civile**. Cependant, la guerre d'indépendance a aussi été une guerre civile, puisque tous les Algériens n'étaient pas favorables à l'indépendance et que les différents groupes nationalistes se sont fait la guerre.

• Immigré et rapatrié

On qualifie d'**immigrée** toute personne qui, comme les travailleurs algériens venus en France au cours du XXe siècle, quitte son pays pour s'installer dans un autre. On appelle **rapatriés** les pieds-noirs et les juifs qui ont été contraints de quitter l'Algérie pour la France en 1962. Ce dernier terme est contestable car la plupart des « rapatriés » ont toujours vécu en Algérie. D'autre part, on n'y inclut pas toujours les harkis qui sont pourtant eux aussi des citoyens français contraints de quitter l'Algérie. Quant aux Algériens venus en France entre 1946 et 1962, ils étaient citoyens français et ne sont donc pas à proprement parler des immigrés.

Schéma de synthèse

GUERRE 1954-1962

FRANCE ← → **ALGÉRIE**

Des points de vue différents
- *France* — **Guerre minimisée :** on parle d'« événements d'Algérie ». Son existence n'est officiellement reconnue qu'en 1999.
- *Algérie* — **Guerre mythifiée :** on parle de « guerre de libération nationale » ou de « Révolution algérienne », et d'« un million de martyrs ».

Un tournant dans l'histoire nationale
- *France* — Achèvement de la **décolonisation**
- *Algérie* — **Indépendance** (3 juillet 1962)

Un bouleversement démographique
- *France* — « **Rapatriement** » de 800 000 pieds-noirs et de harkis (1962)
- *Algérie* —
  - 200 000 à 300 000 morts
  - **Départ** des pieds-noirs (1962)

Une gestion différente de l'après-guerre
- *France* — **Réconciliation par l'oubli :** **amnistie** pour l'ensemble des actes commis en temps de guerre.
- *Algérie* — **Règlements de comptes :**
  - **Luttes de pouvoir** au sein du FLN
  - **Élimination** de harkis

L'histoire officielle contestée
- *France* — Constitution de **groupes de pression communautaires :**
  - Pieds-noirs
  - Appelés
  - Immigrés
- *Algérie* — **FLN contesté** par :
  - Mouvement berbère (années 1980)
  - Islamistes (années 1990)

De part et d'autre :
- **Apaisement** progressif des relations entre États
- Multiplication des **conflits mémoriels** à l'intérieur des États
- Le **travail des historiens** permet de mieux connaître le conflit.

Pour aller plus loin

▶ À LIRE

- Benjamin Stora, *La Guerre des mémoires*, éditions de l'Aube, 2011. Un historien décrypte dans ce petit livre accessible les rivalités de mémoires en France.
- Jeannine Verdès-Leroux, *L'Algérie et la France*, Robert Laffont, 2010. Un dictionnaire sur l'histoire des relations entre les deux pays.

▶ À VOIR

- Jean-Pierre Carlon, *Paroles de pieds-noirs*, 2009. Des pieds-noirs se souviennent de l'Algérie française et de la guerre.

▶ À CONSULTER

- Deux associations d'historiens qui veillent aux usages mémoriels et politiques de l'histoire : http://cvuh.blogspot.com
http://www.lph-asso.fr

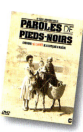

Chapitre 2. L'HISTORIEN ET LES MÉMOIRES DE LA GUERRE D'ALGÉRIE

BAC — Analyse de document

Analyser un texte

❶ Analyser un texte	
❷ Analyser une photographie	p. 84
❸ Analyser un document statistique	p. 110
❹ Analyser deux documents de nature différente	p. 140
❺ Analyser deux documents aux points de vue opposés	p. 164

▶ **Sujet :** L'État français et la mémoire de la guerre d'Algérie

Consigne : Expliquez quelle a longtemps été, d'après ce document, l'attitude de l'État français vis-à-vis de la mémoire de la guerre d'Algérie.
Montrez en quoi ce discours représente un changement notable.

Une reconnaissance tardive

Soldats de métier, combattants volontaires, Français musulmans engagés dans les forces supplétives[1], appelés et rappelés[2] du contingent : tous ont connu les mêmes épreuves. Tous ont lutté pour le même idéal au service de la République et au service de la France. […]

De retour en France, beaucoup, qui avaient servi avec honneur, ont porté seuls le poids de cette guerre dont on ne parlait pas, et qui a laissé de profonds stigmates dans notre mémoire nationale. Les harkis, les membres des forces supplétives, qui ont tant donné à notre pays, ont également payé un très lourd tribut. À eux, à leur honneur de soldats, à leurs enfants qui doivent trouver toute leur place dans notre pays, la France adresse aujourd'hui un message tout particulier d'estime, de gratitude et d'amitié […].

Quarante ans après la fin de la guerre d'Algérie, après ces déchirements terribles au terme desquels les pays d'Afrique du Nord se sont séparés de la France, notre République doit assumer pleinement son devoir de mémoire. Au-delà des ombres et des lumières, au-delà de la mort et des souffrances, elle doit garder vivante la mémoire des deux millions de soldats qui ont combattu, de tous ceux qui ont été tués ou blessés. Fidèle à ses principes et à son histoire, elle associe dans un même hommage ses enfants de toutes origines morts pour la France.

Discours du président de la République Jacques Chirac pour l'inauguration du Mémorial national de la guerre d'Algérie et des combats du Maroc et de la Tunisie à la mémoire des soldats français et des supplétifs algériens morts pour la France, quai Branly à Paris, 5 décembre 2002.

1. Le terme « forces supplétives » désigne les harkis, c'est-à-dire des soldats qui s'ajoutent aux forces régulières.
2. Il s'agit d'appelés du contingent ayant fait leurs 18 mois de service et malgré tout rappelés sous les drapeaux.

---

❶ En quelle année l'État français l'a-t-elle enfin reconnue ?

❷ Qui sont-ils et quel a été leur sort ?

❸ Quels problèmes d'intégration sont évoqués ici ?

❹ Quels faits sont évoqués ici ?

❺ Quelles sont les ombres évoquées ?

❻ Quel est l'objectif de cette formule ?

❼ Est-ce le premier des gestes de réconciliation sous son mandat ?

56

Méthode	Application guidée
1 Identifier la nature du texte : les sources écrites sont variées : texte littéraire, texte savant (essai, philosophie, histoire, etc.), témoignage, article de presse, texte législatif ou juridique (loi, traité, Constitution, etc.), texte politique (programme, discours), etc.	➜ Il s'agit d'un discours politique. Les discours politiques ont des objectifs précis : convaincre, justifier une action, présenter un programme, etc. Celui-ci est un discours officiel d'inauguration. Le ton n'est pas à la polémique mais au consensus.
2 Identifier l'auteur et les destinataires du texte : utilisez vos connaissances pour le situer (sa fonction, ses idées et son rôle historique). Cela permet de comprendre **ses intentions** et de poser un regard critique sur le document. Le destinataire détermine le **ton et les arguments employés.** À qui et à quel usage ce texte est-il destiné ?	➜ Jacques Chirac, qui a été réélu en 2002, est président de la République française depuis 1995. Il ne parle pas ici en son nom propre mais au nom de l'État français. Il faut aussi noter qu'en 1956-1957, Jacques Chirac, qui s'est porté volontaire, a fait son service en Algérie. ➜ Ici, les destinataires sont cités dès le début du discours. Jacques Chirac s'adresse à tous ceux qui ont combattu pendant la guerre, mais plus particulièrement aux forces supplétives à qui est dédié le monument inauguré.
3 Identifier le contexte du document : la date à laquelle le document est écrit, la date des faits relatés et la date de publication peuvent être toutes les trois différentes. Il ne faut pas les confondre. Le contexte social, politique, culturel, économique ou militaire qui a conduit l'auteur à rédiger le texte doit être explicité.	➜ Le discours est prononcé à une période où les lois, les commémorations et les gestes symboliques de la part de l'État se sont multipliés (voir p. 44). Le contexte est également influencé par les tensions communautaires qui touchent aussi les générations suivantes (voir p. 46).
4 Dégager les idées générales du document : lisez la consigne puis le texte (et les notes explicatives s'il y en a) : • une première fois pour en repérer le **thème principal** ; • puis plusieurs fois le crayon en main pour : – **repérer les termes importants**, les éléments qu'il faudra expliquer (dates, personnages, allusions, etc.), – **souligner et annoter** les passages utiles.	➜ **Thème principal :** Il s'agit ici de rendre hommage à tous les combattants de la guerre d'Algérie, et notamment aux harkis, afin d'apaiser les tensions mémorielles. **CONSEIL** Relevez les termes qui désignent les harkis. Qu'en déduisez-vous ? Explicitez l'allusion qui est faite aux enfants de ces mêmes harkis ou aux « ombres » du conflit.
5 Dégager l'intérêt historique du document : il s'agit d'interroger l'apport du document. – Quel est son intérêt pour la compréhension de la question historique étudiée ? – Quelles sont aussi ses **limites** ? Omet-il des éléments ? **Confrontez** le document à vos connaissances personnelles et éventuellement à d'autres sources **(→ BAC p. 164).** – Quelle est la portée du document ?	➜ Montrez que ce discours permet à l'historien de comprendre l'évolution des mémoires de la guerre d'Algérie. ➜ Ce discours peut être critiqué : l'égalité de traitement de ces « enfants morts pour la France » est-elle réelle ? Les mesures prises par l'État, comme en 2005, vont-elles toutes dans le sens de la réconciliation ?
6 Organiser votre réponse : au brouillon, élaborez la structure de la réponse. La consigne propose souvent un plan à suivre.	➜ La consigne propose un plan en deux parties : – Une guerre longtemps niée par l'État français. – Un changement d'attitude notable de la part de l'État français.
7 Rédiger une réponse à la consigne : – Respectez la règle « une idée par paragraphe » et soignez l'expression écrite. – **Prélevez des informations en citant le texte entre guillemets.** – Éclairez, confirmez, nuancez, ce que dit l'auteur à l'aide d'exemples datés, localisés, chiffrés, etc. ⚠ **Attention !** Deux pièges sont à éviter : – la paraphrase, qui consiste à répéter le texte sans l'expliquer ; – utiliser le texte comme un prétexte à une récitation du cours.	➜ Expliquez l'attitude qui a longtemps prévalu en France (encadré 1) notamment à cause des formes prises par la guerre (encadrés 4 et 5). Rappelez le sort réservé par l'État français aux anciens combattants et surtout aux harkis (encadré 2). Montrez que cette inauguration s'inscrit dans un contexte plus global d'efforts de mémoire et de réconciliation (encadré 7), justifiés en partie par la situation politique et sociale (encadré 3). Enfin, mettez en valeur l'importance et la nouveauté de ce changement (encadré 6).

BAC Composition

Analyser le sujet

①	Analyser le sujet	
②	Formuler une problématique	p. 86
③	Organiser ses idées	p. 112
④	Construire une argumentation	p. 142
⑤	Rédiger une introduction	p. 166
⑥	Rédiger une conclusion	p. 184
⑦	Rédiger et présenter une composition	p. 202

À savoir

L'analyse du sujet se fait au **brouillon**. Elle permet de **comprendre l'énoncé** de la consigne et ainsi d'**éviter les contresens et le hors-sujet**. Elle doit mener à l'élaboration de la **problématique**.

▶ **Sujet :** Les mémoires de la guerre d'Algérie en France depuis 1962

- Le pluriel est important : il suppose des mémoires multiples selon les groupes et les époques.
- Une période de conflit longtemps niée, qui reste aujourd'hui un sujet de polémiques.
- Une nation encore divisée par des communautés aux mémoires concurrentes, un État qui peine à les apaiser.
- La date de fin n'est pas précisée, le sujet porte donc jusqu'à nos jours.

Méthode | Application guidée

① Définir les termes du sujet : pour cela, il faut recopier le sujet sur une feuille de brouillon, repérer les mots-clés et s'interroger sur chacun d'eux.
– **Quoi ?** Définir le phénomène historique désigné par le sujet. Utiliser pour cela les définitions du cours et donner s'il le faut des synonymes.
Chaque mot a un sens qu'il s'agit de bien interpréter.
– **Qui ?** Définir précisément les acteurs.

➡ Qu'entend-on par « mémoires » ? Interrogez-vous sur le pluriel du mot.
En quoi les mémoires se différencient-elles de l'histoire ?

➡ **Les acteurs :**
Toute la société et plus particulièrement :
– les populations directement impliquées dans le conflit (harkis, pieds-noirs, immigrés algériens) ;
– les générations suivantes, notamment les enfants de combattants ;
– les historiens ;
– le pouvoir politique.

– Ne pas oublier qu'un phénomène historique doit souvent être étudié sous différents aspects : économique, politique, social, culturel, etc.

➡ Les mémoires sont un objet d'étude pour l'historien mais montrez qu'elles sont aussi un enjeu politique et social majeur.

② Définir le cadre spatio-temporel du sujet : les questions où ? quand ? sont nécessaires pour ne pas dépasser le sujet (ce qui mène à des hors-sujets) et pour ne pas le restreindre (ce qui mène à un devoir incomplet)
– **Le cadre chronologique :** lorsque aucune indication n'est donnée, il faut fixer soi-même le champ chronologique du sujet. Dans tous les cas, il faut justifier le choix des dates dans l'introduction.
– **Le cadre spatial :** il doit lui aussi être justifié.

➡ Le sujet débute avec l'immédiat après-guerre et se prolonge jusqu'à nos jours. Il appelle donc un plan chronologique mettant en valeur les étapes d'apparition des différentes mémoires sur la scène publique.
➡ La France abrite encore des communautés aux mémoires antagonistes, les tensions y sont encore vives.

③ Formuler la problématique (→ BAC p. 86) : Cette **question simple** est le **fil directeur** du sujet. Si le sujet a été correctement analysé, elle devrait en découler naturellement.

Exemple
Pourquoi, plus de 50 ans après les accords d'Évian, les mémoires de la guerre d'Algérie divisent-elles encore les Français ?

BAC BLANC

Analyse de documents

▶ **Sujet :** La guerre d'Algérie et les Français au début du XXIe siècle

Consigne : Montrez comment ces deux documents permettent d'analyser la mémoire de la guerre d'Algérie en France au début du XXIe siècle.
Confrontez-les pour expliquer la complexité de l'attitude de l'État et de la société française vis-à-vis de ce conflit.

1 L'opinion française et la guerre d'Algérie en 2003

Question : Concernant la guerre d'Algérie, avez-vous le sentiment que tout n'a pas été dit ?	En %
– Oui	66
– Non	23
– Ne se prononcent pas	11

Question : Pour vous, la guerre d'Algérie, c'est… ?	En %
– la fin d'une époque : l'entrée de la France dans le monde moderne	37
– l'abandon des harkis	31
– l'arrivée des pieds-noirs en France	29
– la torture par l'armée française	23
– une juste guerre de libération	23
– une défaite française	22
– les attentats du FLN	13
– le putsch des généraux et l'OAS	11
– Ne se prononcent pas	12

Total supérieur à 100, les interviewés ayant pu donner trois réponses

Question : Suite aux révélations intervenues ces dernières années sur le sort qui leur a été réservé, diriez-vous qu'après la guerre d'Algérie, la France s'est bien ou mal comportée à l'égard… ?	Bien	Mal	Ne se prononcent pas
– des pieds-noirs	42 %	44 %	14 %
– du peuple algérien	42 %	43 %	15 %
– des harkis	22 %	68 %	10 %

Question : Selon vous, la guerre d'Algérie pèse-t-elle sur l'intégration des jeunes générations issues de l'immigration algérienne ?	En %
– Oui	60
– Non	34
– Ne se prononcent pas	6

Sondage exclusif CSA/*Nice Matin*/*La Provence*/*Le Midi Libre*/Mots Croisés-France 2, réalisé les 15 et 16 octobre 2003.

2 Appel pour condamner la torture lors de la guerre d'Algérie

Des deux côtés de la Méditerranée, la mémoire française et la mémoire algérienne resteront hantées par les horreurs qui ont marqué la guerre d'Algérie tant que la vérité n'aura pas été dite et reconnue. Ce travail de mémoire appartient à chacun des deux peuples […]. En Algérie se dessine la mise en cause de pratiques condamnables, datant de la guerre et surtout lui ayant survécu, commises au nom de situations où « tout serait permis ». Il reste que la torture, mal absolu, pratiquée de façon systématique par une « armée de la République » et couverte en haut lieu à Paris, a été le fruit empoisonné de la colonisation et de la guerre, l'expression de la volonté du dominateur de réduire par tous les moyens la résistance du dominé. Avec cette mise à jour, il ne s'agit pas seulement de vérité historique, mais aussi de l'avenir des générations issues des diverses communautés qui vivent avec ce poids, cette culpabilité et ce non-dit. […] Nous demandons à Jacques Chirac, président de la République, et à Lionel Jospin, Premier ministre, de condamner ces pratiques par une déclaration publique.

« L'appel des 12 intellectuels » parmi lesquels H. Alleg, auteur de *La Question*, les historiens M. Rébérioux, P. Vidal-Naquet et J.-P. Vernant, *L'Humanité*, 31 octobre 2000.

CHAPITRE 3
LES ÉTATS-UNIS ET LE MONDE DEPUIS 1945

À l'issue de la Seconde Guerre mondiale, les États-Unis assument pour la première fois pleinement leur rôle de puissance globale. La guerre froide fait de l'Amérique le leader du camp occidental face au bloc soviétique.
Les États-Unis restent aujourd'hui au premier rang mondial, même si leur domination est moins évidente depuis la fin de la confrontation Est-Ouest.

PROBLÉMATIQUES

- Pourquoi le XXe siècle est-il dominé par les États-Unis ?
- Quelles sont les diverses formes de la puissance américaine ?
- Peut-on parler d'un recul de l'hégémonie américaine au début du XXIe siècle ?

1 Le rêve américain : liberté, prospérité, modernité
Le port de New York en 1954. Au premier plan, la statue de la Liberté ; au fond, les gratte-ciel de Manhattan.

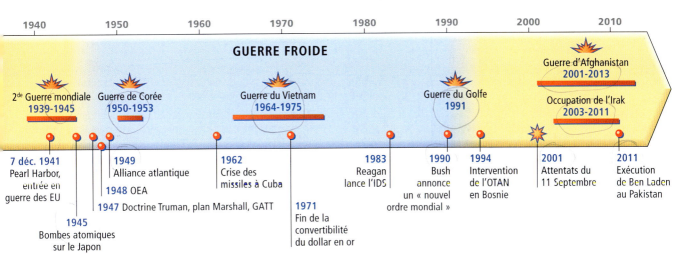

2 Une réalité plus brutale : la première puissance militaire

28 navires, 280 avions et 22 000 hommes participent à l'exercice « Valiant Shield » dans l'océan Pacifique, près de la base de Guam, en juin 2006. Au premier plan, le bombardier stratégique furtif B-2 Spirit, l'avion le plus cher du XXe siècle.

Retour sur... Les États-Unis

Grands repères — Les États-Unis et le monde jusqu'en 1945

Naissance d'une nation

Le Dernier Rivet, huile sur toile de Thomas Hill, 1881. Le premier chemin de fer transcontinental est achevé le 10 mai 1869 dans l'Utah.

Les 13 colonies anglaises d'Amérique du Nord proclament leur indépendance en 1776. Elle est reconnue par le Royaume-Uni en 1783. Les États-Unis prennent peu à peu le contrôle d'un territoire immense et riche et leur population s'accroît rapidement grâce à une immigration massive. La conquête de l'Ouest, aux dépens des Amérindiens, est légitimée par la doctrine de la « destinée manifeste ». En 1890, l'État proclame la fin de la « Frontière » : l'ère des pionniers est terminée, le territoire est maîtrisé, les États-Unis peuvent désormais se tourner vers le monde.

La doctrine Monroe (1823)

Sur le panneau, on peut lire : « Défense d'entrer. L'Amérique aux Américains. Signé, l'Oncle Sam. » Caricature américaine de F. Victor Gillam, 1896.

Le président des États-Unis James Monroe formule en 1823 la doctrine à laquelle on a ensuite donné son nom. Elle affirme que les puissances européennes ne doivent plus se mêler des affaires du continent américain, « l'hémisphère occidental ». Inversement, les États-Unis ne doivent pas intervenir en Europe. La doctrine Monroe définit ainsi un isolationnisme relatif : les États-Unis s'isolent du Vieux Monde, mais ils se considèrent comme les protecteurs des républiques d'Amérique latine, qui viennent de conquérir leur indépendance aux dépens de l'Espagne et du Portugal.

L'affirmation d'une grande puissance

Le président Theodore Roosevelt fait le tour des ports des Caraïbes avec la flotte des États-Unis (les bateaux s'appellent « le collecteur de dettes », « le shérif », « le receveur »). Caricature de W. A. Rogers, 1904.

Vaincue en 1898 par les États-Unis, l'Espagne leur cède Porto Rico, Guam et les Philippines. Cuba devient un État indépendant, mais placé dès 1901 sous protectorat des États-Unis. Ceux-ci annexent aussi les îles Hawaï en 1898. Les Américains condamnent le colonialisme des Européens, mais multiplient les interventions dans les Caraïbes, avec la politique du « gros bâton » (« *big stick* »). Dans les années 1890, les États-Unis deviennent la première puissance économique mondiale. En 1899, ils exigent la « Porte ouverte », c'est-à-dire l'accès au marché de la Chine, que les Européens s'apprêtent à partager en zones d'influence.

La première intervention en Europe

Les troupes américaines débarquent en France (Saint-Nazaire), juin 1917.

La tradition isolationniste pousse les États-Unis à rester en dehors du conflit qui éclate en Europe en 1914. Mais cette neutralité devient intenable, notamment parce que la guerre sous-marine lancée par l'Allemagne perturbe le commerce. Le Congrès vote l'entrée en guerre des États-Unis le 6 avril 1917. Le président Wilson propose en janvier 1918 son programme en 14 points pour rétablir la paix dans le monde grâce à une Société des Nations. Mais le Sénat américain refuse en 1919 de ratifier le traité de Versailles et les États-Unis restent en dehors de la SDN.

L'arsenal des démocraties

Fabriqués en série en un temps record, les navires de transport surnommés « *Liberty Ships* » ont permis aux États-Unis de ravitailler leurs alliés pendant la Seconde Guerre mondiale. Californie, décembre 1943.

Le repli des États-Unis sur eux-mêmes est accentué par la crise économique des années 1930. Mais le président Franklin Roosevelt s'inquiète de la politique agressive de l'Allemagne, de l'Italie et du Japon. En 1940, il fait comprendre à l'opinion que les États-Unis doivent aider le Royaume-Uni et devenir « l'arsenal des démocraties ». L'attaque japonaise sur Pearl Harbor le 7 décembre 1941 entraîne l'entrée en guerre des États-Unis. Un gigantesque effort de guerre permet aux troupes américaines de débarquer en Afrique du Nord, en Italie puis en France, tout en menant la guerre en Asie et dans le Pacifique contre le Japon.

RETOUR SUR...

Pour entrer dans le chapitre

LE SENS DES MOTS

• L'Amérique

L'Amérique est un continent, que les géographes divisent en trois sous-ensembles : l'Amérique du Nord (Canada, États-Unis, Mexique), l'Amérique centrale et l'Amérique du Sud (à partir du Panamá). Il faut y ajouter les îles des Caraïbes (qui appartiennent aujourd'hui à l'OEA, l'Organisation des États américains).

L'Amérique latine est une notion culturelle : elle regroupe les peuples parlant une langue latine (espagnol, portugais), souvent de culture catholique, par opposition à l'Amérique anglophone et protestante. Mais les *Latinos* sont nombreux aux États-Unis.

Le mot « *America* **»** est aussi employé comme synonyme des États-Unis. L'adjectif couramment utilisé pour désigner les États-Unis est : « américain ». Il faut souligner que cela crée une forte ambiguïté. Quand la doctrine Monroe dit : « l'Amérique aux Américains ! », cela signifie à la fois que le continent américain ne doit pas être géré par les Européens et que les États-Unis en sont le leader naturel.

LES MOTS À CONNAÎTRE

Destinée manifeste : doctrine formulée en 1845 selon laquelle les États-Unis ont la mission historique de répandre la civilisation dans le continent américain et de servir de modèle au monde.

Doctrine Monroe : doctrine formulée en 1823 par le président Monroe, selon laquelle les Européens ne doivent pas intervenir en Amérique, ni les États-Unis en Europe.

Hémisphère occidental : expression courante aux États-Unis pour désigner le continent américain, par opposition au « Vieux Monde » et avec l'idée qu'il constitue la sphère d'influence des États-Unis.

Interventionnisme : attitude d'un État qui n'hésite pas à s'engager dans les affaires du monde. On parle aussi d'internationalisme.

Isolationnisme : attitude d'un État qui répugne à intervenir dans les affaires du monde. L'isolationnisme américain a toujours été relatif, puisqu'il n'exclut ni l'influence économique, ni les interventions dans l'hémisphère occidental.

Politique du « gros bâton » (« *big stick* **») :** ainsi appelée parce que le président Theodore Roosevelt avait adopté comme maxime : « parle doucement et porte un gros bâton ». Elle légitime en 1904 l'intervention militaire des États-Unis dans l'hémisphère occidental (on parle aussi de « corollaire Roosevelt à la doctrine Monroe »).

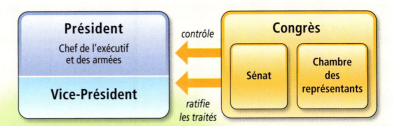

▮ **Les principaux acteurs de la politique extérieure des États-Unis**

Chapitre 3. LES ÉTATS-UNIS ET LE MONDE DEPUIS 1945 **63**

ÉTUDE Le rêve américain

→ Voir **COURS** pp. 68-69.

Pays neuf fondé par des immigrants, les États-Unis sont restés jusqu'à aujourd'hui une « terre promise » pour des millions de personnes dans le monde.
Le rêve américain, c'est l'idée qu'aux États-Unis, terre de la liberté individuelle, chacun a une chance de réussir. Même s'il n'est pas toujours conforme à la réalité, ce rêve est diffusé dans le monde entier par les puissantes industries du divertissement américaines. Le *soft power* est un élément essentiel de la puissance américaine.

NOTION CLÉ

Soft power : « puissance douce », concept théorisé par l'universitaire américain Joseph Nye en 1990. C'est la capacité qu'a une puissance d'influencer les autres États ou acteurs internationaux sans contrainte, par la diffusion de sa culture et de ses valeurs. L'utilisation de la force (militaire) est le *hard power*.

1 L'Amérique et le monde

Le président Johnson présente la nouvelle loi sur l'immigration, qui supprime les quotas par nationalités instaurés dans les années 1920. Les immigrés sont désormais choisis selon leurs compétences et leurs liens familiaux aux États-Unis.

Le fait est que, depuis plus de quatre décennies, la politique d'immigration des États-Unis a été faussée et déformée par la criante injustice du système des quotas par nationalités. […] Ce système violait le principe de base de la démocratie américaine, principe selon lequel chacun doit être évalué et récompensé selon son mérite en tant qu'homme. […] Notre belle Amérique a été construite par une nation d'étrangers. Venant de plus d'une centaine de lieux différents, ils ont afflué dans un pays vide pour former en se mélangeant un courant puissant et irrésistible. Le pays a prospéré parce qu'il a été abreuvé à tant de sources, nourri par tant de cultures, de traditions et de peuples. Et de cette expérience, quasiment unique dans l'histoire des nations, découle l'attitude de l'Amérique vis-à-vis du reste du monde. Parce que nous sommes ce que nous sommes, nous nous sentons plus sûrs et plus forts dans un monde aussi varié que les peuples qui le composent, un monde dans lequel aucun pays n'impose sa loi à un autre et où tous les pays peuvent aborder les grands problèmes de l'humanité à leur manière. Aujourd'hui, devant le monument qui a accueilli tant de gens débarquant sur nos côtes, la Nation américaine renoue avec ses plus belles traditions. Le temps de l'immigration illimitée est passé. Mais ceux qui pourront venir viendront grâce à ce qu'ils sont et non à cause du pays dont ils sont originaires.

Lyndon B. Johnson, discours à Liberty Island, 3 octobre 1965. Traduit par G. Le Quintrec.

LE POINT SUR…

● **La statue de la Liberté**
La Liberté éclairant le monde est une statue offerte par la France aux États-Unis pour célébrer le centenaire de leur indépendance. Conçue par Bartholdi, installée sur Liberty Island, au sud de Manhattan, elle est inaugurée en 1886.
La plupart des immigrants arrivent aux États-Unis en passant par Ellis Island, centre d'accueil ouvert en 1892 tout près de la statue, qui symbolise pour eux l'Amérique. Elle a été déclarée monument national en 1924.

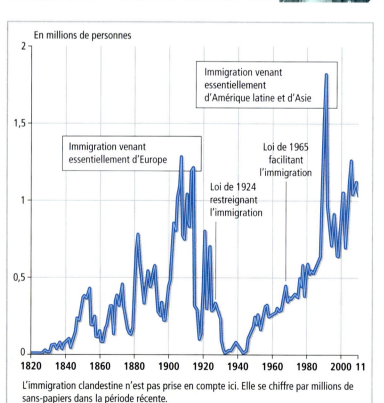

L'immigration clandestine n'est pas prise en compte ici. Elle se chiffre par millions de sans-papiers dans la période récente.

2 L'immigration légale aux États-Unis de 1820 à 2011

64

ÉTUDE

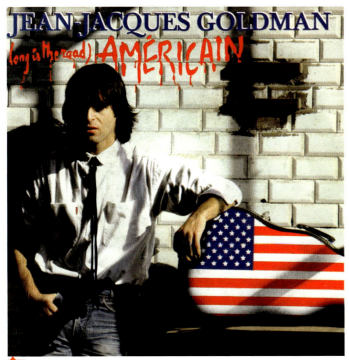

3 L'Amérique en chanson

La musique populaire européenne a été considérablement influencée par les rythmes venus des États-Unis (jazz, gospel, soul, blues, rock'n'roll, etc.). Elle véhicule aussi dans ses textes toute une mythologie américaine. Jean-Jacques Goldman, (*Long is the Road*) *Américain*, 1984.

4 Culture, économie et puissance

Le 14 juin 2013, l'Union européenne a décidé d'exclure les biens et services culturels de la négociation d'un traité de libre-échange avec les États-Unis. C'est ce que demandait la France, suivie par d'autres États, dans la lettre suivante.

Alors que l'Union et ses États membres ont fait de la diversité culturelle un des fondements de la construction européenne, se mobilisant depuis des années pour promouvoir cet objectif, il serait inconséquent que la négociation qui s'ouvre avec les États-Unis compromette notre capacité individuelle et collective à mettre en œuvre cet engagement partagé. C'est pourquoi il est essentiel que soit pleinement maintenue la position constamment réaffirmée de l'Union, qui a toujours exclu, au sein de l'Organisation mondiale du commerce comme dans les négociations bilatérales, les services audiovisuels de tout engagement de libéralisation commerciale. [...] La puissance de l'industrie audiovisuelle américaine dans le monde en fait l'une des priorités des États-Unis dans toute négociation commerciale. [...] Notre conviction est que, face aux immenses défis qui lui sont lancés, l'Europe a besoin de soutenir et développer la création culturelle sur son territoire. Renoncer à mener des politiques ambitieuses en faveur de la culture, notamment du cinéma et de l'audiovisuel, ce serait renoncer à une part du rayonnement de l'Europe, se priver d'un formidable levier pour la croissance et l'emploi et oublier cette évidence largement partagée par nos concitoyens : la culture n'est pas un bien comme un autre.

Lettre adressée à la présidence de l'Union européenne le 13 mai 2013 par les ministres de la Culture de 14 pays membres (France, Allemagne, Italie, Espagne, Portugal, Belgique, Autriche, Hongrie, Pologne, Roumanie, Slovaquie, Slovénie, Bulgarie, Chypre).

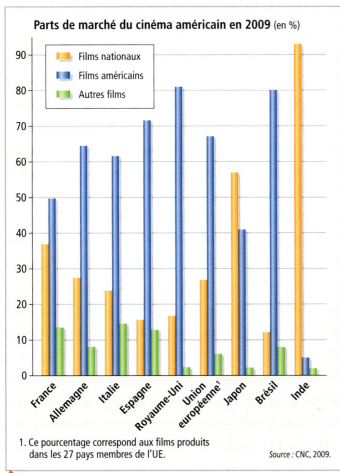

1. Ce pourcentage correspond aux films produits dans les 27 pays membres de l'UE. *Source : CNC, 2009.*

5 Hollywood, « l'usine à rêves » du monde ?

Questions

▶ **Exploiter et confronter les documents**

1. En quoi la nouvelle loi sur l'immigration est-elle, selon Johnson, conforme aux valeurs américaines ? **(doc. 1)**

2. Expliquez le lien établi par Johnson entre l'immigration et l'attitude des États-Unis vis-à-vis du reste du monde. **(doc. 1)**

3. Identifiez les deux grandes périodes d'immigration massive aux États-Unis. **(doc. 2)**

4. Que nous apprend cette pochette de disque sur l'influence culturelle des États-Unis ? **(doc. 3)**

5. Pourquoi l'Union européenne a-t-elle refusé d'inclure les biens culturels dans les négociations de libre-échange avec les États-Unis ? **(doc. 4)**

6. Quels pays « résistent » le mieux à la pénétration sur leur marché des films américains ? Pourquoi selon vous ? **(doc. 5)**

▶ **Organiser et synthétiser les informations**

7. Rappelez les principaux éléments du rêve américain. En quoi peut-on parler de *soft power* ?

Chapitre 3. LES ÉTATS-UNIS ET LE MONDE DEPUIS 1945

Les États-Unis dans la guerre froide (années 1960)

→ Voir **COURS** pp. 68-69.
→ Voir **ÉTUDE** pp. 70-71.

Traités rassemblant les nations du monde occidental sous la tutelle des États-Unis		
Nom du pacte ou de l'organisation	Date de création	Membres
Organisation des États américains (OEA)	1948	Tous les États américains sauf la Guyane française, le Canada (entré en 1990) et Cuba (suspendu en 1962).
Pacte Atlantique ou Alliance atlantique *Complété en 1950 par :* **Organisation du traité de l'Atlantique Nord (OTAN)**, structure politique militaire permanente avec un commandement militaire intégré	1949 1950	Membres fondateurs : Canada, États-Unis, Belgique, France, Luxembourg, Pays-Bas, Royaume-Uni, Danemark, Italie, Islande, Portugal, Norvège. Expansions : 1952 : Grèce, Turquie ; 1955 : RFA ; 1982 : Espagne.
Australia, New Zealand and United States Security Treaty **(ANZUS)**	1951	Australie, Nouvelle-Zélande, États-Unis.
Organisation du traité de l'Asie du Sud-Est (OTASE)	1954	Australie, France (jusqu'en 1965), Nouvelle-Zélande, Pakistan, Thaïlande, Philippines, Royaume-Uni, États-Unis.
Pacte de Bagdad *Devenu en 1959 :* **Central Treaty Organization (CENTO)** après le retrait de l'Irak	1955	Turquie, Irak (jusqu'en 1959), Iran, Pakistan, Royaume-Uni. États-Unis (observateur).

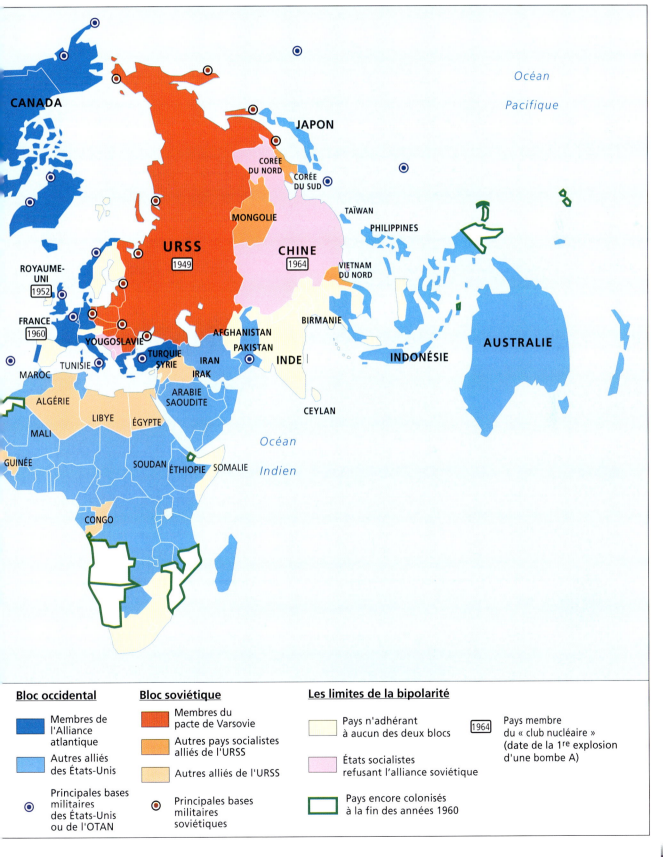

COURS

1. Les États-Unis entrent en guerre froide (1945-1962)

> Pourquoi la guerre froide est-elle un tournant majeur dans la politique américaine ?

→ Voir ÉTUDE pp. 64-65.
→ Voir CARTES pp. 66-67.
→ Voir ÉTUDE pp. 70-71.

REPÈRES

Les présidents américains
1933-1945 : Franklin Roosevelt
1945-1952 : Harry Truman
1953-1960 : Dwight Eisenhower
1961-1963 : John Kennedy

En rouge : les présidents républicains.
En bleu : les présidents démocrates.

VOCABULAIRE

Complexe militaro-industriel : expression popularisée dans les années 1950 aux États-Unis pour désigner l'industrie de l'armement et les autres industries liées à l'armée.

Droit de veto : voir p. 207.

G. I. : nom donné au soldat américain depuis la Seconde Guerre mondiale. Il vient d'un sigle signifiant « *Government Issue* » (« fourniture du gouvernement »).

OEA : Organisation des États américains, créée en 1948 et installée à Washington.

OTAN : voir p. 66.

NOTIONS CLÉS

Atlantisme : idéologie des Européens attachés à l'Alliance atlantique et à la protection de l'Europe occidentale par les États-Unis.

Destinée manifeste : voir p. 63.

Endiguement (*containment*) : politique adoptée par les États-Unis en 1947. Elle vise à « endiguer » l'expansion du communisme par une aide économique et militaire des États-Unis à leurs alliés.

Grande Alliance : alliance formée à partir de 1941 par les États-Unis, le Royaume-Uni et l'URSS contre l'Axe (Allemagne, Italie, Japon).

« Monde libre » : expression par laquelle les États-Unis désignent le bloc occidental qu'ils dirigent pendant la guerre froide.

Superpuissance : qualificatif appliqué pendant la guerre froide aux États-Unis et à l'URSS, qui dominaient le monde en dirigeant chacun un bloc.

A L'Amérique triomphante au sortir de la Seconde Guerre mondiale

• **La victoire.** Les États-Unis ont joué un rôle majeur dans la Grande Alliance en mobilisant 12 millions de G. I. et toute leur économie au service de la victoire. L'Allemagne capitule le 8 mai 1945, vaincue par la double offensive américaine (à l'ouest) et soviétique (à l'est). Frappé par deux bombes atomiques à Hiroshima (6 août) et Nagasaki (9 août), le Japon capitule le 2 septembre 1945 (**doc. 1**).

• **La puissance.** En 1945, les États-Unis dominent l'économie mondiale, avec 65 % du stock d'or et 50 % de la production industrielle. Ils sont les seuls à posséder l'arme nucléaire. Surtout, avec leur prestige de libérateurs, ils semblent capables de réaliser leur destinée manifeste : apporter au monde la démocratie libérale. À la différence de Wilson en 1919, Roosevelt a le soutien de l'opinion américaine pour mener une politique interventionniste.

• **L'engagement dans la paix.** Les États-Unis accueillent sur leur sol la conférence de Bretton Woods, qui réorganise l'économie mondiale et celle de San Francisco qui crée en juin 1945 l'ONU. Son siège est fixé à New York en 1946. Les États-Unis commencent à rapatrier leurs troupes et ils pensent garder de bonnes relations avec l'URSS.

B Un changement décisif : la guerre froide

• **La rupture de la Grande Alliance.** Mais l'URSS n'adhère pas au projet américain d'un monde unifié par la démocratie libérale. Staline s'inquiète du rôle majeur des États-Unis dans le monde et dénonce « l'impérialisme » américain (**doc. 2**). Il veut diffuser le communisme dans les pays d'Europe centrale occupés par l'Armée rouge. Dès 1946, l'URSS paralyse l'ONU en utilisant son droit de veto.

• **L'Amérique contre le communisme.** Face à l'attitude soviétique, le projet américain change de sens en 1947. Il ne s'agit plus de réorganiser le monde, mais de défendre le « monde libre » contre le communisme. Dans ce contexte de rivalité idéologique, l'*American way of life*, mêlant liberté et prospérité, est proposé en modèle, notamment par le cinéma hollywoodien (**voir p. 65**).

• **Un interventionnisme assumé.** La stratégie de l'endiguement est définie par Truman (**doc. 3**). En juin 1948, pour la première fois, le Congrès autorise les alliances militaires en temps de paix. La guerre froide fait des États-Unis une superpuissance, en rivalité permanente avec l'URSS. Celle-ci acquiert l'arme atomique en 1949 et s'engage dans la course aux armements avec l'Amérique. Le complexe militaro-industriel entretient la croissance économique et le progrès technologique aux États-Unis (**doc. 4**).

C L'Amérique, leader du « monde libre »

• **Les liens transatlantiques.** Truman apporte à l'Europe occidentale une aide économique avec le plan Marshall en 1947, et militaire avec l'OTAN. L'opinion est majoritairement attachée à l'atlantisme, même si dans certains pays existe un courant anti-américain, d'inspiration communiste ou nationaliste.

• **L'Amérique latine, chasse gardée des États-Unis.** Dès 1948, l'OEA rassemble le continent sous la direction de Washington. Toute forme de socialisme y est considérée comme une menace qui légitime l'intervention des États-Unis (**voir p. 78**). En 1962, Kennedy oblige l'URSS à retirer ses missiles de Cuba, mais il doit désormais tolérer le régime de Fidel Castro, allié de Moscou.

• **Les autres fronts.** Au Moyen-Orient, les États-Unis soutiennent Israël et sécurisent leur approvisionnement pétrolier en s'appuyant sur l'Arabie saoudite et l'Iran. En Asie, ils défendent le Japon et la Corée du Sud face au communisme, représenté par l'URSS et par la Chine populaire à partir de 1949.

68

1 La capitulation japonaise (2 septembre 1945)
Yoshijiro Umezu, chef de l'armée japonaise, signe l'acte de capitulation sur le pont du navire américain *Missouri*, dans la baie de Tokyo. Derrière le micro, le général Mac Arthur, commandant des forces alliées dans le Pacifique.

2 Le point de vue soviétique
« Ne fais pas de bêtises », affiche soviétique de V. Govorkov, 1947.

▶ Après avoir décrit les deux personnages, montrez comment l'URSS présente son propre rôle et celui des États-Unis au début de la guerre froide.

3 La doctrine Truman (1947)

Truman demande au Congrès de voter une aide financière à la Grèce et à la Turquie. Les États-Unis prennent ainsi le relais du Royaume-Uni, qui aidait jusque-là ces deux États. En justifiant cette intervention, Truman définit la nouvelle doctrine américaine.

À ce moment précis de l'histoire du monde, presque toutes les nations se trouvent placées devant le choix de deux modes de vie. Et trop souvent ce choix n'est pas un libre choix. L'un de ces modes de vie est fondé sur la volonté de la majorité. Ses principaux caractères sont des institutions libres, des gouvernements représentatifs, des élections libres, des garanties données à la liberté individuelle, à la liberté d'expression et de culte et à l'absence de toute oppression politique. Le second mode de vie est fondé sur la volonté d'une minorité imposée à la majorité, il s'appuie sur la terreur et l'oppression, une radio et une presse contrôlées, des élections dirigées et la suppression de la liberté individuelle. Je crois que les États-Unis doivent pratiquer une politique d'aide aux peuples libres qui résistent actuellement aux manœuvres de certaines minorités armées ou à la pression extérieure. Je crois que notre aide doit se manifester en tout premier lieu sous la forme d'une assistance économique et financière. […] Si nous hésitons dans notre leadership, nous pourrions mettre en danger la paix dans le monde et nous mettrons certainement en danger cette nation.

Harry Truman, discours devant le Congrès, 12 mars 1947.

▶ Comment Truman définit-il la politique extérieure des États-Unis ? En quoi est-ce nouveau ?
▶ Expliquez la dernière phrase du texte.

4 Le complexe militaro-industriel

Jusqu'à la dernière guerre mondiale, les États-Unis n'avaient pas d'industrie d'armement. […] Nous avons été obligés de créer une industrie d'armement permanente sur une grande échelle. Il faut y ajouter 3,5 millions d'hommes et de femmes qui travaillent pour la défense. Chaque année, nous dépensons, rien que pour la sécurité militaire, plus que le revenu net de toutes les entreprises des États-Unis. Cette conjonction d'énormes effectifs militaires et d'une grande industrie d'armement est inédite dans l'histoire américaine. […] Dans les conseils gouvernementaux, nous devons éviter que le complexe militaro-industriel n'acquière une influence injustifiée, qu'elle soit ou non sollicitée. Nous ne devons jamais laisser le poids de ce système menacer nos libertés ou nos processus démocratiques. […] Ces profonds changements dans notre situation militaro-industrielle sont liés et largement dus à la révolution technologique des dernières décennies. Dans cette révolution, la recherche est devenue centrale, elle est aussi devenue plus officielle, complexe et coûteuse. Une part régulièrement croissante de celle-ci est menée pour, par ou sous la direction du gouvernement fédéral. […] La perspective de voir les chercheurs de cette nation dominés par l'emploi fédéral, les financements publics et le pouvoir de l'argent est déjà présente, et est à prendre en compte avec gravité. Mais, tout en tenant bien sûr en haute estime la recherche scientifique, nous devons aussi prendre garde au danger inverse, celui de voir les politiques publiques devenir captives d'une élite technico-scientifique.

Dwight Eisenhower, discours de fin de mandat, 17 janvier 1961.
Traduit par G. Le Quintrec.

▶ En quoi le complexe militaro-industriel peut-il être dangereux selon Eisenhower ?

Les États-Unis et l'Europe au début de la guerre froide (1947-1950)

→ Voir CARTES pp. 66-67
→ Voir COURS pp. 68-69.

Sortie affaiblie de la Seconde Guerre mondiale, l'Europe devient au début de la guerre froide un terrain d'affrontement pour les deux superpuissances rivales que sont les États-Unis et l'URSS. L'aide américaine à l'Europe de l'Ouest est perçue par les uns comme une protection de la démocratie, par les autres comme une entreprise « impérialiste ».

REPÈRES

• L'Oncle Sam
Les États-Unis sont représentés symboliquement depuis le début du XIXᵉ siècle par l'Oncle Sam – *Uncle Sam* – dont les initiales, US, reprennent celles du pays. C'est un vieillard grand, maigre et barbu, portant un chapeau haut de forme orné des étoiles du drapeau américain.

VOCABULAIRE

Kominform : « Bureau d'information des partis communistes et ouvriers ». Créé en 1947, il réunit sous le contrôle de Moscou les partis communistes d'Europe centrale et orientale, de France et d'Italie.

Rideau de fer (*Iron curtain*) : expression popularisée par Churchill en 1946 pour désigner la frontière hermétique coupant l'Europe en deux (bloc occidental et bloc soviétique).

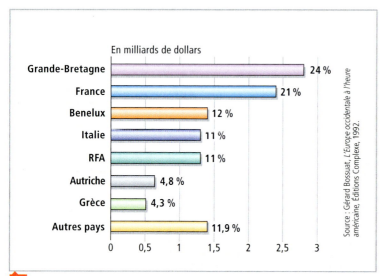

1 Les bénéficiaires de l'aide américaine
Dons faits par les États-Unis entre avril 1948 et juin 1951, essentiellement dans le cadre du plan Marshall ou ERP (*European Recovery Program*).

2 « L'impérialisme américain »

Le but que se fixe la nouvelle politique expansionniste des États-Unis est l'établissement de la domination mondiale de l'impérialisme américain. Cette nouvelle politique vise à la consolidation de la situation de monopole des États-Unis sur les marchés, monopole qui s'est établi par la suite de la disparition de leurs deux concurrents les plus grands – l'Allemagne et le Japon – et par l'affaiblissement des partenaires capitalistes des États-Unis : l'Angleterre et la France. [...] Mais, sur le chemin de leurs aspirations à la domination mondiale, les États-Unis se heurtent à l'URSS avec son influence internationale croissante [...]. C'est pourquoi la nouvelle politique expansionniste et réactionnaire des États-Unis vise à la lutte contre l'URSS [...].

Bien que la guerre soit déjà finie depuis longtemps, l'alliance militaire entre l'Angleterre et les États-Unis subsiste encore [...]. Les États-Unis ont étendu leur contrôle sur les forces armées et les plans militaires des autres pays, en premier lieu de l'Angleterre et du Canada. [...] Le « secours » économique des États-Unis a pour but d'asservir l'Europe au capital américain. [...] En « sauvant » un pays de la famine et de la ruine, les monopoles américains ont le dessein de le priver de toute indépendance. « L'aide » américaine entraîne presque automatiquement des modifications de la ligne politique du pays qui reçoit cette « aide » : viennent au pouvoir des partis et des personnalités qui, obéissant aux directives de Washington, sont prêts à réaliser, dans leur politique intérieure et extérieure, le programme désiré par les États-Unis (France, Italie, etc.).

Andreï Jdanov, rapport présenté devant le Bureau d'information des partis communistes (Kominform), Szklarska Poreba (Pologne), 22 septembre 1947.

ÉTUDE

3 **Les bonnes graines et les mauvaises herbes**
L'Oncle Sam sème les *ERP seeds*, « les graines du plan Marshall », tandis que Staline sème les *Cominform weeds*, « les mauvaises herbes du Kominform ». « Semis de printemps », dessin de John Collins, vers 1948.

4 **Le plan Marshall**
Affiche française de 1947.

5 **La France menacée de « coca-colonisation » ?**

> L'Assemblée nationale discute d'une proposition de loi, déposée par le lobby des viticulteurs, visant à durcir la législation sur les boissons non alcoolisées. Le Parti communiste la soutient, en demandant explicitement l'interdiction du coca-cola.
>
> L'acharnement que le groupe communiste a mis pour rendre la loi efficace s'explique par une série de précédents. Nous avons vu successivement le cinéma français attaqué, le livre français attaqué. Nous avons assisté à la lutte contre l'industrie du tracteur. Nous avons vu toute une série de secteurs de notre production, industriel, agricole ou artistique, successivement attaqués, sans que les pouvoirs publics les aient défendus. C'est la première raison de notre obstination.
>
> Voici la deuxième. Le Gouvernement a indiqué lui-même qu'il n'était pas désarmé. Or, force nous est de constater qu'il n'a pas, jusqu'à présent, employé les armes dont il disposait. En troisième lieu, le Gouvernement n'a fait aucune déclaration sur le délai qu'il utiliserait pour saisir l'Académie de médecine.
>
> Notre quatrième argument [...] est que la société en cause dispose en France d'un budget de publicité d'un milliard de francs. Or, nous avons pu mesurer les ravages que cette publicité a occasionnés en Belgique et au Luxembourg. Notre cinquième argument est qu'une série d'intérêts français sont menacés, concernant le vin, la bière, les eaux minérales, les limonades, le cidre, les jus de fruits, l'ensemble même des boissons françaises. Nous sommes, par ailleurs, convaincus que la boisson dont il s'agit est nocive et nous ne voulons pas voir en France ce qui se fait dans certaines écoles de Belgique où l'on a remplacé les distributions de lait aux enfants par des distributions de coca-cola.
>
> Fernand Grenier [député communiste de Saint-Denis], intervention à l'Assemblée nationale, 28 février 1950.

Questions

▶ Exploiter et confronter les documents

1. Quels pays européens ont bénéficié de l'aide américaine ? Pourquoi ? **(doc. 1)**

2. Pourquoi Jdanov utilise-t-il des guillemets quand il évoque le « secours économique » et « l'aide » américaine ? **(doc. 2)**

3. Quel est selon lui l'objectif final des États-Unis ? **(doc. 2)**

4. Expliquez le titre du dessin : « Semis de printemps ». **(doc. 3)**

5. Dans quel camp de la guerre froide se situe le dessinateur ? Justifiez votre réponse. **(doc. 3)**

6. Quels sont les deux symboles des États-Unis présents sur cette affiche ? Comment présente-t-elle la politique américaine ? **(doc. 4)**

7. Pourquoi les communistes français veulent-ils interdire le coca-cola ? **(doc. 5)**

▶ Organiser et synthétiser les informations

8. Montrez que la politique des États-Unis en Europe peut être perçue de manière très différente dans le contexte de confrontation idéologique qui caractérise la guerre froide.

Chapitre 3. LES ÉTATS-UNIS ET LE MONDE DEPUIS 1945

2. Les États-Unis sortent vainqueurs de la guerre froide (1962-1989)

Comment la puissance américaine a-t-elle surmonté ses difficultés pour gagner la guerre froide ?

→ Voir CARTES pp. 66-67.

A La détente avec Moscou

●**Des relations moins tendues.** Lors de la crise de Cuba en 1962, les deux superpuissances sont passées près de la guerre nucléaire. Elles décident alors de limiter les risques de destruction mutuelle : c'est la détente. Une ligne directe est établie en 1963 entre Washington et Moscou, le « téléphone rouge », pour régler une éventuelle crise. Des négociations s'ouvrent en 1969 pour limiter la course aux armements nucléaires.

●**Mais la confrontation Est-Ouest continue.** La compétition entre les deux Grands gagne même l'espace, où les Américains remportent une victoire en envoyant leurs astronautes sur la Lune en 1969. Les États-Unis s'engagent massivement à partir de 1964 dans la défense du Sud-Vietnam contre le régime communiste du Nord-Vietnam.

REPÈRES
● **Les présidents américains**
1961-1963 : John Kennedy
1963-1968 : Lyndon Johnson
1969-1974 : Richard Nixon
1974-1976 : Gerald Ford
1977-1980 : Jimmy Carter
1981-1988 : Ronald Reagan

En rouge : les présidents républicains.
En bleu : les présidents démocrates.

B Le temps des doutes

●**Le modèle américain en question.** Les opposants à la guerre du Vietnam sont de plus en plus actifs aux États-Unis. Ils sont proches des militants qui réclament l'égalité des droits pour les Afro-Américains. Tous dénoncent une Amérique qui trahit ses valeurs. Le prestige des États-Unis dans le monde semble atteint **(doc. 1)**. Le président Nixon est de plus discrédité en 1973 par le scandale du Watergate et par le soutien de la CIA au coup d'État contre le président socialiste du Chili, Salvador Allende.

●**La puissance américaine en recul.** Les États-Unis annoncent en 1971 la fin de la convertibilité du dollar en or et leur premier déficit commercial depuis près d'un siècle. L'hégémonie des États-Unis sur l'économie mondiale est remise en cause par leurs concurrents japonais et européens. Certains alliés des États-Unis prennent leurs distances, comme la France qui quitte en 1966 le commandement de l'OTAN.

●**1979, une année noire.** Carter tente de remédier à ce malaise en proposant une politique étrangère plus « morale », fondée sur les droits de l'homme **(doc. 2)**. Il obtient en 1978 la paix entre Israël et l'Égypte. Mais les États-Unis subissent en 1979 de lourds revers. Le shah d'Iran, leur allié, est renversé par une révolution islamiste ; des Américains sont pris en otages à l'ambassade de Téhéran. L'armée soviétique envahit l'Afghanistan. Et au Nicaragua, un régime marxiste soutenu par Cuba défie les États-Unis.

VOCABULAIRE

IDS (« Initiative de défense stratégique ») : projet lancé en 1983 et visant à doter les États-Unis d'un « bouclier spatial » pour les protéger de toute attaque nucléaire. Les journalistes ont parlé de « guerre des étoiles » en référence au film de science-fiction de G. Lucas qui rencontrait un grand succès à l'époque.

Watergate : nom de l'immeuble abritant le parti démocrate à Washington, où le président Nixon a fait installer des micros. Désigne par extension le scandale qui contraint Nixon à démissionner en août 1974.

C « America is back »

●**Un discours plus musclé.** Ce contexte favorise l'élection à la présidence du républicain Ronald Reagan. Son slogan « *America is back* » (« L'Amérique est de retour ») vise à réaffirmer le leadership des États-Unis. Reagan exalte le libéralisme et adopte une ligne dure face à l'URSS, qualifiée d' « empire du mal ».

●**Une phase très dure de la guerre froide.** Les États-Unis arment les « combattants de la liberté » qui luttent contre le communisme de l'Afghanistan au Nicaragua. Ils installent des missiles en Europe occidentale en riposte aux missiles soviétiques déjà déployés de l'autre côté du rideau de fer. Et Reagan lance en 1983 l'IDS, un projet sans doute irréalisable, mais qui vise à déstabiliser l'URSS, incapable de poursuivre la compétition technologique avec les États-Unis **(doc. 3)**.

NOTION CLÉ

Détente : phase de la guerre froide caractérisée par une volonté de dialogue et de compromis entre les États-Unis et l'URSS, pour limiter le risque d'affrontement nucléaire (1963-1975).

●**La victoire finale.** L'URSS, dirigée depuis 1985 par le réformateur M. Gorbatchev, renonce à la confrontation Est-Ouest pour essayer de régler ses problèmes internes. Elle signe en 1987 avec les États-Unis le premier traité de désarmement nucléaire. Puis elle renonce à imposer son modèle aux pays d'Europe centrale qui formaient jusque là le bloc soviétique.

1 **Manifestation contre la guerre du Vietnam**

Cette photographie, prise à Washington en 1967 par le Français Marc Riboud, a fait le tour du monde.
▶ Quel peut être l'impact d'une telle photographie sur l'image des États-Unis ?

2 **Le rôle des États-Unis selon Jimmy Carter**

Le rêve américain n'est pas mort. Nous devons de nouveau avoir pleinement foi dans notre pays et les uns dans les autres. Je crois que l'Amérique peut être meilleure. Nous pouvons même être plus forts qu'avant. Que nos récentes erreurs nous conduisent à renouveler notre engagement en faveur des grands principes de notre Nation, car nous savons que, si nous méprisons notre propre gouvernement, nous n'avons aucun avenir. […] Nous avons déjà atteint un haut degré de liberté individuelle, et nous luttons aujourd'hui pour accroître l'égalité des chances. Notre engagement en faveur des droits humains doit être absolu, nos lois équitables, la beauté de notre nature préservée ; les puissants ne doivent pas persécuter les faibles et la dignité humaine doit être confortée. […]

Notre Nation ne peut être forte à l'étranger que si elle est forte à l'intérieur. Et nous savons que le meilleur moyen d'étendre la liberté dans les autres pays est de démontrer ici que notre système démocratique est un modèle à imiter. […]

Nous ne nous comporterons plus à l'étranger en violant les règles et les normes en vigueur chez nous, parce que nous savons que la confiance dont jouit notre Nation est essentielle à sa puissance. […] Nous sommes une nation puissante et nous maintiendrons cette puissance à un niveau tel qu'elle n'aura pas à faire ses preuves au combat, une puissance tranquille qui n'est pas fondée uniquement sur la taille des arsenaux mais aussi sur la noblesse des idées.

Jimmy Carter, discours d'investiture, 20 janvier 1977.
Traduit par G. Le Quintrec.

▶ Quel lien J. Carter établit-il entre la puissance des États-Unis et leur situation intérieure ?
▶ Montrez qu'il critique la politique extérieure de ses prédécesseurs.

3 **Reagan face aux Soviétiques**

Dans ce discours, R. Reagan justifie devant l'opinion publique l'augmentation du budget de la défense et annonce l'IDS.

Durant les quinze dernières années, les Soviétiques ont accumulé un énorme arsenal de nouvelles armes nucléaires stratégiques, des armes qui peuvent frapper directement les États-Unis. […] Tandis que les Soviétiques accroissaient leur puissance militaire, ils se sont enhardis à étendre cette puissance. Ils sont en train de diffuser leur influence militaire d'une manière qui peut constituer un défi direct à nos intérêts vitaux et à ceux de nos alliés. Les photographies aériennes suivantes, secrètes jusque-là pour la plupart d'entre elles, illustrent cela dans une zone vitale, très proche de chez nous, l'Amérique centrale et le bassin caraïbe. […] Ces installations de renseignement soviétiques à moins de 100 miles de nos côtes sont les plus vastes de ce genre dans le monde. Ces hectares et hectares de champs d'antennes et de systèmes d'écoutes ont pour cibles les installations militaires clés et les activités sensibles des USA. La base de Lourdes, à Cuba, est habitée par 1 500 techniciens soviétiques […]. Ces images ne racontent qu'une petite partie de l'histoire. […] Mais l'URSS soutient aussi les forces cubaines en Angola et en Éthiopie. Ils ont des bases en Éthiopie et au Yémen du Sud, près des gisements de pétrole du golfe Persique. Ils ont pris le contrôle du port que nous avons aménagé à Cam Ranh, au Vietnam, et aujourd'hui, pour la première fois dans l'histoire, la flotte soviétique est une force avec laquelle il faut compter dans le Pacifique Sud. […] Croyez moi, ce n'était pas plaisant pour quelqu'un qui était venu à Washington avec l'intention de réduire les dépenses du gouvernement, mais nous devions aller de l'avant et réparer nos défenses, sous peine de perdre notre capacité de dissuasion aujourd'hui et à l'avenir.

Ronald Reagan, discours télévisé du 23 mars 1983.
Traduit par G. Le Quintrec.

▶ Comment Reagan cherche-t-il à convaincre l'opinion de la nécessité d'un nouvel effort militaire ?
▶ Que reproche-t-il implicitement à son prédécesseur ?

COURS

3. De l'hyperpuissance au déclin relatif (1990-2013)

> Peut-on vraiment parler d'un recul de la puissance américaine après la guerre froide ?

→ Voir ÉTUDE p. 76.
→ Voir ÉTUDE p. 77.
→ Voir ÉTUDE pp. 78-79.

REPÈRES

Les présidents américains
1989-1992 : George Bush
1993-2000 : Bill Clinton
2001-2008 : George W. Bush
2009-2016 : Barack Obama

En rouge : les présidents républicains.
En bleu : les présidents démocrates.

VOCABULAIRE

Al-Qaida : « la base » en arabe ; réseau islamiste apparu en 1987 (voir p. 128).

Cyberguerre : attaque contre les installations informatiques d'un pays ennemi.

Drone : avion sans pilote, téléguidé, utilisé surtout à des fins militaires (renseignement, frappes ciblées).

Nouvel ordre mondial : programme annoncé en 1990 par George Bush, qui espérait instaurer la sécurité collective avec le leadership des États-Unis.

OTAN : voir p. 66.

NOTIONS CLÉS

Gouvernance économique : mise en place de règles internationales visant à encadrer la mondialisation. L'objectif est d'assurer le développement durable de la planète et de renforcer la coopération entre les États et tous les autres acteurs (organisations internationales, organisations non gouvernementales, etc.).

Hyperpuissance : puissance sans égale, dominant dans tous les domaines. Le terme est employé pour qualifier les États-Unis après la guerre froide. Il se distingue de « superpuissance », qui s'appliquait à deux États, les États-Unis et l'URSS.

Multilatéralisme : attitude d'un État qui privilégie la coopération internationale.

Soft power : voir p. 64.

Unilatéralisme : attitude d'un État qui agit seul, sans rechercher l'accord des organisations internationales.

A L'échec du nouvel ordre mondial

● **Un monde réunifié ?** La disparition du bloc soviétique en 1989 puis de l'URSS elle-même en 1991 bouleverse les relations internationales. L'ONU n'est plus paralysée. Les États-Unis peuvent apparaître comme le leader d'un monde réunifié autour du droit et de la démocratie (doc. 1). Certains parlent alors de l'hyperpuissance américaine.

● **Le règne du droit ?** L'annexion du Koweït par l'Irak de Saddam Hussein en août 1990 suscite une condamnation immédiate de l'ONU et une intervention militaire des États-Unis en janvier 1991. Cette guerre du Golfe est présentée par G. Bush comme le test d'un nouvel ordre mondial. Mais il laisse ensuite S. Hussein réprimer les populations kurdes et chiites d'Irak.

● **Un monde instable.** Les États-Unis sont confrontés à la multiplication des conflits. L'échec de l'intervention américaine en Somalie en 1993 marque l'opinion. Les États-Unis jouent cependant un rôle décisif dans l'ex-Yougoslavie en engageant l'OTAN en Bosnie en 1994, puis au Kosovo en 1999. Bill Clinton obtient aussi des avancées au Proche-Orient (voir p. 137).

B La tentation de l'unilatéralisme

● **Le choc du 11 septembre 2001.** Les attentats menés sur le sol américain par Al-Qaida changent la donne. Les États-Unis se considèrent désormais en guerre contre le terrorisme (doc. 2) et font passer leur sécurité nationale avant tout. Si le retour à l'isolationnisme est impossible, l'unilatéralisme domine sous la présidence de G. W. Bush à partir de 2003.

● **Deux guerres au Moyen-Orient.** Les troupes américaines interviennent dès 2001 en Afghanistan, avec l'aval de l'ONU et le soutien de l'OTAN. Puis elles envahissent l'Irak en 2003, sans l'accord de l'ONU et malgré l'opposition de certains alliés comme la France et l'Allemagne.

● **L'Amérique en difficulté.** Les mauvais traitements infligés aux prisonniers en Irak ou dans le camp de Guantanamo alimentent l'anti-américanisme dans le monde (voir p. 77). Les États-Unis sont de plus en plus critiqués, notamment en Amérique latine (voir p. 78). Ils sont aussi affaiblis par la crise financière qui commence en 2007 (voir p. 196).

C Le retour au multilatéralisme

● **Une nouvelle ère avec B. Obama ?** Il décide le retrait des troupes américaines d'Irak, puis d'Afghanistan. Conscient du recul relatif de la puissance américaine, il appelle les alliés à « partager le fardeau » de leur sécurité. C'est ainsi que les États-Unis, en 2011, laissent la France et le Royaume-Uni en première ligne dans l'intervention en Libye. Obama affirme aussi son multilatéralisme en accordant plus d'importance à l'ONU, aux négociations sur le développement durable et à la gouvernance économique.

● **Conserver le premier rôle.** Si Obama prend ses distances avec son prédécesseur, c'est pour restaurer l'image des États-Unis. Mais les Américains restent prêts à agir seuls, sans consulter leurs alliés, comme le montre l'exécution de Ben Laden au Pakistan en 2011. Et ils n'hésitent pas à utiliser la puissance militaire sous ses formes les plus modernes, en lançant des attaques de drones contre leurs ennemis n'importe où dans le monde ou en pratiquant la cyberguerre.

● **La puissance américaine aujourd'hui.** Les États-Unis ne dominent plus l'économie mondiale comme dans les années 1950-1960 (doc. 3). Mais ils restent la première puissance militaire (doc. 4) et conservent une forte capacité d'influence politique et culturelle (*soft power*). S'ils sont moins présents en Europe (doc. 5), ils sont de plus en plus actifs dans la région Asie-Pacifique (voir p. 76).

74

1 Après la guerre froide

Nous sommes réunis ce soir en l'un des moments les plus importants et prometteurs de notre histoire et de celle de l'humanité. Au cours des douze derniers mois, le monde a connu des changements d'une ampleur quasiment biblique. [...] Le communisme est mort cette année. [...] C'est le plus grand événement survenu dans le monde au cours de ma vie, de nos vies : par la grâce de Dieu, l'Amérique a gagné la guerre froide. [...] Ainsi aujourd'hui, pour la première fois depuis 35 ans, nos bombardiers stratégiques sont restés au sol : ils ne sont plus en vol d'alerte permanent. Demain nos enfants vont aller à l'école pour étudier l'histoire et la croissance des plantes. Et ils n'auront pas à faire, comme l'ont fait mes enfants, des exercices d'alerte aux attaques aériennes consistant à se glisser sous son bureau et à couvrir sa tête en cas de guerre nucléaire. [...] Il y a un an, je me suis adressé à vous dans un moment de grand péril. Les forces américaines venaient tout juste de lancer l'opération « Tempête du Désert ». Et après 40 jours d'opérations dans le ciel du désert et 4 jours au sol, les hommes et les femmes des forces armées américaines et nos alliés ont accompli l'objectif que j'avais fixé et que vous aviez approuvé : nous avons libéré le Koweït. [...] Le bien peut venir de l'usage prudent de la puissance. Il peut venir aussi de ceci : un monde autrefois divisé en deux camps armés reconnaît maintenant une puissance unique et prééminente, les États-Unis d'Amérique. Et ils voient cela sans effroi. Car le monde nous fait confiance comme puissance et il a raison. Ils nous font confiance pour agir avec honnêteté et retenue.

George Bush, discours sur l'état de l'Union devant le Congrès, 28 janvier 1992. Traduit par G. Le Quintrec.

▶ En quels termes G. Bush évoque-t-il la fin de la guerre froide ?
▶ Comment conçoit-il le rôle des États-Unis dans ce nouveau contexte ?

2 La guerre contre le terrorisme

Attendu que, le 11 septembre 2001, des actes d'une perfide violence ont été commis contre les États-Unis et leurs citoyens ;

Et que de tels actes rendent à la fois nécessaire et approprié que les États-Unis exercent leurs droits d'auto-défense et de protéger les citoyens des États-Unis à l'intérieur comme à l'étranger ;

Et que, au vu de la menace à la sécurité nationale et à la politique étrangère des États-Unis que constituent ces graves actes de violence et sachant que de tels actes continuent à constituer une menace exceptionnelle et extraordinaire à la sécurité nationale et à la politique étrangère des États-Unis ;

Et que le Président a l'autorité, selon la Constitution, de prendre des mesures pour dissuader et prévenir des actes de terrorisme international contre les États-Unis ;

En conséquence, il est décidé ce qui suit par le Sénat et la Chambre des représentants des États-Unis d'Amérique réunis en Congrès. Cette résolution commune sera appelée « l'Autorisation pour l'usage de la force militaire » [AUMF en anglais]. Le Président est autorisé à utiliser toute la force nécessaire et appropriée contre les nations, organisations ou personnes dont il estime qu'elles ont planifié, autorisé, commis ou soutenu les attaques terroristes survenues le 11 septembre 2001, ou ont abrité de telles organisations ou personnes, afin de prévenir tout futur acte de terrorisme international contre les États-Unis de la part de telles nations, organisations ou personnes.

Résolution commune pour autoriser l'utilisation des forces armées des États-Unis contre les responsables des récentes attaques lancées contre les États-Unis, 14 septembre 2001. Traduit par G. Le Quintrec.

▶ Montrez que cette loi donne de très larges pouvoirs au président des États-Unis.

3 L'économie américaine concurrencée

Part dans les exportations mondiales de marchandises

En %	1953	1983	2011
États-Unis	18,8	11,2	8,1
Japon	1,5	8	4,6
Chine	1,2	1,2	10,7
Reste de l'Asie	10,7	9,9	15,8
Allemagne	5,3	9,2	8,1
Royaume-Uni	9	5	2,6
France	4,8	5,2	3,3
CEE/UE	–	31,3	33,9

Source : OMC, 2013.

▶ Montrez que l'économie américaine est confrontée à une concurrence accrue et diversifiée.

4 Les dépenses militaires en 2012

Pays	en milliards de $	en % du PNB
États-Unis	668,8	4,4
Chine	157,6	2
Russie	90,6	4,4
France	62,6	2,3
Royaume-Uni	59,8	2,5
Japon	59,2	1
Arabie saoudite	54,2	8,9
Inde	48,2	2,5
Allemagne	45,2	1,4
Total mondial	1750	–

Source : SIPRI, 2013.

▶ Évaluez la puissance militaire des États-Unis en 2012.

5 La fin d'une époque

Les derniers chars américains quittent l'Allemagne (gare de Kaiserslautern, 18 mars 2013), où ils étaient présents depuis la fin de la Seconde Guerre mondiale.

# ÉTUDE

Les États-Unis et l'Asie-Pacifique : un tournant diplomatique ?

→ Voir **COURS** pp. 74-75.

L'équipe de B. Obama a annoncé, sous le nom de « pivot stratégique », un recentrage de la diplomatie américaine du Moyen-Orient vers l'Asie et le Pacifique. C'est un net changement par rapport à la présidence de G. W. Bush, focalisée sur l'Afghanistan et l'Irak.

1 Un leadership américain renouvelé

Hillary Clinton, secrétaire d'État de 2009 à 2012, explique dans cet article que le XXIe siècle sera le « siècle Pacifique de l'Amérique ».

L'Asie-Pacifique est devenue un acteur clé de la politique mondiale. S'étendant du sous-continent indien aux côtes occidentales des Amériques, la région couvre deux océans – Indien et Pacifique – qui ont des liens maritimes et stratégiques de plus en plus étroits. Elle possède presque la moitié de la population mondiale. Elle inclut la plupart des moteurs de l'économie globale et aussi les plus gros émetteurs de gaz à effet de serre. C'est le foyer de plusieurs de nos principaux alliés et d'importantes puissances émergentes comme la Chine, l'Inde et l'Indonésie. Alors que la région est en train de renforcer son architecture économique et de sécurité, afin de promouvoir la stabilité et la prospérité, l'engagement américain y est essentiel. […] Notre redressement économique intérieur dépendra des exportations et de la capacité des entreprises américaines à accéder au marché de consommation vaste et croissant de l'Asie. […] De même que l'Asie est essentielle à l'avenir de l'Amérique, une Amérique engagée est vitale pour l'avenir de l'Asie. La région est demandeuse de notre leadership et de notre business, peut-être plus qu'à aucune autre période de l'histoire moderne. Nous sommes la seule puissance avec un réseau de solides alliances dans la région, sans ambitions territoriales et avec une longue tradition d'action pour le bien commun. […] Nous savons tous qu'il y a des deux côtés du Pacifique des craintes et des malentendus. Certains dans notre pays voient dans les progrès de la Chine une menace pour les États-Unis ; certains en Chine craignent que l'Amérique ne cherche à restreindre la croissance de la Chine. Nous renvoyons dos à dos ces deux visions. En réalité, une Amérique prospère est bonne pour la Chine et une Chine prospère est bonne pour l'Amérique. Nous avons l'un et l'autre plus à gagner de la coopération que du conflit.

Hillary Clinton, extraits de l'article « America's Pacific Century », paru dans la revue Foreign Policy, novembre 2011. Traduit par G. Le Quintrec.

REPÈRES

• **Le « premier président américain du Pacifique »**
Barack Obama est né à Honolulu, dans les îles Hawaï, qui constituent depuis 1959 le 50e État des États-Unis, au cœur de l'océan Pacifique. Son père était africain (kenyan), mais sa mère s'est remariée avec un Indonésien. C'est pourquoi B. Obama a vécu en Indonésie de 1967 à 1970. Lors d'une tournée en Asie en 2009, il s'est présenté comme le « premier président américain du Pacifique ».

2 Barack Obama à Bali

B. Obama est le premier président des États-Unis invité au sommet de l'Asie orientale, qui se réunit pour la 6e fois à Bali (Indonésie) en novembre 2011. Il porte la chemise indonésienne traditionnelle. À droite sur la photo, le président indonésien.

Consigne

• À l'aide de ces deux documents, expliquez en quoi consiste le « pivot stratégique » annoncé par B. Obama et H. Clinton.

▶ **Aide pour répondre à la consigne**

1. Pourquoi la région Asie-Pacifique est-elle vitale pour les États-Unis selon H. Clinton ? **(doc. 1)**

2. Quels sont les atouts dont disposent les États-Unis dans cette région selon elle ? **(doc. 1)**

3. Quel est le principal obstacle au leadership américain en Asie ? **(doc. 1)**

4. Quelle est la portée d'une telle photographie en termes de communication et d'image des États-Unis ? **(doc. 2)**

La lutte contre le terrorisme

→ Voir **COURS** pp. 74-75.

La guerre contre Al-Qaida – menée par l'armée américaine en Afghanistan à partir de 2001, puis en Irak à partir de 2003 – a connu des dérives qui ont terni l'image des États-Unis. B. Obama a réagi à cette situation en annonçant des réformes.

REPÈRES

● **Guantanamo**
C'est une base navale américaine au sud-est de Cuba : les États-Unis y sont présents en vertu d'un « bail permanent » consenti par l'État cubain en 1903. Un centre de détention y a été installé en 2001 pour les « combattants illégaux » capturés par l'armée américaine dans le cadre de la lutte anti-terroriste. Ces détenus échappent ainsi à la législation américaine (puisque Guantanamo n'est pas sur le territoire des États-Unis) et à la législation internationale (car ils ne sont pas considérés par les Américains comme des prisonniers de guerre). B. Obama a promis la fermeture du camp de Guantanamo, mais de nombreux problèmes juridiques ont empêché l'application de cette décision.

1 Guerre et morale

Avec la chute du mur de Berlin, une nouvelle aube de démocratie s'est levée à l'étranger et une décennie de paix et de prospérité est arrivée chez nous. Un moment, il a semblé que le XXIe siècle serait une époque tranquille. Puis, le 11 septembre 2001, notre suffisance a pris un rude coup. [...] Voilà plus d'une décennie que nous sommes en guerre. Je ne vais pas revenir sur toute l'histoire. Ce qui est clair, c'est que nous avons vite chassé Al-Qaida d'Afghanistan, mais ensuite changé d'objectif et commencé une nouvelle guerre en Irak. Cela a eu de graves conséquences sur notre lutte contre Al-Qaida, notre réputation dans le monde et – jusqu'à aujourd'hui – nos intérêts dans une région vitale. [...] Dans certains cas, je crois que nous avons compromis nos grands principes, en utilisant la torture pour interroger nos ennemis et en détenant des individus d'une manière peu conforme à la loi. [...] C'est dans ce contexte que les États-Unis ont mené des actions mortelles ciblées contre Al-Qaida et ses alliés, notamment avec des avions pilotés à distance communément appelés drones. [...] Cette nouvelle technologie suscite de profondes questions, sur la question de savoir qui est visé et pourquoi ; sur les victimes civiles et le risque de se créer de nouveaux ennemis ; sur la légalité de telles frappes selon le droit américain et international ; sur la responsabilité et la morale. [...] C'est pourquoi je compte saisir le Congrès sur l'actuelle Autorisation d'utiliser la force militaire ou AUMF[1], pour déterminer comment nous pouvons continuer à combattre les terroristes sans que l'Amérique ne reste placée en état de guerre permanent. [...] Je sais que la politique est une affaire de durs. Mais l'histoire portera un jugement sévère sur cet aspect de notre lutte contre le terrorisme et sur ceux qui ont échoué à y mettre un terme.

B. Obama, « L'avenir de notre lutte contre le terrorisme », discours prononcé le 23 mai 2013 devant l'Université de la Défense Nationale à Washington. Traduit par G. Le Quintrec.

1. Voir doc. 2 p. 75.

2 Une politique critiquée

Manifestation à Los Angeles le 3 avril 2013. Sur la pancarte, on lit : Les réalisations d'Obama : des frappes de drones sur les civils ; une « liste de mort » présidentielle [liste des terroristes à tuer par des frappes ciblées] ; la détention illimitée sans procès ; une surveillance à grande échelle de la population.

Consigne

● **Montrez que B. Obama est soucieux de préserver l'image des États-Unis dans le monde.**

▶ **Aide pour répondre à la consigne**

1. Quelles formes a prises la guerre contre le terrorisme menée par les États-Unis depuis 2001 ? **(doc. 1)**

2. Quels sont les éléments de continuité entre G. W. Bush et B. Obama dans ce domaine ? **(doc. 1 et 2)**

3. En quoi B. Obama se démarque-t-il cependant de son prédécesseur, quelles réformes propose-t-il ? **(doc. 1)**

ÉTUDE

Les États-Unis et le continent américain

→ Voir **COURS** pp. 74-75.
→ Voir **CARTE** pp. 80-81.

Au nom de la doctrine Monroe, les États-Unis voient « l'hémisphère occidental » comme une chasse gardée. Leur PNB représente le double du PNB de tous les autres États du continent. Ils sont particulièrement présents dans leur « arrière-cour », l'Amérique centrale et les Caraïbes.

1 Le commerce

Destination des exportations des États d'Amérique du Sud, d'Amérique centrale et des Caraïbes

En % du total des exportations	2005	2011
Amérique du Sud, centrale et Caraïbes	24	29
Amérique du Nord (ALENA)	36	20
Asie/Pacifique	13	24,5
Europe	18	20
Autres (Afrique, Moyen-Orient, CEI, etc.)	9	6,5

Source : OMC, 2013.

2 L'Amérique face au « communisme international »

John F. Dulles justifie ici le coup d'État, soutenu par les États-Unis, contre le gouvernement Árbenz au Guatemala. Celui-ci avait engagé une réforme agraire qui lésait les entreprises américaines comme United Fruit.

Les agitateurs communistes se sont employés à infiltrer les organisations publiques et privées du Guatemala. […] Se présentant comme des « réformateurs », ils rassemblent les ouvriers et les paysans sous direction communiste. […]

À Caracas, en mars dernier, les États américains […] ont déclaré que « la domination ou le contrôle des institutions politiques d'un État américain par le mouvement communiste international constituerait une menace sur la souveraineté et l'indépendance politique des États américains, mettant en danger la paix en Amérique ». […]

Le gouvernement du Guatemala et les agents communistes dans le monde ont sans cesse tenté de cacher la réalité de l'impérialisme communiste, en prétendant que les États-Unis n'auraient qu'un objectif, protéger les intérêts économiques américains. Nous regrettons les tensions entre le gouvernement du Guatemala et la Compagnie United Fruit. […]

Mais c'est un fait assez secondaire. Tous ceux qui connaissent le caractère du peuple et du gouvernement des États-Unis doivent comprendre que notre préoccupation majeure est celle que nous avons, avec d'autres, exprimée à Caracas, à savoir le péril que fait peser le communisme international sur la paix et la sécurité de cet hémisphère.

John F. Dulles, secrétaire d'État, discours devant le Congrès, 30 juin 1954.
Traduit par G. Le Quintrec.

REPÈRES CHRONOLOGIQUES

1946 : Ouverture au Panamá de l'École des Amériques, dans laquelle les États-Unis forment les militaires de tout le continent.

1948 : Création de l'OEA (Organisation des États américains), dont le siège est à Washington.

1954 : L'aviation des États-Unis appuie un coup d'État au Guatemala.

1961 : Kennedy lance « l'Alliance pour le Progrès », programme d'aide économique aux pays de l'OEA. Il autorise une opération ratée contre le régime de Castro à Cuba (débarquement dans la baie des Cochons).

1962 : Cuba est exclue de l'OEA, puis frappée d'embargo après la crise des missiles entre les États-Unis et l'URSS.

1973 : La CIA soutient le coup d'État du général Pinochet au Chili.

1981-1988 : Les États-Unis soutiennent les *contras*, opposition armée au gouvernement marxiste du Nicaragua.

1990 : Les États-Unis proposent une zone de libre-échange pour toute l'Amérique. Elle est abandonnée en 2005.

1994 : Entrée en vigueur de l'ALENA (voir p. 80).

1995 : Entrée en vigueur du MERCOSUR (voir p. 80).

3 Kennedy et les « républiques sœurs »

À tous ceux qui vivent dans des huttes et des villages à travers le monde et qui luttent pour s'affranchir de la misère de masse, nous promettons de tout mettre en œuvre pour les aider à s'aider eux-mêmes, peu importe le temps que cela prendra, non pas parce que c'est ce que les communistes feraient, ni parce que nous cherchons leurs votes, mais parce que c'est juste. […]

À nos républiques sœurs au sud de nos frontières, nous faisons une promesse particulière, celle de convertir nos bonnes paroles en actions, dans le cadre d'une nouvelle alliance pour le progrès, afin d'aider les hommes libres et les gouvernements libres à briser les chaînes de la pauvreté.

Mais cette révolution pacifique de l'espoir ne peut pas devenir la proie de puissances hostiles. Que tous nos voisins sachent que nous nous joindrons à eux pour contrer toute agression ou subversion où que ce soit dans les Amériques.

Et que toute autre puissance sache que cet hémisphère entend rester maître chez lui.

John F. Kennedy, discours inaugural, 20 janvier 1961.
Traduit par G. Le Quintrec.

ÉTUDE

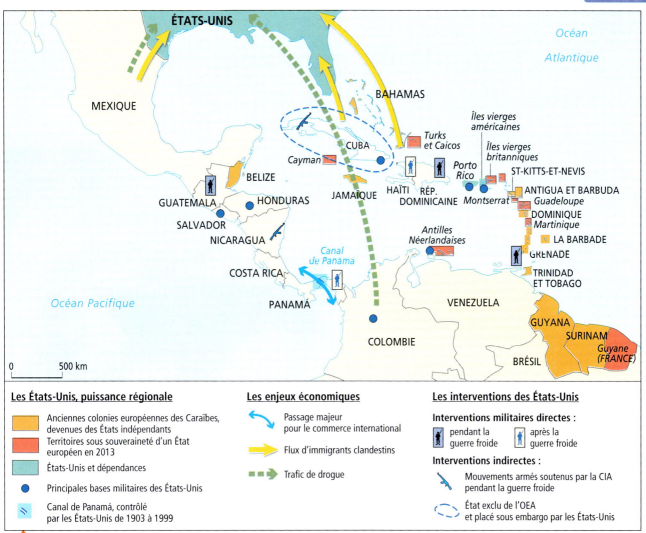

4 L'« arrière-cour » des États-Unis depuis 1945

5 L'impérialisme du Pentagone

Hugo Chavez, président du Venezuela de 1999 à sa mort en 2013, a été l'un des plus virulents adversaires des États-Unis. Il se réclamait de Bolívar, le héros de l'indépendance et de l'unité de l'Amérique latine.

Le Pentagone, voilà la caverne de l'impérialisme. Le Pentagone [...] ne veut pas de changements. Il veut dominer le monde avec ses bases militaires, ses menaces, ses bombes, ses soldats envahisseurs. [...] Pourquoi n'a-t-on pas laissé le peuple d'Amérique latine et des Caraïbes forger son propre destin au cours du XXe siècle ? On nous en a empêchés.

[...] Il faut en finir avec l'impérialisme. On se demande parfois [...] ce que serait l'Amérique aujourd'hui, l'Amérique latine, la nôtre, si les États-Unis, leurs gouvernements, n'avaient pas mis le grappin sur notre Amérique pour imposer leur modèle, réduisant à feu et à sang l'espoir et la lutte de nombreux peuples, de millions de personnes, mettant fin à l'aube naissante. [...] Ils ont envahi le Guatemala de Jacobo Árbenz Guzmán ; ensuite, il y a eu la baie des Cochons... seulement là, ils ont échoué, et Cuba est toujours révolutionnaire, Cuba est digne, mais bloquée... J'appelle Obama à lever l'embargo sur Cuba, qu'attend-il ?

Hugo Chavez, président de la République bolivarienne du Venezuela, discours devant l'Assemblée générale de l'ONU, 24 septembre 2009.

Questions

▶ **Exploiter et confronter les documents**

1. En quoi la guerre froide affecte-t-elle le continent américain ? **(doc. 2, 3 et 4)**

2. De quelle accusation John F. Dulles se défend-il ici ? **(doc. 2)**

3. Comment Kennedy tente-t-il d'améliorer les relations entre les États-Unis et les pays latino-américains ? **(doc. 3)**

4. Comment Hugo Chavez décrit-il les relations entre les États-Unis et l'Amérique latine ? **(doc. 5)** Comparez sa vision à celle de J. F. Dulles. **(doc. 2)**

5. Comment l'Amérique latine a-t-elle limité sa dépendance économique vis-à-vis des États-Unis ? **(doc. 1)**

▶ **Organiser et synthétiser les informations**

6. Présentez les relations entre les États-Unis et l'Amérique latine depuis 1945.

▶ **Utiliser les TICE**

7. Recherchez des informations sur une intervention américaine (1965 en République dominicaine ; 1973 au Chili ; 1983 à la Grenade) et montrez qu'elle est caractéristique des relations entre les États-Unis et l'Amérique latine pendant la guerre froide.

Chapitre 3. LES ÉTATS-UNIS ET LE MONDE DEPUIS 1945 **79**

Les États-Unis, puissance mondiale au début du XXIe siècle

CARTE

Une présence mondiale

- ⭐ Principales bases militaires américaines en 2013
- ▭ Flottes américaines déployées en permanence
- 🧍 Principales opérations militaires menées par les États-Unis depuis 1989

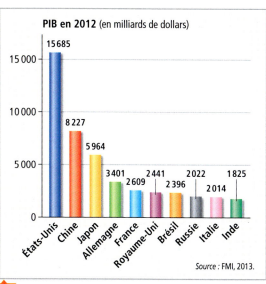

1 Les dix premières puissances économiques mondiales

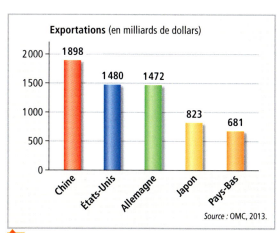

2 Les cinq premiers exportateurs de marchandises, 2011

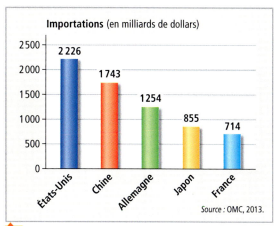

3 Les cinq premiers importateurs de marchandises, 2011

Chapitre 3. LES ÉTATS-UNIS ET LE MONDE DEPUIS 1945

BAC Révision — Les États-Unis et le monde depuis 1945

L'essentiel

1 Les États-Unis dans la guerre froide

- **Une puissance engagée dans les affaires du monde.** Les deux guerres mondiales du XXe siècle ont converti les États-Unis, traditionnellement isolationnistes, à l'interventionnisme. Contrairement à ce qui s'était produit après la Première Guerre mondiale, ils s'engagent pleinement dans les institutions qui voient le jour en 1945 pour garantir la sécurité collective, accueillant à New York le siège de l'ONU.

- **La constitution d'un bloc planétaire.** La guerre froide change le sens de cet engagement : à partir de 1947, les États-Unis se posent en leader du « monde libre ». Le président Truman affirme que son pays a pour mission d'« endiguer » l'expansion du communisme. Pour y parvenir, il multiplie les alliances économiques (plan Marshall) et militaires (OTAN) partout dans le monde.

- **La victoire américaine.** À la fin des années 1980, le président Reagan redouble d'agressivité à l'égard de l'« empire du mal » soviétique. Il relance la course aux armements, qui contribue à ruiner l'URSS. Celle-ci renonce à la guerre froide en 1989, avant de disparaître en 1991. Les États-Unis sont alors à l'apogée de leur puissance.

2 L'hyperpuissance et ses limites

- **La tentation unilatéraliste.** Le « nouvel ordre mondial », souhaité par G. Bush en 1990, n'a pas été instauré. L'après-guerre froide voit se développer de nouvelles menaces comme le terrorisme. Pour y faire face, les États-Unis sont tentés, après les attentats du 11 septembre 2001, par l'unilatéralisme. G. W. Bush engage son pays dans les guerres d'Afghanistan (2001) puis, sans l'accord de l'ONU, d'Irak (2003).

- **Une puissance en recul ?** Avec B. Obama, les États-Unis reviennent à une position plus proche du multilatéralisme. Mais ce choix est peut-être autant contraint que voulu. Sur le plan économique, les États-Unis ont perdu des positions, ce qui explique leur volonté de « partager le fardeau » de la sécurité avec leurs alliés. Ils restent cependant à ce jour la puissance planétaire la plus complète. Une puissance qui ne repose pas que sur la force, mais aussi sur l'attractivité et le rayonnement dont bénéficie le pays (*soft power*).

LES DATES CLÉS

- **1945 :** Bombardements atomiques sur le Japon. Création de l'ONU.
- **1947 :** Doctrine Truman et plan Marshall.
- **1949 :** Alliance atlantique.
- **1989 :** Fin de la guerre froide.
- **1991 :** Guerre du Golfe.
- **2001 :** Attentats du 11 Septembre.
- **2003 :** Invasion de l'Irak.

LES MOTS CLÉS

- Atlantisme
- Complexe militaro-industriel
- Hyperpuissance
- Interventionnisme
- Isolationnisme
- Multilatéralisme
- *Soft power*
- Unilatéralisme

LE SENS DES MOTS

- **Interventionnisme, isolationnisme, unilatéralisme et multilatéralisme**

On qualifie d'**isolationniste** la politique d'un État qui refuse de s'engager et d'intervenir dans les affaires du monde. L'attitude inverse, qui consiste à prendre position et à participer activement à la régulation de l'espace mondial, est qualifiée d'**interventionniste**.
L'interventionnisme peut prendre deux formes : l'**unilatéralisme** lorsqu'il se fait sans concertation avec les autres puissances concernées par le sujet ; le **multilatéralisme** s'il s'inscrit dans le cadre d'une politique coordonnée avec la communauté internationale incarnée par l'ONU.

LES PERSONNAGES CLÉS

Harry S. Truman (1884-1972)
Président des États-Unis de 1944 à 1952, il théorise l'« endiguement » du communisme, qui le pousse à décider l'intervention en Corée en 1950.

Ronald W. Reagan (1911-2004)
Président des États-Unis de 1980 à 1988, il intensifie le bras de fer avec l'URSS en relançant la course aux armements.

George W. Bush (né en 1946)
Président des États-Unis de 2000 à 2008, il engage son pays dans une « guerre au terrorisme » très critiquée dans le monde.

Barak Obama (né en 1961)
Président des États-Unis de 2008 à 2016, il retire les troupes américaines d'Irak et d'Afghanistan. Il reçoit le prix Nobel de la paix en 2009.

RÉVISION BAC

Schéma de synthèse

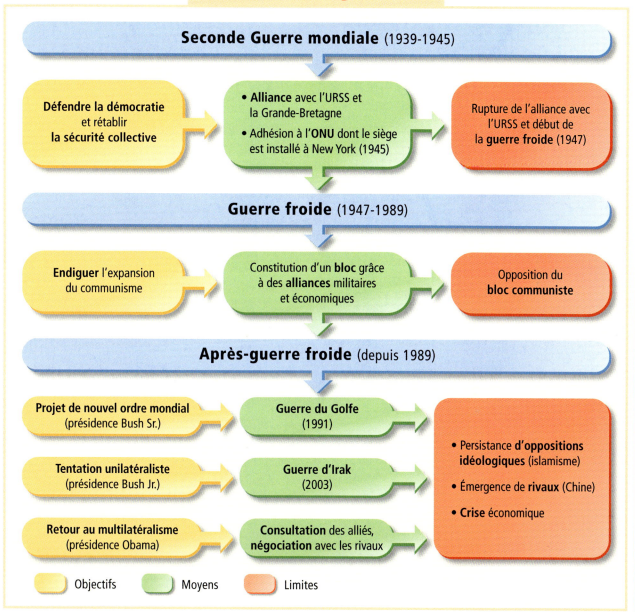

Pour aller plus loin

▶ À LIRE
- Gérard Dorel, *Atlas de l'Empire américain*, Autrement, 2006.
- Howard Zinn, *Une histoire populaire des USA pour les ados*, vol. 2 (1898-2006), Au Diable Vauvert, 2010. Une histoire critique des États-Unis et de leur implication dans les affaires du monde.
- Jacques Portes, *Les États-Unis aujourd'hui : Les maîtres du monde ?*, Petite encyclopédie Larousse, 2008.

▶ À VOIR
- Jean-Christophe Victor, *Le Dessous des cartes : États-Unis, une géographie impériale*, 2005.
- William Karel, *Le Monde selon Bush*, 2004. Un film à charge contre la politique étrangère du président Bush Jr.
- Jean-Luc Godard, *Made in USA*, 1966. Une vision de la puissance américaine dans les années 1960 par un cinéaste français.

▶ À CONSULTER
- www.dandurand.uqam.ca/etatsunis.html De nombreuses ressources sur la géopolitique américaine.

Chapitre 3. LES ÉTATS-UNIS ET LE MONDE DEPUIS 1945

BAC — Analyse de document

Analyser une photographie

1	Analyser un texte	pp. 36 et 56
2	**Analyser une photographie**	
3	Analyser un document statistique	p. 110
4	Analyser deux documents de nature différente	p. 140
5	Analyser deux documents aux points de vue opposés	p. 164

▶ **Sujet :** Les États-Unis, une puissance régionale très active au début du XXIe siècle

Consigne : Analysez ce document pour montrer la place de la puissance américaine dans l'espace caraïbe. Montrez que cette domination prend différentes formes au début du XXIe siècle.

1. Comment qualifier l'équipement des soldats américains ?

2. Cette photographie vous semble-t-elle posée ?

3. Identifiez le contenu de la brouette.

4. Quel indice ce mode de transport nous donne-t-il sur le niveau de développement d'Haïti ?

L'armée américaine maintient l'ordre à Haïti en 2004
US marines assurant la sécurité à Port-au-Prince, 4 mars 2004. Après un coup d'État en 2004 qui oblige le président Jean Bertrand Aristide à quitter le pays à bord d'un avion américain, 2 000 soldats américains, assistés d'autres forces militaires (françaises notamment), assurent l'ordre dans la capitale. Photographie de Joe Raedle.

Méthode	Application guidée
1 **Identifier la nature du document :** une photographie fixe **des moments éphémères** dont les autres documents rendent rarement compte. Certaines sont de simples **souvenirs**, d'autres sont conçues pour **témoigner** d'un événement, voire mises en scène à des fins de **propagande**.	➡ Ici, il s'agit d'une photographie de presse, issue d'un reportage sur les événements de mars 2004.
2 **Identifier l'auteur et les destinataires du document :** Une photographie peut avoir des **objectifs et un public précis** qu'il s'agit d'identifier.	➡ Le journaliste, américain, prend des photographies destinées à la presse, mais il cherche aussi à faire une image insolite et marquante, qui attire le lecteur.
3 **Identifier le contexte du document.**	➡ Haïti est un pays très pauvre de l'espace caraïbe. Pourquoi les États-Unis y sont-ils présents ? Quand étaient-ils déjà intervenus dans ce pays ? (voir p. 79)
4 **Étudier la composition de l'image :** pour bien l'analyser, il faut prendre en compte ce qui est donné à voir sur la photographie mais aussi la **légende** qui l'accompagne.	➡ Le cliché montre deux aspects de la puissance américaine : la puissance militaire et le *soft power*. ➡ Il montre la nécessité pour les États-Unis d'assurer la stabilité de ce pays appartenant à leur « arrière-cour ».
5 **Analyser le document et adopter un regard critique :** la photographie est une source qui doit être maniée avec **précaution**. Les choix du photographe (sujet, cadrage) ne sont **jamais neutres**.	➡ Pourquoi le photographe choisit-il d'associer cette femme haïtienne et ses sodas aux soldats en armes ? ➡ Selon vous, à qui sont destinés ces sodas ?
6 **Rédiger la réponse à la consigne.**	➡ Présentez le document en insistant sur les intérêts américains dans la région. Décrivez l'image (encadrés 2 et 4) en mettant en valeur les moyens mis en œuvre par les États-Unis (encadré 1). Montrez que leur influence est aussi une question de *soft power* (encadré 3). Évoquez les limites de la photographie.

BAC BLANC

▶ **Sujet :** La puissance américaine contestée au début du XXIe siècle

Consigne : Analysez la manière dont ce document rend compte de la place, du rôle et des limites de la puissance américaine dans le monde au début du XXIe siècle.

George W. Bush pris pour cible à Bagdad

Lors d'une conférence de presse du président américain et du Premier ministre irakien à Bagdad en 2008, un journaliste irakien jette ses chaussures sur Bush et le traite de « chien ». Extrait de la vidéo de la Maison-Blanche, 14 décembre 2008.

BAC Composition

Formuler une problématique

1	Analyser le sujet	pp. 38 et 58
2	**Formuler une problématique**	
3	Organiser ses idées	p. 112
4	Construire une argumentation	p. 142
5	Rédiger une introduction	p. 166
6	Rédiger une conclusion	p. 184
7	Rédiger et présenter une composition	p. 202

À savoir
La problématique est une **question simple** qui permet de dégager le **fil directeur du sujet**. Si le sujet a été correctement analysé, la problématique devrait en découler naturellement.

▶ **Sujet :** La puissance américaine dans le monde depuis 1947

- Quels en sont les différents aspects ?
- S'exerce-t-elle de la même manière partout ? Quelles résistances rencontre-t-elle ?
- Pourquoi a-t-on choisi cette date de départ ?

Méthode | Application guidée

1. Analyser le sujet en définissant ses termes (→ BAC pp. 38 et 58).
– **Quoi ?** Définir le phénomène historique désigné par le sujet.

– **Qui ?** Définir précisément les acteurs.

➡ Comment définir la puissance ? Interrogez-vous sur ses diverses formes.

➡ Il s'agit ici de la première puissance mondiale mais aussi des autres États : certains ont disparu (URSS) et d'autres sont apparus au cours de la période étudiée (pays issus de la décolonisation par exemple).

2. Analyser le cadre spatio-temporel du sujet (→ BAC pp. 38 et 58).
– **Quand ?** Il faut bien définir les bornes chronologiques pour éviter le hors-sujet.

– **Où ?** Le cadre spatial doit lui aussi être justifié.

➡ Le sujet démarre avec la guerre froide, qui constitue un tournant majeur dans la politique américaine, et se prolonge jusqu'à nos jours.

➡ Ce sujet de relations internationales suppose de considérer les rapports des États-Unis avec l'ensemble du monde.

3. Formuler la problématique : elle **doit reposer sur une question simple** qui le plus souvent porte sur les causes (Pourquoi ?) et la nature du phénomène étudié (Comment ?) ou ses conséquences.
Elle doit être **formulée clairement** : on ne peut pas apporter une réponse et une argumentation précises à un question qui n'est pas claire.
Elle doit être **proche du sujet**, en reformuler ou en reprendre les termes essentiels.

➡ Il s'agit à la fois de s'interroger sur :
– les manifestations et les aspects de la puissance américaine ;
– les évolutions qu'elle connaît pendant la période (superpuissance, hyperpuissance, déclin relatif).

4. Annoncer la problématique (le fil directeur du sujet) en introduction : (→ BAC p. 166).
Elle apparaît après la présentation du sujet et avant l'éventuelle annonce du plan. Elle est le plus souvent annoncée de manière interrogative.

Exemple
Comment se manifeste la puissance des États-Unis dans le monde depuis le début de la guerre froide ? Quelles évolutions connaît-elle ?

86

BAC BLANC

Analyse de document

▶ **Sujet :** La puissance américaine s'adapte à l'après-guerre froide

Consigne : Montrez que ce document est révélateur de la place nouvelle des États-Unis dans le monde à la fin de la guerre froide.
Étudiez comment il rend compte de la manière dont la puissance américaine s'adapte à ce nouveau contexte international.

Les États-Unis et le monde après la guerre froide

Aujourd'hui, une génération née dans l'ombre de la guerre froide assume de nouvelles responsabilités, dans un monde réchauffé par le soleil de la liberté, mais menacé encore par de vieilles haines et de nouveaux fléaux. Élevés dans une prospérité sans rivale, nous héritons d'une économie qui est toujours la plus puissante du monde, mais qui est affaiblie par les faillites, la stagnation des salaires, la montée des inégalités et les divisions profondes qui existent dans notre pays. […]

Pour régénérer l'Amérique, nous devons faire face aux défis extérieurs comme aux défis intérieurs. Il n'y a plus de distinction entre l'intérieur et l'extérieur : l'économie mondiale, l'environnement mondial, la crise mondiale du Sida, la course mondiale aux armements, tout cela nous concerne tous. Aujourd'hui, alors qu'un ordre ancien disparaît, le nouveau monde est plus libre, mais moins stable. La chute du communisme a réveillé de vieilles animosités et engendré de nouveaux dangers. C'est clair, l'Amérique doit continuer à diriger ce monde que nous avons tant contribué à bâtir. […] Quand nos intérêts vitaux sont menacés, ou que la volonté et la conscience de la communauté internationale sont défiées, nous devons intervenir, par la diplomatie pacifique tant que c'est possible, par la force si nécessaire. […] Mais notre plus grande force c'est le pouvoir de nos idées, qui sont encore nouvelles dans de nombreux pays. […] Nos espoirs, nos cœurs, nos mains sont avec ceux qui sur chaque continent construisent la démocratie et la liberté. Leur cause est la cause de l'Amérique.

Bill Clinton, premier discours d'investiture, 20 janvier 1993.
Traduit par G. Le Quintrec.

CHAPITRE 4
LA CHINE ET LE MONDE DEPUIS 1949

En 1949, les communistes dirigés par Mao Zedong prennent le pouvoir dans une Chine encore rurale et pauvre. Ils fondent un régime qui tente de moderniser le pays à marche forcée et d'en faire une grande puissance, mais les progrès sont insuffisants. Après la mort de Mao, ses successeurs décident donc d'ouvrir la Chine aux investissements étrangers. La croissance s'accélère et le pays devient en 2010 la deuxième économie mondiale ainsi qu'un acteur majeur des relations internationales.

PROBLÉMATIQUE

▶ Comment la Chine est-elle devenue un État moderne et une puissance majeure ?

1 De la Chine dirigée par Mao, un pays communiste peu ouvert sur le monde…
« Longue vie à la grande Pensée du marxisme-léninisme et de Mao Zedong ! », affiche de 1971. Derrière Mao, on aperçoit les portraits de Staline, Lénine, Engels et Marx.

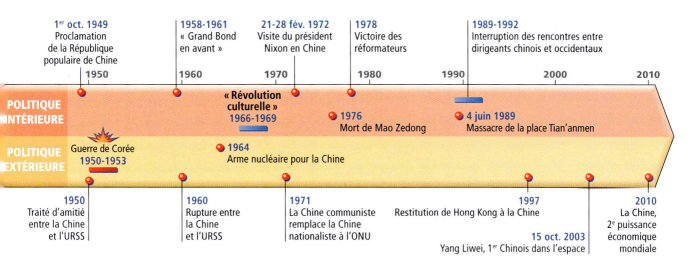

2 ... À la grande puissance mondiale rivale des États-Unis
Le président américain, Barack Obama, et le président chinois, Hu Jintao, au sommet du G20 à Londres en avril 2009.
« Les deux piliers du monde », dessin de Glez, avril 2009.

Retour sur... La Chine

Grands repères — La Chine jusqu'en 1945

Un Empire millénaire

L'empereur Qianlong (1735-1796), dynastie des Qing, reçoit des chevaux offerts par un peuple soumis. Peinture à l'encre de Chine de Giuseppe Castiglione, 267 × 45 cm, 1757. Paris, musée Guimet.

En 221 av. J.-C., les Qin fondent le premier Empire chinois. Plusieurs dynasties se succèdent ensuite et le pays connaît de longs moments de prospérité. Au XVIIIe siècle, la Chine est ainsi devenue l'État le plus puissant d'Asie et le plus peuplé du monde. Sa civilisation marquée par le confucianisme est très avancée. La Chine se considère comme le centre du monde, le « pays du milieu ».

Retard économique, domination étrangère et fin de l'Empire

En 1860, la France et le Royaume-Uni envoient des troupes en Chine pour obliger l'empereur à appliquer les traités inégaux. Illustration française, vers 1880.

Au XIXe siècle, la Chine, restée à l'écart de la révolution industrielle, est désormais un pays pauvre qui peine à nourrir sa nombreuse population. Les efforts de modernisation échouent et le pays tombe sous la tutelle des puissances européennes, du Japon et des États-Unis. Par les traités inégaux, la Chine doit leur concéder de nombreux avantages. Cette crise entraîne la chute de l'Empire ; la République est proclamée par Sun Zhongshan (ou Sun Yat-sen) en janvier 1912.

Une tentative de renaissance chinoise

Le 4 mai 1919, 3 000 étudiants chinois manifestent à Pékin contre le traité de Versailles. Le « mouvement du 4 mai » s'étend ensuite à tout le pays. Affiche chinoise, 1976.

La Première Guerre mondiale enrichit le pays, affaiblit la domination européenne et réveille la conscience nationale des Chinois. Ils se révoltent contre le traité de Versailles, qui cède une partie de leur pays au Japon. Les nationalistes du Guomindang prennent ensuite le pouvoir et tentent de consolider la République. Mais celle-ci reste instable à cause des rivalités de clans et de la guerre civile qui éclate en 1927 entre les communistes et les nationalistes.

La souveraineté retrouvée

Le délégué chinois est le premier à signer la charte des Nations unies, le 26 juin 1945, car son pays a été le premier agressé par les puissances de l'Axe.

En 1931, le Japon annexe la Mandchourie, puis en 1937 attaque le reste de la Chine. Cette agression étrangère suspend le conflit entre le Guomindang et les communistes. Leur effort militaire conjoint et l'aide des États-Unis permettent la libération du territoire chinois. Grâce à ce succès, la Chine obtient en 1945 un siège de membre permanent au conseil de sécurité de l'ONU et la fin de toute domination étrangère.

RETOUR SUR...

Pour entrer dans le chapitre

LE POINT SUR...

● **Le confucianisme**

Le confucianisme s'est développé à partir de l'œuvre attribuée au philosophe Confucius. Sa pensée a été approfondie et diffusée par ses disciples qui en ont fait une véritable doctrine. Elle affirme que l'homme doit être bon envers autrui, avoir le contrôle de soi, respecter les rites et l'ordre établi (l'humble doit obéir au puissant, le plus jeune à l'aîné). Elle est devenue l'idéologie officielle de l'Empire chinois sous la dynastie des Han, les lettrés étant placés au sommet de l'échelle sociale. Critiqué au XXe siècle par les modernistes comme une idéologie conservatrice, le confucianisme reste cependant aujourd'hui une des bases de la culture chinoise. Le confucianisme a exercé une grande influence sur les civilisations de l'Asie, notamment au Vietnam, en Corée et au Japon.

Confucius (vers 551 avant J.-C. - 479 av. J.-C.)

LES MOTS À CONNAÎTRE

Guomindang : ou « Parti nationaliste chinois », parti politique fondé en 1912 par Sun Zhongshan (ou Sun Yat-sen). Il contrôle le gouvernement de la république de Chine de 1928 à 1949. Il est alors dirigé par Jiang Jieshi (Chiang Kai-Shek), qui crée une dictature anticommuniste à parti unique s'inspirant du fascisme.

PCC : Parti communiste chinois fondé en 1921 par des animateurs de la révolte du 4 mai 1919. Il est dirigé par Mao Zedong à partir du milieu des années 1930.

Traité de Versailles : traité de paix signé par l'Allemagne vaincue et les pays vainqueurs à l'issue de la Première Guerre mondiale. L'Allemagne est privée d'une partie de ses droits militaires, de certains territoires et doit payer des réparations. Le Shandong, région chinoise qu'elle contrôlait depuis 1897 est confié au Japon.

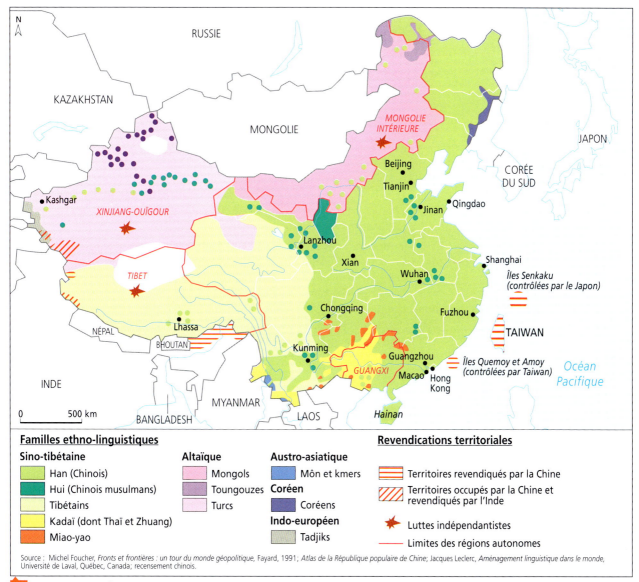

■ **La Chine, un État-continent, un géant démographique, une mosaïque ethnique**

Chapitre 4. LA CHINE ET LE MONDE DEPUIS 1949

COURS 1. Les débuts de la Chine communiste (1949-1976)

> Comment la Chine populaire s'est-elle imposée sur la scène internationale ?

→ Voir ÉTUDE p. 94.
→ Voir ÉTUDE p. 95.
→ Voir ÉTUDE pp. 96-97.

A Un État dans l'orbite soviétique

• **La victoire communiste.** La guerre civile, suspendue en 1937, reprend en 1946 entre le PCC et les nationalistes du Guomindang. Vaincus, ceux-ci se réfugient sur l'île de Taiwan. Mao Zedong, chef du PCC, proclame la République populaire de Chine (RPC) le 1er octobre 1949 (doc. 1). Les puissances occidentales (sauf la Grande-Bretagne pour garder Hong Kong) ne reconnaissent pas la RPC ; le régime nationaliste de Taiwan reste à leurs yeux l'autorité chinoise légale.

• **Un acteur majeur du bloc de l'Est.** La RPC se rapproche alors des autres États marxistes. Elle signe avec l'URSS un traité d'amitié en 1950, adopte le modèle soviétique et reçoit l'aide de Moscou (doc. 2). La guerre froide lui permet de s'affirmer en Asie : Pékin soutient le Viet-minh dans la guerre d'Indochine (1946-1954) et intervient dans la guerre de Corée (1950-1953). Les accords mettant fin à ces conflits sont donc négociés en présence des Chinois.

• **Des gains territoriaux.** La RPC revendique certains territoires jadis intégrés à l'Empire chinois. Elle envahit en 1950 le Tibet (perdu en 1912). L'URSS lui rend quelques zones que la Russie tsariste avait annexées. Mais Pékin doit accepter la perte de la Mongolie, État indépendant dès 1921, et ne peut récupérer Hong Kong, Macao, ni Taiwan protégée par les États-Unis.

BIOGRAPHIE

• **Mao Zedong**
1893-1976

Fils instruit d'un paysan, Mao contribue à la fondation du PCC en 1921. Il conduit la « Longue Marche » (1934-1935) qui permet aux communistes d'échapper au Guomindang. En 1935, il devient chef du PCC. Mao fonde en 1949 la République populaire de Chine. Il la dirige jusqu'à sa mort.

VOCABULAIRE

Coexistence pacifique : voir p. 94.
Déstalinisation : voir p. 94.
Grand Bond en avant (1958-1961) : campagne de mobilisation des masses paysannes pour réaliser de grands travaux, augmenter la production industrielle et agricole.
Guomindang : voir p. 91.
Khmers rouges : nom des communistes maoïstes du Cambodge. En révolte contre leur gouvernement dès 1967, ils prennent le pouvoir de 1975 à 1979 avec l'aide de la Chine et commettent un génocide contre leur peuple.
PCC : Parti communiste chinois fondé en 1921 par des animateurs de la révolte du 4 mai 1919. Il est dirigé par Mao Zedong à partir du milieu des années 1930.
Révolution culturelle (1966-1969) : campagne de « mobilisation des masses » lancée par Mao, qui s'appuie sur les jeunes (les « gardes rouges ») contre ses adversaires au sein du PCC. Elle permet à Mao de conforter son pouvoir, mais doit être arrêtée à cause du désordre qu'elle a engendré.
Viet-minh : ligue pour l'indépendance du Vietnam fondée en 1941. Dominée par les marxistes, elle dirige la guerre contre le colonisateur français.

B Du relatif isolement…

• **La rupture avec l'URSS.** En 1956, la RPC critique la déstalinisation et la coexistence pacifique. Puis, Mao rejette le modèle soviétique et lance le « Grand Bond en avant ». En 1960, Moscou met donc fin à son aide. En 1962, la Chine accuse l'URSS de trahison quand celle-ci retire ses missiles de Cuba sous la pression des États-Unis. L'explosion de la première bombe atomique chinoise (1964) inquiète l'URSS. Des incidents à la frontière sino-soviétique en 1969 font même craindre un conflit.

• **Un modèle concurrent.** La RPC rivalise alors avec l'URSS pour séduire les nouveaux États du Tiers-Monde, avec lesquels elle a condamné le colonialisme lors de la conférence de Bandung en 1955. Certains acceptent l'aide de Pékin (Somalie, Guinée, etc.), mais seule la Tanzanie s'inspire du modèle chinois pour développer son agriculture. Après la rupture avec l'URSS, l'Albanie est l'unique pays marxiste qui soutient la RPC. Malgré le soutien chinois, les mouvements révolutionnaires maoïstes restent marginaux, sauf les Khmers rouges. En Occident, des intellectuels sont cependant éblouis par la Révolution culturelle et les idées de Mao diffusées dans le *Petit Livre rouge* (doc. 4).

C … À la reconnaissance internationale

• **Le rapprochement avec l'Occident.** La rivalité avec Moscou conduit Pékin à se tourner vers le monde capitaliste. En 1964, la RPC est reconnue par la France, bientôt suivie par d'autres États. En 1971, la RPC prend la place de Taiwan à l'ONU (doc. 3). À cette date, les États-Unis veulent se désengager de la guerre du Vietnam en évitant que leur retrait ne profite à l'URSS, principale alliée du Vietnam communiste. Ils normalisent leurs relations avec la RPC qui s'inquiète aussi de l'influence croissante de l'URSS au Vietnam (voir p. 96).

• **Un poids marginal.** Malgré ces succès diplomatiques, les échanges de la Chine avec le reste du monde restent modestes, car son ouverture économique est insuffisante. Hors d'Asie, la RPC ne s'implante vraiment qu'en Afrique, où elle soutient des guérillas indépendantistes comme au Mozambique. À la mort de Mao, en 1976, la RPC n'est pas une puissance mondiale.

1 La proclamation de la République populaire de Chine

Notre armée populaire de libération, soutenue par la nation tout entière, a lutté héroïquement et avec abnégation pour défendre la souveraineté territoriale de notre patrie, protéger les vies et les biens, soulager les populations de leurs souffrances et se battre pour leurs droits et elle a finalement éliminé les troupes réactionnaires et a mis fin au pouvoir réactionnaire du gouvernement nationaliste. Maintenant, la guerre de libération populaire a été totalement gagnée et la majorité des habitants du pays a été libérée. […] Le Conseil populaire des affaires de l'État de la République populaire de Chine a pris ses fonctions aujourd'hui et a décidé à l'unanimité de proclamer l'établissement du gouvernement populaire de la République populaire de Chine […].

Le Conseil populaire des affaires de l'État a décidé de déclarer aux gouvernements de tous les autres pays que notre gouvernement est le seul gouvernement légal représentant l'ensemble du peuple de la République populaire de Chine. Notre gouvernement est disposé à établir des relations diplomatiques avec n'importe quel gouvernement étranger qui est disposé à observer les principes d'égalité […] et de respect mutuel de l'intégrité territoriale et de la souveraineté.

Proclamation du gouvernement de la République populaire de Chine, 1er octobre 1949, publiée dans *Le Quotidien du peuple*, 2 octobre 1949.

▶ Que veut obtenir le nouveau pouvoir chinois des gouvernements étrangers ? Pourquoi ?

3 La Chine populaire entre à l'ONU (1971)

L'Assemblée générale, […]

Rappelant les principes de la Charte des Nations unies,

Considérant que le rétablissement des droits légitimes de la République populaire de Chine est indispensable à la sauvegarde de la Charte des Nations unies et à la cause que l'Organisation doit servir conformément à la Charte,

Reconnaissant que les représentants du gouvernement de la République populaire de Chine sont les seuls représentants légitimes de la Chine à l'Organisation des Nations unies et que la République populaire de Chine est un des cinq membres permanents du Conseil de sécurité,

Décide le rétablissement de la République populaire de Chine dans tous ses droits et la reconnaissance des représentants de son gouvernement comme les seuls représentants légitimes de la Chine à l'Organisation des Nations unies, ainsi que l'expulsion immédiate des représentants de Jiang Jieshi du siège qu'ils occupent illégalement à l'Organisation des Nations unies et dans tous les organismes qui s'y rattachent.

76 voix pour ; 35 voix contre, dont les États-Unis ; 17 abstentions.

Résolution 2 758 de l'Assemblée générale de l'ONU, proposée par l'Albanie, adoptée le 25 octobre 1971.

▶ Qu'obtient exactement la République populaire de Chine ?
▶ Quelle est la conséquence de cette victoire diplomatique ?

2 L'amitié entre la Chine et l'URSS

« Avec l'immense soutien de l'Union soviétique et notre très grande force, nous réaliserons l'industrialisation de notre nation, pas à pas ! »

▶ Comment cette affiche met-elle en scène l'amitié entre les deux États ?
▶ Comment présente-t-elle le modèle soviétique ?

4 Le *Petit Livre rouge* à New York (1969)

Ce jeune maoïste américain tient le *Petit Livre rouge*, recueil de citations du président Mao Zedong publié par la Chine populaire à partir de 1964 et traduit dans 64 langues. Dans l'autre main, il brandit le *New Worker* qui titre : « Le peuple vietnamien va sûrement gagner ».

▶ Que révèle cette photographie sur l'influence du communisme chinois hors de Chine ?

Chapitre 4. LA CHINE ET LE MONDE DEPUIS 1949

ÉTUDE — La rivalité entre la Chine et l'URSS

→ Voir **COURS** pp. 92-93.

À la mort de Staline, Mao Zedong se considère comme son successeur à la tête du mouvement communiste international. Il n'admet pas que l'URSS choisisse la déstalinisation, la coexistence pacifique et n'aide pas la Chine à se doter de l'arme nucléaire. Mao accuse donc l'URSS de trahir la cause communiste. En 1964, les relations du PCC avec la plupart des partis communistes d'Europe sont rompues. S'ouvre une ère de confrontation entre la Chine et l'URSS, qui dure jusqu'au décès de Mao en 1976.

1 Vers le triomphe mondial du communisme

Durant le demi-siècle qui vient de s'écouler, le prolétariat et les peuples révolutionnaires du monde entier ont, sous le drapeau du marxisme-léninisme, suivi la voie de la Révolution d'Octobre[1] et fait accéder l'Histoire du monde à une époque toute nouvelle, celle où l'impérialisme va à son effondrement total et où le socialisme marche vers la victoire dans le monde entier. [...]

Sous la direction de son grand dirigeant, le président Mao, le peuple chinois, après le triomphe de la révolution nationale et démocratique, a remporté de grandes victoires dans la révolution et l'édification socialistes. La Chine socialiste est devenue le puissant bastion de la révolution mondiale. L'héroïque peuple albanais, persistant dans la voie de la Révolution d'Octobre, a levé bien haut, en Europe, le drapeau rouge. [...]

En Asie, en Afrique et en Amérique latine, le mouvement de la révolution nationale et démocratique se développe impétueusement. Les rangs des marxistes-léninistes ne cessent de grossir et le mouvement communiste international connaît une situation nouvelle. [...]

Le révisionnisme moderne[2] représenté par Khrouchtchev et ses successeurs, Brejnev, Kossyguine et consorts[3], s'oppose violemment à la révolution des peuples du monde entier. Abolissant délibérément la dictature du prolétariat, ils restaurent complètement le capitalisme en Union soviétique. C'est, dans toute l'acception du terme, trahir la Révolution d'Octobre, le marxisme-léninisme, le grand peuple soviétique et les peuples du monde entier. [...]

Pour la révolution mondiale, nous ferons de notre grande patrie une base d'appui plus puissante que jamais. [...]

Nous mènerons jusqu'au bout, avec tous les peuples révolutionnaires, la lutte contre l'impérialisme, États-Unis en tête, et le révisionnisme moderne, ayant pour centre les traîtres de la clique révisionniste soviétique.

Lin Biao, discours lors du rassemblement organisé à Pékin pour l'anniversaire de la Révolution d'Octobre, 6 novembre 1967.

1. Révolution dirigée par Lénine qui a abouti à la prise du pouvoir par les communistes en Russie en 1917.
2. Expression péjorative utilisée pour désigner toute critique du marxisme-léninisme ou du régime stalinien.
3. Noms des dirigeants de l'URSS après la mort de Staline.

VOCABULAIRE

Coexistence pacifique : doctrine de la politique étrangère soviétique définie en 1956. Elle veut établir des relations plus sereines entre l'URSS et les États-Unis.

Déstalinisation : politique menée par l'URSS de 1953 à 1964 qui met fin à la terreur stalinienne et au culte de la personnalité sans remettre en cause le régime communiste.

Dictature du prolétariat : pouvoir autoritaire exercé par les communistes, dans l'intérêt des travailleurs, afin d'éliminer les oppresseurs bourgeois. Les régimes communistes justifient ainsi leur autoritarisme.

Marxisme-léninisme : doctrine fondée sur les idées de Lénine et son interprétation des textes de Marx. C'est la doctrine officielle de la Chine (jusqu'en 1976) et de l'URSS (jusqu'en 1991). Elle insiste sur le rôle du Parti, le reste de son contenu change en fonction des besoins des dirigeants communistes.

BIOGRAPHIE

● **Lin Biao (1907-1971)**
Membre du PCC en 1927, puis général de l'armée populaire de Libération, il joue un rôle majeur dans la prise de Pékin par les communistes en 1949. Ministre de la Défense de la RPC, il conçoit le recueil des citations de Mao Zedong (*Le Petit Livre rouge*) et soutient la Révolution culturelle. Choisi pour succéder à Mao Zedong en 1969, il est disgracié en 1971 parce qu'il refuse le rapprochement avec les États-Unis. Il s'enfuit et meurt dans un accident d'avion.

Consigne

● **En analysant ce discours de Lin Biao, expliquez le rôle que veut assumer la Chine dans les relations internationales.**

▶ **Aide pour répondre à la consigne**

1. Quelle image Lin Biao donne-t-il du rôle et de l'œuvre de Mao Zedong en Chine ?

2. Comment présente-t-il l'avenir du mouvement socialiste hors de Chine ?

3. Relevez et expliquez les reproches formulés à l'égard de l'URSS.

ÉTUDE

La Chine de Mao et le Tiers-Monde

→ Voir COURS pp. 92-93.

Dans les années 1960 et 1970, la Chine communiste soutient activement les mouvements de libération nationale. Elle dénonce la politique des États-Unis envers le Tiers-Monde, mais aussi celle de l'URSS avec qui elle a rompu ses relations amicales. La Chine se présente alors comme le modèle de développement et d'émancipation à suivre. La propagande maoïste célèbre le Tiers-Monde qui « souffre, lutte, exige, combat ».

LE POINT SUR...

- **L'impérialisme et le colonialisme**
L'**impérialisme** est la politique d'un État visant à instaurer un rapport de domination sur une autre nation. Pour les marxistes, l'impérialisme est le « le stade suprême du capitalisme » (Lénine). Ils soulignent l'appropriation des ressources des pays pauvres par les plus riches.
Le **colonialisme** est un impérialisme avec une domination politique directe, une conquête territoriale.

1 La Chine et les combats contre l'impérialisme dans le Tiers-Monde
« La lutte de tous les peuples du monde contre l'impérialisme américain sera victorieuse ! » Affiche chinoise, 1965.

2 La « théorie des trois mondes »

Deng Xiaoping (1904-1997) est devenu après la mort de Mao le principal dirigeant de la Chine.

À l'heure actuelle, la situation internationale est plus favorable aux pays en développement et aux peuples du monde. De plus en plus, l'ordre ancien fondé sur le colonialisme, l'impérialisme et l'hégémonisme est miné et ébranlé jusque dans ses fondements. Les relations internationales sont en train de changer radicalement. [...]

Un grand nombre de pays asiatiques, africains et latino-américains ont les uns après les autres accédé à l'indépendance et ils jouent un rôle toujours plus important dans les affaires internationales. [...] À en juger par ces changements dans les relations internationales, le monde d'aujourd'hui est en fait constitué de trois parties, ou trois mondes, qui sont à la fois reliés entre eux et en contradiction les uns avec les autres. Les États-Unis et l'Union soviétique constituent le Premier Monde. Les pays en développement d'Asie, d'Afrique, d'Amérique latine et d'autres régions constituent le Troisième Monde. Les pays développés entre les deux représentent le Deuxième Monde. Les deux superpuissances, les États-Unis et l'Union soviétique cherchent en vain l'hégémonie mondiale. Chacun à sa manière, tente d'amener les pays en développement d'Asie, d'Afrique et d'Amérique latine sous son contrôle et, dans le même temps, tentent d'intimider les pays développés qui n'ont pas une puissance égale à la leur. [...] La Chine est un pays socialiste et un pays en développement. La Chine appartient au Troisième Monde. Constamment en suivant les enseignements du président Mao, le gouvernement et le peuple chinois soutiennent fermement tous les peuples et les nations opprimés dans leur lutte pour gagner ou défendre l'indépendance nationale, ou développer l'économie nationale et combattre le colonialisme, l'impérialisme et l'hégémonisme. C'est notre devoir internationaliste impérieux.

Deng Xiaoping, discours devant l'Assemblée générale de l'ONU, 10 avril 1974.

Consigne

- En présentant ces deux documents, analysez la politique de la Chine à l'égard du Tiers-Monde dans les années 1960-1970.

▶ **Aide pour répondre à la consigne**

1. Qui sont les personnages représentés sur cette affiche ? **(doc. 1)**

2. Comment « l'ordre ancien » a-t-il été remis en question ? **(doc. 1 et 2)**

3. Pourquoi l'analyse de la division du monde par la Chine communiste est-elle originale en cette période de guerre froide ? **(doc. 2)**

La Chine et les États-Unis pendant la guerre froide

→ Voir COURS pp. 92-93.

Depuis la Seconde Guerre mondiale, les États-Unis soutiennent le Guomindang. En 1949, quand les communistes prennent le pouvoir à Pékin, les États-Unis ne reconnaissent pas la République populaire de Chine (RPC). Ils maintiennent des relations diplomatiques avec les nationalistes réfugiés sur l'île de Taiwan et considérés comme le seul gouvernement chinois légitime. Avec la guerre de Corée, la RPC entre dans une logique d'affrontement avec les États-Unis.

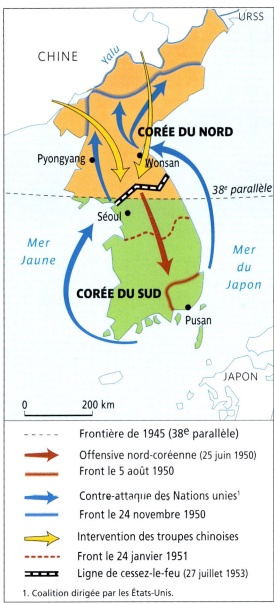

1 La guerre de Corée

REPÈRES CHRONOLOGIQUES

1950-1953 : Guerre de Corée

14 novembre 1954 : Intervention militaire américaine pour protéger Taiwan d'une attaque de la RPC.

2 décembre 1954 : Traité de défense mutuelle entre Taiwan et les États-Unis.

1964 : Rupture entre la Chine et l'URSS (voir p. 94).

1965-1973 : 320 000 soldats chinois aident le Nord-Vietnam contre les Américains.

1971 : Premier geste de détente : une équipe de ping-pong américaine est invitée en Chine.

21-28 février 1972 : Le président américain Richard Nixon se rend en Chine.

1er janvier 1979 : Établissement des relations diplomatiques entre la RPC et les États-Unis.

2 Les États-Unis face à l'intervention chinoise

Fin 1950, les Nord-Coréens et les Chinois ont repoussé les forces de l'ONU au-delà du 38e parallèle. Le général américain Mac Arthur veut étendre la guerre à la Chine. Truman, le président américain, refuse.

Les communistes chinois ont massé 44 divisions bien formées et bien équipées sur la frontière coréenne. Ils ont jeté ces troupes dans la bataille quand les communistes nord-coréens ont été battus. Jusqu'à présent, par une guerre limitée à la Corée, nous avons empêché l'agression de réussir […].

Pourquoi ne pouvons-nous prendre d'autres mesures pour punir l'agresseur ? Pourquoi ne pas bombarder […] la Chine elle-même ? Pourquoi ne pas aider les troupes nationalistes chinoises à débarquer sur la partie continentale de la Chine ?

Si nous faisions cela, nous prendrions un risque très grave, celui de commencer une guerre générale. […]

Derrière les Nord-Coréens et les communistes chinois sur les lignes de front, se trouvent des millions de soldats chinois supplémentaires. Et derrière les Chinois, se trouvent les chars, les avions, les sous-marins, les soldats et les machinations des dirigeants de l'Union soviétique.

Les forces des Nations unies […] ont infligé de très lourdes pertes à l'ennemi. Nos armées sont plus puissantes maintenant qu'auparavant. Ces simples faits peuvent décourager les communistes chinois de poursuivre leurs attaques.

Je crois que nous devons essayer de limiter la guerre à la Corée pour ces raisons essentielles : pour s'assurer que les vies précieuses de nos combattants ne sont pas gaspillées ; […] pour éviter une troisième guerre mondiale.

Harry Truman, discours sur la guerre de Corée, 11 avril 1951.

ÉTUDE

3 Les États-Unis, un « tigre de papier » ?

« L'impérialisme et toutes les forces réactionnaires sont des tigres de papier. » Affiche chinoise de janvier 1971 évoquant une scène de la guerre de Corée. L'expression « tigre de papier » désigne en chinois une chose en apparence menaçante, mais en réalité fragile et inoffensive.

4 « L'impérialisme américain est le plus féroce ennemi des peuples du monde »

L'impérialisme américain est le plus féroce ennemi des peuples du monde. [...] Il a non seulement [...] obstinément conspiré contre la Cuba socialiste, mais aussi constamment pillé et opprimé les peuples des pays latino-américains et réprimé là-bas les luttes nationales révolutionnaires et démocratiques. En Asie, l'impérialisme américain a occupé par la force l'île chinoise de Taiwan, a transformé en colonies la partie du sud de la Corée et la partie du sud du Vietnam et a gardé le Japon sous son contrôle. [...] En Afrique, l'impérialisme américain poursuit fébrilement une politique néocolonialiste, en cherchant résolument à prendre la place des anciens colonialistes, à piller et à asservir les peuples d'Afrique et à affaiblir ou à supprimer les mouvements nationaux de libération. La politique d'agression et de guerre de l'impérialisme américain menace aussi sérieusement l'Union soviétique, la Chine et les autres pays socialistes. [...] Même envers ses alliés d'Europe occidentale, d'Amérique du Nord et d'Océanie, l'impérialisme américain ne connaît que la loi de la jungle et il tente violemment de les piétiner. [...]

Tous les pays soumis aux politiques américaines d'agression, de contrôle, d'ingérence et d'intimidation devraient s'unir et former ainsi le front uni le plus large pour s'opposer aux politiques impérialistes américaines d'agression et de guerre et protéger la paix mondiale.

Mao Zedong, déclaration publiée dans *La Revue de Pékin*, n° 2, 12 janvier 1964.

5 Le rapprochement entre les États-Unis et la Chine

Les deux parties ont accepté que leurs pays, malgré la différence de leurs systèmes sociaux, établissent des relations fondées sur les principes de respect de la souveraineté et de l'intégrité territoriale de tous les États. [...]

La partie chinoise a réaffirmé sa position : la question de Taiwan est un problème crucial empêchant la normalisation des relations entre la Chine et les États-Unis, le gouvernement de la République populaire de Chine est le seul gouvernement légal de Chine, Taiwan est une province chinoise [...] ; la libération de Taiwan est une affaire intérieure chinoise dont aucun pays n'a le droit de se mêler ; et toutes les forces et les installations militaires des États-Unis doivent être retirées de Taiwan. [...]

Les États-Unis réaffirment leur intérêt pour un règlement pacifique de la question de Taiwan par les Chinois eux-mêmes. [...] Ils réduiront progressivement leurs forces et leurs installations militaires à Taiwan puisque la tension dans la région diminue.

Les deux parties [...] ont discuté de domaines spécifiques tels que la science, la technologie, la culture, les sports et le journalisme, dans lesquels les contacts et les échanges seraient mutuellement favorables. [...]

Elles ont accepté de faciliter le développement progressif du commerce entre leurs deux nations. Elles ont convenu qu'elles resteraient en contact par plusieurs canaux notamment par l'envoi à Pékin de temps à autre d'un représentant américain d'un rang élevé [...] afin de faire progresser la normalisation des relations entre les deux pays.

Communiqué conjoint des États-Unis et de la Chine populaire, 28 février 1972.

Questions

▶ **Exploiter et confronter les documents**

1. Pourquoi la guerre de Corée a-t-elle conduit à une dégradation des relations entre les États-Unis et la Chine ? **(doc. 1 à 4)**

2. Comment la propagande chinoise met-elle en valeur l'action des forces chinoises pendant la guerre de Corée ? **(doc. 3)**

3. Montrez que la Chine condamne la politique étrangère des États-Unis dans toutes les parties du monde. **(doc. 4)**

4. Analysez le changement majeur qui se produit dans les relations entre les deux nations en 1972. **(doc. 5)**

5. Quel problème continue pourtant à perturber les relations entre Pékin et Washington ? **(doc. 4 et 5)**

▶ **Organiser et synthétiser les informations**

6. En rédigeant deux paragraphes, caractérisez chacun des deux moments qui ont marqué les relations entre la Chine et les États-Unis pendant la guerre froide.

Chapitre 4. LA CHINE ET LE MONDE DEPUIS 1949 **97**

COURS

2. Modernisation et ouverture sur le monde (1976-2013)

> Dans quelle mesure la Chine est-elle devenue une grande puissance ?

→ Voir ÉTUDE p. 100.
→ Voir ÉTUDE p. 101.
→ Voir ÉTUDE pp. 102-103.
→ Voir ÉTUDE pp. 104-105.
→ Voir CARTE pp. 106-107.

A Priorité à l'essor économique

• **Libéralisation et ouverture.** En 1976, la Chine reste rurale et sous-industrialisée. Un tiers des habitants vit dans une extrême pauvreté. En dénonçant ce retard, les réformateurs remettent en cause le maoïsme. Leur chef, Deng Xiaoping, prend le pouvoir fin 1978. De nombreux opposants condamnés sont réhabilités, mais toute démocratisation est écartée. La priorité est donnée à la libéralisation économique, à l'industrie légère et à l'agriculture. Le paysan reçoit le libre usage de la terre, mais n'en obtient pas la propriété. Les sociétés d'État deviennent autonomes, les entreprises privées sont autorisées. Pour développer des industries d'exportation, la Chine crée des ZES puis ouvre tout son littoral aux capitaux étrangers **(doc. 1)**.

• **Rassurer le monde capitaliste.** Désormais, la Chine privilégie l'économie aux dépens de l'idéologie et n'aide plus les révolutionnaires étrangers. Elle intègre la Banque mondiale et le FMI en 1980, multiplie les accords commerciaux avec les pays occidentaux. La coopération scientifique et culturelle se développe ; de jeunes Chinois étudient à l'étranger. Le non-respect par la Chine des droits de l'homme et sa répression du nationalisme tibétain entraînent parfois des tensions, mais sans remettre en cause les relations avec l'Occident.

BIOGRAPHIE

• **Deng Xiaoping**
1904 -1997

Fils d'un paysan chinois, Deng Xiaoping étudie en France où il est séduit par le marxisme.

Membre du PCC en 1923, il en devient un dignitaire majeur. Après la mort de Mao, il s'empare du pouvoir et le garde de 1978 à sa mort.

Il est à l'origine des réformes qui libéralisent l'économie chinoise. Mais il refuse de démocratiser le régime et autorise l'usage de la force contre les manifestants de la place Tian'anmen en juin 1989.

B La crise des années 1989-1992

• **De nouvelles difficultés.** Grâce aux réformes voulues par Deng Xiaoping, le niveau de vie s'élève. Mais les inégalités se creusent : la Chine urbaine et littorale s'enrichit alors que, dans les campagnes de l'intérieur, la misère persiste **(doc. 1)**. Des millions de paysans migrent vers les villes côtières pour chercher du travail. Par ailleurs, de nombreux Chinois sont mécontents de l'inflation, de la corruption qui s'aggrave et du manque de liberté.

• **Le massacre du 4 juin 1989.** Encouragés par la *glasnost*, les étudiants réclament une libéralisation du régime. L'agitation s'intensifie en 1989, qui marque les 70 ans du mouvement du 4 mai 1919 et du bicentenaire de la Révolution française. Mais le 4 juin, à Pékin, l'armée disperse les manifestants et tue plus de 2 000 personnes, malgré les appels à la modération des pays occidentaux.

• **Des sanctions de courte durée.** Ceux-ci gèlent leurs contacts avec la Chine, qui est condamnée par l'ONU. Pékin renforce alors ses liens avec Moscou et les pays en développement **(voir p. 101)**. Mais les multinationales restent attirées par le faible niveau des salaires en Chine et par le vaste marché que constitue ce pays très peuplé et en essor rapide. C'est pourquoi les Occidentaux renouent avec Pékin dès 1992.

VOCABULAIRE

G20 : groupe des puissances économiques apparu en 1999 et institutionnalisé en 2009. Il rassemble le G8, le Brésil, l'Argentine, le Mexique, l'Afrique du Sud, l'Arabie saoudite, la Turquie, l'Inde, la Chine, l'Indonésie, la Corée du Sud, l'Australie et l'UE.

Glasnost : « transparence » en russe, nom donné à la politique appliquée à partir de 1985 par Mikhaïl Gorbatchev en URSS visant à rétablir la liberté d'expression et à encourager la critique du système communiste soviétique.

OMC : Organisation mondiale du commerce, qui a succédé au GATT à partir du 1er janvier 1995 pour libéraliser les échanges des biens et de services et régler les différends commerciaux entre les États membres.

ZES : Zones économiques spéciales, lieux bénéficiant d'avantages spéciaux (faibles droits de douane, libre rapatriement des investissements et des bénéfices, impôts réduits) qui les rendent attractifs pour les investisseurs étrangers.

C L'émergence d'une grande puissance

• **Un géant économique.** La Chine occupe le deuxième rang économique mondial depuis 2010. Elle est l'atelier du monde **(doc. 2)**. Mais elle ne se contente plus de produire des objets bas de gamme et d'accueillir les multinationales étrangères. Elle mise sur l'innovation et ses entreprises investissent hors du pays. La Chine intègre l'OMC en 2001 et le G20 en 2008. Elle remplace le Japon en crise comme moteur de la croissance en Asie **(voir p. 104)**.

• **Une puissance politique ?** La Chine cultive le patriotisme pour renforcer son régime ; elle n'accepte pas les ingérences des démocraties en faveur du Tibet, des droits de l'homme ou de Taiwan **(voir p. 102)**. Elle élimine les vestiges de la domination européenne en récupérant Hong Kong (1997) et Macao (1999). Des soldats chinois participent à des missions de paix de l'ONU **(doc. 3)**. Mais, malgré ses efforts de modernisation militaire, la Chine ne peut rivaliser avec les États-Unis.

COURS

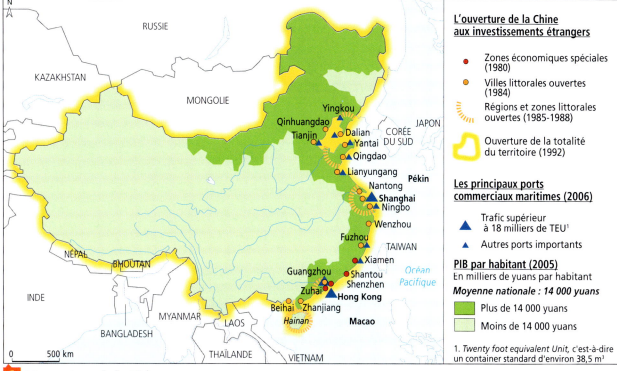

1 L'ouverture de la Chine

▶ Quelles sont les grandes étapes de l'ouverture du littoral aux capitaux étrangers ?
▶ Quelles sont les conséquences de cette politique sur le PIB par habitant des différentes régions ?

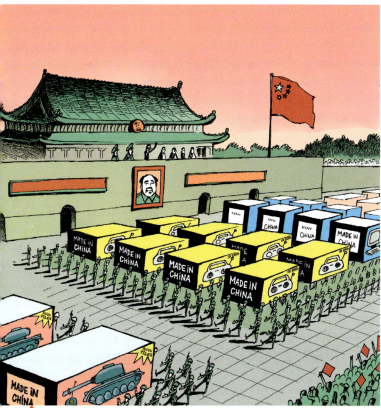

2 Made in China

« 10 ans après l'entrée de la Chine à l'OMC. » Dessin de Chappatte, publié dans *Le Temps* (Genève), 4 décembre 2011.

▶ Que révèle ce dessin de presse sur la place de la Chine dans l'économie mondiale ?

3 Une « puissance responsable »

La Chine place au premier rang de ses priorités la reconnaissance de son intégrité nationale et de sa souveraineté. Ayant longtemps subi la domination des puissances étrangères sur son sol, qui s'est prolongée jusqu'à la fin de la Seconde Guerre mondiale, elle est donc particulièrement sensible à la reconnaissance, par la communauté internationale, de son statut de puissance indépendante. […] C'est dans ce souci de reconnaissance de son statut de puissance mondiale, de puissance responsable, que la Chine s'attache à s'impliquer activement dans la gestion des crises internationales, en particulier par son action mesurée et responsable au sein du Conseil de sécurité de l'ONU. Elle le démontre […] par un engagement accru dans les opérations de maintien de la paix, en particulier en Afrique. […]

Ainsi, au cours des dernières années, la Chine a participé, en Afrique, à 12 opérations de maintien de la paix et y a envoyé quelque 3 000 hommes. À partir de 2003, la Chine a envoyé des unités non militaires en République démocratique du Congo, au Liberia et au Soudan. En 2006, c'étaient encore près de 1 280 militaires chinois qui étaient déployés dans les opérations de maintien de la paix en Afrique. […] La Chine ne limite pas cette participation à l'Afrique : elle a annoncé la participation de 1 000 hommes à la FINUL II[1] au Liban et s'est aussi engagée en Haïti[2].

« L'émergence pacifique » de la Chine dans le monde, Sénat français, Rapport d'information n° 400, 2005-2006.

1. FINUL : Force intérimaire des Nations unies au Liban en place depuis 1978 à la frontière entre le Liban et Israël.
2. En mai 2013 : 1 872 Chinois civils et militaires participent aux opérations de maintien de la paix de l'ONU.

▶ Comment se manifeste ici la volonté chinoise de s'affirmer sur la scène internationale ?

Chapitre 4. LA CHINE ET LE MONDE DEPUIS 1949 **99**

ÉTUDE
La Chine, une puissance spatiale de premier plan

→ Voir **COURS** pp. 98-99.

Le programme spatial chinois est lancé dès 1956 par Mao Zedong. Dès 1970, la Chine met en orbite son premier satellite. Elle devient le cinquième pays après l'URSS, les États-Unis, la France et le Japon capable de cette performance. Depuis cette date, les progrès de la Chine dans les technologies spatiales ont été spectaculaires : le 14 décembre 2013, une première sonde spatiale chinoise s'est ainsi posée sur la Lune. Cet alunissage réussi permet désormais à Pékin de préparer l'envoi d'astronautes sur le sol lunaire.

1 La France face aux ambitions spatiales de la Chine

La Chine est l'autre pays dont les ambitions sont affichées dans le domaine du vol habité. La Chine et la Russie sont d'ailleurs actuellement les deux seuls pays à procéder à de tels vols de façon autonome depuis l'arrêt de la navette spatiale[1]. Depuis le premier vol d'un taïkonaute[2] (2003), la Chine a réalisé quatre vols habités, y compris l'envoi récent d'une équipe de trois astronautes sur un module déjà en orbite (Tiangong 1), qui constitue l'embryon d'une future station spatiale chinoise (2012). Ce pays a affiché son ambition d'envoyer un taïkonaute sur la Lune.

Toutefois, [...] les ambitions de la Chine dans le domaine du vol habité pourraient être surestimées par un traitement médiatique ne rendant pas compte de la réalité de ses compétences spatiales et de son engagement dans ce domaine. La Chine s'intéresserait en premier lieu à l'espace comme outil de développement économique. Ce sont les applications, la science et le développement d'un lanceur qui sont prioritaires dans le programme spatial officiel (Livre blanc) chinois. Plutôt que de refaire ce que les Américains ont déjà fait, la Chine pourrait être intéressée par des programmes en coopération, qui offriraient l'avantage de contribuer au développement des compétences chinoises, tout en impliquant une forme de reconnaissance pour ce pays, en tant que partenaire à part entière.

Catherine Procaccia et Bruno Sido (sénateurs français), Rapport sur les enjeux et perspectives de la politique spatiale européenne, 7 novembre 2012.

1. Vaisseau spatial américain pouvant être réutilisé et pouvant transporter des astronautes. Son utilisation a cessé en 2011.
2. En chinois, littéralement, « homme du grand vide ». Ce terme est usuellement utilisé pour désigner les astronautes chinois.

2 Objectif Lune

En 2004, la NASA envisage un retour des astronautes américains sur la Lune (le projet est ensuite abandonné en 2010). En 2005, la Chine annonce son projet d'envoyer un équipage sur la Lune vers 2020.
Dessin de Chappatte, *Courrier international*, n° 831, octobre 2006.

Consigne

• Montrez en quoi l'espace est un enjeu important pour la Chine.

▶ **Aide pour répondre à la consigne**

1. Quels sont les objectifs affichés par la Chine dans le domaine spatial ? **(doc. 1)**

2. Quels sont ses objectifs réels selon ce rapport ? **(doc. 1)**

3. Quel aspect de la conquête spatiale ce dessin de presse met-il en valeur ? **(doc. 2)**

ÉTUDE
La Chine populaire et l'Afrique

→ Voir **COURS** pp. 98-99.

Dans les années 1960, Pékin a soutenu les mouvements anticolonialistes et a cherché en Afrique des alliés contre l'URSS et les États-Unis. Après la mort de Mao Zedong, la présence des Chinois en Afrique devient plus limitée. Mais depuis 1995, ils considèrent ce continent comme un important partenaire économique. Beaucoup de dirigeants africains sont favorables au renouveau des relations avec Pékin. Cependant, d'autres responsables africains s'inquiètent des ambitions chinoises.

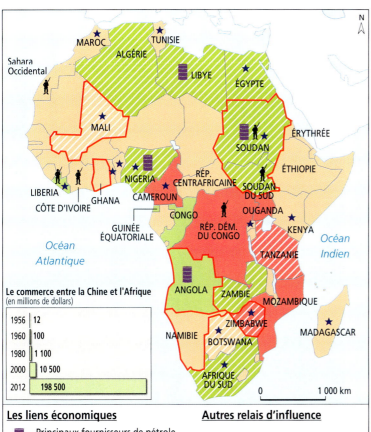

1 La présence chinoise en Afrique

2 Une politique chinoise critiquée

Le Nigeria, pays disposant d'un vaste marché intérieur de plus de 160 millions d'habitants, dépense des ressources considérables en important des biens de consommation de Chine, des biens qui pourraient être produits localement. Nous achetons des textiles, des tissus, des articles en cuir, du concentré de tomate, de la fécule, des meubles, du matériel électronique, des matériaux de construction et des produits en plastique. [...]

Les Chinois, par ailleurs, achètent le pétrole brut du Nigeria. Dans la plupart des pays africains, ils ont mené d'énormes opérations d'exploitation minière. Ils ont aussi construit les infrastructures. Mais, sauf exception, ils l'ont fait en utilisant des équipements et de la main-d'œuvre importés de leur pays, sans transférer de savoir-faire aux populations locales.

Ainsi, la Chine prend nos produits primaires et nous vend des produits manufacturés. C'était aussi l'essence du colonialisme. L'Afrique est en train de s'ouvrir volontairement à une nouvelle forme d'impérialisme. [...] La Chine ne fait plus partie depuis longtemps des pays sous-développés, c'est la deuxième puissance économique du monde, capable des mêmes formes d'exploitation que les pays occidentaux. Elle contribue de manière significative à la désindustrialisation de l'Afrique et à son sous-développement. [...] Les contrats doivent être rédigés en des termes qui permettent aux Chinois de faire des profits tout en favorisant le développement du continent.

Déclaration de Lamido Sanusi, ancien gouverneur de la Banque centrale du Nigeria, *Financial Times*, 11 mars 2013.
Traduit par J.-M. Darier.

Consigne

- Pourquoi le commerce de la Chine avec l'Afrique s'est-il récemment développé ? Que révèle la présence chinoise en Afrique sur le statut de la Chine ?

▶ **Aide pour répondre à la consigne**

1. Quelles sont les différentes formes de la présence chinoise en Afrique ? **(doc. 1)**
2. Comment a évolué le commerce de la Chine avec l'Afrique depuis 1956 ? **(doc. 1)**
3. Quels produits la Chine vend-elle en Afrique ? Quels produits achète-t-elle ? **(doc. 2)**
4. Comment Lamido Sanusi caractérise-t-il ces échanges ? **(doc. 2)**

Chapitre 4. LA CHINE ET LE MONDE DEPUIS 1949 **101**

ÉTUDE
L'Occident et la Chine face à la question des droits de l'homme

→ Voir **COURS** pp. 98-99.

En 1978, l'arrivée au pouvoir des réformateurs en Chine populaire fait espérer une démocratisation du régime. Mais, les violations des droits de l'homme ne cessent pas, ce qui nuit fortement à l'image du pays auprès de la communauté internationale. Les démocraties occidentales font pression sur le gouvernement chinois pour qu'il respecte les libertés fondamentales. Mais celui-ci répond en mettant en avant sa propre conception des droits de l'homme.

LE POINT SUR...

● **La question tibétaine**

Au XVIIIe siècle, l'Empire chinois place le Tibet sous son autorité. Mais ce dernier profite des désordres liés à l'instauration d'une République en Chine ; il proclame son indépendance en 1912. Il est alors dirigé par le Dalaï Lama à la fois chef religieux et chef d'État. Mais la Chine ne renonce pas au Tibet et l'envahit en 1950.
En 1959, le Dalaï Lama fuit le Tibet suivi de 100 000 Tibétains. Aujourd'hui, il réclame non plus l'indépendance mais une véritable autonomie pour son pays, la fin de la politique d'assimilation chinoise et la fin de la répression contre les révoltes qui éclatent régulièrement dans le pays.

1 Le Dalaï Lama devant le Parlement européen

L'Union européenne a évoqué les violations des droits de l'homme au Tibet lors de différentes sessions de la Commission des droits de l'homme des Nations unies. […]

L'Union européenne encourage tout effort visant à trouver une solution pacifique au problème du Tibet par la négociation. […] Les effets de l'intérêt grandissant porté sur le Tibet par la communauté internationale sont visibles. Le gouvernement chinois a été contraint d'ouvrir le dialogue à propos des droits de l'homme. Il a publié un Livre Blanc sur les droits de l'homme et la question de la « possession » du Tibet. […]

Aujourd'hui la lutte pour la liberté menée par le peuple tibétain est arrivée à un point critique. […] L'érosion et la destruction des institutions et traditions culturelles et religieuses ajoutées à l'arrivée massive de Chinois[1] équivalent à un génocide culturel. La survie même des Tibétains en tant que peuple distinct se trouve constamment menacée. […] Fondamentalement, la question du Tibet est de nature politique. C'est une question de domination coloniale : il s'agit de l'oppression du Tibet par la République populaire de Chine et de la résistance du peuple tibétain à celle-ci. Cette question ne trouvera sa solution que par la négociation et non pas, comme le désirerait la Chine, par la force, l'intimidation et le transfert de population.

Dalaï Lama, discours devant le Parlement européen, 23 octobre 1996. Traduction du Bureau du Tibet.

1. Pékin a mis en place un programme de peuplement du Tibet par des immigrants chinois.

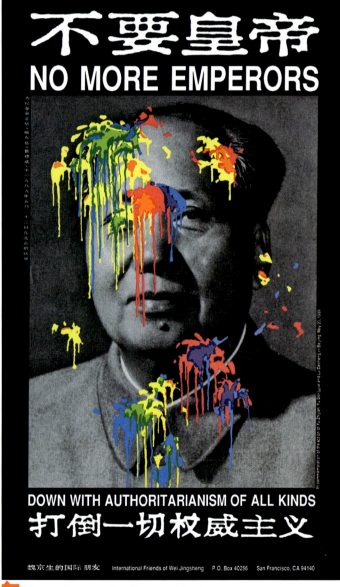

2 Le soutien aux dissidents chinois

« Plus d'empereurs ! En finir avec l'autoritarisme sous toutes ses formes ! » Affiche pour la libération de Wei Jingsheng, l'un des plus célèbres opposants politiques au gouvernement chinois.
Arrêté en 1979, il est libéré en 1997 et expulsé aux États-Unis.

3 Le point de vue du gouvernement chinois

Mieux garantir à son peuple le respect des droits de l'homme reste pour la Chine une tâche difficile à accomplir [...].

La Chine a une population de plus de 1,3 milliard d'habitants. Pour un pays aussi peuplé, il aurait été impossible de garantir les droits et les intérêts de son peuple sans développer d'abord l'économie afin de le nourrir et de le vêtir. Le développement est la clé pour résoudre tous les problèmes existants et faciliter le progrès des droits de l'homme en Chine. C'est seulement en poursuivant un développement économique sain et durable que la Chine peut consolider les fondements matériels qui assureront le bonheur et le bien-être de son peuple et protégeront son droit à la subsistance et au développement.

Depuis de nombreuses années, la Chine s'est donnée comme tâche centrale la construction économique et, grâce à l'essor de son économie [...], elle a augmenté les revenus de ses habitants [...], elle a procuré à sa population de la nourriture, des vêtements, des logements, des transports et d'autres biens nécessaires à la vie quotidienne de meilleure qualité, elle a [...] protégé efficacement les droits et les intérêts économiques de ses citoyens.

Livre blanc sur les progrès des droits de l'homme en Chine,
Bureau d'information du Conseil des affaires d'État
de la République populaire de Chine
(gouvernement central chinois), mai 2013.

4 La réponse chinoise aux accusations américaines

Le Département d'État des États-Unis a récemment publié son *Rapport sur les droits de l'homme dans le monde pour 2012*, se présentant à nouveau comme « le juge des droits de l'homme pour le monde ». Comme les années précédentes, ce rapport est rempli de critiques et de remarques irresponsables sur la situation des droits de l'homme dans plus de 190 pays et régions, dont la Chine. Cependant, les États-Unis ont fermé les yeux sur l'état déplorable des droits humains chez eux [...].

Aux États-Unis, les élections n'ont pas pu réellement exprimer la volonté des citoyens. [...] Lors de l'élection présidentielle de 2012, le taux de participation n'était que de 57,5 %. [...]

La police a souvent abusé de son pouvoir, ce qui a entraîné l'augmentation des plaintes au sujet d'infractions contre les droits civils. La proportion de femmes qui aux États-Unis ont été victimes de violence conjugale et d'agression sexuelle a continué d'augmenter. [...] Il y a eu de graves discriminations religieuses, sexuelles et raciales [...].

Les États-Unis ont gravement porté atteinte aux droits de l'homme des autres nations. En 2012, les opérations militaires américaines au Yémen, en Afghanistan et au Pakistan ont infligé des pertes massives à la population civile.

Rapport sur les droits de l'homme aux États-Unis en 2012,
Bureau d'information du Conseil des affaires d'État
de la République populaire de Chine, 2013.

5 L'embarras des dirigeants occidentaux

Dessin de Nate Beeler publié le 19 janvier 2011 dans *The Colombus Dispatch*, à l'occasion de la visite aux États-Unis du président chinois Hu Jintao.
B. Obama lui dit : « Pourrions-nous, juste un moment, parler des prisonniers politiques ? ».
La Chine est le premier créancier de l'État américain, l'un des plus endettés du monde.

Questions

▶ **Exploiter et confronter les documents**

1. Que reproche le Dalaï Lama aux autorités chinoises ? **(doc. 1)**

2. De quelles autres violations des droits de l'homme est-il question dans ces documents ? **(doc. 2 et 5)**

3. Comment les Occidentaux tentent-ils de faire pression sur le gouvernement chinois ? **(doc. 1, 2, 4 et 5)**

4. Comment la Chine se défend-elle des accusations portées contre elle ? **(doc. 3 et 4)**

5. Montrez que le gouvernement chinois a une conception particulière des droits de l'homme. **(doc. 3)**

▶ **Organiser et synthétiser les informations**

6. Montrez dans quelle mesure la question des droits de l'homme est un obstacle aux relations entre la Chine et l'Occident.

ÉTUDE
La Chine en Asie : l'ascension d'une puissance régionale

→ Voir **COURS** pp. 98-99.

La guerre froide, la rupture avec l'URSS et les choix économiques de Mao Zedong n'ont guère poussé la Chine à développer ses relations avec ses voisins. Puis, celles-ci se sont développées grâce à la politique d'ouverture, voulue par le nouveau président Deng Xiaoping, adoptée par la Chine en 1979 et accentuée à partir de 1992. Le géant chinois a même remplacé le Japon comme moteur économique de la zone. Cependant, les États d'Asie restent inquiets devant les ambitions de la Chine dans la région.

REPÈRES CHRONOLOGIQUES

1967 : Fondation de l'ASEAN par 5 États (Philippines, Indonésie, Malaisie, Singapour, et Thaïlande) pour contrer l'essor du communisme en Asie.

1987 : Reprise des contacts, surtout économiques, entre Taiwan et la RPC.

1989 : Massacres de Tian'anmen, sanctions japonaises.

1990 : Reprise de l'aide financière japonaise à la Chine.

1992 : Reconnaissance diplomatique mutuelle entre la Corée du Sud et la RPC.

1994 : Accord de partenariat politique et économique avec la Russie.

1997 : Rétrocession de Hong Kong à la RPC.

1999 : Rétrocession de Macao à la RPC.

2001 : Création de l'Organisation de coopération de Shanghai, structure de coopération économique et politique, dont les membres sont : la Chine, la Russie, le Kazakhstan, l'Ouzbékistan, le Kirghizstan, et le Tadjikistan.

2004 : Refus par l'Inde d'une zone de libre-échange avec la Chine.

2009-2013 : Multiplication des incidents entre la Chine et ses voisins à propos des îles de Mer de Chine.

2010 : Entrée en vigueur de la zone de libre-échange entre la RPC et six pays de l'ASEAN (Asean 6 : Indonésie, Thaïlande, Philippines, Malaisie, Singapour, Brunei).

1 Le commerce extérieur de la Chine

En milliards de dollars	1992	2011
Asie orientale dont :	113,3	1 653,2
Russie	5,8	79,2
Inde	0,3	73,9
Japon	29	342,9
Asie du Sud-Est[1]	75,7	1 052
Reste du monde	52,3	3 642,1

1. **Asie du Sud-Est** : Corée du Sud, Hong Kong, Macao, Taiwan, Singapour, Myanmar, Cambodge, Laos, Thaïlande, Vietnam, Brunei, Indonésie, Malaisie, Philippines.

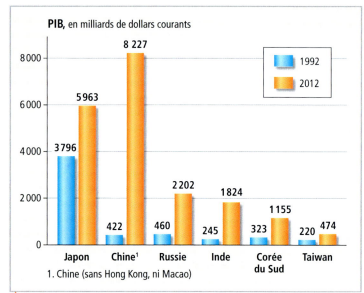

2 Les six principales puissances économiques d'Asie orientale

3 La puissance militaire chinoise

La Chine a modernisé ses forces militaires, grâce à une forte et constante hausse du budget de la défense [...]. La Chine donne la priorité au règlement de la question de Taiwan, plus précisément à l'amélioration de sa capacité à entraver l'indépendance de Taiwan et l'aide militaire étrangère à Taiwan. [...]

La Chine modernise largement et rapidement ses forces militaires, principalement sa force nucléaire, ses missiles, ainsi que sa marine et son armée de l'air, elle renforce ses capacités de projection à grande distance. [...]

La Chine a intensifié et étendu ses activités dans ses mers bordières. Le manque de transparence dans sa politique de défense nationale et ses activités militaires est un sujet d'inquiétude pour la région et la communauté internationale, y compris le Japon. [...]

En ce qui concerne son action dans les mers proches du Japon, on a observé des navires de guerre chinois en train de mener ce qui semblait être des exercices d'entraînement ou des activités de collecte d'informations. On a aussi observé des navires du gouvernement chinois s'engageant dans des activités de surveillance pour la protection de droits et d'intérêts maritimes [...]

[En outre] la Chine intensifie ses activités dans la mer de Chine méridionale où se situent les îles Spratley et Paracel, pour lesquelles la Chine est engagée dans des conflits territoriaux avec ses voisins. [...]

Extraits du rapport du ministère de la Défense du Japon, 2011.

ÉTUDE

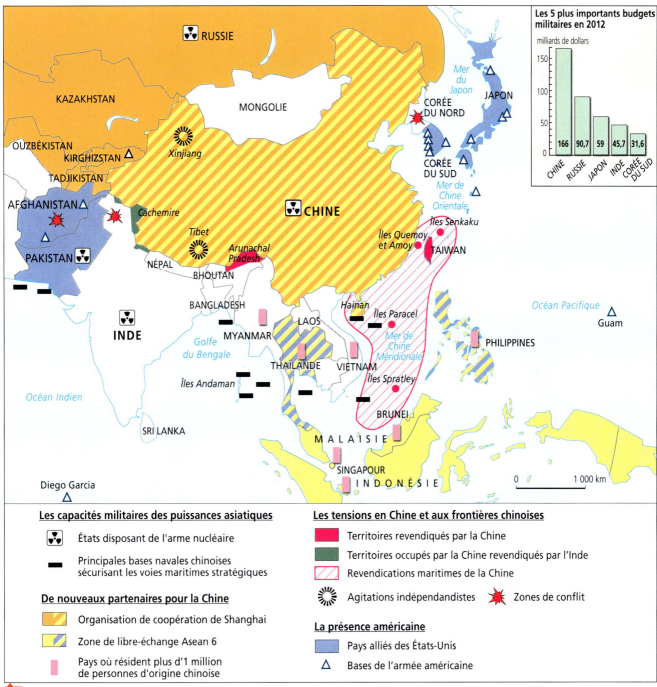

4 La Chine dans son environnement géopolitique

Questions

▶ **Exploiter et confronter les documents**

1. Pour quelles raisons la Chine est-elle un sujet d'inquiétude pour ses voisins ? **(doc. 3 et 4)**
2. Quelle grande puissance peut apparaître comme menaçante pour la Chine ? Pourquoi ? **(doc. 4)**
3. Comment a évolué le poids économique de la Chine en Asie du Sud-Est depuis 1992 ? **(doc. 1 et 2)**
4. Quels sont les partenaires économiques privilégiés de la Chine en Asie aujourd'hui ? **(doc. 1 et 4)**

▶ **Organiser et synthétiser les informations**

5. Montrez que la Chine est une puissance majeure en Asie du Sud-Est.
Quels sont les obstacles et les limites à l'affirmation de la puissance chinoise ?

Chapitre 4. LA CHINE ET LE MONDE DEPUIS 1949 **105**

La Chine du XXIe siècle, une grande puissance

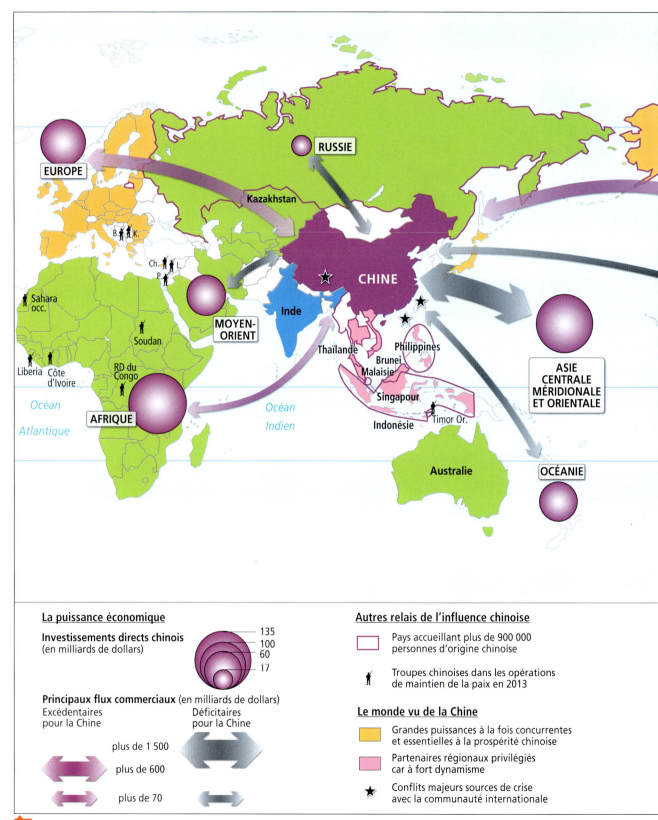

1 La Chine et le monde

CARTE

LE POINT SUR...

● La diaspora chinoise

Plus de 35 millions de personnes d'origine chinoise habitent dans d'autres pays que la Chine populaire ou Taiwan. 81 % résident en Asie du Sud-Est. Ils constituent 80 % de la population de Singapour, 25 % de celle de la Malaisie, 10 % de celle de la Thaïlande.
Depuis les années 1980, Pékin les incite à investir en Chine et favorise l'installation professionnelle de personnes qualifiées dans le pays. Pékin finance aussi à l'étranger des écoles de langue chinoise et des médias, destinés à cette diaspora, afin d'étendre son influence culturelle et idéologique.

2 L'essor démographique et économique de la Chine

	1980	2012
PIB (en milliards de dollars)	189,4	8 227
Part de la Chine dans le PIB mondial	2,6 %	11,5 %
Taux moyen annuel de croissance du PIB	7,8 %	7,8 %
Population (en millions d'habitants)	981	1 343
Population active (en millions d'individus)	502	937
Salaire moyen mensuel d'un ouvrier (en euros)	6	303
Espérance de vie à la naissance (en années)	65,5	74,8
Investissements étrangers directs (en millions de dollars)	1 339 (en 1981)	365 981 (en 2011)
Investissements directs chinois à l'étranger (en millions de dollars)	39	711 802 (en 2011)
Balance commerciale (en milliards de dollars)	– 0,69	155 (en 2011)

Sources : FMI, CNUCED, 2013.

Chapitre 4. LA CHINE ET LE MONDE DEPUIS 1949

BAC Révision — La Chine et le monde depuis 1949

L'essentiel

1 La Chine maoïste (1949-1976)

- **Les communistes prennent le pouvoir.** Unis pour lutter contre l'occupant japonais, nationalistes et communistes chinois se divisent dès la victoire acquise en 1945. Vaincus, les nationalistes se réfugient sur l'île de Taiwan, tandis que le leader communiste Mao Zedong proclame en octobre 1949 la République populaire de Chine (RPC).

- **Une puissance isolée.** La RPC devient avec l'URSS la principale puissance du monde communiste. Mais elle demeure relativement isolée sur la scène internationale. D'abord parce qu'elle n'est pas reconnue par les grandes puissances occidentales qui considèrent le gouvernement nationaliste taiwanais comme le seul légitime. Ensuite parce qu'elle rompt rapidement ses relations avec Moscou.

- **Le rapprochement avec l'Occident.** Ayant tourné le dos à l'URSS, Pékin fait le choix de l'ouverture au monde capitaliste. La Chine obtient en contrepartie le siège de membre permanent du Conseil de sécurité de l'ONU jusqu'alors occupé par Taiwan.

2 La Chine émergente (depuis 1976)

- **L'ouverture économique.** Mao meurt en 1976. Ses successeurs lancent des réformes libéralisant l'économie afin d'attirer les investisseurs occidentaux. Attirés par une main-d'œuvre bon marché et des taux d'imposition très faibles, ceux-ci contribuent au décollage économique du pays.

- **Le maintien de l'autoritarisme.** Aucune libéralisation n'est en revanche envisagée dans le domaine politique. Le pays demeure dirigé par le Parti communiste et toute contestation est violemment réprimée, comme en témoigne le massacre de la place Tian'anmen (1989).

- **Une puissance fragile.** En 2001, la Chine intègre l'OMC et en 2010, elle devient la deuxième puissance économique mondiale. Mais elle doit faire face à des revendications politiques et sociales croissantes.

LES DATES CLÉS

1945 : La Chine (nationaliste) membre permanent du Conseil de sécurité de l'ONU.

1949 : Proclamation de la RPC.

1964 : La RPC se dote de l'arme atomique.

1971 : La RPC remplace Taiwan à l'ONU.

1972 : Visite du président Nixon en Chine.

1976 : Mort de Mao.

1978 : Début des réformes économiques.

1989 : Massacre de la place Tian'anmen.

2001 : Entrée à l'OMC.

2010 : La Chine devient la deuxième puissance économique mondiale.

LES MOTS CLÉS

- Communisme
- Libéralisation
- Maoïsme
- ZES

LES PERSONNAGES CLÉS

Mao Zedong (1893-1976)
Leader du PCC depuis 1935, il fonde en 1949 la RPC qu'il dirige jusqu'à sa mort.

Deng Xiaoping (1904-1997)
Principal dirigeant chinois de 1978 à 1992. Il lance les réformes économiques et réprime les contestataires en 1989.

LE SENS DES MOTS

- **République populaire de Chine et république de Chine**

Lorsqu'il prend le pouvoir sur la Chine continentale en 1949, Mao Zedong proclame la naissance de la **République populaire de Chine**, le mot « populaire » symbolisant son appartenance au monde communiste. Réfugiés sur l'île de Taiwan (anciennement appelée Formose), ses rivaux nationalistes du Guomindang prétendent pour leur part perpétuer la **république de Chine** fondée à la fin de l'empire en 1912. Depuis lors, chacune des deux Chine prétend être le gouvernement légitime de l'ensemble du pays (Chine continentale et Taiwan), bien que les deux parties soient de fait devenues indépendantes.

- **Hong Kong, Macao et la Chine**

Macao et Hong Kong sont deux ports du sud de la Chine. Le premier est passé sous domination portugaise au XVIe siècle, le second sous domination britannique au XIXe siècle. Au terme de négociations entre les autorités portugaises, britanniques et chinoises, **Hong Kong** (en 1997) puis **Macao** (en 1999) ont été réintégrés à la **Chine**. Mais cette réintégration s'est faite selon le principe « un pays, deux systèmes ». Les deux ports bénéficient au sein de la RPC du statut de « Région administrative spéciale » qui leur garantit une certaine autonomie politique et économique.

RÉVISION BAC

Schéma de synthèse

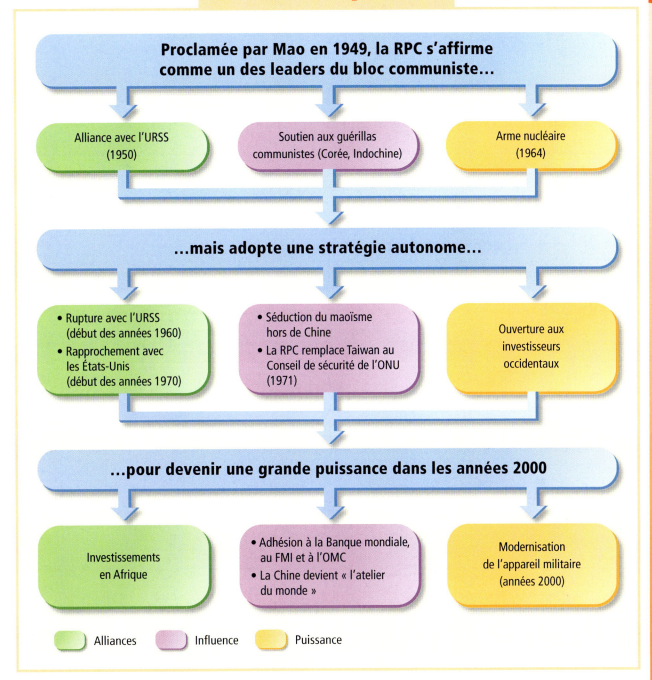

Pour aller plus loin

▶ À LIRE

- C. Hudelot, *La Longue Marche vers la Chine moderne*, Découvertes Gallimard, 2003. Une synthèse accessible et richement illustrée sur l'histoire de la Chine au XXe siècle.
- T. Sanjuan (dir.), *Dictionnaire de la Chine contemporaine*, Armand Colin, 2006.

▶ À VOIR

- A. Maben et P.-A. Boutang, *Mao, une histoire chinoise*, Arte éditions 2003. Un documentaire sur la vie de Mao Zedong.
- M. Antonioni, *Chung Kuo*, 1972. La Chine de Mao vue par l'un des plus grands réalisateurs du XXe siècle.
- Jean-Luc Godard, *La Chinoise*, 1967. Un film sur l'influence du maoïsme sur la jeunesse française des années 1950.

Chapitre 4. LA CHINE ET LE MONDE DEPUIS 1949

BAC Analyse de document

① Analyser un texte	pp. 36 et 56
② Analyser une photographie	p. 84
③ **Analyser un document statistique**	
④ Analyser deux documents de nature différente	p. 140
⑤ Analyser deux documents aux points de vue opposés	p. 164

Analyser un document statistique

▶ **À savoir**
Les statistiques sont des **données numériques** qui renseignent sur des **faits sociaux** ou **économiques**. Elles sont représentées sous forme de **courbes**, **tableaux**, **histogrammes**, etc.

▶ **Sujet :** La Chine et le monde depuis 1978

Consigne : Analyser ce document afin de mettre en valeur la modernisation accélérée et l'ouverture au monde de la Chine depuis la mort de Mao Zedong.

❶ Justifiez cette date de départ.

❷ En quoi cela nous renseigne-t-il sur l'évolution du niveau de vie des Chinois ?

❸ Calculez l'évolution de la balance commerciale chinoise.

❹ Pourquoi cette absence d'IDE ?

❺ À quel rang économique la Chine accède-t-elle à cette date ?

L'évolution de la place de la Chine dans le monde

	1978	1990	2000	2005	2008	2010
Population (en millions d'habitants)	956	1 135	1 262	1 303	1 325	1 341
PIB (en milliards de $)	148	357	1 198	2 236	4 326	5 739
Consommation totale d'énergie (en kg équivalent pétrole par habitant)	617,6	760,4	876	1 319	Non communiqué	1 431
Exportations (en milliards de $)	9,9	62	249	761	1 428	1 577
Importations (en milliards de $)	11	53	225	659	1 131	1 396
Utilisateurs d'Internet (en pourcentage de la population chinoise)	0	0	1,8 %	8,6 %	22,5 %	34,3 %
Investissements directs étrangers reçus (en milliards de $)	0	3,5	35	72	108	114

Sources : UNdata.org et UNctadStat.org, 2013.

Méthode	Application guidée
1 Identifier la nature et la source du document : il faut identifier le domaine traité et ce que représentent les statistiques : une **comparaison** à un moment donné, une **évolution** ou une **répartition** ? Il faut aussi s'interroger sur les choix faits par l'auteur du document et sur la fiabilité de ses sources.	➜ Ce tableau permet de mettre en valeur des évolutions économiques, démographiques et sociales. ➜ Les sources (UNdata.org et UNctadStat.org) nous indiquent que l'ensemble des données statistiques est fourni par les Nations unies. Elles peuvent être considérées comme fiables.
2 Identifier le cadre spatio-temporel : – l'échelle étudiée : le monde, un pays, une région, etc. ; – la période retenue : les limites chronologiques ont un sens, elles correspondent à un contexte historique particulier.	➜ Il s'agit d'une étude à l'échelle nationale. La Chine est ici comprise sans Hong Kong. ➜ La date de 1978 n'est pas choisie au hasard et est à expliciter.
3 Repérer les unités et valeurs utilisées : – les valeurs relatives sont le plus souvent exprimées en pourcentage ; – les valeurs brutes expriment des quantités réelles (dollars, tonnes, nombre d'habitants, etc.). ⚠ **Attention !** Il faut être attentif aux unités de mesure employées. Les oublier fait perdre leur sens aux données.	➜ La plupart des données sont en valeur brutes. **CONSEIL** Rendez lisibles les unités : par exemple n'écrivez pas 1 321 millions d'habitants, mais 1 milliard 321 millions d'habitants. ➜ Seule une série de données est en valeur relative. Il faut lire par exemple : « 8,6 % des Chinois utilisent Internet en 2005. »
4 Analyser le document : il faut toujours aller du plus général au plus détaillé. Des calculs simples permettent de mettre en valeur des évolutions ou des contrastes, cela évite de paraphraser le document : il n'y a aucun intérêt à recopier trop de chiffres sans les expliquer. Ensuite, expliquez les écarts, les évolutions ou les permanences grâce à vos connaissances.	➜ Calculez la balance commerciale chinoise (exportations – importations) en 1978 puis à une date ultérieure. Que constatez-vous ? ➜ On observe que les exportations et les importations chinoises ont été multipliées par plus de 100 en 30 ans (de 1978 à 2008). Par quel événement politique expliquez vous cette ouverture économique ? (voir p. 98)
5 Rédiger une réponse construite et argumentée à la consigne.	➜ Expliquez en quoi ce document nous permet de mettre en valeur l'isolement et le relatif retard économique de la Chine avant la mort de Mao (encadrés 1 et 4). Montrez ensuite comment il permet de rendre compte de sa modernisation et de sa libéralisation économique (encadrés 2, 3 et 5).

BAC BLANC

▶ **Sujet :** La puissance économique chinoise en Asie au XXIe siècle

Consigne : Analysez ce document pour mettre en valeur les relations économiques de la Chine avec ses voisins ainsi que la place qu'elle occupe dans la région.

Part de la Chine dans le commerce des grandes puissances économiques d'Asie en 2012

	Exportations vers la Chine	Place de la Chine	Importations de Chine	Place de la Chine
Japon	19,7 %	1	21,5 %	1
Corée du Sud	24,4 %	1	16,5 %	1
Corée du Nord	67,2 %	1	61,6 %	1
Hong Kong	54,1 %	1	46,9 %	1
Taiwan	28,1 %	1	14,2 %	2
Indonésie	11,3 %	2	14,8 %	1
Inde	6,2 %	3	11,9 %	1
Russie	6,4 %	2	15,5 %	1

Source : CIA World Factbook, 2013.

BAC Composition

Organiser ses idées

1	Analyser le sujet	pp. 38 et 58
2	Formuler une problématique	p. 86
3	**Organiser ses idées**	
4	Construire une argumentation	p. 142
5	Rédiger une introduction	p. 166
6	Rédiger une conclusion	p. 184
7	Rédiger et présenter une composition	p. 202

▶ **À savoir**
Construire un **plan** permet de structurer votre **raisonnement**. Il sert à organiser votre **argumentation**.

▶ **Sujet :** La Chine dans les relations internationales depuis 1949

- Une République communiste que la communauté internationale refuse longtemps de reconnaître.
- Quelles relations politiques, mais aussi économiques, la Chine entretient-elle avec les autres États ?
- De la proclamation par Mao de la République populaire jusqu'à nos jours.

Méthode | Application guidée

1 **Analyser le sujet et formuler la problématique :** (→ BAC pp. 38, 58 et 86) le plan est conçu pour répondre à cette question simple.

➜ Comment la Chine populaire s'est-elle imposée sur la scène internationale jusqu'à devenir une puissance majeure ?

2 **Choisir un type de plan :**
– le **plan thématique** : il permet d'aborder dans chaque partie du devoir un thème du sujet. Il est adapté aux périodes courtes et aux sujets pour lequel on ne peut pas mettre en valeur d'évolution.
– le **plan chronologique** : il permet d'analyser une évolution entre deux dates éloignées. Chaque partie correspond à une période identifiée par des dates charnières.

⚠ **Attention !** La difficulté est de trouver des dates charnières et d'être capable de les justifier dans le devoir.

➜ Le sujet suppose d'étudier l'évolution d'un État longtemps isolé sur la scène internationale, et aujourd'hui largement ouvert sur le monde : le plan chronologique s'impose.
Exemple
I. De 1949 à 1976, la Chine maoïste s'impose peu à peu sur la scène internationale.
II. De 1976 à nos jours, une Chine modernisée s'ouvre sur le monde.

3 **Organiser ses connaissances :** l'analyse du sujet vous a mené à noter des connaissances au brouillon. Chacune doit correspondre à une **idée** et à une période, et être accompagnée d'**exemples**. Il faut classer ces idées. Pour cela, choisissez des stylos de couleurs différentes et **soulignez** ou **entourez** les éléments qui forment un **ensemble cohérent**. Chaque ensemble correspond à une des parties du développement.

Exemple
– **Idée** : la Chine est un acteur important de la guerre froide.
Exemple : son intervention dans la guerre de Corée (1950-1953) → **Partie I**
– **Idée** : la Chine concurrence les puissances occidentales dans leur sphère d'influence traditionnelle.
Exemple : la présence chinoise en Afrique depuis la fin du XXᵉ siècle → **Partie II**

4 **Vous pouvez annoncer le plan dans l'introduction :** il faut alors rédiger des **titres** et utiliser des **connecteurs logiques** (premièrement, tout d'abord, ensuite, en dernier lieu etc.).

Exemple
Nous verrons d'abord comment la République populaire de Chine, proclamée en 1949, sort de son isolement pour peu à peu s'imposer sur la scène internationale. Ensuite, nous étudierons dans quelle mesure elle s'ouvre sur le monde à partir de la mort de Mao en 1976 pour devenir la puissance majeure qu'elle est aujourd'hui.

BAC BLANC

Analyse de documents

▶ **Sujet :** La Chine et le monde dans les années 1960

Consigne : À partir de l'analyse de ces deux documents, expliquez les rapports entretenus par la Chine maoïste avec les États-Unis et l'URSS, ainsi qu'avec les pays du Tiers-Monde pendant les années 1960.

1 Communiqué du Parti communiste chinois

Le groupe dirigeant du P.C.U.S.[1] a trahi le marxisme-léninisme, le grand Lénine, la voie de la grande révolution d'Octobre, l'internationalisme prolétarien, la cause révolutionnaire du prolétariat international et des peuples et nations opprimés, ainsi que les intérêts du grand peuple soviétique et des peuples des pays socialistes. Il a invectivé le Parti communiste chinois en le taxant de « dogmatique », de « sectaire » et d'« aventuriste de gauche ». […]

La session plénière condamne avec la plus grande vigueur l'impérialisme américain pour sa criminelle entreprise d'extension de la guerre d'agression contre le Vietnam. Elle soutient avec le plus grand enthousiasme et la plus ferme résolution l'« Appel » lancé par le camarade Ho Chi Minh, président de la République démocratique du Vietnam. […]

La session plénière estime que l'impérialisme américain est l'ennemi commun le plus féroce des peuples du monde entier. Afin de l'isoler au maximum et de lui porter les coups les plus durs, il faut former le front uni international le plus large contre l'impérialisme américain et ses laquais. Le groupe dirigeant révisionniste de l'Union soviétique poursuit une politique de collaboration soviéto-américaine en vue de la domination mondiale. […] Il n'est évidemment pas inclus dans ce front uni.

Communiqué de la onzième session plénière du Comité central issu du VIIIe Congrès du Parti communiste chinois, adopté le 12 août 1966.
1. PCUS : Parti communiste d'Union soviétique.

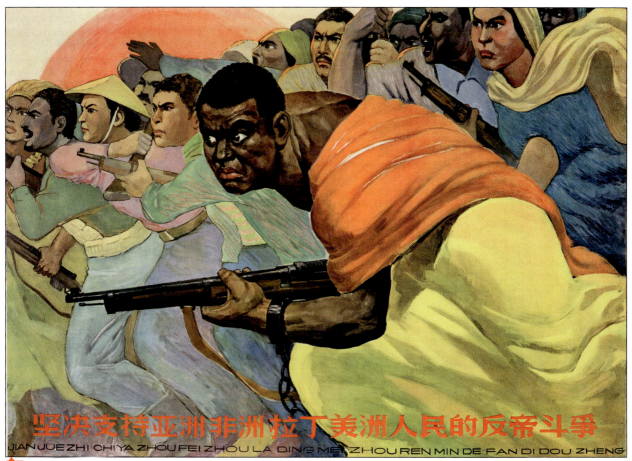

2 Affiche chinoise, vers 1970

« Nous soutenons activement la lutte anti-impérialiste des peuples d'Asie, d'Afrique et d'Amérique latine », affiche de Zhou Ruizhuang.

CHAPITRE 5
LE PROCHE ET MOYEN-ORIENT, FOYER DE CONFLITS DEPUIS 1945

Carrefour de civilisations et berceau des trois monothéismes, le Moyen-Orient est devenu, au XXe siècle, le théâtre de multiples conflits. En raison de la richesse du sous-sol en hydrocarbures, cette région est vitale pour la sécurité internationale. Longtemps dominé par le conflit israélo-arabe, le Moyen-Orient a vu se développer de nouvelles formes de conflictualité depuis la fin de la guerre froide.

PROBLÉMATIQUES

- Pourquoi le Moyen-Orient est-il un foyer majeur de tensions internationales ?
- À quels obstacles se heurte l'établissement d'une paix durable entre les peuples de la région ?

1 Un enjeu stratégique majeur : le pétrole
Le Moyen-Orient concentre 65 % des réserves mondiales de pétrole connues. Champ de pétrole au Bahreïn, septembre 1971.

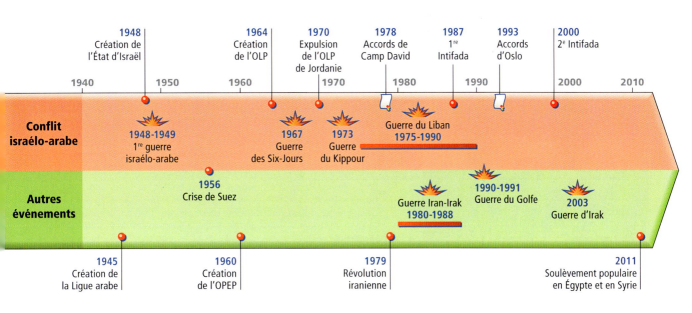

2 Des affrontements qui menacent la paix mondiale

Un rebelle syrien combat les forces gouvernementales dans les ruines d'Alep, 18 octobre 2012.
Depuis la fin du XXe siècle, la contestation des régimes dictatoriaux et l'accentuation des clivages entre communautés ethniques et religieuses ont accru les risques d'un embrasement général du Moyen-Orient.

Histoire • Partie 2. GRANDES PUISSANCES ET CONFLITS DANS LE MONDE DEPUIS 1945   **115**

Retour sur... Le Moyen-Orient avant 1945

Grands repères — Une région convoitée par les grandes puissances

1453 – La prise de Constantinople

Mehmet II à la conquête de Constantinople, huile sur toile de Fausto Zonaro, 1903. Palais de Dolmabahçe, Istanbul.

En 1453, les Turcs ottomans s'emparent de Constantinople (Istanbul). Pendant plus de deux siècles, l'Empire ottoman domine une grande partie du bassin méditerranéen, de la Grèce au Maghreb (Maroc exclu). Devenu au XIXe siècle « l'homme malade de l'Europe », il est contraint de céder la plupart de ses possessions dans les Balkans et en Afrique du Nord. En 1914, le Proche-Orient demeure cependant sous l'autorité du souverain ottoman, le sultan, qui exerce également la dignité prestigieuse de calife (successeur du Prophète, dirigeant les musulmans).

1860 – La France protectrice des chrétiens d'Orient

Débarquement des troupes françaises à Beyrouth, le 16 août 1860, huile sur toile de Jean-Adolphe Beaucé, vers 1875. Musée du château de Versailles.

Au XIXe siècle, la France se veut la protectrice des chrétiens latins du Levant (Syrie, Liban). En 1860, une violente guerre civile met aux prises les chrétiens et les Druzes musulmans au Liban. Napoléon III décide l'envoi d'un corps expéditionnaire pour faire cesser les massacres des chrétiens. Grâce à cette intervention, le Mont-Liban, peuplé en majorité de chrétiens, reçoit en 1861 le statut de province autonome dans l'Empire ottoman.

1869 – L'inauguration du canal de Suez

L'Inauguration du canal de Suez, 17 novembre 1869, huile sur toile d'Édouard Riou, 1869. Musée national du château de Compiègne.

Depuis l'expédition de Bonaparte en 1798, la France est très présente en Égypte, qui s'est affranchie de la tutelle ottomane. À l'initiative du Français Ferdinand de Lesseps, un canal reliant la mer Rouge à la Méditerranée est creusé à partir de 1859. Il est inauguré avec faste en 1869. Les Anglais, qui n'y avaient pas cru au début, rattrapent vite leur erreur : profitant des difficultés financières du gouvernement égyptien, ils rachètent en 1875 les actions qu'il détenait dans la Compagnie du canal de Suez. L'Égypte devient alors un protectorat britannique.

2 novembre 1917 – La déclaration Balfour

Carte postale commémorant la déclaration Balfour, éditée en novembre 1917 par l'École des Beaux-arts de Bezalel à Jérusalem. Lord Balfour est représenté dans le médaillon central.

Dans une lettre adressée aux dirigeants sionistes, le ministre britannique des Affaires étrangères, Lord Balfour, déclare, le 2 novembre 1917, que « le gouvernement de Sa Majesté envisage favorablement l'établissement en Palestine d'un foyer national pour le peuple juif [...], étant clairement entendu que rien ne sera fait qui pourrait porter préjudice aux droits civils et religieux des collectivités non juives en Palestine ». Il est ainsi le premier dirigeant européen à reconnaître officiellement le sionisme (voir p. 120), popularisé par le journaliste Theodor Hertzl (1860-1904).

10 août 1920 – La signature du traité de Sèvres

Le représentant turc signe le traité de paix entre les Alliés et l'Empire ottoman, à Sèvres en région parisienne.

Le traité de Sèvres consacre le démantèlement de l'Empire ottoman, entré en guerre aux côtés de l'Allemagne en novembre 1914. La Société des Nations confie les territoires qui deviendront la Syrie et le Liban à la France, la Palestine et l'Irak à la Grande-Bretagne. Héritière de l'Empire ottoman, la Turquie devient une république laïque sous la direction de Mustapha Kemal, qui abolit le califat en 1924. Il obtient à Lausanne, en 1923, la révision du traité de Sèvres, qui prévoyait l'indépendance de l'Arménie et l'autonomie du Kurdistan.

RETOUR SUR...

Pour entrer dans le chapitre

Juifs	Chrétiens d'Orient	Musulmans
• **Juifs sépharades** : juifs chassés d'Espagne et du Portugal après 1492. Beaucoup trouvèrent asile dans l'Empire ottoman. • **Juifs ashkénazes** : juifs d'Europe centrale et orientale, parlant une langue proche de l'allemand, le yiddish. À partir de la fin du XIXe siècle, fuyant les pogroms de la Russie tsariste, ils émigrent vers les États-Unis et l'Europe occidentale. Un petit nombre s'installe en Palestine. • **Juifs orthodoxes** : juifs ultrareligieux (ashkénazes ou sépharades), dont la pratique suit à la lettre les commandements de la Torah. Portant l'habit noir traditionnel, ils vivent dans des communautés séparées. Ils se sont à l'origine opposés au sionisme, idéologie laïque, car ils estiment que le retour à Jérusalem ne peut avoir lieu qu'avec la venue du Messie.	• **Coptes** : chrétiens vivant principalement en Égypte, placés sous la juridiction d'un patriarche résidant au Caire (le « pape d'Alexandrie »). Le rite est célébré en copte (langue issue de l'égyptien ancien) et en arabe. Une partie d'entre eux a rejoint l'Église catholique à la fin du XVIIIe siècle. • **Maronites** : chrétiens de rite syrien, ayant pour langues liturgiques le syriaque et l'arabe. Installée au Liban, l'Église maronite a rejoint l'Église catholique romaine au XIIe siècle. Elle forme aujourd'hui la principale communauté chrétienne d'Orient. • **Orthodoxes** : chrétiens relevant des patriarches de Constantinople, d'Antioche (résidant à Damas), d'Alexandrie et de Jérusalem, dont les langues liturgiques sont le grec et l'arabe.	• **Sunnites** : musulmans majoritaires, qui se veulent fidèles à la *Sunna* (« tradition »), recueil des faits et des dires du Prophète. Ils sont divisés en plusieurs groupes, selon leur interprétation de la loi islamique (*charia*). • **Chiites** : musulmans minoritaires, également respectueux de la *Sunna*, mais estimant qu'après la mort d'Hussein, fils d'Ali, en 680, la descendance du Prophète a été usurpée. Dans l'attente du « *Mahdi* » (le Messie), les chiites considèrent que les membres de leur clergé sont les plus qualifiés pour diriger la communauté. • **Druzes** : membres d'une secte fondée au XIe siècle, distincte du sunnisme et du chiisme. Fuyant les persécutions sunnites, ils se sont réfugiés dans les régions montagneuses de la Syrie et Liban. • **Alaouites** : membres d'une secte chiite, principalement regroupés en Syrie ; minoritaires, ils dominent cependant l'État syrien, depuis l'accession du parti Baas au pouvoir.

1 Les principales communautés religieuses du Moyen-Orient

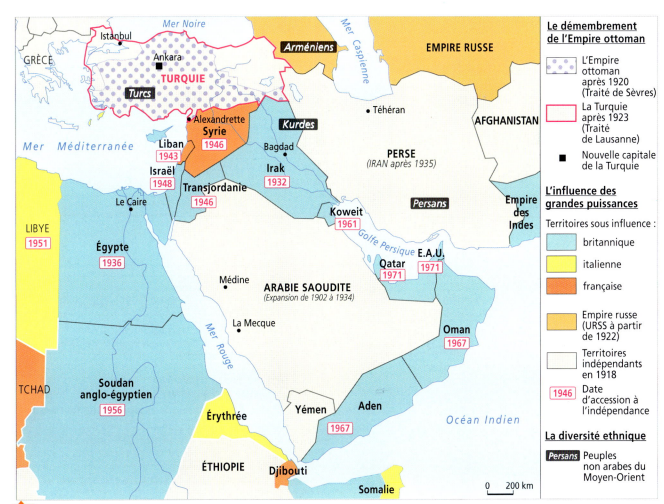

2 La création des États du Moyent-Orient au XXe siècle

Chapitre 5. LE PROCHE ET MOYEN-ORIENT, FOYER DE CONFLITS DEPUIS 1945

Géopolitique du Moyen-Orient

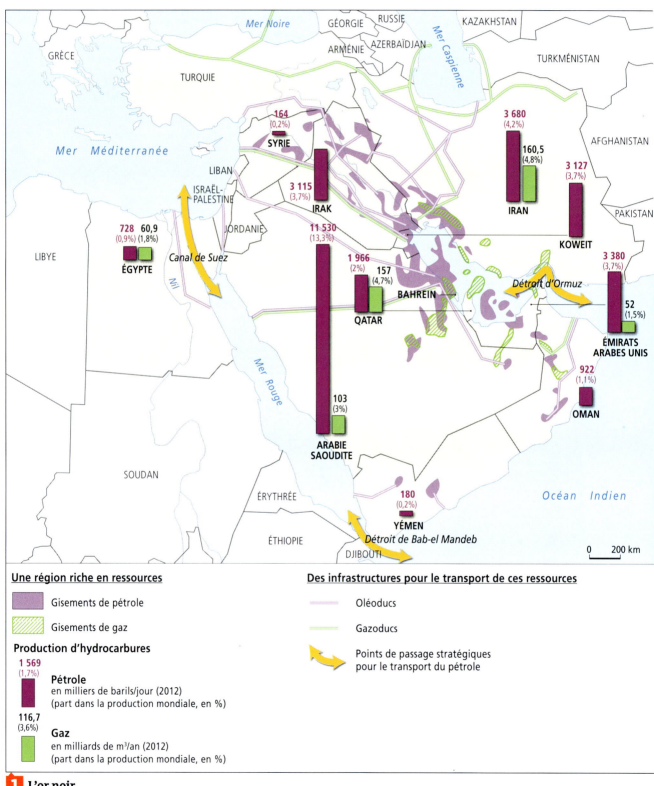

1 L'or noir

LE SENS DES MOTS

● **Proche et Moyen-Orient :** l'expression **Moyen-Orient** (en anglais *Middle East*) a été forgée par l'amiral américain Alfred T. Mahan en 1902. Il l'emploie pour désigner les régions qui, situées sur la « route des Indes », présentent alors un intérêt stratégique majeur pour la Grande-Bretagne. L'ensemble comprend notamment l'Égypte, l'Asie arabe, l'Iran et le Pakistan, et sur ses marges, la corne de l'Afrique (Somalie) et l'Afghanistan. Le **Proche-Orient** correspond à ce qu'on appelait autrefois le Levant, à savoir les régions situées sur les rives orientales de la Méditerranée, de la Turquie à l'Égypte. De nos jours cependant, on utilise souvent indifféremment en français les expressions de « Moyen » et de « Proche-Orient ».

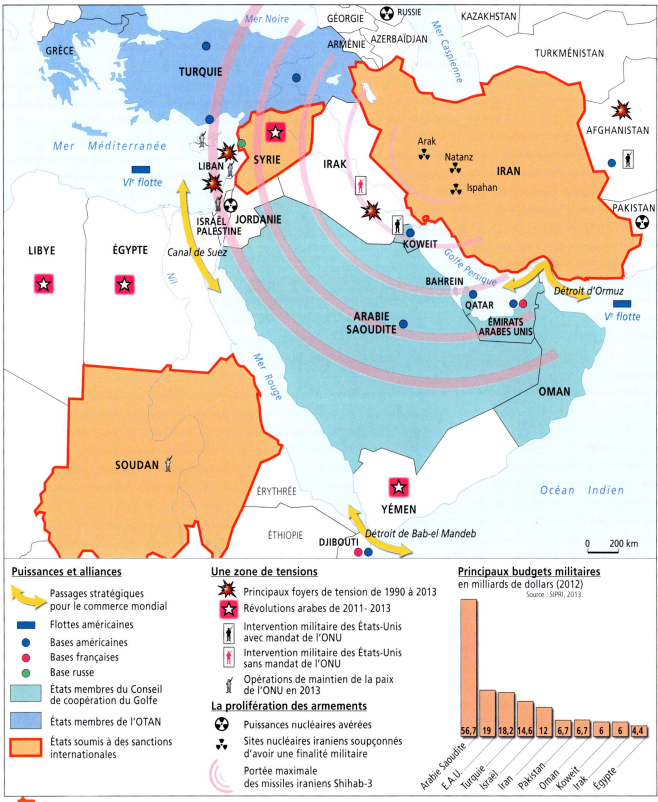

2 Les enjeux stratégiques

Chapitre 5. LE PROCHE ET MOYEN-ORIENT, FOYER DE CONFLITS DEPUIS 1945

COURS

1. Le Moyen-Orient, une région instable

Quels sont les principaux facteurs de conflits au Moyen-Orient ?

→ Voir CARTES pp. 118-119.
→ Voir ÉTUDE pp. 130-131.
→ Voir ÉTUDE p. 134.
→ Voir ÉTUDE p. 135.

REPÈRES

Évolution de la population en Palestine

	1922	1944
Arabes musulmans	589 177	1 061 277
Juifs	83 870	528 702
Arabes chrétiens	71 464	135 547

VOCABULAIRE

Alaouites : voir p. 117.

Chiites : voir p. 117.

Mandat : territoire confisqué à un pays vaincu et confié par la SDN aux vainqueurs de la Première Guerre mondiale.

Pétromonarchies : nom donné aux régimes monarchiques de la région du golfe Persique, dont la richesse repose essentiellement sur l'extraction du pétrole.

Sunnites : voir p. 117.

NOTIONS CLÉS

Fondamentalisme : mouvement prônant un retour à la doctrine originelle d'une religion et qui a été selon lui pervertie.

Sionisme : mouvement laïque et nationaliste, né au XIXe siècle, prônant le retour des juifs en terre d'Israël et à Jérusalem (où Sion est une colline), et la création d'un État juif en Palestine, alors province ottomane. Pour ses adversaires, le sionisme est devenu un terme péjoratif qui sert à dénoncer la politique jugée agressive du gouvernement israélien.

A Des richesses convoitées et inégalement partagées

• **Une forte croissance démographique.** La population du Moyen-Orient a connu l'un des taux de croissance les plus élevés au monde : elle passe de 80 à 400 millions d'habitants entre 1950 et 2012 (doc. 1). Indispensable à l'irrigation des cultures, l'eau est rare ; elle constitue un facteur de tensions entre Israël et ses voisins syrien et palestinien (Golan, Cisjordanie), ainsi qu'entre les États riverains du Tigre et de l'Euphrate (Turquie, Syrie, Irak).

• **Le pays de l'or noir.** Le Moyen-Orient concentre 48 % des réserves mondiales de pétrole et 43 % de celles de gaz (voir p. 118). Les richesses du sous-sol sont toutefois fort inégalement réparties. Depuis les années 1950, les conflits du Moyen-Orient menacent la sécurité des approvisionnements des pays occidentaux. Mais l'importance stratégique du Moyen-Orient ne se limite pas à son pétrole, qui ne représente que le quart des importations d'hydrocarbures de l'Europe et des États-Unis en 2012.

B Une mosaïque ethnique et confessionnelle

• **Le berceau des trois monothéismes.** Les trois religions du Livre ont cohabité pacifiquement au Moyen-Orient pendant des siècles. Les conflits du XXe siècle trouvent leur origine non dans la religion, mais dans l'affirmation de nationalismes laïques (juif, arabe ou turc). Depuis les années 1970 cependant, l'essor de partis religieux extrémistes exacerbe les crispations identitaires (doc. 2). Le conflit israélo-palestinien se cristallise autour du contrôle de la ville sainte de Jérusalem (voir p. 135). Le fondamentalisme musulman aggrave les dissensions entre sunnites et chiites ; il menace la présence très ancienne des chrétiens d'Orient (voir p. 130).

• **Des États instables.** La cohésion nationale des États du Moyen-Orient, qui sont de construction récente, est souvent fragile. La majorité de la population y est parfois d'origine étrangère, Palestiniens en Jordanie ou travailleurs immigrés dans les pétromonarchies du Golfe. Certaines dictatures se sont appuyées sur des minorités, comme les Arabes sunnites en Irak ou les alaouites en Syrie. Leur effondrement récent a engendré de véritables guerres civiles, semblables à celle qui a ensanglanté le Liban (voir p. 130).

C Des frontières contestées

• **Le démantèlement de l'Empire ottoman.** Au lendemain de la Première Guerre mondiale, la France et le Royaume-Uni se sont partagé les dépouilles de l'Empire ottoman. Contrairement à ce que réclamaient ses dirigeants nationalistes, le monde arabe a été désormais divisé en plusieurs États. Le tracé des frontières, imposées par les puissances impérialistes, est à l'origine de nombreux conflits, notamment entre l'Irak et l'Iran, l'Irak et le Koweït ou le Liban et la Syrie. Répartis entre la Turquie, l'Iran, l'Irak et la Syrie, les Kurdes réclament leur indépendance (doc. 3).

• **La partition de la Palestine.** Mais le conflit majeur dans la région résulte du mandat exercé par la Grande-Bretagne en Palestine. Après la Shoah, le sionisme s'attache plus que jamais à créer un État refuge pour les juifs du monde entier. En 1947, l'ONU met fin au mandat britannique et établit un plan de partage de la Palestine (résolution 181 du 29 novembre 1947). Après son rejet par les Arabes, David Ben Gourion proclame la naissance de l'État d'Israël le 14 mai 1948, ce qui déclenche la première guerre israélo-arabe (voir p. 134). L'armistice de Rhodes met fin aux hostilités en 1949, mais aucun traité de paix ne reconnaît l'État d'Israël et ses frontières.

120

1 La répartition inégale des hommes et des richesses

	Population (en millions)		Revenu national brut par habitant (en millions de dollars constants de 2005)
	1950	2012	
Arabie saoudite	3,2	28,7	22 600
Bahreïn	0,1	1,3	19 200
Émirats arabes unis	0,07	8,1	42 700
Égypte	21	82,3	5 400
Irak	5,3	33,7	3 600
Iran	16,9	78,9	10 700
Israël	1,3	7,9	26 200
Jordanie	0,47	6,3	5 300
Koweït	0,15	2,9	52 800
Liban	1,4	4,3	12 400
Oman	0,45	3,1	24 100
Qatar	0,025	1,9	87 500
Syrie	3,5	22,5	4 700
Territoires palestiniens	1	4,3	3 400
Turquie	21,5	74,9	13 700
Yémen	4,3	61,6	1 800

▶ Montrez que la richesse des pays du Moyen-Orient ne correspond pas à l'importance de leur population.

2 Le « parti de Dieu »

Le Hezbollah (« Parti de Dieu » en arabe) est un parti chiite libanais. Créé en réaction à l'intervention israélienne au Sud-Liban en 1982, il est activement soutenu par l'Iran.

① Le mot « Hezbollah » en vert, couleur de l'islam
② « A », première lettre d'Allah, surmonté d'un bras brandissant un fusil d'assaut « kalachnikov ».
③ Verset du Coran (« Et quiconque prend pour alliés Allah, Son messager et les croyants, [réussira] car c'est le parti d'Allah qui sera victorieux »)
④ « résistance islamique au Liban ».

▶ En quoi l'emblème du Hezbollah renseigne-t-il sur la nature et l'action de ce parti politique ?

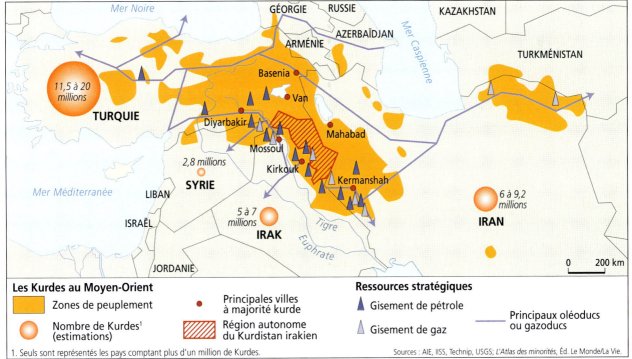

3 Les Kurdes, un peuple sans État

Musulmans sunnites, les Kurdes forment un peuple d'environ 30 millions de personnes. Révoltés contre le régime de Saddam Hussein, ils disposent depuis 2003 d'un statut d'autonomie en Irak, que la Turquie refuse, pour sa part, de leur accorder.

▶ Pourquoi la question kurde constitue-t-elle un foyer d'instabilité au Moyen-Orient ?

COURS

2. Le Moyen-Orient dans la guerre froide (1949-1979)

> Quel enjeu le Moyen-Orient représente-t-il pour les grandes puissances mondiales ?

→ Voir ÉTUDE pp. 126-127.
→ Voir ÉTUDE pp. 130-131.
→ Voir COURS pp. 132-133.

VOCABULAIRE

Fatah : Mouvement national de libération, fondé en 1959 par Yasser Arafat, prônant la lutte armée et la destruction de « l'entité sioniste » (l'État d'Israël). Il prend le contrôle de l'OLP en 1969.

Ligue arabe : organisation fondée en 1945 et rassemblant les États arabes (21 en 2013, la Syrie ayant été suspendue).

OLP : Organisation de Libération de la Palestine, fondée au Caire en 1964, dirigée par Yasser Arafat de 1969 à sa mort en 2004.

OPEP : Organisation des pays exportateurs de pétrole, créée en 1960 par l'Arabie saoudite, le Koweït, l'Irak, l'Iran et le Venezuela pour défendre les intérêts des pays producteurs face aux grandes compagnies occidentales.

OTAN : Organisation du traité de l'Atlantique Nord, créée en 1950. C'est la structure politique et militaire permanente de l'Alliance atlantique, avec un commandement militaire intégré.

Parti Baas : « renaissance » en arabe, mouvement nationaliste et socialiste arabe, fondé à Damas en 1947 par le chrétien Michel Aflaq, comprenant deux branches, syrienne (toujours au pouvoir) et irakienne (renversée par les États-Unis en 2003).

Yom Kippour : fête du Grand Pardon, l'un des rites les plus solennels du judaïsme, célébrée chaque année en septembre-octobre.

NOTIONS CLÉS

Islamisme : voir p. 124.

Panarabisme : idéologie aspirant à unir les Arabes contre la domination des puissances coloniales et à les rassembler au sein d'une même nation, par-delà leur appartenance à des religions et à des États différents. À partir de 1948, la lutte contre Israël en constitue le principal élément fédérateur.

A Le retrait des anciennes puissances européennes

● **La relève américaine au Moyen-Orient.** Bien que victorieux en 1945, le Royaume-Uni doit céder aux États-Unis la première place dans la défense des intérêts occidentaux dans la région. Les Américains s'appuient sur la Turquie, qui devient membre de l'OTAN en 1952, sur l'Arabie saoudite et sur l'Iran. Les économies occidentales deviennent alors de plus en plus dépendantes du pétrole du Moyen-Orient **(voir p. 126)**.

● **La crise de Suez (1956).** Au pouvoir en Égypte depuis 1952, le colonel Nasser se fait le champion du panarabisme, en soutenant notamment le FLN en Algérie. Les Occidentaux ayant refusé de financer un nouveau barrage sur le Nil à Assouan, Nasser annonce le 26 juillet 1956 la nationalisation de la compagnie franco-britannique du canal de Suez. Pour défendre leurs intérêts, la France et le Royaume-Uni montent une expédition militaire en octobre avec le concours d'Israël. Mais les États-Unis et l'URSS imposent le retrait des troupes franco-britanniques. C'est une victoire diplomatique pour Nasser ; les vieilles puissances européennes sont définitivement évincées du Proche-Orient **(doc. 1)**.

B L'intensification du conflit israélo-arabe

● **La guerre des Six-Jours (5-10 juin 1967).** Après l'Égypte, le nationalisme arabe triomphe en Syrie et en Irak, où le parti Baas s'empare du pouvoir. Mais les États membres de la Ligue arabe sont en fait divisés et la lutte contre Israël sert à masquer leurs rivalités. En 1967, Nasser ferme le détroit de Tiran aux navires israéliens. Israël riposte en attaquant l'Égypte, la Syrie et la Jordanie. Les armées arabes sont écrasées en 6 jours. Israël occupe désormais le Golan, la Cisjordanie (dont Jérusalem-Est), la bande de Gaza et le Sinaï **(doc. 3)**. Le Conseil de sécurité de l'ONU vote la résolution 242, qui exige la restitution des territoires occupés par Israël, mais aussi la reconnaissance de l'État d'Israël par ses voisins **(doc. 2)**.

● **La radicalisation du mouvement national palestinien.** La guerre des Six-Jours bouleverse la situation des Palestiniens de Gaza et de Cisjordanie, qui sont désormais placés sous un régime d'occupation israélien. Le Fatah de Yasser Arafat prend le contrôle de l'OLP, qui se radicalise et s'affranchit de la tutelle des États arabes. En septembre 1970 (« septembre noir »), le roi Hussein, souhaitant améliorer ses relations avec Israël, chasse de Jordanie l'OLP, qui se replie au Liban **(voir p. 130)**. Des terroristes palestiniens organisent des attentats (Jeux olympiques de Munich, 1972) et des détournements d'avions.

C L'échec du nationalisme arabe

● **La guerre du Kippour (1973).** Afin de récupérer les territoires perdus en 1967, l'Égypte et la Syrie attaquent Israël le 6 octobre 1973, lors de la fête juive du Yom Kippour. Israël parvient à les repousser et le conflit débouche sur un *statu quo*. Les pays arabes de l'OPEP décident alors de réduire leur production pétrolière jusqu'à la restitution des territoires occupés, ce qui provoque le premier choc pétrolier **(voir. p. 126)**. Le conflit accroît fortement la tension internationale, les États-Unis ayant soutenu Israël, et l'URSS les pays arabes.

● **La division du monde arabe.** Les négociations menées par les États-Unis permettent toutefois de renouer le dialogue entre Israël et l'Égypte. Les accords de Camp David sont signés en septembre 1978 : Anouar el-Sadate, le successeur de Nasser, récupère le Sinaï en échange de la reconnaissance de l'État d'Israël **(doc. 4)**. Mais l'Égypte est exclue de la Ligue arabe et Sadate est assassiné en 1981 par des islamistes.

COURS

1 L'expédition de Suez (1956)
Débarquement de troupes françaises à Port-Saïd en Égypte, au débouché du canal de Suez, en novembre 1956.

▶ Pourquoi la France est-elle intervenue à Suez en 1956 ?

2 La résolution 242 du Conseil de sécurité (22 novembre 1967)

Le Conseil de sécurité,
Exprimant l'inquiétude que continue de lui causer la grave situation au Moyen-Orient ;
Soulignant l'inadmissibilité de l'acquisition de territoires par la guerre et la nécessité d'œuvrer pour une paix juste et durable permettant à chaque État de la région de vivre en sécurité ; [...]
1. *Affirme* que l'accomplissement des principes de la Charte[1] exige l'instauration d'une paix juste et durable au Proche-Orient qui devrait comprendre l'application des deux principes suivants :
   a. retrait des forces armées israéliennes des territoires occupés[2] au cours du récent conflit ;
   b. cessation de tous états de belligérance et respect et reconnaissance de la souveraineté, de l'intégrité territoriale et de l'indépendance politique de chaque État de la région et de leur droit de vivre en paix à l'intérieur de frontières sûres et reconnues à l'abri de menaces ou d'actes de force ;
2. *Affirme* en outre la nécessité :
   a. de garantir la liberté de navigation sur les voies d'eau internationales de la région ;
   b. de réaliser un juste règlement du problème des réfugiés ;
   c. de garantir l'inviolabilité territoriale et l'indépendance politique de chaque État de la région, par des mesures comprenant la création de zones démilitarisées [...].

1. La Charte des Nations unies.
2. La version anglaise est plus ambiguë : « from occupied territories », qu'on peut traduire par « de » ou « des » territoires occupés.

▶ Quelles sont les conditions d'une paix durable selon l'ONU ?

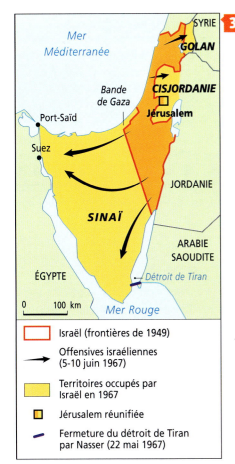

3 La guerre des Six-Jours (1967)

▶ Quelles sont les conséquences de la guerre des Six-Jours ?

4 Une paix fragile : les accords de Camp David (mars 1979)
Signature officielle du traité de paix entre l'Égypte et Israël devant la Maison-Blanche, en application des accords de Camp David le 26 mars 1979. De gauche à droite : le président égyptien, Anouar el-Sadate, le président américain Jimmy Carter et le Premier ministre israélien Menahem Begin.

Chapitre 5. LE PROCHE ET MOYEN-ORIENT, FOYER DE CONFLITS DEPUIS 1945   123

COURS

3. Le Moyen-Orient dans les relations internationales depuis 1979

> Pourquoi la fin de la guerre froide n'a-t-elle pas entraîné un apaisement des conflits au Moyen-Orient ?

→ Voir ÉTUDE pp. 128-129.
→ Voir ÉTUDE pp. 130-131.

A La montée de l'islamisme

● **L'année 1979.** Elle est marquée par la « révolution islamique », conduite par l'un des chefs du clergé chiite, l'ayatollah Khomeiny, qui renverse la dictature pro-occidentale du shah d'Iran. C'est un grave revers pour les États-Unis, au moment où les Soviétiques envahissent l'Afghanistan. Ce pays devient alors un enjeu stratégique pour les Occidentaux. Avec l'aide du Pakistan et de l'Arabie saoudite, les États-Unis arment la résistance afghane.

BIOGRAPHIE

● **L'ayatollah Khomeiny (1902-1989)**

Haut dignitaire du clergé chiite, l'ayatollah Khomeiny s'impose comme l'un des principaux opposants à la politique de modernisation entreprise par le shah d'Iran à partir de 1962. En exil en Irak puis en France, Khomeiny élabore sa théorie d'un régime politique au sein duquel le pouvoir doit être confié à un docteur de la loi islamique. Revenu en Iran après le renversement du shah, il fonde une République islamique dominée par les autorités religieuses, lui-même exerçant jusqu'à sa mort la fonction suprême de Guide de la révolution.

● **La guerre Iran-Irak (1980-1988).** La diffusion de la propagande iranienne constitue une menace pour les pays arabes du Golfe. Majoritairement sunnites, ils comptent cependant d'importantes communautés chiites, notamment en Irak, où se situent les lieux saints du chiisme. En 1980, le dictateur irakien Saddam Hussein déclare la guerre à l'Iran, en revendiquant le Chatt Al-Arab. Cette région iranienne riche en pétrole est en effet peuplée d'Arabes. L'Iran résiste au prix d'une longue guerre qui fait près d'un million de morts.

B Fin de la guerre froide, nouvelles conflictualités

● **La guerre du Golfe (1990-1991).** Ayant échoué contre l'Iran, Saddam Hussein envahit le Koweït en 1990, pour s'emparer de son pétrole. Avec le soutien de l'ONU et de nombreux pays arabes, les États-Unis déclenchent l'opération « Tempête du désert » et libèrent le Koweït en février 1991. Mais ils maintiennent en place le régime de Saddam Hussein, qui massacre les chiites et les Kurdes révoltés contre lui. Durant cette guerre, la présence américaine a été renforcée en Arabie saoudite, terre sacrée de l'islam. Elle est dénoncée par les islamistes radicaux, regroupés autour du Saoudien Ben Laden et de son réseau Al-Qaida. Ces derniers opèrent depuis l'Afghanistan, devenu le fief des talibans (voir p. 128).

● **La lutte contre le terrorisme.** Au lendemain des attentats du 11 septembre 2001 perpétrés par Al-Qaida, le Moyen-Orient apparaît comme le foyer du terrorisme islamiste. Des troupes américaines, épaulées par d'autres contingents occidentaux, sont envoyées en Afghanistan, où elles chassent les talibans du pouvoir. En 2003, sans l'aval de l'ONU, les États-Unis décident d'une nouvelle intervention militaire en Irak ; ils renversent Saddam Hussein, accusé de soutenir le terrorisme et de fabriquer des armes de destruction massive (doc. 2). Le 1er mai 2011, un commando américain exécute Ben Laden, caché au Pakistan.

VOCABULAIRE

Al-Qaida : « la base » en arabe ; réseau islamiste apparu en 1987, dont le Palestinien Abdallah Azzam (1941-1989) est l'idéologue et le Saoudien Oussama Ben Laden (1957-2011) l'organisateur. Après avoir combattu les Soviétiques en Afghanistan, l'organisation prône le *jihad* (« guerre sainte ») contre l'Occident et multiplie les attentats terroristes.

Chiites : voir p. 117.

Shah : « roi » en persan, titre porté depuis l'Antiquité par les souverains de la Perse, devenue l'Iran.

Sunnites : voir p. 117.

Talibans : « étudiants » en arabe ; partisans d'un islam fondamentaliste, formés dans les écoles religieuses du Pakistan (*madrasa*), qui ont pris le pouvoir en Afghanistan de 1996 à 2001.

C Le Moyen-Orient, poudrière du XXIe siècle ?

● **Des tensions persistantes.** La guerre du Golfe n'a pas ramené l'ordre au Moyen-Orient. La chute du régime irakien a fait place à des affrontements sanglants entre sunnites et chiites (doc. 1). Les talibans restent fortement implantés en Afghanistan. Le retrait amorcé en 2011 des troupes occidentales de ces deux pays ouvre une ère d'incertitude. Par ailleurs, les relations se sont tendues entre les pays occidentaux et l'Iran, accusé de vouloir se doter de l'arme nucléaire, depuis l'élection à la présidence de Mahmoud Ahmadinejad en 2005 (doc. 3).

● **Le « printemps arabe ».** Parti du Maghreb en décembre 2010 (chute du président Ben Ali en Tunisie), un vaste mouvement de protestation se propage au Moyen-Orient au printemps 2011 : l'Égyptien Moubarak et le Libyen Kadhafi sont renversés, et d'autres régimes (Syrie, Yémen) sérieusement menacés (doc. 4 et voir p. 130). La percée des islamistes dans les pays libérés de leurs dictateurs contrarie pour l'heure l'espoir des Occidentaux de voir les progrès de la démocratie renforcer la paix et la stabilité au Moyen-Orient.

NOTION CLÉ

Islamisme : idéologie qui veut fonder l'ensemble des institutions politiques et sociales sur l'observance de la loi islamique (*Charia*).

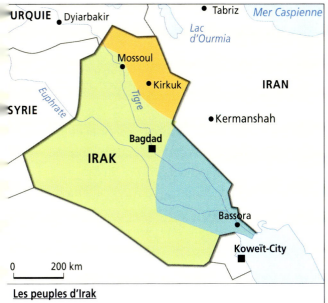

1 L'Irak : un État à reconstruire

Les peuples d'Irak
- Zone arabe sunnite (18% de la population)
- Zone kurde sunnite (18% de la population)
- Zone arabe chiite (60% de la population)

Les 4 % restant sont des chrétiens, présents sur l'ensemble du territoire.

▶ Pourquoi l'Irak est-il un État fragile ?

2 La guerre en Irak (2003)

Devant l'Assemblée générale de l'ONU, le président des États-Unis, George W. Bush, justifie l'intervention américaine en Irak, au lendemain de la chute du régime de Saddam Hussein.

Les événements des deux dernières années ont établi devant nous une division des plus claires : entre ceux qui cherchent l'ordre et ceux qui créent le chaos […] ; entre ceux qui respectent les droits de l'homme et ceux qui tuent délibérément des hommes, des femmes et des enfants […].

Le régime de Saddam Hussein cultivait des relations avec le terrorisme, alors qu'il se dotait d'armes de destruction massive. Il s'est servi de ces armes pour commettre des tueries[1] et a refusé d'en rendre compte lorsque le monde l'a exigé […]. Le Conseil de sécurité avait raison de parler de graves conséquences si l'Irak refusait de se conformer à ses exigences, car il y a bien eu des conséquences : une coalition de pays a agi pour défendre la paix et la crédibilité de l'ONU […].

Le peuple irakien se heurte à des difficultés et à des problèmes, comme tout autre peuple qui se dirige sur la voie de la démocratie […]. Dans tout le Moyen-Orient, les gens jouissent d'une plus grande sécurité parce qu'un agresseur instable a été chassé du pouvoir. Dans le monde entier, les pays connaissent une plus grande sécurité parce qu'un allié du terrorisme est tombé.

Discours de George W. Bush à l'ONU, 23 septembre 2003.

1. Allusion notamment au massacre de Halabja, ville kurde d'Irak dont les habitants ont été tués par bombardement chimique en 1988.

▶ Comment le président Bush justifie-t-il la guerre en Irak ?

3 La menace nucléaire iranienne

Le Conseil de sécurité,

[…] Préoccupé par les risques de prolifération que présente le programme nucléaire iranien et, à cet égard, par le fait que l'Iran continue à ne pas se conformer aux exigences des gouverneurs de l'AIEA[1] […] et conscient de la responsabilité principale du maintien de la paix et de la sécurité internationales à lui assignée par la Charte des Nations unies,

[…] *Décide* […] que l'Iran doit suspendre sans plus tarder ses activités nucléaires posant un risque de prolifération désignées ci-après :

a. toutes activités liées à l'enrichissement et au retraitement, y compris la recherche-développement, sous vérification de l'AIEA ;

b. les travaux sur tous projets liés à l'eau lourde[2] […], également sous vérification de l'AIEA.

[…] *Exprime* sa conviction que […] le respect intégral par l'Iran, dûment vérifié, des exigences dictées par le Conseil des gouverneurs de l'AIEA favoriserait une solution diplomatique négociée garantissant que le programme nucléaire de l'Iran sert des fins exclusivement pacifiques, souligne que la communauté internationale est disposée à œuvrer dans le sens d'une telle solution, encourage l'Iran, en se conformant aux dispositions susmentionnées, à renouer ses liens avec la communauté internationale.

Résolution 1737 de l'ONU, 23 décembre 2006.

1. Agence internationale de l'énergie atomique, fondée en 1957, chargée de promouvoir les usages pacifiques de l'atome et de lutter contre la prolifération des armes nucléaires.
2. Eau utilisée dans les réacteurs nucléaires.

▶ Comment et pourquoi le Conseil de sécurité cherche-t-il à contrôler le programme nucléaire iranien ?

4 Le « printemps arabe » : une chance pour la paix ?

Place Tahrir au Caire, le 8 avril 2011 : des manifestants célèbrent le départ du président Moubarak et déploient des drapeaux égyptien (avec l'inscription en arabe « Restez fidèles à la révolution et méfiez-vous des traîtres »), syrien (« Dieu, la Syrie et la liberté seulement ») et yéménite.

▶ Quel message politique les manifestants expriment-ils en déployant ces trois drapeaux ?

ÉTUDE
Le pétrole au Moyen-Orient, richesse ou malédiction ?

→ Voir COURS pp. 120-121.
→ Voir COURS pp. 122-123.

Les premiers gisements de pétrole sont découverts en Perse et en Mésopotamie (Iran et Irak actuels) peu avant la Première Guerre mondiale. Ils présentent dès cette époque un intérêt stratégique majeur pour la flotte britannique. Après 1945, la production pétrolière du Moyen-Orient prend une part croissante dans l'approvisionnement énergétique des pays occidentaux et, plus récemment, des pays émergents (Chine, Inde).

La création de l'OPEP (Organisation des pays exportateurs de pétrole), en 1960, renforce la position des pays producteurs par rapport aux pays consommateurs. Les économies des pays occidentaux restent dépendantes des importations de pétrole du Moyen-Orient, en dépit des mesures prises pour économiser l'énergie et diversifier leurs sources d'approvisionnement.

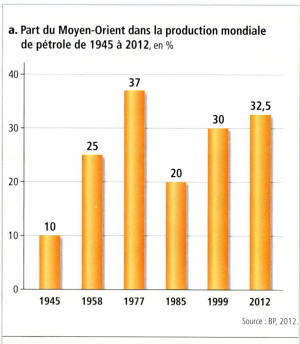

a. Part du Moyen-Orient dans la production mondiale de pétrole de 1945 à 2012, en %

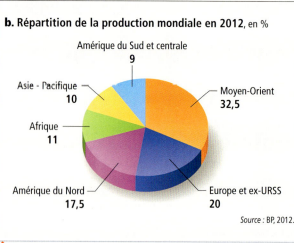

b. Répartition de la production mondiale en 2012, en %

1 La production mondiale de pétrole

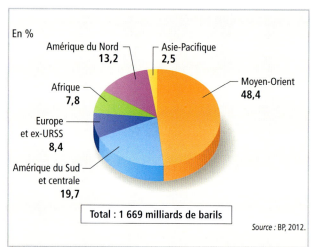

2 Les réserves mondiales de pétrole en 2012

3 L'évolution du cours du pétrole

126

ÉTUDE

4 Les États-Unis et le pétrole iranien

En 1951, le Premier ministre iranien Mossadegh nationalise l'Anglo-Iranian (ex-Persian) Oil Company. Mossadegh s'étant rapproché de l'URSS, il est renversé en 1953 par un coup d'État organisé par les États-Unis. Le shah (roi) d'Iran devient alors un allié des Américains, qui prennent le relais des Britanniques.

Il est d'une importance critique pour les États-Unis que l'Iran reste une nation indépendante et souveraine, non dominée par l'URSS. À cause de sa position stratégique clé, de ses ressources pétrolières, de sa vulnérabilité à une intervention ou une attaque armée par l'URSS, et de sa vulnérabilité à la subversion politique, l'Iran doit être considéré comme un objectif continu de l'expansion soviétique. La perte de l'Iran par défaut ou par intervention soviétique :

a. serait une menace majeure pour la sécurité du Moyen-Orient tout entier, Pakistan et Inde inclus ;

b. permettrait aux communistes de refuser au monde libre l'accès au pétrole iranien, ou menacerait sérieusement ses approvisionnements en pétrole du Moyen-Orient ;

c. accroîtrait la capacité de l'Union soviétique à menacer les lignes de communication États-Unis/ Royaume-Uni ;

d. atteindrait le prestige des États-Unis dans les pays voisins et, à l'exception de la Turquie et peut-être du Pakistan, menacerait sérieusement, voire détruirait, leur volonté de résister aux menaces communistes.

Rapport du Conseil national de sécurité des États-Unis, NSC 136/1, 20 novembre 1952, cité par A.-L. Dupont, C. Mayeur-Jaouen et Ch. Verdeil, op. cit.

5 Un enjeu majeur dans les conflits du Moyen-Orient ?

REGARDS D'HISTORIENS

Historien et ancien ministre des Finances du Liban, Georges Corm est professeur à l'Institut des sciences politiques de l'université Saint-Joseph à Beyrouth.

Certains analystes ont tendance à considérer que le facteur énergétique (de la production au transport) explique de nombreux conflits.

Ainsi, la motivation de l'invasion américaine en Irak aurait été principalement de contrôler les secondes réserves de pétrole du monde après celles de l'Arabie saoudite et de prévenir une mainmise chinoise sur cette matière première stratégique. Le conflit syrien d'aujourd'hui est expliqué de la même façon par le désir de réduire la dépendance énergétique de l'Europe au gaz russe en faisant passer par le territoire syrien un oléoduc pouvant transporter le gaz qatari jusqu'à un terminal en Méditerranée.

Il nous semble que cet argument est surfait pour deux raisons essentielles. Tout d'abord, la découverte des gaz de schiste bouleverse toutes les données traditionnelles du marché mondial de l'énergie : l'importance du pétrole moyen-oriental va être réduite dans un proche avenir. De plus, dans des marchés désormais ouverts, mondialisés et régulés par l'OMC, on peine à comprendre comment Washington pourrait empêcher Pékin d'accéder à ces marchés.

Ce que révèlent la situation syrienne comme la situation iranienne, c'est surtout le désir des États-Unis et des pays de l'Union européenne de renforcer leur hégémonie au Moyen-Orient et de briser définitivement l'alliance des opposants à cette domination [...].

Georges Corm, « Les conflits du Moyen-Orient : un état des lieux », *Diplomatie*, février-mars 2013.

6 Les États-Unis et l'Arabie saoudite

Dès les années 1930, les compagnies pétrolières s'implantent en Arabie saoudite, où elles fondent l'ARAMCO (Arabian American Oil Company) en 1944. Au retour de Yalta, en février 1945, le président Roosevelt (à droite de la photographie) reçoit le roi Ibn Saoud (assis au centre) à bord du *Quincy*. Les États-Unis s'engagent à lui fournir une assistance militaire permanente en échange du monopole de l'ARAMCO dans l'exploitation du pétrole saoudien.

Questions

▶ **Exploiter et confronter les documents**

1. Pourquoi la région du Moyen-Orient a-t-elle une place essentielle dans l'économie mondiale ? **(doc. 1 et 2)**

2. Quels sont les facteurs qui influent sur l'évolution du prix du pétrole depuis 1945 ? Quelles en ont été les conséquences pour l'économie mondiale ? **(doc. 3)**

3. Pourquoi les États-Unis s'inquiètent-ils de la situation politique en Iran ? **(doc. 4)**

4. À quels conflits récents l'auteur du texte fait-il référence ? **(doc. 5)**

5. Dans quelle mesure la politique des puissances occidentales au Moyen-Orient a-t-elle été commandée par leurs intérêts pétroliers ? **(doc. 5 et 6)**

▶ **Organiser et synthétiser les informations**

6. En quoi le pétrole a-t-il contribué à internationaliser les conflits du Moyen-Orient ?

Chapitre 5. LE PROCHE ET MOYEN-ORIENT, FOYER DE CONFLITS DEPUIS 1945

ÉTUDE
Islam et politique au Moyen-Orient

→ Voir **COURS** pp. 124-125.

Depuis la révolution iranienne de 1979, l'islamisme a pris le relais du nationalisme arabe dans l'opposition aux puissances occidentales et à Israël. Pour les islamistes, les valeurs occidentales sont incompatibles avec l'islam ; elles ont divisé et affaibli le monde musulman. Seul le respect de la loi islamique permettra de rétablir l'*Umma*, la communauté des croyants.

Les islamistes radicaux appellent ainsi à la guerre sainte (*jihad*) contre l'Occident et ses alliés. Ils ont combattu le nationalisme arabe laïque de Nasser. Ils dénoncent aujourd'hui la proximité des régimes musulmans conservateurs, comme l'Arabie saoudite, avec les Occidentaux.

Il existe toutefois un islamisme modéré, majoritaire, qui rejette le terrorisme et concilie la tolérance avec les préceptes coraniques.

LE SENS DES MOTS

● **Islamisme et salafisme** : L'**islamisme** est une idéologie qui veut fonder les institutions politiques et sociales sur la loi islamique (*Charia*). Il inspire des mouvements religieux et politiques très divers, sunnites ou chiites, allant de la revendication d'un islam ouvert et tolérant à l'exaltation de l'action terroriste. Le **salafisme** (retour aux *salaf*, les pieux ancêtres) est un islamisme sunnite et fondamentaliste. Il est divisé entre un courant conservateur, lié au régime saoudien, qui met l'accent sur la prédication religieuse, et un courant jihadiste, qui appelle à la guerre sainte contre l'Occident et Israël.

1 Aux origines de l'islamisme contemporain : les Frères musulmans

Les Frères musulmans sont une association religieuse fondée en Égypte en 1928 par Hassan al-Bannâ. Elle se transforme en mouvement islamiste après 1945 et rayonne dans l'ensemble du monde arabe. Ayant rejoint les Frères musulmans en 1951, Sayyid Qotb en radicalise l'idéologie. Il est exécuté par le régime de Nasser en 1966.

La société de l'ignorance antéislamique (*jâhiliyya*[1]), c'est toute société autre que la société islamique [...]. Nous faisons entrer dans la catégorie de société d'ignorance antéislamique toutes les sociétés qui existent de nos jours sur la terre : les sociétés communistes en premier lieu [...], les sociétés polythéistes (comme celle de l'Inde, du Japon, des Philippines, de l'Afrique), [...] les sociétés juives et chrétiennes de par le monde également [...]. Finalement, entrent aussi dans cette catégorie de société d'ignorance antéislamique les sociétés qui prétendent être musulmanes [...]. Mais elles ne sont pas au service de Dieu l'unique dans l'organisation de la vie [...].

Il s'agit que ce soit la loi sacrée [la *charia*] qui gouverne et que le recours se fasse à Dieu en conformité avec les lois claires qu'Il a édictées [...]. Or cette société n'existera pas avant que ne se forme une communauté d'hommes décidés à servir Dieu [...] Alors, et alors seulement, cette communauté sera musulmane, et la société instaurée par cette communauté sera, à son tour, musulmane.

Sayyid Qotb, *Jalons sur le chemin*, 1964,
traduit de l'arabe dans O. Carré et G. Michaud,
Les Frères musulmans (1928-1982),
archives Gallimard/Julliard, 1983.

1. Le terme *jâhiliyya*, qui signifie « ignorance », désigne traditionnellement la période antérieure à l'islam en Arabie.

2 La propagande d'Al-Qaida

Soutenant la résistance contre l'URSS en Afghanistan, Oussama Ben Laden (1957-2011) « combattant de l'islam » comme le dit l'affiche, y implante à partir de 1987 le réseau Al-Qaida. Il se réfugie au Pakistan quand les Occidentaux interviennent en 2001 contre les talibans. Affiche de propagande, diffusée au Pakistan au lendemain du 11 septembre 2001.

3 L'appel d'Al-Qaida au *jihad* en Irak

Sachez que cette guerre est une nouvelle croisade contre le monde musulman, et qu'elle sera décisive pour la communauté musulmane mondiale tout entière [...].

Donc, ô jeunes musulmans de tous lieux [...] vous devez mener la guerre sainte (*jihad*) convenablement [...]. Car des voix se sont élevées en Irak, comme auparavant en Palestine, en Égypte, en Jordanie, au Yémen et ailleurs, appelant à une solution pacifique et démocratique, à la collaboration avec les régimes apostats[1], ou avec les envahisseurs juifs et croisés[2], plutôt qu'à la guerre sainte ; bref, il faut prendre garde à cette méthode fausse et trompeuse, contraire à la loi de Dieu, qui entrave la guerre sainte.

Comment pouvez-vous soutenir la guerre sainte sans combattre pour la cause de Dieu ? Allez-vous faire marche arrière ? Ces hommes-là ont affaibli la puissance des musulmans sincères et ont adopté comme référence les passions humaines, la démocratie, la religion païenne, en entrant dans les parlements, ceux-là se sont égarés et en ont égaré beaucoup. [...] Chacun sait que tout gouvernement formé par les États-Unis est un gouvernement fantoche et traître, à l'instar des gouvernements de notre région, y compris les gouvernements de Karzaï et de Mahmoud Abbas[3], qui ont été créés pour éteindre la flamme du *jihad*.

Oussama Ben Laden, *Seconde Lettre aux musulmans d'Irak*, diffusée le 18 octobre 2003, traduit de l'arabe dans *Al-Qaida dans le texte*, PUF, 2005.

1. Personne ayant renié sa religion.
2. Les Occidentaux sont, pour Ben Laden, de nouveaux croisés.
3. Hamid Karzaï préside l'Afghanistan depuis le renversement des talibans en décembre 2001. Mahmoud Abbas est le chef de l'Autorité palestinienne depuis 2003.

4 L'islamisme modéré : un modèle turc ?

Le Parti pour la justice et le développement (AKP) est un parti islamiste turc qui se présente comme « démocratique et conservateur ». Il est au pouvoir depuis 2002, sous la direction du Premier ministre Recep Erdoğan. Le document est extrait de son programme, « Horizon politique 2023 », date marquant le centenaire de la création de la Turquie moderne par Mustafa Kemal.

Une action internationale urgente et un effort conjoint sont nécessaires pour combattre la montée de l'islamophobie et pour établir la paix et l'harmonie entre les différentes cultures et civilisations. L'islamophobie est une tendance très dangereuse qui empoisonne les relations entre les sociétés musulmanes et occidentales. Tout comme l'antisémitisme, l'islamophobie est une forme de racisme et de crime contre l'humanité [...].

Nos frères et sœurs du monde arabe ont franchi une étape courageuse et révolutionnaire et ont chassé leurs dictateurs. Ils ont établi la politique sur les fondements de la volonté du peuple. Ce faisant, ils ont changé le cours de l'histoire.

Leurs révolutions [...] ont renversé les préjugés séculaires à l'encontre des peuples du Moyen-Orient. Elles ont montré au monde qu'aucun système ne peut survivre dans l'injustice et dans l'oppression [...].

Nous rejetons fermement les tendances qui veulent transformer les différences au sein du monde musulman en source de conflit et de guerre [...]. Notre vision du Moyen-Orient est fondée sur une philosophie « gagnant-gagnant » et sur une politique de coopération mutuelle qui profitera à tous. Notre but est d'établir la justice, l'égalité et la démocratie comme les principes de la politique et de la diplomatie.

L'AKP continuera à respecter tous les peuples et toutes les couleurs du Moyen-Orient et au-delà, indépendamment de leur religion, secte, ethnie, langue et culture. Nous continuerons à les considérer comme nos égaux, nos frères et nos sœurs. « L'unité dans la diversité » demeure notre ligne directrice. Nous poursuivrons nos efforts pour faire du Moyen-Orient et de l'Afrique du Nord une terre de paix, de stabilité, de richesse, de haute culture et de civilisation.

AKP, « Horizon politique 2023 ».

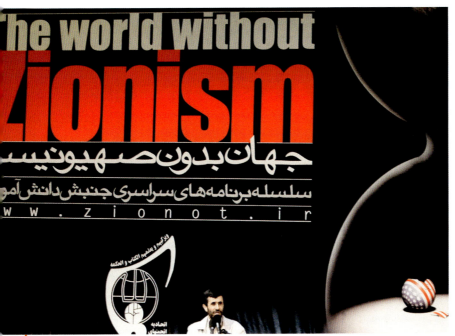

5 La politique du régime islamique iranien

En octobre 2005, le président de la République islamique d'Iran, Mahmoud Ahmadinejad, organise à Téhéran une conférence intitulée « Le monde sans le sionisme », durant laquelle il appelle à « rayer Israël de la carte ».

Questions

▶ **Exploiter et confronter les documents**

1. En vous appuyant sur le texte de Sayyid Qotb, dégagez les buts poursuivis par les groupes islamistes radicaux. Quelles en sont les cibles désignées ? **(doc. 1)**

2. Quel type d'action prône Al-Qaida ? Pourquoi ? **(doc. 2 et 3)**

3. Contre quoi l'Iran mène-t-il campagne ? Comment et pourquoi ? **(doc. 5)**

4. Quels sont les principes revendiqués par le Parti de la justice et du développement ? En quoi la Turquie peut-elle apparaître comme un modèle au lendemain du « printemps arabe » ? **(doc. 4)**

▶ **Organiser et synthétiser les informations**

5. Dans quelle mesure la progression de l'islamisme représente-t-elle un danger de déstabilisation du Moyen-Orient ?

Deux foyers majeurs de conflits : le Liban et la Syrie

→ Voir **COURS** pp. 120-121.
→ Voir **COURS** pp. 122-123.

Au lendemain de la Première Guerre mondiale, la France, protectrice traditionnelle des catholiques maronites, crée un Liban à majorité chrétienne. Les nationalistes arabes de Syrie n'ont jamais accepté cette partition. En 1970, l'arrivée des combattants palestiniens de l'OLP achève de rompre le fragile équilibre politique instauré depuis 1943 entre les diverses communautés. À partir de 1975, le Liban sombre dans une longue guerre civile, marquée par l'ingérence de la Syrie, d'Israël et de l'Iran.
Depuis 2011, le déclenchement d'une autre guerre civile en Syrie fait craindre la reprise des hostilités au Liban et dans l'ensemble de la région.

REPÈRES CHRONOLOGIQUES

1922 : Puissance mandataire, la France crée un État libanais.

1943-1946 : Indépendance du Liban et de la Syrie.

1970 : L'officier alaouite Hafez el-Assad prend le pouvoir en Syrie. Chassée de Jordanie, l'OLP se réfugie dans les camps palestiniens du Liban.

1975 : Début de la guerre civile au Liban.

1976 : Intervention de l'armée syrienne au Liban.

1978 : Occupation israélienne du Sud-Liban ; déploiement de la Force Intérimaire des Nations unies au Liban (FINUL).

1982 : Opération israélienne « Paix en Galilée ». L'OLP quitte Beyrouth (doc. 2). Un millier de Palestiniens sont massacrés par les milices chrétiennes, alliées des Israéliens, dans les camps de Sabra et de Chatila.

1989 : L'accord de Taëf met fin à la guerre civile au Liban et instaure une nouvelle répartition des pouvoirs entre les communautés.

2000 : Israël évacue le Sud-Liban, où le Hezbollah prend position. Mort d'Hafez el-Assad, remplacé par son fils Bachar à la tête de la Syrie.

2005 : Assassinat du Premier ministre libanais Rafic Hariri ; sous la pression de l'opinion internationale, l'armée syrienne se retire du Liban.

2006 : Deuxième guerre d'Israël au Liban, contre le Hezbollah.

2011 : Début de la guerre civile en Syrie.

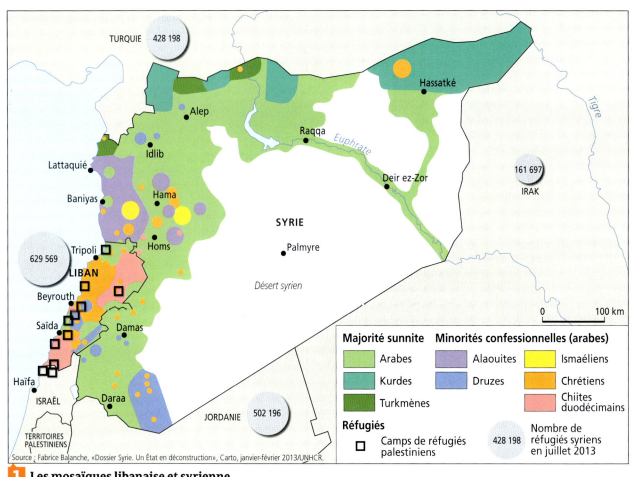

Source : Fabrice Balanche, « Dossier Syrie. Un État en déconstruction », Carto, janvier-février 2013/UNHCR.

1 Les mosaïques libanaise et syrienne

ÉTUDE

2 **L'intervention israélienne au Liban (1982)**

À la suite de l'opération israélienne « Paix en Galilée », Yasser Arafat (à gauche sur la photographie) est assiégé dans Beyrouth où il s'est réfugié depuis 1979. Il est contraint, sous protection de la France, de quitter le Liban pour Tunis en août 1982. Photographie prise en juin 1982.

3 **L'ONU et la guerre en Syrie**

Le Conseil de sécurité [...]

1. *Réaffirme* [vouloir] mettre fin immédiatement à toute violence et à toute violation des droits de l'homme, à garantir l'accès des organismes humanitaires et à faciliter une transition politique dirigée par les Syriens devant mener à l'instauration d'un régime politique démocratique et pluraliste, fondé sur l'égalité des citoyens quelles que soient leur appartenance politique ou ethnique ou leurs convictions, à la faveur notamment de l'ouverture d'un dialogue politique général entre le gouvernement syrien et l'ensemble des forces d'opposition syriennes ;

2. *Demande* au Gouvernement syrien d'honorer de manière visible et dans leur intégralité [...] les engagements qu'il a pris : a) de mettre fin aux mouvements de troupes en direction d'agglomérations, b) de cesser d'utiliser des armes lourdes dans des agglomérations, et c) d'achever le retrait des troupes concentrées dans des agglomérations et aux alentours et de faire en sorte que les troupes se retirent, avec leurs armes lourdes, des agglomérations où elles se trouvent et retournent dans leurs casernes ou soient déployées dans des zones temporaires, afin de faciliter la cessation durable de la violence ;

3. *Demande* à toutes les parties syriennes, y compris l'opposition, de mettre fin immédiatement à la violence armée sous toutes ses formes [...].

Résolution 2043 du Conseil de sécurité des Nations unies, 21 avril 2012.

4 **Les répercussions de la crise syrienne au Liban**

Depuis le début du soulèvement syrien, le 15 mars 2011, le conflit entre le régime de Bachar el-Assad et la rébellion a progressivement gagné le Liban, dessinant de nouvelles fractures politiques dans cette société multi-confessionnelle encore marquée par les traumatismes de la guerre civile de 1975-1990 et l'occupation syrienne de 1976 à avril 2005. [...]

La guerre en Syrie est devenue, de par l'ingérence des acteurs politiques libanais, une guerre libanaise qui oppose deux camps : celui du chiisme politique pro-Assad, représenté par le Hezbollah, et celui du sunnisme politique pro-rébellion, représenté par le Courant du futur de Saad Hariri et les salafistes menés par le cheikh Ahmad Al-Assir. [...]

Entre ces deux pôles sunnite et chiite, les chrétiens sont divisés politiquement et au bord de l'implosion. [...]

Le parapluie régional qui assurait la stabilité du Liban est anéanti, la Syrie étant devenue un champ de confrontation entre d'un côté les pays du Golfe et de l'autre l'Iran, qui jouent leur va-tout, et les Occidentaux qui oscillent entre neutralité et implication.

Hélène Sallon, « Le Liban dans la crainte d'une nouvelle guerre civile », *Le Monde*, 11 juillet 2013.

Questions

▶ **Exploiter les documents**

1. En quoi l'unité nationale du Liban et de la Syrie est-elle fragile ? **(doc. 1)**

2. Quelles sont les répercussions du problème palestinien au Liban ? **(doc. 2)**

3. Quels sont les origines et les aspects militaires du conflit syrien ? Quelles sont les bases posées par l'ONU pour un règlement de cette crise ? **(doc. 3)**

4. Pourquoi la crise syrienne fait-elle craindre une nouvelle guerre civile au Liban ? Quelles en sont les répercussions internationales ? **(doc. 4)**

▶ **Organiser et synthétiser les informations**

5. Montrez que les grands facteurs de conflictualité au Moyen-Orient se retrouvent au Liban et en Syrie.

COURS 4. Le processus de paix israélo-palestinien (1979-2011)

→ Voir ÉTUDE pp. 130-131.
→ Voir ÉTUDE p. 135.
→ Voir ÉTUDE p. 136.

REPÈRES

Nombre de Palestiniens et d'Israéliens tués dans les territoires occupés

	Palestiniens	Israéliens	
		Civils	Soldats
1987-1999	1 551	271	150
2000-2008	4 905	711	331
2009-2013[1]	1 924	28	8

1. Au 31 juillet 2013.
Source : B'Tselem (Centre d'information israélien pour les droits de l'homme dans les territoires occupés), 2011.

Le nombre des tués palestiniens ne comprend pas celui des Palestiniens tués par d'autres Palestiniens.

VOCABULAIRE

« Barrière de séparation » ou « mur de séparation » : système de protection mis en place depuis 2002 par Israël à la frontière de la Cisjordanie. C'est une clôture métallique avec une surveillance électronique, et, sur 4 % du tracé, un mur érigé à proximité des agglomérations les plus importantes.

Colonies juives : communautés israéliennes installées hors de l'État d'Israël, dans les territoires occupés depuis les années 1960. Après l'évacuation de celles du Sinaï et de Gaza, on en dénombre aujourd'hui environ 150, rassemblant 500 000 personnes.

Fedayin : nom donné aux combattants palestiniens dans les années 1960-1970.

Hamas : « zèle » en arabe, acronyme pour Mouvement de la résistance islamique, né durant la première Intifada en février 1988.

Hezbollah : « Parti de Dieu », parti chiite libanais, fondé en 1982 avec le soutien de l'Iran et de la Syrie, prônant la lutte armée contre Israël.

Intifada : « soulèvement » en arabe ; on parle aussi de « guerre des pierres ». Révolte spontanée déclenchée en 1987, puis en 2000, par de jeunes Palestiniens.

« Paix en Galilée » : nom donné à l'offensive militaire israélienne au Liban de 1982 à 1983, pour en chasser l'OLP.

Quels sont les avancées et les blocages du processus de paix au Proche-Orient ?

A Des positions longtemps irréconciliables

● **Une non-reconnaissance mutuelle.** Adoptée en 1968, la Charte de l'OLP revendique la destruction de l'État d'Israël et la création d'un État arabe palestinien, au sein duquel les juifs constitueraient une minorité (voir p. 136). De son côté, Israël refuse de négocier avec l'OLP, considérée comme une organisation terroriste. Israël veut obtenir des États du Moyen-Orient la reconnaissance de ses frontières, en échange de la restitution de la plupart des territoires occupés en 1967.

● **La révolte palestinienne.** Depuis 1970, les *fedayin* palestiniens opèrent depuis le Liban ; l'OLP est soutenue par la Syrie, dont les troupes occupent le Liban à partir de 1976. Pour protéger sa frontière du nord, Israël occupe le Sud-Liban en 1978, puis déclenche l'opération « Paix en Galilée » en 1982 (voir p. 130). L'OLP est chassée de Beyrouth et Arafat doit se réfugier à Tunis. Par ailleurs, la détérioration des conditions de vie dans les camps de réfugiés, où le taux de chômage atteint 30 %, accroît la tension dans les territoires occupés : en 1987, débute l'Intifada, révolte de la jeunesse palestinienne contre l'occupant israélien.

B Des avancées décisives...

● **Les conséquences de la fin de la guerre froide.** Ne pouvant plus compter sur l'appui soviétique, Yasser Arafat modère ses positions et, lors d'une visite officielle en France en 1989, déclare « caduque » la Charte de l'OLP. Au lendemain de la guerre du Golfe, les États-Unis poussent à la reprise des négociations entre Israël et les pays arabes alliés de Washington. En 1991, une conférence de paix réunit pour la première fois à Madrid l'ensemble des acteurs de la région, sans résultats tangibles cependant.

● **Les accords d'Oslo (1993).** À l'issue de pourparlers secrets tenus à Oslo, Israël et l'OLP acceptent enfin de se reconnaître mutuellement (voir p. 136). Les accords d'Oslo prévoient la création d'une Autorité palestinienne, présidée par Arafat, en Cisjordanie et dans la bande de Gaza, évacuée par Israël en 2005 (doc. 1). En 1994, un traité de paix est signé entre Israël et la Jordanie.

C ... Mais des négociations dans l'impasse

● **Les extrémistes contre la paix.** Les accords d'Oslo sont rejetés par les extrémistes des deux bords. Soutenus par les partis religieux et la droite israélienne, les colons juifs implantés dans les territoires occupés refusent de partir. La visite du ministre israélien de la Défense, le général Sharon, sur l'esplanade des Mosquées à Jérusalem déclenche, en 2000, une nouvelle Intifada. Les partis islamistes – le Hamas dans les territoires palestiniens et le Hezbollah au Liban – prônent la poursuite de la lutte armée, avec le soutien de l'Iran (doc. 2). Opposé au chef de l'Autorité palestinienne Mahmoud Abbas, le Hamas a pris le contrôle de la bande de Gaza en 2007.

● **Un conflit toujours sans issue.** Depuis l'assassinat du Premier ministre israélien Y. Rabin par un extrémiste juif en 1995, le processus de paix est au point mort. Confronté à la menace permanente de tirs de roquettes et d'attentats-suicides, Israël est de nouveau intervenu au Liban en 2006 et a imposé le blocus de Gaza ; une « barrière de séparation » a été érigée en Cisjordanie (doc. 3). Le gouvernement israélien exige des garanties sur sa sécurité avant toute reprise des négociations (doc. 4). Celles-ci continuent de buter sur trois points principaux : le retour des réfugiés palestiniens, les colonies juives et le statut de Jérusalem, proclamée capitale d'Israël depuis 1980 (voir p. 135).

COURS

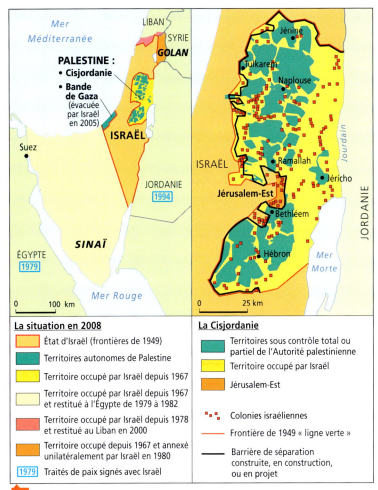

La situation en 2008
- État d'Israël (frontières de 1949)
- Territoires autonomes de Palestine
- Territoire occupé par Israël depuis 1967
- Territoire occupé par Israël depuis 1967 et restitué à l'Égypte de 1979 à 1982
- Territoire occupé par Israël depuis 1978 et restitué au Liban en 2000
- Territoire occupé depuis 1967 et annexé unilatéralement par Israël en 1980
- 1979 Traités de paix signés avec Israël

La Cisjordanie
- Territoires sous contrôle total ou partiel de l'Autorité palestinienne
- Territoire occupé par Israël
- Jérusalem-Est
- Colonies israéliennes
- Frontière de 1949 « ligne verte »
- Barrière de séparation construite, en construction, ou en projet

1 **Israël et les territoires palestiniens en 2011**
▶ Comment les accords d'Oslo ont-ils été concrétisés ?

2 **La Charte du Hamas (août 1988)**

[…] Le Mouvement de la résistance islamique est un mouvement palestinien spécifique qui fait allégeance à Dieu, fait de l'islam sa règle de vie et œuvre à planter l'étendard de Dieu sur toute parcelle de la Palestine […].

Les initiatives, les prétendues solutions de paix et les conférences internationales préconisées pour régler la question palestinienne vont à l'encontre de la profession de foi du Mouvement de la résistance islamique. Renoncer à quelque partie de la Palestine que ce soit, c'est renoncer à une partie de la religion […]. Il n'y aura de solution à la cause palestinienne que par le *jihad*. Quant aux initiatives, propositions et autres conférences internationales, ce ne sont que pertes de temps et activités futiles.

▶ Comparez les objectifs du Hamas et ceux de l'OLP (voir doc. 1 p. 136)

4 **La paix contre les territoires ?**

Le monde autour d'Israël est sans aucun doute de plus en plus dangereux. Les militants de l'islam ont déjà pris le Liban et Gaza. Ils sont déterminés à déchirer les traités de paix entre Israël et l'Égypte et entre Israël et la Jordanie. Ils ont empoisonné les esprits de nombreux Arabes contre les juifs et Israël, contre l'Amérique et l'Occident. Ils ne s'opposent pas aux politiques d'Israël, mais à l'existence d'Israël.

À présent, certains affirment que pour ralentir la propagation de l'islam militant, surtout en ces temps troublés, Israël devrait se dépêcher de faire des concessions, de faire des compromis territoriaux. Et cette théorie paraît simple. Elle consiste en ceci : quittez le territoire, et la paix avancera. Les modérés seront renforcés, les radicaux seront tenus à distance. Et ne vous inquiétez pas au sujet des détails agaçants comme la façon dont Israël sera réellement défendable, les troupes internationales feront le travail.

Ces gens me disent constamment : il suffit de faire une offre d'échanges de terres et tout va s'arranger. Vous savez, il y a un seul problème avec cette théorie. Nous avons essayé et cela n'a pas fonctionné. […]

Le Hezbollah et le Hamas ont tiré des milliers de roquettes contre nos villes bien que nous ayons quitté leurs territoires. Voyez, quand Israël a quitté le Liban et Gaza, les modérés n'ont pas vaincu les radicaux : les modérés ont été dévorés par les radicaux. Et je regrette de dire que les troupes internationales comme la FINUL au Liban[1] et UBAM à Gaza[2] n'ont pas empêché les radicaux d'attaquer Israël.

Benjamin Netanyahu (Premier ministre israélien et chef du Likoud, coalition de droite), discours devant l'ONU, 23 septembre 2011.

1. Force intérimaire des Nations unies au Liban, déployée en 1978 pour obtenir le retrait des troupes israéliennes au sud du Liban. Au 30 septembre 2011, elle se compose de 12 000 hommes.
2. Mission d'assistance frontalière de l'Union européenne à Rafah, mise en place à la frontière entre l'Égypte et la bande de Gaza en 2005.

3 **La « barrière de séparation »**
Des Palestiniens déposent un drapeau sur la « barrière de séparation » israélienne le 13 mai 2013.

▶ Pourquoi la « barrière de séparation » israélienne a-t-elle été construite ? Quelles en sont les conséquences pour les populations palestiniennes ?

▶ Pourquoi, selon B. Netanyahu, la restitution des territoires occupés par Israël ne suffit-elle pas à régler le conflit israélo-palestinien ?

Chapitre 5. LE PROCHE ET MOYEN-ORIENT, FOYER DE CONFLITS DEPUIS 1945 **133**

Aux origines du conflit israélo-arabe

→ Voir **COURS** pp. 132-133.

La naissance de l'État d'Israël, le 14 mai 1948, déclenche la première guerre israélo-arabe. La défaite des armées arabes permet à Israël d'agrandir son territoire et provoque le départ de 800 000 réfugiés palestiniens vers Gaza, la Cisjordanie et le Liban.

2 La mémoire conflictuelle de la guerre de 1948

À l'initiative de l'organisation pacifiste PRIME (Peace Research Institute in the Middle East), des professeurs de lycée israéliens et palestiniens ont rédigé un ouvrage en 2003, juxtaposant deux versions de l'histoire du conflit israélo-palestinien.

a. La version israélienne

On appelle la guerre commencée le 30 novembre 1947 « guerre d'indépendance », parce que, à l'issue des combats, le Foyer juif obtint son indépendance après en avoir été empêché par les pays arabes et les Arabes sur place [...]. Dès le début de la guerre, les habitants arabes commencèrent à déserter leurs lieux de résidence [...]. La plupart des dirigeants politiques et militaires du Foyer juif virent d'un bon œil la fuite des Arabes : ainsi, l'État juif qui serait bientôt créé comprendrait une minorité arabe plus petite. Dans le cadre du plan Daleth, la *Haganah*[1] procéda à leur expulsion intentionnelle. Tous les Arabes ne furent pas chassés, et il n'y eut pas d'instructions officielles dans ce sens, mais on laissa les officiers libres d'agir selon leur appréciation. Ils provoquèrent la fuite des habitants en les expulsant ou en les intimidant, mais il arriva aussi que les Arabes prennent peur sans que les forces juives interviennent directement.

b. la version palestinienne

La *Nakba* [« la Catastrophe »] est la défaite des armées arabes lors de la guerre de 1948 en Palestine, l'acceptation par celles-ci de la trêve, l'expulsion de la majorité du peuple palestinien de ses villes et villages, l'apparition du problème des réfugiés et de la diaspora palestinienne [...].

La destruction des 418 villages palestiniens à l'ouest de la Ligne verte[2], le souci de dissimuler toute trace indiquant la présence d'une vie palestinienne antérieure sur ces terres, les massacres commis contre le peuple palestinien, confirment la brutalité dont ce dernier, désormais dispersé, a été la victime [...]. Les dirigeants arabes furent incapables de relever le défi et d'assumer leur responsabilité ; certains œuvrèrent même pour détruire ce qui subsistait de la Palestine.

PRIME, *Histoire de l'autre*, trad. française, Liana Levi, 2004

1. Milice juive, qui s'intègre dans l'armée israélienne (*Tsahal*) créée en 1948.
2. Frontière fixée en 1949 entre Israël et la Jordanie.

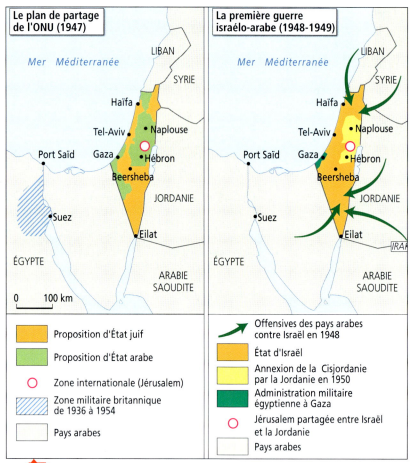

1 La naissance de l'État d'Israël

Consigne

- Expliquez les conséquences de la guerre de 1948 sur la situation du Proche-Orient.

▶ Aide pour répondre à la consigne

1. Quelles sont les origines de la première guerre israélo-arabe ? **(doc. 1 et 2)**

2. Comparez le récit israélien et le récit palestinien. Quels sont leurs principaux points d'accord et de désaccord ? **(doc. 2)**

3. Relevez et commentez le nom que porte ce conflit dans chacune des deux versions. **(doc. 2)**

ÉTUDE

Une ville au cœur du conflit proche-oriental : Jérusalem

→ Voir **COURS** pp. 132-133.

Le conflit israélo-arabe a empêché l'application du statut international de Jérusalem proposé par l'ONU en 1947. Jusqu'en 1967, la ville est divisée : l'ouest est occupé par Israël et l'est par la Jordanie. Après la guerre des Six-Jours, Israël conquiert Jérusalem-Est, avec la vieille ville et ses Lieux saints. La décision de faire de Jérusalem ainsi « réunifiée » la capitale de l'État juif, en 1980, n'a pas été reconnue par la communauté internationale.

REPÈRES

● **Une ville frontière**

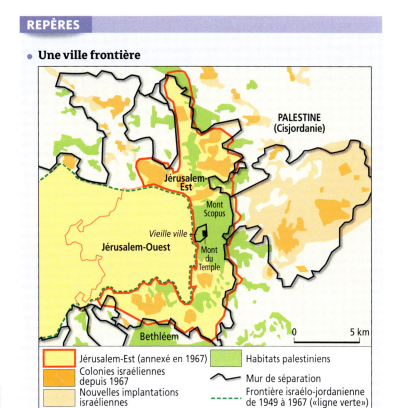

1 Jérusalem, capitale de l'État d'Israël (1980)

L'État d'Israël n'est pas fondé sur une Constitution, mais sur plusieurs « lois fondamentales », dont celle du 30 juillet 1980, qui fait de Jérusalem sa capitale.

Art. 1. Jérusalem, entière et unifiée, est la capitale d'Israël.

Art. 2. Jérusalem est le siège du président de l'État, de la *Knesset* [Chambre des députés], du gouvernement et de la Cour suprême.

Art. 3. Les Lieux saints seront protégés contre la profanation et contre toute atteinte, ainsi que contre tout ce qui peut prévenir la liberté d'accès des croyants des différentes religions à leurs lieux sacrés, et tout ce qui peut heurter leurs sentiments à l'égard de ces lieux. [...]

Art. 5. Le territoire de Jérusalem comprend, pour cette loi fondamentale, entre autres, toutes les parties de la ville intégrées dans la municipalité de Jérusalem depuis le 28 juin 1968.

Loi fondamentale de l'État d'Israël, votée le 30 juillet 1980.

2 Une décision non reconnue par l'ONU

Le Conseil de sécurité [...],

Affirme que l'adoption de la « loi fondamentale » par Israël constitue une violation du droit international et n'affecte pas le maintien en application de la Convention de Genève relative à la protection des personnes civiles en temps de guerre, du 12 août 1949, dans les territoires palestiniens et autres territoires arabes occupés depuis juin 1967, y compris Jérusalem ;

Considère que toutes les mesures et dispositions législatives et administratives prises par Israël, la puissance occupante, qui ont modifié ou visent à modifier le caractère et le statut de la Ville sainte de Jérusalem, et, en particulier la récente « loi fondamentale » sur Jérusalem, sont nulles et non avenues et doivent être rapportées immédiatement ;

Affirme également que cette action fait gravement obstacle à l'instauration d'une paix d'ensemble, juste et durable au Moyen-Orient [...].

Résolution 478, adoptée le 20 août 1980, par 14 voix contre 0, avec une abstention (États-Unis).

Consigne

● Expliquez la portée politique et symbolique du conflit autour de la ville de Jérusalem depuis 1948.

▶ **Aide pour répondre à la consigne**

1. Pourquoi le statut de Jérusalem est-il un enjeu aussi important ? **(doc. 1 et 2)**
2. Pourquoi la décision d'Israël est-elle jugée illégale par l'ONU ? **(doc. 1 et 2)**
3. Quel est l'objectif de l'article 3 de la loi fondamentale ? **(doc. 1)**

L'évolution du problème palestinien depuis 1948

→ Voir COURS pp. 120-121.
→ Voir COURS pp. 132-133.

Depuis les années 1960, s'est affirmé un mouvement national palestinien, autonome par rapport au nationalisme arabe. Les « Arabes de Palestine » sont devenus les « Palestiniens ». Le peuple palestinien, dont les organisations réclament un État sur le territoire de l'ancienne Palestine, comprend environ 10 millions de personnes. Depuis 1989, l'OLP n'exige plus la destruction d'Israël, mais revendique toujours le droit au retour des réfugiés palestiniens, chassés par la guerre de 1948. Pour les Israéliens, cette revendication demeure une manière détournée de nier l'existence d'un État juif, puisque les Arabes formeraient alors la majorité de la population en Israël.

LE POINT SUR…

• **Qui sont les Palestiniens ?**
5 millions de Palestiniens vivent dans l'ancienne Palestine : 3,8 millions dans les territoires occupés (2,5 millions en Cisjordanie et 1,3 million dans la bande de Gaza) et 1,2 million en Israël (« Arabes israéliens » disposent de la citoyenneté israélienne). Environ 5 millions de Palestiniens vivent en dehors de l'ancienne Palestine. Cette diaspora palestinienne réside surtout en Jordanie (2 millions), en Syrie (500 000) et au Liban (420 000).
L'Office de secours et de travaux des Nations unies pour les réfugiés de Palestine dans le Proche-Orient (UNRWA), créé en 1948, définit un réfugié comme « toute personne qui résidait habituellement en Palestine avant le 15 mai 1948 et qui a perdu son domicile et ses ressources en raison du conflit de 1948 ». La population des réfugiés palestiniens est passée de 800 000 en 1949 à près de 5 millions aujourd'hui (doc. 2), du fait d'un fort taux de natalité. 2 millions vivent encore dans les camps gérés par l'UNRWA en Cisjordanie, à Gaza et au Liban.

1 La Charte de l'OLP (1968)

La Charte de l'OLP a été adoptée lors de sa création en 1964 et amendée en 1968. Ses articles concernant la destruction de l'État d'Israël ont été déclarés « caducs » par Yasser Arafat en 1989.

Article 5. Les Palestiniens sont les citoyens arabes qui résidaient habituellement en Palestine jusqu'en 1947, qu'ils en aient été expulsés par la suite ou qu'ils y soient restés. Quiconque est né de père palestinien après cette date en Palestine ou hors de Palestine, est également palestinien.

Article 6. Les juifs qui résidaient habituellement en Palestine jusqu'au début de l'invasion sioniste seront considérés comme palestiniens. […]

Article 9. La lutte armée est la seule voie menant à la libération de la Palestine. […]

Article 15. La libération de la Palestine est, du point de vue arabe, un devoir national ayant pour objet de repousser l'agression sioniste et impérialiste contre la patrie arabe et visant à éliminer le sionisme de la Palestine. La responsabilité entière incombe à cet égard à la nation arabe – peuples et gouvernements – avec à l'avant-garde le peuple arabe de Palestine. Il s'ensuit que la nation arabe doit mobiliser tout son potentiel militaire, humain, moral et spirituel afin de participer activement avec le peuple palestinien à la libération de la Palestine. […].

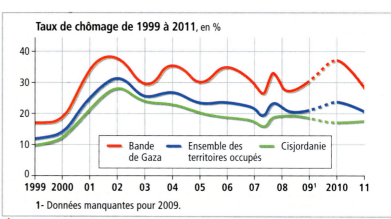

2 La situation économique dans les territoires occupés

Les mesures prises par Israël en réplique aux attentats terroristes (bouclage des territoires en Cisjordanie, blocus de Gaza, « barrière de séparation ») contribuent à précariser les conditions d'existence de la population palestinienne.

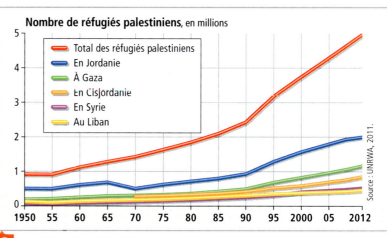

3 Les réfugiés palestiniens

ÉTUDE

4 Une réconciliation historique

Suite aux accords d'Oslo, le premier ministre israélien Yitzhak Rabin (à gauche) et le président de l'OLP Yasser Arafat (à droite) adoptent une déclaration de principes, signée à Washington le 13 septembre 1993 en présence du président américain Bill Clinton. Cette déclaration débouche l'année suivante sur l'accord de Jéricho-Gaza, qui met en place une Autorité nationale palestinienne.

Questions

▶ **Expliquer et confronter les documents**

1. Où vivent la plupart des réfugiés palestiniens aujourd'hui ? Comment leur situation a-t-elle évolué depuis 1950 ? **(doc. 3)**

2. Qu'est-ce qu'un Palestinien selon l'OLP ? Quel sort est réservé aux juifs d'après cette charte ? **(doc. 1)**

3. En quoi la poignée de main de Rabin-Arafat a-t-elle une forte portée symbolique ? **(doc. 4)**

4. Quelles sont les raisons avancées, côté israélien et côté palestinien, pour expliquer l'échec des accords d'Oslo ? Quels sont les principaux points de désaccord ? **(doc. 5)**

5. En quoi le conflit avec Israël affecte-t-il les conditions de vie des populations palestiniennes ? **(doc. 2)**

▶ **Organiser et synthétiser les informations**

6. Quelles ont été les répercussions du conflit israélo-arabe sur la situation politique et sociale des Palestiniens ?

5 Pourquoi les accords d'Oslo ont-ils échoué ?

Entretien entre l'historien Elie Barnavi, ancien ambassadeur d'Israël en France, et l'écrivain Elias Sanbar, ambassadeur de la Palestine auprès de l'Unesco.

Elie Barnavi. La reconnaissance mutuelle était un pas gigantesque dans la bonne direction mais, faute d'un calendrier précis, d'un mécanisme de contrôle international contraignant et, peut-être surtout, d'un objectif clair, il ne débouchait sur rien. C'est bien de prendre un train, encore faut-il savoir où l'on veut aller.

C'est ainsi que tous ceux, dans les deux camps, qui étaient opposés au processus d'Oslo […] ont pu peser à loisir sur son résultat supposé, les uns par la poursuite de la colonisation, les autres par le terrorisme. La confiance a été cassée. Or, sans un minimum de confiance mutuelle, il n'est pas de paix possible. […]

Elias Sanbar. À l'origine, un élément de procédure – qui s'est révélé en réalité un élément de fond – a littéralement vicié le processus de paix. L'ordre de séquence des négociations a été organisé de façon complètement erronée puisqu'il imposait le principe fallacieux suivant : ne traiter que des questions pouvant être résolues immédiatement et remettre à plus tard les questions dites explosives. Cette logique a déclenché la minuterie d'une puissante bombe à retardement sur trois dossiers : Jérusalem, les colonies et les réfugiés. À ce jour, ces questions graves ne sont pas résolues, elles sont même encore plus inextricables. Je ne prendrai qu'un exemple : le nombre de colonies israéliennes qui a triplé depuis la signature des accords d'Oslo.

Questions internationales, n°28, La Documentation française, novembre-décembre 2007.

Chapitre 5. **LE PROCHE ET MOYEN-ORIENT, FOYER DE CONFLITS DEPUIS 1945** **137**

BAC Révision — Le Proche et Moyen-Orient, foyer de conflits depuis 1945

L'essentiel

1. Le Moyen-Orient dans la guerre froide

Des alliances contradictoires. Comme l'ensemble du Tiers-Monde désormais indépendant, le Moyen-Orient devient, durant la guerre froide, un enjeu de la rivalité entre Américains et Soviétiques. Il est d'autant plus stratégique pour eux qu'il recèle d'importantes réserves en hydrocarbures. Tandis que Washington s'appuie sur la Turquie, l'Iran et l'Arabie saoudite, Moscou s'allie à l'Égypte et à la Syrie, piliers du panarabisme laïc.

La question de la Palestine. Approuvée par les deux Grands, la création de l'État d'Israël en 1948 n'a pas été acceptée par les Palestiniens et leurs voisins arabes. Elle donne lieu à trois guerres dont les Israéliens sortent vainqueurs sans pour autant parvenir à conclure une paix durable.

2. Le Moyen-Orient dans le nouvel ordre mondial

L'essor de l'islamisme. L'échec du panarabisme puis la fin de la guerre froide favorisent la diffusion des idées islamistes dans la région. Si les islamistes parviennent à s'emparer du pouvoir en Iran (1979), ils sont violemment réprimés par les pouvoirs laïcs égyptien, syrien ou irakien. Certains optent dès lors pour l'action terroriste, au Moyen-Orient mais également ailleurs dans le monde.

Les interventions américaines. Avec l'accord de l'ONU, les États-Unis interviennent militairement pour empêcher l'Irak de faire main basse sur les réserves koweïtiennes (guerre du Golfe, 1991). En 2003, c'est sans l'accord de l'ONU que l'armée américaine envahit l'Irak. La chute de Saddam Hussein, censée apporter la démocratie, provoque une guerre civile.

Les printemps arabes. À partir de 2011, des soulèvements populaires se produisent dans de nombreux pays du Moyen-Orient. Provoquant la chute des régimes dictatoriaux libyen et égyptien, ils tournent à la guerre civile en Syrie. Toujours irrésolu, le conflit israélo-palestinien demeure un ferment de déstabilisation pour toute la région.

LES DATES CLÉS

- **1945 :** Création de la Ligue Arabe.
- **1948 :** Création de l'État d'Israël.
- **1956 :** Crise de Suez.
- **1967 :** Guerre des Six-Jours.
- **1978 :** Accords de Camp David.
- **1979 :** Révolution islamique en Iran.
- **1991 :** Guerre du Golfe.
- **1993 :** Accords d'Oslo.
- **2003 :** Guerre d'Irak.
- **2011 :** Début du « Printemps arabe ».

LES MOTS CLÉS

- Islamisme
- Panarabisme
- Sionisme

LE SENS DES MOTS

Islam et islamisme
L'**islam** est une des trois grandes religions monothéistes, pratiquée par plus d'un milliard de musulmans dans le monde. L'**islamisme** est une idéologie politique visant à faire de la loi islamique (*charia*) la seule loi légitime.

Arabe et musulman
Un **Arabe** est une personne qui parle un des nombreux dialectes issus de la langue arabe. Un **musulman** est un croyant de l'islam. La majorité des Arabes sont musulmans, mais certains sont chrétiens, juifs ou athées. De nombreux musulmans ne sont pas Arabes, aussi bien au Moyen-Orient (Turcs, Iraniens) que dans le monde (les plus grands pays musulmans sont l'Indonésie, l'Inde et le Pakistan).

Israélien et juif
Un **Israélien** est un citoyen de l'État d'Israël. La majorité (76 %) des Israéliens sont de religion juive, mais il existe aussi des Israéliens musulmans, chrétiens ou druzes. La majorité des juifs ne sont pas israéliens.

LES PERSONNAGES CLÉS

Anouar el-Sadate (1918-1981)
Dirige l'Égypte de 1970 à 1981, signataire des accords de Camp David (1978), prix Nobel de la Paix.

Gamal Abdel Nasser (1918-1970)
Dirige l'Égypte de 1954 à 1970, leader panarabe.

Yasser Arafat (1929-2004)
Leader de l'Organisation de libération de la Palestine, signataire des accords d'Oslo (1993), prix Nobel de la paix.

Yitzhak Rabin (1922-1995)
Premier ministre israélien de 1992 à 1995, signataire des accords d'Oslo (1993), prix Nobel de la paix.

Schéma de synthèse

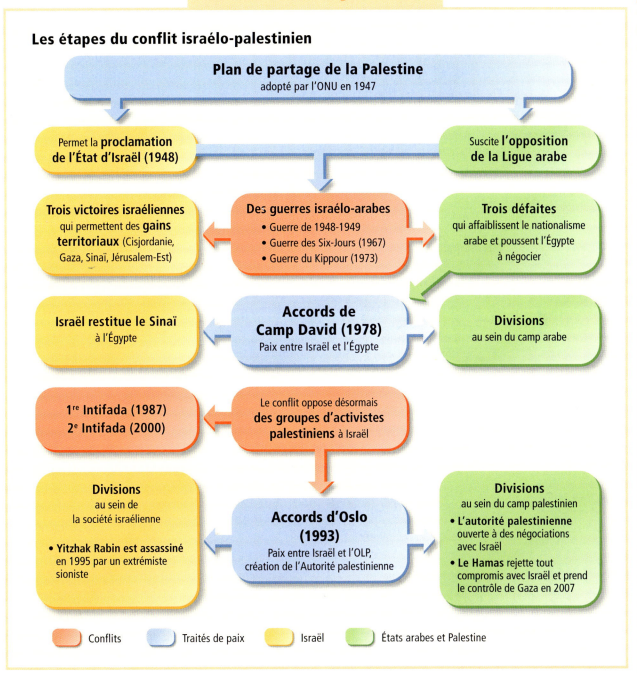

Les étapes du conflit israélo-palestinien

Pour aller plus loin

À LIRE

- David B. et J-P. Filiu, *Les Meilleurs Ennemis, une histoire des relations entre les États-Unis et le Moyen-Orient*, Futuropolis, 2011. Une bande dessinée réalisée par un historien.

- *Moyen-Orient*, Areion. Un magazine trimestriel disponible en kiosque pour suivre l'actualité du Moyen-Orient.

À VOIR

- Hany Abu-Assad, *Paradise now*, 2005. Le parcours de deux Palestiniens qui décident d'organiser un attentat suicide.

- N. Percy et B. Lapping, *Israël et les Arabes*, 2005. Un documentaire sur l'histoire des conflits israélo-arabes.

À CONSULTER

- De nombreux outils pour comprendre l'histoire et l'actualité du Moyen-Orient : www.lesclesdumoyenorient.com

Analyse de documents

Analyser deux documents de nature différente

❶	Analyser un texte	pp. 36 et 56
❷	Analyser une photographie	p. 84
❸	Analyser un document statistique	p. 110
❹	**Analyser deux documents de nature différente**	
❺	Analyser deux documents aux points de vue opposés	p. 164

▶ **Sujet :** L'islamisme en Iran

Consigne : Montrez comment ces documents permettent de comprendre le contexte de l'émergence de l'islamisme politique en Iran ainsi que ses caractéristiques.
Étudiez ses répercussions sur le conflit du Proche et du Moyen-Orient depuis la fin du XXe siècle.

Message de Khomeiny aux pèlerins de la Mecque (28 juillet 1987)

Notre slogan « Ni Est, ni Ouest » est le slogan fondamental de la révolution islamique dans le monde des affamés et des opprimés. Il situe la véritable politique non alignée[1] des pays islamiques et des pays qui accepteront l'islam comme la seule école pour sauver l'humanité dans un proche avenir, avec l'aide de Dieu. Il n'y aura pas de déviation, même d'un iota, de cette politique. Les pays islamiques et le peuple musulman ne doivent dépendre ni de l'Ouest – de l'Amérique ou de l'Europe –, ni de l'Est – de l'URSS. [...]

Une fois de plus, je souligne le danger de répandre la cellule maligne et cancérigène du sionisme dans les pays islamiques. J'annonce mon soutien sans limites, ainsi que celui de la nation et du gouvernement de l'Iran, à toutes les luttes islamiques des nations islamiques et de l'héroïque jeunesse musulmane pour la libération de Jérusalem. [...]

Je prie pour le succès de tous les bien-aimés qui, usant de l'arme de la foi et du *jihad*, portent des coups à Israël et à ses intérêts. [...]

Avec confiance, je dis que l'islam éliminera l'un après l'autre tous les grands obstacles à l'intérieur comme à l'extérieur de ses frontières et fera la conquête des principaux bastions dans le monde. Ou nous connaîtrons tous la liberté, ou nous connaîtrons une liberté plus grande encore, qui est le martyre.

1. Khomeiny fait référence au mouvement des non-alignés créé dans les années 1950, organisation de pays essentiellement issus du Tiers-Monde qui cherchent à se démarquer de l'influence de l'URSS et des États-Unis dans le cadre de la guerre froide.

---

❶ Expliquez ce que rejettent les islamistes.

❷ Que s'est-il passé en 1979 en Iran ?

❸ Pourquoi cette haine d'Israël ?

❹ Que sous-entend cette phrase ?

❺ Expliquez la présence du chef de l'OLP ici.

Manifestation de soutien à l'ayatollah Khomeiny et Yasser Arafat au lendemain de la révolution iranienne (1979)

Manifestants commémorant l'anniversaire des émeutes qui ont suivi l'arrestation de Khomeiny le 3 juin 1963, pour avoir dénoncé dans l'un de ses discours la dépendance du régime du Shah aux États-Unis et son soutien à Israël. Sur la bannière on peut lire « Ni Ouest, ni Est, Révolution islamique ». Photographie de Reza, 5 juin 1979.

140

Méthode	Application guidée
1 Identifier la nature et les auteurs des documents.	➡ Le premier est un discours du guide suprême de la Révolution iranienne. Le deuxième est une photographie de presse dont on peut supposer que l'auteur est un journaliste iranien.
2 Identifier leur thème commun et leur contexte : on peut s'aider des titres des documents et de la consigne. Il faut mettre en évidence la logique qui a incité à présenter les documents ensemble et comparer leurs dates. Si elles ne sont pas identiques, il faut mettre en valeur l'évolution du contexte entre les deux.	➡ Les deux documents nous informent sur l'islamisme en Iran mais aussi sur ses liens avec la question palestinienne. ➡ L'écart de 8 ans entre les deux documents nous permet de constater les permanences du discours islamiste pendant la guerre froide.
3 Prélever et confronter les informations : il faut les classer par thèmes et identifier points communs et différences. ⚠ **Attention !** Il ne faut pas se contenter d'étudier les documents l'un après l'autre en oubliant de les confronter.	**CONSEIL** – Relevez les termes qui se rapportent à la question palestinienne dans le texte. Quel élément y fait écho sur la photographie ? – Montrez que les deux documents présentent de la même façon la ligne politique islamiste.
4 Adopter un regard critique sur les documents.	*EXEMPLE* Dans le document 1, montrez que l'unité des musulmans sous-entendue dans ce discours n'est pas réelle. Quelle guerre déchire les pays islamiques en 1987 ?
5 Rédiger la réponse à la consigne.	➡ Présentez les documents, leurs auteurs et leur contexte. Expliquez ce qu'est la révolution islamique (encadré 2), comment elle se positionne par rapport aux valeurs occidentales (encadré 1), et à la question palestinienne (encadrés 3 et 5). Expliquez quelles méthodes cette politique entraîne ainsi que ses conséquences (encadré 4).

BAC BLANC

▶ **Sujet :** Le Proche-Orient à la fin des années 1970

Consigne : Après avoir présenté le contexte dans lequel Anouar el-Sadate prononce son discours, expliquez ce qu'il apporte à la compréhension du conflit israélo-arabe.

Discours de Anouar el-Sadate à la Knesset, 20 novembre 1977

Je vous dis en vérité que la paix ne sera réelle que si elle est fondée sur la justice et non sur l'occupation des terres d'autrui. Il n'est pas admissible que vous demandiez pour vous-mêmes ce que vous refusez aux autres. Franchement, dans l'esprit qui m'a poussé à venir aujourd'hui chez vous, je vous dis : vous devez abandonner une fois pour toutes vos rêves de conquête. Vous devez abandonner aussi la croyance que la force est la meilleure façon de traiter avec les Arabes. Vous devez comprendre les leçons de l'affrontement entre vous et nous. L'expansion ne vous apportera aucun bénéfice.

Qu'est-ce que la paix pour Israël ? Vivre dans la région avec ses voisins arabes en sûreté et en sécurité. À cela, je dis oui. Obtenir toutes sortes de garanties qui sauvegarderaient ces deux points. À cette demande, je dis oui. [...]

Imaginez avec moi un accord de paix conclu à Genève que nous annoncerions dans la joie à un monde affamé de paix. Un tel accord serait fondé sur les points suivants :
– premièrement, la fin de l'occupation par Israël des terres arabes saisies en 1967 ;
– deuxièmement, la réalisation des droits fondamentaux du peuple palestinien et de son droit à l'autodétermination, y compris le droit à l'établissement de son propre État.

Cité par *Le Monde*, 22 novembre 1977.

BAC Composition

Construire une argumentation

1	Analyser le sujet	pp. 38 et 58
2	Formuler une problématique	p. 86
3	Organiser ses idées	p. 112
4	**Construire une argumentation**	
5	Rédiger une introduction	p. 166
6	Rédiger une conclusion	p. 184
7	Rédiger et présenter une composition	p. 202

▶ À savoir
Argumenter consiste à **exposer vos idées** pour **répondre à la problématique** que vous avez posée en introduction.

▶ **Sujet :** Guerre et paix au Proche et Moyen-Orient depuis 1945

- Quels conflits devez-vous évoquer ?
- Quelles sont les caractéristiques communes de cette immense région ?
- En quoi la guerre mondiale a-t-elle bouleversé la géopolitique de la région ?

Méthode	Application guidée
1 Analyser le sujet et formuler la problématique. (→ BAC p. 38, 58 et 86)	*Exemple* Pourquoi cette région est-elle un foyer majeur de tensions et à quels obstacles l'établissement d'une paix durable se heurte-t-il depuis 1945 ?
2 Organiser ses idées : le plan permet de construire la base de **l'argumentation**. Chaque partie du devoir apporte des éléments de **réponse à la problématique** formulée en introduction. (→ BAC pp. 112)	➡ La longueur de la période étudiée suppose de mettre en valeurs des évolutions. Une première partie peut cependant exposer les facteurs de conflictualité. Un plan mixte est possible. *Exemple* I. Le Moyen-Orient, une région instable. II. De la guerre mondiale à la Révolution iranienne (de 1945 à 1979). III. Une paix qui se heurte à de nombreux obstacles (depuis 1979).
3 Organiser le développement : c'est là qu'il faut **développer** l'argumentation. Il faut **hiérarchiser** et **associer** les idées. Les parties sont composées de plusieurs **sous-parties** qui correspondent aux **idées directrices** à justifier.	*Exemple* III. Une paix qui se heurte à de nombreux obstacles (depuis 1979). 1. La montée de l'islamisme. 2. De nouvelles conflictualités depuis la fin de la guerre froide. 3. Avancée et recul du processus de paix israélo-palestinien.
4 Rédiger des paragraphes : le développement est composé de paragraphes repérés par des alinéas. Ils correspondent chacun à une **idée** qui doit être **argumentée** et accompagnée d'**exemples**, de termes, de dates, de lieux, de **faits précis**.	*Exemple sur le point III. 3.* – Idée : la fin de la guerre froide permet une avancée décisive du processus de paix. – **Argumentation et exemples précis :** En effet, Yasser Arafat ne peut plus compter sur le soutien soviétique et modère donc ses positions. En 1993, l'OLP et Israël signent ainsi les accords d'Oslo par lesquels ils acceptent de se reconnaître mutuellement.
5 Soigner les transitions : entre deux paragraphes, les phrases de transition permettent de suivre la **logique du raisonnement**. Il faut utiliser pour cela des **connecteurs logiques**.	*Exemple de transition entre le point II.1. et le point II.2.* À l'émergence de ces nouvelles conflictualités s'ajoute le fait que le conflit israélo-palestinien reste sans issue malgré quelques avancées du processus de paix.

BAC BLANC

Analyse de document

▶ **Sujet :** La Palestine, un foyer de conflit depuis la fin de la Première Guerre mondiale

Consigne : Analysez ce document pour montrer comment il permet de mieux comprendre les origines du conflit israélo-arabe, ainsi que les difficultés pour lui trouver une solution.

Golda Meir évoque en 1975 les lendemains de la naissance d'Israël

Golda Meir (1898-1978) est une femme politique qui compte parmi les 24 personnalités signataires de la déclaration d'indépendance de l'État d'Israël le 14 mai 1948 à Tel Aviv. Elle devient ensuite ministre des Affaires étrangères, puis quatrième Premier ministre d'Israël de 1969 à 1975.

Donc, nous étions maintenant un fait acquis. La seule question qui demeurât – et si incroyable que ce soit, elle n'est toujours pas résolue – était de savoir comment nous resterions en vie. Non pas « si », mais vraiment « comment ». Le matin du 15 mai, Israël était déjà l'objet d'agressions armées des Égyptiens au sud, des Syriens et des Libanais au nord et au nord-est, des Jordaniens et des Irakiens à l'est. Sur le papier, on eût dit, cette semaine-là, que les Arabes étaient fondés à se vanter d'écraser Israël dans les dix jours à venir.

L'avance la plus implacable était celle des Égyptiens – bien que, de tous nos envahisseurs, ce fussent ceux qui eussent certainement le moins à gagner. Abdullah[1] avait sa raison ; elle était mauvaise, mais elle existait et il pouvait la définir : il voulait le pays tout entier, et notamment Jérusalem. Le Liban et la Syrie avaient aussi leur raison : l'espoir d'être en mesure de se partager toute la Galilée[2]. L'Irak avait envie de participer au bain de sang et de prendre son petit bénéfice en acquérant une fenêtre sur la Méditerranée, à travers la Jordanie au besoin. Mais l'Égypte n'avait pas un seul vrai but de guerre, si ce n'est de piller et de détruire tout ce que les juifs avaient bâti. En fait, je n'ai jamais cessé de m'étonner de l'ardeur extrême des États arabes à partir en guerre contre nous. Presque du premier jour de la colonisation sioniste jusqu'à maintenant, ils n'ont jamais cessé de se consumer de haine pour nous. La seule explication plausible – et elle est ridicule – est qu'ils ne peuvent tout bonnement pas supporter notre présence et nous pardonner d'exister, et j'ai du mal à croire que les chefs de tous les États arabes aient toujours été si désespérément primitifs dans leur raisonnement, et le demeurent.

De notre côté, qu'avons-nous donc fait qui menace les États arabes ? C'est vrai, nous avons refusé de rendre les territoires conquis dans les guerres commencées par eux[3]. Mais conquérir des territoires n'a, en définitive, jamais été le véritable but des agressions arabes. […] Qu'était-ce donc alors ? […] Qui peut le dire ? Quoi que ce fût et que ce soit, cela dure toujours – tout comme nous d'ailleurs – et l'on ne trouvera probablement pas la réponse avant bien des années, quoique je n'aie pas le moindre doute que le jour viendra où les États arabes nous accepteront, tels que nous sommes et pour ce que nous sommes. Bref, la paix dépend et a toujours dépendu, uniquement, d'une seule chose : il faut que les dirigeants arabes admettent notre présence ici.

G. Meir, *Ma vie*, éditions Robert Laffont, 1975.

1. Il s'agit d'Abdullah, roi de Jordanie de 1946 à 1951.
2. Région du nord d'Israël.
3. Il s'agit des territoires conquis lors de la première guerre israélo-arabe de 1948-1949, mais aussi des territoires occupés lors de la guerre des Six-Jours de 1967. Car, si elle a bien été commencée par Israël, pour les Israéliens il s'agit d'une guerre préventive, donc anticipant une agression. C'est pourquoi Golda Meir la désigne comme étant une des « guerres commencées par eux ».

CHAPITRE 6
GOUVERNER LA FRANCE DEPUIS 1946

La France a hérité de son passé un État fort, et les compétences de celui-ci s'élargissent après la Seconde Guerre mondiale. Au-delà des changements institutionnels, on observe une grande continuité entre la IVe et la Ve République dans ce domaine. Mais les fondements de l'État sont remis en cause dans les années 1970-1980, par le bas avec l'affirmation des régions, et par le haut avec la mondialisation libérale et la construction européenne.

PROBLÉMATIQUES

→ Pourquoi l'État s'est-il renforcé au sortir de la guerre ?

→ Comment a-t-il dû redéfinir son rôle avec l'apparition de nouvelles échelles de gouvernement ?

1 Le pouvoir central doit composer avec les pouvoirs locaux…
En visite en Poitou-Charentes le 6 juin 2011, le président Nicolas Sarkozy retrouve la socialiste Ségolène Royal, présidente de cette région, qui fut son adversaire au deuxième tour de la présidentielle de 2007. Derrière N. Sarkozy, on aperçoit le préfet, représentant de l'État nommé dans chaque région et département.

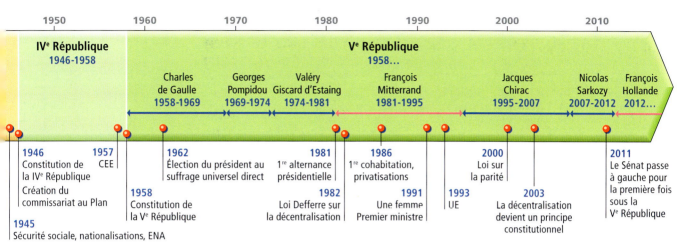

2 ... Et avec ses partenaires européens
Le président François Hollande et la chancelière allemande Angela Merkel lors d'une conférence de presse commune au palais de l'Élysée, le 27 juin 2012.

Retour sur... L'État en France

Grands repères — L'affirmation de l'État en France avant 1946

L'absolutisme

Statue équestre de Louis XIV (érigée en 1836), réalisée par Pierre Cartellier, Louis Petitot et Charles Crozatier. Château de Versailles.

À la fin du XVIIe siècle, Louis XIV renforce la monarchie absolue qui se construit en France depuis le XIIIe siècle. Il impose l'autorité de l'État à l'Église et à la noblesse, sans remettre en cause leurs privilèges. Il renforce l'administration centrale, en envoyant des intendants contrôler les provinces. Son ministre Colbert s'efforce d'unifier le droit et de dynamiser l'économie. Poètes et artistes glorifient le roi, qui incarne l'État.

L'État-nation

La Garde nationale de Paris part pour l'armée. Septembre 1792, huile sur toile de Léon Cogniet, 1836. Musée national du château de Versailles.

Avec la Révolution française, les sujets du roi deviennent des citoyens égaux, qui détiennent la souveraineté nationale. Les multiples circonscriptions de l'Ancien Régime sont supprimées au profit d'une nouvelle division administrative : les départements. L'État-nation a d'abord la forme d'une monarchie constitutionnelle, puis d'une République à partir de septembre 1792. Face aux monarchies européennes qui veulent restaurer Louis XVI, les citoyens prennent les armes : défendre le territoire français, c'est défendre l'État, garant de la souveraineté nationale.

Une administration moderne

Installation du Conseil d'État au palais du Petit-Luxembourg, le 25 décembre 1799, huile sur toile de Louis Charles Auguste Couder, 1856. Musée national du château de Versailles.

Durant le Consulat (1799-1804) puis l'Empire (1804-1815), Napoléon Bonaparte dote la France d'institutions et de lois qui ont, pour l'essentiel, survécu jusqu'à nos jours. Le Conseil d'État est créé en 1799 pour assister les dirigeants dans la rédaction des lois. Les préfets sont institués en 1800 pour relayer dans les départements les décisions prises à Paris. Le Code civil est publié en 1804, pour unifier définitivement le droit. Avec ces réformes, c'est l'administration publique moderne qui se met en place.

Le suffrage universel

Suffrage universel dédié à Ledru-Rollin, lithographie de Frédéric Sorrieu, 1850. Paris, musée Carnavalet.

Avec la IIe République en 1848, le suffrage universel masculin est définitivement établi. L'exclusion des femmes de la vie politique est confirmée pour un siècle. Le lien entre l'État et la nation est renforcé, puisque les gouvernants cherchent à obtenir l'assentiment du peuple pour se maintenir au pouvoir. La même année, l'esclavage est aboli dans les colonies françaises.

L'État républicain

Le 14 juillet 1880, esquisse d'Alfred Roll, 1880. Paris, musée du Petit Palais.

Après la chute du Second Empire (1870) puis la défaite des royalistes (1879), la IIIe République enracine en France le « modèle républicain », fondé sur la démocratie libérale, le régime parlementaire et la laïcité. Sous l'impulsion de l'État, par la symbolique (fête et hymne nationaux), l'école primaire obligatoire et le service militaire obligatoire, la culture républicaine se diffuse. À la fin du XIXe siècle, l'idée républicaine a triomphé à la fois dans l'esprit des Français et dans leurs institutions.

RETOUR SUR...

Pour entrer dans le chapitre

LE SENS DES MOTS

● Qu'est-ce que le jacobinisme ?

Le **jacobinisme** est une idéologie politique qui tire son nom des députés révolutionnaires qui, en 1789, se groupent au sein du « club des Jacobins », du nom d'un couvent parisien où ils se réunissent. Ceux-ci s'opposent aux députés girondins (dont les leaders étaient originaires de la région bordelaise) quant à la nature du nouvel État à mettre en place.

Les **jacobins** sont partisans d'un État fort et centralisé, qui applique à l'ensemble du territoire une politique uniforme. Au contraire, les **girondins**, dont on a parfois fait les ancêtres de la décentralisation, sont partisans d'un État qui laisse une marge d'autonomie aux départements, voire du fédéralisme.

L'opposition entre ces deux tendances, qui transcende le clivage droite/gauche, a conservé sa pertinence jusqu'à nos jours.

LES MOTS À CONNAÎTRE

Administration : ensemble des institutions chargées d'appliquer les décisions du gouvernement. On distingue l'administration centrale (ministères à Paris) et l'administration locale.

Autonomie : au sens propre, la capacité de se donner soi-même (*autos*) ses propres lois (*nomos*). En politique, on entend par autonomie le fait pour une partie d'un pays (département, région) d'adapter à ses spécificités les règles générales de l'État.

Centralisation : concentration du pouvoir dans un seul pôle (l'État) lui-même concentré dans un seul lieu (la capitale). Les décisions prises par le centre (Paris) s'appliquent ensuite uniformément au reste du pays.

Décentralisation : transfert de certaines compétences de l'État aux régions ou aux départements qui le composent. La décentralisation peut ouvrir la voie à l'autonomie.

Fédéralisme : principe d'organisation de l'État selon une logique d'association. Plusieurs entités, qui disposent d'une large autonomie pour leur gestion interne, s'associent au sein d'un État auquel elles délèguent certaines compétences générales (défense, diplomatie, etc.). C'est le cas des États-Unis ou de l'Allemagne.

Souveraineté nationale : principe selon lequel la source de l'autorité politique est la nation, formée par l'ensemble des citoyens.

■ Généalogie des découpages administratifs français

a. En métropole

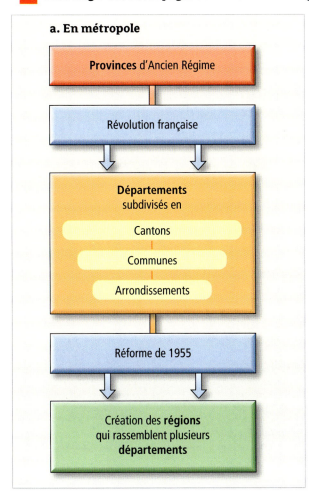

b. Les collectivités d'outre-mer

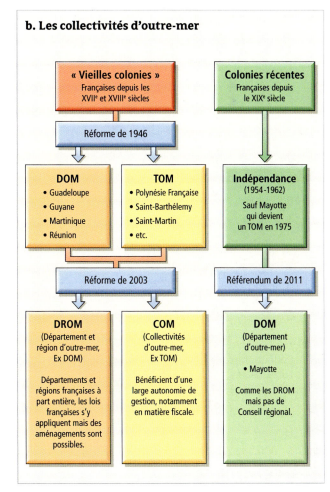

Chapitre 6. GOUVERNER LA FRANCE DEPUIS 1946

Comment la France est-elle gouvernée ?

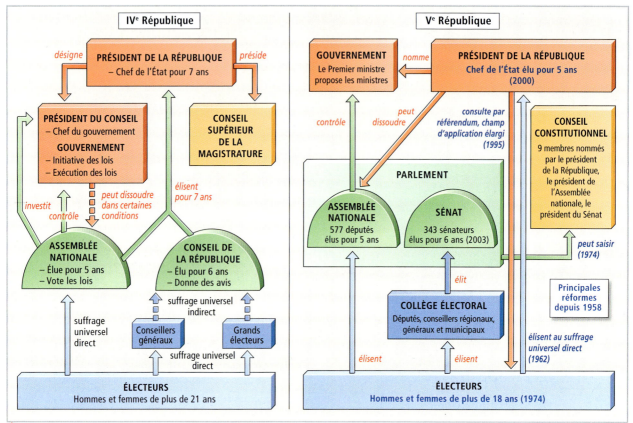

1 Les institutions de la IVe et de la Ve République

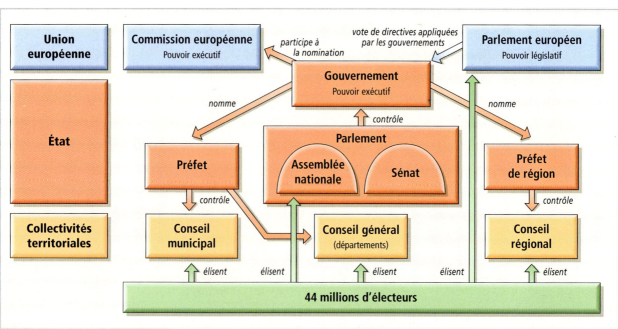

2 Des acteurs multiples

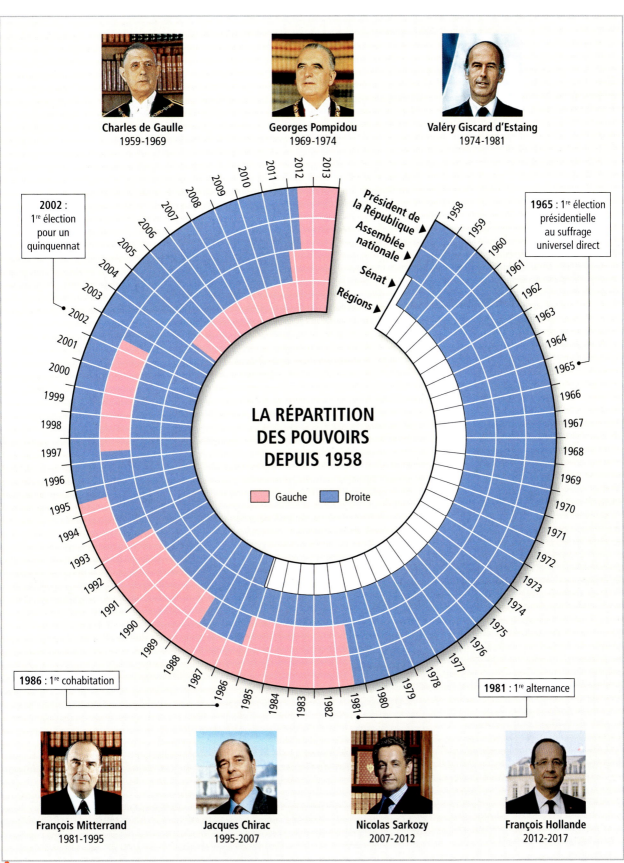

3 La répartition des pouvoirs sous la Vᵉ République

COURS

1. La refondation de l'État républicain (1946-1958)

> Comment la IVe République, malgré l'instabilité politique, a-t-elle renforcé l'autorité de l'État ?

→ Voir ÉTUDE p. 152.
→ Voir ÉTUDE p. 153.

REPÈRES

- **Les principales nationalisations de la Libération**
  - Renault
  - Air France
  - Banque de France
  - Crédit lyonnais
  - Société générale
  - Crédit agricole
  - Crédit foncier
  - Compagnies d'assurances
  - Compagnies d'électricité et de gaz (renommées EDF et GDF)
  - Charbonnages

VOCABULAIRE

CNR : Conseil national de la Résistance créé en 1943 pour fédérer la Résistance et préparer la réorganisation de la France. Il publie en 1944 un programme prévoyant notamment la Sécurité sociale et les nationalisations.

ENA : École nationale d'administration, fondée en 1945 (voir p. 152).

Nationalisation : opération par laquelle l'État prend le contrôle d'une entreprise privée.

PCF : Parti communiste français, fondé en 1920 ; il est le premier parti de France à la Libération.

Plan : document rédigé à intervalle régulier par un comité d'experts qui fixe les orientations et les objectifs assignés à l'économie française par l'État.

RPF : Rassemblement du peuple français, parti politique fondé par de Gaulle en avril 1947.

Scrutin proportionnel : mode de scrutin (opposé au **scrutin majoritaire**), dans lequel les partis présentent des listes et obtiennent un nombre d'élus proportionnel au nombre de voix obtenues.

NOTION CLÉ

État-providence : système qui accorde un rôle social important à l'État. Il garantit une protection contre la maladie, le chômage et la vieillesse. Cette protection est financée grâce à des cotisations sociales.

A Derrière l'instabilité des gouvernements...

● **Un régime parlementaire.** Au lendemain de la Libération, une Assemblée constituante élabore les institutions de la IVe République. Malgré l'opposition du général de Gaulle, qui lui reproche d'accorder trop de pouvoir au Parlement, cette Constitution est approuvée par référendum en octobre 1946.

● **Une opposition puissante.** Avec 28 % des voix et 182 députés, le PCF est en 1946 le premier parti de France. Aligné sur l'URSS, il entre dans une opposition systématique aux gouvernements à partir de 1947 et jusqu'en 1981. La même année, de Gaulle, qui s'est retiré du gouvernement en janvier 1946, crée le RPF.

● **Une majorité introuvable.** L'opposition systématique des communistes et des gaullistes rend difficile l'existence d'une majorité **(doc. 3)**. Le scrutin proportionnel aboutit à la représentation au Parlement d'une multitude de partis. Ceux-ci doivent donc former des coalitions, par nature instables, pour gouverner. En 12 ans d'existence, la IVe République voit ainsi passer 25 gouvernements.

B ... La permanence d'un État...

● **Une administration efficace.** Mais, malgré les incessants changements de gouvernement, le personnel politique est en fait demeuré assez stable. Sur les 227 ministres de la IVe République, 66 ont appartenu à plus de trois gouvernements. Surtout, la présence dans les ministères d'experts et de hauts fonctionnaires, souvent issus de la nouvelle ENA **(voir p. 152)**, a contribué à garantir la continuité de l'action publique en dépit des changements de majorité parlementaire.

● **Un consensus en faveur de l'État.** Les querelles partisanes n'empêchent pas la grande majorité des députés de partager certains principes issus de la Résistance. Ils considèrent ainsi l'État comme un agent essentiel de la modernisation de la France et de la démocratisation de la société.

C ... Qui étend son champ d'action

● **L'État planificateur.** De Gaulle crée en janvier 1946 un commissariat général au Plan, destiné à orienter le développement de l'économie française **(doc. 1)**. L'État est renforcé dans son rôle économique par les nationalisations décidées à la Libération. En effet, il contrôle une large part des secteurs bancaire et minier, et emploie près de 10 % des actifs. Ces réformes n'engagent pas pour autant la France sur la voie du socialisme, car la planification demeure indicative et de larges pans de l'économie restent aux mains des entreprises privées.

● **L'État social.** Conformément au programme élaboré par le CNR durant la guerre, une Sécurité sociale est créée en 1945. Financée et gérée par les employeurs et les salariés, elle couvre les principaux risques auxquels sont confrontés les Français (maladie, vieillesse). C'est la naissance de l'État-providence qui, par la redistribution des revenus, augmente le niveau de vie, soutient la consommation et donc la croissance économique **(doc. 2)**.

● **Un bilan positif.** Reprenant le discours gaulliste, on a souvent réduit la IVe République à la « valse des ministères » et aux rivalités stériles entre les partis. Pourtant, elle a permis à l'État d'accomplir une œuvre considérable. La France, largement ruinée en 1945, est rapidement reconstruite, modernisée **(doc. 4)** et engagée dans la construction européenne. La décolonisation est enclenchée, tandis que certains territoires sont intégrés à la République avec le statut de départements ou territoires d'outre-mer **(voir p. 153)**.

1 Le Plan d'équipement et de modernisation

Le commissariat général au Plan est créé en janvier 1946 et dirigé par Monnet jusqu'en 1952. Jean Monnet rapporte dans ses Mémoires *une conversation avec de Gaulle à la fin de l'année 1945.*

« Il faudra un certain temps, lui dis-je, pour réparer les villes, les ports, les chemins de fer, mais ces choses-là seront réparées, parce qu'on ne peut pas faire autrement. Par contre, il faudra une volonté très ferme, et beaucoup d'explications, pour faire comprendre aux gens que le mal essentiel est dans l'archaïsme de notre équipement et de nos méthodes de production.

– C'est le rôle des pouvoirs publics, me répondit-il. Proposez-leur quelque chose.

– Je ne sais pas encore exactement ce qu'il faut faire, mais je suis sûr d'une chose, c'est qu'on ne pourra pas transformer l'économie française sans que le peuple français participe à cette transformation. Quand je dis le peuple, ce n'est pas une entité abstraite, ce sont les syndicats, les industriels, l'administration, tous les hommes qui seront associés à un plan d'équipement et de modernisation.

– Voilà ce qu'il faut faire, et en voilà le nom, conclut le général de Gaulle. » […]

L'époque était favorable aux expériences d'effort en commun, car l'élan patriotique de la Libération était encore présent et n'avait pas trouvé le grand œuvre où il pourrait s'exprimer positivement. […] J'ai connu dix présidents du Conseil, et livré autant de batailles. L'instabilité ministérielle était un mal pour la France, mais guère plus qu'une gêne pour le Plan. Dans les vingt années qui suivirent, trois commissaires au Plan virent passer vingt-huit gouvernements.

Jean Monnet, *Mémoires*, librairie Arthème Fayard, 1976.

▶ Quel est l'objectif du Plan ?
▶ Pourquoi J. Monnet relativise-t-il l'impact de l'instabilité gouvernementale ?

2 De nouvelles missions pour l'État

Tout bien, toute entreprise, dont l'exploitation a ou acquiert les caractères d'un service public national ou d'un monopole de fait, doit devenir la propriété de la collectivité.

La Nation assure à l'individu et à la famille les conditions nécessaires à leur développement. Elle garantit à tous, notamment à l'enfant, à la mère et aux vieux travailleurs, la protection de la santé, la sécurité matérielle, le repos et les loisirs. Tout être humain qui, en raison de son âge, de son état physique ou mental, de la situation économique, se trouve dans l'incapacité de travailler a le droit d'obtenir de la collectivité des moyens convenables d'existence. […]

La Nation garantit l'égal accès de l'enfant et de l'adulte à l'instruction, à la formation professionnelle et à la culture. L'organisation de l'enseignement public gratuit et laïque à tous les degrés est un devoir de l'État.

Préambule de la Constitution de la IVe République, 27 octobre 1946, intégré à la Constitution de 1958.

▶ Dans quels nouveaux domaines l'État intervient-il désormais ?

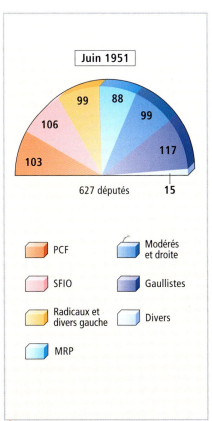

3 L'Assemblée nationale élue en 1951

4 L'œuvre de la IVe République

« Les Français se sont remis au travail », panneau scolaire Rossignol, 1953.

▶ Quelle est la nature de ce document ? Quel message veut-il faire passer ?

Chapitre 6. GOUVERNER LA FRANCE DEPUIS 1946

Apprendre à gouverner : l'École nationale d'administration

Créée en 1945, l'ENA avait pour vocation de doter la France d'une nouvelle élite d'administrateurs républicains afin de tourner la page du régime de Vichy. Le savoir-faire de cette école dans la formation de hauts fonctionnaires compétents n'est plus à prouver. Cependant, l'omniprésence de ses anciens élèves dans la haute administration, dans la classe politique, mais aussi dans le monde des affaires, lui vaut bien des critiques.

→ Voir **COURS** pp. 150-151.

1 Une école pour les hauts fonctionnaires

Le procès de nos administrations publiques est ouvert depuis nombre d'années. [...] Il n'y a pas été tenu un compte suffisant ni de la révolution industrielle du siècle dernier et des conséquences économiques et sociales, ni de la démocratisation de l'État, qui eût dû impliquer celle de tous ses organes. La refonte de la machine administrative française, qui s'imposait dès avant les événements de 1940, a tardé. Elle est devenue impérieuse. [...]

L'École nationale d'administration [...] rassemble sous une même discipline des élèves déjà formés soit par l'enseignement supérieur [...], soit par les fonctions administratives qu'ils auront exercées auparavant. Ces deux catégories d'élèves seront recrutées par des concours distincts quoique apparentés. Cette dualité de concours n'a nullement pour objet de créer au sein de l'école deux catégories, mais de garantir un certain nombre de places aux candidats qui, issus de l'administration, risquent d'être moins bien entraînés que d'autres aux épreuves scolaires d'admission. Une fois le seuil de l'École franchi, plus rien ne distinguera les élèves, quelle que soit leur origine. L'École leur enseignera les techniques de la vie administrative et politique, elle s'efforcera aussi de développer en eux le sentiment des hauts devoirs que la fonction publique entraîne et les moyens de les bien remplir.

Ordonnance du 9 octobre 1945 instituant l'École nationale d'administration.

REPÈRES CHRONOLOGIQUES

1945 : Création de l'ENA.

1983 : Création du « troisième concours » permettant à des personnes ayant exercé des fonctions électives, associatives ou syndicales d'intégrer l'ENA sans conditions de diplômes.

2004 : L'ENA s'ouvre à tous les ressortissants de l'UE.

2005 : L'ENA déménage de Paris à Strasbourg.

LE SENS DES MOTS

• Le terme « **énarque** » (contraction d'ENA et du suffixe « -arque » qui désigne le fait d'exercer le pouvoir) est apparu en 1967 pour stigmatiser l'omniprésence des anciens élèves de l'École au sommet de l'État.

Le verbe « **pantoufler** », issu du jargon de l'École polytechnique, désigne le fait pour un haut fonctionnaire d'aller travailler dans le secteur privé.

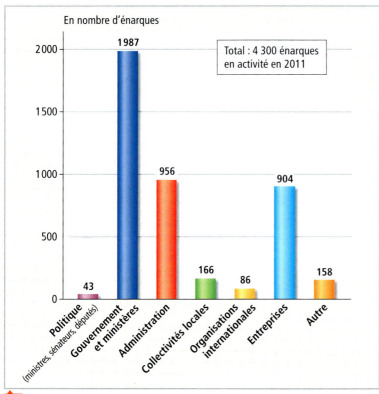

2 Où travaillent les énarques ?

Consigne

• Pourquoi peut-on dire que l'ENA est devenue l'école de l'élite qui gouverne la France ? En quoi cela peut-il poser problème ?

▶ **Aide pour répondre à la consigne**

1. Qu'est-ce qui motive la fondation de l'ENA ? **(doc. 1)**

2. Qu'est-ce que l'ENA doit apprendre à ses élèves ? **(doc.1)**

3. Quelle proportion des énarques en activité ne travaille pas dans l'administration ? Comment l'expliquer ? **(doc. 2)**

Gouverner la France d'outre-mer

→ Voir COURS pp. 150-151.
→ Voir COURS pp. 154-155.

La France exerce sa souveraineté sur de nombreux territoires ultramarins hérités de son expansion coloniale. En 1946, ces anciennes colonies furent transformées soit en départements, dont la gestion s'alignait sur la métropole, soit en territoires dotés d'institutions spécifiques.
La réforme constitutionnelle de 2003 a conservé cette diversité de statuts, en distinguant des départements et régions d'outre-mer (DROM, ex DOM) et des collectivités d'outre-mer (COM, ex TOM)(voir p. 147).

REPÈRES

• La France d'outre-mer

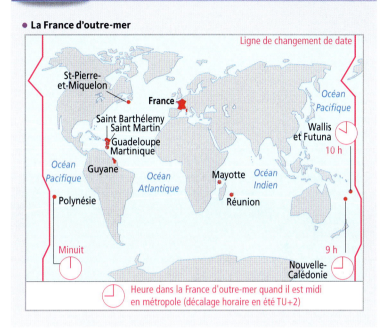

1 Aimé Césaire plaide pour la départementalisation

Député de la Martinique de 1945 à 1993, Aimé Césaire défend devant l'Assemblée la loi, finalement adoptée le 19 mars 1946, qui fait de la Martinique, de la Guadeloupe, de la Guyane et de la Réunion des départements français.

Nous considérons que seule l'assimilation[1] résout les problèmes des vieilles colonies et répond à leurs besoins actuels. Du point de vue administratif, nous constatons que les problèmes de la Martinique et de la Guadeloupe tout particulièrement deviennent d'une telle délicatesse que le seul ministère des Colonies [...] est incapable de les résoudre [...].

Quatre colonies arrivées à leur majorité demandent un rattachement plus strict à la France. Vous apprécierez cette pensée à sa juste valeur, j'en suis sûr, à cette heure où l'on entend des craquements sinistres dans les constructions de l'impérialisme. Ce que nous demandons, c'est de faire que l'expression « France d'outre-mer » ne soit pas une vaine figure de rhétorique. [...]

Il ne doit plus y avoir de place, pas plus entre les individus qu'entre les collectivités, pour des relations de maîtres à serviteurs, mais il doit s'établir une fraternité agissante au terme de laquelle il y aura une France plus que jamais unie et diverse, multiple et harmonieuse.

Aimé Césaire, discours devant l'Assemblée constituante, 12 mars 1946.

1. Traitement similaire à celui appliqué aux territoires et aux populations de métropole.

2 Des marges d'autonomie

Art. 73. Dans les départements et les régions d'outre-mer, les lois et règlements sont applicables de plein droit. Ils peuvent faire l'objet d'adaptations tenant aux caractéristiques et contraintes particulières de ces collectivités. Ces adaptations peuvent être décidées par ces collectivités dans les matières où s'exercent leurs compétences et si elles y ont été habilitées par la loi. Par dérogation au premier alinéa et pour tenir compte de leurs spécificités, les collectivités régies par le présent article peuvent être habilitées, selon le cas, par la loi ou par le règlement, à fixer elles-mêmes les règles applicables sur leur territoire, dans un nombre limité de matières pouvant relever du domaine de la loi ou du règlement.

Ces règles ne peuvent porter sur la nationalité, les droits civiques, les garanties des libertés publiques, l'état et la capacité des personnes, l'organisation de la justice, le droit pénal, la procédure pénale, la politique étrangère, la défense, la sécurité et l'ordre publics, la monnaie, le crédit et les changes, ainsi que le droit électoral.

Constitution de la Ve République, 1958.

Consigne

• Expliquez pourquoi et montrez comment l'outre-mer français est gouverné de manière spécifique.

▶ **Aide pour répondre à la consigne**

1. Pourquoi Aimé Césaire réclame-t-il la départementalisation des « vieilles colonies » ? **(doc. 1)**

2. De quels aménagements à la départementalisation peuvent disposer les territoires d'outre-mer ? Pourquoi ? **(doc. 2)**

3. Quels domaines ne sont susceptibles d'aucun aménagement ? Pourquoi ? **(doc. 2)**

Chapitre 6. GOUVERNER LA FRANCE DEPUIS 1946 153

COURS 2. L'État gaullien (1958-1974)

> Comment de Gaulle, tout en rompant avec les institutions de la IVᵉ République, a-t-il prolongé son action modernisatrice ?

→ Voir ÉTUDE p. 152.

A Le renforcement du pouvoir présidentiel

• **Un président puissant.** À son retour au pouvoir en 1958, le général de Gaulle veut rompre avec la IVᵉ République. C'est pourquoi il instaure le scrutin majoritaire uninominal, qui permet de dégager une majorité stable soutenant le gouvernement. Le président de la République est doté de larges pouvoirs et d'une légitimité renforcée en 1962 par son élection au suffrage universel direct. Ce système suscite des critiques (doc. 1), mais il n'est pas remis en cause par le successeur du général, Georges Pompidou.

• **Un président arbitre.** Durant sa présidence, de Gaulle délègue au Premier ministre le soin de gérer ce qu'il appelle « l'intendance », c'est-à-dire les affaires intérieures du pays. Lui veut apparaître comme un arbitre au-dessus des partis. Il fixe les grandes orientations politiques et économiques, et dirige la politique étrangère qu'il considère comme son « domaine réservé ».

• **Un président charismatique.** Chef des armées, incarnation de la nation et dépositaire de l'autorité publique, le président a pour de Gaulle une dimension quasi sacrée. Par des visites régulières en province, jalonnées de « bains de foule » (doc. 2), il entretient sa légitimité populaire. Ses nombreux voyages à l'étranger lui permettent de représenter une France dont il entend « restaurer la grandeur ».

B Les serviteurs de l'État

• **Les hauts fonctionnaires en politique.** Les hauts fonctionnaires sont au cœur du pouvoir gaullien. Souvent issus de l'IEP et de l'ENA (voir p. 152), ils sont incités à se présenter aux législatives afin d'être légitimés par le suffrage universel, puis nommés à des postes gouvernementaux. Valéry Giscard d'Estaing ou Jacques Chirac incarnent cette nouvelle génération d'hommes politiques issus de la haute administration.

• **Les experts dans l'ombre.** Plus rarement promus à des postes ministériels, les experts peuplent en nombre les ministères et conseillent dans l'ombre les décideurs politiques (doc. 4). Ce sont pour la plupart des ingénieurs issus des écoles Polytechnique, Centrale ou des Mines. On les trouve également à la tête des entreprises publiques où ils relaient l'action de l'État. Leurs compétences sont mises au service des ambitions modernisatrices du pouvoir.

C Une forte intervention de l'État

• **L'État entrepreneur.** De Gaulle puis Pompidou reprennent à leur compte le rôle central accordé à l'État dans la direction économique du pays par la IVᵉ République (doc. 3). Celui-ci soutient de grands projets dans de nombreux domaines comme le nucléaire, l'informatique ou les transports (avion supersonique Concorde, TGV).

• **L'État aménageur.** Avec la création de la DATAR en 1963, l'État prend également en main l'aménagement du territoire. Il s'agit de corriger les inégalités régionales et d'encadrer le développement des agglomérations. Des villes nouvelles (Cergy-Pontoise, Sénart, Évry), ou des ZIP (Dunkerque, Fos-sur-Mer) sortent de terre en quelques années. Un boulevard périphérique et un RER sont construits en région parisienne.

• **L'État, acteur culturel.** L'État se mêle également de culture avec la création en 1959 d'un ministère des Affaires culturelles. Celui-ci est confié à l'écrivain André Malraux qui crée en 1961 des maisons de la culture destinées à faciliter l'accès à la culture de l'ensemble des Français. L'État encourage la création artistique, notamment sous la présidence de G. Pompidou.

BIOGRAPHIE

• **De l'ENA à l'Élysée : Valéry Giscard d'Estaing**

1926 : Naissance.
1944 : Entrée à Polytechnique.
1948 : Entrée à l'ENA.
1952 : Inspecteur général des finances.
1954 : Directeur adjoint du cabinet d'E. Faure (président du Conseil).
1956 : Député du Puy-de-Dôme.
1959 : Secrétaire d'État aux Finances.
1962-1966 : Ministre des Finances.
1969-1974 : Ministre de l'Économie et des Finances.
1974 : Élu président de la République.

VOCABULAIRE

DATAR : Délégation à l'aménagement du territoire et à l'action régionale, créée en 1963.

IEP : Institut d'études politiques de Paris, couramment appelé « Sciences-Po », créé en 1945 par la nationalisation de l'École libre des sciences politiques.

RER : Réseau express régional d'Île-de-France, inauguré en 1977 pour faciliter les transports ferroviaires dans l'agglomération parisienne.

Scrutin majoritaire uninominal : mode de scrutin selon lequel les électeurs votent pour un candidat (et non une liste), qui doit obtenir la majorité absolue pour être élu au premier tour. Si aucun candidat n'obtient la majorité absolue, il y a ballotage. Un second tour est donc organisé, remporté par celui des deux candidats qui arrive en tête.

ZIP : Zone industrialo-portuaire. Vaste zone industrielle construite à proximité d'un port.

1 La Vᵉ République vue par F. Mitterrand

Qu'est-ce que la Vᵉ République sinon la possession du pouvoir par un seul homme dont la moindre défaillance est guettée avec une égale attention par ses adversaires et par le clan de ses amis ? Magistrature temporaire ? Monarchie personnelle ? Consulat à vie ? [...] Et qui est-il, lui, de Gaulle ? Duce, Führer, caudillo[1], conducator[2], guide ? [...] J'appelle le régime gaulliste dictature parce que, tout compte fait, c'est à cela qu'il ressemble le plus, parce que c'est vers un renforcement continu du pouvoir personnel qu'inéluctablement il tend, parce qu'il ne dépend plus de lui de changer de cap. Je veux bien que cette dictature s'instaure en dépit de de Gaulle. [...] Peut-être, en effet, de Gaulle se croit-il assez fort pour échapper au processus qu'il a de son propre mouvement engagé. Peut-être pense-t-il qu'il n'y aura pas de dictature sans dictateur puisqu'il se refuse à remplir cet office[3]. [...]

L'essentiel est de savoir que de Gaulle, le désirant ou le déplorant, pour rendre son pouvoir intouchable est contraint, quoi qu'il veuille, de le faire absolu. Non seulement par tempérament, par inclination, par goût, il évite le conseil et s'éloigne des représentants élus de la Nation [...], mais encore il pressent que tout pouvoir qui ne lui est pas soumis se transforme fatalement en pouvoir ennemi.

François Mitterrand, *Le Coup d'État permanent*, éditions Julliard, 1984.

1. Titre porté par le général Franco alors dictateur en Espagne.
2. Surnom du dictateur roumain Nicolae Ceausescu.
3. En conférence de presse, le 19 mai 1958, de Gaulle répond à un journaliste : « Pourquoi voulez-vous qu'à 67 ans je commence une carrière de dictateur ? »

▶ Que reproche F. Mitterrand au général de Gaulle ?

2 Le charisme présidentiel

Le président de la République de Gaulle prend un bain de foule à Verdun, février 1968.

▶ Comment est vêtu de Gaulle ? Que cherche-t-il à rappeler aux Français ?

3 L'État entrepreneur

Né d'un partenariat industriel franco-britannique, le Concorde, premier avion de ligne supersonique, est inauguré par le président Pompidou qui effectue un vol entre Paris et Toulouse le 7 mai 1971. Une de *Paris Match*, 8 mai 1971.

4 Les « technocrates » et les « politiques »

Durant ses 5 années à l'Élysée, le président Pompidou a gouverné entouré par des experts issus des grandes écoles de la République. Pourtant, dans un livre publié pour la première fois en 1974, l'année de sa mort, il critique leur omniprésence à la tête de l'État.

Je veux dire que la République ne doit pas être la République des ingénieurs, des technocrates, ni même des savants. Je soutiendrais volontiers qu'exiger des dirigeants du pays qu'ils sortent de l'ENA ou de Polytechnique[1] est une attitude réactionnaire, qui correspond exactement à l'attitude du pouvoir royal à la fin de l'Ancien Régime exigeant des officiers un certain nombre de quartiers de noblesse[2].

La République doit être celle des « politiques » au sens vrai du terme, de ceux pour qui les problèmes humains l'emportent sur tous les autres, ceux qui ont de ces problèmes une connaissance concrète, née du contact avec les hommes, non d'une analyse abstraite, ou pseudo-scientifique, de l'homme. [...] L'époque n'est plus à Louis XIV dans son palais de Versailles, au milieu des grands, mais rien n'y ressemblerait davantage qu'un Grand Ordinateur dirigeant de la salle de commande électronique le conditionnement des hommes.

Georges Pompidou, *Le Nœud gordien*, Flammarion, 1984.

1. L'École polytechnique (parfois appelée « X ») est une des principales écoles d'ingénieurs françaises.
2. Plus une famille a de quartiers, plus sa noblesse est ancienne et plus le prestige qui y est associé est grand.

▶ Quelles qualités doit avoir un gouvernant selon Pompidou ?
▶ Qu'appelle-t-il les « technocrates » ? Que leur reproche-t-il ?

COURS 3. L'érosion du pouvoir de l'État (1974-2014)

> Pourquoi la capacité d'action de l'État a-t-elle reculé depuis 1974 ?

→ Voir ÉTUDE p. 153.
→ Voir ÉTUDE pp. 158-159.

A Une Ve République qui s'installe dans la durée

● **La continuité institutionnelle.** En 1974, le centriste Valéry Giscard d'Estaing devient le premier président non gaulliste de la Ve République. Il veut moderniser le « style » de gouvernement et ouvrir le pouvoir aux femmes, mais sans changer les institutions. En 1981, le socialiste François Mitterrand est élu **(doc. 1)** : c'est l'alternance. Pourtant, il s'accommode très bien des institutions qu'il avait dénoncées auparavant.

● **L'exécutif divisé.** La victoire de la droite aux législatives de 1986 place François Mitterrand dans l'obligation de nommer le gaulliste Jacques Chirac Premier ministre. Cette situation inédite de cohabitation montre que la dualité de l'exécutif peut poser problème. Mitterrand tente de s'opposer à certaines mesures du gouvernement et de conserver le monopole de la politique étrangère.

B La montée en puissance des régions

● **La décentralisation.** Mais le grand changement intervient dans les rapports entre l'État central et « la province ». Ministre de l'Intérieur et de la Décentralisation de 1981 à 1984, le socialiste Gaston Defferre fait des régions des collectivités territoriales à part entière (voir p. 153). Le pouvoir exécutif des préfets, fonctionnaires nommés par l'État, est transféré aux conseils généraux (départements) et régionaux, élus au suffrage universel direct **(doc. 2)**. En 2003, la décentralisation devient un principe constitutionnel. L'État délègue une part croissante de ses compétences (gestion des lycées, des routes, des trains régionaux) aux régions.

● **Une situation inédite.** À partir de 2004, les élections régionales, cantonales et municipales sont remportées par la gauche. Une nouvelle forme de cohabitation se met en place entre l'État central, dirigé par la droite, et les collectivités territoriales, gérées par la gauche **(doc. 3)**. Grâce au contrôle des exécutifs locaux, la gauche conquiert en 2011 la majorité au Sénat, que la droite détenait depuis 1958.

C L'État contesté

● **La libéralisation de l'économie.** Avec la fin des « Trente Glorieuses », l'intervention de l'État dans le domaine économique et social est remise en cause par les partisans du libéralisme économique **(doc. 4)**. C'est ainsi que la droite vote en 1986 de nombreuses privatisations. Le rôle de l'État est par ailleurs remis en question par la mondialisation et l'essor des firmes transnationales, sur lesquelles il n'a guère de prise. En 1999, le Premier ministre socialiste Lionel Jospin avoue ainsi son impuissance à des ouvriers licenciés par Michelin en affirmant que « l'État ne peut pas tout ».

● **La construction européenne.** Avec le traité de Maastricht (1992), la CEE devient l'Union européenne. La coopération entre pays européens dépasse désormais le seul domaine économique et prend une dimension politique. En conséquence, certaines compétences de l'État français se trouvent déléguées à l'UE. Plus de 25 % des lois françaises se contentent de retranscrire des décisions prises à l'échelon européen. On ne peut plus gouverner la France sans prendre en compte ses engagements européens.

● **La « résistance » de l'État.** Le recul de l'État ne doit cependant pas être exagéré. S'il délègue certaines de ses missions traditionnelles, il s'en approprie de nouvelles comme les questions environnementales. Surtout, face aux excès de l'économie de marché, de nombreux hommes politiques, à droite comme à gauche, affirment la nécessité d'un État régulateur et protecteur.

REPÈRES

● **Les principales privatisations**
– TF1 (1987)
– Société générale (1987)
– Elf-Aquitaine (1994)
– Renault (1996)
– France Télécom (1997)
– Air France (1999)
– Crédit lyonnais (1999)
– EDF-GDF (2005)

VOCABULAIRE

Alternance : passage de pouvoir d'un bord politique à l'autre.

CEE : Communauté économique européenne créée par les traités de Rome en 1957. Elle prévoit un marché commun européen et des politiques communes pour rapprocher les États membres.

Cohabitation : situation dans laquelle le président n'est pas de la même tendance politique que le Premier ministre issu de la majorité parlementaire.

Collectivité territoriale : structure administrative infra-étatique dirigée par un exécutif élu (commune, département ou région).

Privatisation : revente à des investisseurs privés des parts détenues par l'État dans une entreprise publique qui devient dès lors privée.

NOTIONS CLÉS

Décentralisation : transfert de certaines compétences de l'État aux régions ou aux départements qui le composent. La décentralisation peut ouvrir la voie à l'autonomie.

Libéralisme économique : doctrine prônant la non-intervention de l'État dans le domaine économique et social.

156

COURS

2 Un État affaibli

Quand on compare Sarkozy et Pompidou, que constate-t-on ? Sous Pompidou, il n'y avait pas l'Europe, pas la décentralisation. Tout était décidé à Paris, le président de la République décrochait son téléphone en disant « vous allez me construire un gymnase à tel endroit », et on exécutait. Il n'y avait aucune autorité administrative indépendante (CSA, CNIL[1]).

Il y avait un secteur public considérable : des pans entiers de l'industrie, la quasi totalité du secteur bancaire et financier, était publique. Il y avait le monopole sur la radio-télévision. [...]

Nicolas Sarkozy a essayé, par son activité, de faire oublier combien en vérité son pouvoir s'était réduit. Ce n'est pas le chef de l'État qui a perdu du pouvoir. C'est l'État de 2012 qui est incomparablement moins puissant que ne l'était l'État de 1970. Au sein de cet État, le chef de l'État lui, n'est pas moins puissant, mais à partir du moment où l'instrument a perdu beaucoup de ses moyens d'action, celui qui est à sa tête peut toujours s'agiter, cela ne change pas grand chose au fait qu'il n'a plus les mêmes ressources qu'avaient ses prédécesseurs.

Guy Carcassone, retranscription d'une interview donnée à Michèle Dominici, in *La Ve République et ses monarques*, 2013.

1. CSA : Conseil supérieur de l'audiovisuel ; CNIL : Commission nationale de l'informatique et des libertés.

▶ Pourquoi, d'après l'auteur, Nicolas Sarkozy est-il un président moins puissant que ses prédécesseurs ?

1 Gouverner en période de cohabitation

La victoire de la droite aux législatives de mars 1986 contraint le président socialiste François Mitterrand (à droite) à nommer son rival de droite Jacques Chirac (à gauche) au poste de Premier ministre. En novembre, ils se rendent tous deux au sommet franco-africain de Lomé (Togo).

4 Un État « écrasant »

Pascal Salin est un économiste libéral français né en 1939.

La France pourrait être un paradis pour tout le monde, jeunes et vieux, salariés et entrepreneurs, riches et pauvres, si l'État était moins écrasant, si l'on mettait fin à ses gaspillages insensés et si l'on tarissait ainsi la source même de la corruption. La France bat des records d'interventionnisme étatique, mais elle bat aussi des records de croissance faible, de chômage, d'insécurité [...].

Il est en un sens miraculeux que, confrontés à tant de spoliation[1] étatique, à tant d'arbitraire, à tant de contrôles, de sanctions, de gaspillages, d'encouragements à la paresse, certains Français aient encore autant de capacités à produire, à faire des efforts, à inventer. Et c'est bien pourquoi ce pays pourrait redevenir tellement doux à vivre, si l'on faisait éclater toutes les contraintes qui pèsent sur ses habitants.

La solution semble évidente : c'est la solution libérale. [...] Puisque le libéralisme n'a jamais été mis en œuvre au cours des décennies passées et puisque l'autre solution – l'interventionnisme étatique – a échoué, ne pourrait-on pas, au minimum, l'expérimenter, ne serait-ce que pour savoir ?

Pascal Salin, « France : pourquoi ne pas essayer une autre politique ? », *Le Figaro*, 25 mars 2002.

1. Confiscation.

3 L'ultime alternance

Une de *Libération*, 26 septembre 2011.

▶ En vous reportant aux institutions de la Ve République (voir p. 148), expliquez en quoi le passage à gauche du Sénat en 2011 est le résultat des élections locales des années précédentes.

▶ Quels reproches cet auteur formule-t-il à l'égard de l'action de l'État en France ?

Chapitre 6. GOUVERNER LA FRANCE DEPUIS 1946   157

La décentralisation : une nouvelle façon de gouverner la France

→ Voir **COURS** pp. 156-157.

Pays dont le gouvernement est historiquement très centralisé, la France ne s'est décidée qu'à partir des années 1980 à renforcer les pouvoirs de ses régions et départements. Cette évolution ne s'est d'ailleurs pas faite sans susciter des inquiétudes chez ceux qui y voyaient un risque pour la cohésion nationale. De nos jours, la décentralisation continue de provoquer bien des débats, mais ce n'est plus tant sa légitimité que ses modalités qui posent problème.

VOCABULAIRE

Collectivité territoriale : structure administrative infra-étatique dirigée par un exécutif élu (commune, département ou région).

Décentralisation : transfert de certaines compétences de l'État aux régions ou aux départements qui le composent. La décentralisation peut ouvrir la voie à l'autonomie.

LE POINT SUR…

• **La tradition centralisatrice française**
La **République française** apparaît peu décentralisée par rapport aux États voisins, qui donnent généralement une grande liberté d'action à leurs **régions** (Espagne, Italie), voire ont une structure clairement **fédérale** (Allemagne). Jusqu'en 1982, les compétences des départements et communes étaient très limitées. C'est le **préfet** nommé par le gouvernement qui détenait le pouvoir exécutif du département, exerçant un étroit contrôle sur les actes des collectivités territoriales.

1 Pourquoi décentraliser ?

La France appartient-elle au groupe des démocraties occidentales […] ? Oui, en ce qui concerne la culture, l'économie, les libertés individuelles et les institutions au niveau national.

Mais la situation est très différente pour la vie réelle de ses villes et de ses campagnes. Le langage courant le montre bien. Un mot comme « la province » par opposition à Paris est intraduisible. Car aucun pays étranger, si ce n'est peut-être dans le Tiers-Monde, n'a établi une telle ségrégation entre la capitale et le reste. De même le mot « préfet », car aucune démocratie occidentale n'accepte qu'un agent du pouvoir central règne sur une collectivité territoriale. […]

L'essentiel du système de décision, de la capacité financière, des moyens de recherche, du potentiel d'avenir, tout cela tend à devenir le monopole de l'État, dans sa capitale, au détriment de toute la France. Or, ce n'est pas le résultat d'un hasard ; c'est le produit d'une volonté. […] Ainsi la France est, en fait, gouvernée selon le plus vieux modèle : la hiérarchie. Tout est décidé au sommet ; en dessous, on exécute. C'est à la fois […] le signe et la raison du sous-développement français. […] La région est la seule garantie du pouvoir local. C'est pourquoi l'État s'effraie, et la récuse. Il veut conserver son monopole.

[…] La région, seule, peut créer le contrepoids indispensable face à l'omnipotence de l'État. La région ainsi conçue ne peut être qu'une véritable collectivité territoriale de plein exercice et non une simple circonscription administrative de plus. Dans sa dimension, son animation et sa gestion, la région doit être vivante : ses élus, sur place, doivent exercer le pouvoir.

Jean-Jacques Servan-Schreiber, *Le Pouvoir régional*, Grasset, 1971.

2 La loi Defferre (1982)

En 1982, à la demande du président François Mitterrand, le ministre de l'Intérieur Gaston Defferre fait adopter les premières lois de décentralisation. Laurent Fabius, à l'époque ministre du Budget, revient sur cette mesure majeure.

La décentralisation telle que l'a voulue et mise en œuvre François Mitterrand marquait une double rupture. Les lois et les décrets de 1982 ont rompu avec le passé. Pour la gauche au pouvoir, il s'agissait de s'émanciper des « tendances lourdes » en décorsetant les territoires après trois siècles d'omniprésence et d'omnipotence de l'État central. Pour le nouveau président, il fallait aussi rompre avec l'héritage du gaullisme, du pompidolisme et du giscardisme qui avaient porté à un haut degré l'affaiblissement politique des élus locaux. Pas de hasard si les mesures Mitterrand-Mauroy-Defferre furent celles d'un président de conseil général et de deux grands responsables régionaux[1] !

À l'expérience des aînés s'était agrégée, dans la foulée des élections locales à la fin des années 1970, l'aspiration de nombreux jeunes élus de gauche – j'en étais – qui avaient soif de plus de liberté et de responsabilités à l'échelon local. […] Pour la première fois […], l'État abandonnait, de son propre chef et au profit des collectivités territoriales, en métropole comme outre-mer, une large partie de ses pouvoirs réglementaires et financiers. Tutelle supprimée, contrôles a posteriori[2], rapprochement des lieux de décision, progression de la démocratie locale, voilà les acquis de cet élargissement des « droits et libertés des communes, des départements et des régions » tel que l'a rendu possible la loi du 2 mars 1982.

Témoignage de Laurent Fabius, *La Lettre de l'Institut François Mitterrand*, n° 6, 2003.

1. François Mitterrand avait été président du conseil général de la Nièvre ; Pierre Mauroy, Premier ministre en 1982, fut maire de Lille de 1973 à 2001 ; Gaston Defferre fut maire de Marseille de 1953 à 1986.
2. Avant la loi Defferre, toute décision des collectivités locales devait être examinée et approuvée par le préfet avant d'entrer en vigueur. Depuis 1982, le préfet se contente de vérifier la légalité des mesures prises et de saisir éventuellement le tribunal administratif.

ÉTUDE

3 L'affirmation des pouvoirs locaux

Maire de Montpellier de 1977 à 2004, président de la région Languedoc-Roussillon de 2004 à 2010, Georges Frêche a entrepris de vastes chantiers dans sa région. Il a notamment fait bâtir un siège monumental pour le conseil régional, sur lequel sa photographie a été affichée au lendemain de sa mort en octobre 2010.

4 La révision constitutionnelle (mars 2003)

Art. 1. La France est une République indivisible, laïque, démocratique et sociale. [...] Son organisation est décentralisée.

Art. 72. Les collectivités territoriales ont vocation à exercer l'ensemble des compétences qui peuvent le mieux être mises en œuvre à leur échelon. [...] Sauf lorsque sont en cause les conditions essentielles d'exercice d'une liberté publique ou d'un droit constitutionnellement garanti, les collectivités territoriales [...] peuvent, lorsque, selon le cas, la loi ou le règlement l'a prévu, déroger, à titre expérimental, aux dispositions législatives ou réglementaires qui régissent l'exercice de leurs compétences.

Art. 72-1. La loi fixe les conditions dans lesquelles les électeurs de chaque collectivité territoriale peuvent, par l'exercice du droit de pétition, demander l'inscription à l'ordre du jour de l'assemblée délibérante de cette collectivité d'une question relevant de sa compétence. Dans les conditions prévues par la loi organique, les projets de délibération ou d'acte relevant de la compétence d'une collectivité territoriale peuvent, à son initiative, être soumis, par la voie du référendum, à la décision des électeurs de cette collectivité.

Art. 72-2. [...] Tout transfert de compétences entre l'État et les collectivités territoriales s'accompagne de l'attribution de ressources équivalentes à celles qui étaient consacrées à leur exercice. Toute création ou extension de compétences ayant pour conséquence d'augmenter les dépenses des collectivités territoriales est accompagnée de ressources déterminées par la loi.

Constitution de la Ve République.

5 L'État en accusation

Cette loi du 13 août appelée bien improprement « acte II de la décentralisation » est bien plutôt l'acte majeur du désengagement de l'État. D'ores et déjà, les départements et les régions se trouvent mis en difficulté par des transferts financiers qui ne comblent pas les charges. [...]

Nous n'aurions théoriquement pas de souci à nous faire puisque « le principe d'autonomie financière des collectivités est désormais inscrit dans la Constitution ». Certes, mais encore faut-il savoir sur quelles bases se fera la compensation financière des compétences transférées. Le moins que l'on puisse dire, c'est que les expériences passées et les premières informations ne sont guère rassurantes.

C'est la raison pour laquelle [...] le groupe communiste propose que l'exécutif de la région poursuive l'État dans les juridictions concernées chaque fois que la compensation ne sera pas intégrale. Par exemple, dans le cas des transferts obligatoires et imposés, nous proposons qu'à la constatation des écarts entre les versements de l'État et les coûts supportés par le conseil régional, des titres de recettes correspondants soient émis par le conseil régional en direction de l'État[1].

Jean-Michel Guérineau, conseiller régional communiste, allocution au conseil régional de la région Centre, 20 octobre 2005.

1. C'est-à-dire que le conseil régional oblige l'État à financer intégralement les attributions transférées à la région.

Questions

▶ **Exploiter et confronter les documents**

1. Quelle spécificité française J.-J. Servan-Schreiber souligne-t-il ? Quelles en sont d'après lui les conséquences ? **(doc. 1)**

2. D'après Laurent Fabius, pourquoi les socialistes sont-ils favorables à la décentralisation en 1981 ? **(doc. 2)**

3. Quels changements les lois Defferre introduisent-elles ? **(doc. 2)**

4. En quoi cette photographie témoigne-t-elle du pouvoir croissant des régions ? **(doc. 3)**

5. Quels nouveaux droits l'État reconnaît-il aux collectivités territoriales en 2003 ? **(doc. 4)**

6. Que dénonce J.-M. Guérineau ? Que propose-t-il ? **(doc. 5)**

▶ **Organiser et synthétiser les informations**

7. Pourquoi et comment la France est-elle progressivement devenue un pays décentralisé ?

▶ **Utiliser les TICE**

8. Sur le site Internet du conseil régional dont dépend votre lycée, cherchez les principaux domaines dans lesquels il intervient financièrement.

Chapitre 6. GOUVERNER LA FRANCE DEPUIS 1946 **159**

ÉTUDE — Gouvernement et opinion publique

Avec le développement de la télévision puis d'Internet, les gouvernants ont dû s'adapter à une démocratie dans laquelle l'image est devenue omniprésente et l'opinion publique plus puissante. Conseillés par des experts en communication, les hommes politiques agissent désormais l'œil rivé sur les sondages. Certains analystes dénoncent une « démocratie d'opinion » où les décisions seraient prises en fonction des sondages.

1 Les aléas de la popularité

Le président de la République m'a envoyé son conseiller en communication, Jacques Pilhan. Je l'ai écouté, j'ai suivi ses avis, cela n'a pas suffi. J'ai une conviction bien ancrée au fond de moi-même et mon expérience ne l'a pas modifiée : c'est que vous pouvez faire de la mousse médiatique quand vous n'êtes pas aux commandes. Lorsque vous êtes en campagne, c'est très facile, vous pouvez promettre à la terre entière. Quand vous êtes confronté à la décision ou à la réalité et qu'il faut faire avaler une pilule amère, vous avez beau y mettre tous les rubans roses que vous voulez, cela ne passe pas.

Je ne comprenais pas toujours très bien, en outre, ce qu'on me conseillait. Il fallait être plus souriant, il fallait parler plus simplement aux gens. Souriant, quand vous parlez du déficit de la Sécurité sociale, ou de la nécessité de réformer les finances publiques : ce n'est pas une rigolade ! […]

On m'a monté un studio à Matignon, avec de jolies couleurs derrières, pour que je puisse rencontrer fréquemment la presse. Il y avait d'ailleurs en permanence un débat : faut-il voir souvent les journalistes ou pas souvent ? Et cela alternait. Il y avait les périodes où je les voyais souvent et puis les sondages baissaient. Alors les conseillers en communication disaient doctement : « Il les voit trop souvent. » Alors je les voyais moins souvent. Mais les sondages baissaient toujours. Alors on redisait : « Il faut les voir plus souvent ». […] L'opinion pour tout dire, évolue. On peut vous plébisciter et le lendemain brandir votre effigie au bout d'une pique. […]

En décembre 1995, j'ai subi des manifestations, une chute spectaculaire dans les sondages, un comble d'impopularité. Tous les matins, mon fils passait en moto pour aller travailler sous une banderole « Juppé, salaud ! ». Moi, je me réveillais en entendant les manifestants scander : « Juppé, on aura ta peau ! » Pour commencer la journée, c'est stimulant… Mais on prend un bon petit déjeuner et puis on va au boulot.

Alain Juppé, propos recueillis par Raphaëlle Bacqué dans *L'Enfer de Matignon*, Albin Michel, 2008.

2 Le style VGE

Candidat à la succession de Pompidou, le ministre des Finances Valéry Giscard d'Estaing (à droite), pose en tenue de football dans sa ville de Chamalières, en 1974.

3 L'illusion de l'opinion publique

Le sondage d'opinion est, dans l'état actuel, un instrument d'action politique ; sa fonction la plus importante consiste peut-être à imposer l'illusion qu'il existe une opinion publique […] ; à imposer l'idée qu'il existe quelque chose qui serait comme la moyenne des opinions ou l'opinion moyenne. L'« opinion publique » qui est manifestée dans les premières pages de journaux sous la forme de pourcentages (60 % des Français sont favorables à…), cette opinion publique est un artefact pur et simple dont la fonction est de dissimuler que l'état de l'opinion à un moment donné du temps est un système de forces, de tensions et qu'il n'est rien de plus inadéquat pour représenter l'état de l'opinion qu'un pourcentage. […] L'homme politique est celui qui dit : « Dieu est avec nous ». L'équivalent de « Dieu est avec nous », c'est aujourd'hui « l'opinion publique est avec nous ». Tel est l'effet fondamental de l'enquête d'opinion : constituer l'idée qu'il existe une opinion publique unanime, donc légitimer une politique et renforcer les rapports de force qui la fondent ou la rendent possible. […] L'opinion publique dans l'acception implicitement admise par ceux qui font des sondages d'opinion ou ceux qui en utilisent les résultats, je dis simplement que cette opinion-là n'existe pas.

Pierre Bourdieu, *L'opinion publique n'existe pas*, 1972 (repris dans *Questions de sociologie*, Minuit, 1984).

ÉTUDE

4 **Construire son image**
Le 20 avril 2007, le candidat à l'élection présidentielle Nicolas Sarkozy, lors d'un déplacement en Camargue.

5 **La révolution numérique**
Une de *Libération*, 4 août 2008.

Questions

▶ **Exploiter et confronter les documents**

1. En quoi l'attitude de Valéry Giscard d'Estaing vis-à-vis des médias rompt-elle avec celle de ses prédécesseurs ? **(doc. 2)**

2. De quelle manière l'opinion publique a-t-elle une influence sur les gouvernants ?
Cette influence a-t-elle des limites ? **(doc. 1)**

3. De quelle manière les gouvernants tentent-ils d'influencer l'opinion publique ?
Cette influence a-t-elle des limites ? **(doc. 2, 3 et 4)**

4. Quels reproches Alain Juppé adresse-t-il aux conseillers en communication ? **(doc. 1)**

5. Pourquoi Pierre Bourdieu affirme-t-il que « l'opinion publique n'existe pas ? » **(doc. 3)**

6. En quoi Internet modifie-t-il la relation entre gouvernants et opinion publique ? **(doc. 5)**

▶ **Organiser et synthétiser les informations**

7. Pourquoi peut-on dire que l'opinion publique est à la fois influente à l'égard des gouvernants, et influencée par eux ?

Chapitre 6. GOUVERNER LA FRANCE DEPUIS 1946

Révision — Gouverner la France depuis 1946 : État, gouvernement, administration et opinion publique

L'essentiel

1. La reconstruction de l'État républicain (1946-1958)

- **Un régime parlementaire.** La IVe République, qui donne l'essentiel du pouvoir au Parlement, voit le jour en 1946. Du fait de son mode de scrutin proportionnel, elle est marquée par une forte instabilité gouvernementale qui rend compliquée la gestion des problèmes du pays (reconstruction, décolonisation).

- **Une administration efficace.** Malgré ces défauts, la IVe République réalise une œuvre considérable : l'économie est relancée et modernisée, la construction européenne enclenchée. La « valse » des ministères cache la remarquable continuité du travail des experts qui occupent les postes clés au sein des ministères.

2. L'État gaullien (1958-1974)

- **Un pouvoir présidentiel fort.** De retour au pouvoir en 1958, de Gaulle met en place une Ve République qui renforce considérablement les attributions et l'autorité du président. Celui-ci devient l'incarnation de l'État et se pose en arbitre des querelles partisanes.

- **L'État tout-puissant.** Si la rupture institutionnelle entre la IVe et la Ve République est nette, il y a continuité concernant le rôle de l'État. De Gaulle reprend à son compte les orientations décidées sous la IVe République : planification de l'économie, État-providence, prépondérance des experts dans l'élaboration des politiques publiques.

3. L'affaiblissement de l'État depuis 1974

- **L'État contesté.** Avec la crise économique, l'omniprésence de l'État est remise en cause par des économistes libéraux. L'intervention de l'État dans l'économie est de moins en moins perçue comme un gage de croissance, mais au contraire comme un frein à celle-ci.

- **L'État amoindri.** Par des vagues de privatisations, l'État se désengage de l'économie. À partir des années 1980, il met également en place une politique de décentralisation par laquelle il délègue certaines de ses compétences aux régions. Il doit aussi renoncer à une partie de ses pouvoirs au profit de l'Union européenne.

LES DATES CLÉS

1945 : Création de l'ENA.
1946 : IVe République.
1958 : Ve République.
1962 : Élection du président de la République au suffrage universel direct.
1981 : Première alternance.
1982 : Lois Defferre sur la décentralisation.
1986 : Première cohabitation. Privatisations.
2003 : La décentralisation devient un principe constitutionnel.

LES MOTS CLÉS

- Décentralisation
- État-providence
- Jacobinisme
- Libéralisme économique
- Planification

LES PERSONNAGES CLÉS

Charles de Gaulle (1890-1970)
Fondateur et premier président de la Ve République (1958-1969).

Jean Monnet (1888-1979)
Commissaire au plan de 1946 à 1952, initiateur de la construction européenne.

LE SENS DES MOTS

- **Régime parlementaire, régime présidentiel**

Le **régime parlementaire** est fondé sur l'équilibre entre le pouvoir exécutif (qui peut dissoudre le Parlement) et le pouvoir législatif (qui peut renverser le gouvernement, responsable devant lui). Le **régime présidentiel** est fondé sur la séparation entre l'exécutif (qui ne peut pas dissoudre le Parlement) et le législatif (qui ne peut pas renverser le gouvernement, responsable devant le Président). La Ve République est un régime parlementaire avec un pouvoir présidentiel fort (on parle parfois de régime semi-présidentiel).

- **Libéralisme politique et libéralisme économique**

Le **libéralisme** est une doctrine née au XVIIIe siècle, qui défend la liberté individuelle contre les ingérences de l'État. Au XXe siècle, une distinction s'est établie entre le **libéralisme politique** (garantie des libertés fondamentales) et le **libéralisme économique** (intervention minimale de l'État dans le domaine économique et social). Ce dernier est contesté par les socialistes et les défenseurs de l'État-providence.

RÉVISION BAC

Schéma de synthèse

Les mutations de l'État en France depuis 1946

La IVe République met en place un modèle…

- **Un régime parlementaire**
  Instabilité gouvernementale

  ↓

  …qui n'est que partiellement remis en cause par de Gaulle…

  ↓

  Ve République
  Un régime semi-présidentiel

- **Un État providence et interventionniste**
  - Nationalisations
  - Planification
  - Sécurité sociale
  - Datar

- **Une administration performante**
  - Création de l'ENA
  - Présence de nombreux experts et hauts fonctionnaires dans les ministères

…qui subit de profondes mutations à partir des années 1970.

- **Libéralisation économique**
  - Privatisations
  - Recul de l'État-providence
  - Mondialisation libérale

- **Délégation**
  aux administrations locales (décentralisation) et européennes de certaines compétence de l'État

Légende : ■ Institutions   ■ Administration   ■ Politiques menées

---

Pour aller plus loin

▶ À LIRE

- R. Legal et Frisco, *Élysée République*, Casterman, 2007-2012. Une série de bandes dessinées sur la présidence de la République.
- P. Rosanvallon, *L'État en France de 1789 à nos jours*, éditions du Seuil, 1990.
- M. Verpeaux et C. Rimbault, *Les Collectivités territoriales et la décentralisation*, La Documentation française, 2011.
- D. Schnapper, *La Communauté des citoyens*, Gallimard, 2003.

▶ À VOIR

- P. Schoeller, *L'Exercice de l'État*, 2011. Un film sur les coulisses du pouvoir en France.
- A. Cavalier, *Pater*, 2011. Les relations entre un président de la République et son Premier ministre.
- H. Verneuil, *Le Président*, 1961. Un président fait face à un scandale financier.

▶ À CONSULTER

- De nombreux dossiers relatifs aux évolutions de l'État en France : www.vie-publique.fr
- Le site de la présidence : www.elysee.fr/

Chapitre 6. GOUVERNER LA FRANCE DEPUIS 1946

BAC — Analyse de documents

❶ Analyser un texte	pp. 36 et 56
❷ Analyser une photographie	p. 84
❸ Analyser un document statistique	p. 110
❹ Analyser deux documents de nature différente	p. 140
❺ **Analyser deux documents aux points de vue opposés**	

Analyser deux documents aux points de vue opposés

▶ **Sujet :** Le rôle de l'État français à l'heure de la mondialisation libérale

Consigne : Confrontez ces documents afin de mettre en valeur les différentes conceptions du rôle de l'État en France.
Montrez que, malgré des divergences, François Mitterrand et Jacques Chirac s'accordent sur une certaine vision de l'État.

Le programme de François Mitterrand en 1981

II. L'emploi et la croissance sociale par la maîtrise de l'économie […]

19. Le plan[1], démocratisé et décentralisé, donnera un nouveau contenu au développement économique. La croissance sociale s'appuiera sur le dynamisme du secteur public […].

21. Le secteur public sera élargi par la nationalisation des neuf groupes industriels prévus dans le Programme commun[2] et le programme socialiste, de la sidérurgie et des activités de l'armement et de l'espace financées sur fonds publics. La nationalisation du crédit et des assurances sera achevée. […]

31. Le SMIC[3] sera relevé. Son montant sera fixé après négociations avec les organisations syndicales. La nouvelle hiérarchie des salaires inscrite dans les conventions collectives sera respectée. Les prestations pour handicapés et le minimum vieillesse seront portés au niveau des deux tiers du revenu moyen. Les prestations familiales seront revalorisées de 50 % en deux étapes.
Les indemnités de chômage seront fortement augmentées.

Extrait des 110 propositions pour la France du candidat François Mitterrand aux élections présidentielles d'avril-mai 1981.

1. Voir p. 150.
2. Programme commun au Parti socialiste, au Parti communiste et aux Radicaux de gauche.
3. Salaire minimum.

Le programme de Jaques Chirac en 1986

Jacques Chirac est nommé Premier ministre en mars 1986 par le président François Mitterrand.

Depuis des décennies – certains diront même des siècles –, la tentation française par excellence a été celle du dirigisme d'État. Qu'il s'agisse de l'économie ou de l'éducation, de la culture ou de la recherche, des technologies nouvelles ou de la défense de l'environnement, c'est toujours vers l'État que s'est tourné le citoyen pour demander idées et subsides. Peu à peu s'est ainsi construite une société administrée, et même collectivisée, où le pouvoir s'est concentré dans les mains d'experts formés à la gestion des grandes organisations. […]

Les Français ont compris les dangers du dirigisme étatique et n'en veulent plus. […]

Le troisième volet de la loi d'habilitation[1] traitera de la privatisation : la liste des entreprises qui pourront être dénationalisées dans les cinq prochaines années sera clairement indiquée. […]

Nous nous doterons ainsi, avant l'été, des moyens d'atteindre le double objectif de la politique économique et sociale du gouvernement : assainissement financier et libéralisation de l'économie. […]

Nous avons, quant à nous, la volonté farouche de sauvegarder la Sécurité sociale, mais nous ne devons pas nous voiler collectivement la face : le système est aujourd'hui menacé et les déséquilibres financiers ne font que traduire de très inquiétantes évolutions de fond.

Déclaration de politique générale à l'Assemblée nationale du Premier ministre Jacques Chirac, 9 avril 1986.

1. Loi qui autorise le gouvernement à présenter des ordonnances pendant une durée déterminée et sur des sujets précis.

---

❶ Quel rôle est ici dévolu à l'État ?

❷ Que dénonce Jacques Chirac ?

❸ Comment qualifier ce projet économique ?

❹ Quelle conception de l'État est ici présentée et remise en cause ?

Méthode	Application guidée
1 Identifier la nature et les auteurs des documents.	→ Bien que de nature un peu différente, ces deux textes politiques ont pour objectif de présenter un programme et de convaincre les Français. → Les auteurs sont des hommes politiques français, mais de tendance opposée. Tandis que le premier document émane du Parti socialiste, le second est un discours d'un Premier ministre de droite, Jacques Chirac (RPR).
2 Identifier leur thème commun et leur contexte : Il faut mettre en évidence la logique qui a incité à présenter ces documents ensemble et comparer leurs dates. Si elles ne sont pas identiques, il faut expliciter l'évolution du contexte entre les deux dates. **CONSEIL** On peut s'aider des titres des documents et de la consigne.	→ Les deux extraits annoncent un projet de politique économique ou sociale. → Le premier précède l'élection de F. Mitterrand à la présidence en 1981. Le second suit la nomination du Premier ministre J. Chirac en 1986. → En quelles circonstances J. Chirac a-t-il accédé à cette fonction ?
3 Prélever et confronter les informations : il faut les classer par thème et identifier points communs et différences. Expliquez les divergences éventuelles à l'aide de vos connaissances. ⚠ **Attention !** Ne pas se contenter d'étudier les documents l'un après l'autre en oubliant de les confronter.	*EXEMPLE* Relevez ce qui divise les documents du point de vue : – de l'intervention de l'État dans l'économie. – De l'intervention de l'État dans le domaine social. **CONSEIL** Relevez le champ lexical qui se rapporte à l'État dans chacun des extraits.
4 Adopter un regard critique sur les documents.	→ Un discours politique comporte des figures de style qui lui sont propres : formules-choc, dramatisation, etc. Repérez-les dans le document 2.
5 Rédiger la réponse à la consigne.	→ Présentez les documents, leurs auteurs et leur contexte. Expliquez en quoi le programme du Parti socialiste montre une continuité quant au rôle économique donné à l'État depuis 1946 (encadré 1). Montrez cependant que ce rôle est contesté sous le gouvernement de J. Chirac (encadrés 2 et 3). Par ailleurs, montrez sur quel aspect du rôle de l'État ces deux politiques s'accordent, malgré leurs différences (encadré 4).

BAC BLANC

▶ **Sujet :** Gouverner la France en période de cohabitation

Consigne : Analysez la vision que ce document donne de la cohabitation. Utilisez vos connaissances pour montrer les limites de cette interprétation.

Chirac et Mitterrand en 1987
Dessin de Wolinski, *Libération*, 15 janvier 1987.

Chapitre 6. GOUVERNER LA FRANCE DEPUIS 1946

BAC Composition

Rédiger une introduction

1	Analyser le sujet	pp. 38 et 58
2	Formuler une problématique	p. 86
3	Organiser ses idées	p. 112
4	Construire une argumentation	p. 142
5	**Rédiger une introduction**	
6	Rédiger une conclusion	p. 184
7	Rédiger et présenter une composition	p. 202

▶ À savoir

L'introduction a pour but de **dégager l'intérêt du sujet** et de **présenter la manière** dont vous allez le faire. Elle est le **premier élément** dont le correcteur prend connaissance et **influence son impression** sur la copie.

▶ Sujet : L'État en France de 1974 à 2012

- Un État hérité d'une longue tradition, dont la spécificité est d'être fort et centralisé.
- Pour la première fois, un non-gaulliste accède à la présidence. C'est aussi la fin des « Trente Glorieuses ».
- Le sujet s'arrête avec l'élection de François Hollande. En 40 ans, le rôle de l'État s'est érodé.

Méthode | Application guidée

1 **Analyser le sujet, formuler la problématique et organiser ses idées :**
(→ BAC pp. 38, 58, 86 et 112) ces étapes doivent **précéder** la rédaction de l'introduction.

→ Voir les encadrés autour du sujet ci-dessus.

2 **Pour présenter le sujet, il faut :**
– dégager son **intérêt historique** et expliciter ses termes (noms communs, lieux, personnages, etc.) ;
– évoquer son **cadre spatio-temporel**, en le justifiant ;
– définir son **contexte**, c'est-à-dire les **éléments nécessaires à sa compréhension** et qui lui confèrent sa signification. Il peut être social, économique, politique, culturel.

→ Comment qualifier l'État fondé par la Ve République ? Quelles sont ses compétences ?

→ Explicitez les éléments de contexte politique et économique qui expliquent les mutations que connaît l'État en France : la construction européenne mais aussi la mondialisation libérale sont à évoquer.

3 **Annoncer la problématique :** cette **question simple** vous permet d'établir le **fil directeur du sujet** autour duquel vous allez bâtir votre argumentation. (→ BAC p. 142)

⚠ **Attention !** Il faut bien la relier à ce qui précède.

Exemple
Pourquoi la capacité d'action de l'État a-t-elle reculé depuis 1974 ?

4 **Vous pouvez annoncer le plan :** il faut alors rédiger des titres et utiliser des connecteurs logiques (tout d'abord, ensuite, puis, etc.)

Exemple
Tout d'abord, nous verrons comment l'État en France s'inscrit dans la durée malgré l'alternance et la cohabitation. Ensuite, nous étudierons comment la régionalisation remet en cause ses prérogatives. Enfin, nous montrerons que la construction européenne et la libéralisation économique participent aussi de son affaiblissement.

5 **Rédiger l'introduction :** Il ne faut pas entrer dans les détails. Une introduction ne doit pas être trop longue, car elle empiète alors sur le développement.

⚠ **Attention !** Vérifiez que tous les mots du sujet apparaissent, sinon vous risquez d'être hors-sujet.

CONSEIL Utilisez les éléments précédents en rédigeant votre introduction selon la règle des « trois P » : présentation, problématique, plan.

BAC BLANC

Analyse de document

> **Sujet :** Gouverner la France au début du XXIe siècle
>
> **Consigne :** Analysez cette caricature pour expliquer les spécificités du mode de gouvernement français.
> Montrez qu'elle témoigne d'une certaine érosion du pouvoir de l'État.

Jacques Chirac et Jean-Pierre Raffarin au lendemain des élections législatives de juin 2002
Caricature de Plantu, *Le Monde*, juin 2002.

CHAPITRE 7
UNE GOUVERNANCE EUROPÉENNE DEPUIS LE TRAITÉ DE MAASTRICHT (1992)

La fin de la guerre froide permet de ne plus limiter la construction européenne à l'Europe de l'Ouest. L'Union européenne, créée par le traité de Maastricht en 1992, doit à la fois s'élargir aux anciens pays socialistes et renforcer ses institutions. C'est une tâche difficile, car plusieurs conceptions du projet européen sont toujours en concurrence. Les États membres ont renoncé à une partie de leur souveraineté, mais leurs citoyens sont encore loin de percevoir l'UE comme démocratique et légitime.

PROBLÉMATIQUES

- Comment la fin de la guerre froide entraîne-t-elle une redéfinition du projet européen ?
- Comment l'Union européenne peut-elle adapter ses institutions aux élargissements successifs ?

1 Une Europe construite par les chefs d'État
Le sommet européen de Lisbonne (Portugal), le 18 octobre 2007.

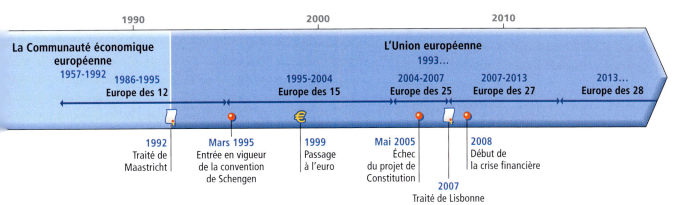

2 Une Europe critiquée par les citoyens

« Soulèvement contre l'Europe. La dictature des bureaucrates ». Une du journal allemand *Der Spiegel*, juin 2005.

Retour sur... La construction européenne avant 1992

Grands repères — Les étapes du projet européen

1948 – Le renouveau de l'idée européenne
Ouverture du congrès de l'Europe à La Haye, 7 mai 1948

En 1945, la construction européenne semble être le meilleur moyen de reconstruire l'Europe, d'éviter une nouvelle guerre et aussi pour beaucoup d'endiguer le communisme. Tous les européistes se réunissent au congrès de La Haye en 1948 pour réfléchir aux moyens d'unifier l'Europe. Il donne naissance au Conseil de l'Europe en 1949. En même temps, par le plan Marshall, les États-Unis fournissent leur aide économique à l'Europe occidentale.

1950-1954 – Des débuts difficiles
Affiche du Parti communiste français, début des années 1950.

La France propose le 9 mai 1950 un rapprochement industriel pour favoriser la reconstruction et la réconciliation franco-allemande. Fondée en 1951, la CECA met en place un marché commun de l'acier et du charbon entre la France, la RFA, l'Italie et le Benelux.
En revanche, la France rejette le projet d'une armée européenne avec la CED, en août 1954, parce qu'elle y voit la perte de sa souveraineté et qu'elle craint le réarmement allemand.

1957 – Une relance par l'économie
L'ouverture symbolique d'une barrière douanière à Berlin en 1962.

Désirant relancer la construction européenne, les six pays de la CECA signent le traité de Rome en mars 1957. La CEE prévoit un marché commun européen et des politiques communes pour rapprocher les États membres. Ses institutions résultent d'un compromis entre les unionistes et les fédéralistes.

1965 – L'empreinte durable du général de Gaulle
La crise de la « chaise vide », 1965.

De Gaulle souhaite une Europe des États. En 1965, il refuse l'extension du vote à la majorité qualifiée prévue par les traités. L'Europe connaît alors sa première crise majeure : pendant six mois, la France ne participe plus aux réunions européennes. L'évolution vers une structure supranationale est durablement bloquée.

1969 – Les avancées européennes, de 1969 au Marché unique
Affiche française pour la campagne des premières élections du Parlement européen au suffrage universel direct, 10 juin 1979.

En 1969, les Six décident de l'approfondissement de la CEE et de son élargissement. En 1973, la Grande-Bretagne, l'Irlande et le Danemark entrent dans la CEE ; puis, dans les années 1980, celle-ci s'élargit à la Grèce, à l'Espagne et au Portugal.
En février 1986, l'Acte unique programme la réalisation d'un grand Marché unique pour 1993. Il renforce les pouvoirs du Parlement européen, élu depuis 1979 au suffrage universel.

RETOUR SUR...

Pour entrer dans le chapitre

LE POINT SUR...

Les courants de pensée

Les **européistes** sont les partisans de la construction européenne. Ils se répartissent en plusieurs courants depuis 1945.

Les **fédéralistes** sont les partisans d'une Europe supranationale, c'est-à-dire une fédération d'États décidant de partager leur souveraineté dans des domaines essentiels comme les affaires étrangères, la défense et la monnaie.

Les **unionistes** prônent une simple coopération entre les États, qui ne porte pas atteinte à la souveraineté nationale.

Les **fonctionnalistes** sont proches des fédéralistes, mais ils veulent commencer par développer des solidarités économiques, pour aboutir à terme à une intégration politique.

LES MOTS À CONNAÎTRE

Approfondissement : renforcement des institutions de la CEE, puis de l'UE, pour leur donner plus de cohérence. Le terme est généralement entendu dans un sens fédéraliste.

Élargissement : ouverture de la CEE, puis de l'UE, à de nouveaux membres.

Gouvernance européenne : mise en place de règles, de procédures et de pratiques pour gérer en commun l'espace européen de manière efficace et démocratique. La gouvernance suppose la coopération entre différents acteurs (États, institutions européennes, etc.) en l'absence d'un véritable gouvernement européen.

Majorité qualifiée : procédure de vote où chaque État dispose d'un nombre de voix proportionnel à sa population. Pour être adoptée, une décision doit atteindre un certain nombre de voix (en 1958, 12 voix sur 17).

Marché commun : espace économique caractérisé par : le libre-échange entre les États membres (les barrières douanières ont été abolies et les marchandises circulent librement) ; un tarif extérieur commun envers les pays tiers ; une politique commerciale commune à l'extérieur.

Marché unique : espace économique encore plus unifié que le Marché commun. À la libre circulation des marchandises, des personnes, des capitaux et des services, s'ajoute une harmonisation des législations des États membres.

Supranationalité : caractère d'une institution qui dépasse le cadre des nations et à laquelle celles-ci délèguent une part de leur souveraineté.

Unanimité : procédure de vote fondée sur l'accord de tous les membres. Le principe de souveraineté des États est respecté, au risque de bloquer le fonctionnement des institutions et d'empêcher la mise en œuvre de politiques communes.

Conseil de l'Europe *(Mai 1949 à nos jours)*
- Favorise la coopération politique, économique et culturelle entre les pays européens.
- Défend les valeurs européennes : la démocratie et les droits de l'homme.

CECA (Communauté européenne du charbon et de l'acier) *1951-2002*
- Crée un marché commun de l'acier et du charbon.

CED (Communauté européenne de défense) *Proposée en 1952 mais jamais créée*
- Proposait de réarmer l'Allemagne au sein d'une armée européenne intégrée.

CEE (Communauté économique européenne) *1957-1993* puis **UE** (Union européenne) *1993 à nos jours*
- Crée un marché commun européen et des politiques communes.

☐ Organisation d'inspiration unioniste
☐ Organisation d'inspiration fédéraliste

Les principales organisations européennes

Chapitre 7. UNE GOUVERNANCE EUROPÉENNE DEPUIS LE TRAITÉ DE MAASTRICHT (1992)

REPÈRES

L'espace européen et les institutions européennes

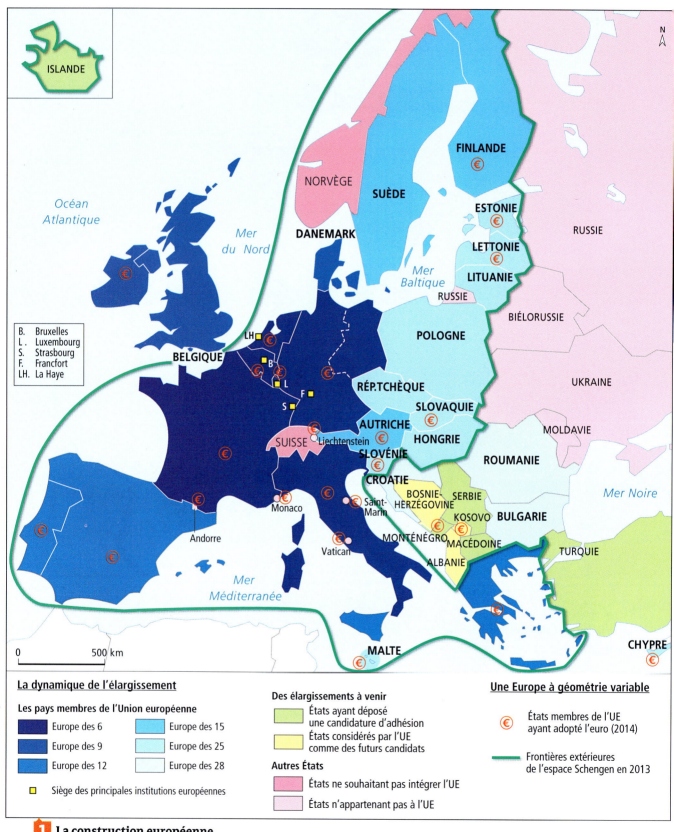

1 La construction européenne

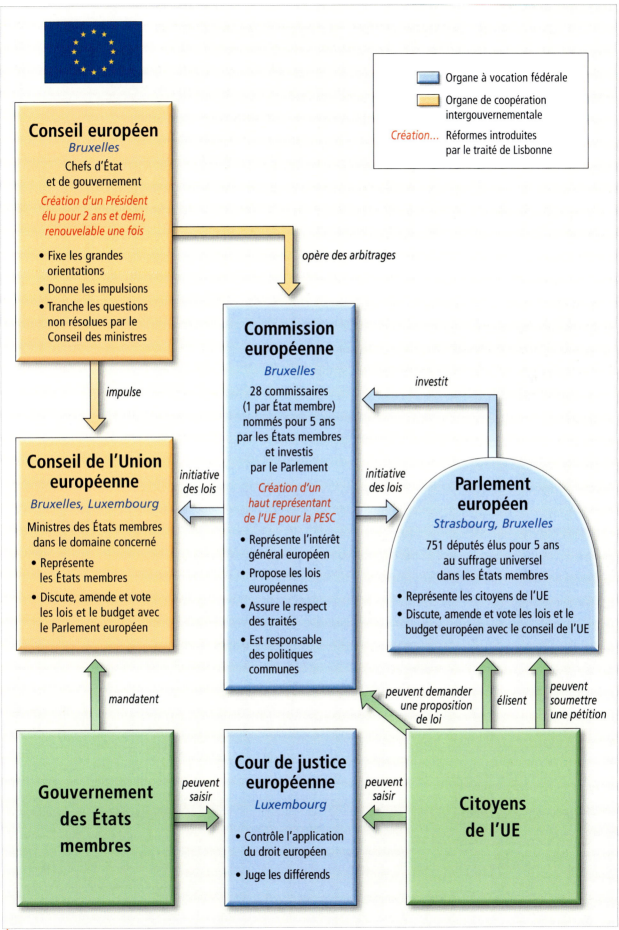

2 Les institutions de l'UE après le traité de Lisbonne (2009)

COURS

1. Une Europe à l'échelle continentale

> Pourquoi la fin de la guerre froide s'est-elle traduite par un élargissement de l'Europe communautaire ?

→ Voir **REPÈRES** pp. 172-173.
→ Voir **ÉTUDE** p. 178.

A Un continent réunifié

• **Une chance historique.** Avec la chute des régimes communistes en 1989 et la disparition de l'URSS en 1991, la construction européenne peut désormais être envisagée à l'échelle de tout le continent (**doc. 4**). Les pays de l'Est sont nombreux à déposer leur candidature. L'Europe communautaire a désormais vocation à coïncider avec l'Europe géographique.

• **L'ouverture à l'Est.** Le Conseil de l'Europe est la première institution européenne à accueillir les anciens pays du bloc soviétique et à les accompagner dans leur processus de démocratisation. En 1990, avec la réunification allemande, la CEE absorbe automatiquement le territoire de l'ex-RDA. Elle lance des programmes d'aide aux anciens pays de l'Est pour encourager leur transition économique. En juin 1993, au sommet de Copenhague, la CEE accepte le principe de l'élargissement vers l'est et définit des critères d'adhésion (**doc. 1**).

REPÈRES

• **La dynamique de l'élargissement**

	1995	2004	2007	2013
États membres	15	25	27	28
Superficie (en millions de km²)	3,25	4	4,4	4,45
Population (en millions d'habitants)	370	455	493	508

B L'élargissement de l'Europe

• **L'Europe des 15.** En 1995, l'Autriche, la Suède et la Finlande entrent dans l'UE. L'adhésion de ces trois pays ne pose pas de problème, car ils répondent depuis longtemps aux standards démocratiques et économiques occidentaux.

• **L'ouverture aux anciens pays socialistes.** En 2004, huit États d'Europe centrale et orientale (**doc. 2**) et deux îles de la Méditerranée (Chypre et Malte) intègrent l'UE. Avec 75 millions d'habitants, des systèmes politiques et économiques en réorganisation et un niveau de vie très inférieur, leur intégration constitue un véritable défi pour l'UE. En 2007, deux autres anciens pays socialistes, la Roumanie et la Bulgarie font leur entrée dans l'UE. Le 1er juillet 2013, c'est au tour de la Croatie. Avec 28 membres, l'Union européenne couvre désormais 4,45 millions de km² et compte plus de 500 millions d'habitants. Ce poids démographique et économique lui permet de s'affirmer dans le contexte de la mondialisation (**voir Repères ci-contre**).

C Les risques et les difficultés de l'élargissement

• **Un processus trop rapide ?** Le passage de 12 à 28 membres oblige l'Union à repenser son mode de fonctionnement, ses politiques et son financement. Les institutions doivent être adaptées à une Europe élargie (**doc. 3**). Il faut par exemple redéfinir le mécanisme de vote au Conseil des ministres et la répartition des commissaires selon les États membres. Des différences de traditions politiques, culturelles et économiques existent entre les États et rendent difficile la définition d'une identité européenne. Certains craignent que l'élargissement ne nuise à la cohésion européenne et se fasse aux dépens de l'approfondissement. Ceux qui souhaitent limiter le projet européen à l'intégration économique et à la simple coopération intergouvernementale soutiennent en revanche un processus d'élargissement rapide.

• **Quelles frontières pour l'Europe ?** Cet élargissement pose la question des limites de l'Europe qui n'ont jamais été définies : jusqu'où l'UE peut-elle ou doit-elle s'étendre ? La Turquie en fait-elle partie ? Son adhésion éventuelle divise l'opinion et la classe politique. Les partisans de l'adhésion font valoir que l'entrée de la Turquie dans l'UE serait un atout géopolitique majeur dans les relations avec le Moyen-Orient et une chance pour les économies européennes. Ceux qui sont réticents insistent sur les droits de l'homme et les différences culturelles (**doc. 4**).

VOCABULAIRE

CEE : Communauté économique européenne créée par les traités de Rome en 1957. Elle prévoit un marché commun européen et des politiques communes pour rapprocher les États membres.

Critères d'adhésion : pour entrer dans l'UE, il faut accepter l'acquis communautaire c'est-à-dire l'ensemble des droits déjà en vigueur dans l'UE, être un État démocratique et avoir une économie de marché.

Transition économique : passage d'une économie socialiste planifiée à une économie de marché.

1 La Communauté européenne s'ouvre à l'Est

Le Conseil européen se félicite des efforts courageux entrepris par [les pays d'Europe centrale et orientale] pour moderniser leurs économies affaiblies par quarante ans de planification centralisée et pour assurer une transition rapide vers une économie de marché. La Communauté et ses États membres promettent leur soutien à ce processus de réforme. La paix et la sécurité en Europe dépendent du succès de ces efforts.

Le Conseil européen est convenu aujourd'hui que les pays associés de l'Europe centrale et orientale qui le désirent pourront devenir membres de l'Union européenne. L'adhésion aura lieu dès que le pays membre associé sera en mesure de remplir les obligations qui en découlent, en remplissant les conditions économiques et politiques requises.

L'adhésion requiert de la part du pays candidat qu'il ait des institutions stables garantissant la démocratie, la primauté du droit, les droits de l'homme, le respect des minorités et leur protection, l'existence d'une économie de marché viable ainsi que la capacité de faire face à la pression concurrentielle et aux forces du marché à l'intérieur de l'Union. L'adhésion présuppose la capacité du pays candidat à en assumer les obligations, et notamment de souscrire aux objectifs de l'union politique, économique et monétaire.

Conseil européen de Copenhague,
Conclusions de la présidence, 21-22 juin 1993.

▶ Quelles conditions doivent remplir les pays désirant adhérer à l'Union européenne ?

2 La campagne pour l'adhésion de l'Estonie à l'UE

« Dites oui à l'UE, la vie sera meilleure ». Affiche durant la campagne électorale en Estonie, Tallinn, 12 septembre 2003. Photographie de Juhan Parts, Premier ministre estonien, membre du parti conservateur Res publica.

3 Gérer une Europe à 25 membres

L'Europe en 1957 et en 2010, caricature de Pierre Kroll publiée dans le quotidien belge Le Soir, 6 janvier 2010.

▶ Comment le dessinateur présente-t-il l'élargissement de l'Europe ?

4 La Turquie et les frontières de l'Europe

L'Espagnol Josep Borrell Fontelles, président du Parlement européen, se prononce pour l'adhésion de la Turquie en décembre 2004.

La question turque divise les Européens. Ils s'interrogent sur les limites géographique, historique et politique de l'Europe. Longtemps, nous avons fui cette question. L'existence du bloc soviétique était là pour répondre à notre place. Le rideau de fer nous a imposé nos frontières. Sa disparition nous oblige à choisir le niveau d'ambition de l'Union. [...] Notre idée de l'Europe est celle d'une union fondée sur des valeurs universelles comme la démocratie, l'État de droit et le respect des droits de l'homme et des libertés fondamentales. C'est de ce point de vue qu'il faut envisager les conditions d'adhésion de la Turquie dans l'UE.

Nous savons que la question turque nous oblige à nous demander quelle ambition politique nous voulons pour l'Europe. [...] Pour certains, l'entrée de la Turquie dans l'UE serait une dénaturation définitive de la raison d'être de l'Union et annihilerait sa capacité à peser sur le monde à travers une politique extérieure commune. Pour d'autres en revanche, elle est indispensable pour permettre à l'Europe de jouer un rôle mondial en nouant avec le monde islamique une relation radicalement différente de celle que les États-Unis ont établie au Moyen-Orient.

Josep Borrell Fontelles, « Turquie, l'alliance ou le choc »,
Libération, 20 décembre 2004.

▶ Quelles sont les conséquences de la fin de la guerre froide sur les frontières de l'UE ?

▶ Quels arguments sont mis en avant par les partisans et les opposants à l'entrée de la Turquie dans l'UE ?

COURS

2. Une Europe politique toujours en chantier (depuis 1992)

> Quelles sont les avancées et les limites du projet européen depuis 1992 ?

→ Voir **REPÈRES** pp. 172-173.
→ Voir **ÉTUDE** p. 179.
→ Voir **ÉTUDE** pp. 180-181.

A La naissance de l'Union européenne

• **Une étape majeure : Maastricht.** Le traité de Maastricht, signé en février 1992, crée l'Union européenne. Il institue une coopération judiciaire et policière et une citoyenneté européenne. Il ébauche une PESC et dote le Parlement de nouveaux pouvoirs, notamment législatifs. Enfin, il relance le processus d'union économique et monétaire qui aboutit à la création de l'euro en 1999.

• **Une ratification difficile : la montée de l'euroscepticisme.** Consultés pour la première fois sur l'Europe, les Français approuvent le traité à une courte majorité (51,04 %) en septembre 1992. Le « camp du non » dénonce un traité trop fédéraliste et impute à la CEE les difficultés économiques et la montée du chômage (doc. 1). Les Danois rejettent le traité lors d'un premier référendum, puis l'approuvent lors d'un second vote, après avoir obtenu des dérogations. Par exemple, ils n'adoptent pas la monnaie unique.

B Des réformes nécessaires pour l'Europe des 28

• **L'Europe en échec.** Les partenaires européens tentent d'adapter les institutions à une Europe élargie. Mais les divisions lors des négociations ne permettent que des avancées limitées, prévues par les traités d'Amsterdam (1997) et de Nice (2001). L'UE tente alors de se doter d'une véritable Constitution pour unifier le droit européen. Mais le traité constitutionnel, signé en octobre 2004, est rejeté par référendum en France (55 % de non en mai 2005) puis aux Pays-Bas (61 % de non en juin 2005) (doc. 2). Ce rejet plonge l'Europe dans une période de doute.

• **Les avancées de Lisbonne.** Le traité de Lisbonne, qui reprend en grande partie celui de 2004 mais sans parler de constitution, est signé en 2007 et entre en vigueur en 2009. Il facilite le fonctionnement de l'Union, notamment le processus de décision. Il renforce les pouvoirs législatifs du Parlement européen, pour combler le déficit démocratique et tente de faire de l'Europe un réel acteur sur la scène mondiale (doc. 3).

C Un processus politique inachevé

• **Un nain diplomatique et politique.** Malgré cela, l'absence d'unité sur la scène internationale reste flagrante. Pour sa défense, l'UE dépend encore de l'OTAN, organisation dominée par les États-Unis. L'UE a du mal à parler d'une seule voix. Elle a par exemple été divisée sur la conduite à adopter face à la guerre en Irak menée par les États-Unis en 2003.

• **Une Europe à la carte.** Ces divisions pourraient s'atténuer si les Européens choisissaient la forme à donner à l'UE, mais ils hésitent toujours entre fédération et simple coopération intergouvernementale. Jacques Delors a ainsi parlé d'une « fédération d'États-nations » pour la définir. Plusieurs États, au nom de leur souveraineté, refusent de participer à certains programmes européens. La Grande-Bretagne est ainsi restée en dehors de la zone euro et de l'espace Schengen (voir pp. 172 et 179). À l'inverse, une coopération renforcée est prévue pour les pays qui souhaitent avancer plus vite dans l'intégration. Des lois communes peuvent être adoptées par les pays le désirant sans avoir le consentement de tous les États membres.

• **Un sentiment européen faible.** Malgré des symboles forts, comme la monnaie ou le drapeau, l'identité européenne est encore balbutiante. Or l'unification européenne passe d'abord par les populations elles-mêmes. Elles semblent encore peu concernées alors même que le droit européen, qui prime les droits nationaux, régit de plus en plus leur quotidien (voir p. 180).

BIOGRAPHIE

• **Jacques Delors, père de l'Union européenne**
Socialiste français, ministre de l'Économie et des Finances de 1981 à 1984.
Européiste convaincu d'inspiration fédéraliste, Jacques Delors préside la Commission européenne de 1985 à 1994. Il est à l'origine du traité de Maastricht.

VOCABULAIRE

Espace Schengen : espace de libre circulation des personnes correspondant au territoire des États signataires de la convention de Schengen, entrée en vigueur en 1995 (voir carte p. 172).

PESC (Politique étrangère et de sécurité commune) : instituée par le traité de Maastricht pour permettre à l'Union européenne de jouer un rôle politique sur la scène internationale. Elle prévoit la définition, à terme, d'une politique de défense commune.

Zone euro : zone géographique incluant les États ayant adopté l'euro comme monnaie (voir carte p. 172).

NOTIONS CLÉS

Coopération renforcée : principe permettant aux États membres intéressés de progresser selon des rythmes et/ou des objectifs différents.

Déficit démocratique : expression utilisée pour dénoncer le manque de légitimité démocratique des institutions européennes. Elles seraient gérées par les « eurocrates » (les « technocrates de Bruxelles »), sans contrôle de la part des citoyens.

Euroscepticisme : attitude méfiante envers la construction européenne et ses objectifs.

1 Les oppositions au traité de Maastricht

Philippe Séguin est un homme politique français de sensibilité gaulliste.

Voilà maintenant trente-cinq ans que le traité de Rome a été signé et que d'Acte unique en règlements, de règlement en directives, de directives en jurisprudence, la construction européenne se fait sans les peuples. [...] Voilà trente-cinq ans que toute une oligarchie d'experts, de juges, de fonctionnaires, de gouvernants prend, au nom des peuples, sans en avoir reçu mandat des décisions dont une formidable conspiration du silence dissimule les enjeux et minimise les conséquences. [...] L'Europe qu'on nous propose n'est ni libre, ni juste, ni efficace. Elle enterre la conception de la souveraineté nationale et les grands principes issus de la Révolution : 1992 est littéralement l'anti 1789. [...]

Il est de bon ton, aujourd'hui, de disserter à l'infini sur la signification même du concept de souveraineté, de le décomposer en menus morceaux, d'affirmer qu'il admet de multiples exceptions, que la souveraineté monétaire, ce n'est pas du tout la même chose que l'identité collective, laquelle ne courrait aucun risque. Ou encore que l'impôt, la défense, les affaires étrangères, au fond, ne jouent qu'un rôle relatif dans l'exercice de la souveraineté. Toutes ces arguties n'ont en réalité qu'un but : vider de sa signification ce mot gênant pour qu'il n'en soit plus question dans le débat. [...]

Quand on accepte de prendre des décisions à la majorité sur des questions cruciales, et dès lors que ces décisions s'imposent à tous sans pouvoir jamais être remises en cause ultérieurement à l'échelon national, on passe clairement de la concertation à l'intégration. Aussi, quand on nous dit que les accords de Maastricht organisent une union d'États fondée sur la coopération intergouvernementale, on travestit délibérément la réalité.

Philippe Séguin, discours à l'Assemblée nationale française, 5 mai 1992.

▶ À quel type de construction européenne s'oppose Philippe Séguin ?
▶ Expliquez sa formule : « 1992 est littéralement l'anti 1789 ».

2 La campagne en France pour le référendum sur la Constitution européenne

Affichage durant la campagne pour le référendum sur le Traité constitutionnel européen, mai 2005.

▶ Quelles informations sur l'attitude de la classe politique face à la Constitution européenne pouvez-vous tirer de cette photographie ?

L'UE, un acteur sur la scène mondiale

- **La présidence du Conseil européen plus stable**
  Le président est élu pour deux ans et demi par le Conseil européen. Il représente l'UE sur la scène mondiale.

- **Une vraie politique étrangère**
  Création d'un Haut Représentant pour la PESC qui préside le conseil des ministres des Affaires étrangères. Il est doté d'un service diplomatique. Il est aussi vice-président de la Commission.

La prise de décision facilitée

- **Au Conseil de l'UE, la majorité qualifiée est étendue.**
  Le vote à l'unanimité se limite à quelques cas précis.

- **Changement dans les modalités du vote**
  À partir du 1er novembre 2014, **le Conseil de l'UE vote le plus souvent à la double majorité** qui est définie par deux critères : 55 % des États de l'UE, soit au moins 15 sur 27, et 65 % de la population de l'UE.

Une Europe plus démocratique

- **Les pouvoirs du Parlement accrus**
  Rôle renforcé dans les domaines de la législation, du budget et des accords internationaux.

- **Un droit d'initiative européenne**
  Les citoyens, à condition d'être au moins un million et issus d'un nombre significatif d'États membres, peuvent demander à la Commission de faire une proposition de loi.

3 Les changements institués par le traité de Lisbonne (2009)

▶ Quelles mesures facilitent le fonctionnement des institutions européennes ?
▶ Le traité de Lisbonne vous semble-t-il combler en partie le déficit démocratique des institutions européennes ?

Le couple franco-allemand, moteur de la construction européenne

Au lendemain de la Seconde Guerre mondiale, la réconciliation franco-allemande est l'objectif principal des européistes. Dans le contexte de guerre froide, la France et l'Allemagne accentuent leur rapprochement. Elles sont à l'origine de la plupart des actes importants de la construction européenne.

→ Voir **COURS** pp. 174-175.

LE POINT SUR…

- **Helmut Kohl**
Né en 1930, démocrate chrétien, Helmut Kohl est chancelier de la RFA de 1982 à 1998. Son parti, la CDU, a soutenu dès 1945, avec Konrad Adenauer, la construction européenne, notamment pour permettre à l'Allemagne de sortir de son isolement.

- **François Mitterrand (1916-1996)**
Socialiste, il est Président de la République française de 1981 à 1995. C'est un européiste convaincu, qui voit dans la construction européenne la garantie de la paix et un moyen pour la France de conserver une large partie de sa puissance.

1 Un programme franco-allemand pour l'Europe

En raison des bouleversements en Europe, de la réalisation du marché intérieur et de l'union économique et monétaire, il est nécessaire d'accélérer la construction politique de l'Europe des Douze et conformément aux objectifs de l'Acte unique, de transformer l'ensemble des relations entre les États membres en une union européenne et de la doter des moyens d'action nécessaires. […] Nous souhaitons que la conférence intergouvernementale définisse les bases et les structures d'une union politique forte et solidaire, proche du citoyen, engagée dans la voie que trace sa vocation fédérale. […]

À cette fin, nous formulons les propositions suivantes :

1. En ce qui concerne les compétences de l'Union et de la Communauté, nous proposons qu'elles soient approfondies et élargies, notamment en ce qui concerne l'environnement, la santé, la politique sociale, l'énergie, la recherche et la technologie, la protection des consommateurs. Certaines questions actuellement traitées dans un cadre intergouvernemental pourraient entrer dans le champ d'action de l'Union. […]

2. Nos propositions sur la légitimité démocratique portent notamment sur les points suivants :

– La citoyenneté européenne : le traité devrait définir les fondements et conditions de l'instauration d'une véritable citoyenneté européenne, en particulier sur la base des propositions faites par le gouvernement espagnol.

– Les pouvoirs du Parlement : les procédures actuelles seraient renforcées dans le sens d'une codécision du Parlement européen pour les actes de nature véritablement législative. […]

4. Quant à la politique étrangère et de sécurité commune, elle aurait vocation à s'étendre à tous les domaines. Elle aurait pour objectif de faire valoir les intérêts essentiels et les valeurs communes de l'Union et de ses États membres, de renforcer leur sécurité, de promouvoir la coopération avec les autres États, de contribuer à la paix et au développement dans le monde. […]

De plus, l'union politique devrait inclure une véritable politique de sécurité commune, qui mènerait à terme à une défense commune.

Message conjoint de François Mitterrand et Helmut Kohl,
6 décembre 1990.

Consigne

- **Montrez que le couple franco-allemand est ici à l'origine du traité de Maastricht.**

▶ **Aide pour répondre à la consigne**

1. Dans quel contexte international, crucial pour l'Allemagne, les deux chefs d'État s'expriment-ils ?

2. Expliquez l'opposition qui est formulée dans le premier point entre « les compétences de l'Union et de la Communauté » et le « cadre intergouvernemental ».

3. Comment Helmut Kohl et François Mitterrand proposent-ils d'accroître la légitimité démocratique de l'UE ?

4. Quel est l'objectif du quatrième point de ce programme ?

ÉTUDE — Le Royaume-Uni et l'Europe

→ Voir **COURS** pp. 176-177.

Le Royaume-Uni se résout par pragmatisme à intégrer la CEE en 1973. Il a sa propre vision de la construction européenne : il refuse une Europe fédérale et souhaite une coopération essentiellement économique, qui ne remette pas en cause ses liens avec les États-Unis. Il a obtenu un grand nombre de dérogations : il n'appartient ainsi ni à la zone euro, ni à l'espace Schengen.

LE POINT SUR...

• Une relation difficile
En 1946, l'ancien Premier ministre Winston Churchill appelait les Européens à s'unir face au danger communiste ; mais selon lui, l'Angleterre et ses anciennes colonies (le Commonwealth) devait rester en dehors de ce « groupement européen ». Une fois entrés dans la CEE, les Britanniques sont restés hostiles à toute forme de supranationalité, à l'image de Margaret Thatcher, Premier ministre conservateur de 1979 à 1990. Le travailliste Tony Blair, Premier ministre de 1997 à 2007, a tenté de rapprocher un peu ses concitoyens de l'Europe.

1 Quelle Europe pour le Royaume-Uni ?

L'Europe est vitale pour le Royaume-Uni. 60 % de nos échanges se font avec l'UE ; 3 millions d'emplois en dépendent dans notre pays. L'adhésion à l'UE nous donne accès au marché unique, avec ses 380 millions de consommateurs, dès avant l'élargissement. Il nous donne davantage de poids pour relever les nombreux défis que nous partageons avec nos voisins. Mais l'Europe doit changer. [...] Nous voulons une Europe composée de nations souveraines, de pays fiers de leurs identités respectives, mais coopérant ensemble pour le bien commun. Nous craignons que l'idéologie qui sous-tend l'intégration européenne ne soit un mouvement vers un super-État européen, où le pouvoir serait aspiré par un centre n'ayant pas de comptes à rendre. Et surtout, un centre où règne la plus grande confusion, empêtré dans sa bureaucratie, qui pourrait, en termes économiques, entraver l'efficacité et, en termes de sécurité, nous éloigner de l'alliance atlantique. [...] Nous avons aujourd'hui une occasion historique d'élever nos relations avec le reste de l'Europe à un niveau plus sérieux et de choisir de ne plus rester à la traîne, mais de participer pleinement et avec enthousiasme. [...] Nous avons des positions à défendre et à imposer.

Tony Blair, discours prononcé à Cardiff, le 28 novembre 2002.

2 La défense des intérêts nationaux
« La Grande-Bretagne avant l'Europe », manifestation contre le traité de Maastricht en Grande-Bretagne, le 16 octobre 1992.

Consigne

• En présentant l'argumentation de Tony Blair, montrez que l'opinion britannique reste réticente à l'égard de l'Union européenne.

▶ **Aide pour répondre à la consigne**

1. Expliquez l'avant-dernière phrase du texte et montrez que T. Blair veut rompre avec l'attitude passée du Royaume-Uni. **(doc. 1)**

2. Quels arguments emploie-t-il en faveur de la construction européenne ? **(doc. 1)**

3. Quelle conception de l'Union européenne défend-il ? **(doc. 1)**

4. Montrez que T. Blair doit composer avec l'opinion britannique et que son engagement en faveur de l'Union européenne reste très mesuré. **(doc. 1 et 2)**

Chapitre 7. UNE GOUVERNANCE EUROPÉENNE DEPUIS LE TRAITÉ DE MAASTRICHT (1992)

ÉTUDE Y a-t-il un sentiment européen ?

→ Voir **COURS** pp. 176-177.

L'Europe a été construite par les États, laissant longtemps les populations à l'écart de ce processus. L'Union européenne apparaît comme une réalité lointaine et complexe. Le processus de décision est jugé peu démocratique, alors qu'il a pourtant de plus en plus d'impact sur la vie quotidienne des citoyens européens. Le sentiment européen reste faible par rapport au sentiment national. Pourtant, l'adhésion des populations est une nécessité pour consolider l'intégration européenne.

LE POINT SUR...

● **Les symboles européens**
Choisis par le Conseil de l'Europe, ils ont été progressivement adoptés par les autres organisations européennes.

● **Le drapeau européen :**
Le cercle symbolise la solidarité et l'union entre les peuples d'Europe. Le nombre d'étoiles n'est pas lié au nombre d'États membres mais à la symbolique du nombre douze. Depuis l'Antiquité, le douze représente la perfection.

● **L'hymne européen :**
Il s'agit de la *Neuvième Symphonie* de L. van Beethoven, qui a mis en musique l'*Ode à la joie*, poème de F. von Schiller. Il exprime l'idéal de fraternité.

● **La journée de l'Europe :**
Le 9 mai. Elle commémore la déclaration de Robert Schuman qui est considérée comme l'acte de naissance de l'Union européenne. Elle est l'occasion d'organiser des activités et des festivités afin de rapprocher l'Europe de ses citoyens et ses peuples entre eux.

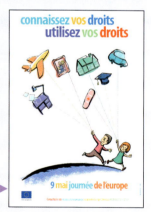

▶ Affiche pour la journée de l'Europe, 2011.

1 La citoyenneté européenne

Article 8.

1. Il est institué une citoyenneté de l'Union. Est citoyen de l'Union toute personne ayant la nationalité d'un État membre.

2. Les citoyens de l'Union jouissent des droits et sont soumis aux devoirs prévus par le présent traité.

Article 8a.

1. Tout citoyen de l'Union a le droit de circuler et de séjourner librement sur le territoire des États membres. [...]

Article 8b.

1. Tout citoyen de l'Union résidant dans un État membre dont il n'est pas ressortissant a le droit de vote et d'éligibilité aux élections municipales dans l'État membre où il réside, dans les mêmes conditions que les ressortissants de cet État. [...]

2. [...] Tout citoyen de l'Union résidant dans un État membre dont il n'est pas ressortissant a le droit de vote et d'éligibilité aux élections au Parlement européen dans l'État membre où il réside, dans les mêmes conditions que les ressortissants de cet État. [...]

Article 8c.

Tout citoyen de l'Union bénéficie, sur le territoire d'un pays tiers où l'État membre dont il est ressortissant n'est pas représenté, de la protection de la part des autorités diplomatiques et consulaires de tout État membre, dans les mêmes conditions que les nationaux de cet État. [...]

Article 8d.

Tout citoyen de l'Union a le droit de pétition devant le Parlement européen. Tout citoyen de l'Union peut s'adresser au médiateur[1].

Extrait du traité de Maastricht sur la citoyenneté européenne, 1992.

1. Le médiateur européen est un organe de contrôle de l'Union européenne siégeant à Strasbourg. Il a été créé par le traité de Maastricht. Les citoyens européens peuvent déposer une plainte auprès du médiateur lorsque des institutions, des organes ou des agences de l'UE ne respectent pas la loi, oublient les principes de bonne administration ou enfreignent les droits de l'homme.

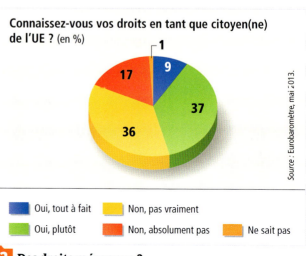

Source : Eurobaromètre, mai 2013.

■ Oui, tout à fait ■ Non, pas vraiment
■ Oui, plutôt ■ Non, absolument pas ■ Ne sait pas

2 Des droits méconnus ?

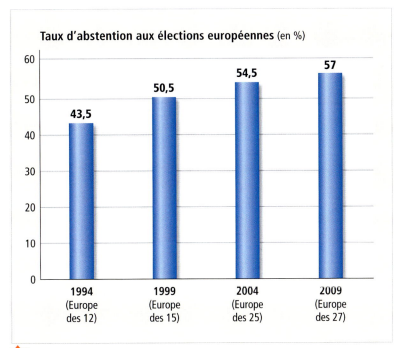

3 L'abstention aux élections européennes

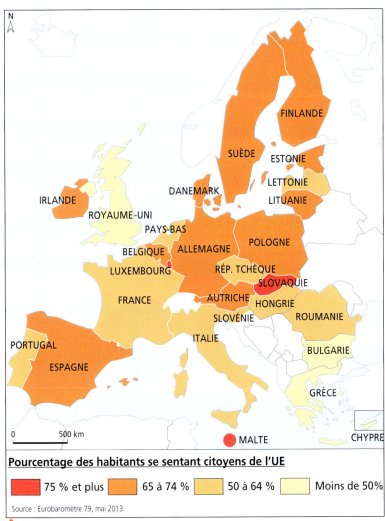

5 Le sentiment européen selon les pays membres

4 Une citoyenneté européenne faiblement ressentie

La citoyenneté européenne n'est que faiblement ressentie. Nous pouvons en discerner les raisons : d'abord, l'Histoire. Les peuples d'Europe se sont battus entre eux depuis deux mille ans, c'est-à-dire depuis toujours. La période que nous venons de vivre depuis 1946 est exceptionnelle : il n'y a plus eu de guerre dans notre espace européen. Mais les traces du passé ne s'effacent pas facilement. [...]

Un autre obstacle réside dans la gamme de nos diversités, considérablement accrues par les élargissements successifs. Lorsque s'est constituée l'Europe des 6, nos pays bien que de tailles très diverses, étaient, du point de vue politique, économique, culturel, très proches les uns des autres. [...] La situation est très différente aujourd'hui. [...] Les inégalités de développement restent très grandes. L'Europe paraît être encore un ensemble disparate.

Enfin, et c'est décisif, l'Europe est privée d'image. Alors que notre monde fonctionne sur l'information en temps réel et continu ; sur la personnalisation, sur l'image, l'Europe reste sans représentation. [...] L'Europe est le plus souvent ressentie, par ses citoyens, comme une lointaine machine technico-administrative. À l'égard de l'étranger, c'est encore plus simple : elle n'existe pas. Car il n'existe pas de « Monsieur Europe » connu pour l'incarner. Elle n'a ni corps, ni visage.

Valéry Giscard d'Estaing, discours devant l'Académie royale de Belgique, 25 avril 2008.

Questions

▶ **Exploiter et confronter les documents**

1. Quels sont les droits des citoyens européens ? **(doc. 1)**

2. Les citoyens européens connaissent-ils leurs droits ? Pourquoi ? **(doc. 2)**

3. Comment la participation aux élections européennes évolue-t-elle ? En quoi est-ce révélateur des difficultés de la construction européenne ? **(doc. 3)**

4. Comment expliquer la faiblesse de la conscience européenne ? **(doc. 4)**

5. Les citoyens européens vous semblent-ils anti-européens ? **(doc. 5)**

▶ **Organiser et synthétiser les informations**

6. À l'aide des documents et des réponses aux questions précédentes, rédigez un paragraphe structuré et nuancé sur l'Europe et ses citoyens.

BAC Révision — Une gouvernance européenne depuis le traité de Maastricht (1992)

L'essentiel

1 L'élargissement de l'Union européenne

- **La fin du bloc soviétique.** L'implosion de l'URSS entraîne l'effondrement des régimes communistes d'Europe centrale et orientale. Pressés d'adopter le modèle libéral et démocratique dont ils avaient été privés sous la domination soviétique, de nombreux pays de l'Est de l'Europe demandent alors leur adhésion à la CEE.

- **Un élargissement massif.** À partir de 2004, après avoir soutenu financièrement le rattrapage économique des pays d'Europe centrale et orientale, l'Union européenne leur ouvre ses portes. De 15 membres au début des années 2000, elle passe à 28 en 2013, provoquant un déplacement de son centre de gravité vers l'Est.

- **Un élargissement trop rapide ?** S'ils renforcent le poids économique et démographique de l'UE, ces élargissements ont également accru son hétérogénéité. Les écarts de niveau de vie entre pays membres demeurent importants. Surtout, le fonctionnement de l'UE s'en trouve compliqué, car ses institutions se révèlent de plus en plus inadaptées à sa nouvelle configuration.

2 L'impossible réforme ?

- **La montée de l'euroscepticisme.** Dans les années 1990, l'opposition à la construction européenne se renforce. L'UE est accusée d'abolir la souveraineté des États et d'être responsable de leurs difficultés économiques. Cet euroscepticisme triomphe en 2005 avec l'abandon du projet de Constitution européenne suite au refus des électeurs français et néerlandais. Il vient s'ajouter aux divisions entre États membres pour paralyser le nécessaire processus de réforme institutionnelle de l'UE.

- **Une Europe à plusieurs vitesses.** Pour contourner les blocages institutionnels que ne sont pas parvenus à régler totalement les traités de Nice (2001) et de Lisbonne (2007), les États volontaires ont recours à la coopération renforcée. Elle leur permet d'avancer dans l'intégration européenne sans attendre l'unanimité : ainsi, seuls les pays qui le souhaitent adoptent l'euro ou adhèrent à l'espace Schengen.

LES DATES CLÉS

- **1992 :** Traité de Maastricht (UE).
- **1993 :** Sommet de Copenhague.
- **1995 :** Adhésion de l'Autriche, de la Suède et de la Finlande.
- **1999 :** Euro.
- **2001 :** Traité de Nice.
- **2004 :** Dix pays intègrent l'UE.
- **2005 :** Échec du traité constitutionnel.
- **2007 :** Traité de Lisbonne.
- **2013 :** La Croatie devient le 28e membre de l'UE.

LES MOTS CLÉS

- Approfondissement
- Élargissement
- Euroscepticisme
- Fédéralisme

LE PERSONNAGE CLÉ

Jacques Delors (né en 1925) Président de la Commission européenne de 1985 à 1994, à l'origine du traité de Maastricht.

LE SENS DES MOTS

- **International et supranational**

On qualifie d'**internationale** une relation entre (*inter* en latin) plusieurs États souverains. On qualifie de **supranationale** une entité comme l'UE qui surplombe (*supra*) plusieurs États qui lui ont délégué une partie de leur souveraineté.

- **Majorité, majorité qualifiée et unanimité**

Le vote à **majorité qualifiée** consiste à pondérer la voix dont dispose chacun des États membres de l'UE en fonction de sa population. Le fait que la **majorité** (15) des 28 États membres approuvent une mesure ne suffit pas à ce qu'elle soit adoptée car il faut également que ces États représentent la majorité des citoyens européens. Dans certains cas, l'**unanimité** est requise, ce qui signifie que chacun des États membres dispose d'un droit de veto.

Schéma de synthèse

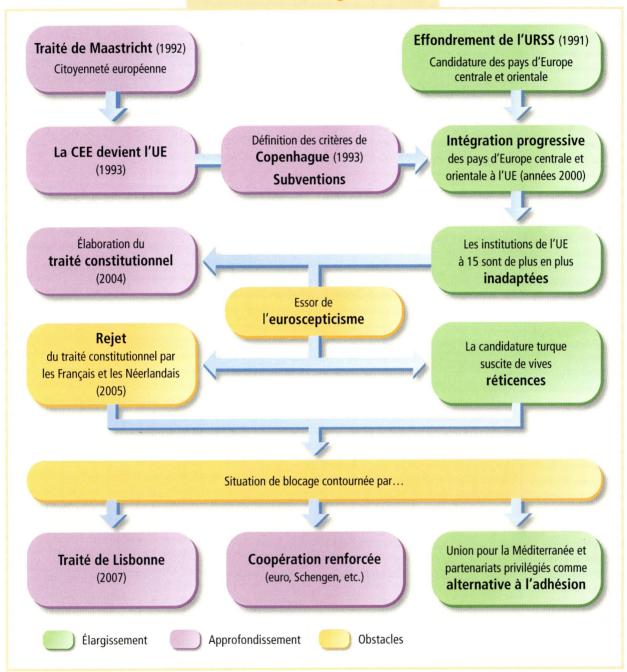

Pour aller plus loin

▶ À LIRE
- G. Courty et G. Devin, *La Construction européenne*, La Découverte, 2010.
- B. Angel et J. Laffitte, *L'Europe, petite histoire d'une grande idée*, Découvertes Gallimard, 1999.
- J. Echkenazy, *Guide de l'Union européenne*, Nathan, 2010.

▶ À CONSULTER
- Site de l'Union européenne : http://europa.eu/
- Site luxembourgeois sur l'histoire de l'Europe : www.cvce.eu
- Portail français d'information sur l'Europe : www.touteleurope.eu/
- De nombreux dossiers sur la construction européenne : www.ladocumentationfrancaise.fr/

Chapitre 7. UNE GOUVERNANCE EUROPÉENNE DEPUIS LE TRAITÉ DE MAASTRICHT (1992)

BAC Composition

Rédiger une conclusion

1	Analyser le sujet	pp. 38 et 58
2	Formuler une problématique	p. 86
3	Organiser ses idées	p. 112
4	Construire une argumentation	p. 142
5	Rédiger une introduction	p. 166
6	**Rédiger une conclusion**	
7	Rédiger et présenter une composition	p. 202

À savoir

La conclusion est **l'aboutissement** de votre raisonnement. Elle a pour but de faire la **synthèse** de votre travail et peut l'**ouvrir** sur des perspectives plus larges.

▶ **Sujet :** Le projet d'une gouvernance européenne depuis 1992

- Les Européens s'accordent-ils sur un projet unique ?
- Quelles institutions, règles, et processus permettent à l'UE d'exercer ses pouvoirs ?
- Le traité de Maastricht représente une étape majeure dans la construction politique de l'UE.

Méthode

1 **Analyser le sujet, formuler la problématique et organiser ses idées :** (→ BAC pp. 38, 58, 86 et 112)
La conclusion devra répondre à la problématique.
Le plan qui structure vos idées sera aussi celui du bilan dans la conclusion.

2 **Présenter un bilan du devoir :** un **bilan** résume ce qui a été dit dans le développement. Il offre une **réponse à la problématique** posée dans l'introduction, et doit être nuancé.
⚠ **Attention !** Le bilan doit pas être trop long ni aborder des aspects du sujet oubliés : il ne s'agit ni de répéter, ni de compléter le développement. Il faut aussi éviter de donner son avis personnel.

3 **Il est possible de proposer une ouverture :** elle évoque les **conséquences** ou **suites possibles** du phénomène étudié.
⚠ **Attention !** Il s'agit d'un exercice risqué : l'ouverture ne doit être ni trop vague, ni trop lointaine dans le temps et ne pas poser de questions dont la réponse est connue.
Elle n'est pas forcément rédigée sous forme de question.

4 **Rédiger la conclusion :** elle doit être rédigée au brouillon, puis recopiée au propre. Pour éviter de la bâcler dans l'urgence, il faut la préparer avant la rédaction du développement.

Application guidée

Exemple
➡ **Problématique :** À quels défis le projet de gouvernance européenne est-il confronté depuis le traité de Maastricht ?
➡ Faute d'évolution nette à mettre en valeur, un **plan thématique** est approprié :
Exemple
I. Une gouvernance européenne face au défi de l'élargissement.
II. Les défis de l'approfondissement du projet européen.

Exemple
L'UE a été confrontée à un processus d'élargissement très rapide qui a rendu difficiles les réformes politiques nécessaires à son fonctionnement à 27. Elle connaît aujourd'hui un déficit démocratique que les traités successifs n'ont pas comblé.

Exemple
On peut se demander comment l'UE peut faire face aux défis d'une gouvernance plus efficace tant que ses populations font preuve d'un sentiment européen faible, voire d'un euroscepticisme aggravé par le contexte économique.

➡ Assemblez les éléments précédents en respectant la construction : bilan, ouverture.

184

BAC BLANC

Analyse de documents

▶ **Sujet :** Le projet d'une Europe politique au début du XXIe siècle

Consigne : Montrez à quels défis se heurte la construction d'une gouvernance européenne au début du XXIe siècle. Confrontez ces deux documents pour mettre en évidence les désaccords au sein de la classe politique française au sujet du projet d'une Europe politique.

1 Affiche du Front national, 2005

2 **La question turque et la campagne française pour le référendum sur la Constitution européenne**

Le débat sur la Constitution européenne est déjà difficile, tant il impose de connaissances techniques pour pouvoir porter un jugement politique. S'il s'enchevêtre par-dessus le marché avec la question turque, alors les passions balaieront irrésistiblement toute raison, les préjugés triompheront impitoyablement des réflexions, le difficile deviendra impossible. Il est donc urgent de découpler la question turque de la campagne référendaire ; non pas, certes, en la minimisant ou en l'escamotant – elle est évidemment essentielle –, mais en la découpant chronologiquement et en donnant toutes les garanties nécessaires, d'ailleurs légitimes, que rien d'irréversible ne sera entrepris. Pour que la campagne référendaire puisse porter réellement sur le traité constitutionnel, il faut neutraliser la question turque. C'est le seul moyen d'obtenir des réponses à la question posée et d'éviter qu'à un « approuvez-vous ou non le traité constitutionnel adopté par les chefs d'État et de gouvernement de l'Union européenne ? » les Français ne répliquent par un « non à la Turquie en Europe ».

Alain Duhamel, « Démarier la Constitution européenne et la Turquie », *Libération*, 29 septembre 2004.

CHAPITRE 8
VERS UNE GOUVERNANCE ÉCONOMIQUE MONDIALE DEPUIS 1975

Au sortir de la Seconde Guerre mondiale, les États-Unis et leurs alliés établissent un premier système de règles et d'organisations économiques internationales. Celui-ci subit une grave crise dans les années 1970, ce qui entraîne la création de « groupes informels de discussion » (G6, G7, G8 puis G20). Ils réunissent les représentants des plus grandes puissances pour tenter d'instaurer une gouvernance économique mondiale. Mais celle-ci est accusée d'oublier les plus pauvres et de négliger le développement durable.

PROBLÉMATIQUES

- Comment tente-t-on de mettre en place une gouvernance économique mondiale ?
- Pourquoi ce début de gouvernance économique est-il si vivement critiqué ?

1 Une gouvernance économique organisée par les grandes puissances…
De gauche à droite, le président de la Commission de l'Union européenne J. M. Barroso, le Premier ministre japonais N. Kan, le Premier ministre italien S. Berlusconi, le président américain B. Obama, le président français N. Sarkozy, le Premier ministre canadien S. Harper, le président russe D. Medvedev, la chancelière allemande A. Merkel, le Premier ministre britannique D. Cameron, le président du Conseil européen H. Van Rompuy. 37e sommet du G8, 26 au 27 mai 2011, Deauville (France).

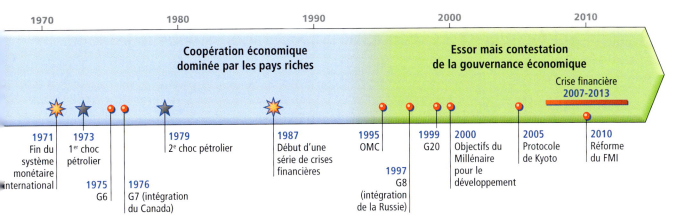

2 ... Qui subit la pression grandissante des acteurs non étatiques

À l'occasion du sommet de Deauville, l'Organisation non gouvernementale (ONG) Médecins du Monde rappelle les pays du G8 à leurs promesses concernant la protection sociale.
Campagne de Médecins du Monde, « La santé n'est pas un luxe ». Banderole déployée lors du G8, novembre 2011.

Retour sur... La coopération économique mondiale depuis 1944

Grands repères — Les débuts de la coopération économique mondiale

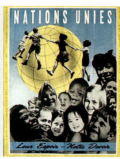

Tirer les leçons de la crise de 1929 et de la Seconde Guerre mondiale

Affiche de l'ONU, 1950.

Lors de la crise de 1929, les États dévaluent leur monnaie pour rester compétitifs et renforcent leur protectionnisme. Ils aggravent ainsi les tensions qui conduisent à la guerre. Très vite, la paix semble impossible sans une coopération entre les nations. Après la guerre, les Alliés créent donc l'ONU et des institutions économiques internationales. Les États-Unis craignent alors que la misère ne favorise le communisme ; ils veulent une reconstruction fondée sur le capitalisme et le libre-échange.

Un nouveau système financier international

Première réunion des dirigeants de la Banque mondiale et des représentants des pays membres le 1er janvier 1946 à Washington.

En 1944 sont signés les accords de Bretton Woods : la Banque mondiale doit financer la reconstruction de l'Europe et du Japon ; le FMI doit secourir les États en difficulté financière et limiter les fluctuations monétaires. Pour éviter les dévaluations sans concertation, les monnaies ont une parité définie par rapport au dollar. Ce dernier est convertible en or et sa valeur est fixe. Les États-Unis, enrichis par la guerre, détiennent alors 66 % du stock d'or mondial.

Le plan Marshall, un approfondissement de la coopération économique

Buvard d'écolier, 1947.

La Banque mondiale ne peut mobiliser de financements suffisants pour la reconstruction européenne. Les États-Unis proposent donc une aide spécifique appelée plan Marshall. Les pays bénéficiaires créent l'OECE en 1948 pour gérer les 13 milliards de dollars (85 % en dons) qui sont versés par les États-Unis de 1948 à 1952. L'OECE étend ensuite son champ d'action et devient l'OCDE en 1960. Elle intègre progressivement la plupart des démocraties à économie de marché.

Vers le libre-échange

Un porte-conteneurs chargé de produits manufacturés, San Francisco, 1968. Le GATT a permis un essor important du commerce international de produits industriels par voie maritime.

En 1947, sont signés les accords du GATT : 23 pays capitalistes représentant plus de 50 % du commerce mondial, s'engagent à diminuer leurs droits de douane et à lutter contre le *dumping* (vente d'un produit à un prix inférieur à celui pratiqué dans le pays d'origine). S'ouvre alors la première période durable de libéralisation des échanges. Plusieurs cycles de négociations dans le cadre du GATT conduisent en effet à une baisse progressive des tarifs douaniers.

Une coopération influencée par la guerre froide

Le président américain John F. Kennedy est reçu par le président vénézuélien Rómulo Betancourt en décembre 1961. Les États-Unis ont alors intensifié leur aide économique aux pays d'Amérique latine.

Le dollar devient la monnaie des échanges internationaux et les États-Unis, le principal contributeur au FMI et à la Banque mondiale. L'URSS refuse donc le système de Bretton Woods et oblige les autres pays communistes à en faire autant. Pour empêcher que les États issus du Tiers-Monde ne basculent dans le communisme, les pays de l'OCDE et la Banque mondiale accentuent leur aide au développement. Par ailleurs, l'ONU crée le PNUD et la CNUCED pour assister les pays pauvres.

RETOUR SUR...

Pour entrer dans le chapitre

LES MOTS À CONNAÎTRE

Altermondialisme : courant de pensée qui dénonce les effets négatifs de la mondialisation libérale. Il entend rendre la mondialisation plus humaine et plus soucieuse de l'environnement.

Développement durable : développement qui répond aux besoins des populations du présent sans compromettre ceux des générations futures, en préservant l'environnement et le juste accès aux ressources.

Gouvernance économique (mondiale) : mise en place de règles internationales visant à encadrer la mondialisation. L'objectif est d'assurer le développement durable de la planète et de renforcer la coopération entre les États et tous les autres acteurs (organisations internationales, organisations non gouvernementales, etc.).

Libre-échange : libre circulation des biens et des services entre les pays après abolition de toutes les restrictions imposées par les États (droits de douane, quotas, normes, etc.).

Mondialisation : essor des flux financiers et commerciaux entre les pays et internationalisation accrue des entreprises grâce aux progrès du libre-échange, à l'assouplissement des réglementations des États et à l'essor des moyens de transport et de communication.

Protectionnisme : politique d'un État visant à limiter les importations pour protéger le marché national de la concurrence étrangère.

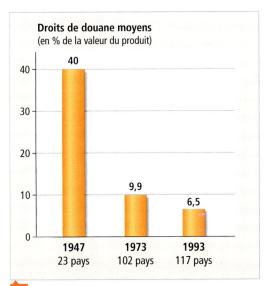

1 **Le bilan du GATT**

Entre 1948 et 1992, le commerce mondial est passé de 57,5 milliards de dollars à 3 600 milliards de dollars en valeur, et a été multiplié par six en volume. De 1947 à 1994, le bilan est plutôt positif en ce qui concerne la diminution des droits de douane sur les produits industriels, mais négatif pour les produits agricoles. Les services et la propriété intellectuelle (brevets) ne rentraient pas dans le champ de compétence du GATT.

LE POINT SUR...

Organismes relevant directement de l'ONU

CNUCED : Conférence des Nations unies sur le commerce et le développement, créée par l'ONU en 1964 pour faciliter l'accès des produits des pays en développement aux marchés des pays industrialisés.

PNUD : Programme des Nations unies pour le développement. Programme spécialisé de l'ONU créé en 1965 pour aider les pays en développement à obtenir des dons.

Organismes ou accords autonomes collaborant étroitement avec l'ONU

FMI : Fonds monétaire international, organisme de coopération monétaire fondé officiellement le 27 décembre 1945, après la ratification par 29 pays des statuts adoptés à la conférence de Bretton Woods tenue aux États-Unis en juillet 1944.

BIRD/Banque mondiale : Banque internationale pour la reconstruction et le développement, organisme de coopération financière créé à la suite de la conférence de Bretton Woods en 1944, en même temps que le FMI.

GATT : Accord général sur les tarifs douaniers et le commerce (*General Agreement on Tariffs and Trade*) négocié en 1947 pour favoriser la croissance des échanges internationaux, notamment par la baisse des tarifs douaniers.

OMC : Organisation mondiale du commerce, qui a succédé au GATT à partir du 1er janvier 1995 pour libéraliser les échanges des biens et des services et régler les différends commerciaux entre les États membres.

Organismes ou groupes indépendants de l'ONU

OECE/OCDE : Organisation européenne de coopération économique, créée en 1948 pour répartir l'aide du plan Marshall. Elle devient l'OCDE (Organisation de coopération et de développement économique) en 1960. C'est un organisme d'étude et de concertation rassemblant les pays les plus développés.

G6/7/8 : groupe informel de discussion et de coopération entre les principales puissances économiques de la planète. Il comprend les États-Unis, la France, le Royaume-Uni, le Japon, la RFA, l'Italie en 1975, puis le Canada en 1976 et la Russie en 1998.

G20 : groupe informel de discussion et de coopération économique comprenant 19 pays plus l'Union européenne. Il a été créé en 1999. Cet élargissement du G8 vise à tenir compte du poids économique croissant des « pays émergents ».

Chapitre 8. VERS UNE GOUVERNANCE ÉCONOMIQUE MONDIALE DEPUIS 1975

→ Voir COURS pp. 192-193.
→ Voir COURS pp. 196-197.

Vers une gouvernance économique mondiale

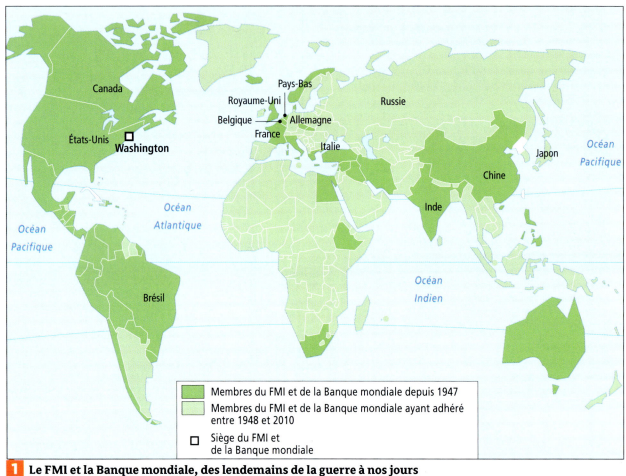

1 Le FMI et la Banque mondiale, des lendemains de la guerre à nos jours

2 Les droits de vote au FMI

Droits de vote au FMI (supérieurs ou égaux à 2 %)		
	en 1947	en 2013[1]
Pays les plus industrialisés *dont :*	64,95	63,09
États-Unis	31,46	17,69
Japon	–	6,23
Allemagne	–	5,81
France	6,23	4,29
Royaume-Uni	15,02	4,29
Canada	3,68	2,56
Italie	2,32	3,16
Pays en développement *dont :*	33,05	36,91
Russie	–	2,39
Chine	6,52	3,81
Brésil	1,4	1,72
Inde	4,82	2,34
Arabie saoudite	–	2,8

1. Une réforme des droits de vote décidée par le FMI en 2010 doit donner plus de pouvoir aux pays en développement, notamment aux pays émergents (la Chine, le Brésil, l'Inde et la Russie). En septembre 2013, cette réforme n'a toujours pas été ratifiée par la majorité requise des membres du FMI. Elle n'est donc pas encore entrée en application.

REPÈRES

● **Les droits de vote au FMI**
Le mode de décision du FMI, comme celui de la Banque mondiale, est fondé sur une **répartition des droits de vote** en fonction du montant de la cotisation de chaque État membre. Les décisions importantes sont prises avec une **majorité de 85 % des voix**. Les États-Unis ou les pays de l'Union européenne possèdent avec leur pourcentage un veto de fait.

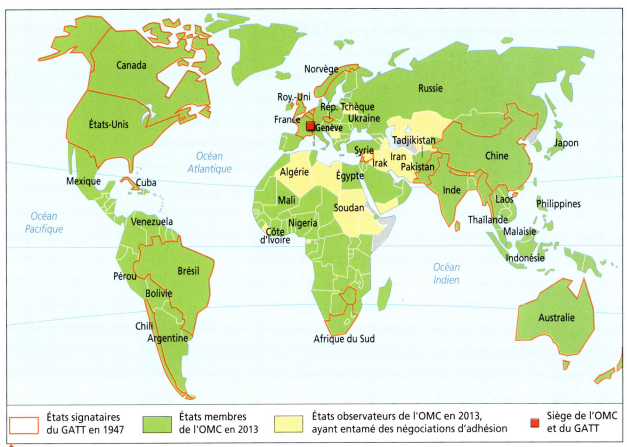

3 Du GATT à l'OMC : l'organisation des échanges (2013)

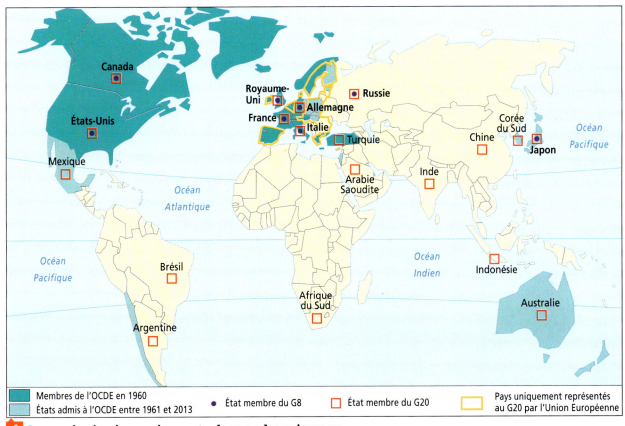

4 La coopération économique entre les grandes puissances

Chapitre 8. VERS UNE GOUVERNANCE ÉCONOMIQUE MONDIALE DEPUIS 1975

1. La coopération économique mondiale (1975-1990)

> En quoi les crises des années 1970 changent-elles la coopération économique mondiale ?

A De graves crises

● **La crise monétaire.** La balance des paiements des États-Unis a un déficit croissant. Il s'explique surtout par le coût de la guerre froide et les investissements à l'étranger des firmes américaines. Les États et les entreprises perdent confiance dans la valeur du dollar alors que le stock d'or américain diminue. En 1971, sans consulter le FMI, les États-Unis rendent le dollar inconvertible en or, puis ils le dévaluent. C'est la fin du système de Bretton Woods. Dès 1973, la valeur des monnaies fluctue librement, ce qui entraîne une insécurité monétaire.

● **La crise économique.** Or la croissance des pays développés ralentit, car ils sont moins compétitifs. En effet, grâce à l'essor du libre-échange, les multinationales peuvent produire dans les pays en développement à faibles salaires et vendre leurs produits dans les pays riches. En outre, en 1973, puis en 1979, le prix du pétrole augmente fortement (doc. 1). L'inflation s'accélère dans les pays industrialisés, la production et la demande reculent, le chômage devient massif.

B Plus de concertation entre les grandes puissances

● **La naissance du G6.** Les organes internationaux créés à partir de 1944 ne peuvent pas résoudre ces difficultés. En 1975, les dirigeants des 6 grands pays industrialisés décident donc de se réunir régulièrement pour se concerter sur les problèmes économiques internationaux (doc. 2).

● **Un rapide élargissement.** Dès 1976, le Canada participe aux sommets. Puis, le G7 dialogue avec la Russie et les organismes internationaux. Son but est de favoriser la concertation entre les grandes puissances économiques et d'améliorer l'action de la Banque mondiale, du FMI ou du GATT. Les sujets abordés se diversifient mais le G7 traite surtout des questions monétaires, de l'inflation, du protectionnisme, de l'emploi, de l'aide au développement et des sources d'énergie.

C Mais des difficultés persistantes

● **Des résultats médiocres.** Le G7 n'est qu'un groupe informel de discussion. Mais on l'accuse d'écarter les autres États de la gestion économique mondiale. Par ailleurs, les organismes internationaux ne deviennent pas plus efficaces. Ainsi, dépourvu de moyens de sanctions, le GATT n'empêche pas des pratiques protectionnistes comme les quotas d'importations. Les pays riches les utilisent pour se protéger de la concurrence des pays en développement. Enfin, l'agriculture et les services échappent à la libéralisation des échanges.

● **Un dialogue Nord/Sud décevant.** Les pays pauvres réclament un « nouvel ordre économique international » (doc. 4). Mais à cause de leurs problèmes économiques, les États de l'OCDE diminuent la part de leur revenu consacrée à l'aide au développement. Dans les années 1980, certains pays pauvres ne peuvent donc plus rembourser les emprunts effectués pour financer leur modernisation (doc. 3). Ils font appel au FMI et à la Banque mondiale qui, en échange d'une aide, leur imposent une politique de rigueur aggravant la pauvreté.

● **Une économie mondiale incontrôlable.** En outre, la mondialisation, favorisée par le GATT, exacerbe la concurrence entre les nations. Pour lutter contre le chômage et attirer les investissements des multinationales, le Royaume-Uni, les États-Unis et d'autres pays choisissent la dérégulation, réduisent les impôts et privatisent leurs entreprises publiques. Les mouvements de capitaux ont une totale liberté et l'économie échappe au contrôle des gouvernements.

→ Voir CARTES pp. 190-191.
→ Voir ÉTUDE pp. 194-195.

REPÈRES

● **Le G7**

1989	Population (%)	PIB (%)
Monde	100	100
G7	12,2	67
États-Unis	4,8	28,3
Japon	2,4	15,5
RFA	1,2	5,9
France	1,1	5,3
Italie	1,1	4,7
Royaume-Uni	1,1	4,4
Canada	0,5	2,9

VOCABULAIRE

Balance des paiements : document comptabilisant les entrées et sorties de biens et de capitaux entre un pays et le reste du monde. Lorsque les sorties sont supérieures aux entrées, le pays doit emprunter ou puiser dans ses réserves d'or ou de devises.

Dialogue Nord/Sud : expression désignant les efforts de coopération entre les pays développés, plutôt situés dans l'hémisphère nord, et les pays en développement, plutôt situés au sud.

FMI : voir p. 189.

G6/7 : voir p. 189.

OCDE : voir p. 189.

Quotas d'importation : limitation de biens ou de services importés, imposée par un gouvernement.

NOTIONS CLÉS

Dérégulation : suppression ou simplification des contrôles sur les acteurs financiers (Bourse, banques, compagnies d'assurances, etc.) et les autres entreprises. L'objectif est d'encourager la concurrence et l'innovation.

Mondialisation : voir p. 189.

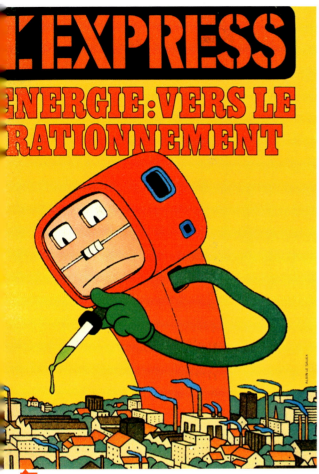

1 La crise pétrolière
Une de *L'Express*, 25 mai 1979.
▶ Quelle inquiétude exprime cette une ? Comment l'expliquez-vous ?

2 La fondation du G6

Les chefs d'État et de Gouvernement de la République fédérale d'Allemagne, des États-Unis d'Amérique, de France, du Royaume-Uni [...], d'Italie et du Japon [...] sont convenus de la déclaration suivante :

1. [...] Nous avons procédé à un échange de vues approfondi et positif sur la situation économique mondiale, les problèmes économiques communs à nos pays, leurs conséquences humaines, sociales et politiques et les programmes d'action destinés à les résoudre.

2. [...] Nous sommes chacun pour notre part responsables de la conduite d'une société ouverte, démocratique, profondément attachée à la liberté individuelle et au progrès social. Notre succès renforcera, et cela de façon décisive, l'ensemble des sociétés démocratiques. Chacun d'entre nous a la responsabilité d'assurer la prospérité de l'économie d'un pays industriel important. La croissance et la stabilité de nos économies aideront à la prospérité de l'ensemble du monde industriel et des pays en développement.

3. [...] Nous sommes décidés à assumer pleinement nos responsabilités et à développer nos efforts en vue d'une coopération internationale accrue et d'un dialogue constructif entre tous les pays, dépassant les disparités de leur développement économique, l'inégalité des ressources dont ils disposent et les différences de leurs systèmes politiques et sociaux.

Déclaration de Rambouillet annonçant la création du G6/7, 17 novembre 1975.

▶ Pourquoi ces pays se sentent-ils investis d'une mission particulière ?
▶ Quels sont les objectifs de ce groupe de discussion ?
▶ Quels éléments peuvent gêner la réalisation de ces objectifs ?

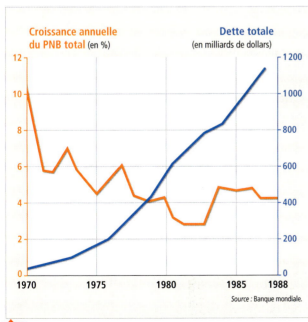

3 L'endettement du Tiers-Monde
▶ Comment évolue l'endettement du Tiers-Monde depuis 1970 ?
▶ Pourquoi la situation financière du Tiers-Monde devient-elle inquiétante à partir des années 1980 ?

4 Le système économique international vu du Sud

La première Conférence des Nations unies sur le commerce et le développement, convoquée à Genève en 1964, suivie de celles de New Delhi et de Santiago du Chili, avait suscité de grands espoirs, puisque pour la première fois les structures et les mécanismes du système commercial et monétaire international se trouvaient directement ou indirectement remis en cause par une instance officielle des Nations unies. Ces assemblées [...] ont fait progresser la revendication mise en avant jusque-là par certains États du Tiers-Monde, d'un Nouvel ordre économique international. [...] Mais depuis, l'histoire semble piétiner. [...] Les pays développés à économie de marché qui comptent 20 % de la population du globe, bénéficient des deux tiers du revenu mondial, alors que les pays démunis, qui comptent 30 % de la population de la Terre, n'ont droit qu'à 3 % du revenu mondial. Quelle injustice ! La faim, la malnutrition, le chômage endémique créent dans ces conditions une situation difficilement tolérable. À cette dégradation [...] s'ajoutent les effets conjugués du fardeau d'un endettement sans cesse croissant et la suprématie industrielle, technologique et monétaire des pays les plus riches, autant de questions dont l'urgence nécessitait l'adoption de mesures concrètes.

Gnassingbé Eyadema (président du Togo), discours devant les chefs d'État et des gouvernements africains réunis à Lomé, le 4 novembre 1976, lors de la signature du traité créant la Communauté des États d'Afrique de l'Ouest.

▶ Pourquoi l'ordre économique des années 1970 est-il injuste selon l'auteur ?
▶ Que reproche l'auteur aux Nations unies ?

ÉTUDE

L'OMC, un acteur majeur de la gouvernance économique mondiale

→ Voir **COURS** pp. 192-193.

Depuis 1947, le GATT a organisé plusieurs cycles (*rounds*) de négociations qui ont libéralisé le commerce. Il s'est doté d'un secrétariat général permanent, sans pour autant constituer une véritable organisation internationale. C'est pourquoi en 1994, 123 pays signent les accords de Marrakech créant l'Organisation mondiale du commerce (OMC). Elle doit améliorer la régulation des échanges internationaux. Elle est une des rares organisations internationales qui peut sanctionner les États ne respectant pas les accords qu'elle a adoptés.

REPÈRES

• Le processus de règlement des différends à l'OMC

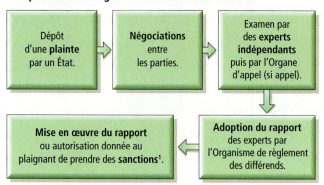

1. Le système de sanctions favorise les grandes puissances. Autoriser un petit pays à prendre des mesures contre un grand n'est pas dissuasif : la part du petit pays dans le commerce du grand est en effet négligeable.

VOCABULAIRE

Altermondialisme : voir p. 189.
Développement durable : voir p. 189.
Organisme de règlement des différends : institution de l'OMC qui juge les conflits juridiques de nature commerciale entre les pays membres de l'organisation.
Quotas d'importation : voir p. 192.

1 L'accord instituant l'OMC

Les Parties au présent accord,
Reconnaissant que leurs rapports dans le domaine commercial et économique devraient être orientés vers le relèvement des niveaux de vie, la réalisation du plein emploi […] et l'accroissement de la production et du commerce de marchandises et de services, tout en permettant l'utilisation optimale des ressources mondiales conformément à l'objectif de développement durable […].
Reconnaissant en outre qu'il est nécessaire de faire des efforts positifs pour que les pays en développement […] s'assurent une part de la croissance du commerce international qui corresponde aux nécessités de leur développement économique.
Désireuses de contribuer à la réalisation de ces objectifs par la conclusion d'accords visant, sur une base de réciprocité et d'avantages mutuels, à la réduction substantielle des tarifs douaniers et des autres obstacles au commerce […].
Conviennent de ce qui suit :
Article 1. […] L'Organisation mondiale du commerce (ci-après dénommée l'« OMC ») est instituée par le présent accord.
Article 2. […] L'OMC servira de cadre institutionnel commun pour la conduite des relations commerciales entre ses Membres […].

Extraits de l'accord instituant l'OMC, acte final de l'Uruguay round, signé à Marrakech, 15 avril 1994.

2 La fin de la « guerre des hormones » entre l'UE et les États-Unis

L'Europe a accepté d'augmenter ses importations de viande bovine de haute qualité en échange du maintien de son interdiction du bœuf aux hormones[1].
En 1988, l'Europe interdit ses importations de viande bovine issue d'animaux auxquels ont été administrés des hormones de croissance. En rétorsion, les États-Unis et le Canada, avec l'aval de l'Organisation mondiale du commerce (OMC), imposent en 1999 des sanctions douanières sur de nombreux produits européens, pour un montant de 116,8 millions de dollars américains et 11,3 millions de dollars canadiens par an. Chocolat, roquefort, moutarde, truffe : les produits concernés sont divers.
Le règlement adopté mercredi à une large majorité par le Parlement européen prévoit une augmentation de 25 000 tonnes du contingent de viande de bœuf sans hormones susceptible d'être importée en Europe pour les États-Unis, et une augmentation de 3 200 tonnes pour le Canada. […]
Ce vote avalise un accord de 2009 signé entre l'Union européenne et les États-Unis, qui prévoyait dans un premier temps une levée partielle des sanctions douanières américaines en échange de l'importation de 20 000 tonnes supplémentaires par an de viande de qualité supérieure[2], et dans un second temps la levée totale des sanctions contre cette nouvelle augmentation. Les États-Unis et le Canada ont déjà respecté les engagements qu'ils avaient pris dans le cadre de la deuxième phase et levé toutes les surtaxes douanières.

D'après AFP, Reuters, 14 mars 2012.

1. Bœuf élevé à l'aide de produits chimiques lui permettant de grandir plus vite. L'Union européenne estime qu'il peut y avoir des risques de cancer si une personne consomme cette viande.
2. Sans hormones.

ÉTUDE

3 L'opposition à l'OMC
« Le libre-échange pour exploiter les peuples et la nature. »
Manifestation lors du sommet de l'OMC à Seattle en 1999. Pour la première fois, les altermondialistes parviennent à perturber un sommet international.

4 L'OMC face aux critiques

Le directeur général de l'OMC répond ici aux critiques faites à l'encontre de son organisation (ces critiques sont évoquées au conditionnel dans la première partie du texte).

En premier lieu, l'OMC dominerait le système des relations internationales. Les questions commerciales surplomberaient, en quelque sorte d'autres aspects plus importants pour les peuples, à savoir, la santé, les normes sociales ou l'environnement. Dans le domaine de la santé, l'influence des firmes multinationales dans les négociations à l'OMC aboutirait à sacrifier la santé des populations par une protection démesurée de la propriété intellectuelle. Les brevets à des prix prohibitifs empêcheraient les pays pauvres, accablés par de nombreuses épidémies, d'accéder aux médicaments génériques[1]. [...] L'OMC, en favorisant la concurrence, inciterait les entreprises à ne pas tenir compte de la contrainte environnementale et privilégierait donc un développement non durable. [...]

[En fait], l'OMC contient diverses dispositions qui prévoient des exceptions pour des objectifs de politique autres que le commerce [...]. Dans plusieurs différends faisant intervenir la santé humaine et animale, l'Organe d'appel a répété que les membres pouvaient fixer des normes très élevées de protection sanitaire dès lors qu'elles étaient compatibles et cohérentes. On peut citer [...] le différend entre le Canada et les Communautés européennes concernant l'importation de matériaux en rapport avec l'amiante[2]. Là encore, la restriction à l'importation des Communautés européennes a été maintenue car elle se fondait sur des risques réels pour la santé [...].

Pascal Lamy, discours devant l'Institut des hautes études internationales, Genève, 14 mars 2006.

1. Médicament dont le brevet est tombé dans le domaine public. Il est vendu à un prix moindre que le médicament équivalent produit par l'entreprise qui l'a créé et en a déposé le brevet.
2. Minéral utilisé dans la construction des bâtiments dont la toxicité a été reconnue officiellement dans les années 1980-1990, ce qui a entraîné progressivement son interdiction en Europe.

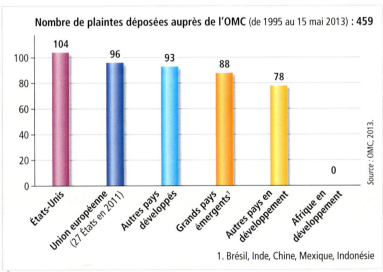

5 Les plaintes déposées auprès de l'OMC

Questions

▶ Exploiter et confronter les documents

1. Pourquoi peut-on dire que l'OMC veut faire progresser le libre-échange ? **(doc. 1)**

2. Quels sont les autres objectifs de cette organisation ? **(doc. 1)**

3. Analysez le litige commercial sur le bœuf aux hormones. Comment a-t-il été résolu ? Quel a été le rôle exact de l'OMC ? **(doc. 2)**

4. Pourquoi l'OMC peut-elle apparaître comme un instrument au service de certains pays ? **(doc. 3 et 4)**

5. Quelles sont les critiques formulées à l'égard de l'OMC ? Comment s'expriment-elles ? **(doc. 3 et 5)**

6. Que répond Pascal Lamy à ces critiques ? **(doc. 4)**

▶ Organiser et synthétiser les informations

7. Rédigez un exposé construit et argumenté sur le rôle de l'OMC et les critiques dont elle fait l'objet.

COURS

2. Vers une gouvernance économique mondiale

> Pourquoi et comment veut-on instaurer une gouvernance économique mondiale depuis 1994 ?

→ Voir **CARTES** pp. 190-191.
→ Voir **ÉTUDE** p. 198.
→ Voir **ÉTUDE** p. 199.

REPÈRES

• **2010-2013 : crise de la dette dans l'Union européenne**

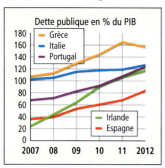

VOCABULAIRE

ALENA : Accord de libre-échange nord-américain, entré en vigueur en 1994 entre les États-Unis, le Canada et le Mexique.

Cycle de Doha : négociations entamées en 2001 sous l'égide de l'OMC à Doha (Qatar) portant surtout sur l'agriculture et sur l'amélioration de l'accès aux marchés des pays riches pour les produits des pays en développement.

G20 : voir p. 189.

OMC : voir p. 189.

Protocole de Kyoto : traité international visant à réduire les émissions de gaz à effet de serre. Signé en 1997, il n'entre en vigueur qu'en 2005, un nombre suffisant de pays l'ayant ratifié. 9 pays sur les 193 membres de l'ONU (dont les États-Unis) ne l'ont pas ratifié aujourd'hui.

NOTIONS CLÉS

Altermondialisme : voir p. 189.
Développement durable : voir p. 189.
Gouvernance économique mondiale : voir p. 189.
Pays émergent : État dont le PIB par habitant est inférieur à celui d'un pays développé, mais qui a une croissance économique rapide. Le niveau de vie de sa population converge vers celui des pays développés. Les principaux pays émergents sont les **BRICS** (Brésil, Russie, Inde, Chine).

A Un nouveau cadre pour les échanges internationaux

• **L'Organisation mondiale du commerce (OMC).** Elle est créée en 1994 pour renforcer le libre-échange et corriger les défauts du GATT. Elle s'occupe non seulement de l'industrie et de l'agriculture, mais aussi des services et de la propriété intellectuelle (brevets). Elle veut promouvoir le développement durable et œuvrer pour que le commerce international bénéficie aux pays en développement. Elle peut sanctionner les États qui contreviennent à ses décisions **(voir p. 194)**.

• **Un progrès limité.** À l'OMC, tout État membre compte pour une voix, ce qui permet à des pays pauvres de porter plainte contre des pays industrialisés. Mais les procédures sont longues et complexes et les pays pauvres manquent de moyens pour faire valoir leurs droits. L'influence de l'OMC est aussi restreinte par l'existence d'accords régionaux de libre-échange, comme l'Union européenne ou l'ALENA.

B De multiples crises et contestations

• **Contre l'hégémonie du G7.** Les pays émergents veulent que leur nouveau poids dans l'économie mondiale soit reconnu. Ils obtiennent en 1999 la réunion régulière d'un G20. Ils exigent aussi la baisse des subventions agricoles que les pays riches accordent à leurs agriculteurs **(doc. 1)**. Leurs exigences et les réticences des États-Unis et de l'Union européenne expliquent en partie l'échec du cycle de Doha.

• **Contre la mondialisation libérale.** L'altermondialisme critique les conséquences sociales et environnementales du libéralisme imposé par les pays riches et les organisations internationales **(doc. 2)**. Lors des sommets du FMI, de l'OMC ou du G8, les altermondialistes organisent des manifestations contre une mondialisation au service des plus riches **(voir p. 187)**.

• **Un système déréglé.** Avec la mondialisation, la croissance d'un pays dépend beaucoup plus des investissements étrangers. Or, les difficultés d'une banque ou d'un État peuvent entraîner la défiance des investisseurs et une fuite des capitaux. La croissance ralentit alors par manque de financements. Ainsi, en 2007, une crise débute aux États-Unis, car des banques sont ruinées par l'incapacité des ménages à rembourser leurs prêts immobiliers. La crise devient mondiale et s'aggrave en 2010, parce que certains pays développés sont surendettés.

C Vers une redéfinition des règles économiques

• **Pour un nouvel ordre financier.** Ces crises résultent d'un défaut de surveillance des marchés et montrent la nécessité d'une gouvernance économique mondiale. Le G20 tente donc depuis 2008 de réformer le système financier international, mais les résultats sont modestes **(doc. 2)**. En revanche, une nouvelle répartition des droits de vote au FMI et à la Banque mondiale a été adoptée en 2010 : elle donne plus de pouvoir aux pays en développement **(voir pp. 190 et 198)**. Mais l'action du FMI est contestée, car la rigueur qu'il impose aux pays surendettés accroît la misère et le chômage sans faire, pour l'instant, repartir la croissance **(doc. 4)**.

• **Pour un développement durable.** Par ailleurs, des normes environnementales s'imposent progressivement. Le protocole de Kyoto entre ainsi en vigueur en 2005 malgré le refus des États-Unis. La communauté internationale veut aussi réduire plus rapidement la pauvreté et l'inégal accès aux soins **(doc. 3)**. Enfin, les accords de Bali, signés fin 2013, sont le premier succès du cycle de Doha. Les pays de l'OMC acceptent en effet de diminuer les subventions aux exportations agricoles et les droits de douane sur les produits venant des pays les moins avancés.

1 Les revendications du Brésil

La lutte contre la faim et la pauvreté implique aussi la création d'un ordre mondial qui accorde la priorité au développement social et économique. [...] Les subventions accordées par les pays les plus riches, en particulier dans l'agriculture, sont des chaînes oppressantes qui freinent le progrès et condamnent les pays pauvres à l'arriération. Je répète continuellement que tandis que le soutien des pays développés à un commerce faussé s'élève à la somme scandaleuse d'un milliard de dollars par jour, 900 millions de personnes – dans les pays pauvres et en développement – doivent se débrouiller avec moins d'un dollar par jour. [...]

L'ancienne géographie du commerce international doit être profondément refaçonnée. Ensemble, avec ses partenaires du G20, le Brésil est engagé dans cette tâche. La création du G20 a changé les dynamiques des négociations à l'OMC. Jusqu'à récemment, les pays en développement ne jouaient qu'un rôle périphérique dans les négociations les plus importantes. [...] Pour la première fois dans l'histoire du système GATT/OMC, le mot « développement » apparaît dans l'intitulé du *round* des négociations commerciales[1]. [...]

Si elles réussissent, les négociations de l'OMC aideront à sortir beaucoup de gens de l'extrême pauvreté. [...] Les pays pauvres africains pourront enfin exporter des produits agricoles. Mais le programme de développement de Doha, qui décidera de l'avenir du système de commerce international, est à présent en crise.

Luiz Inácio Lula da Silva (alors président du Brésil), discours devant l'Assemblée générale de l'ONU, 19 septembre 2006.

1. Allusion au cycle de Doha (aussi nommé programme de développement de Doha) qui a été suspendu en 2006 mais dont on espère la reprise.

▶ Que réclame le président du Brésil ? Pourquoi ?
▶ Pourquoi les espoirs qu'il place dans l'OMC sont-ils pour le moment illusoires ? (voir cours)

2 De nouvelles règles pour l'économie

Un autre monde possible doit respecter le droit à la vie pour tous les êtres humains grâce à de nouvelles règles de l'économie. Il faut donc :

1. Annuler la dette publique des pays du Sud [...].
2. Mettre en place des taxes internationales sur les transactions financières, [...] sur les ventes d'armes et sur les activités à fortes émissions de gaz à effet de serre. S'ajoutant à une aide publique au développement qui doit impérativement atteindre 0,7 % du PIB des pays riches, les ressources ainsi dégagées doivent être utilisées pour lutter contre les grandes pandémies (dont le sida) et pour assurer l'accès de la totalité de l'humanité à l'eau potable, au logement, à l'énergie, à la santé, [...] à l'éducation et aux services sociaux. [...]
5. Promouvoir toutes les formes de commerce équitable en refusant les règles libre-échangistes de l'OMC [...]. Exclure totalement l'éducation, la santé, les services sociaux et la culture du champ d'application [...] de l'OMC. [...]
6. Garantir le droit à la souveraineté et à la sécurité alimentaires de chaque pays [...] par la promotion de l'agriculture paysanne. Cela doit entraîner la suppression totale des subventions à l'exportation des produits agricoles, en premier lieu par les États-Unis et l'Union européenne. [...]

Manifeste signé à Porto Alegre (Brésil), par 19 intellectuels altermondialistes (10 venant de pays en développement, 9 de pays riches), dont le Portugais José Saramago (prix Nobel de littérature) et l'artiste argentin Adolfo Pérez Esquivel (prix Nobel de la paix), le 29 janvier 2005.

▶ Quels efforts demande ce manifeste aux pays riches ? Comment veut-il réformer le rôle de l'OMC ?

3 Les objectifs du millénaire pour le développement

En 2000, 189 pays sous l'égide de l'ONU, avec l'appui du FMI, de la Banque mondiale et de l'OMC, se fixent huit objectifs de développement à atteindre pour 2015.

▶ Pourquoi peut-on dire que l'objectif d'éliminer la pauvreté et la faim est loin d'être atteint ?

4 Le FMI et la crise de la dette en Europe

L'Humanité, 29 avril 2010.

▶ Que condamne *L'Humanité* ?

ÉTUDE
Le G20 : un nouvel acteur de l'économie mondiale

→ Voir **COURS** pp. 196-197.

Créé en 1999, le G20 rassemble d'abord les ministres des Finances et les gouverneurs des banques centrales une fois par an. Depuis la crise de 2008, il réunit les chefs d'État et de gouvernement et il est devenu le principal forum de dirigeants pour la coopération économique internationale. Le G20 ne dispose d'aucun organe permanent : il fait appel aux experts de la Banque mondiale, du FMI, de l'OCDE, de l'OMC ou de l'ONU, afin de bénéficier de conseils dans leurs domaines de responsabilité respectifs.

1 La première réunion des chefs d'État et de gouvernement du G20

Nous, dirigeants du Groupe des Vingt, avons tenu une première réunion à Washington le 15 novembre 2008, alors que l'économie mondiale et les marchés financiers font face à de graves menaces. [...] Nous devons jeter les bases de réformes qui aideront à assurer qu'une crise mondiale de cette nature ne se reproduira plus. [...]

Durant la période de croissance mondiale soutenue, d'essor de flux de capitaux, et de stabilité prolongée qui a marqué les débuts de cette décennie, les acteurs des marchés ont cherché à obtenir des rendements plus élevés sans évaluer les risques de façon adéquate et sans faire preuve de la vigilance requise. Parallèlement, [...] les établissements financiers n'ont souvent pas mis en œuvre des pratiques saines en matière de gestion des risques. [...] Ces évolutions sur les marchés financiers et les insuffisances en matière de régulation ont mené à des excès et ont finalement provoqué de graves perturbations des marchés. [...]

Nous mettrons en œuvre des réformes destinées à renforcer les marchés financiers et les régimes de régulation afin d'éviter de futures crises. [...] Nos marchés financiers sont d'envergure mondiale. Il est donc indispensable d'intensifier la coopération internationale entre régulateurs, de renforcer les normes internationales [...].

Nous sommes déterminés à faire progresser la réforme des institutions de Bretton Woods de manière à ce qu'elles reflètent mieux l'évolution des poids économiques respectifs dans l'économie mondiale, afin d'accroître leur légitimité et leur efficacité. À cet égard, les économies émergentes et en développement, y compris les pays les plus pauvres, devraient pouvoir mieux faire entendre leur voix et y être mieux représentés.

Déclaration du sommet du G20, Washington, 15 novembre 2008.

2 Le G20 en 2012

Membres officiels	PIB (en milliards de $)	Population (en millions d'habitants)
Afrique du Sud	384	48,8
Canada	1 770	34,3
Mexique	1 163	114,9
États-Unis	15 653	314,2
Argentine	475	42,1
Brésil	2 425	205,7
Chine	8 250	1 343
Japon	5 984	127,3
Corée du Sud	1 151	48,8
Inde	1 947	1 205
Indonésie	895	248,1
Arabie saoudite	657	26,5
Russie	1 954	138
Turquie	783	79,7
Union européenne	16 584	503,8
France	2 580	65,8
Allemagne	3 367	81,3
Italie	1 980	61,2
Royaume-Uni	2 434	63
Australie	1 542	22
Total	**61 617 (85,8 %)**	**4 502,2 (64,2 %)**
Espagne (membre invité[1])	1 340	47
Pays-Bas (membre invité[1])	770	16,7
Monde	71 830	7 007

1. L'Espagne et les Pays-Bas ont participé aux trois dernières réunions sans en être membres. Le G20 accueille également les institutions de Bretton Woods (FMI, Banque mondiale).

Consigne

• En présentant le G20 (composition, objectifs), évaluez le rôle qu'il peut jouer dans la gouvernance économique mondiale.

▶ **Aide pour répondre à la consigne**

1. Quels engagements prend le G20 dans le domaine financier ? Pourquoi ? **(doc. 1)**
2. Quelles institutions internationales doivent être réformées ? Ce projet a-t-il été réalisé ? **(doc. 1)**
3. Le G20 est-il plus représentatif que d'autres institutions économiques internationales ? **(doc. 2)**

ÉTUDE
Gouvernance économique et sécurité alimentaire

La libéralisation du commerce des produits agricoles, favorisée par l'OMC depuis 1995, a accentué la baisse du prix des aliments. Certains pays à fort dynamisme démographique sont devenus dépendants d'aliments importés à bas prix, produits par les exploitations modernes des pays industrialisés ou émergents. Mais la crise de 2007 a provoqué une hausse brutale des prix agricoles. Améliorer la sécurité alimentaire est donc aujourd'hui un des enjeux majeurs de la gouvernance économique mondiale.

LE POINT SUR…

● **La sécurité alimentaire**
70 % des sous-alimentés sont des petits agriculteurs. Leur production est très limitée, ils sont trop pauvres pour acheter des aliments complémentaires ou pour profiter de la hausse actuelle des prix agricoles. Ils ne peuvent pas acheter d'outils, d'engrais, etc. Ils ont un accès limité à la terre, à l'eau. Ils souffrent des catastrophes naturelles, des conflits, de la concurrence des produits importés, etc.

VOCABULAIRE

ONG (Organisation non gouvernementale) : organisation d'intérêt public à but non lucratif et financée par des fonds privés. Elle ne relève ni de l'État ni d'une institution internationale.

1 Les propositions de la France pour l'agriculture mondiale

Depuis quelques mois, la hausse des prix alimentaires a fait basculer 44 millions de nouvelles personnes en dessous du seuil de pauvreté. […]

Le blé, par exemple, est passé de 140 euros la tonne en Europe en juillet à plus de 260 euros aujourd'hui. […] Cette volatilité[1] des prix agricoles mondiaux est insupportable pour les pays les plus vulnérables. Elle est insupportable pour les producteurs dont elle affecte les capacités d'investissement. Elle est insupportable pour les consommateurs qui doivent payer plus cher leurs produits alimentaires et qui nous font courir le risque de connaître à nouveau des émeutes de la faim comme celles qui ont touché un certain nombre de pays en 2008. Face à ce double défi alimentaire et économique, que proposons-nous ? La première proposition de la France est de réinvestir dans l'agriculture mondiale. […] L'aide publique au développement en agriculture est décisive : elle doit être maintenue. Je rappelle que la part de l'agriculture dans l'APD[2] est passée en 20 ans de 15 % à moins de 5 %. Il faut renverser la tendance. […]

La deuxième solution que nous proposons après le réinvestissement dans l'agriculture mondiale, c'est la régulation des marchés agricoles internationaux. Je veux être très clair sur un point. Réguler le marché, ce n'est pas lutter contre le marché. Réguler le marché, c'est améliorer son fonctionnement et faire en sorte qu'il répartisse de manière plus efficace les richesses. […] Le sommet du G20 en novembre proposera des solutions concrètes pour relever le défi agricole mondial. Mais le G20 ne fera pas tout. Le G20 n'a ni la légitimité, ni la capacité de régler à lui seul le problème des crises alimentaires mondiales. Le travail du G20 se fera donc en étroite coordination avec les organisations internationales […] en particulier, avec les organisations du système des Nations unies.

Bruno Le Maire (ministre français de l'Agriculture), discours devant l'Assemblée générale des Nations unies, 17 février 2011.

1. Instabilité des prix. Une baisse prolongée rend incertains les revenus tirés de la production, ce qui décourage l'investissement. Une hausse brutale renchérit le coût de l'approvisionnement, ce qui menace la sécurité alimentaire.
2. Aide publique au développement : dons ou prêts à taux préférentiel accordés par des États développés aux pays en voie de développement.

2 Une campagne contre la faim dans le monde (2004)

Consigne

● **Expliquez en quoi la sécurité alimentaire est aujourd'hui au cœur de la gouvernance économique mondiale, en présentant les problèmes et les solutions proposées par les différents acteurs.**

▶ **Aide pour répondre à la consigne**
1. Pourquoi la volatilité des prix agricoles menace-t-elle la situation alimentaire des pays en développement ? **(doc. 1 et 2)**
2. Quelle victime de l'insécurité alimentaire est mise en valeur par l'affiche ? Pourquoi ? **(doc. 2)**
3. Sur quelle solution le discours et l'affiche sont-ils d'accord ? **(doc. 1 et 2)**
4. Quelle autre solution est proposée par la France à ses partenaires du G20 ? **(doc. 1)**

Chapitre 8. VERS UNE GOUVERNANCE ÉCONOMIQUE MONDIALE DEPUIS 1975   **199**

Vers une gouvernance économique mondiale depuis 1975

L'essentiel

1 La crise de la coopération économique mondiale

• **Les difficultés américaines.** Face à la dégradation de leur balance des paiements, les États-Unis décident en 1971 de mettre un terme au système de Bretton Woods. Le dollar n'est désormais plus convertible en or, et est dévalué afin de soutenir l'économie américaine.

• **La tentation du repli.** La fin des « Trente Glorieuses » et les chocs pétroliers (1973, 1979) poussent les gouvernements à chercher des solutions nationales à leurs difficultés économiques. D'autant plus que la libéralisation des échanges, encouragée par le GATT, les met en concurrence les uns avec les autres.

2 Vers une gouvernance économique mondiale

• **Du GATT à l'OMC.** En 1995, l'OMC succède au GATT. Elle a pour mission de libéraliser les échanges en mettant sur un pied d'égalité pays développés et pays en développement. Mais les premiers rechignent à ouvrir totalement leurs marchés aux produits à bas coût venant des seconds.

• **Du G6 au G20.** Créé en 1975-1976 afin de coordonner la politique économique des premières économies mondiales, le G6/G7 est vite stigmatisé comme un « club de riches ». Le G20, qui accueille les pays émergents, tente de répondre à ces critiques.

3 Des défis qui restent à relever

• **La nécessité d'un développement...** Dans les années 1990, le mouvement altermondialiste conteste les bienfaits de la mondialisation libérale promue par l'OMC. Il y voit une mise en concurrence sauvage des travailleurs du monde entier qui ne profiterait qu'aux multinationales capitalistes. De fait, il reste beaucoup à faire pour estomper la fracture Nord/Sud.

• **... durable.** La mondialisation a néanmoins permis de sortir des millions d'êtres humains de la misère, notamment en Asie. C'est pourquoi, plus que ses effets sociaux, c'est aujourd'hui son impact environnemental qui est critiqué.

LES DATES CLÉS

1975-1976 : Création du G6 puis G7.

1995 : Création de l'OMC.

1998 : La Russie intègre le G7 qui devient G8.

1999 : Création du G20.

2010 : Réforme des droits de vote au FMI.

LES MOTS CLÉS

- Dérégulation
- Développement durable
- Gouvernance économique mondiale
- Libéralisme/Libre-échange
- Pays émergents
- Protectionnisme

LE SENS DES MOTS

• **Tiers-Monde, Sud et pays émergent**

Durant la guerre froide, on appelait **Tiers-Monde** l'ensemble des pays qui venaient d'accéder à l'indépendance et refusaient de s'aligner sur l'un des deux Grands. Avec la fin de l'ère bipolaire, l'expression a perdu de sa pertinence. Elle a cédé la place à celle de « **pays du Sud** » pour désigner les pays en retard de développement, dont la plupart se situent dans l'hémisphère Sud. En leur sein, on distingue aujourd'hui un petit groupe de **pays émergents**, qui se caractérisent par une très forte croissance économique qui les rapproche peu à peu des pays du Nord.

• **G5, G6, G7, G8 et G20**

En 1974, cinq des pays les plus riches du monde (États-Unis, Royaume-Uni, RFA, France et Japon) se réunissent à Washington pour trouver des solutions au choc pétrolier. De simple cercle de réflexion informel, ce Groupe des cinq (ou **G5**) devient en 1975 un groupe officiel. Devenu **G6** en 1975 avec l'intégration de l'Italie, il accueille le Canada en 1976 (**G7**) et la Russie en 1998 (**G8**).

En 1999, parallèlement au G8, est créé le **G20** qui réunit les pays du G8, onze autres (Argentine, Australie, Brésil, Chine, Inde, Indonésie, Mexique, Arabie saoudite, Afrique du Sud, Corée du Sud, Turquie) et l'UE. Détenant 90 % du PIB mondial, il est beaucoup plus représentatif que le G8.

RÉVISION BAC

Schéma de synthèse

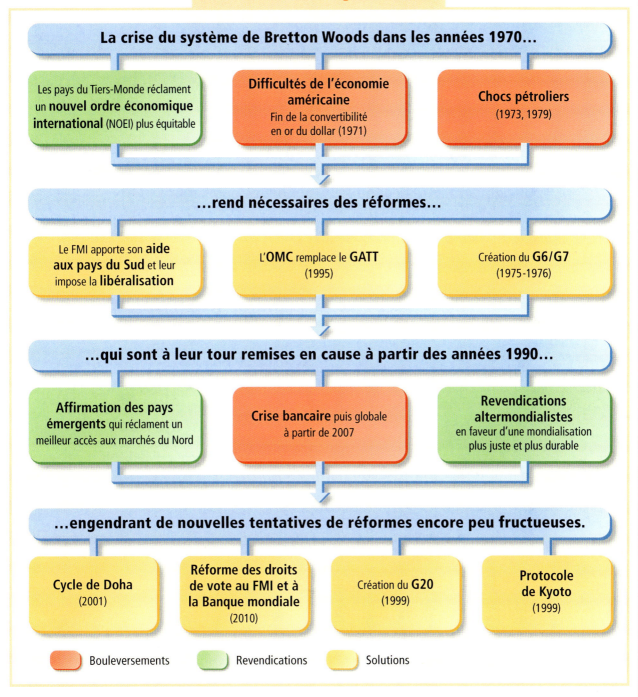

La crise du système de Bretton Woods dans les années 1970...

- Les pays du Tiers-Monde réclament un **nouvel ordre économique international** (NOEI) plus équitable
- **Difficultés de l'économie américaine** — Fin de la convertibilité en or du dollar (1971)
- **Chocs pétroliers** (1973, 1979)

...rend nécessaires des réformes...

- Le FMI apporte son **aide aux pays du Sud** et leur impose la **libéralisation**
- L'**OMC** remplace le **GATT** (1995)
- Création du **G6/G7** (1975-1976)

...qui sont à leur tour remises en cause à partir des années 1990...

- **Affirmation des pays émergents** qui réclament un meilleur accès aux marchés du Nord
- **Crise bancaire** puis globale à partir de 2007
- **Revendications altermondialistes** en faveur d'une mondialisation plus juste et plus durable

...engendrant de nouvelles tentatives de réformes encore peu fructueuses.

- **Cycle de Doha** (2001)
- **Réforme des droits de vote au FMI et à la Banque mondiale** (2010)
- Création du **G20** (1999)
- **Protocole de Kyoto** (1999)

Légende : Bouleversements | Revendications | Solutions

Pour aller plus loin

➤ À LIRE

- M. Rainelli, *L'Organisation mondiale du commerce*, La Découverte, 2011.
- P. Lenain, *Le FMI*, La Découverte, 2004.
- J-P. Cling et F. Roubaud, *La Banque mondiale*, La Découverte, 2008.
- M. Lelart, *Le Système monétaire international*, La Découverte, 2007.

➤ À VOIR

- V. Glenn, *Pas assez de volume (notes sur l'OMC)*, 2004. Une histoire critique de l'OMC.
- Stuart Townsend, *Bataille à Seattle*, 2008. Une fiction sur la réunion de l'OMC à Seattle en 1999.

➤ À CONSULTER

- Le site de l'OMC : www.wto.org
- Le site du FMI : www.imf.org
- Le site d'ATTAC, l'un des plus importants groupes altermondialistes : www.france.attac.org

Chapitre 8. VERS UNE GOUVERNANCE ÉCONOMIQUE MONDIALE DEPUIS 1975

BAC Composition

Rédiger et présenter une composition

1	Analyser le sujet	pp. 38 et 58
2	Formuler une problématique	p. 86
3	Organiser ses idées	p. 112
4	Construire une argumentation	p. 142
5	Rédiger une introduction	p. 166
6	Rédiger une conclusion	p. 184
7	Rédiger et présenter une composition	

À savoir

La rédaction du devoir est l'étape de **mise en forme** du travail préparatoire réalisé au brouillon. Elle doit se faire directement sur la copie. Un devoir au **style soigné** et rédigé dans une **langue correcte** impressionne favorablement le correcteur.

▶ **Sujet :** Une gouvernance économique mondiale depuis 1995

- Quels organismes et règles internationales ont été mis en place pour encadrer la mondialisation ?
- Entrée en vigueur de l'OMC.

Méthode | Application guidée

1 Analyser le sujet et formuler la problématique.
(→ BAC pp. 38, 58 et 86)

EXEMPLE

➡ **Problématique :** comment veut-on instaurer une gouvernance économique mondiale depuis 1995 ? Quelles critiques et limites rencontre-t-elle ?

2 Organiser ses idées. (→ BAC p. 112)

➡ Faute d'évolution nette à mettre en valeur, un plan thématique est approprié.

EXEMPLE

I. L'OMC, un nouveau cadre pour les échanges internationaux depuis 1995.
II. Une gouvernance économique mondiale qui subit de nombreuses crises et contestations.
III. Vers une redéfinition des règles économiques mondiales.

3 Construire l'argumentation. (→ BAC p. 142)
Les paragraphes correspondent chacun à une **idée** qui doit être **argumentée** et accompagnée d'**exemples**, de termes, de dates, de lieux, de **faits précis**. Reliez les idées par des **connecteurs logiques**.

– **Idée :** l'OMC est la cible de violentes critiques.
– **Argumentation et exemples précis :** pour beaucoup, l'organisation favorise les pays riches. Le président brésilien Lula da Silva dénonce par exemple en 2006 devant l'Assemblée générale de l'ONU les subventions agricoles que l'Union européenne ou les États-Unis accordent à leurs agriculteurs.

4 Soigner la rédaction : soignez la **syntaxe**, la **grammaire** et l'**orthographe**. Il faut utiliser un langage soutenu mais des phrases simples et courtes. Vérifier qu'elles comprennent toutes un verbe conjugué et un sujet.

➡ S'il est pratique de noter sur son cours : « exigence G20 + réticences UE et USA → 1 des causes échec cycle de Doha », sur la copie, la phrase deviendra : « Les exigences des pays du G20 ainsi que les réticences de l'Union européenne et des États-Unis expliquent en partie l'échec du cycle de Doha. »

5 Éviter des maladresses fréquentes :
– Écrire au futur. En histoire les événements évoqués ont déjà eu lieu. Le temps le plus adapté est le présent de narration.
– Éviter l'emploi de mots ou d'expressions familiers.

⚠ **Attention !** Il ne faut pas négliger la **relecture** du devoir.

EXEMPLE

Plutôt que « Les accords de Marrakech créeront l'OMC en 1994 », on écrira : « Les accords de Marrakech créent l'OMC en 1994. »

CONSEIL Soyez attentif à l'orthographe. Apprenez à écrire correctement des noms propres comme États-Unis, Kyoto, Marrakech, etc.

6 Présenter la composition : une présentation soignée permet au correcteur de **mieux comprendre** le raisonnement et facilite la lecture.
– La **disposition** du texte doit être **claire** et **aérée** afin de faire ressortir le **plan** du devoir.
– Il faut ménager de la place pour la correction : tracez une **marge**, choisissez des **copies à grands carreaux**.

202

BAC BLANC

Analyse de document

▶ Sujet : La gouvernance économique mondiale au début du XXIe siècle

Consigne : Analysez ce texte pour mettre en valeur le rôle et le fonctionnement de l'OMC. Montrez à quels défis l'OMC est confrontée en ce début de XXIe siècle.

Un bilan de l'OMC

Le Brésilien Roberto Azevêdo succédera, le 1er septembre 2013, à Pascal Lamy à la tête de l'Organisation mondiale du commerce (OMC). Il aura la rude tâche de faire redémarrer cette institution indispensable à la régulation de la mondialisation. L'OMC est l'organisme multilatéral le plus représentatif et égalitaire puisqu'il faut l'unanimité de ses 159 États membres pour qu'un texte ait force de loi : la Jamaïque y pèse autant que l'Union européenne. C'est aussi l'un des plus puissants, car son organe de règlement des différends condamne les États-Unis comme les Philippines pour le non-respect des règles de la concurrence.

Depuis sa création en 1994, l'OMC ne décide rien : elle applique. Jugé en Europe et en Amérique coupable des délocalisations et des suppressions d'emplois, le libre-échange des marchandises qu'elle a mission de défendre a permis l'essor des pays émergents et tiré de la pauvreté des centaines de millions d'hommes.

Mais l'OMC est en crise. Depuis 2001, elle ne parvient pas à conclure la négociation du cycle de Doha destinée à faire profiter le monde en développement d'un commerce mondial contrôlé jusque-là par les pays industriels. La raison de cet échec tient à la nouvelle donne géopolitique. Les pays riches ne veulent plus octroyer sans contrepartie des avantages commerciaux aux BRICS (Brésil, Russie, Inde, Chine et Afrique du Sud) qu'ils jugent ultra-compétitifs et assez développés pour affronter la même concurrence qu'eux. Les grands émergents font valoir leur développement toujours insuffisant et veulent des exceptions pour protéger leurs secteurs fragiles.

« M. Azevêdo doit sortir l'OMC de la paralysie », éditorial du *Monde*, 9 mai 2013.

BIOGRAPHIES

Yasser Arafat
(1929-2004)

Issu d'une famille palestinienne installée en Égypte, il prend conscience des limites de la solidarité arabe à l'égard des Palestiniens. Il décide donc en 1959 d'organiser un mouvement palestinien autonome : le Fatah (Mouvement de libération nationale), qui mène des opérations armées contre Israël. En 1969, il devient le président de l'OLP (Organisation de libération de la Palestine). Installé à Beyrouth (1970), puis à Tunis (1982), il incarne aux yeux du monde entier la cause palestinienne. Il est réélu en 1974 à l'ONU, qui reconnaît l'OLP comme le représentant légitime du peuple palestinien. En 1988-1989, il amorce un tournant essentiel en reconnaissant l'État d'Israël et en prenant ses distances avec le terrorisme. Il signe les accords d'Oslo en 1993, ce qui lui vaut le prix Nobel de la paix en 1994 avec Y. Rabin. Président de l'Autorité palestinienne, il est confronté aux difficultés du processus de paix et contesté par les mouvements islamistes qui se développent parmi les Palestiniens.

Oussama Ben Laden
(1957-2011)

Issu d'une riche famille d'Arabie saoudite (d'origine yéménite), il joue un rôle important en Afghanistan dans l'organisation de la résistance contre les Soviétiques (1979-1989). Il est alors proche des services secrets saoudiens et pakistanais. Après la guerre du Golfe, il rompt avec le régime saoudien et fait de son réseau, Al-Qaida, un mouvement islamiste terroriste, installé au Soudan, puis en Afghanistan. Considéré comme le commanditaire des attentats du 11 septembre 2001, il est traqué par l'armée américaine, qui finit par le tuer en 2011 dans la maison du Pakistan où il se cachait.

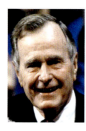

George H. W. Bush
(1924)

Dirigeant d'une société pétrolière au Texas (1948-1966), il est élu représentant républicain de cet État de 1967 à 1971. Il occupe ensuite des postes importants dans la diplomatie et à la CIA. Vice-président de Reagan (1981-1988), il est élu président des États-Unis en novembre 1988 au moment où la guerre froide se termine. Il doit alors redéfinir le rôle des États-Unis et il annonce un « nouvel ordre mondial » en préparant la guerre du Golfe contre S. Hussein (1990-1991). Il est battu à la présidentielle de novembre 1992 par B. Clinton.

George W. Bush
(1946)

Fils du président George Bush, il suit les traces de son père. Il travaille dans le milieu pétrolier, puis devient gouverneur républicain du Texas (1994-2000). Il est élu de justesse président des États-Unis en novembre 2000 et réélu en novembre 2004. Après les attentats du 11 septembre 2001, il mène une politique extérieure très critiquée dans le monde, car fondée sur l'affirmation unilatérale de l'hyperpuissance américaine (guerre d'Irak lancée en 2003).

Jimmy Carter
(1924)

Sénateur démocrate de Géorgie en 1962, gouverneur en 1970, c'est un protestant évangélique de la *Bible Belt*, mais de tendance progressiste. Élu président des États-Unis en novembre 1976, il cherche à fonder la politique américaine sur les droits de l'homme. Il réussit à faire signer la paix entre l'Égypte et Israël (accords de Camp David en 1978). Il est battu à la présidentielle en novembre 1980 par Reagan, qui critique le recul des États-Unis dans le monde (révolution iranienne et invasion de l'Afghanistan par l'URSS en 1979).

Jacques Chirac
(1932)

Énarque, il commence sa carrière en 1962 au cabinet de Georges Pompidou. Député gaulliste de la Corrèze, il est nommé secrétaire d'État aux affaires sociales en 1967 et assiste Pompidou dans la crise de mai 1968. Ministre sans discontinuer jusqu'en 1974, il soutient Giscard lors de l'élection présidentielle et il est nommé par celui-ci Premier ministre en 1974. Il démissionne en 1976 et refonde le parti gaulliste sous le nom de RPR. Il est élu maire de Paris en 1977. Chef de la droite victorieuse aux législatives de 1986, il est de nouveau Premier ministre : c'est la première cohabitation avec le président Mitterrand. Battu en 1988, il remporte la présidentielle de 1995 puis celle de 2002. Pendant sa présidence, il reconnaît la responsabilité de l'État français dans la déportation des juifs (1995).

William (Bill) J. Clinton
(1946)

Gouverneur démocrate de l'Arkansas (1978-1980 ; 1982-1992), il s'efforce d'imiter son modèle Kennedy, en cultivant un style dynamique et en mettant en avant son épouse Hillary. Élu en novembre 1992, réélu en novembre 1996, il est le premier président des États-Unis représentant la génération du baby boom. Il cherche à rapprocher les protestants évangéliques du parti démocrate. Confronté à un échec en Somalie (1993), il remporte des succès diplomatiques au Proche-Orient avec les accords d'Oslo (1993) et en Bosnie avec les accords de Dayton (1995). Il échappe de peu à la destitution pour avoir menti sur sa liaison avec une employée de la Maison-Blanche (affaire Monica Lewinsky en 1999). Son épouse Hillary Clinton, sénatrice de l'État de New York, a été nommée secrétaire d'État par B. Obama en 2009.

Dwight D. Eisenhower
(1890-1969)

Commandant en chef des forces alliées en Europe, il dirige le débarquement en Normandie le 6 juin 1944. En 1950-1951, il organise en France le commandement des forces de l'OTAN. Le héros de la guerre devient candidat républicain, et il est élu président des États-Unis en novembre 1952 et réélu en novembre 1956. Surnommé familièrement « Ike », il rassure l'Amérique des années 1950 par sa politique modérée. Dans son discours de fin de mandat, en janvier 1961, il met en garde ses compatriotes contre les dangers du « complexe militaro-industriel ».

BIOGRAPHIES

Charles de Gaulle
(1890-1970)

Officier dans les années 1930, il plaide en vain pour la modernisation de l'armée française. Général et sous-secrétaire d'État à la Défense en juin 1940, il refuse l'armistice annoncé par Pétain. Il se rend à Londres et appelle les Français, le 18 juin, à poursuivre le combat. De Londres, puis d'Alger (1943), il dirige la France libre. Il est le chef du GPRF (Gouvernement provisoire de la République française) à la Libération. Il contribue alors à imposer la mémoire de la Résistance. Il démissionne en janvier 1946 parce qu'il est en désaccord avec les institutions de la IVe République. Il crée en 1947 le RPF (Rassemblement du peuple français) puis le dissout, quand certains de ses députés se rapprochent du régime. La crise du 16 mai 1958 le ramène au pouvoir. Il crée la Ve République, dotée d'un pouvoir présidentiel fort. De 1958 à 1962, il met un terme à la guerre d'Algérie, ce qui lui vaut l'hostilité de la majorité des pieds-noirs. Il s'oppose à l'approfondissement de la CEE dans un sens fédéraliste. Réélu en 1965, il est ébranlé par la crise de mai 1968, qui révèle notamment un contrôle très strict de l'audiovisuel par le pouvoir. Il démissionne en 1969 après l'échec d'un référendum.

Valéry Giscard d'Estaing
(1926)

Polytechnicien et énarque, député du Puy-de-Dôme, il devient à 32 ans secrétaire d'État aux Finances (1959-1962). Représentant de la droite libérale qui soutient de Gaulle puis Pompidou, il est ministre de l'Économie et des Finances de 1962 à 1966, puis de 1969 à 1974. Élu président de la République en 1974, il est le premier non-gaulliste à occuper ce poste. Cultivant un style « moderne », il fait voter des réformes de société, ouvre le gouvernement aux femmes et supprime l'ORTF. Il joue un rôle important dans la création du Conseil européen et du G7. Battu à la présidentielle de 1981 par Mitterrand, « VGE » est chargé en 2001 d'élaborer un projet de Constitution européenne, rejeté par référendum en France et aux Pays-Bas.

François Hollande
(1954)

Énarque de la promotion Voltaire (1980) comme sa première compagne Ségolène Royal, il est élu député socialiste de Corrèze (1988-1993, 1997-2012) et maire de Tulle (2001-2008). Premier secrétaire du Parti socialiste de 1997 à 2008, il n'a jamais été ministre. Il remporte en 2011 la primaire organisée par le Parti socialiste, puis l'élection présidentielle en 2012, avec 51,6 % des voix face à Nicolas Sarkozy.

John F. Kennedy
(1917-1963)

Issu d'une riche famille d'origine irlandaise, il s'illustre en 1943 par sa conduite héroïque pendant la guerre. Il entame en 1946 une carrière politique au sein du Parti démocrate du Massachusetts. Il devient en 1960 le premier président catholique des États-Unis, et le plus jeune. Son charisme, et celui de son épouse Jacqueline, fait de « JFK » un personnage populaire dans le monde entier. Il tient tête à l'URSS dans la crise des fusées à Cuba (1962) et prononce à Berlin en 1963 son célèbre discours (« *Ich bin ein Berliner* »). Il est assassiné à Dallas le 22 novembre 1963 dans des conditions mal élucidées.

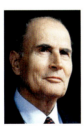

François Mitterrand
(1916-1996)

Issu d'un milieu de droite, il termine ses études de droit et de sciences politiques quand la guerre éclate. Évadé d'un camp de prisonniers en 1941, il travaille en 1942 à Vichy au commissariat des prisonniers de guerre. Cette période de sa vie a fait ensuite l'objet de polémiques. Entré dans la Résistance, il commence une carrière politique à la Libération. Dirigeant de l'UDSR (Union démocratique et socialiste de la Résistance), il devient ministre en 1947 à 31 ans et participe à de nombreux gouvernements de la IVe République. Farouche opposant à de Gaulle, il critique la Ve République et il est candidat unique de la gauche à la présidentielle de 1965. Il prend la tête du PS en 1971 et définit une stratégie d'alliance avec le PC qui échoue en 1974 mais triomphe en 1981. Président de la République de 1981 à 1995, il incarne l'alternance et les grandes réformes, puis la « conversion » du socialisme à la « rigueur ». Il invente les règles de la cohabitation quand il doit gouverner à deux reprises avec un Premier ministre de droite. Il a initié de grands travaux à Paris (opéra Bastille, Grand Louvre, Grande Bibliothèque).

Jean Monnet
(1888-1979)

Fils d'un négociant en cognac, il mène une carrière d'homme d'affaires international, mais il acquiert aussi une expérience politique au secrétariat général de la SDN (1919-1923). Pendant la Seconde Guerre mondiale, il joue un rôle important pour coordonner l'effort de guerre du Royaume-Uni, de la France libre et des États-Unis. De Gaulle le nomme Commissaire général au Plan en 1946, pour moderniser l'économie française. Il propose en 1950 à R. Schuman le projet de la CECA, qui lance vraiment la construction européenne. Il préside de 1952 à 1955 la Haute Autorité de la CECA, première instance supranationale en Europe. Déçu par l'échec de la CED, il démissionne pour fonder en 1955 le Comité d'action pour les États-Unis d'Europe. Militant de l'Europe fédérale, proche des États-Unis, il s'est opposé à la politique du président de Gaulle.

Gamal Abdel Nasser
(1918-1970)

Humilié par la défaite arabe face à Israël en 1949, il fait partie des officiers qui renversent le roi d'Égypte en 1952. Seul au pouvoir de 1954 jusqu'à sa mort, le « raïs » (chef) se rapproche du camp socialiste. En 1956, il nationalise le canal de Suez et, après l'échec politique de l'expédition franco-britannique, il apparaît comme le champion du nationalisme arabe. Mais la défaite de l'Égypte dans la guerre des Six-Jours en 1967 lui porte un coup très rude.

Richard Nixon
(1913-1994)

Sénateur républicain de Californie, il devient vice-président d'Eisenhower (1953-1960). Battu par Kennedy en

205

BIOGRAPHIES

1960, il est élu président des États-Unis en 1968 et réélu en 1972. Il mène avec son conseiller Henry Kissinger une politique d'apaisement avec l'URSS et de rapprochement avec la Chine. Il appelle les alliés des États-Unis à « partager le fardeau » de leur sécurité et met fin à la guerre du Vietnam. Il doit démissionner en 1974 à cause du scandale du Watergate et il est remplacé par son vice-président Gerald Ford.

Barack Hussein Obama
(1961)

Né d'un père kenyan et d'une mère blanche du Kansas, il passe une partie de son enfance en Indonésie. Il se rapproche du protestantisme (évangélique progressiste) alors qu'il est travailleur social à Chicago. Sénateur démocrate de l'Illinois (2004), il est élu en novembre 2008 président des États-Unis. C'est le premier Afro-Américain à occuper cette fonction, ce qui suscite l'enthousiasme du monde entier. Sa volonté de rompre avec l'unilatéralisme de G. W. Bush lui vaut le prix Nobel de la paix en 2009. Son discours du Caire (2009) marque la volonté d'apaiser les relations entre les États-Unis et le monde musulman.

Georges Pompidou
(1911-1974)

Issu d'une modeste famille du Cantal, il fait de brillantes études puis entre au cabinet du général de Gaulle à la Libération. Il poursuit sa carrière dans la banque. Peu connu du public, il devient Premier ministre de 1962 à 1968 et aide de Gaulle à surmonter la crise de mai 1968. Après la démission du Général, il apparaît comme son héritier et il est facilement élu président de la République en 1969. Jusqu'à sa mort, il incarne un gaullisme modernisé, plus ouvert sur l'Europe. Il soutient l'art contemporain et donne son nom au centre d'art contemporain construit au cœur de Paris.

Yitzhak Rabin
(1922-1995)

Né à Jérusalem dans une famille venue d'Ukraine, il participe à la première guerre israélo-arabe de 1948-1949. Chef d'État-major de *Tsahal* en 1964, il remporte de brillantes victoires dans la Guerre des Six-Jours (1967). Héros national, il entame alors une carrière politique au sein du Parti travailliste. Ambassadeur aux États-Unis (1968-1973), il devient Premier ministre d'Israël (1974-1977), puis ministre de la Défense (1984-1990). De nouveau Premier ministre en 1992, il négocie avec les Palestiniens et signe les accords d'Oslo en 1993, ce qui lui vaut le prix Nobel de la paix en 1994 avec Y. Arafat. Il est assassiné le 4 novembre 1995 par un extrémiste israélien.

Ronald W. Reagan
(1911-2004)

Acteur de cinéma, présentateur de télévision, il décide de mettre ses talents de communication au service du Parti républicain. Gouverneur de Californie de 1966 à 1975, il est élu président des États-Unis en novembre 1980 et réélu en novembre 1984, grâce notamment au soutien des fondamentalistes protestants. Il s'affirme comme un champion du néolibéralisme en s'attaquant à l'État-providence. Il relance la guerre froide contre l'URSS qu'il appelle « l'empire du mal ».

Anouar el-Sadate
(1918-1981)

Président de l'Égypte en 1970, après la mort de Nasser, il rompt avec le socialisme et se rapproche des États-Unis. En 1973, il déclenche la guerre du Kippour pour pousser les Américains à débloquer la situation au Proche-Orient. En 1977, il effectue un voyage historique en Israël et il signe en 1978 avec M. Begin les accords de Camp David. Salué comme un homme de paix en Occident, il est condamné par les pays arabes pour avoir signé une paix séparée avec Israël. Il est assassiné en 1981 par des islamistes.

Nicolas Sarkozy
(1955)

Avocat de formation, militant gaulliste depuis l'âge de 19 ans, il est élu maire de Neuilly-sur-Seine en 1983 et député en 1989. Ministre du Budget en 1993, il soutient Édouard Balladur à la présidentielle de 1995. Après l'échec de celui-ci, il est écarté du pouvoir jusqu'en 2002. Il devient alors ministre de l'Intérieur, puis ministre de l'Économie en 2004 et de nouveau ministre de l'Intérieur en 2005. Candidat de l'UMP, il est élu président de la République en 2007, battant la candidate socialiste Ségolène Royal au second tour. Il se représente en 2012, mais il est battu par le socialiste François Hollande.

Harry S. Truman
(1884-1972)

Sénateur démocrate du Missouri en 1934, il est élu en 1944 comme vice-président de Roosevelt. À la mort de celui-ci en avril 1945, Truman devient président des États-Unis à un moment crucial de leur histoire. Il doit en effet terminer la guerre en décidant de larguer deux bombes atomiques sur le Japon. Il doit ensuite affronter la guerre froide, en engageant l'Amérique dans « l'endiguement » du communisme (« Doctrine Truman », 12 mars 1947). Réélu à la surprise générale en novembre 1948, il poursuit la lutte contre l'URSS en lançant les États-Unis dans la guerre de Corée (1950).

Mao Zedong
(1893-1976)

Membre fondateur du PC chinois en 1919, il cherche à s'appuyer sur les masses paysannes. En 1937, il fait alliance contre les Japonais avec son vieil adversaire, le dirigeant nationaliste Jiang Jieshi. En 1946, il reprend et gagne la guerre civile contre le régime nationaliste. Le 1er octobre 1949, Mao proclame à Pékin la République populaire de Chine. Il rompt son alliance avec l'URSS à la fin des années 1950, parce qu'il désapprouve la déstalinisation. La Chine doit alors définir son propre modèle de socialisme, non sans tensions internes. Contesté par les « modérés », Mao lance contre eux en 1966 la « Révolution culturelle » et redevient le « Grand Timonier », chef incontesté de la Chine. Sous sa direction, la Chine populaire devient membre permanent du Conseil de sécurité de l'ONU (1971), se rapproche des États-Unis, tout en proposant son modèle au Tiers-Monde.

> Lexique Géographie : p. 380

LEXIQUE

A

Accords d'Évian : accords signés à Évian le 18 mars 1962 entre le gouvernement français et le FLN. Ils reconnaissent l'indépendance de l'Algérie, prévoient un cessez-le-feu applicable dès le 19 mars et garantissent aux pieds-noirs le droit de rester en Algérie (voir p. 43).

Administration : ensemble des institutions chargées d'appliquer les décisions du gouvernement. On distingue l'administration centrale (ministères à Paris) et l'administration locale (voir p. 147).

Al-Qaida : « la base » en arabe ; réseau islamiste apparu en 1987, dont le Palestinien Abdallah Azzam (1941-1989) est l'idéologue et le Saoudien Oussama Ben Laden (1957-2011) l'organisateur. Après avoir combattu les Soviétiques en Afghanistan, l'organisation prône le *jihad* (« guerre sainte ») contre l'Occident et multiplie les attentats terroristes (voir p. 74 et 124).

Alaouites : membres d'une secte chiite, principalement regroupés en Syrie ; minoritaires, ils dominent cependant l'État syrien, depuis l'accession du parti Baas au pouvoir (voir p. 117 et 120).

ALENA : Accord de libre-échange nord-américain, entré en vigueur en 1994 entre les États-Unis, le Canada et le Mexique (voir p. 196).

ALN : Armée de libération nationale, branche armée du FLN. Elle comprend les combattants de l'intérieur et ceux de l'armée des frontières (voir p. 43 et 44).

Altermondialisme : courant de pensée qui dénonce les effets négatifs de la mondialisation libérale. Il entend rendre la mondialisation plus humaine et plus soucieuse de l'environnement (voir p. 189, 194 et 196).

Alternance : passage de pouvoir d'un bord politique à l'autre (voir p. 156).

Appelés : jeunes Français ayant combattu en Algérie dans le cadre de leur service militaire (environ 2 millions entre 1956 et 1962) (voir p. 43 et 46).

Approfondissement : renforcement des institutions de la CEE, puis de l'UE, pour leur donner plus de cohérence. Le terme est généralement entendu dans un sens fédéraliste (voir p. 171).

Arabisation : politique d'imposition de la langue arabe au détriment de la langue française et des langues berbères (voir p. 44).

Armée des frontières : combattants de l'ALN basés au Maroc et en Tunisie (voir p. 44).

Atlantisme : idéologie des Européens attachés à l'Alliance atlantique et à la protection de l'Europe occidentale par les États-Unis (voir p. 68).

Autonomie : au sens propre, la capacité de se donner soi-même (*autos*) ses propres lois (*nomos*). En politique, on entend par autonomie le fait pour une partie d'un pays (département, région) d'adapter à ses spécificités les règles générales de l'État (voir p. 147).

B

Balance des paiements : document comptabilisant les entrées et sorties de biens et de capitaux entre un pays et le reste du monde. Lorsque les sorties sont supérieures aux entrées, le pays doit emprunter ou puiser dans ses réserves d'or ou de devises (voir p. 192).

« Barrière de séparation » ou « mur de séparation » : système de protection mis en place depuis 2002 par Israël à la frontière de la Cisjordanie. C'est une clôture métallique avec une surveillance électronique, et, sur 4 % du tracé, un mur érigé à proximité des agglomérations les plus importantes (voir p. 132).

Berbères : habitants de l'Afrique du Nord avant l'arrivée des Arabes au VIIe siècle. Les Kabyles sont le principal groupe berbère en Algérie (voir p. 44).

Beurs : appellation argotique (« Arabes » en verlan) apparue au début des années 1980. Désigne les jeunes nés en France de parents maghrébins (voir p. 46).

C

CED : Communauté européenne de défense créée en 1952. Elle devait permettre le réarmement de l'Allemagne en fondant une armée européenne intégrée (voir p. 22).

CEE : Communauté économique européenne créée par les traités de Rome en 1957. Elle prévoit un marché commun européen et des politiques communes pour rapprocher les États membres (voir p. 156 et 174).

Centralisation : concentration du pouvoir dans un seul pôle (l'État) lui-même concentré dans un seul lieu (la capitale). Les décisions prises par le centre (Paris) s'appliquent ensuite uniformément au reste du pays (voir p. 147).

Chiites : musulmans minoritaires, également respectueux de la *Sunna*, mais estimant qu'après la mort d'Hussein, fils d'Ali, en 680, la descendance du Prophète a été usurpée. Dans l'attente du « *Mahdi* » (le Messie), les chiites considèrent que les membres de leur clergé sont les plus qualifiés pour diriger la communauté (voir p. 117, 120 et 124).

CNR : Conseil national de la Résistance créé en 1943 pour fédérer la Résistance et préparer la réorganisation de la France. Il publie en 1944 un programme prévoyant notamment la Sécurité sociale et les nationalisations (voir p. 150).

Coexistence pacifique : doctrine de la politique étrangère soviétique définie en 1956. Elle veut établir des relations plus sereines entre l'URSS et les États-Unis (voir p. 92 et 94).

Cohabitation : situation dans laquelle le président n'est pas de la même tendance politique que le Premier ministre issu de la majorité parlementaire (voir p. 156).

Collectivité territoriale : structure administrative infra-étatique dirigée par un exécutif élu (commune, département ou région) (voir p. 156 et 158).

Colonies juives : communautés israéliennes installées hors de l'État d'Israël, dans les territoires occupés depuis les années 1960. Après l'évacuation de celles du Sinaï et de Gaza, on en dénombre aujourd'hui environ 150, rassemblant 500 000 personnes (voir p. 132).

Complexe militaro-industriel : expression popularisée dans les années 1950 aux États-Unis pour désigner l'industrie de l'armement et les autres industries liées à l'armée (voir p. 68).

Coopération renforcée : principe permettant aux États membres intéressés de progresser selon des rythmes et/ou des objectifs différents (voir p. 176).

Coptes : chrétiens vivant principalement en Égypte, placés sous la juridiction d'un patriarche résidant au Caire (le « pape d'Alexandrie »). Le rite est célébré en copte (langue issue de l'égyptien ancien) et en arabe. Une partie d'entre eux a rejoint l'Église catholique à la fin du XVIIIe siècle (voir p. 117).

Crimes contre l'humanité : nouveau chef d'accusation défini lors du procès de Nuremberg (nov. 1945-oct. 1946) comme étant « l'assassinat, l'extermination, la réduction en esclavage, la déportation et tout autre acte inhumain inspirés par des motifs politiques, philosophiques, raciaux ou religieux et organisés en exécution d'un plan concerté à l'encontre d'un groupe de population civile » (voir p. 24).

Critères d'adhésion : pour entrer dans l'UE, il faut accepter l'acquis communautaire c'est-à-dire l'ensemble des droits déjà en vigueur dans l'UE, être un État démocratique et avoir une économie de marché (voir p. 174).

Cyberguerre : attaque contre les installations informatiques d'un pays ennemi (voir p. 74).

Cycle de Doha : négociations entamées en 2001 sous l'égide de l'OMC à Doha (Qatar) portant surtout sur l'agriculture et sur l'amélioration de l'accès aux marchés des pays riches pour les produits des pays en développement (voir p. 196).

207

LEXIQUE

D

DATAR : Délégation à l'aménagement du territoire et à l'action régionale, créée en 1963 (voir p. 154).

Décentralisation : transfert de certaines compétences de l'État aux régions ou aux départements qui le composent. La décentralisation peut ouvrir la voie à l'autonomie (voir p. 147, 156 et 158).

Déficit démocratique : expression utilisée pour dénoncer le manque de légitimité démocratique des institutions européennes. Elles seraient gérées par les « eurocrates » (les « technocrates de Bruxelles »), sans contrôle de la part des citoyens (voir p. 176).

Dérégulation : suppression ou simplification des contrôles sur les acteurs financiers (Bourse, banques, compagnies d'assurances, etc.) et les autres entreprises. L'objectif est d'encourager la concurrence et l'innovation (voir p. 192).

Déstalinisation : politique menée par l'URSS de 1953 à 1964 qui met fin à la terreur stalinienne et au culte de la personnalité sans remettre en cause le régime communiste (voir p. 92 et 94).

Destinée manifeste : doctrine formulée en 1845 selon laquelle les États-Unis ont la mission historique de répandre la civilisation dans le continent américain et de servir de modèle au monde (voir p. 63 et 68).

Détente : phase de la guerre froide caractérisée par une volonté de dialogue et de compromis entre les États-Unis et l'URSS, pour limiter le risque d'affrontement nucléaire (1963-1975) (voir p. 72).

Développement durable : développement qui répond aux besoins des populations du présent sans compromettre ceux des générations futures, en préservant l'environnement et le juste accès aux ressources (voir p. 189, 194 et 196).

Devoir de mémoire : expression apparue dans les années 1990, qui désigne l'obligation d'entretenir le souvenir des souffrances endurées par les victimes et de réparer le préjudice moral et matériel qu'elles ont subi (voir p. 26).

Dialogue Nord/Sud : expression désignant les efforts de coopération entre les pays développés, plutôt situés dans l'hémisphère nord, et les pays en développement, plutôt situés au sud (voir p. 192).

Diaspora : ensemble des communautés juives dispersées dans le monde, vivant en dehors de l'État d'Israël (voir p. 24).

Dictature du prolétariat : pouvoir autoritaire exercé par les communistes, dans l'intérêt des travailleurs, afin d'éliminer les oppresseurs bourgeois. Les régimes communistes justifient ainsi leur autoritarisme (voir p. 94).

Doctrine Monroe : doctrine formulée en 1823 par le président Monroe, selon laquelle les Européens ne doivent pas intervenir en Amérique, ni les États-Unis en Europe (voir p. 63).

Droit de veto : droit que possèdent les cinq membres permanents du Conseil de sécurité de l'ONU (États-Unis, URSS, Royaume-Uni, France, Chine) de bloquer une résolution (voir p. 68).

Drone : avion sans pilote, téléguidé, utilisé surtout à des fins militaires (renseignement, frappes ciblées) (voir p. 74).

Druzes : membres d'une secte fondée au XIe siècle, distincte du sunnisme et du chiisme. Fuyant les persécutions sunnites, ils se sont réfugiés dans les régions montagneuses de la Syrie et du Liban (voir p. 117).

E

Élargissement : ouverture de la CEE, puis de l'UE, à de nouveaux membres (voir p. 171).

ENA : École nationale d'administration, fondée en 1945 (voir p. 150).

Endiguement (*containment*) : politique adoptée par les États-Unis en 1947. Elle vise à « endiguer » l'expansion du communisme par une aide économique et militaire des États-Unis à leurs alliés (voir p. 68).

Espace Schengen : espace de libre circulation des personnes correspondant au territoire des États signataires de la convention de Schengen, entrée en vigueur en 1995 (voir p. 176).

État-providence : système qui accorde un rôle social important à l'État. Il garantit une protection contre la maladie, le chômage et la vieillesse. Cette protection est financée grâce à des cotisations sociales (voir p. 150).

Euroscepticisme : attitude méfiante envers la construction européenne et ses objectifs (voir p. 176).

F

Fatah : mouvement national de libération, fondé en 1959 par Yasser Arafat, prônant la lutte armée et la destruction de « l'entité sioniste » (l'État d'Israël). Il prend le contrôle de l'OLP en 1969 (voir p. 122).

Fedayin : nom donné aux combattants palestiniens dans les années 1960-1970 (voir p. 132).

Fédéralisme : principe d'organisation de l'État selon une logique d'association. Plusieurs entités, qui disposent d'une large autonomie pour leur gestion interne, s'associent au sein d'un État auquel elles délèguent certaines compétences générales (défense, diplomatie, etc.). C'est le cas des États-Unis ou de l'Allemagne (voir p. 147).

FIS : Front islamique du salut, parti politique islamiste fondé en 1989 et interdit en 1992 (voir p. 44).

FLN : Front de libération nationale, créé en 1954. Il sort vainqueur en 1962 de sa lutte pour l'indépendance et contre les autres groupes nationalistes algériens (voir p. 43 et 44).

FMI : Fonds monétaire international, organisme de coopération monétaire fondé officiellement le 27 décembre 1945, après la ratification par 29 pays des statuts adoptés à la conférence de Bretton Woods tenue aux États-Unis en juillet 1944 (voir p. 189 et 192).

Fondamentalisme : mouvement prônant un retour à la doctrine originelle d'une religion et qui a été selon lui pervertie (voir p. 120).

G

G. I. : nom donné au soldat américain depuis la Seconde Guerre mondiale. Il vient d'un sigle signifiant « *Government Issue* » (« fourniture du gouvernement ») (voir p. 68).

G6/7/8 : groupe informel de discussion et de coopération entre les principales puissances économiques de la planète. Il comprend les États-Unis, la France, le Royaume-Uni, le Japon, la RFA, l'Italie en 1975, puis le Canada en 1976 et la Russie en 1998 (voir p. 189 et 192).

G20 : groupe des puissances économiques apparu en 1999 et institutionnalisé en 2009. Il rassemble le G8, le Brésil, l'Argentine, le Mexique, l'Afrique du Sud, l'Arabie saoudite, la Turquie, l'Inde, la Chine, l'Indonésie, la Corée du Sud, l'Australie et l'UE (voir p. 98, 189 et 196).

***Glasnost* :** « transparence » en russe, nom donné à la politique appliquée à partir de 1985 par Mikhaïl Gorbatchev en URSS visant à rétablir la liberté d'expression et à encourager la critique du système communiste soviétique (voir p. 98).

Gouvernance économique (mondiale) : mise en place de règles internationales visant à encadrer la mondialisation. L'objectif est d'assurer le développement durable de la planète et de renforcer la coopération entre les États et tous les autres acteurs (organisations internationales, organisations non gouvernementales, etc.) (voir p. 74, 189 et 196).

Gouvernance européenne : mise en place de règles, de procédures et de pratiques pour gérer en commun l'espace européen de manière efficace et démocratique. La gouvernance suppose

LEXIQUE

la coopération entre différents acteurs (États, institutions européennes, etc.) en l'absence d'un véritable gouvernement européen (voir p. 171).

GPRA : Gouvernement provisoire de la République algérienne. Branche politique du FLN de 1958 à 1962 (voir p. 44).

Grand Bond en avant (1958-1961) : campagne de mobilisation des masses paysannes pour réaliser de grands travaux, augmenter la production industrielle et agricole (voir p. 92).

Grande Alliance : alliance formée à partir de 1941 par les États-Unis, le Royaume-Uni et l'URSS contre l'Axe (Allemagne, Italie, Japon) (voir p. 68).

Guomindang : ou « Parti nationaliste chinois », parti politique fondé en 1912 par Sun Zhongshan (ou Sun Yat-sen). Il contrôle le gouvernement de la république de Chine de 1928 à 1949. Il est alors dirigé par Jiang Jieshi (Chiang Kai-Shek), qui crée une dictature anticommuniste à parti unique s'inspirant du fascisme (voir p. 91 et 92).

Hamas : « zèle » en arabe, acronyme pour Mouvement de la résistance islamique, né durant la première Intifada en février 1988 (voir p. 132).

Harkis : Algériens musulmans combattant aux côtés de l'armée française contre le FLN (environ 200 000 hommes). 50 000 gagnent la France en 1962 et sont regroupés dans des camps (voir p. 43 et 46).

Hémisphère occidental : expression courante aux États-Unis pour désigner le continent américain, par opposition au « Vieux Monde » et avec l'idée qu'il constitue la sphère d'influence des États-Unis (voir p. 63).

Hezbollah : « Parti de Dieu », parti chiite libanais, fondé en 1982 avec le soutien de l'Iran et de la Syrie, prônant la lutte armée contre Israël (voir p. 132).

Hyperpuissance : puissance sans égale, dominant dans tous les domaines. Le terme est employé pour qualifier les États-Unis après la guerre froide. Il se distingue de « superpuissance », qui s'appliquait à deux États, les États-Unis et l'URSS (voir p. 74).

IDS (« Initiative de défense stratégique ») : projet lancé en 1983 et visant à doter les États-Unis d'un « bouclier spatial » pour les protéger de toute attaque nucléaire. Les journalistes ont parlé de « guerre des étoiles » en référence au film de science-fiction de G. Lucas qui rencontrait un grand succès à l'époque (voir p. 72).

IEP : Institut d'études politiques de Paris, couramment appelé « Sciences-Po », créé en 1945 par la nationalisation de l'École libre des sciences politiques (voir p. 154).

Interventionnisme : attitude d'un État qui n'hésite pas à s'engager dans les affaires du monde. On parle aussi d'internationalisme (voir p. 63).

Intifada : « soulèvement » en arabe ; on parle aussi de « guerre des pierres ». Révolte spontanée déclenchée en 1987, puis en 2000, par de jeunes Palestiniens (voir p. 132).

Islamisme : idéologie qui veut fonder l'ensemble des institutions politiques et sociales sur l'observance de la loi islamique (*charia*) (voir p. 122 et 124).

Isolationnisme : attitude d'un État qui répugne à intervenir dans les affaires du monde. L'isolationnisme américain a toujours été relatif, puisqu'il n'exclut ni l'influence économique, ni les interventions dans l'hémisphère occidental (voir p. 63).

Juifs ashkénazes : juifs d'Europe centrale et orientale, parlant une langue proche de l'allemand, le yiddish. À partir de la fin du XIXe siècle, fuyant les pogroms de la Russie tsariste, ils émigrent vers les États-Unis et l'Europe occidentale. Un petit nombre s'installe en Palestine (voir p. 117).

Juifs orthodoxes : juifs ultrareligieux (ashkénazes ou sépharades), dont la pratique suit à la lettre les commandements de la Torah. Portant l'habit noir traditionnel, ils vivent dans des communautés séparées. Ils se sont à l'origine opposés au sionisme, idéologie laïque, car ils estiment que le retour à Jérusalem ne peut avoir lieu qu'avec la venue du Messie (voir p. 117).

Juifs sépharades : juifs chassés d'Espagne et du Portugal après 1492. Beaucoup trouvèrent asile dans l'Empire ottoman (voir p. 117).

« Justes » : titre attribué depuis 1953 par le mémorial Yad Vashem de Jérusalem aux personnes non juives (« Justes parmi les nations ») ayant, au péril de leur vie, sauvé des juifs de l'extermination nazie. Au 1er janvier 2013, 3 654 Français l'ont reçu, les plus nombreux après les Polonais et les Néerlandais (voir p. 26).

Khmers rouges : nom des communistes maoïstes du Cambodge. En révolte contre leur gouvernement dès 1967, ils prennent le pouvoir de 1975 à 1979 avec l'aide de la Chine et commettent un génocide contre leur peuple (voir p. 92).

Kominform : « Bureau d'information des partis communistes et ouvriers ». Créé en 1947, il réunit sous le contrôle de Moscou les partis communistes d'Europe centrale et orientale, de France et d'Italie (voir p. 70).

Libéralisme économique : doctrine prônant la non-intervention de l'État dans le domaine économique et social (voir p. 156).

Libre-échange : libre circulation des biens et des services entre les pays après abolition de toutes les restrictions imposées par les États (droits de douane, quotas, normes, etc.) (voir p. 189).

Ligue arabe : organisation fondée en 1945 et rassemblant les États arabes (21 en 2013, la Syrie ayant été suspendue) (voir p. 122).

Lois « mémorielles » : lois qui, sur certains sujets, établissent des vérités historiques officielles et visent à réprimer ceux qui les nient ou les falsifient (voir p. 26).

Majorité qualifiée : procédure de vote où chaque État dispose d'un nombre de voix proportionnel à sa population. Pour être adoptée, une décision doit atteindre un certain nombre de voix (en 1958, 12 voix sur 17) (voir p. 171).

« Malgré-nous » : nom donné aux 130 000 Alsaciens-Lorrains incorporés de force dans l'armée allemande (voir p. 22).

Mandat : territoire confisqué à un pays vaincu et confié par la SDN aux vainqueurs de la Première Guerre mondiale (voir p. 120).

Marché commun : espace économique caractérisé par : le libre-échange entre les États membres (les barrières douanières ont été abolies et les marchandises circulent librement) ; un tarif extérieur commun envers les pays tiers ; une politique commerciale commune à l'extérieur (voir p. 171).

Marché unique : espace économique encore plus unifié que le Marché commun. À la libre circulation des marchandises, des personnes, des capitaux et des services, s'ajoute une harmonisation des législations des États membres (voir p. 171).

Maronites : chrétiens de rite syrien, ayant pour langues liturgiques le syriaque et l'arabe. Installée au Liban, l'Église maronite a rejoint l'Église catholique romaine au XIIe siècle. Elle forme aujourd'hui la principale communauté chrétienne d'Orient (voir p. 117).

Marxisme-léninisme : doctrine fondée sur les idées de Lénine et son interprétation des textes de Marx. C'est la doctrine officielle de la Chine (jusqu'en 1976) et

209

LEXIQUE

de l'URSS (jusqu'en 1991). Elle insiste sur le rôle du Parti, le reste de son contenu change en fonction des besoins des dirigeants communistes (voir p. 94).

Milicien : membre de la Milice, organisation paramilitaire fasciste et collaborationniste créée et dirigée par Joseph Darnand en 1943, responsable de nombreux assassinats de résistants et de juifs (voir p. 24).

MNA : Mouvement national algérien, parti nationaliste rival du FLN créé en 1954 par Messali Hadj (voir p. 43).

« Monde libre » : expression par laquelle les États-Unis désignent le bloc occidental qu'ils dirigent pendant la guerre froide (voir p. 68).

Mondialisation : essor des flux financiers et commerciaux entre les pays et internationalisation accrue des entreprises grâce aux progrès du libre-échange, à l'assouplissement des réglementations des États et à l'essor des moyens de transport et de communication (voir p. 189 et 192).

Multilatéralisme : attitude d'un État qui privilégie la coopération internationale (voir p. 74).

Nationalisation : opération par laquelle l'État prend le contrôle d'une entreprise privée (voir p. 150).

Négationnisme : négation de l'existence des chambres à gaz et du génocide des juifs par ceux qui prétendent « réviser » l'histoire. Ils se qualifient eux-mêmes de « révisionnistes » (voir p. 24).

« Nostalgérie » : désigne la nostalgie éprouvée par les pieds-noirs qui ont été contraints de quitter l'Algérie. Ils tendent en retour à l'idéaliser sous les traits d'un paradis perdu (voir p. 46).

Nouvel ordre mondial : programme annoncé en 1990 par George Bush, qui espérait instaurer la sécurité collective avec le leadership des États-Unis (voir p. 74).

OAS : Organisation armée secrète, créée en 1961 par les plus radicaux des pieds-noirs afin d'empêcher l'indépendance de l'Algérie (voir p. 43).

OECE/OCDE : Organisation européenne de coopération économique, créée en 1948 pour répartir l'aide du plan Marshall. Elle devient l'OCDE (Organisation de coopération et de développement économiques) en 1960. C'est un organisme d'étude et de concertation rassemblant les pays les plus développés (voir p. 189 et 192).

OEA : Organisation des États américains, créée en 1948 et installée à Washington (voir p. 68).

OLP : Organisation de Libération de la Palestine, fondée au Caire en 1964, dirigée par Yasser Arafat de 1969 à sa mort en 2004 (voir p. 122).

OMC : Organisation mondiale du commerce, qui a succédé au GATT à partir du 1er janvier 1995 pour libéraliser les échanges des biens et de services et régler les différends commerciaux entre les États membres (voir p. 98, 189 et 196).

ONG (Organisation non gouvernementale) : organisation d'intérêt public à but non lucratif et financée par des fonds privés. Elle ne relève ni de l'État ni d'une institution internationale (voir p. 199).

OPEP : Organisation des pays exportateurs de pétrole, créée en 1960 par l'Arabie saoudite, le Koweït, l'Irak, l'Iran et le Venezuela pour défendre les intérêts des pays producteurs face aux grandes compagnies occidentales (voir p. 122).

Organisme de règlement des différends : institution de l'OMC qui juge les conflits juridiques de nature commerciale entre les pays membres de l'organisation (voir p. 194).

Orthodoxes : chrétiens relevant des patriarches de Constantinople, d'Antioche (résidant à Damas), d'Alexandrie et de Jérusalem, dont les langues liturgiques sont le grec et l'arabe (voir p. 117).

Ossuaire de Douaumont : monument commémoratif élevé sur le site de la bataille de Verdun (1916) (voir p. 22).

OTAN : Organisation du traité de l'Atlantique Nord, créée en 1950. C'est la structure politique et militaire permanente de l'Alliance atlantique, avec un commandement militaire intégré (voir p. 68, 74 et 122).

Pacte germano-soviétique : signé par l'URSS et l'Allemagne le 23 août 1939, ce traité déclare que les deux puissances ne se feront jamais la guerre (voir p. 22).

« Paix en Galilée » : nom donné à l'offensive militaire israélienne au Liban de 1982 à 1983, pour en chasser l'OLP (voir p. 132).

Panarabisme : idéologie aspirant à unir les Arabes contre la domination des puissances coloniales et à les rassembler au sein d'une même nation, par-delà leur appartenance à des religions et à des États différents. À partir de 1948, la lutte contre Israël en constitue le principal élément fédérateur (voir p. 122).

Parti Baas : « renaissance » en arabe, mouvement nationaliste et socialiste arabe, fondé à Damas en 1947 par le chrétien Michel Aflaq, comprenant deux branches, syrienne (toujours au pouvoir) et irakienne (renversée par les États-Unis en 2003) (voir p. 122).

Pays émergent : État dont le PIB par habitant est inférieur à celui d'un pays développé, mais qui a une croissance économique rapide. Le niveau de vie de sa population converge vers celui des pays développés. Les principaux pays émergents sont les **BRICS** (Brésil, Russie, Inde, Chine) (voir p. 196).

PCC : Parti communiste chinois fondé en 1921 par des animateurs de la révolte du 4 mai 1919. Il est dirigé par Mao Zedong à partir du milieu des années 1930 (voir p. 91 et 92).

PCF : Parti communiste français, fondé en 1920 ; il est le premier parti de France à la Libération (voir p. 150).

PESC (Politique étrangère et de sécurité commune) : instituée par le traité de Maastricht pour permettre à l'Union européenne de jouer un rôle politique sur la scène internationale. Elle prévoit la définition, à terme, d'une politique de défense commune (voir p. 176).

Pétromonarchies : nom donné aux régimes monarchiques de la région du golfe Persique, dont la richesse repose essentiellement sur l'extraction du pétrole (voir p. 120).

Pieds-noirs : nom donné aux Algériens d'origine européenne (voir p. 43 et 46).

Plan : document rédigé à intervalle régulier par un comité d'experts qui fixe les orientations et les objectifs assignés à l'économie française par l'État (voir p. 150).

Politique du « gros bâton » (« big stick ») : ainsi appelée parce que le président Theodore Roosevelt avait adopté comme maxime : « parle doucement et porte un gros bâton ». Elle légitime en 1904 l'intervention militaire des États-Unis dans l'hémisphère occidental (on parle aussi de « corollaire Roosevelt à la doctrine Monroe ») (voir p. 63).

Politique mémorielle : ensemble des moyens mis en œuvre par les pouvoirs publics pour entretenir et commémorer le souvenir d'un événement, d'une personnalité ou d'un groupe de personnes (mémoriaux, musées, cérémonies officielles, actions éducatives, etc.) (voir p. 24).

Porteurs de valises : nom donné aux Français de métropole qui soutiennent le FLN, principalement en transportant de l'argent et des faux papiers (voir p. 43).

Privatisation : revente à des investisseurs privés des parts détenues par l'État dans une entreprise publique qui devient dès lors privée (voir p. 156).

Procès Eichmann : dirigeant nazi responsable des déportations juives pendant la guerre, Adolf Eichmann, réfugié en Argentine, est enlevé clandestinement par

210

les services secrets israéliens en 1960, jugé à Jérusalem, condamné à mort et pendu en 1962 (voir p. 24).

Protectionnisme : politique d'un État visant à limiter les importations pour protéger le marché national de la concurrence étrangère (voir p. 189).

Protocole de Kyoto : traité international visant à réduire les émissions de gaz à effet de serre. Signé en 1997, il n'entre en vigueur qu'en 2005, un nombre suffisant de pays l'ayant ratifié. 9 pays sur les 193 membres de l'ONU (dont les États-Unis) ne l'ont pas ratifié aujourd'hui (voir p. 196).

Quotas d'importation : limitation de biens ou de services importés, imposée par un gouvernement (voir p. 192 et 194).

Repentance : acte par lequel une institution (État, entreprise, Église, etc.) reconnaît officiellement une faute commise dans le passé (voir p. 26).

RER : Réseau express régional d'Île-de-France, inauguré en 1977 pour faciliter les transports ferroviaires dans l'agglomération parisienne (voir p. 154).

Révolution culturelle (1966-1969) : campagne de « mobilisation des masses » lancée par Mao, qui s'appuie sur les jeunes (les « gardes rouges ») contre ses adversaires au sein du PCC. Elle permet à Mao de conforter son pouvoir, mais doit être arrêtée à cause du désordre qu'elle a engendré (voir p. 92).

Révolution nationale : nom donné par le maréchal Pétain en 1940 à son programme de « régénération » de la France et de réaction contre les principes de 1789 (voir p. 24).

Rideau de fer (*Iron curtain*) : expression popularisée par Churchill en 1946 pour désigner la frontière hermétique coupant l'Europe en deux (bloc occidental et bloc soviétique) (voir p. 70).

RPF : Rassemblement du peuple français, parti politique fondé par de Gaulle en avril 1947 (voir p. 150).

Scrutin majoritaire uninominal : mode de scrutin selon lequel les électeurs votent pour un candidat (et non une liste), qui doit obtenir la majorité absolue pour être élu au premier tour. Si aucun candidat n'obtient la majorité absolue, il y a ballotage. Un second tour est donc organisé, remporté par celui des deux candidats qui arrive en tête (voir p. 154).

Scrutin proportionnel : mode de scrutin (opposé au **scrutin majoritaire**), dans lequel les partis présentent des listes et obtiennent un nombre d'élus proportionnel au nombre de voix obtenues (voir p. 150).

Shah : « roi » en persan, titre porté depuis l'Antiquité par les souverains de la Perse, devenue l'Iran (voir p. 124).

Shoah : signifiant « catastrophe », ce mot hébraïque vise à souligner la spécificité du génocide des juifs perpétré par les nazis durant la Seconde Guerre mondiale, mieux que celui d'« Holocauste », surtout employé aux États-Unis (voir p. 22).

Sionisme : mouvement laïque et nationaliste, né au XIXe siècle, prônant le retour des juifs en terre d'Israël et à Jérusalem (où Sion est une colline), et la création d'un État juif en Palestine, alors province ottomane. Pour ses adversaires, le sionisme est devenu un terme péjoratif qui sert à dénoncer la politique jugée agressive du gouvernement israélien (voir p. 120).

***Soft power* :** « puissance douce », concept théorisé par l'universitaire américain Joseph Nye en 1990. C'est la capacité qu'a une puissance d'influencer les autres États ou acteurs internationaux sans contrainte, par la diffusion de sa culture et de ses valeurs. L'utilisation de la force (militaire) est le *hard power* (voir p. 64 et 74).

Souveraineté nationale : principe selon lequel la source de l'autorité politique est la nation, formée par l'ensemble des citoyens (voir p. 147).

STO : Service du travail obligatoire, créé en 1943, qui fait obligation aux jeunes Français de travailler dans les entreprises allemandes (voir p. 22).

Sunnites : musulmans majoritaires, qui se veulent fidèles à la *Sunna* (« tradition »), recueil des faits et des dires du Prophète. Ils sont divisés en plusieurs groupes, selon leur interprétation de la loi islamique (*charia*) (voir p. 117, 120 et 124).

Superpuissance : qualificatif appliqué pendant la guerre froide aux États-Unis et à l'URSS, qui dominaient le monde en dirigeant chacun un bloc (voir p. 68).

Supranationalité : caractère d'une institution qui dépasse le cadre des nations et à laquelle celles-ci délèguent une part de leur souveraineté (voir p. 171).

Talibans : « étudiants » en arabe ; partisans d'un islam fondamentaliste, formés dans les écoles religieuses du Pakistan (*madrasa*), qui ont pris le pouvoir en Afghanistan de 1996 à 2001 (voir p. 124).

Traité de Versailles : traité de paix signé par l'Allemagne vaincue et les pays vainqueurs à l'issue de la Première Guerre mondiale. L'Allemagne est privée d'une partie de ses droits militaires, de certains territoires et doit payer des réparations. Le Shandong, région chinoise qu'elle contrôlait depuis 1897 est confié au Japon (voir p. 91).

Transition économique : passage d'une économie socialiste planifiée à une économie de marché (voir p. 174).

U-V

Unanimité : procédure de vote fondée sur l'accord de tous les membres. Le principe de souveraineté des États est respecté, au risque de bloquer le fonctionnement des institutions et d'empêcher la mise en œuvre de politiques communes (voir p. 171).

Unilatéralisme : attitude d'un État qui agit seul, sans rechercher l'accord des organisations internationales (voir p. 74).

Viet-minh : ligue pour l'indépendance du Vietnam fondée en 1941. Dominée par les marxistes, elle dirige la guerre contre le colonisateur français (voir p. 92).

W-Y-Z

Watergate : nom de l'immeuble abritant le parti démocrate à Washington, où le président Nixon a fait installer des micros. Désigne par extension le scandale qui contraint Nixon à démissionner en août 1974 (voir p. 72).

Yom Kippour : fête du Grand Pardon, l'un des rites les plus solennels du judaïsme, célébrée chaque année en septembre-octobre (voir p. 122).

ZES : Zones économiques spéciales, lieux bénéficiant d'avantages spéciaux (faibles droits de douane, libre rapatriement des investissements et des bénéfices, impôts réduits) qui les rendent attractifs pour les investisseurs étrangers (voir p. 98).

ZIP : Zone industrialo-portuaire. Vaste zone industrielle construite à proximité d'un port (voir p. 154).

Zone euro : zone géographique incluant les États ayant adopté l'euro comme monnaie (voir p. 176).

Géographie

Mondialisation et dynamiques géographiques des territoires

La carte : qu'est-ce que c'est ?

1 Une projection

> **La carte est une représentation graphique**, en réduction, de la surface de la Terre ou d'une partie de cette surface. La carte représente sur une surface plane (deux dimensions) ce que la réalité propose en volume (trois dimensions).

> **La carte répond à un choix en matière de projection**. On distingue les planisphères (ou projections cylindriques) **(doc. 1)**, les projections polaires **(doc. 2)** et d'autres.

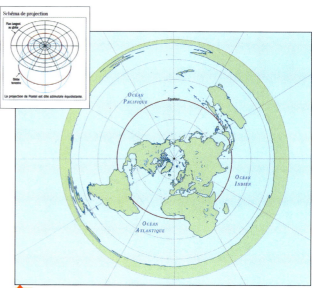

1 **Planisphère à projection cylindrique de (type Mercator)**
Dans la projection cylindrique, la forme et les tracés des continents sont déformés au niveau des pôles : l'Antarctique et le nord de l'Eurasie sont excessivement étirés.

2 **Planisphère à projection polaire**
La projection polaire fait en partie disparaître les terres de l'hémisphère opposé. Plus on s'éloigne du pôle, plus les tracés se déforment.

2 Une échelle

> **La carte est accompagnée d'une échelle** qui est le rapport entre une distance mesurée entre deux points sur la carte et la distance réelle sur le terrain. Elle est représentée de manière graphique (un segment gradué mesurant la distance entre deux points) **(doc. 3)** ou nommée de manière numérique (fraction qui comporte le chiffre 1 comme numérateur : sur une carte au 1/25 000ᵉ, 1 cm sur la carte représente 250 m sur le terrain).

> **L'échelle de la carte détermine l'espace représenté**. À **petite échelle** (un planisphère), la carte représente des espaces vastes avec un degré de précision faible (par exemple au 1/1 000 000ᵉ). À **moyenne échelle** (pays, régions), les espaces représentés sont plus restreints et plus précis. Enfin, à **grande échelle** (villes), l'espace cartographié est peu étendu mais le degré de précision est plus important.

3 **Exemple : une carte à moyenne échelle**

3 Un langage

> **La carte utilise une variété de symboles, les figurés, qui constituent un langage graphique.** Ces signes sont plus ou moins conventionnels.

> **Les figurés** peuvent être ponctuels, linéaires, de surface.

> **La taille, la forme, l'orientation, la couleur, la simplification des contours sont déterminants dans la compréhension des phénomènes cartographiés.** Ils permettent de hiérarchiser les informations.

> **La carte s'accompagne nécessairement d'une légende**, qui rassemble les figurés utilisés et leur donne du sens. Chaque figuré est indissociable de son texte explicatif.

➜ Voir le langage cartographique en fin de manuel.

Types de figurés	Exemples	Représentation des figurés	Exemples
Ponctuels (ronds, carrés, etc.) pour représenter un lieu	Ville ● Aéroport ■ Port ▲	**La taille et la forme** différencient et hiérarchisent les informations	Exemple : *la taille des villes* ● ● ● faible ⟶ forte
Linéaires (traits, flèches, etc.) pour représenter des axes ou des flux	Flux migratoire ↱ Axe de communication —	**La taille et la forme** hiérarchisent les informations	Exemple : *le trafic des marchandises* ↑ ↑ ↑ faible moyen fort
De surface (aplats de couleurs, etc.) pour représenter des territoires	Zone peuplée ▬	**La couleur** hiérarchise les informations	Exemple : *densité de la population* — ⟶ +

4 Un message

> **La carte sert à localiser**, mais aussi à identifier, à caractériser et à expliquer des réalités géographiques.

> **Les choix de projection, l'échelle, les figurés, etc., répondent à des objectifs précis.** La carte suppose un projet et exprime des choix de la part de celui qui la réalise.

> Certains planisphères ne placent pas l'Europe au centre. Le lecteur doit prendre du recul par rapport à ce message et entreprendre une **analyse critique de la carte (doc. 4)**.

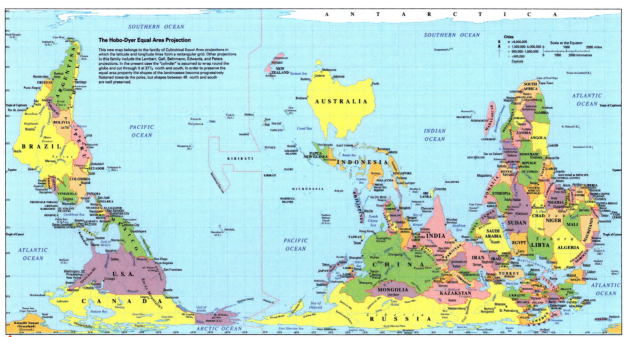

4 Le monde vu de l'Australie

Carte extraite de l'*Atlas des atlas*, Courrier International, 2005.

Différents types de cartes

1 La carte descriptive

> **Ce type de carte** (aussi appelée carte d'inventaire) **localise** (détermine le lieu) et **situe** (par rapport à d'autres lieux) des phénomènes spatiaux identifiables sur le terrain de manière aussi précise que possible.

> Il peut s'agir de cartes du **relief**, de la **végétation** (**doc. 1**), des **ressources naturelles**, mais aussi de cartes montrant des **villes**, des **infrastructures de communication** (les cartes routières), des territoires agricoles, etc.

> **La légende n'est pas soumise à des règles d'organisation précises** ; il s'agit d'ordonner simplement les figurés utilisés sur la carte.

➡ Quel est le sujet de cette carte ?
   Comment la légende est-elle organisée ?

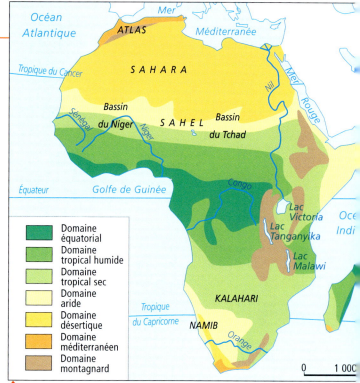

1 Les domaines bioclimatiques en Afrique

2 La carte analytique

2 L'IDH dans le bassin Caraïbe

> **La carte analytique représente un phénomène abstrait.** Elle est élaborée à partir de données statistiques : taux de croissance économique, densité de population, IDH, etc. (**doc. 2**)

> Le territoire cartographié devient le simple support de cette information statistique et permet d'apprécier les différences, les inégalités dans l'espace.

> **La légende propose des figurés qui hiérarchisent la variable cartographiée en plusieurs classes.** Les cartes de flux, les cartes à points, les cartes à symboles proportionnels, les cartes par plages de couleurs sont des cartes analytiques.

➡ Quelle est la variable statistique cartographiée ? De quelle manière est-elle représentée ?

3 La carte de synthèse

> La carte de synthèse sert à représenter des ensembles géographiques à partir de thèmes devant clairement apparaître dans la légende : espaces centraux, périphéries, dynamiques des territoires, flux de populations ou de marchandises, typologie des territoires, etc. **(doc. 3)**

> La carte de synthèse est donc le **résultat d'une réflexion**, d'un raisonnement ou d'une **problématique** définie au préalable. Elle permet de **combiner plusieurs faits géographiques** sur un seul support.

> Elle s'accompagne d'une **légende organisée** qui rend compte d'une ou de plusieurs typologies des territoires.

➜ De quelle manière la légende est-elle organisée ? Comment répond-elle à la problématique ?

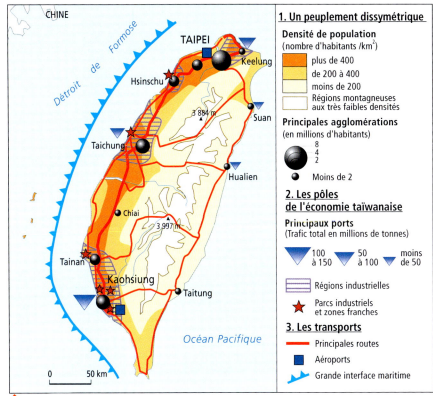

3 Les inégalités régionales à Taïwan

4 L'anamorphose

> Les **anamorphoses** sont des **déformations cartographiques** qui reposent sur une modification de la forme initiale du territoire représenté et du tracé des limites. **(doc. 4)**

> La carte par anamorphose n'a donc pas pour objectif de cartographier la réalité du terrain mais de **représenter des réalités perçues**. Les superficies des unités spatiales sont transformées (réduites, agrandies, déformées) de manière proportionnelle à ce qu'elles représentent.

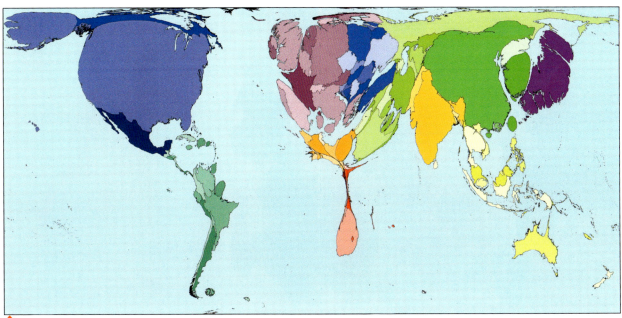

4 Les émissions de CO_2 dans le monde

Source : http://www.worldmapper.org/, décembre 2011.

Clés de lectures géographiques (1)

1 Quelles clés de lectures pour approcher la complexité du monde ?

› **Tout phénomène géographique** doit être replacé dans son contexte et étudié au moyen de **clés de lectures** qu'il s'agit de confronter.

› **Ces clés de lectures renvoient à différents champs de la géographie** : elles peuvent être de nature **géopolitique** (action diplomatique ou militaire des États), **géoéconomique** (stratégie des firmes transnationales, organisation des territoires), **géoculturelle** (tensions entre communautés religieuses vivant dans un même lieu) ou **géoenvironnementale** (pollution, migrations de populations en raison du réchauffement climatique).

EXEMPLE Le Bangladesh

Le Bangladesh est un des pays les plus pauvres et les plus densément peuplés du monde **(grille de lecture géoéconomique)** (doc. 3). C'est un pays majoritairement musulman **(géoculture)** qui entretient des relations tendues **(géopolitique)** avec son pays voisin, l'Inde, majoritairement hindou **(géoculture)**. Situé dans le delta du Gange et du Brahmapoutre **(doc. 2)**, il est exposé chaque année aux inondations **(doc. 1)** provoquées par la mousson **(géoenvironnement)** qui contraignent ses populations à migrer en direction des pays voisins, moins exposés **(géopolitique)**.
Les enjeux sont donc multiples et la compréhension de la complexité géographique du Bangladesh relève bien de la confrontation de ces différentes clés de lectures.

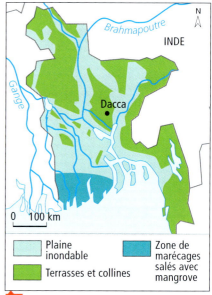

2 Un pays de basses terres

1 Le Bangladesh : un pays soumis aux risques d'inondations

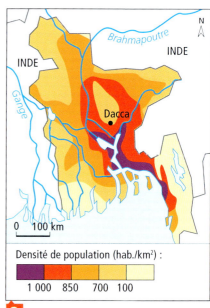

3 Un pays densément peuplé

218

2 Quelles échelles d'analyse ?

> Pour rendre compte de la complexité d'un phénomène géographique, il faut combiner les clés de lectures à **des échelles différentes**. Ce qui se produit à grande échelle (locale), dans un territoire donné, ne peut se comprendre qu'en le confrontant à des données d'**échelles régionale ou mondiale**, plus petites.

EXEMPLE Le conflit israélo-palestinien à différentes échelles

1 Échelle mondiale
(petite échelle)
Approche géopolitique

Le soutien des États-Unis à Israël est militaire, financier et diplomatique. Certains mouvements de l'opinion américaine soutiennent Israël pour des raisons politiques, culturelles ou religieuses.

2 Échelle régionale
Approches géopolitique et géoculturelle

Israël est entouré d'États arabes. La plupart des Palestiniens vivent à Gaza et en Cisjordanie, et beaucoup en Jordanie et au Liban (voir chapitre 5 p. 114).

3 Échelle régionale
Approche géoenvironnementale

Israël occupe trois milieux naturels très différents : une plaine côtière à l'ouest, des plateaux au centre, un fossé aride à l'est.

4 Échelle locale
(grande échelle)
Approches géopolitique et géoculturelle

La ville de Jérusalem est occupée à l'ouest par les Israéliens, à l'est par les Palestiniens, mais elle est entourée par de nombreuses implantations juives qui la séparent de la Cisjordanie (voir p. 135).

Cartes extraites de Y. Lacoste, *Atlas géopolitique*, Larousse, 2007.

Clés de lectures géographiques (2)

3 Une analyse critique des modes de représentation cartographique

> Il faut mettre en place une **réflexion critique** sur les modes de représentation cartographique au moyen d'un **questionnement** permettant de bien comprendre **les enjeux du phénomène cartographié et la représentation** elle-même.

Méthode

▶ **Analyser les informations de la carte et de sa légende**

1. Quelles sont les informations générales apportées par la carte ?
2. Quelles informations plus précises sont apportées par une ou plusieurs parties de la carte ?
3. Comment la légende est-elle organisée ? Pourquoi y a-t-il des titres pour chaque partie ?

▶ **Porter un regard critique sur la carte**

4. Quel est le titre de la carte ? Quel est le sujet traité par la carte ?
5. Quelle est la source de la carte (auteur, date, éditeur) ? À qui est-elle destinée ?
6. À quel type de carte se rattache-t-elle (descriptive, analytique, synthétique) ?
7. Quelle est l'échelle de la carte ? Quelle est la projection utilisée ?
8. Quels figurés sont utilisés sur la carte ? Pour quelles raisons ont-ils été choisis ? Quels autres figurés auraient pu être utilisés ?

▶ **Comparer avec d'autres cartes**

9. Quelles correspondances peut-on établir ? Quelles différences apparaissent ?
10. Utiliser différentes clés de lectures : géopolitique, géoéconomique, géoculturelle, géoenvironnementale.

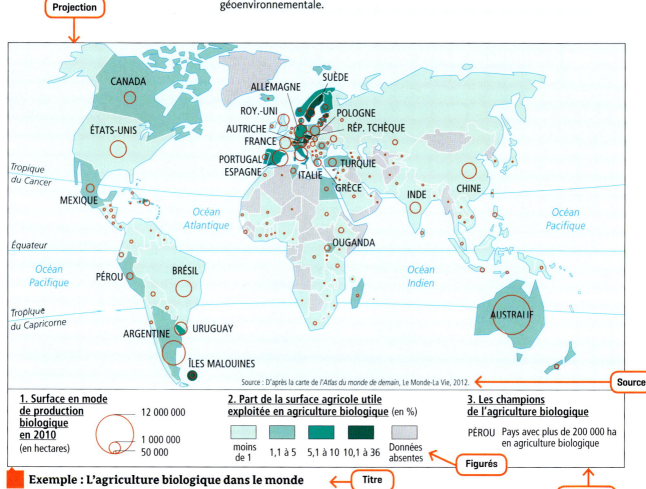

Exemple : L'agriculture biologique dans le monde

4 Regard critique sur une carte

Les migrants dans le monde en 2011

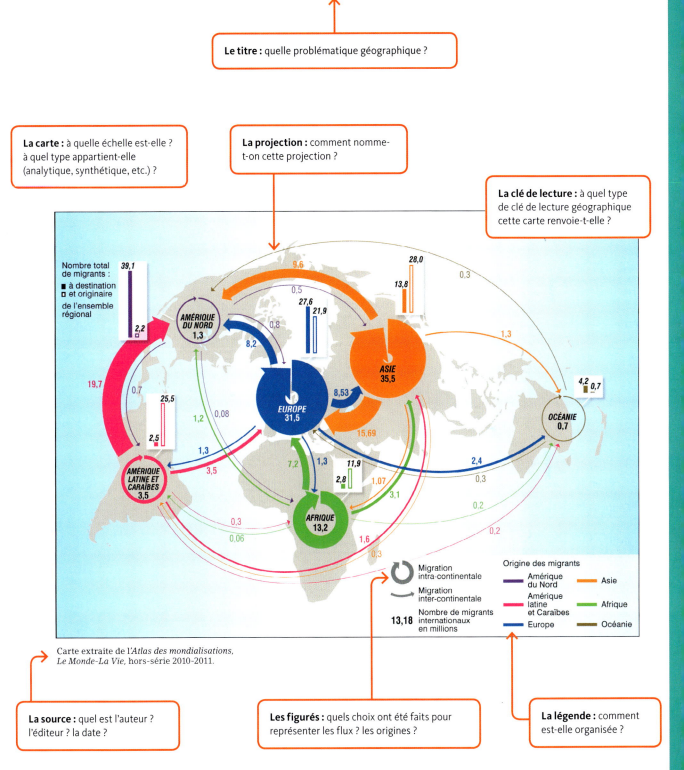

Le titre : quelle problématique géographique ?

La carte : à quelle échelle est-elle ? à quel type appartient-elle (analytique, synthétique, etc.) ?

La projection : comment nomme-t-on cette projection ?

La clé de lecture : à quel type de clé de lecture géographique cette carte renvoie-t-elle ?

Carte extraite de l'*Atlas des mondialisations*, *Le Monde-La Vie*, hors-série 2010-2011.

La source : quel est l'auteur ? l'éditeur ? la date ?

Les figurés : quels choix ont été faits pour représenter les flux ? les origines ?

La légende : comment est-elle organisée ?

Géographie • 221

CHAPITRE 9
DES CARTES POUR COMPRENDRE LE MONDE

Le monde contemporain est complexe. Ses mutations sont rapides : accroissement des inégalités, intégration croissante des territoires dans la mondialisation, multiplication des guerres régionales, fragilisation des sociétés face aux risques, etc.

Pour rendre compte de cette complexité, les cartes permettent l'expression graphique de réalités géopolitiques, géoéconomiques, géoculturelles et géoenvironnementales. Elles nécessitent cependant une réflexion et une approche critiques.

PROBLÉMATIQUE

➔ Comment les cartes permettent-elles de comprendre la complexité du monde ?

PLAN DU CHAPITRE

Clé de lecture géopolitique	224
Clé de lecture géoéconomique	228
Clé de lecture géoculturelle	232
Clé de lecture géoenvironnementale	236
Révision	240
BAC — Croquis	242
Analyse de document	244

222

« Carte du monde » chinoise

Ce planisphère est communément utilisé dans les atlas cartographiques chinois. La projection est centrée sur la Chine (dont le nom « *Zongghuo* » signifie « le pays du centre ») et l'océan Pacifique. L'île de Taïwan est représentée de la même couleur que la Chine continentale, ce qui fait de cette carte un outil de revendication géopolitique.

▶ Pourquoi les cartes sont-elles des outils de compréhension de la complexité du monde actuel ?

Géographie • Partie 1. CLÉS DE LECTURES D'UN MONDE COMPLEXE

Clé de lecture géopolitique 1

Les cartes permettent une lecture géopolitique des problématiques du monde contemporain et rendent compte de sa complexité. Depuis la fin de la guerre froide, cette complexité s'est accentuée avec la réorganisation de la hiérarchie des grandes puissances, la multiplication des guerres civiles et des conflits interétatiques régionaux, l'émergence d'un terrorisme mondialisé, les revendications accrues des souverainetés territoriales, etc.

La carte aborde ici la question des États, de leurs frontières et de leur prolifération depuis le début des années 1990 ainsi que l'affirmation des souverainetés à la fois sur terre et sur mer.

NOTION CLÉ

Géopolitique : analyse territoriale (à différentes échelles) des rapports de force ou des rivalités de pouvoirs entre les États et/ou différents acteurs spatiaux (mouvements politiques, citoyens, entreprises, guérillas armées, etc.).

VOCABULAIRE

État : ensemble territorial, géographiquement délimité par des frontières, dans lequel vit une population et soumis à l'autorité d'un même gouvernement qui exerce ses compétences en toute indépendance.

Frontière : limite administrative et juridique séparant deux États qui exercent chacun leur souveraineté sur un territoire. Son tracé résulte généralement d'un accord entre les deux États. La frontière peut aussi être le produit d'un armistice après une guerre non suivie par un traité de paix.

ZEE (zone économique exclusive) : espace large de 200 milles à partir du littoral, qui accorde à l'État bordier la souveraineté sur les ressources qui s'y trouvent.

Questions

▶ **Analyser la carte**

1. Où sont apparus de nouveaux États et de nouvelles frontières depuis 1990 ? Pourquoi ?

2. Que souligne la multiplication des accords récents sur certaines frontières ?

3. Quelle signification donner à la multiplication des revendications de ZEE dans le monde ?

▶ **Porter un regard critique sur la carte**

4. De quel type de carte s'agit-il ? Quel type de projection a été utilisé ?

5. Cette carte sera-t-elle encore valable dans quelques années ? Pour quelles raisons ?

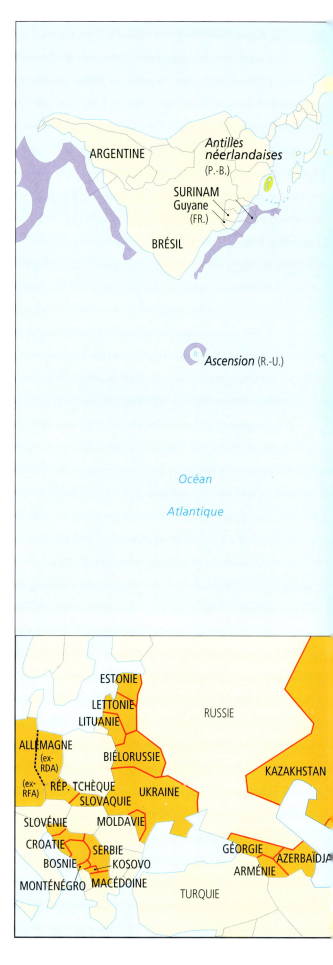

224

1 Nouveaux États et nouvelles frontières dans le monde depuis 1990

Clé de lecture géopolitique 2

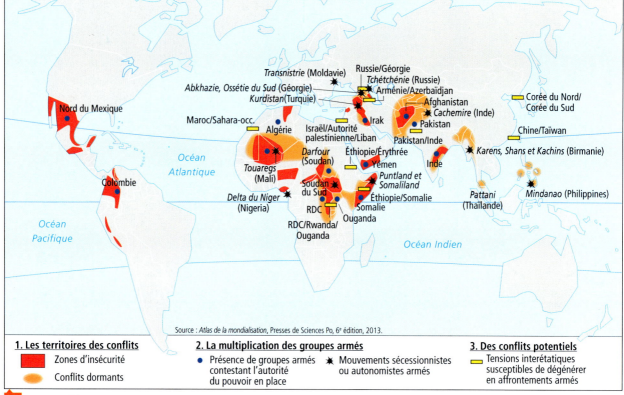

2 Les conflits dans le monde aujourd'hui

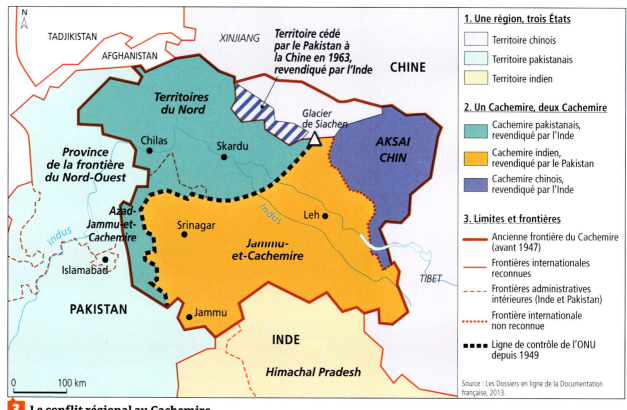

3 Le conflit régional au Cachemire

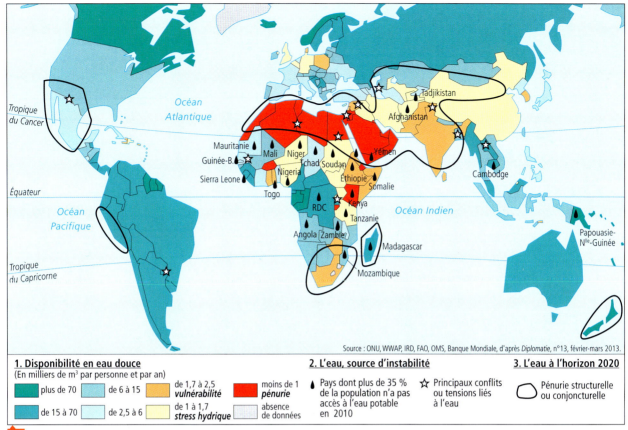

4 L'eau et les conflits dans le monde

5 Les nouvelles conflictualités

La conception ancienne de la paix et de la guerre ne permet plus ni de décrire ni de comprendre les formes multiples de la conflictualité contemporaine. D'une part, parce que les guerres interétatiques (opposant des armées nationales), si elles n'ont certes pas disparu, ne constituent plus la forme dominante des conflits, surtout depuis la mise en place d'institutions de sécurité collective (en particulier l'ONU) qui dissuadent les États de se livrer à des affrontements militaires coûteux sur le plan humain, matériel, politique et symbolique. D'autre part parce que les guerres « civiles » peuvent perdurer de manière larvée sur plusieurs décennies, s'internationalisant et s'imbriquant de façon complexe, à l'image de celles qui ravagent l'est de la République démocratique du Congo, la Colombie ou le Soudan.

M.-F. Durand, P. Copinschi, B. Martin, P. Mitrano, D. Placidi-Frost, *Atlas de la mondialisation*, © Presses de Sciences Po, 2010.

VOCABULAIRE

Conflit : contestation plus ou moins violente opposant deux parties (groupes organisés, États, groupes d'États) déterminées à défendre leurs intérêts et à atteindre leurs objectifs. Les conflits ne se limitent pas aux seules rivalités entre États ; ils incluent également les conflits intra-étatiques (guerres civiles) ou mettant en cause des acteurs contestant un État ou une idéologie (Al-Qaida face à l'Occident par exemple). Les conflits ont pour enjeu le contrôle de territoires pour des motifs idéologiques, économiques (ressources), religieux, ethniques, etc. La guerre est l'aboutissement le plus violent d'un conflit.

Conflit dormant : se dit d'un conflit pour lequel la violence et les affrontements entre les différentes parties sont irréguliers et discontinus dans le temps.

Questions

▶ Analyser et comparer les documents

1. Quels sont les différents types de conflits proposés par la carte 2 ? En vous aidant de la carte 4, précisez si tous les conflits ont été représentés. **(doc. 2 et 4)**

2. Quelles correspondances pouvez-vous établir entre les cartes 2 et 4 ? **(doc. 2 et 4)**

3. Où se situe le Cachemire sur la carte 2 ? Comment ce conflit est-il représenté sur la carte 3 ? **(doc. 2 et 3)**

4. Pourquoi est-il difficile de définir aujourd'hui ce qu'est un conflit ? **(doc. 5)**

▶ Porter un regard critique sur les cartes

5. Par quel type de figuré l'auteur de la carte a-t-il représenté les zones de conflits ? Existait-il un autre moyen ? **(doc. 2)**.

6. Quelle est la méthode utilisée par l'auteur de la carte pour représenter la situation conflictuelle au Cachemire ? Est-ce efficace ? Pourquoi ? **(doc. 3)**

7. La carte 4 permet-elle d'établir un lien systématique entre conflits et eau ? Pourquoi ? **(doc. 2 et 4)**

8. En quoi le changement d'échelle de la carte 3 permet-il une approche plus efficace que la carte 2 ? **(doc. 2 et 3)**

Clé de lecture géoéconomique 1

Les cartes permettent de traduire graphiquement la complexité des réalités géoéconomiques des territoires à différentes échelles, c'est-à-dire les effets des stratégies des États et des firmes transnationales (FTN) qui ont pour objectif de renforcer leur position dans la mondialisation. Les cartes rendent ainsi compte de l'organisation et des dynamiques économiques très souvent difficilement perceptibles dans l'espace : flux de marchandises, de capitaux et d'informations, hiérarchie des territoires entre centres et périphéries, contrastes de richesse et de développement, poids commercial des grandes puissances, lignes de fracture, inégalités, réseaux, etc.

La carte aborde ici la hiérarchie des places boursières comme une composante révélatrice des inégalités économiques dans le monde.

NOTION CLÉ

Géoéconomie : analyse territoriale des stratégies économiques des États, des entreprises, des différents acteurs du monde de la finance et du commerce dans un monde globalisé, et des inégalités produites par les rapports de force entre ces acteurs. La géoéconomie permet de comprendre que les phénomènes de puissance ne sont plus désormais liés à la simple puissance militaire.

VOCABULAIRE

Capitalisation boursière : ensemble des valeurs des entreprises cotées sur une place boursière.

Mondialisation : interdépendance de tous les espaces et de toutes les économies mondiales par une intensification des échanges. Elle se traduit par une multiplication des flux de marchandises, de personnes, de capitaux et d'informations à l'échelle mondiale.

Questions

▶ **Analyser la carte**

1. Quelles sont les deux informations géographiques transcrites par la carte ?

2. Quelles sont les régions qui se distinguent nettement sur la carte ? Quelles sont celles qui apparaissent en retrait ? De quoi cette différence est-elle représentative ?

▶ **Porter un regard critique sur la carte**

3. Quel procédé a été utilisé pour représenter les valeurs quantitatives ? Quel est celui choisi pour représenter la dynamique ?

4. Montrez que la représentation cartographique n'est pas complètement satisfaisante.

1. Capitalisation boursière (en milliers de milliards de dollars)

12,5 — 3 — 1 — 0,1 — 0,02

Seules les valeurs supérieures à 10 milliards de dollars sont représentées.

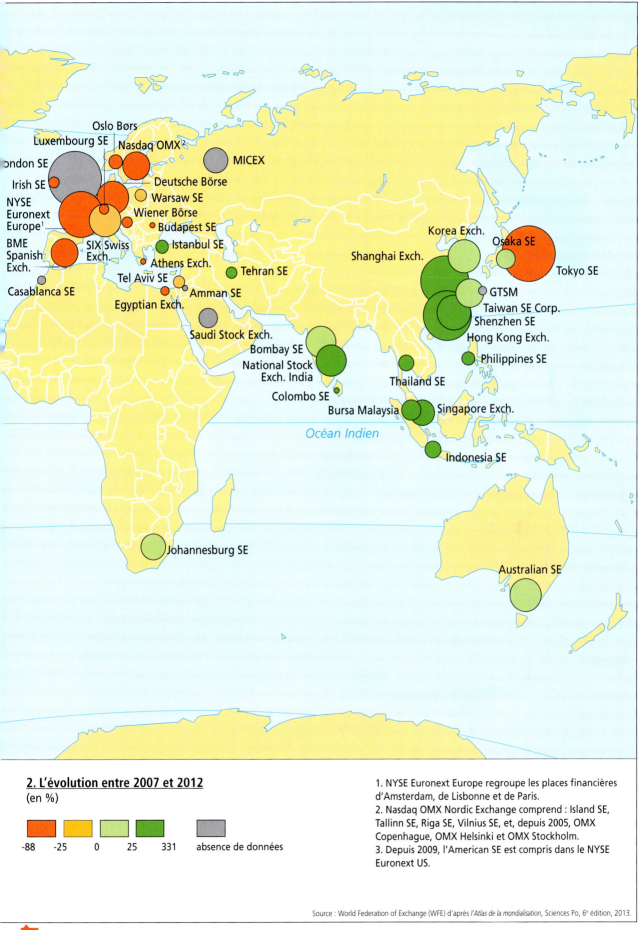

2. L'évolution entre 2007 et 2012 (en %)

-88 | -25 | 0 | 25 | 331 | absence de données

1. NYSE Euronext Europe regroupe les places financières d'Amsterdam, de Lisbonne et de Paris.
2. Nasdaq OMX Nordic Exchange comprend : Island SE, Tallinn SE, Riga SE, Vilnius SE, et, depuis 2005, OMX Copenhague, OMX Helsinki et OMX Stockholm.
3. Depuis 2009, l'American SE est compris dans le NYSE Euronext US.

Source : World Federation of Exchange (WFE) d'après *l'Atlas de la mondialisation*, Sciences Po, 6e édition, 2013.

1 Les places boursières dans le monde

Clé de lecture géoéconomique 2

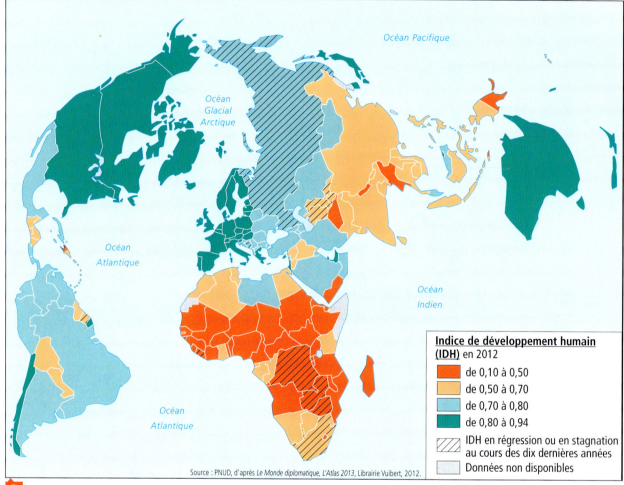

2 L'IDH dans le monde

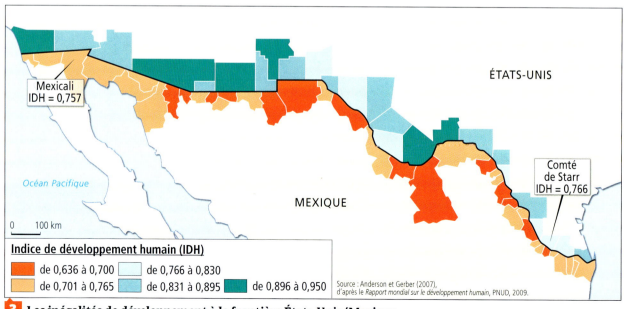

3 Les inégalités de développement à la frontière États-Unis/Mexique

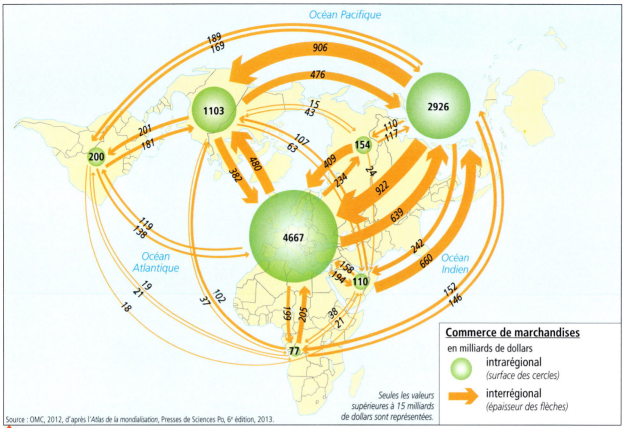

4 Le commerce mondial de marchandises

5 Une vision des inégalités économiques dans le monde
Caricature de Chapatte, *La Tribune de Genève*, 19 novembre 1993.

VOCABULAIRE

Développement : processus qui marque le passage d'une économie agricole et d'une société rurale, où la pauvreté est généralisée, à une économie urbaine et une société citadine où la pauvreté est minoritaire. La production plus abondante et plus diversifiée de biens, l'apparition de nouveaux services, l'accroissement des échanges permettent une amélioration générale des conditions de vie de la population et s'accompagnent généralement de la démocratie.

IDH (indicateur de développement humain) : indicateur prenant en compte trois variables, le PIB par habitant, le taux d'alphabétisation et l'espérance de vie à la naissance.

Questions

▶ Analyser les cartes

1. Quelles sont les régions à fort IDH ? À faible IDH ? **(doc. 2)**

2. Quelle ligne de fracture apparaît sur les cartes 2 et 3 ? **(doc. 2 et 3)**

3. Montrez que la carte 4 permet de dire que l'espace mondial est un espace multipolaire. **(doc. 4)**

▶ Comparer des documents

4. Comparez les cartes 2 et 4. Peut-on établir des correspondances ? **(doc. 2 et 4)**

5. Montrez que la vision du monde dessinée par le caricaturiste est encore d'actualité. **(doc. 4 et 5)**

▶ Porter un regard critique sur les cartes

6. Montrez que l'absence de données chiffrées peut également être cartographiée. Expliquez pourquoi cela constitue une information géographique. **(doc. 2)**

7. Pourquoi les deux échelles des cartes 2 et 3 ne suffisent-elles pas pour rendre compte des inégalités de développement dans le monde ? Quelle est l'échelle manquante ? **(doc. 2 et 3)**

8. Quelle notion géographique l'utilisation des cercles met-elle en valeur ? **(doc. 4)**

Chapitre 9. DES CARTES POUR COMPRENDRE LE MONDE **231**

Clé de lecture géoculturelle 1

La mondialisation des échanges, des économies et de la finance a pu donner l'impression de favoriser l'uniformisation des pratiques culturelles dans le monde. Si certaines de ces pratiques ont pu se généraliser en raison de l'influence croissante des technologies de l'information et de la communication (Internet, réseaux sociaux, télévision, etc.), les cartes témoignent d'une réalité plus complexe et de la pluralité du fait culturel dans le monde (production cinématographique, langues, religions, etc.).

La carte ci-contre permet une lecture géoculturelle du monde à travers la représentation de l'unité et de la diversité de la pratique du football dans le monde.

NOTION CLÉ

Géoculture : analyse territoriale des phénomènes culturels, de leur affrontement ou interaction dans l'espace et de leur diffusion géographique (langues, religions, gastronomie, patrimoine, paysages, sport, etc.).

VOCABULAIRE

Mondialisation : voir p. 228.

Questions

▶ Analyser la carte

1. Quelles sont les régions où se concentrent le plus grand nombre de licenciés dans le monde ? Celles où ce nombre est très faible ?

2. Montrez que le football est un sport inégalement pratiqué dans le monde.

3. Montrez la situation paradoxale de la Chine, de l'Inde ou de l'Indonésie. Comment pouvez-vous l'expliquer ?

▶ Comparer des cartes

4. Confrontez cette carte avec la carte 2 p. 230. Que constatez-vous ? Quelles conclusions peut-on en tirer ?

▶ Porter un regard critique sur la carte

5. De quel type de carte s'agit-il ?

6. Pour quelle raison ce type de représentation cartographique a-t-il été choisi ?

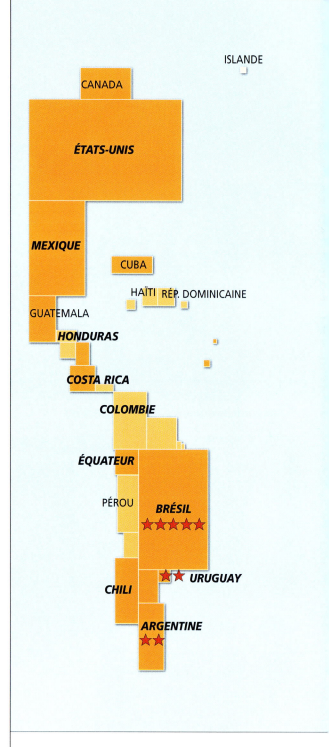

1. Nombre de footballeurs licenciés

100 000 footballeurs

2. Part de la population jouant au football

faible   moyen   fort

3. Les pays et la Coupe du monde

ALGÉRIE   Pays qualifiés pour la Coupe du monde 2014

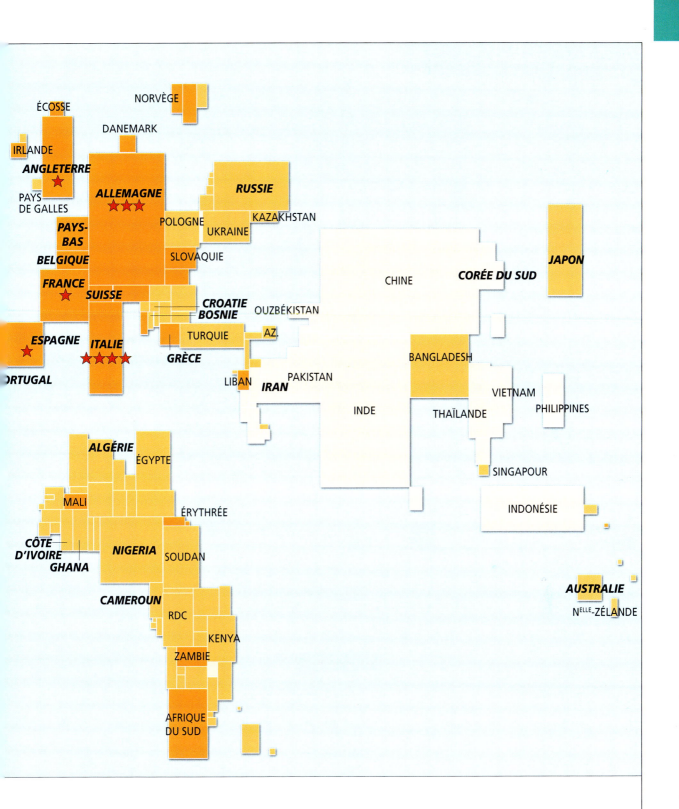

Chaque pays a une taille proportionnelle au nombre de footballeurs licenciés

★ Nombre de victoires en Coupe du monde

Source : Fifa, Big-Count, 2013.

1 **La pratique du football dans le monde**

Clé de lecture géoculturelle 2

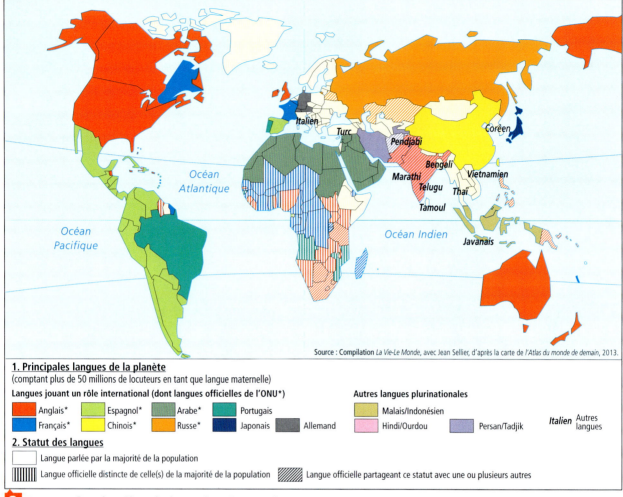

2 Les grandes aires linguistiques dans le monde

Questions

▶ Analyser et comparer les documents

1. Combien d'aires linguistiques peut-on comptabiliser ? En quoi sont-elles représentatives de la diversité culturelle du monde ? **(doc. 2)**

2. Comment cette carte montre-t-elle la diversité culturelle à l'échelle d'une région ? **(doc. 3)**

3. Quels sont les arguments en faveur et contre l'uniformisation culturelle ? **(doc. 5)**

4. Recherchez les correspondances entre la carte 2 p. 234 et celle des conflits dans le monde p. 226 carte 2.

5. Montrez que la Une du magazine témoigne de la complexité de la mondialisation culturelle. **(doc. 4)**

▶ Porter un regard critique sur les cartes

6. De quels types de cartes s'agit-il ? Ces sujets auraient-ils pu être représentés différemment ? **(doc. 2 et 3)**

7. Expliquez les choix effectués par l'auteur dans les langues représentées. **(doc. 2)**

8. Comparez les cartes 2 et 3. Quelle conclusion pouvez-vous en tirer ? **(doc. 2 et 3)**

VOCABULAIRE

Aire linguistique : espace géographique sur lequel vivent des sociétés qui parlent la même langue.

Ethnolinguistique : se dit d'une situation qui combine à la fois le caractère ethnique et le caractère linguistique d'une population donnée.

Mondialisation occidentale : expression qui désigne, dans le cadre de la mondialisation, l'influence des pays d'Amérique du Nord et d'Europe sur les modes de vie et de consommation des autres régions du monde.

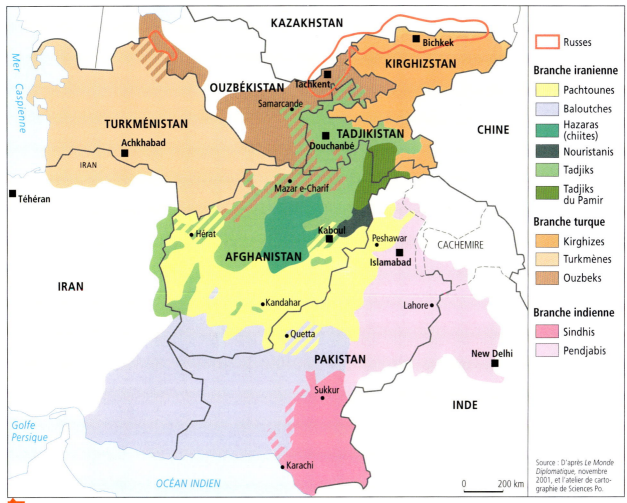

3 La diversité ethnolinguistique en Asie centrale

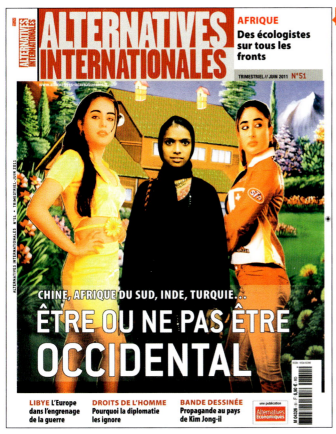

4 Une mondialisation occidentale ou multiculturelle ?

Couverture du magazine *Alternatives Internationales* n° 51, juin 2011.

5 La mondialisation : une uniformisation culturelle ?

Uniformisation, repli identitaire, métissage, création continue : la mondialisation se présente comme une immense machine à homogénéiser et innover, détruire et réactiver, brasser et isoler. De même qu'elle conduit à plus de pauvreté et plus de richesses, la mondialisation produit à la fois plus d'homogénéité et plus de diversité. Vu de loin, les sociétés tendent à converger vers des modes de vie similaires. Si l'on braque maintenant le projecteur au cœur des villes modernes, alors on voit grouiller la diversité des espèces culturelles : les intégristes religieux et les dandys cosmopolites, les cuisines épicées et les fast-foods, les musiques de tous genres, les foyers de culture scientifique et le marché florissant de la nouvelle sorcellerie.

J.-F. Dortier, *Sciences Humaines*, n° 180, février 2007.

Clé de lecture géoenvironnementale 1

Les cartes sont des outils qui sensibilisent et alertent l'opinion publique sur les problèmes géoenvironnementaux (pollution, réchauffement climatique, déforestation, etc.) auxquels les sociétés et les territoires sont confrontés. Elles utilisent de nombreuses variables statistiques (économiques, démographiques, environnementales, etc.) pour évaluer et localiser les grands déséquilibres écologiques et démontrer qu'à l'heure de la mondialisation le développement durable doit s'imposer comme une préoccupation majeure et un impératif global.

La carte ci-contre atteste des impacts les plus importants du réchauffement climatique sur les territoires et pour les sociétés.

NOTION CLÉ

Géoenvironnement : analyse territoriale des phénomènes environnementaux (réchauffement climatique, pollutions, conséquences économiques, sociales, sanitaires sur les populations, etc.).

VOCABULAIRE

Désertification : processus d'avancée des déserts qui s'installent durablement sur des régions où il y avait auparavant de la végétation ou des cultures.

Développement durable : développement économique, social et environnemental qui doit répondre aux besoins des générations du présent sans compromettre la capacité des générations futures à répondre aux leurs.

Pergélisol : sol gelé en permanence.

Questions

▶ **Analyser la carte**

1. Quelles sont les trois groupes d'informations géographiques représentés sur la carte ?

2. Quelles sont les conséquences écologiques liées au réchauffement climatique ? Quelles sont les conséquences économiques et sociales ?

3. Quelles sont les régions les plus vulnérables face à ces conséquences ? Celles qui le sont le moins ?

▶ **Porter un regard critique sur la carte**

4. Quel procédé l'auteur a-t-il utilisé pour rendre la carte plus lisible face à la profusion d'informations géographiques ?

5. Montrez que l'information est géographiquement incomplète. Selon vous, toutes les conséquences ont-elles été représentées ?

1. Territoires et risques liés au changement climatique

- ■ Risque extrême
- ■ Risque élevé
- △ Grand delta menacé

236

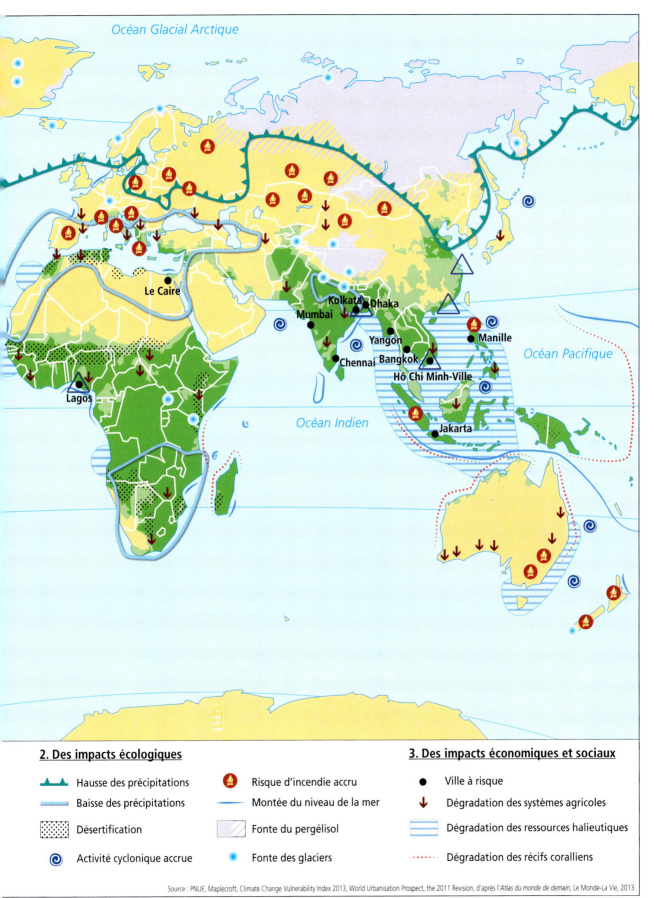

2. Des impacts écologiques

- ▲▲▲ Hausse des précipitations
- ≈≈≈ Baisse des précipitations
- ▒▒▒ Désertification
- 🌀 Activité cyclonique accrue
- 🔥 Risque d'incendie accru
- ─── Montée du niveau de la mer
- ▨▨▨ Fonte du pergélisol
- • Fonte des glaciers

3. Des impacts économiques et sociaux

- ● Ville à risque
- ↓ Dégradation des systèmes agricoles
- ≡ Dégradation des ressources halieutiques
- ┄┄┄ Dégradation des récifs coralliens

Source : PNUE, Maplecroft, Climate Change Vulnerability Index 2013, World Urbanisation Prospect, the 2011 Revision, d'après l'*Atlas du monde de demain*, Le Monde-La Vie, 2013.

1 Les impacts du réchauffement climatique

Chapitre 9. DES CARTES POUR COMPRENDRE LE MONDE 237

Clé de lecture géoenvironnementale 2

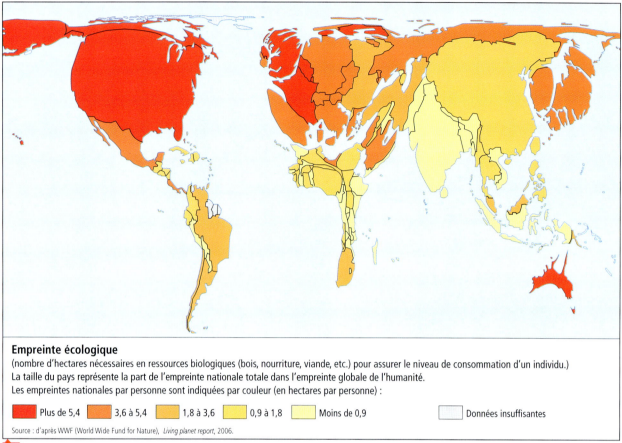

2 L'empreinte écologique dans le monde

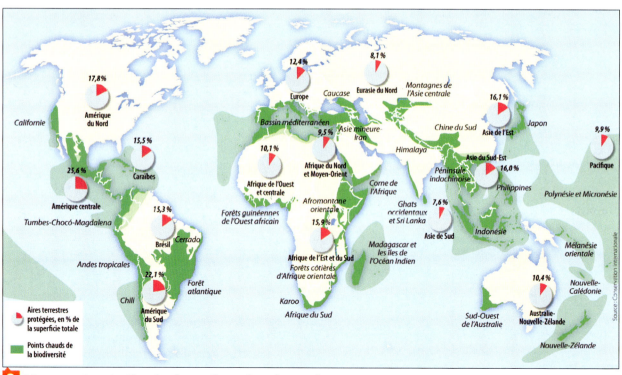

3 Menaces et protection des écosystèmes dans le monde

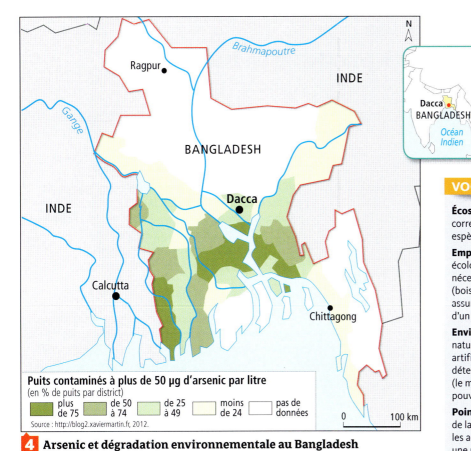

4 Arsenic et dégradation environnementale au Bangladesh

VOCABULAIRE

Écosystème : espace terrestre correspondant à un milieu naturel et aux espèces qui y vivent.

Empreinte écologique : l'empreinte écologique indique le nombre d'hectares nécessaires en ressources biologiques (bois, nourriture, viande, etc.) pour assurer le niveau de consommation d'un individu.

Environnement : ensemble des éléments naturels (air, eau, sol, faune, flore, etc.) et artificiels (habitat, densité de population) déterminant les conditions de vie (le milieu) des sociétés humaines et pouvant influencer leur état de santé.

Points chauds : les points chauds de la biodiversité sont les régions où les activités humaines constituent une menace pour la durabilité de la biodiversité.

5 Les conséquences du changement climatique

Couverture du magazine *Alternatives Économiques* n° 205, novembre 2009.

Questions

▶ **Analyser les documents**

1. L'empreinte écologique est-elle identique partout dans le monde ? **(doc. 2)**

2. Comment peut-on expliquer les inégalités régionales en matière de pourcentage d'aires terrestres protégées ? **(doc. 3)**

3. À quel type de dégradation environnementale le Bangladesh est-il confronté ? **(doc. 4)**

4. Montrez la diversité de la localisation des points chauds de la biodiversité mondiale. Quelles sont les régions du monde les plus concernées et pourquoi ? **(doc. 3)**

5. Commentez cette couverture de magazine. **(doc. 5)**

▶ **Analyser et comparer des documents**

6. De quels types de cartes s'agit-il ? Quels sont les sujets traités par ces deux cartes ? **(doc. 2 et 4)**

7. Comparez la carte 2 p. 238 et la carte 2 p. 230. Quels types d'inégalités ces deux cartes révèlent-elles ? **(doc. 2)**

▶ **Porter un regard critique sur la carte**

8. Quel choix d'échelle l'auteur a-t-il opéré pour représenter les valeurs des aires protégées ? Pour quelle raison n'a-t-il pas choisi l'échelle des États ? **(doc. 3)**

9. Pour quelle raison l'auteur a-t-il choisi la couleur verte pour représenter les points chauds de la biodiversité ? **(doc. 3)**

Chapitre 9. DES CARTES POUR COMPRENDRE LE MONDE **239**

BAC Révision — Des cartes pour comprendre le monde

L'essentiel

1. Clé de lecture géopolitique du monde

- **Le monde du XXIe siècle est un monde de conflits (doc. 2 p. 226).** Guerres civiles (Myanmar, Somalie), actes de piraterie ou de terrorisme, conflits interétatiques (Inde/Pakistan, **doc. 3 p. 226**), tensions religieuses, se multiplient depuis la fin de la guerre froide.

- **Les États sont au cœur des enjeux géopolitiques (doc. 1 p. 224).** Ils sont impliqués dans des conflits contre des minorités (Myanmar) ou contre des rébellions intérieures (Syrie). L'ONU contribue cependant à établir la paix afin de protéger les populations civiles.

- **Les facteurs de cette instabilité sont nombreux.** La reconnaissance des frontières en Asie, les rivalités interethniques en Afrique, le contrôle de l'eau (**doc. 4 p. 227**) sont autant de motifs de conflits.

2. Clé de lecture géoéconomique du monde

- **Les inégalités de développement entre les États sont fortes.** L'IDH (**doc. 2 p. 230**) de la Norvège est près de 7 fois supérieur à celui du Zimbabwe. Les indicateurs démographiques et socio-économiques révèlent de grandes disparités entre les États.

- **Le XXIe siècle est celui de l'intensification des flux.** Les échanges commerciaux (**doc. 4 p. 231**) dépassent 18 000 milliards de dollars par an. Les organisations économiques régionales ont favorisé l'intégration des pays dans les courants d'échanges.

- **L'espace mondial est multipolaire.** L'Amérique du Nord, l'Union européenne et l'Asie de l'Est concentrent les trois quarts de la richesse mondiale, les deux tiers des échanges commerciaux et la quasi-totalité des investissements et de la capitalisation boursière planétaire (**doc. 1 p. 228**).

3. Clé de lecture géoculturelle du monde

- **La mondialisation fait du monde un « village global ».** La révolution des communications et des moyens de transport, la généralisation d'Internet, ont réduit les distances entre les territoires, les sociétés et les individus. L'universalisation de certains sports comme le football (**doc. 1 p. 232**) témoigne de cette mondialisation. Cette uniformisation est cependant souvent perçue comme une forme d'occidentalisation des sociétés.

- **Le monde reste divisé en grandes aires culturelles.** Face à la convergence culturelle du monde occidental, les identités religieuses, ethniques, linguistiques (**doc. 2 et 3 pp. 234-235**) s'affirment et s'appuient sur le développement économique.

- **Les tensions culturelles restent vives.** En Inde, au Nigeria, au Soudan, au Proche-Orient, les tensions sont fortes entre les différentes communautés religieuses qui cohabitent sur le territoire d'un même État.

4. Clé de lecture géoenvironnementale du monde

- **L'environnement subit une forte pression des sociétés humaines.** La croissance de la population mondiale a accéléré la déforestation des régions tropicales, la surexploitation des ressources de la mer, la pollution des sols (**doc. 4 p. 239**) et des eaux, etc.

- **Le réchauffement climatique est une réalité incontestable (doc. 1 p. 236).** Malgré les engagements pris depuis la conférence de Rio (1992), la limitation de la hausse des températures à 2 °C à l'horizon 2050 semble difficile à atteindre. L'empreinte écologique (**doc. 2 p. 238**) met en péril l'avenir de la planète.

- **Protéger l'environnement est un impératif.** On compte désormais plus de 18 millions de km² d'espaces protégés dans le monde (**doc. 3 p. 238**) (13 % des terres émergées dans le monde), soit 10 fois plus qu'en 1970.

NOTIONS CLÉS

- Géoculture — p. 234
- Géoéconomie — p. 228
- Géoenvironnement — p. 236
- Géopolitique — p. 224

VOCABULAIRE

- Conflit — p. 227
- Développement — p. 231
- Développement durable — p. 227
- Empreinte écologique — p. 239
- Environnement — p. 239
- État — p. 224
- Frontière — p. 224
- IDH — p. 231
- Mondialisation — p. 228

RÉVISION BAC

Tableau pour réviser

Clés de lectures géographiques du monde

CLÉS DE LECTURES	DÉFINITIONS	NOTIONS CLÉS DANS LE MANUEL	EXEMPLES DANS LE MANUEL
GÉOPOLITIQUE	▮ Analyse territoriale (à différentes échelles) des rapports de force ou des rivalités de pouvoirs entre les États et/ou différents acteurs spatiaux (mouvements politiques, citoyens, entreprises, guérillas armées, etc.).	▸ Acteurs transnationaux p. 253 ▸ Conflit p. 227 ▸ Frontière p. 224	➜ Clé de lecture géopolitique pp. 224-227 ➜ Dossier pp. 266-267 ➜ Étude de cas pp. 310-313
GÉOÉCONOMIQUE	▮ Analyse territoriale des stratégies économiques des États, des entreprises, des différents acteurs du monde de la finance et du commerce dans un monde globalisé, et des inégalités produites par les rapports de force entre ces acteurs. La géoéconomie permet de comprendre que les phénomènes de puissance ne sont plus désormais liés à la simple puissance militaire.	▸ Acteurs transnationaux p. 253 ▸ Développement p. 231 ▸ Firmes transnationales p. 256 ▸ Réseau p. 253 ▸ Ressources p. 315	➜ Carte p. 262 ➜ Clé de lecture géo-économique pp. 228-231
GÉOCULTURELLE	▮ Analyse territoriale des phénomènes culturels, de leur affrontement ou interaction dans l'espace et de leur diffusion géographique (langues, religions, gastronomie, patrimoine, paysages, sport, etc.).	▸ Acteurs transnationaux p. 253 ▸ Mondialisation p. 228 et 232	➜ Clé de lecture géoculturelle pp. 232-235 ➜ Cours p. 256 ➜ Cours p. 288
GÉOENVIRONNEMENTALE	▮ Analyse territoriale des phénomènes environnementaux (réchauffement climatique, pollutions, conséquences économiques, sociales, sanitaires sur les populations, etc.).	▸ Acteurs transnationaux p. 253 ▸ Développement durable p. 236 ▸ Environnement p. 239 ▸ Ressources p. 315	➜ Carte p. 262 ➜ Clé de lecture géoenvironnemental pp. 236-239

Chapitre 9. DES CARTES POUR COMPRENDRE LE MONDE

BAC — Analyse de document

Analyser le sujet

1	Analyser le sujet	
2	Identifier et déterminer l'idée centrale du(des) document(s)	p. 244
3	Montrer l'intérêt et les limites du document	p. 306
4	Extraire et confronter les informations	p. 338
5	Répondre à la consigne	p. 370

▶ **Sujet :** Religions et dynamiques religieuses : quelle représentation du monde actuel ?

Consigne : À partir de l'analyse du document et de vos connaissances, vous montrerez la diversité religieuse, et la complexité géopolitique et géoculturelle du monde actuel. Vous mettrez en évidence les limites de ce type de représentation cartographique.

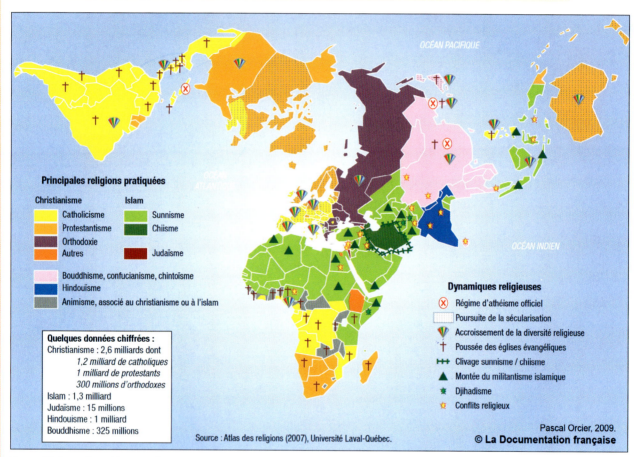

Les religions dans le monde
Carte extraite de *La documentation photographique* n° 8 072, 2009.

Démarche | Guide de travail

1 Analyser le sujet

● **POINT MÉTHODE**
Définir les termes du sujet
- Repérer les mots-clés du sujet.
- Définir précisément ces termes afin de bien comprendre le sujet.
- Préciser les limites géographiques du sujet.

1. Quel est le thème du sujet ?
2. Que signifie « dynamiques religieuses » ?
3. Quel espace est concerné par le sujet ?
4. Quelle est l'importance du point d'interrogation à la fin du sujet ?

242

Analyser la consigne
- Repérer les mots-clés de la consigne et préciser leur sens.

5. Quels sont les mots-clés de la consigne ?
Exemple diversité, complexité, …

CONSEIL Encadrez les mots-clés. Ils vous aident à mieux comprendre le sujet. Vous devrez les réutiliser dans la réponse au sujet.

2 Analyser le document
→ **MÉTHODE** pp. 244 et 338.

➡ Identifier le document
6. Quelle est la nature du document ?
7. Quel type de projection cartographique est utilisé ?
CONSEIL Aidez-vous des pages 214-221.
8. Quelle est la source du document ?

➡ Déterminer l'idée centrale du document
9. À quelles grilles de lectures géographiques ce document correspond-il ?
CONSEIL Les mots-clés utilisés dans la consigne peuvent vous aider à répondre à cette question.
10. Quelle signification globale pouvez-vous donner au document ?

➡ Extraire et confronter les informations
11. Relevez les informations concernant :
- l'importance et la diversité des religions dans le monde ;
- la diffusion spatiale des religions ;
- les tensions et les conflits liés à la religion.

CONSEIL Vous devez vous appuyer sur la légende. Mais il ne s'agit pas de la recopier en juxtaposant les informations. Faites des regroupements et des comparaisons. Pensez à utiliser également les données chiffrées contenues dans le document.

12. Confrontez les informations relevées avec vos connaissances personnelles :
- quels éléments d'explications pouvez-vous apporter sur le rôle de la mondialisation dans la diffusion spatiale des religions ?
- quels exemples de conflits ou de tensions pouvez-vous développer ?

➡ Déterminer les enjeux spatiaux
13. En quoi la diffusion de certaines religions dans le monde peut-elle être un enjeu de contrôle des territoires ?

➡ Montrer l'intérêt et les limites du document
14. Quelles critiques pouvez-vous exprimer à propos des figurés utilisés sur la carte ?
CONSEIL Reportez-vous p. 214 et **au langage cartographique** en fin de manuel.
15. Quel est l'intérêt de la projection cartographique utilisée ?
16. En quoi ce document illustre-t-il la complexité du monde actuel ?

3 Répondre à la consigne
→ **MÉTHODE** p. 370.

➡ Organiser ses idées
17. Quelles sont les trois grands paragraphes du devoir suggérés dans la consigne ?
CONSEIL La consigne se compose de plusieurs phrases indiquant chacune une idée importante à développer.

➡ Rédiger la réponse au sujet
18. Rédigez l'introduction.
19. Rédigez le devoir.
CONSEIL Chaque paragraphe doit exposer l'idée principale, les explications et les exemples.
20. Rédigez une courte conclusion faisant le bilan de l'étude.

Chapitre 9. DES CARTES POUR COMPRENDRE LE MONDE **243**

BAC — Analyse de document

Identifier et déterminer l'idée centrale du document

1	Analyser le sujet	p. 242
2	**Identifier et déterminer l'idée centrale du (des) document(s)**	
3	Montrer l'intérêt et les limites du document	p. 306
4	Extraire et confronter les informations	p. 338
5	Répondre à la consigne	p. 370

▶ **Sujet :** Richesse et développement dans le monde

Consigne : À partir de l'analyse du document et de vos connaissances, vous mettrez en évidence les disparités géoéconomiques dans le monde et établirez une typologie illustrant la hiérarchie de l'espace mondial.
Enfin, vous montrerez les limites de ce type de représentation cartographique.

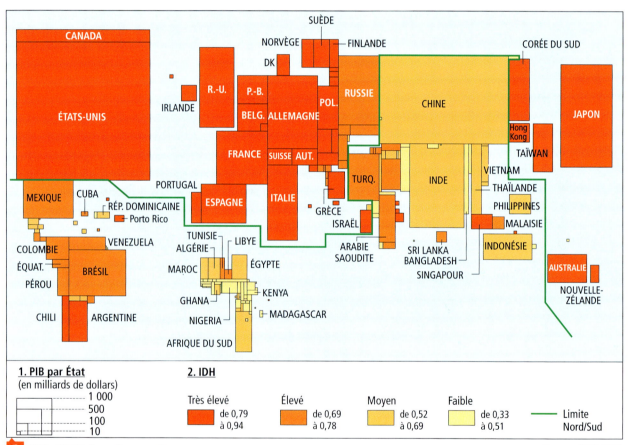

1 PIB et IDH dans le monde en 2012
Source : ONU, 2012.

Démarche — Guide de travail

1 Analyser le sujet
→ **MÉTHODE** p. 242.

➡ **Définir les termes du sujet**
1. Définissez « développement ».
2. Quel sens donnez-vous au terme « richesse » ?

➡ **Analyser la consigne**
3. Expliquez « disparités géoéconomiques » et « hiérarchie de l'espace mondial ».
4. Qu'est-ce qu'une typologie ?
5. Quelles sont les grands paragraphes du devoir suggérés par le libellé de la consigne ?

2 Analyser le document

● POINT MÉTHODE

Identifier le document
- **Définir la nature du document :** carte thématique, carte par anamorphose, schéma, graphique, etc.
- **Préciser la source :** citer le nom de l'auteur.
La source peut être officielle ou non. Donner des précisions sur la source lorsqu'elle est institutionnelle (Banque mondiale, ONU, etc.).
La date du document peut avoir son importance.

Déterminer l'idée centrale du document
- Mettre le document en relation avec la question géographique étudiée.

6. Quelle est la nature de ce document ?
7. De quel sujet traite-t-il ?
8. Quelle est la source de ce document ? Quelle est votre opinion sur cette source ?
9. De quand les données du document datent-elles ?

CONSEIL Vous devez toujours porter une attention particulière à la date d'un document en géographie, surtout lorsqu'il est constitué à partir de données statistiques. En effet, la validité de ces données est de courte durée compte tenu de l'évolution démographique et économique très rapide de certains pays dans le monde.

10. Dans quelle mesure ce document donne-t-il une lecture géoéconomique du monde ? Comment permet-il de faire le lien entre la richesse et le développement ?
11. Quelle est l'idée majeure exprimée par le document ?

CONSEIL Pour répondre à cette question, vous devez vous appuyer sur une observation attentive du document.

→ **Extraire et confronter les informations**

12. Expliquez : « IDH » ; « PIB ».
13. À quelles situations de développement les différents seuils de l'IDH correspondent-ils ?
14. Quels ensembles le PIB permet-il de distinguer ?

EXEMPLES Pays riches, pays à revenu intermédiaire, etc.

15. Quels liens pouvez-vous faire entre le PIB et l'IDH ?
16. Relevez les situations paradoxales de pays dans lesquels le PIB est élevé et l'IDH faible. Comment pouvez-vous les expliquer ?

EXEMPLES Le Nigeria, l'Inde

→ **Déterminer les enjeux spatiaux**

17. En quoi le document est-il révélateur de la complexité de l'organisation spatiale du monde ?

→ **Montrer l'intérêt et les limites du document**

18. Quel est l'intérêt de ce document par rapport au sujet ?

EXEMPLE Cette anamorphose permet de bien visualiser les pays à fort PIB, mais ne permet pas de distinguer ceux à PIB faible.

---

3 Répondre à la consigne

→ **MÉTHODE** p. 370.

→ **Organiser ses idées**

19. Déterminez les grandes idées directrices pour construire les paragraphes.

EXEMPLE DE PLAN
I. Des indicateurs révélateurs d'un monde inégal
II. Au Nord, des pays riches à haut niveau de développement
III. Au Sud, une variété de situations géoéconomiques

→ **Rédiger la réponse au sujet**

20. Rédigez l'introduction.
21. Rédigez le développement.

CONSEIL Le document doit être cité et expliqué. Complétez les informations extraites du document à l'aide du cours.

22. Rédigez une courte conclusion résumant l'étude.

CHAPITRE 10 — LA MONDIALISATION, FONCTIONNEMENT ET TERRITOIRES

Depuis la seconde moitié du XXe siècle, les espaces et les sociétés voient leur interdépendance se renforcer à l'échelle mondiale. Mais la mondialisation est à la fois facteur d'intégration et d'exclusion. Elle hiérarchise les territoires et fait émerger des centres d'impulsion tout en reléguant certains territoires au rang de périphéries marginalisées. Même les espaces maritimes se trouvent au cœur d'enjeux stratégiques renouvelés.

PROBLÉMATIQUE

➔ En quoi la mondialisation est-elle un facteur de recomposition et de hiérarchisation des territoires à différentes échelles ?

PLAN DU CHAPITRE

Étude de cas	Le téléphone portable : un produit mondialisé	248
	Bilan de l'étude de cas	252
Cartes	La mondialisation : processus et fonctionnement	254
Cours	1. Acteurs et débats de la mondialisation	256
	2. La mondialisation des échanges	258
	3. Des territoires inégalement intégrés à la mondialisation	260
Cartes	Mondialisation et hiérarchisation des territoires	262
Cours	4. Les espaces maritimes au cœur d'enjeux géostratégiques	264
Dossier	La piraterie maritime : un enjeu géostratégique	266
Révision		268
BAC	Croquis	270
	Analyse de document	272
	Composition	274

246

Travailleurs originaires d'Asie du Sud sur un chantier à Doha (Qatar), 2011

Quatrième producteur mondial de gaz, le Qatar se place au premier rang mondial pour le PIB par habitant (101 000 $ / habitant en 2012). L'aéroport de Doha connaît le trafic en plus forte croissance de la planète. Le boom immobilier du Qatar (qui accueillera la Coupe du monde de football en 2022) attire une main-d'œuvre sud-asiatique employée sur les chantiers de construction.

➲ Comment cette photographie montre-t-elle les transformations opérées par la mondialisation sur les sociétés et les territoires ?

Géographie • Partie 2. LES DYNAMIQUES DE LA MONDIALISATION

ÉTUDE DE CAS

Le téléphone portable : un produit mondialisé

Près de 7 milliards d'abonnements de téléphonie mobile sont souscrits dans le monde, soit presque autant que le nombre d'habitants sur Terre. La rapidité de la diffusion et de l'innovation du téléphone portable, apparu dans les années 1990, en fait un enjeu industriel et commercial majeur pour les firmes transnationales.

➡ **Dans quelle mesure la production et l'usage des téléphones portables sont-ils mondialisés ?**

NOTION CLÉ
- Réseau
- Acteurs transnationaux

A La mondialisation d'un produit

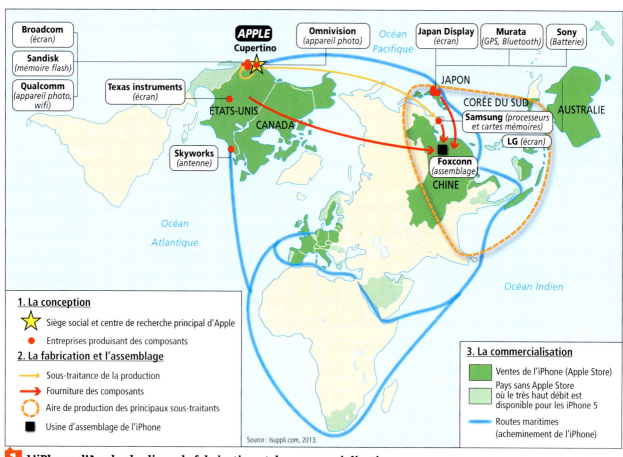

1 L'iPhone d'Apple : les lieux de fabrication et de commercialisation

2 Près de 75 % des Terriens possèdent un téléphone portable

Près des trois quarts des habitants de la planète disposent d'un téléphone portable et le nombre d'abonnements souscrits sur le globe devrait « bientôt » dépasser celui de la population mondiale, a estimé la Banque mondiale (BM) dans un rapport publié mardi 17 juillet. « Dans le monde, le nombre d'abonnements à la téléphonie mobile – sur forfait ou prépayés – est [passé] de moins de 1 milliard en 2000 à plus de 6 milliards aujourd'hui, dont près de 5 milliards dans les pays en développement », a précisé la BM. [...] Le rapport estime par ailleurs que la révolution du mobile n'en est « qu'à ses débuts » et qu'elle devrait encore se propager grâce à la chute des prix des téléphones portables et au perfectionnement des réseaux de bande passante[1] à travers le monde.

Le Monde, 17 juillet 2012.

1. Bande passante : elle détermine l'importance du débit d'une connexion Internet.

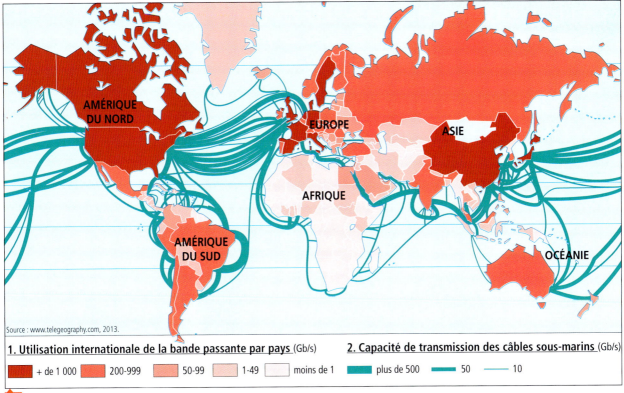

Source : www.telegeography.com, 2013.

1. **Utilisation internationale de la bande passante par pays** (Gb/s)
   + de 1 000 | 200-999 | 50-99 | 1-49 | moins de 1

2. **Capacité de transmission des câbles sous-marins** (Gb/s)
   plus de 500 | 50 | 10

3 Flux et réseaux de téléphonie mobile

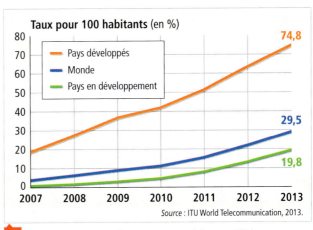

Source : ITU World Telecommunication, 2013.

5 L'évolution des abonnements à haut débit

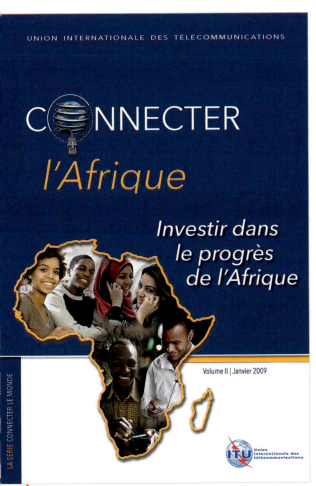

4 La connexion de l'Afrique
Brochure de l'Union internationale des télécommunications (UIT), une institution de l'ONU, 2009.

Questions

▶ **Exploiter et confronter des informations**

1. Décrivez le circuit mondial de l'iPhone de sa production à sa commercialisation. **(doc. 1)**

2. De quelle nature sont les flux créés par le téléphone portable ? **(doc. 1 et 3)**

3. Quelles grandes aires géographiques sont les mieux reliées par le téléphone portable ? **(doc. 1, 3, 4 et 5)**

4. La diffusion du téléphone portable est-elle mondialisée ? Justifiez votre réponse. **(doc. 1, 2 et 5)**

▶ **Porter un regard critique sur deux documents**
(doc. 3 et 4)

5. Montrez que les deux documents peuvent donner une idée différente de la diffusion du téléphone portable en Afrique.

▶ **Dégager le sens général**

6. Vous montrerez comment la production et l'usage du téléphone portable s'organisent à l'échelle mondiale.

Chapitre 10. LA MONDIALISATION, FONCTIONNEMENT ET TERRITOIRES

ÉTUDE DE CAS : Le téléphone portable : un produit mondialisé

B Un produit mondialisé par des acteurs internationaux

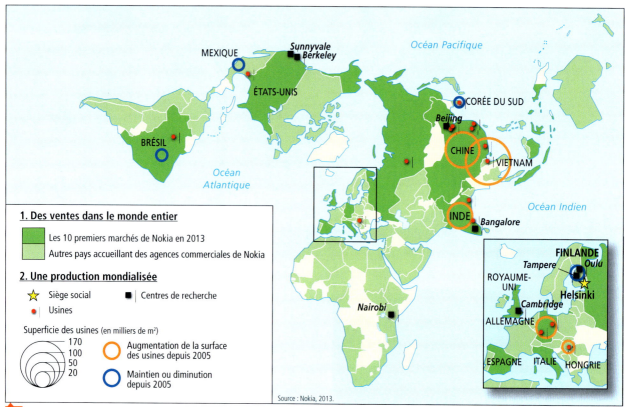

6 Nokia, une firme transnationale
La firme Nokia, d'origine finlandaise, a été rachetée par Microsoft (État-Unis) pour plus de 5 milliards de dollars en septembre 2013.

7 Principaux fabricants de téléphones mobiles en 2013

Premiers producteurs de téléphones mobiles	Siège social	Ventes de téléphones mobiles en 2012 (en millions)	Parts de marché des ventes de téléphones mobiles en 2012 (en %)	Chiffre d'affaires en 2012 (en milliards de dollars) (rang mondial)
Samsung Electronics	Séoul (Corée du Sud)	406	24	149 (20)
Nokia	Helsinki (Finlande)	336	20	54 (174)
Apple	Cupertino (États-Unis)	136	8	108 (55)
ZTE	Shenzhen (Chine)	65	4	14 (?)
LG Electronics	Séoul (Corée du Sud)	56	3	49 (196)
Autres	–	737	41	–

Source : IDC, Fortune 500, 2013.

8 La relocalisation des lieux de production

Après le Taïwanais Foxconn qui a annoncé la construction d'une usine au Brésil pour y fabriquer les iPad et iPhone d'Apple, le Chinois Lenovo[1] a lui décidé d'implanter une unité de production aux États-Unis. [...]

Foxconn, le principal fournisseur d'Apple dispose déjà d'une unité de fabrication au Brésil. Mais le Chinois a l'intention de passer à la vitesse supérieure. Il a prévu de construire une nouvelle usine qui entrera en production dans le courant de l'année prochaine. L'usine brésilienne présente suffisamment d'atouts pour justifier un investissement de près d'un demi-milliard de dollars, supporté par le sous-traitant.

Outre une plus grande proximité avec les marchés américains, elle permettra tout d'abord à Apple d'échapper aux taxes brésiliennes. En moyenne, les appareils d'Apple sont 28 % plus chers au Brésil que dans le reste du monde. En faisant baisser ses prix de vente, Apple peut espérer renforcer son emprise dans un des pays les plus dynamiques du monde.

E. Bembaron, « Apple va faire produire ses iPad au Brésil », *Le Figaro*, 23 octobre 2012.

1. Lenovo : entreprise chinoise fabriquant des téléphones et des ordinateurs.

ÉTUDE DE CAS

9 Une usine Foxconn en Chine

Les fabricants de téléphones mobiles (Nokia, Apple, Sony, etc.) sous-traitent une grande partie de leurs activités d'assemblage à Foxconn, une entreprise taïwanaise. Celle-ci est principalement implantée en Chine.

10 Vodafone, opérateur britannique de téléphonie mobile

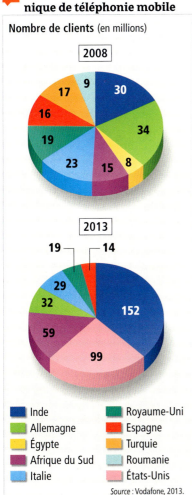

Source : Vodafone, 2013.

Questions

▶ **Exploiter et confronter des informations**

1. Présentez la dimension transnationale des firmes productrices de téléphones portables. **(doc. 6 et 7)**

2. Décrivez les stratégies d'implantation de ces firmes. **(doc. 6, 9 et 10)**

3. Pourquoi les firmes transnationales changent-elles la localisation de leurs activités ? **(doc. 8 et 10)**

4. Quels types de pays deviennent les nouveaux lieux de production, mais aussi de consommation des téléphones portables ? Comment peut-on expliquer cette correspondance ? **(doc. 6 à 10)**

▶ **Porter un regard critique sur deux documents** (doc. 6 et 7)

5. Pourquoi est-il nécessaire d'associer une carte et un tableau statistique pour montrer la dimension mondiale des firmes productrices de téléphones portables ?

▶ **Synthèse**

À l'aide des documents, vous présenterez le rôle des firmes transnationales dans la mondialisation du téléphone portable. Vous organiserez et présenterez ce travail comme une partie d'une composition.

DE L'ÉTUDE DE CAS À LA GÉNÉRALISATION

La production et l'usage du téléphone portable s'appuient sur des réseaux mondiaux, qui sont organisés par des acteurs transnationaux.

→ **En quoi la mondialisation fonctionne-t-elle en réseau ?**
    CARTES pp. 254-255   **COURS 2** pp. 258-259

→ **Quels acteurs transnationaux animent les réseaux mondiaux ?**
    COURS 1 pp. 256-257   **CARTES** pp. 262-263

Chapitre 10. LA MONDIALISATION, FONCTIONNEMENT ET TERRITOIRES **251**

BILAN DE L'ÉTUDE DE CAS

Du croquis au schéma

CROQUIS — Le téléphone portable, un produit mondialisé → BAC pp. 14-15

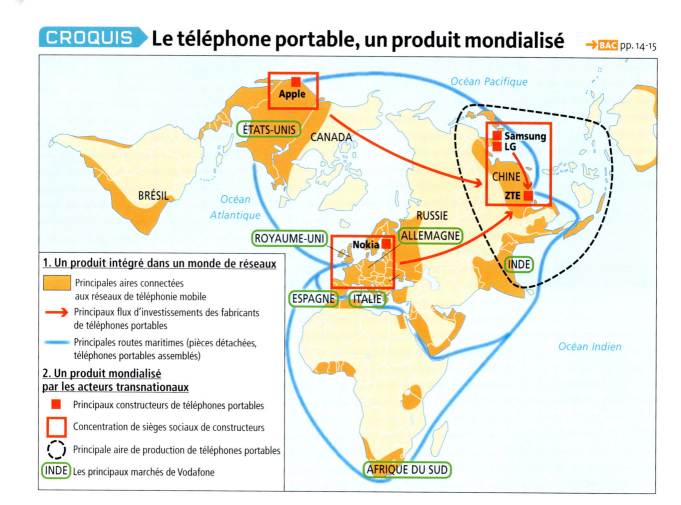

SCHÉMA — Le téléphone portable, un produit mondialisé → BAC pp. 10-11

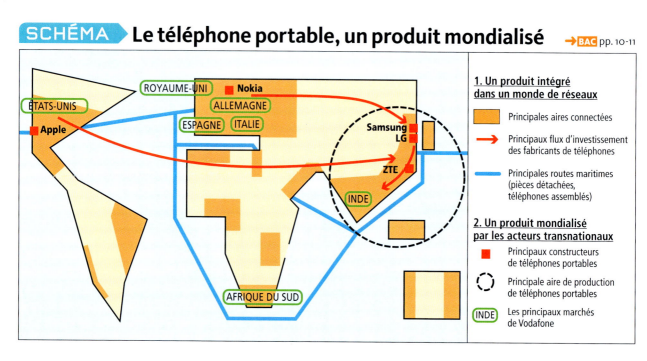

BILAN DE L'ÉTUDE DE CAS

Notions clés

▶ Réseau

Un **réseau** est un ensemble de lignes ou de relations permettant de connecter des lieux entre eux ainsi que les acteurs spatiaux qui y sont présents. Ces lignes peuvent correspondre à des infrastructures matérielles (câbles, routes, voies ferrées) ou à des lignes immatérielles (routes maritimes, lignes aériennes). Elles favorisent l'accessibilité de ces lieux.

Cette interconnexion, permanente ou temporaire, permet une circulation de flux de différentes natures (personnes, biens, capitaux, informations, relations sociales).

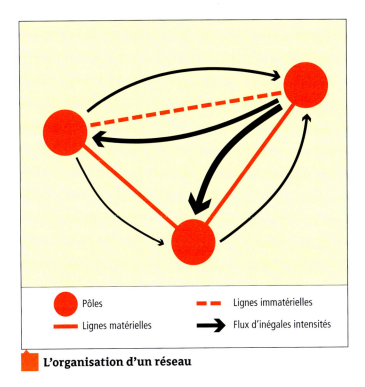

L'organisation d'un réseau

▶ Acteurs transnationaux

Les **acteurs transnationaux** sont des acteurs spatiaux (individus, firmes transnationales, médias, ONG, organisations criminelles, etc.) dont l'action dépasse les frontières des États, pour se déployer dans le monde entier. Les acteurs profitent des réseaux de transport et de télécommunication mondiaux pour établir des stratégies planétaires.

Ces stratégies d'implantation et d'investissement pour conquérir de nouveaux marchés économiques créent des interdépendances entre les territoires du monde.
Les acteurs transnationaux peuvent avoir des intérêts communs ou contradictoires.
Ainsi, il peut exister des coopérations ou des conflits entre les acteurs.

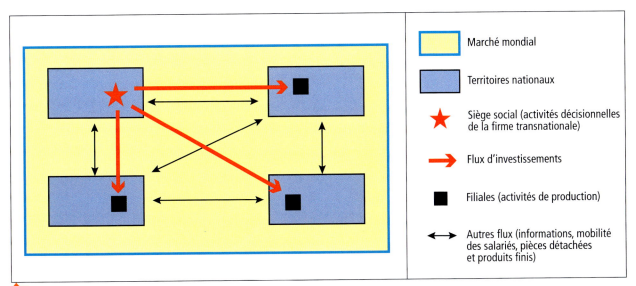

La firme transnationale : un exemple d'acteur transnational

Chapitre 10. LA MONDIALISATION, FONCTIONNEMENT ET TERRITOIRES

La mondialisation : processus et fonctionnement

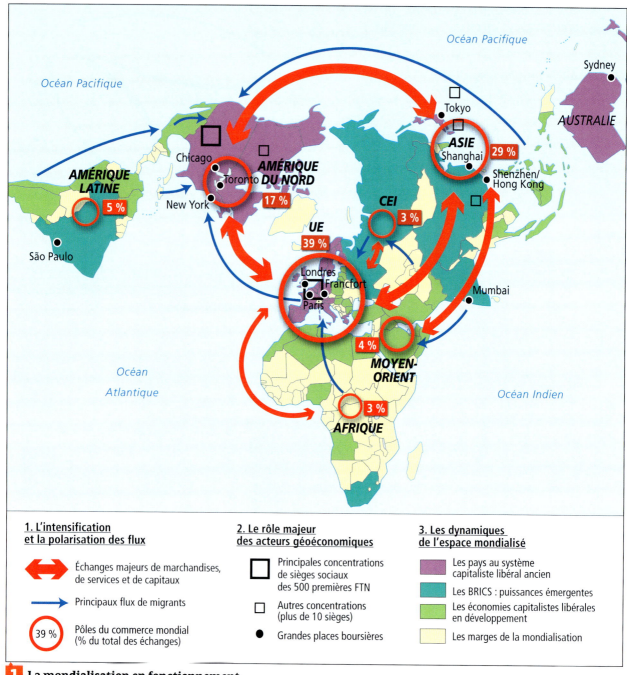

1 La mondialisation en fonctionnement

Questions

1. Montrez que les flux de la mondialisation sont matériels et immatériels. **(doc. 1 à 3)**
2. Quelles grandes aires géographiques sont les mieux intégrées aux flux mondiaux ? Quelles sont celles qui demeurent en marge ? **(doc. 1 à 3)**
3. Au sein des aires les mieux intégrées, quels lieux sont les mieux connectés aux flux mondiaux ? **(doc. 1 et 2)**
4. De quels atouts les centres de l'espace mondial disposent-ils pour dominer le reste du monde ? **(doc. 1 à 3)**

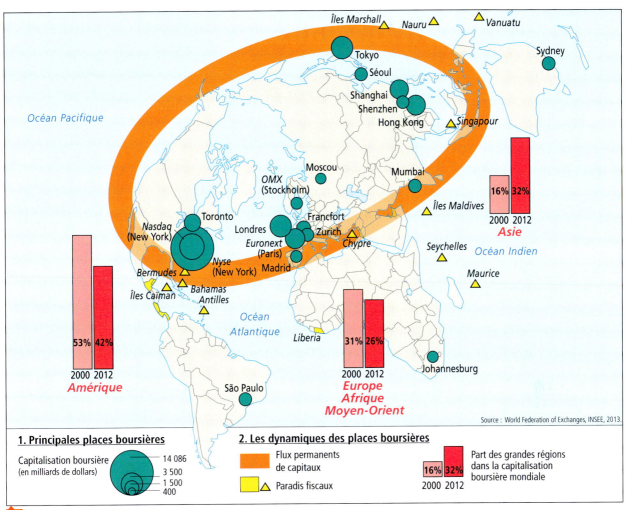

2 Les mouvements de capitaux

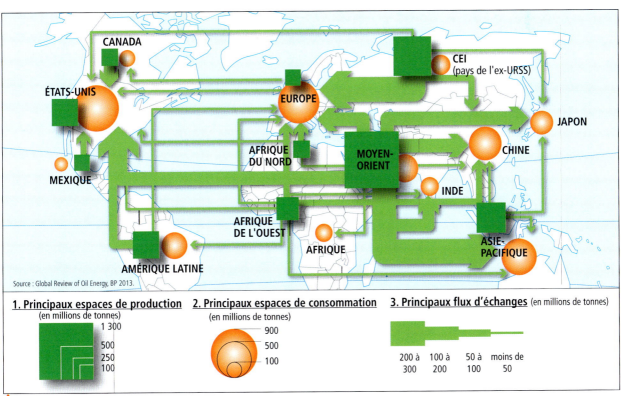

3 Le pétrole, première marchandise échangée dans le monde

Chapitre 10. LA MONDIALISATION, FONCTIONNEMENT ET TERRITOIRES

COURS

1. Acteurs et débats de la mondialisation

Quels acteurs pour quelle mondialisation au XXIe siècle ?

→ Voir **ÉTUDE DE CAS** pp. 248-251.
→ Voir **NOTION** p. 253.
→ Voir **CARTES** pp. 254-255.

REPÈRES

Les cinq premières FTN
(secteur d'activité, pays d'origine et chiffre d'affaires en milliards de dollars)
1. **Royal Dutch Shell** (pétrole, Pays-Bas, 482)
2. **Wal-Mart** (grande distribution, États-Unis, 469)
3. **Exxon-Mobil** (pétrole, États-Unis, 450)
4. **Sinopec** (pétrole, Chine, 428)
5. **China National Petroleum** (pétrole, Chine, 408)

Source : *Fortune Global 500*, 2013.

VOCABULAIRE

Acteurs transnationaux : p. 253.

Altermondialisme : mouvement regroupant des personnes et des associations qui condamnent l'actuelle mondialisation libérale tout en proposant sa réforme.

Diaspora : dispersion d'une communauté ethnique dans le monde. Celle-ci parvient à conserver son identité culturelle en maintenant des liens de solidarité forts entre ses membres.

Firme transnationale (FTN) : entreprise implantée dans de nombreux pays et qui réalise la majeure partie de son chiffre d'affaires en dehors de son pays d'origine.

Fonds souverains : excédents financiers détenus par des États. Ils sont généralement investis dans l'économie mondiale et produisent des intérêts.

ONG (organisation non gouvernementale) : association qui milite et agit dans des domaines humanitaires variés (santé, alimentation, environnement, droits de l'homme, etc.) afin de palier les carences des États et des institutions internationales.

Pays émergent : pays en développement, dont la croissance économique rapide s'explique par une bonne intégration dans les échanges commerciaux mondiaux.

A Les firmes transnationales, moteurs de la mondialisation

● **Les firmes transnationales sont de puissants acteurs de la mondialisation.** Au nombre de 80 000, elles représentent le quart du PIB mondial et les deux tiers des échanges mondiaux. Leurs activités concernent tous les secteurs économiques : pétrole (Shell, Exxon), agroalimentaire (Nestlé), automobile (Toyota, GM), grande distribution (Wal-Mart, Carrefour). Si la majorité d'entre elles proviennent des pays de la Triade, un tiers des principales FTN siège désormais dans un pays émergent (doc. 1).

● **Les FTN suivent des stratégies d'implantation mondiales.** L'activité de ces acteurs transnationaux de l'économie mondiale génère des flux de toutes natures. L'interconnexion des établissements des FTN et de leurs filiales entraîne des flux d'investissement, mais aussi de personnes, d'informations, de pièces détachées et de produits finis. Les activités de décision, de recherche et de développement se concentrent dans leurs pays d'origine, tandis que les activités de fabrication et d'assemblage sont souvent délocalisées.

B D'autres acteurs de la mondialisation

● **Les États demeurent des acteurs essentiels dans la mondialisation.** Malgré un rôle affaibli, ils contribuent à l'émergence et à la prospérité des grandes firmes transnationales par leur environnement économique et leur législation. Depuis la crise financière mondiale de 2008, ils sont nombreux à s'être dotés de fonds souverains afin de jouer un rôle plus important dans la finance mondiale. Les États les plus puissants forment des groupes informels (G8, G20) pour protéger leurs intérêts (voir p. 198).

● **De nombreuses organisations internationales agissent également.** L'Organisation mondiale du commerce (OMC) a largement contribué à l'intensification des échanges entre les États. Les questions financières et de développement relèvent de la compétence du Fonds monétaire international (FMI) et de la Banque mondiale.

● **De nombreux acteurs spatiaux s'appuient sur des réseaux transnationaux.** C'est le cas des ONG ou des groupes d'individus interconnectés dans des réseaux d'universités, de réseaux associatifs ou de diasporas. La large diffusion des médias réduit le monde à un « village global » (doc. 2). Les mafias organisent, quant à elles, une criminalité transnationale autour de trafics divers (drogue, armes, main-d'œuvre, etc.).

C La mondialisation : une idée en débat

● **Les défenseurs de la mondialisation mettent en avant ses aspects positifs.** En favorisant les échanges et en diffusant les techniques de production, par exemple dans le domaine agricole, la mondialisation a permis à des centaines de millions d'individus de sortir de la pauvreté, particulièrement en Afrique et en Asie. La lutte mondiale contre les fléaux sanitaires a sauvé des millions de vies. La vitesse accrue des moyens de transport assure un secours rapide aux populations en détresse suite à des conflits ou des catastrophes.

● **La mondialisation a également ses détracteurs.** Portés par des exigences de justice sociale, ils revendiquent un altermondialisme et souhaitent un autre mode de production et de distribution des richesses, ainsi que le renforcement de l'action des États (voir p. 196). Pour ces opposants, la mondialisation financière est à l'origine de graves problèmes environnementaux (réchauffement climatique, épuisement des ressources naturelles) et sociaux (accroissement des inégalités, excès de la finance mondiale) (doc. 3). Ils réclament une meilleure régulation de l'économie mondiale.

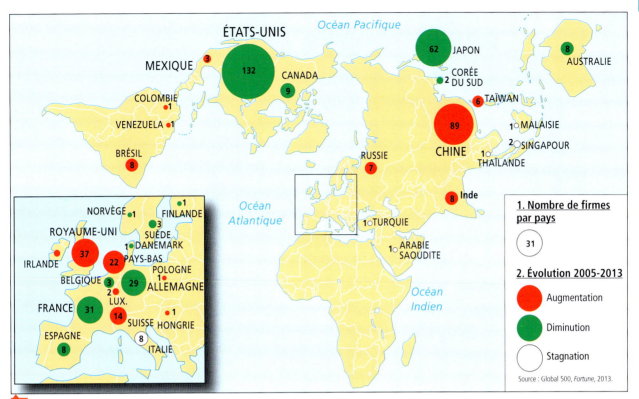

1 Les 500 premières firmes transnationales dans le monde

▶ Comment se répartissent les sièges des FTN dans le monde ? Comment cette répartition évolue-t-elle ?
▶ Quelle place la France tient-elle dans ce classement ? Que pouvez-vous en déduire ?

2 Le monde, un « village global »

La formule « un village global » a été forgée par le sociologue canadien Marshall McLuhan (1911-1980) il y a plus de quarante ans. Dans l'esprit de son auteur, elle exprime d'abord un retour du tribalisme[1] à l'ère de l'électricité et de l'électronique. Alors que l'imprimerie avait favorisé l'individualisme, les nouveaux médias (télévision, radio...) entraîneraient l'isolement des groupes familiaux et sociaux.

Dans le même temps, la transmission simultanée des informations aux quatre coins de la planète ferait de chaque téléspectateur ou auditeur un membre d'un même village. McLuhan avait été très impressionné par la guerre du Vietnam que les téléspectateurs pouvaient suivre en direct. […]

La création de CNN[2] en 1980 marque un tournant. Mieux qu'un village global, n'annonçait-elle pas une « société en temps réel » ? Pour la première fois, une information 24 heures sur 24 est proposée à l'ensemble de la population de la planète.

S. Allemand, J.-C. Ruano-Borbalan, *La Mondialisation*, collection « Idées reçues », Le Cavalier Bleu, 2008.

1. Tribalisme : organisation en tribus (groupe de personnes restreint).
2. CNN (Cable News Network, en français « réseau câblé d'information ») : chaîne de télévision américaine qui a été la première à diffuser des informations 24 heures sur 24 dans le monde entier.

▶ Quelles sont les caractéristiques actuelles du « village global » ?
▶ Comment le texte montre-t-il que les individus appartiennent à une société mondiale ?

3 Manifestation des « Indignés » devant la Bourse de New York, novembre 2011

▶ Que révèle cette photographie sur la contestation de la mondialisation ?

Chapitre 10. LA MONDIALISATION, FONCTIONNEMENT ET TERRITOIRES

COURS 2. La mondialisation des échanges

> Dans quelle mesure peut-on parler d'une intensification des flux ?

→ Voir **ÉTUDE DE CAS** pp. 248-251.
→ Voir **NOTION** p. 253.
→ Voir **CARTES** pp. 262-263.

A Un commerce mondialisé

● **La croissance des échanges est un facteur majeur de la mondialisation.** Les échanges représentent aujourd'hui 25 % du PIB mondial (soit près de 18 000 milliards de dollars en 2011). Le pétrole est la première marchandise échangée dans le monde en volume, mais l'explosion des échanges est principalement due aux biens manufacturés et aux services (tourisme, transports, finance, assurances, communications) **(doc. 1)**.

● **Le commerce mondial reste fortement polarisé.** Les flux de marchandises et de services intercontinentaux relient principalement les pays développés, et 10 États assurent à eux seuls 50 % du commerce mondial. La part des pays en développement dans les échanges s'accentue et représente aujourd'hui 40 % du commerce mondial.

● **Plus de la moitié des échanges mondiaux est réalisée au sein des aires continentales.** Si le commerce mondial met tous les continents en connexion, il est principalement à l'origine de flux internes aux organisations régionales, telles que l'Union européenne ou l'ALENA (Accord de libre-échange nord-américain). D'autres régions, comme l'Amérique latine et l'Afrique, dépendent, elles, des marchés mondiaux.

B L'explosion des échanges financiers

● **Les échanges de capitaux sont au cœur de la mondialisation libérale.** La spéculation, facilitée par les progrès de l'informatique et des télécommunications, a multiplié par 5 la capitalisation boursière depuis les années 1990. En transitant par les paradis fiscaux, les échanges financiers sont également alimentés par les trafics illicites, parmi lesquels le trafic de drogue est le plus important. Enfin, les IDE et les remises complètent ces flux financiers.

● **Un anneau financier planétaire relie les principales places boursières.** Celles-ci sont encore principalement concentrées dans les pays développés. Toutefois, Shanghai, Hong Kong, Sao Paulo ou Mumbai, métropoles de pays émergents, figurent désormais parmi les premières Bourses du monde. Les IDE sont également polarisés par les principales puissances économiques, anciennes ou émergentes.

● **Les remises constituent d'importants revenus financiers pour les pays en développement.** Elles sont trois fois plus importantes que l'aide publique au développement. Elles représentent plus de 20 % des revenus pour des pays en difficulté économique, comme Haïti, le Tadjikistan, le Lesotho ou l'Égypte **(doc. 2)**.

C L'accélération des mobilités internationales

● **La mondialisation s'accompagne d'une forte augmentation des migrations.** Près de 210 millions de personnes vivent dans un autre pays que celui où elles sont nées, auxquelles s'ajoutent environ 30 à 35 millions de migrants clandestins.

● **Les réfugiés subissent des mobilités forcées.** Plus de 10 millions de personnes ont obtenu le statut de réfugié politique, après avoir quitté leur pays en raison de persécutions. Les réfugiés climatiques représentent des flux de plus en plus importants, qui pourraient atteindre 200 à 250 millions de personnes d'ici 2050.

● **Le tourisme international est la première forme de mobilité dans le monde.** On dénombre aujourd'hui plus d'1 milliard de touristes internationaux, contre 25 millions seulement en 1950 **(doc. 3)**. Ces mobilités sont favorisées aussi bien par l'élévation du niveau de vie, le développement et la diminution des coûts de transport que par la mondialisation des économies.

REPÈRES

● **Les exportations mondiales de marchandises**

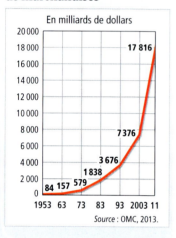

Source : OMC, 2013.

VOCABULAIRE

Capitalisation boursière : somme des valeurs de toutes les actions cotées sur une place boursière.

Échanges : opérations d'achat et de vente internationales intégrant les flux du commerce de marchandises et de services, et les flux de capitaux.

IDE (investissements directs à l'étranger) : sommes d'argent investies par des entreprises étrangères sur un territoire.

Migrant : personne qui change de pays de résidence pour des raisons économiques, politiques ou climatiques.

Paradis fiscaux : pays où la règlementation monétaire et la fiscalité sont plus favorables que dans le reste du monde.

Remises (ou transferts financiers) : transfert d'argent par un émigré vers son pays d'origine.

Spéculation : achats ou ventes de capitaux en Bourse pour tirer profit des fluctuations des marchés.

COURS

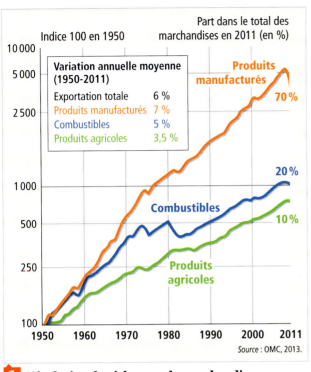

1 **L'évolution des échanges de marchandises dans le monde depuis 1950**

▶ Caractérisez les rythmes de la croissance par type de marchandises depuis 1950.

2 **Publicité pour la Western Union au Caire (Égypte)**

Western Union est une compagnie nord-américaine spécialisée dans le transfert d'argent dans le monde entier. Sur cette affiche est inscrit en haut à droite : « Le moyen le plus rapide pour transférer de l'argent partout dans le monde ». Le montant des remises en direction de l'Égypte est évalué à plus de 20 milliards de dollars en 2012.

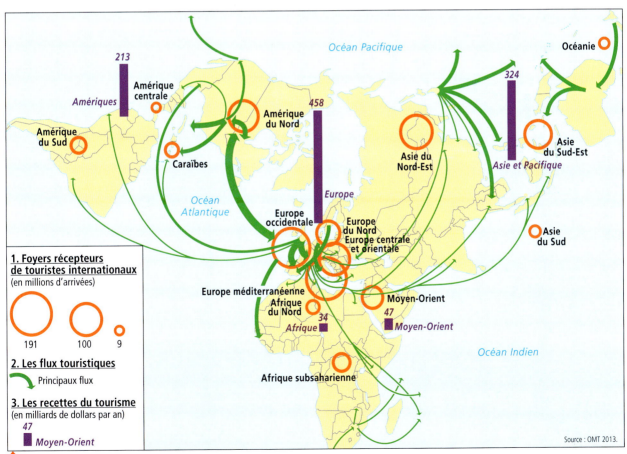

3 **Le tourisme dans le monde en 2013**

▶ Quels sont les principaux foyers émetteurs de touristes ? Les principaux foyers récepteurs ? Comment l'expliquez-vous ?

Chapitre 10. LA MONDIALISATION, FONCTIONNEMENT ET TERRITOIRES

COURS

3. Des territoires inégalement intégrés à la mondialisation

> Comment la mondialisation redéfinit-elle l'organisation du monde ?

→ Voir **ÉTUDE DE CAS** pp. 248-251.
→ Voir **NOTION** p. 253.
→ Voir **CARTES** pp. 262-263.

REPÈRES

Les cinq États les plus riches du monde
PIB global en 2012 (en milliards de dollars)

États-Unis	15 684
Chine	8 227
Japon	5 964
Allemagne	3 400
France	2 609

Source : FMI, 2012.

Les cinq États les plus pauvres du monde
PIB global en 2012 (en millions de dollars)

Dominique	497
Tonga	476
São Tomé et Príncipe	264
Kiribati	173
Tuvalu	37

Source : FMI, 2012.

VOCABULAIRE

Agences de notation financière : entreprises chargées d'évaluer les risques liés à la solvabilité des emprunteurs (États, entreprises, etc.).

AMM (Archipel métropolitain mondial) : ensemble des villes mondiales, connectées en réseaux, qui sont les centres d'impulsion de la mondialisation.

Dragons : territoires asiatiques (Hong Kong, Singapour, Taïwan et Corée du Sud) qui ont connu un décollage économique rapide à la fin des années 1960 pour atteindre le niveau de développement des pays du Nord.

Hub : plate-forme ou nœud de correspondance (aéroport, port, etc.) qui concentre et redistribue les flux de marchandises et de personnes à différentes échelles.

PMA (Pays les moins avancés) : États cumulant tous les critères du sous-développement (faible espérance de vie, grande pauvreté, systèmes éducatifs et sanitaires déficients).

Zone franche : territoire bénéficiant d'avantages fiscaux et/ou douaniers.

A Intégration de l'espace mondial et hiérarchisation des territoires

• **Les réseaux de transport connectent les différents centres de la mondialisation.** Le commerce mondial s'organise autour de grandes routes qui relient les façades maritimes asiatiques, européennes et nord-américaines. Certains carrefours de transport sont des hubs à la fois portuaires et aéroportuaires (Singapour).

• **Les lieux moteurs de la mondialisation sont inégalement répartis sur la planète.** L'économie mondialisée conduit à la concentration des fonctions stratégiques dans des lieux privilégiés qui s'organisent de façon hiérarchique. Elle contribue donc à renforcer l'organisation centres/périphéries de l'espace mondial.

• **La mondialisation accentue la concurrence entre les territoires.** Les stratégies des entreprises s'organisent à l'échelle planétaire. Celles-ci s'efforcent d'attirer les IDE en aménageant des infrastructures de transport ou des zones franches (Dubai, littoral chinois) **(doc. 1)**. La mondialisation crée aussi des complémentarités entre les territoires comme entre New York et Londres (l'une est spécialisée dans les services financiers, l'autre l'est plutôt dans les services non financiers).

B Des pôles et des espaces majeurs de la mondialisation

• **La Triade domine l'économie mondiale.** Les États-Unis, l'Union européenne et l'Asie orientale produisent près de 60 % de la richesse mondiale alors qu'ils ne comptent que 13 % de la population de la planète. Ils contrôlent près de 40 % des exportations mondiales, 75 % de l'investissement mondial en recherche et développement, et réalisent 90 % des opérations financières.

• **Mais l'espace mondial est de plus en plus multipolaire du fait de l'émergence de nouveaux centres.** Ceux-ci se concentrent dans les pays émergents en forte croissance (Dragons, BRICS, pays du Golfe) **(doc. 2)**. Leur développement rapide et leur intégration accélérée à l'économie mondiale entraînent des recompositions dans la hiérarchie des territoires de la mondialisation **(doc. 3)**.

• **Les métropoles sont au cœur de la mondialisation.** Certaines concentrent des fonctions spécialisées (banque à Zurich, cinéma à Los Angeles, tourisme à Rio), d'autres présentent des fonctions de commandement très diversifiées : ce sont les villes mondiales (Londres, New York, Paris, Tokyo). Ensemble, elles forment l'AMM.

C Des territoires et des sociétés en marge de la mondialisation

• **Bien des pays du Sud se voient marginalisés à l'échelle mondiale.** L'insularité (Océanie), l'enclavement faute d'accès à la mer (Laos) ou d'infrastructures performantes (Érythrée) demeurent une entrave à leur intégration dans la mondialisation. Cet isolement existe aussi à l'échelle d'une région, d'une ville ou d'un quartier.

• **Les PMA et leurs sociétés font figure d'exclus de la mondialisation.** Peu diversifiée, leur économie souffre de la concurrence des pays du Nord (coton africain par exemple). L'exploitation des ressources par des firmes étrangères profite peu à la population locale (diamants au Sierra Leone, cuivre en Zambie). Le « brain drain » (migration des cerveaux) prive les pays du Sud de leur élite intellectuelle.

• **L'instabilité politique les maintient souvent à l'écart des flux mondialisés.** Sanctionnés par les agences de notation financière, ils peinent à capter les investissements (Yémen, Corée du Nord). La corruption désorganise leur économie. Leur insécurité rebute les touristes (Afrique subsaharienne).

1 **Le port, la zone franche et le complexe touristique de Jebel Ali (Dubai, Émirats arabes unis)**

① Port de conteneurs
② Stockage des hydrocarbures
③ Port céréalier
④ Espace portuaire en développement
⑤ Complexe touristique en construction

▶ En quoi ce paysage traduit-il l'insertion de Dubai dans la mondialisation ?

2 **La montée en puissance des BRICS**

Le groupe des BRICS – Brésil, Russie, Inde, Chine et Afrique du Sud – avait décidé, le 30 mars 2011 à New Delhi, de créer sa Banque de développement, concurrente de la Banque mondiale dominée par les Occidentaux. C'était une manière d'afficher le poids du Sud émergent face au « vieux » Nord. Deux ans après, à l'occasion de leur cinquième sommet depuis 2009, ils réaffirment cette semaine leur intention à Durban (Afrique du Sud), le dossier n'ayant guère avancé.

[…] Ensemble, les BRICS pèsent 45 % de la population de la planète, le quart de sa richesse et les deux tiers de sa croissance. […] Au-delà, les BRICS sont parcourus de profondes failles internes : l'Afrique du Sud sait que la Chine n'est pas populaire en Afrique ; les Russes ont peur de l'expansionnisme chinois ; New Delhi est en rivalité stratégique avec Pékin ; les Brésiliens conspuent la politique monétaire des Chinois, etc. […]

Les BRICS sont une puissance économique, pas encore une force politique.

« Le bric-à-brac des BRICS », éditorial, *Le Monde*, 27 mars 2013.

▶ Quelles sont les forces et les faiblesses des BRICS dans la mondialisation ?

3 **XXIᵉ siècle : un monde multipolaire ?**

Couverture du magazine *Courrier international*, hors-série février-mars-avril 2011.

Chapitre 10. LA MONDIALISATION, FONCTIONNEMENT ET TERRITOIRES

Mondialisation et hiérarchisation des territoires

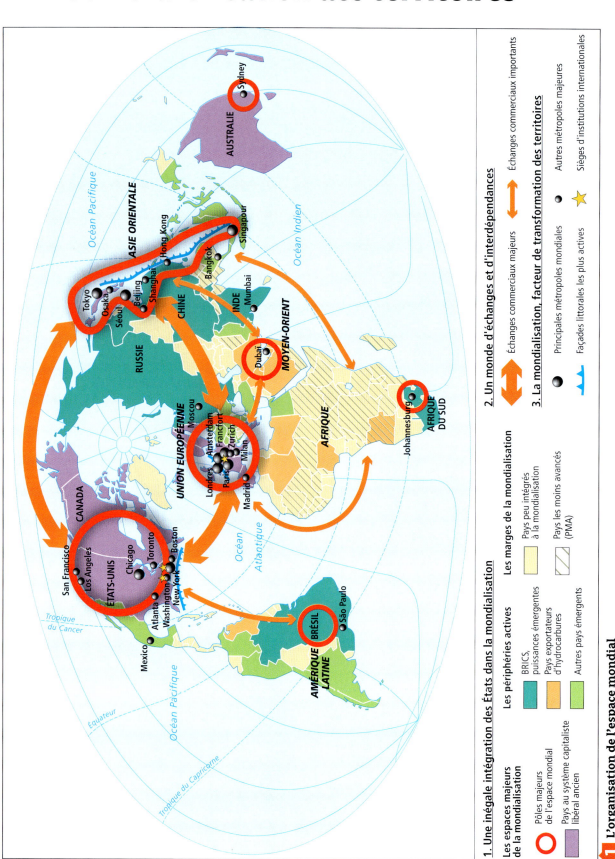

1 L'organisation de l'espace mondial

CARTES

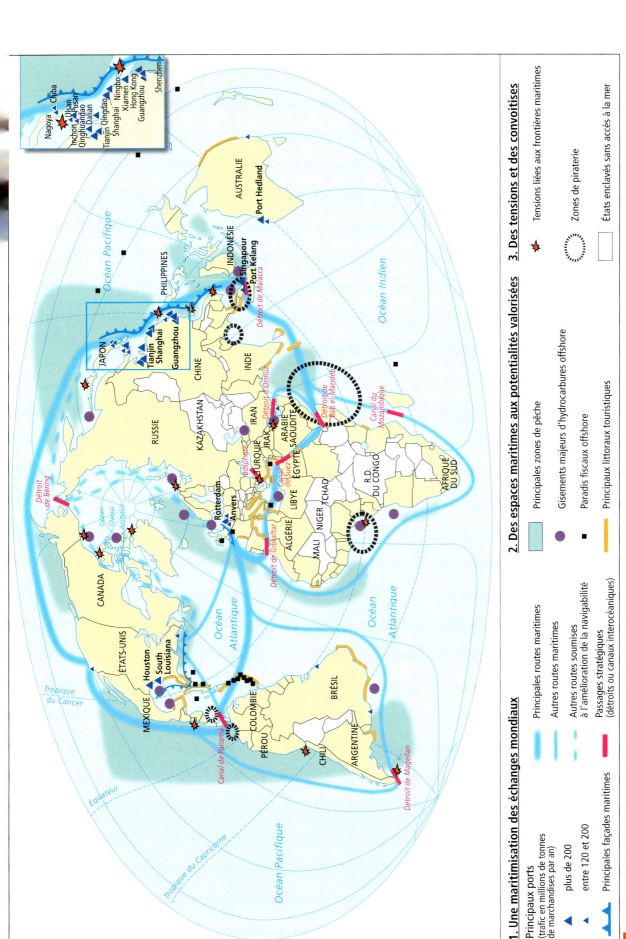

2 Les espaces maritimes au cœur d'enjeux géostratégiques

Chapitre 10. LA MONDIALISATION, FONCTIONNEMENT ET TERRITOIRES

COURS 4. Les espaces maritimes au cœur d'enjeux géostratégiques

> Comment la mondialisation accroît-elle l'importance des mers et des océans ?

→ Voir **CARTES** pp. 262-263.
→ Voir **DOSSIER** pp. 266-267.

A · Des espaces vitaux pour l'économie mondiale

• **Les flux maritimes sont au cœur de la mondialisation, ce qui renforce la littoralisation.** L'essentiel des échanges de matières premières et de produits manufacturés passe par les océans, ce qui renforce le rôle géostratégique des passages maritimes (caps, détroits et canaux interocéaniques). Ainsi, les détroits (Malacca, Pas-de-Calais, Gibraltar) donnent accès aux façades maritimes les plus actives du monde (Asie pacifique et Northern Range) **(doc. 1)**.

• **Difficiles à surveiller, les mers favorisent la mondialisation d'activités illicites.** Les paradis fiscaux, qui facilitent le blanchiment d'argent et l'évasion fiscale, sont souvent des îles (Caraïbes, Océanie) garantissant la discrétion bancaire ou des exonérations d'impôts. Les flux maritimes illégaux (drogues, migrants clandestins) caractérisent surtout les interfaces Nord/Sud (Caraïbes, Méditerranée).

• **La sécurisation des flux commerciaux repose sur le contrôle des espaces maritimes.** Les pays du Nord comme les pays émergents y renforcent leur présence militaire pour garantir la sécurité de leurs approvisionnements.

B · La course à l'appropriation des ressources marines

• **Les espaces maritimes sont au cœur d'enjeux énergétiques.** Ils recèleraient environ 22 % des réserves mondiales de pétrole et 30 % de celles de gaz. Les gisements offshore représentent le tiers de la production mondiale d'hydrocarbures. L'évolution des technologies de forage permet de découvrir et d'exploiter des gisements très profonds (Brésil).

• **Les ressources halieutiques confèrent aux espaces maritimes une fonction nourricière.** Chaque année, environ 90 millions de tonnes de poissons sont pêchées dans le monde. Les principales zones de pêche se concentrent dans le Pacifique (Chine, Indonésie, Pérou) et l'Atlantique Nord.

• **Ces ressources convoitées renforcent les enjeux autour du partage des océans.** En effet, pays du Nord et pays émergents cherchent à garantir leur approvisionnement en matières premières. Le droit maritime prévoit donc un partage des espaces maritimes reposant notamment sur des zones économiques exclusives depuis la conférence de Montego Bay (1982) **(doc. 3)**.

C · La multiplication des tensions et des menaces

• **Le partage des espaces maritimes génère des tensions.** Elles sont d'autant plus fréquentes que les mers sont encore en voie d'exploration (Arctique, Atlantique Sud). Si la plupart des litiges demeurent latents (Caraïbes), dans certaines zones les tensions sont vives (Asie de l'Est et du Sud-Est) **(doc. 2)**. Par ailleurs, la pêche côtière locale est parfois concurrencée par l'activité des flottes étrangères (Maroc, Mauritanie).

• **Les espaces maritimes voient prospérer de multiples trafics.** La piraterie se renforce parallèlement à la maritimisation des échanges, notamment dans la Corne de l'Afrique. De même, la valeur marchande de certains poissons (comme la légine des terres australes françaises) entretient le braconnage.

• **Ces tensions interagissent avec des enjeux environnementaux.** Les pollutions au pétrole génèrent des conflits d'usage entre compagnies d'exploitation et activités littorales. Ainsi, l'explosion d'une plate-forme pétrolière dans le golfe du Mexique en 2010 a eu de lourds impacts sur la pêche et le tourisme de la Louisiane à la Floride. La surpêche menace la reconstitution des espèces (thon rouge en Méditerranée).

REPÈRES
Les passages maritimes les plus fréquentés par les pétroliers

Détroits ou canaux	Nombre de barils par jour en 2009 (en millions)
Ormuz (Oman/Iran)	15,5
Malacca (Malaisie/Indonésie)	13,6
Skagerrak et Kattegat (Danemark/Suède)/(Norvège)	3,3
Bab-el-Mandeb (Djibouti/Yémen)	3,2
Bosphore (Turquie)	3
Canal de Suez (Égypte)	2
Canal de Panamá (Panamá)	0,8

Source : *US Energy Information Administration* (EIA), 2011.

VOCABULAIRE

Blanchiment d'argent : fait de donner une existence légale à des fonds d'origine illicite.

Géostratégie : stratégie d'un État pour s'assurer une position dominante sur un territoire dans l'éventualité d'un affrontement militaire avec un autre État.

Halieutique : qui concerne la pêche.

Littoralisation : concentration des hommes et des activités sur les littoraux.

Offshore : activité se déroulant en haute mer.

ZEE (zone économique exclusive) : espace large de 200 milles à partir du littoral, qui accorde à l'État bordier la souveraineté sur les ressources qui s'y trouvent.

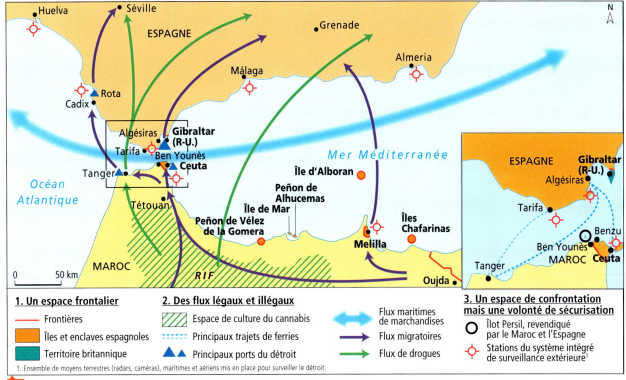

1. Un espace frontalier	2. Des flux légaux et illégaux		3. Un espace de confrontation mais une volonté de sécurisation
— Frontières	▨ Espace de culture du cannabis	⇔ Flux maritimes de marchandises	○ Îlot Persil, revendiqué par le Maroc et l'Espagne
▬ Îles et enclaves espagnoles	┈┈ Principaux trajets de ferries	→ Flux migratoires	⊕ Stations du système intégré de surveillance extérieure[1]
▬ Territoire britannique	▲▲ Principaux ports du détroit	→ Flux de drogues	

1. Ensemble de moyens terrestres (radars, caméras), maritimes et aériens mis en place pour surveiller le détroit.

1 Le détroit de Gibraltar au cœur d'enjeux géostratégiques

▶ Pourquoi peut-on qualifier le détroit de Gibraltar d'espace stratégique ?

2 Un litige territorial entre la Chine et le Japon

Le différend porte sur des îles situées en mer de Chine orientale, dénommées Senkaku en japonais et Diaoyu en chinois. Le Japon, la Chine et Taïwan se disputent cet archipel, constitué de cinq îles volcaniques inhabitées, d'une superficie totale de 7 km².

Au cours de l'histoire, l'archipel n'a jamais suscité de grandes convoitises. La valeur intrinsèque de ces îles est faible, mais en raison de la zone économique exclusive qui les entoure, leur importance géostratégique et économique est bien supérieure à leur taille. Surtout depuis qu'une mission d'évaluation scientifique des Nations unies y a découvert en 1969 des traces de la possible présence d'hydrocarbures. Depuis une dizaine d'années, la Chine et le Japon envoient régulièrement des bâtiments de guerre patrouiller autour des îles Senkaku-Diaoyu, afin d'y affirmer leur souveraineté. La période estivale est propice à des incidents autour et sur les îles, incidents provoqués par des pêcheurs et des militants nationalistes.

« À qui appartiennent les îles Senkaku/Diaoyu ? », article de G. Poissonnier et P. Osseland, *Le Monde*, 11 octobre 2012.

▶ Quels sont les facteurs d'explication des tensions autour des îles Senkaku-Diaoyu ?

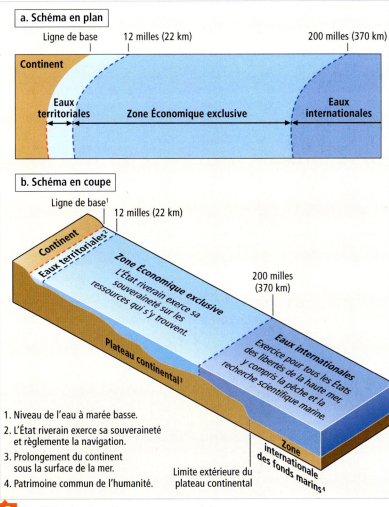

1. Niveau de l'eau à marée basse.
2. L'État riverain exerce sa souveraineté et règlemente la navigation.
3. Prolongement du continent sous la surface de la mer.
4. Patrimoine commun de l'humanité.

3 La délimitation des espaces maritimes

▶ Quels sont les enjeux de la délimitation des espaces maritimes ?

Chapitre 10. LA MONDIALISATION, FONCTIONNEMENT ET TERRITOIRES **265**

DOSSIER — La piraterie maritime : un enjeu géostratégique

→ Voir COURS pp. 264-265.

Face à la maritimisation des échanges, certains exclus de l'économie mondialisée se laissent tenter par le racket et la séquestration de marins ou le détournement de navires pour s'enrichir. Les pays riverains et les utilisateurs de ces voies maritimes s'organisent pour enrayer ce phénomène aux lourdes conséquences économiques.

➡ **En quoi la piraterie est-elle autant une entrave à l'économie mondialisée qu'une issue pour les exclus de la mondialisation ?**

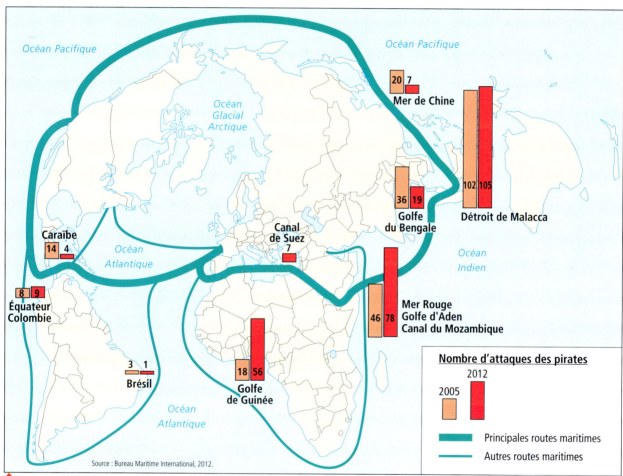

1 Les actes de piraterie maritime dans le monde (2005-2012)

2 Les « bandits bienfaiteurs » du delta du Niger (Nigeria)

Dans la région riche en pétrole du delta du Niger, les rebelles ont perturbé le ravitaillement en pétrole et obligé les compagnies pétrolières à engager des projets qui profitent aux citoyens ordinaires. [...] Ici, les habitants se sentent abandonnés par l'État et exploités par les compagnies pétrolières. Ils ont adopté les rebelles qui attaquent les installations des compagnies pétrolières. « Ces populations étaient des exploitants agricoles, mais aujourd'hui la terre de la province a été abîmée par les déversements d'hydrocarbures », explique Amaka James Ogona, 74 ans, chef de la petite province d'Olugbobiri, dans l'État du Delta, au Nigeria. « Les compagnies n'ont accepté de dédommager les populations qu'après les premières attaques de rebelles », précise-t-il. Grâce à l'activité de ces rebelles, aujourd'hui les routes d'Olugbobiri sont plus ou moins praticables [...] et les villageois reçoivent régulièrement de l'argent pour faire face aux frais de scolarité de leurs enfants.

La Nouvelle Gazette (Bénin), article paru dans *Courrier International*, 2 février 2012.

DOSSIER

3 Un bilan de la piraterie somalienne

- 3 741 membres d'équipage de 125 nationalités capturés depuis 2005.
- Une perte de 7,4 % du volume annuel des échanges par rapport aux pays empruntant d'autres voies maritimes.
- 18 milliards de dollars de pertes pour le commerce mondial chaque année (détournements de cargaison, surcoûts liés à l'immobilisation des navires et à leur déroutement pour contourner les zones de piraterie).
- 53 millions de dollars de rançons versés chaque année en moyenne. Le total des rançons exigées entre 2005 et 2013 s'élève à 385 millions de dollars.
- Une baisse de 6,5 % de la fréquentation touristique dans les pays côtiers d'Afrique de l'Est.
- Une diminution de 26,8 % des prises de thon (les navires s'étant déplacés dans des zones plus sûres).
- Une baisse de 23,8 % des exportations des produits de la pêche depuis 2006.

Rapport de la Banque mondiale, « Les pirates de Somalie : éliminer la menace, reconstruire la nation », avril 2013.

4 La lutte contre la piraterie maritime en Malaisie

Les Forces spéciales malaisiennes s'entraînent à la lutte contre la piraterie au large de Port Klang, le principal port du pays, situé sur le détroit de Malacca.

5 Un regard critique sur la lutte contre la piraterie

Depuis 2008, des flottes de l'Union européenne et des États-Unis sous mandat de l'ONU participent à la lutte contre la piraterie dans le golfe d'Aden. Caricature de Chappatte parue dans *Herald Tribune*, 30 avril 2008.

Questions

▶ Exploiter et confronter des informations

1. Où se localisent les principaux foyers de piraterie maritime ? **(doc. 1, 2 et 3)**

2. Quels sont les principaux facteurs d'émergence de la piraterie ? **(doc. 2 et 5)**

3. Comment la lutte contre la piraterie s'organise-t-elle ? **(doc. 4 et 5)**

4. Pourquoi peut-on dire que la piraterie a des conséquences économiques mondiales ? **(doc. 3)**

▶ Porter un regard critique sur une caricature **(doc. 5)**

5. Comment la Somalie est-elle présentée ? Quel regard l'auteur porte-t-il sur la lutte contre la piraterie ?

6. Quelle caractéristique de l'organisation de l'espace mondial est illustrée par cette caricature ?

▶ Dégager le sens général

7. Montrez que la piraterie maritime est au cœur d'importants enjeux géostratégiques.

Chapitre 10. LA MONDIALISATION, FONCTIONNEMENT ET TERRITOIRES **267**

BAC Révision — La mondialisation, fonctionnement et territoires

L'essentiel

1. Acteurs, flux et débats dans la mondialisation

- **Les firmes transnationales sont les principaux acteurs de l'économie mondiale.** Par leurs choix d'implantation et d'investissement, elles tissent des réseaux d'entreprises mondiaux. Cette organisation du monde est encouragée ou critiquée par d'autres acteurs transnationaux (États, organisations internationales, ONG). ▶ COURS 1

- **Les échanges s'intensifient, mais demeurent polarisés.** L'Amérique du Nord, l'Union européenne et l'Asie orientale concentrent les principaux flux. La participation des pays en développement aux échanges s'accentue. L'essor des mobilités internationales s'explique notamment par la forte croissance des flux touristiques. ▶ COURS 2

2. Des territoires inégalement intégrés à la mondialisation

- **La mondialisation contribue à l'intégration croissante de l'espace mondial.** Elle renforce l'interdépendance entre les principaux centres d'impulsion (villes mondiales, façades maritimes). Elle crée des complémentarités entre les territoires, tout en les mettant en compétition. ▶ COURS 3

- **La mondialisation renforce la hiérarchisation des territoires.** La Triade polarise l'essentiel des richesses et des flux de la planète mais l'émergence de nouvelles puissances, comme les BRICS, participe de l'organisation multipolaire du monde. Les PMA restent largement exclus de l'économie mondialisée. ▶ COURS 3

3. La mondialisation place les océans au cœur d'enjeux géostratégiques

- **L'appropriation des ressources marines suscite différentes tensions et menaces.** Les hydrocarbures offshore, les ressources halieutiques et la maritimisation des échanges renforcent les tensions autour du partage des océans. ▶ COURS 4

- **Cependant, les espaces maritimes favorisent le développement de trafics rendant nécessaire un contrôle accru.** Difficiles à surveiller, ces espaces sont confrontés à de multiples activités illégales. Or, l'économie mondialisée dépend largement de la sécurisation des routes maritimes. ▶ COURS 4

NOTIONS CLÉS

- Réseau p. 253
- Acteurs transnationaux p. 253

LES CHIFFRES CLÉS

- **6,8 milliards** d'abonnements de téléphones portables en 2013.
- **80 000 firmes transnationales.**
- **Commerce de marchandises** : 25 % du PIB mondial.
- **Stocks de capitaux** : plus de 10 fois le PIB mondial.
- **Plus d'un milliard de touristes internationaux par an.**
- **La Triade (États-Unis, Union européenne, Asie de l'Est)** : 60 % de la richesse mondiale, 40 % des exportations, 75 % de l'investissement en recherche et développement et 90 % des opérations financières.
- **Les ressources maritimes** : 22 % des réserves mondiales de pétrole et 30 % de celles de gaz sont offshore.
- **La ZEE des États-Unis et celle de la France** : plus de 11 millions de km².

Pour approfondir

▶ FILMS
- S. Soderbergh, *Contagion*, 2011.
- D. Fincher, *The Social network*, 2010.
- A. G. Iñárritu, *Babel*, 2006.
- H. Sauper, *Le Cauchemar de Darwin*, 2003.

▶ SITES
- Le site de l'ITU (Union internationale des télécommunications) : http://www.itu.int/fr/Pages/default.aspx
- Le site du GaWC (Globalization and World Cities Research Network) : http://www.lboro.ac.uk/gawc/

▶ LIVRES
- P. Duhamel, « Le tourisme. Lectures géographiques », *La Documentation photographique*, n° 8094, 2013.
- A. Bretagnolle, R. Le Goix, C. Vacchiani-Marcuzzo, « Métropoles et mondialisation », *La Documentation photographique*, n° 8082, 2011.
- « Géopolitique des mers et des océans » *Les Grands Dossiers de Diplomatie*, n° 10, août-septembre 2012.

Schémas pour réviser

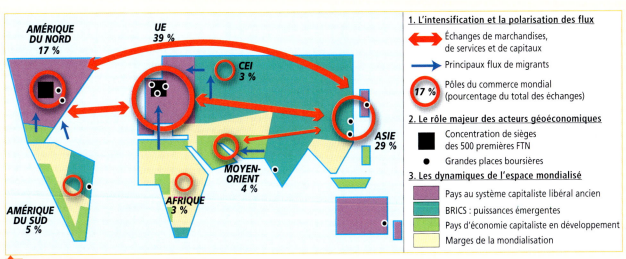

1 La mondialisation en fonctionnement

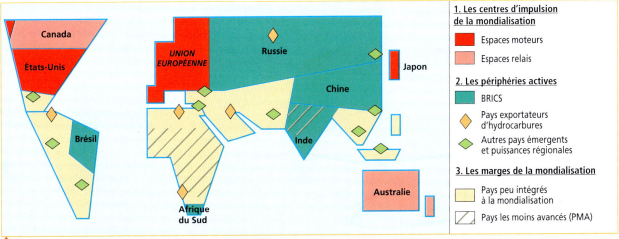

2 La mondialisation, facteur de hiérarchisation des territoires

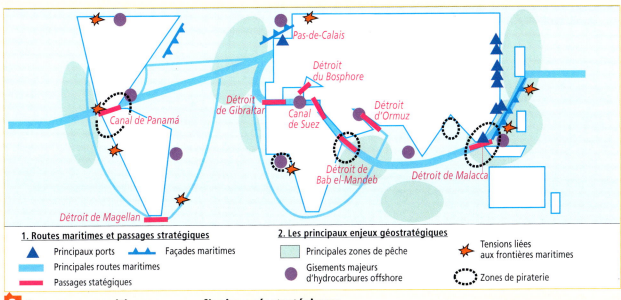

3 Les espaces maritimes au cœur d'enjeux géostratégiques

Chapitre 10. LA MONDIALISATION : FONCTIONNEMENT ET TERRITOIRES

BAC Croquis

Analyser le sujet

① Analyser le sujet	
② Sélectionner les informations	p. 272
③ Choisir les figurés et construire la légende	p. 366

▶ **Sujet :** Une inégale intégration des territoires dans la mondialisation

Démarche | Guide de travail

① Analyser le sujet

● POINT MÉTHODE

Définir les termes du sujet
- Repérer les mots-clés du sujet.
- Définir précisément ces termes afin de bien comprendre le sujet.
- Préciser les limites géographiques du sujet.

Formuler une problématique
- La problématique est une **question simple** permettant de dégager le **fil directeur** du sujet.
- S'interroger sur le sujet pour mettre en évidence le problème géographique à étudier.

1. Définissez les mots-clés : « intégration des territoires », « mondialisation ».
2. Quel est l'espace concerné par le sujet ?

CONSEIL L'espace mondial est à considérer comme un ensemble cohérent composé d'éléments géopolitiques et géoéconomiques interdépendants.

3. Que devra montrer le croquis ?

CONSEIL La problématique du croquis, son fil directeur, est le plus souvent en relation avec celle du chapitre sur lequel il porte.

EXEMPLE Le problème géographique central est l'inégale insertion des territoires dans la mondialisation et ses causes.

② Mobiliser ses connaissances

→ **MÉTHODE** pp. 272 et 366.

➡ **Sélectionner les informations à cartographier**

4. Observez ci-contre le croquis et sa légende.
5. Combien y a-t-il d'informations représentées ? Ce nombre vous paraît-il suffisant ou insuffisant ?
6. Pourquoi la notion de « pôle majeur » est-elle importante ?

➡ **Classer les informations**

7. Quelles informations montrent l'organisation de l'espace mondial ? Lesquelles traduisent les dynamiques de cet espace ?

➡ **Choisir les figurés**

CONSEIL Voir le langage cartographique en fin de manuel.

➡ **Construire la légende**

8. Montrez que le plan de la légende propose une lecture hiérarchisée des territoires de la mondialisation.

③ Réaliser le croquis

➡ **Compléter le fond de carte et sa légende**

9. Indiquez la nomenclature, c'est-à-dire les noms de lieux importants pour la localisation des phénomènes et la compréhension du croquis.

➡ **Insérer le titre du croquis**

10. Reprenez le libellé du sujet pour donner un titre au croquis.

BAC Croquis

①	Analyser le sujet	p. 270
②	**Sélectionner les informations**	
③	Choisir les figurés et construire la légende	p. 366

Sélectionner les informations

▶ **Sujet : Pôles et flux de la mondialisation**

Démarche	Guide de travail
① Analyser le sujet	→ **MÉTHODE** p. 270.
➡ Définir les termes du sujet	1. Définissez « pôles » ; « flux » ; « mondialisation ». 2. Quel est l'espace concerné par le sujet ?
➡ Formuler une problématique	3. Que devra montrer le croquis ?
② Mobiliser ses connaissances	→ **MÉTHODE** p. 366.
● **POINT MÉTHODE** **Sélectionner les informations à cartographier** ● À partir de l'analyse du sujet et de la réflexion sur la problématique, utiliser vos connaissances personnelles. ● Parmi ces connaissances, sélectionner 12 à 18 informations importantes. Si besoin, regrouper des informations.	4. Observez ci-contre le croquis et sa légende. Combien y a-t-il d'informations représentées ? Ce nombre vous paraît-il suffisant ou insuffisant ? Justifiez votre réponse. 5. Quels sont les pôles de la mondialisation ? 6. Pourquoi est-il important de distinguer les différentes natures de flux ? 7. Quelles informations ont été synthétisées en une seule ? Pour quelle raison ?
➡ Choisir les figurés et construire la légende	8. Quels figurés ont été utilisés pour représenter les informations sur le croquis ? **CONSEIL** Voir le langage cartographique en fin de manuel. 9. Quelle logique a guidé le choix des formes et des couleurs des figurés ?
③ Réaliser le croquis	
➡ Compléter le fond de carte et sa légende	10. Indiquez la nomenclature, c'est-à-dire les noms de lieux importants pour la localisation des phénomènes et la compréhension du croquis.
➡ Insérer le titre du croquis	11. Reprenez le libellé du sujet pour donner un titre au croquis.

BAC Composition

Mobiliser ses connaissances

① Analyser le sujet	p. 270
② Mobiliser ses connaissances	
③ Rédiger la composition	p. 334

▶ **Sujet :** Pôles et flux de la mondialisation

Consigne : À partir de vos connaissances, et en vous appuyant sur l'étude de cas, vous rédigerez une composition répondant au sujet.

Démarche	Guide de travail
① Analyser le sujet	➜ **MÉTHODE** p. 270.
➜ Définir les termes du sujet	1. Définissez « pôles » ; « flux » ; « mondialisation ». 2. Où les pôles de la mondialisation sont-ils situés dans le monde ?
➜ Formuler une problématique	*Exemple* Comment des pays et des métropoles ont-ils acquis une place dominante dans le processus de mondialisation ?
② Mobiliser ses connaissances	

● POINT MÉTHODE

Sélectionner les informations
- Noter, sur une feuille de brouillon, les connaissances personnelles (faits géographiques, notions, exemples précis, statistiques, etc.) nécessaires pour répondre au sujet.
- Utiliser l'étude de cas et son bilan.
- Attention à ce que les informations retenues soient bien en rapport avec le sujet.

Organiser ses idées
- Regrouper les idées en les soulignant par différentes couleurs sur le brouillon.
- Organiser les idées en plusieurs paragraphes structurés autour des idées importantes.
- **Principaux types de plan :**
– **plan thématique :**
I. Les aspects d'un phénomène ou d'un espace géographique.
II. Ses causes ou son fonctionnement.
III. Ses limites ou son influence.
– **plan typologique :** étude hiérarchisée de différents espaces (une partie par espace).
– **plan de comparaison :** analyse d'un phénomène géographique dans deux espaces (points communs ; différences).

3. Faites une liste des idées essentielles permettant de traiter le sujet.

CONSEIL Notez les informations sous forme de mots-clés, sans rédiger de phrase.

Exemple Amérique du Nord, Union européenne, Asie orientale, Nord, Sud, pôle, ville globale, archipel métropolitain mondial, BRICS, pays émergents, pays producteurs d'hydrocarbures, réseau, flux (hommes, capitaux, marchandises, informations), fonctions de commandement, concentration des richesses, puissance, FTN, façades maritimes.

Complétez la liste ci-dessus en vous aidant de vos connaissances et du cours.

4. Quels sont les principaux thèmes qui peuvent être dégagés ?
5. Laquelle de ces logiques vous paraît la plus appropriée pour répondre au sujet ?
– Hiérarchiser les espaces moteurs selon un emboîtement d'échelle, du plus étendu au moins étendu, chaque paragraphe correspondant à un type d'espace et à ses dynamiques :

Exemple I. Les aires de puissance
II. Les grandes façades maritimes
III. Les métropoles mondiales

– Présenter les différents espaces moteurs puis expliquer leur fonctionnement et enfin montrer leur influence dans le processus de mondialisation :

Exemple I. Les pôles de la mondialisation
II. Une concentration des fonctions de commandement et des richesses
III. Des dynamiques d'intégration des territoires par les réseaux et les flux reliant les pôles

274

3 Rédiger la composition

→ **MÉTHODE** p. 334.

→ **Rédiger l'introduction**

6. Présentez le sujet et sa problématique, son fil directeur.
CONSEIL Annoncez aussi votre plan pour valoriser votre introduction.

→ **Rédiger le développement**

7. Rédigez les paragraphes du devoir.
CONSEIL Les idées sont organisées dans chaque paragraphe selon la structure suivante :
– idée principale annonçant le contenu du paragraphe ;
– idée secondaire + explication + exemple.

8. Rédigez une transition entre les paragraphes.
EXEMPLE Rassemblant tous les critères de la puissance, les pôles de la mondialisation organisent le monde.

→ **Rédiger la conclusion**

9. Répondez à la question problématique.
EXEMPLE Au sein des aires de puissance, les villes mondiales concentrent les fonctions de commandement et génèrent les flux caractérisant le processus de la mondialisation.

10. Vous pouvez ensuite mettre le sujet en perspective en évoquant la forte concurrence qui oppose les pôles de la mondialisation aujourd'hui, ainsi que les inégalités qui en découlent.

→ **Intégrer une production graphique**

11. Réalisez un schéma pour illustrer une idée du développement et valoriser votre copie.
CONSEIL Le schéma peut localiser les pôles et les principaux flux. Il peut également servir à localiser les principales villes mondiales. On peut aussi réaliser le schéma d'une métropole mondiale.

EXEMPLE DE SCHÉMA Les principaux pôles et flux de la mondialisation

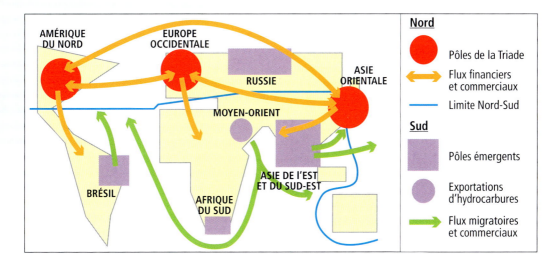

BAC BLANC

▶ **Sujet 1 :** Les espaces maritimes : approche géostratégique

▶ **Sujet 2 :** La mondialisation, facteur d'intégration des territoires

Consigne : Vous rédigerez une composition répondant au sujet. Vous vous appuierez sur l'étude de cas étudiée dans l'année.

CHAPITRE 11
L'AMÉRIQUE : PUISSANCE DU NORD, AFFIRMATION DU SUD

Le continent américain présente d'importantes inégalités de développement à différentes échelles. Par ailleurs, cette aire continentale est une zone de contacts traversée par d'intenses flux de population, de marchandises et de capitaux. Bien que ces échanges soient dominés par les États-Unis, le Brésil remet peu à peu en cause cette hégémonie et s'affirme comme une nouvelle puissance régionale.

PROBLÉMATIQUE

➔ En quoi la mondialisation redéfinit-elle les rapports Nord/Sud sur le continent américain ?

PLAN DU CHAPITRE

Cartes	L'Amérique : fractures, concurrences et intégrations	278
Cours	1. L'Amérique : puissance du Nord, affirmation du Sud	280
	2. Un continent de plus en plus intégré	282
Dossier	■ La frontière États-Unis/Mexique : une interface active	284
Cartes	États-Unis, Brésil : puissances rivales ?	286
Cours	3. États-Unis, Brésil : des puissances rivales ?	288
Cartes	États-Unis, Brésil : dynamiques territoriales	290
Cours	4. États-Unis, Brésil : des territoires reflets de la puissance	292
Dossier	■ États-Unis et Brésil : fermes du monde	294
	■ L'Amazonie brésilienne dans la mondialisation	296
Cours	5. États-Unis, Brésil : les faiblesses de deux géants	298
Révision		300
BAC	■ Compositions	302
	■ Croquis	304
	■ Analyse de document	306

276

Panamá : passage stratégique et carrefour financier

Le Panamá (75 000 km² et 3,5 millions d'habitants) est un territoire singulier du continent américain, passerelle entre l'Amérique du Nord et l'Amérique du Sud.
Il est également traversé par le canal de Panamá (ouvert en 1914), un des hauts-lieux du commerce maritime international, qui permet le passage entre la mer des Caraïbes et l'océan Pacifique. Chaque année, 14 500 navires l'empruntent. Des travaux d'élargissement sont en cours afin d'augmenter ce trafic. La capitale, Panamá City concentre environ le tiers de la population de l'État. C'est un important centre commercial et financier de la région.

➲ En quoi la localisation du Panamá fait-elle de ce pays un territoire stratégique sur le continent américain ?

L'Amérique : fractures, concurrences et intégrations

1 Le continent américain entre tensions et intégration régionale

2 L'Amérique : puissance du Nord, affirmation du Sud

Questions

1. Pourquoi peut-on dire que le continent américain est caractérisé par des logiques de fractures et de concurrences, mais aussi par des dynamiques d'intégration ?
2. Quels types de tensions persistent sur le continent ?

1. L'Amérique : puissance du Nord, affirmation du Sud

→ Voir **CARTES** pp. 278-279.
→ Voir **DOSSIER** pp. 284-285.

> En quoi le continent américain présente-t-il un développement inégal ?

A L'Amérique du Nord : pôle majeur de la Triade

• **Les États-Unis et le Canada sont les deux principales puissances de l'Amérique du Nord.** Le commerce entre les deux pays a doublé depuis la création de l'ALENA. Toutefois la concurrence entre eux est forte (industrie lourde, automobile, bois) et l'économie canadienne reste très dépendante du marché étatsunien.

• **L'économie des États-Unis est la plus puissante et la plus diversifiée du monde.** À l'échelle continentale, ils incarnent autant un modèle attractif et séduisant qu'un géant aux prétentions hégémoniques. Ils sont les premiers investisseurs dans le continent, notamment au Canada et au Mexique.

• **Riche en ressources naturelles, le Canada est un grand exportateur de matières premières.** Le sud-est du pays, qui regroupe les principales métropoles (Toronto, Montréal) est l'espace central du Canada. Sa forte intégration aux États-Unis a contribué à l'émergence d'une vaste région transfrontalière, la *Main Street*. Elle s'articule avec un immense arrière-pays agricole, minier (fer, cuivre, nickel) et énergétique (hydroélectricité, pétrole) **(doc. 1)**.

B L'intégration des pays émergents à la mondialisation

• **Le Brésil s'affirme comme la puissance régionale de l'Amérique du Sud.** Premier pays récepteur d'IDE du sous-continent, il fait contrepoids à la domination américaine. Cependant, il est traversé par de profondes inégalités sociales.

• **Mexique, Argentine et Chili sont parfois qualifiés de jaguars.** Le Mexique est le 1er investisseur à l'étranger et le 2e pays d'accueil d'IDE en Amérique latine. La proximité des États-Unis est autant un atout (exportations) qu'un inconvénient (dépendance). Mexico constitue une vitrine de cette insertion dans l'économie mondiale **(doc. 2)**. Le Chili (cuivre, fruits) et l'Argentine (blé, soja) sont de grands exportateurs de produits agricoles et miniers.

• **D'autres pays restent aussi très dépendants des exportations de matières premières.** Le Venezuela est le 7e exportateur mondial de pétrole mais posséderait les premières réserves de la planète. Producteur d'or et de produits de la mer, le Pérou a vu son PIB multiplié par trois entre 2000 et 2010. La Colombie exporte du café et du charbon.

C Des périphéries en retard de développement

• **De nombreux pays latino-américains sont des périphéries dominées.** Si certains profitent de la flambée des prix des matières premières (pétrole à Trinidad-et-Tobago), la plupart souffrent d'une économie à faible valeur ajoutée (fruits tropicaux, aquaculture en Équateur et en Amérique centrale), voire mono-exportatrice (bauxite au Surinam).

• **D'importants écarts séparent les campagnes et les villes.** L'agriculture reste très inégalement compétitive et souvent destinée à l'autoconsommation. Autrefois florissante à Cuba, elle a été très affectée par la chute de l'URSS et l'embargo américain. La culture de coca pour le trafic de cocaïne est aussi bien considérée comme une alternative qu'un fléau (Andes).

• **Les États les plus pauvres restent à l'écart de l'économie mondialisée.** Haïti fait partie des pays les moins avancés (PMA) de la planète et, partout, les indigènes (60 % des Boliviens et des Guatémaltèques) sont les premiers frappés par la misère **(doc. 3)**. Fréquente, la corruption freine le développement. Dans ce contexte de vulnérabilité, les nombreux aléas (cyclones, séismes) sont à l'origine de catastrophes dont certains États peinent à se remettre (Haïti, Honduras).

REPÈRES

• **Le PIB par habitant (2012)**

PAYS	PIB/hab. (en dollars)
États-Unis	49 802
Canada	41 507
Chili	18 354
Argentine	18 205
Uruguay	15 839
Mexique	15 300
Brésil	12 038
Colombie	10 728
Bolivie	5 017
Nicaragua	3 336
Haïti	1 292

Source : FMI, 2012.

VOCABULAIRE

ALENA : accord de libre-échange nord-américain (1994) entre les États-Unis, le Canada et le Mexique.

Amérique : on distingue l'Amérique du Nord (Canada, États-Unis, Mexique) de l'Amérique centrale et de l'Amérique du Sud (au sud de l'isthme de Panama).

Indigènes : habitants appartenant à un groupe ethnique présent dans le pays avant la colonisation.

Jaguars : nom parfois donné aux pays émergents latino-américains, en comparaison avec les Tigres asiatiques.

Main Street : ou « Grande Rue » canadienne. Axe majeur qui s'étend le long du Saint-Laurent jusqu'à la région des Grands Lacs. Il concentre 65 % de la population canadienne.

COURS

1 **La raffinerie de Mildred Lake dans l'Alberta (Canada)**

La raffinerie de l'entreprise Syncrude est spécialisée dans la transformation des sables bitumineux (roches contenant des hydrocarbures) de la région en pétrole.

▶ En quoi l'extraction et la transformation des matières premières contribuent-elles à l'affirmation de la puissance canadienne ?

▶ Quelles peuvent être les conséquences de ce type d'activité sur l'environnement ?

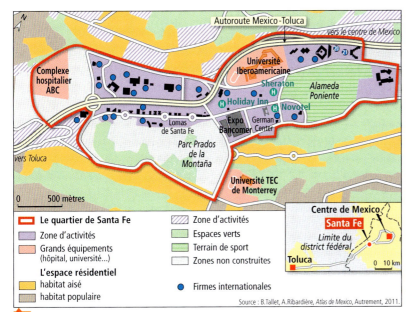

2 **Santa Fe, quartier des affaires de Mexico**

▶ Montrez que le quartier de Santa Fe témoigne de l'insertion de Mexico dans la mondialisation.

3 **L'Amérique latine et ses inégalités de développement**

L'Amérique latine affiche des records mondiaux d'inégalités, notamment au Brésil et au Chili, mais aussi au Pérou et en Équateur : la société connaît une forte polarisation entre classes aisées et populaires, ce qui ne laissait jusqu'alors guère de place aux classes moyennes. La pauvreté est très élevée en Amérique centrale (Nicaragua, Honduras, Guatemala) où elle concerne plus de 50 % de la population […]. Les taux sont dans l'ensemble plus élevés pour les communautés indigènes et dans les territoires ruraux. […] Toutefois, c'est en ville que les pauvres sont les plus nombreux et les formes de ségrégation sociospatiale les plus visibles […]. Les inégalités de revenus se combinent avec une plus grande exposition aux risques industriels et environnementaux, des conditions de logement précaires, des problèmes de transport pour accéder à l'emploi, l'absence de services et d'espaces verts.

Carto, n° 13, septembre-octobre 2012.

▶ Quelles sont les différentes manifestations et les différentes échelles des inégalités de développement en Amérique latine ?

Chapitre 11. L'AMÉRIQUE : PUISSANCE DU NORD, AFFIRMATION DU SUD **281**

2. Un continent de plus en plus intégré

> En quoi les échanges et la coopération renforcent-ils l'intégration du continent ?

→ Voir **CARTES** pp. 278-279.
→ Voir **DOSSIER** pp. 284-285.

A Un renforcement de l'intégration régionale

● **L'intégration de l'Amérique repose sur différents accords économiques régionaux.** Le MERCOSUR et l'ALENA en sont les principaux moteurs. Ces organisations visent à éliminer les barrières douanières et faciliter les échanges transfrontaliers des biens et des services. Les autres organisations régionales (CAN, ALBA et SICA) ont des niveaux d'intégration inférieurs et regroupent des États moins puissants.

● **Les blocs économiques régionaux ont favorisé les échanges commerciaux.** Ainsi, leur valeur a été multipliée par dix en vingt ans au sein du MERCOSUR. Cependant, les échanges y sont très déséquilibrés et dominés par le Brésil. Il en va de même de l'ALENA où la suprématie des États-Unis est écrasante.

● **De nombreux échanges s'effectuent en marge des blocs régionaux.** Près de 50 % des migrants qui entrent aux États-Unis viennent du continent (doc. 3). Les remises représentent plus de 30 % du PIB en Haïti et au Guyana. Les réseaux énergétiques (hydrocarbures) et les réseaux de transport sont en pleine expansion. Des villes-jumelles ont émergé sur les frontières les plus actives du fait de la complémentarité entre les États (Brésil-Paraguay, États-Unis-Mexique) (doc. 1).

B Une hégémonie étatsunienne redoutée, une intégration inachevée

● **La domination des États-Unis sur l'Amérique latine est ancienne.** Leur diplomatie, héritée de la doctrine Monroe (voir p. 62), et leur important déploiement militaire (base de Guantánamo, embargo imposé à Cuba, lutte contre le narcotrafic en Colombie) alimentent un sentiment d'impérialisme (doc. 2). C'est pour ces raisons que la volonté étatsunienne de créer une ZLEA est aujourd'hui compromise.

● **Le continent reste divisé entre libéralisme et anti-impérialisme.** Les succès politiques des anticapitalistes (Venezuela, Équateur, Nicaragua) illustrent la défiance des populations vis-à-vis du libre-échange. Cependant, les accords bilatéraux avec les États-Unis sont nombreux (Chili, Pérou, Mexique, Colombie) et la démocratie américaine reste un modèle.

● **Certains groupes sociaux demeurent particulièrement en marge de l'intégration.** À l'échelle nationale, les indigènes sont souvent marginalisés économiquement et politiquement, y compris lorsqu'ils sont majoritaires (Guatemala). À l'échelle du continent, les entraves à la libre-circulation des personnes sont nombreuses, comme l'illustre la frontière américano-mexicaine.

C Des tensions nationales et internationales en voie d'apaisement

● **Les conflits ouverts sont rares sur le continent américain.** Le dernier a eu lieu en 1995 entre le Pérou et l'Équateur. L'État colombien a engagé des négociations pour mettre un terme à la guérilla des FARC. Contrastant avec les États-Unis, l'Amérique latine est la région au monde qui consacre le moins de crédits à la défense.

● **Les contentieux liés au contrôle des ressources restent de faible ampleur.** Le pétrole est l'enjeu de tensions entre États-Unis et Canada (Arctique) et entre Venezuela et Guyana. La Bolivie réclame au Chili un accès à la mer tout en étant confrontée aux revendications autonomistes de la province gazière de Santa Cruz. L'Argentine continue de faire valoir ses droits sur les îles britanniques des Malouines aux eaux poissonneuses.

● **Ce sont les fortes inégalités sociales qui génèrent le plus de violence.** Salvador, Honduras et Venezuela connaissent les plus fort taux d'homicide au monde. Cette criminalité est largement liée au narcotrafic, notamment en ville. D'autre part, de nombreux petits paysans revendiquent un accès à la propriété de la terre ce qui entraîne des tensions avec les grands propriétaires.

REPÈRES

● **Les principales organisations économiques régionales**

ALENA : Accord de libre-échange nord-américain
MERCOSUR : Marché commun du Sud
SICA : Système d'intégration centraméricain
CAN : Communauté andine
ALBA : Alliance bolivarienne pour les Amériques
UNASUR : Union des nations sud-américaines

VOCABULAIRE

Doctrine Monroe : déclaration de 1823 du président américain James Monroe considérant l'Amérique latine comme le domaine réservé de l'influence des États-Unis.

FARC (Forces Armées Révolutionnaires de Colombie) : guérilla marxiste s'opposant au pouvoir colombien.

Indigènes : voir p. 280.

Intégration régionale : processus de renforcement des relations entre différents territoires d'un même ensemble géographique.

MERCOSUR : union douanière (1991) qui évolue vers un marché commun et une dimension plus politique. C'est l'expérience la plus avancée d'intégration régionale en Amérique.

Remise : transfert d'argent réalisé par un émigré vers son pays d'origine.

ZLEA : Zone de libre-échange des Amériques. Projet d'intégration continentale souhaité par les États-Unis.

1 Un pont transfrontalier entre le Brésil et le Paraguay

Ouvert à la circulation en 1965, le pont international de l'Amitié relie les villes de Foz do Iguaçu au Brésil et de Ciudad del Este au Paraguay. Il enjambe le fleuve Paraná et constitue le passage commercial le plus important entre les deux pays.

▶ En quoi ce pont est-il un facteur d'intégration régionale ?

2 Des relations diplomatiques compliquées entre États

Le président du Venezuela, Nicolas Maduro, le président bolivien Evo Morales et le président du Nicaragua, Daniel Ortega, ont tous trois affirmé [...] qu'ils étaient disposés à accorder l'asile à l'ex-consultant de l'Agence de la sécurité américaine Edward Snowden[1] [...].

De retour d'une visite à Moscou, le président bolivien Evo Morales [...] a vu son avion contraint de faire une escale de 13 heures à Vienne après que plusieurs pays européens, le soupçonnant de ramener Snowden avec lui, lui eurent refusé le survol de leur espace aérien. [...] Le chef de l'État bolivien a accusé Washington d'avoir fait pression sur la France, l'Espagne, le Portugal et l'Italie pour qu'ils interdisent ce survol, et menacé de fermer l'ambassade des États-Unis à La Paz.

AFP, 6 juillet 2013.

1. Informaticien américain ayant révélé un programme secret de surveillance des communications mondiales. En quête d'un pays d'asile, il s'est retrouvé bloqué à l'été 2013 dans la zone de transit de l'aéroport de Moscou au cours de sa fuite.

3 Sur la route du rêve américain

Une fois au Mexique, des migrants centraméricains (ici près d'Ixtepec dans l'État d'Oaxaca) voyagent sur le toit des trains de marchandises pour rejoindre la frontière des États-Unis. Cette ligne est surnommé « *la Bestia* » en raison de la dangerosité de son parcours (bandes armées, corruption des policiers, etc.).

▶ Que révèle cette photographie sur la nature de la migration vers les États-Unis ?

Chapitre 11. L'AMÉRIQUE : PUISSANCE DU NORD, AFFIRMATION DU SUD **283**

DOSSIER — La frontière États-Unis/Mexique : une interface active

→ Voir **COURS** pp. 280 et 282.

La frontière américano-mexicaine est une interface entre des territoires aux niveaux de développement très contrastés. À la fois espace de contacts et barrière très contrôlée, elle a fait émerger une région transfrontalière structurée par de multiples échanges, parfois facteurs de violence.

➡ **En quoi cette interface Nord/Sud est-elle à la fois un espace d'intégration et de fracture ?**

VOCABULAIRE

Interface : zone de contact entre deux ensembles géographiques différents. Cette discontinuité spatiale peut générer des tensions, ou, le plus souvent, des échanges et influences réciproques.

1 Une zone attractive pour les entreprises

La *maquiladora* désigne une usine [située au Mexique] qui bénéficie d'une exonération des droits de douane pour pouvoir produire à moindre coût des marchandises assemblées, transformées, réparées ou élaborées à partir de composants importés ; la majeure partie est ensuite exportée. [...] Selon le décret mexicain *Maquila* de décembre 1989, ces usines peuvent être entièrement propriétés d'entreprises étrangères. [...] Les enjeux autour de la main-d'œuvre apparaissent premiers du côté des entreprises à la recherche d'une main-d'œuvre abondante, bon marché, souvent féminine, comme du côté des autorités mexicaines, soucieuses de gérer l'arrivée de classes d'âge nombreuses sur le marché du travail et les flux migratoires vers les États-Unis. [...] 75 % des *maquiladoras* [du Mexique] sont installées dans les États de Basse Californie, Chihuahua, Tamaulipas, Sonora et Nuevo León.

B. Tallet, A. Ribardière, *Atlas de Mexico*, Autrement, 2011.

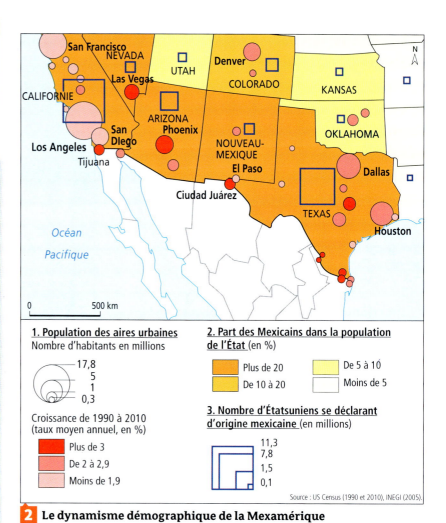

2 Le dynamisme démographique de la Mexamérique

La Mexamérique est le nom donné aux États du sud-ouest des États-Unis.

3 Une frontière marquée par la violence

Si Ciudad Juárez [Mexique] est devenue l'une des villes les plus dangereuses au monde depuis le début de la guerre entre les gangs et les cartels de la drogue, El Paso [États-Unis], de l'autre côté du fleuve, contraste par son calme, voire par sa prospérité. [...] Les habitants de Ciudad Juárez ont assisté à une explosion de la criminalité. Alors qu'El Paso n'a enregistré que 5 homicides l'an dernier, il y en a eu plus de 3 000 à Ciudad Juárez. [...] Le renforcement des contrôles frontaliers ne semble pas avoir interrompu les opérations des cartels : [...] les trafiquants savent que les autorités américaines ne peuvent se permettre de fouiller tout le monde sans nuire sérieusement aux échanges commerciaux entre Ciudad Juárez et El Paso [...]. Une fois en territoire américain, la drogue est entreposée dans des caches puis écoulée à l'intérieur du pays. Des armes et des liasses de billets emballées sous film plastique font le trajet inverse.

New York Times, cité par *Courrier International*, 10 novembre 2011.

DOSSIER

4 **La frontière américano-mexicaine près de Tijuana**

Sur une grande partie de son tracé, la frontière américano-mexicaine est matérialisée par un mur. Elle fait l'objet d'une surveillance très poussée de la *Border Patrol* (police étatsunienne des frontières).

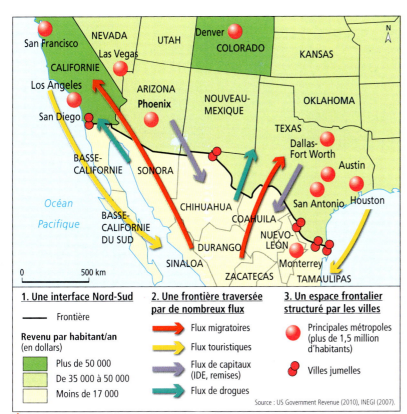

5 **L'interface américano-mexicaine**

Villes-jumelles : ensemble de deux villes situées de part et d'autre de la frontière.

Questions

▶ **Exploiter et confronter des informations**

1. En quoi la frontière américano-mexicaine est-elle un facteur de dynamisme démographique et économique ? **(doc. 1 et 2)**

2. Pourquoi cet espace transfrontalier est-il parfois nommé la « Mexamérique » ? **(doc. 2 et 5)**

3. Montrez que la frontière est aussi un espace de séparation et de tension. **(doc. 3 et 4)**

▶ **Porter un regard critique sur un document cartographique (doc. 5)**

4. Quelles sont les différentes informations cartographiées ? Quels types de figurés a-t-on utilisés pour les représenter ?

5. En quoi cette carte illustre-t-elle le fonctionnement d'une interface ?

▶ **Dégager le sens général**

6. Montrez que la frontière américano-mexicaine est autant un espace d'intégration que de fracture.

Chapitre 11. L'AMÉRIQUE : PUISSANCE DU NORD, AFFIRMATION DU SUD **285**

CARTES

États-Unis, Brésil : puissances rivales ?

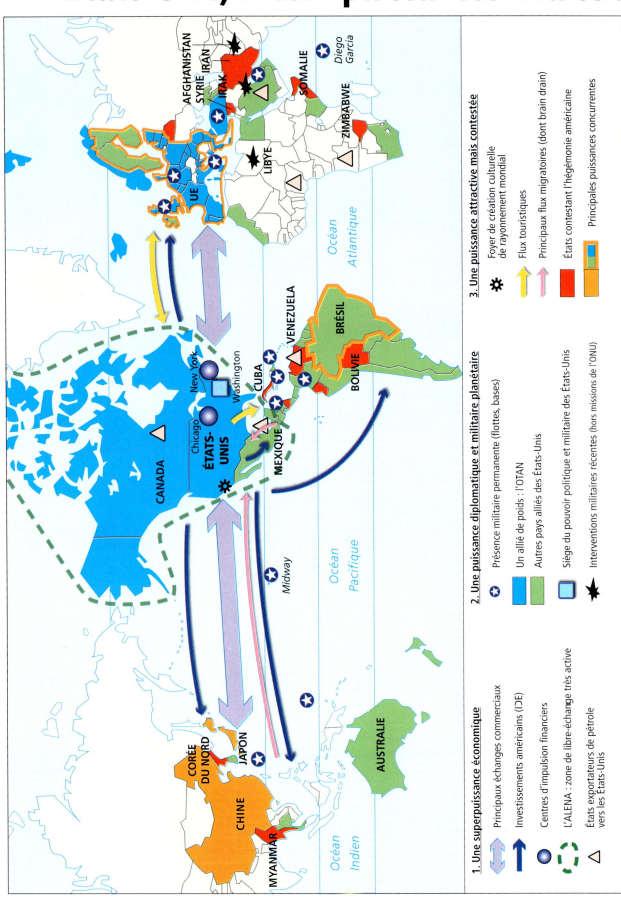

1 Les États-Unis dans le monde : une superpuissance

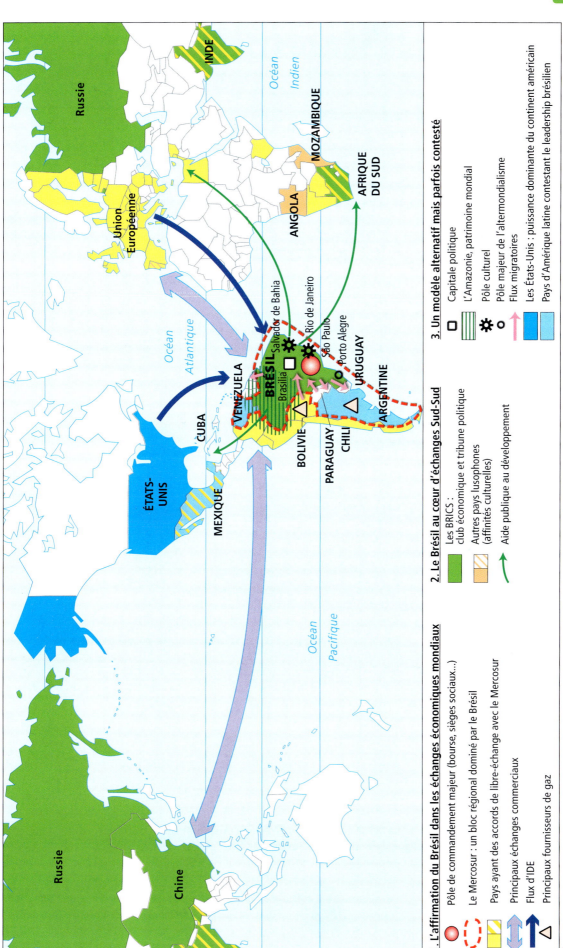

2 L'affirmation du Brésil : vers un rôle mondial ?

1. L'affirmation du Brésil dans les échanges économiques mondiaux
- ● Pôle de commandement majeur (bourse, sièges sociaux...)
- ⬭ Le Mercosur : un bloc régional dominé par le Brésil
- ▭ Pays ayant des accords de libre-échange avec le Mercosur
- ⇅ Principaux échanges commerciaux
- ⇧ Flux d'IDE
- △ Principaux fournisseurs de gaz

2. Le Brésil au cœur d'échanges Sud-Sud
- ▭ Les BRICS : club économique et tribune politique
- ▭ Autres pays lusophones (affinités culturelles)
- → Aide publique au développement

3. Un modèle alternatif mais parfois contesté
- □ Capitale politique
- ▓ L'Amazonie, patrimoine mondial
- ✱ Pôle culturel
- ○ Pôle majeur de l'altermondialisme
- ↑ Flux migratoires
- ▭ Les États-Unis : puissance dominante du continent américain
- ▭ Pays d'Amérique latine contestant le leadership brésilien

Questions

1. Pourquoi peut-on parler d'une puissance des États-Unis mais seulement d'une affirmation du Brésil ?
2. Quelle est la particularité des projections cartographiques utilisées ici ? Justifiez ce choix.

Chapitre 11. L'AMÉRIQUE : PUISSANCE DU NORD, AFFIRMATION DU SUD

COURS

3. États-Unis, Brésil : des puissances rivales ?

→ Voir **CARTES** pp. 286-287.
→ Voir **DOSSIER** pp. 294-295.

Le Brésil est-il un concurrent pour les États-Unis ?

A Une forte insertion dans l'économie mondiale

• **Le Brésil et les États-Unis sont deux grandes puissances agricoles et industrielles.** Cependant, à l'exception de Vale (2ᵉ minéralier mondial) et de Petrobras (4ᵉ compagnie pétrolière) **(doc. 1)**, rares sont les firmes brésiliennes concurrençant les firmes américaines. Celles-ci dominent l'économie planétaire dans l'agroalimentaire (Cargill, Kraft Foods), l'informatique (Microsoft, IBM, Apple), le pétrole (Exxon Mobil), la pharmacie (Pfizer).

• **Les deux pays disposent d'un vaste marché intérieur qui stimule le secteur des services.** La supériorité des firmes américaines est écrasante dans les assurances (AIG), la grande distribution (Wal-Mart Stores) et les divertissements (Time Warner, Walt Disney). Ces secteurs sont aujourd'hui en pleine évolution au Brésil en raison de l'élévation générale du niveau de vie et de l'émergence d'une importante classe moyenne.

• **La croissance du Brésil est beaucoup plus soutenue que celle des États-Unis du fait de l'afflux massif de capitaux étrangers.** Premier partenaire commercial du Brésil, la Chine y est aussi le premier investisseur (30 milliards de dollars en 2010 contre seulement 5 milliards aux États-Unis). Toutefois le Brésil n'est que le 21ᵉ exportateur mondial de marchandises.

B Une influence politico-militaire très déséquilibrée

• **La puissance américaine repose sur un énorme complexe militaro-industriel.** Disposant du 1ᵉʳ budget militaire du monde (600 milliards de dollars), son déploiement militaire planétaire en fait un « gendarme du monde ». Ses forces armées (1,1 millions de soldats) sont près de quatre fois plus nombreuses que celles du Brésil. Mais, comme d'autres pays émergents, ce dernier s'engage sur la voie d'une militarisation accrue **(doc. 2)**.

• **Le poids politique du Brésil est nettement inférieur à celui des États-Unis.** Malgré l'extension récente de son réseau d'ambassades et l'envoi du plus fort contingent de casques bleus en Haïti, sa diplomatie reste peu influente à l'échelle mondiale.

• **Sur le plan politique, le Brésil se veut le porte-parole des pays du Sud.** L'ex-président Lula a activé des solidarités Sud-Sud avec les pays émergents et lusophones. À l'OMC, il a critiqué le protectionnisme des pays du Nord. Le Brésil est aussi passé du statut de récepteur d'aide au développement à celui d'émetteur, mais ses dons restent très inférieurs à ceux des États-Unis.

C Une implacable américanisation culturelle

• **Les États-Unis ont initié des modèles culturels diffusés mondialement.** Centres commerciaux, fast-food et culture mainstream (cinéma, NTIC, séries télévisées) caractérisent la consommation de masse à l'américaine. À l'origine du « rêve américain », l'*American Way of Life* attire et fait des États-Unis le premier pôle d'immigration du monde.

• **Le Brésil ne peut concurrencer cette domination culturelle.** Les Brésiliens sont de grands producteurs de *telenovelas* (séries télévisées) exportées dans plus de 130 pays (Europe orientale, Moyen-Orient notamment). Mais la culture brésilienne pâtit de la plus faible diffusion du portugais comparé à l'anglais **(doc. 3)**.

• **Le rayonnement culturel du Brésil est davantage régional que mondial.** Globo est le principal groupe de médias (télévision, cinéma, édition) d'Amérique latine. En organisant des événements sportifs comme la Coupe du monde de football (2014) et les Jeux olympiques (2016) à Rio de Janeiro, le Brésil affiche toutefois des ambitions planétaires.

REPÈRES

• **Les États-Unis et le Brésil : 1ʳᵉ et 6ᵉ puissances mondiales**

	États-Unis	Brésil
PIB (en milliards de dollars)	15 660	2 362
Valeur des exportations (en milliards de dollars)	1 612	242
Part de la recherche dans le budget	2,7 %	0,9 %
Part de la défense dans le budget	6,4 %	1,3 %
Taux de croissance en 2011	1,8 %	2,7 %

Source : Banque mondiale (2011), Battelle (2011).

VOCABULAIRE

Culture mainstream : courant culturel dominant très influencé par les États-Unis et véhiculé par les médias.

Pays lusophones : pays de langue portugaise (Portugal, Brésil, Mozambique, Angola, Cap Vert, etc.).

COURS

1 **PetroBras, 4ᵉ compagnie pétrolière mondiale**
En 2010, le président brésilien Lula (au centre) est venu inaugurer le lancement d'une des plates-formes du géant pétrolier au large de Rio.
▶ En quoi cet événement révèle-t-il l'importance que prennent les hydrocarbures dans l'économie brésilienne ?

2 **Les États-Unis, une superpuissance militaire**
▶ Pourquoi peut-on dire que les États-Unis sont une superpuissance militaire ?

3 **La difficile résistance culturelle du Brésil**

Fortement en quête d'identité, le Brésil a pris la tête, avec l'Inde, du combat en faveur de la diversité culturelle au nom des pays du « Sud ». Il est soucieux de défendre ses intérêts face aux États-Unis mais aussi [...] de lutter contre l'arrogance culturelle de la Vieille Europe [...]. Du coup le Brésil entend recréer des liens économiques et culturels avec ses voisins, y compris le Venezuela de Chávez, avec la Chine et avec l'Inde, autant qu'avec les États-Unis et l'Europe.

Si on excepte les *telenovelas* et les puissants genres musicaux régionaux, peu de contenus « latinos » circulent aujourd'hui dans le continent américain. [...] Le Brésil et le Mexique peuvent défendre leur industrie et compenser leur balance commerciale culturelle déséquilibrée avec les États-Unis par la taille et le dynamisme de leur marché intérieur [...]. Dans le cinéma, le jeu vidéo, et de plus en plus la musique pop et les best-sellers, les États-Unis emportent facilement la partie.

F. Martel, *Mainstream : Enquête sur cette culture qui plaît à tout le monde*, Flammarion, 2010.

▶ Quels peuvent être les obstacles au rayonnement culturel du Brésil ?

Chapitre 11. L'AMÉRIQUE : PUISSANCE DU NORD, AFFIRMATION DU SUD **289**

CARTES

États-Unis, Brésil : dynamiques territoriales

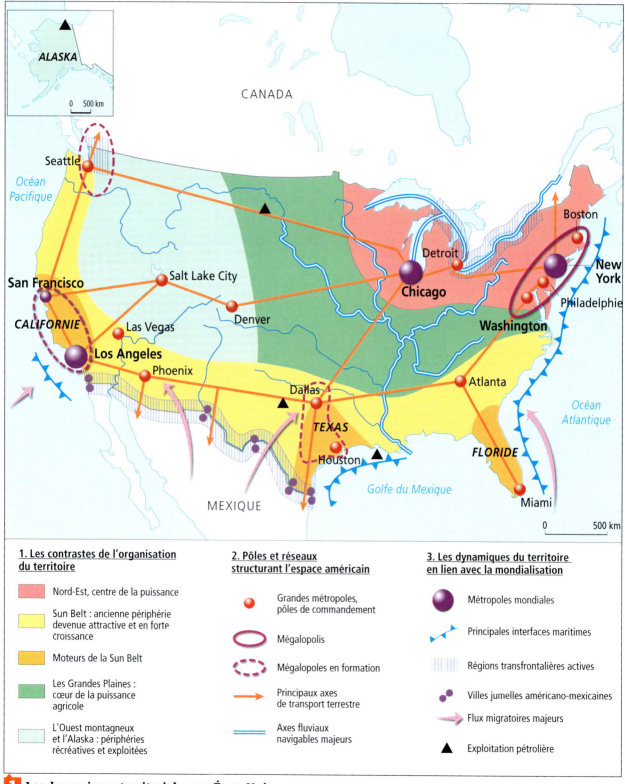

1. Les contrastes de l'organisation du territoire
- Nord-Est, centre de la puissance
- Sun Belt : ancienne périphérie devenue attractive et en forte croissance
- Moteurs de la Sun Belt
- Les Grandes Plaines : cœur de la puissance agricole
- L'Ouest montagneux et l'Alaska : périphéries récréatives et exploitées

2. Pôles et réseaux structurant l'espace américain
- Grandes métropoles, pôles de commandement
- Mégalopolis
- Mégalopoles en formation
- Principaux axes de transport terrestre
- Axes fluviaux navigables majeurs

3. Les dynamiques du territoire en lien avec la mondialisation
- Métropoles mondiales
- Principales interfaces maritimes
- Régions transfrontalières actives
- Villes jumelles américano-mexicaines
- Flux migratoires majeurs
- Exploitation pétrolière

1 Les dynamiques territoriales aux États-Unis

CARTES

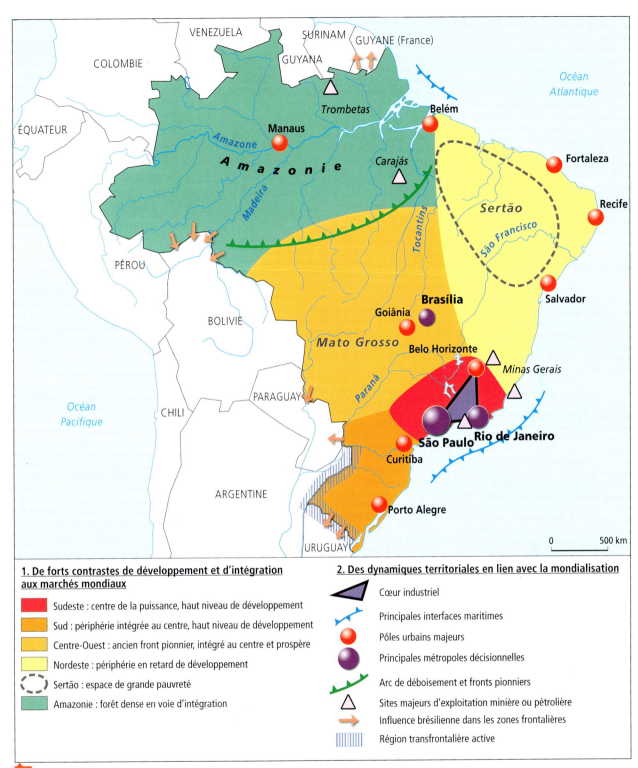

2 Les dynamiques territoriales au Brésil

1. De forts contrastes de développement et d'intégration aux marchés mondiaux
- Sudeste : centre de la puissance, haut niveau de développement
- Sud : périphérie intégrée au centre, haut niveau de développement
- Centre-Ouest : ancien front pionnier, intégré au centre et prospère
- Nordeste : périphérie en retard de développement
- Sertão : espace de grande pauvreté
- Amazonie : forêt dense en voie d'intégration

2. Des dynamiques territoriales en lien avec la mondialisation
- Cœur industriel
- Principales interfaces maritimes
- Pôles urbains majeurs
- Principales métropoles décisionnelles
- Arc de déboisement et fronts pionniers
- Sites majeurs d'exploitation minière ou pétrolière
- Influence brésilienne dans les zones frontalières
- Région transfrontalière active

Questions

1. Comparez les dynamiques territoriales liées à l'ouverture sur le monde dans les deux pays.
2. Ces dynamiques créent-elles des inégalités territoriales ? Citez-les.
3. De quel type de cartes s'agit-il ?

Chapitre 11. L'AMÉRIQUE : PUISSANCE DU NORD, AFFIRMATION DU SUD

COURS 4. États-Unis, Brésil : des territoires reflets de la puissance

Comment les territoires américain et brésilien s'organisent-ils ?

→ Voir CARTES pp. 290-291.
→ Voir DOSSIERS pp. 294-295 et 296-297.

A Deux territoires immenses mais inégalement maîtrisés

• **La superficie des États-Unis (9,8 millions de km²) et du Brésil (8,5 millions de km²) représentent respectivement 17 et 15 fois celle de la France métropolitaine.** Cette immensité pose le défi de la desserte du territoire par les réseaux de transport **(doc. 1)**. New York et São Paulo possèdent les gares routières les plus fréquentées du monde. Au Brésil, le trafic aérien a plus que doublé entre 2004 et 2013, mais l'avion y reste moins utilisé qu'aux États-Unis malgré les longues distances intérieures.

• **Les pays ont été peuplés à partir de fronts pionniers.** Ceux-ci ont permis la mise en valeur de ressources naturelles considérables. Le Brésil recourt massivement à l'énergie hydraulique et, grâce à des découvertes récentes, il est autosuffisant en pétrole, à la différence des États-Unis.

• **La gestion des risques est moins efficace au Brésil qu'aux États-Unis.** Au Brésil, la population est vulnérable aux aléas tropicaux : des inondations ont tué un millier de personnes près de Rio en 2011. Une très grande partie du territoire des États-Unis est exposée aux cyclones, aux tornades et aux crues du Mississipi **(doc. 2)**.

B Les métropoles, reflets de la puissance

• **Le Brésil et les États-Unis sont deux pays très urbanisés.** Ils présentent des taux d'urbanisation semblables (respectivement 87 % et 82 %). Leur peuplement s'est effectué à partir du littoral où se situent encore des métropoles majeures comme New York et Rio. Les villes de la Sun Belt américaine (Phoenix, Dallas, Las Vegas) et celles du nord et de l'ouest du Brésil (Manaus, Fortaleza, Brasília) connaissent les croissances les plus rapides.

• **Les villes sont au cœur de la puissance des deux pays.** Elles concentrent les fonctions politiques (Brasília et Washington, capitales des États fédérés), financières (Bourses de New York, Chicago et São Paulo), de recherche (Silicon Valley à San Francisco) et de fabrication. Miami et Rio de Janeiro sont des pôles touristiques au rayonnement mondial.

• **La métropolisation fait converger les modèles urbains américain et brésilien.** Les villes brésiliennes ressemblent de plus en plus aux métropoles américaines. Elles s'organisent autour d'un Central Business District qui concentre les fonctions de commandement (avenue Paulista à São Paulo) **(doc. 3)** et connaissent un fort étalement.

C Des espaces agricoles très compétitifs

• **L'agriculture du Brésil et des États-Unis est intensive et productiviste.** Étroitement associée à la recherche et aux innovations techniques, elle se déploie sur de vastes exploitations mécanisées. Depuis le début des années 1990, le Brésil a accru sa productivité de 140 % et son potentiel de développement demeure immense. Les deux pays sont les plus gros producteurs mondiaux d'agrocarburants.

• **Les deux pays se livrent une forte concurrence.** L'État américain subventionne largement ses agriculteurs pour qu'ils restent compétitifs sur les marchés mondiaux face à des agriculteurs brésiliens souvent prêts à casser les prix. Le Brésil se démarque par ses capacités d'adaptation aux évolutions de la demande : alors qu'il ne produisait pas de soja en 1970, il en est aujourd'hui le 2e producteur mondial.

• **L'agrobusiness est un facteur d'organisation des territoires américain et brésilien.** Les Grandes Plaines du Midwest ainsi que celles du sud du Brésil et du Mato Grosso sont de véritables greniers à céréales et à oléagineux. Les cultures spécialisées se développent à proximité des centres urbains et des infrastructures d'exportations : vallée de San Joaquín en Californie (fruits et légumes), Sudeste brésilien (orange, canne à sucre, café).

REPÈRES

• **Les 10 premières métropoles aux États-Unis et au Brésil**

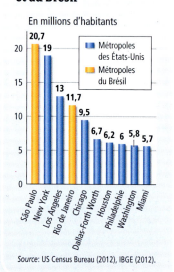

Source : US Census Bureau (2012), IBGE (2012).

VOCABULAIRE

Agrocarburants : carburants produits à partir de matières premières agricoles.

Agrobusiness : filière intégrant les activités liées à l'agriculture, en amont (machines agricoles, engrais) comme en aval (industries agroalimentaires, transport, distribution).

Central Business District : quartier des affaires.

Front pionnier : processus d'appropriation d'un territoire considéré comme « vierge » à des fins de mise en valeur (agricole, minière, etc.) et/ou de peuplement.

Sun Belt : littéralement « ceinture du soleil », qui désigne les espaces attractifs et en forte croissance démographique et économique de l'ouest et du sud des États-Unis.

COURS

1 Delta Airlines et la desserte du territoire américain

Delta Airlines est la première compagnie aérienne du monde (160 millions de passagers en 2010). Son principal hub se trouve à Atlanta, l'aéroport le plus fréquenté du monde.

▶ En quoi cette carte reflète-t-elle la maîtrise du territoire américain ?

2 Les États-Unis face aux risques naturels

« L'année dernière, les catastrophes naturelles dans le monde ont causé environ 160 milliards de dollars de pertes [...] », a précisé Munich Re[1] dans un communiqué. [...] Les plus gros dégâts de l'année 2012 ont été provoqués par l'ouragan Sandy[2] [...]. Deuxième catastrophe importante aux États-Unis l'an passé, la forte sécheresse estivale a durement touché les exploitations agricoles du Midwest [...]. Près de la moitié des terres cultivables américaines ont été touchées et les pertes se sont élevées au total à 20 milliards de dollars pour 2012, soit « la plus forte perte de l'histoire de l'assurance agricole aux États-Unis. Les dommages élevés liés aux catastrophes naturelles aux États-Unis ont montré qu'il est important de soutenir les efforts en matière de prévention des dégâts », a commenté Torsten Jeworrek, patron de Munich Re. Notamment, « il serait possible de doter certaines régions, comme New York, d'une meilleure protection contre les effets des tempêtes », a-t-il ajouté.

AFP, 3 janvier 2013.

1. Entreprise d'assurance allemande.
2. L'ouragan Sandy a frappé la côte est des États-Unis en octobre 2012.

▶ En quoi la population américaine est-elle vulnérable face aux risques naturels ?

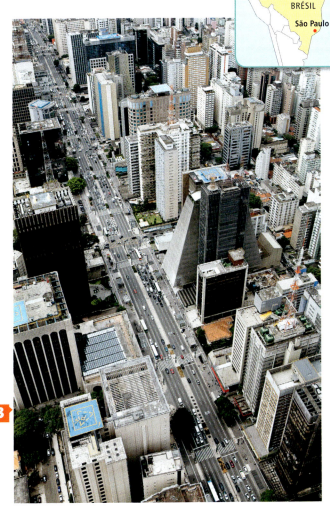

3 L'avenue Paulista à São Paulo (Brésil)

Cette avenue est le cœur financier de la capitale économique du Brésil. Les immeubles disposent de pistes d'atterrissage pour les hélicoptères utilisés quotidiennement par les hommes d'affaires.

▶ Quelle signification donner à la verticalisation du paysage urbain de São Paulo ?

Chapitre 11. L'AMÉRIQUE : PUISSANCE DU NORD, AFFIRMATION DU SUD

DOSSIER
États-Unis et Brésil : fermes du monde

→ Voir COURS pp. 288-289 et 292-293.

Le secteur agricole est au cœur de la puissance des États-Unis et du Brésil. Très moderne et compétitif, il repose sur des complexes agro-industriels performants. Fortement tournés vers le marché mondial, les deux premiers exportateurs de produits agricoles mondiaux se font aussi concurrence.

➡ **En quoi les États-Unis et le Brésil sont-ils les principaux pôles de l'agriculture mondialisée ?**

1 *Feedlot* **dans l'ouest des États-Unis**
Ce type de parc d'engraissement de bovins (*feedlot*) peut accueillir jusqu'à 160 000 têtes de bétail.

2 La puissance agricole brésilienne

Le Brésil devrait battre un nouveau record de production de soja cette année, au point de doubler les États-Unis, jusqu'à présent premiers producteurs mondiaux de la graine oléagineuse. [...]
En 40 ans, le Brésil est passé du rang de pays pauvre producteur de sucre et de café à celui de numéro un mondial non seulement de ces deux produits, mais également de bœuf, de volaille et donc bientôt de soja. En attendant probablement la même performance pour l'éthanol et le biodiesel !
En dix ans, la valeur des exportations agricoles du Brésil a quintuplé. Les autorités brésiliennes n'ont pas lésiné sur les moyens, notamment de recherche et de formation pour parvenir à ces résultats. Elles ont aussi laissé défricher l'Amazonie, avant de mettre tardivement le hola. Le Brésil a également franchi le pas des OGM, plus tardivement que les États-Unis et l'Argentine.

Claire Fages, « Chronique des matières premières », RFI, 11 janvier 2013.

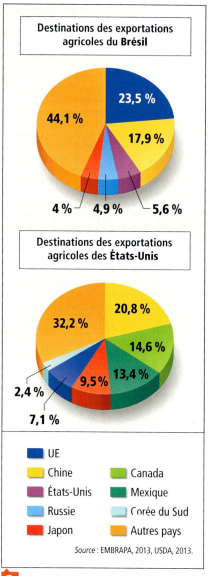

Source : EMBRAPA, 2013, USDA, 2013.

3 Les principaux importateurs de productions agricoles du Brésil et des États-Unis

Valeur des exportations en 2011 :
Brésil : 81,8 milliards de dollars ;
États-Unis : 141,3 milliards de dollars.

294

DOSSIER

4 **Paranaguá : 1ᵉʳ port d'exportation de produits agricoles d'Amérique latine**

Située dans l'État du Paraná, la ville de Paranaguá dispose d'un des principaux ports d'exportation de matières premières agricoles du pays, notamment de soja.

① Terminal ferroviaire.
② Camions en attente de déchargement.
③ Silos.
④ Navires vraquiers en cours de chargement.
⑤ Baie de Paranaguá.

5 **Rangs mondiaux du Brésil et États-Unis pour les exportations agricoles**

Productions	Brésil	États-Unis
Jus d'orange	1ᵉʳ	2ᵉ
Éthanol	1ᵉʳ	2ᵉ
Soja	2ᵉ	1ᵉʳ
Café	1ᵉʳ	–
Volailles	1ᵉʳ	2ᵉ
Bœuf	3ᵉ	4ᵉ
Maïs	3ᵉ	1ᵉʳ
Viande bovine	1ᵉʳ	3ᵉ
Porc	4ᵉ	1ᵉʳ
Coton	3ᵉ	1ᵉʳ
Sucre	1ᵉʳ	5ᵉ
Tabac	2ᵉ	3ᵉ
Blé	12ᵉ	1ᵉʳ

Source : FAO (2012).

6 **L'agroalimentaire : puissance américaine, affirmation brésilienne**

Les champions des pays émergents sont devenus incontournables sur la scène internationale. Si les poids lourds de la grande consommation comme Nestlé, Procter & Gamble[1], Unilever, Pepsico[1], Kraft[1] ou encore Coca-Cola[1] monopolisent encore les premières places, les tigres locaux poursuivent leur ascension. […] Parmi eux, le leader mondial de la viande, JBS […] a connu une croissance fulgurante ces cinq dernières années, à coup d'acquisitions parmi lesquelles celle de Smithfield aux États-Unis. Avec près des trois quarts de son chiffre d'affaires désormais réalisés en dehors de ses frontières, il parie notamment sur les États-Unis pour asseoir sa croissance future. […] Le numéro 2 brésilien de l'agroalimentaire, BRF, gagne aussi la tête du classement. Le millésime 2011 de l'étude Deloitte compte également deux nouveaux entrants venant du Brésil, Marfrig Alimentos, spécialisé dans la viande […], et Natura Cosmeticos […]. Ce dernier s'est imposé au Brésil comme l'un des leaders des cosmétiques.

Article de Kerer Lentschner, *Le Figaro*, 11 avril 2012.

1. Entreprises américaines.

Questions

▶ **Exploiter et confronter des informations**

1. Caractérisez la place du Brésil et des États-Unis dans le système agro-industriel mondial. **(doc. 2, 3, 4, 5 et 6)**

2. Quels sont les facteurs de la puissance agricole du Brésil et des États-Unis ? **(doc. 1, 2, 4, 5 et 6)**

3. Montrez que l'agriculture contribue fortement à organiser les territoires de ces deux États. **(doc. 1 et 4)**

▶ **Porter un regard critique sur deux photographies (doc. 1 et 4)**

4. Nommez le type de prise de vue utilisé dans ces photographies et dites quels sont ses avantages.

5. En vous appuyant sur l'analyse des photographies, montrez que les agricultures brésilienne et américaine sont intensives.

▶ **Dégager le sens général**

6. Montrez que le Brésil et les États-Unis sont deux pôles majeurs de l'agriculture mondialisée, en forte concurrence.

Chapitre 11. L'AMÉRIQUE : PUISSANCE DU NORD, AFFIRMATION DU SUD

DOSSIER — L'Amazonie brésilienne dans la mondialisation

→ Voir COURS pp. 292-293.

Outre sa grande biodiversité, la forêt amazonienne (plus de 40 % du territoire brésilien) est pourvue d'abondantes ressources. Elle offre aussi de vastes espaces qui ont fait l'objet de fronts pionniers depuis plusieurs décennies. Ainsi, la forêt tropicale recule aux dépens de la sylviculture, de la culture du soja et de l'élevage, non sans impacts environnementaux.

➡ **Quels sont les enjeux liés à l'exploitation des ressources de l'Amazonie ?**

1 La déforestation dans le nord du Mato Grosso (Rondônia)
Une fois le travail des bûcherons achevé, les secteurs défrichés laissent place à l'élevage ou à la culture du soja. Image satellite, Nasa, 2007.

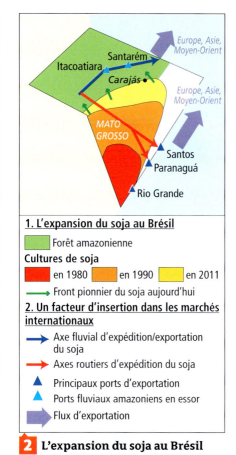

2 L'expansion du soja au Brésil

3 La croissance de Manaus et ses conséquences

L'aire de répartition géographique du [tamarin bicolore][1] couvre une zone relativement restreinte du bassin amazonien [...]. Malheureusement pour l'animal, l'expansion rapide de Manaus grignote peu à peu son territoire. C'est d'ailleurs un site peu commun pour une ville de près de deux millions d'habitants. Manaus est située en plein cœur de la jungle. [...]

La cité a subi son premier boom au tournant du siècle dernier, lorsque les investisseurs européens et américains ont afflué pour le commerce du caoutchouc. [...] Puis, l'économie florissante de la région s'est écroulée quand les Anglais ont réussi à faire pousser l'arbre en question [...] en dehors des territoires amazoniens. Ce n'est que dans les années 1950 que la ville a recommencé à se développer, lorsque le gouvernement brésilien a alloué des avantages fiscaux à la ville [...]. La zone franche de Manaus est née et accueille désormais les plus grandes entreprises du monde : Honda, Yamaha, Sony, Samsung et Foxconn sont toutes implantées dans la zone de libre-échange.

Jol Press, 2 juin 2012.

1. Petit singe en voie d'extinction.

VOCABULAIRE

Front pionnier : processus d'appropriation d'un territoire considéré comme « vierge » à des fins de mise en valeur (agricole, minière...) et/ou de peuplement.

DOSSIER

4 **La plus grande mine de fer du monde**
La mine de Carajás est exploitée par la firme Vale. Le Brésil est le deuxième producteur mondial de fer. Le site produit également du cuivre, du manganèse et de l'or. Le minerai est acheminé par train jusqu'au port d'Itaqui, situé à 900 km, pour être exporté vers le Japon, la Chine ou l'Europe.

5 **Les conséquences de l'agrobusiness en Amazonie**
Dessin de Latuff, 2012. Sur le chapeau, on peut lire : « Agrobusiness ».

Questions

▶ **Exploiter et confronter des informations**

1. Quels sont les différents types de mises en valeur de l'Amazonie ? (doc. 1, 2, 3 et 4)

2. Montrez que l'ouverture de l'Amazonie sur le monde a aussi des effets dévastateurs. (doc. 1, 3, 4 et 5)

3. En quoi l'insertion du Brésil dans la mondialisation a-t-elle transformé l'espace amazonien ? (doc. 1, 2, 3, 4 et 5)

▶ **Porter un regard critique sur un dessin de presse** (doc. 5)

4. De quel type de document s'agit-il ? Quel message véhicule-t-il ?

▶ **Dégager le sens général**

5. Quels sont les atouts et les inconvénients de l'insertion de l'Amazonie dans la mondialisation pour le Brésil ?

Chapitre 11. L'AMÉRIQUE : PUISSANCE DU NORD, AFFIRMATION DU SUD

COURS

5. États-Unis, Brésil : les faiblesses de deux géants

→ Voir **CARTES** pp. 290-291.
→ Voir **DOSSIER** pp. 294-295 et 296-297.

> Quelles sont les limites du développement des États-Unis et du Brésil ?

A À l'échelle mondiale, des puissances contestées

● **La politique étrangère des États-Unis ne fait pas l'unanimité.** Leur présence planétaire, souvent jugée impérialiste, les expose à de fréquentes critiques. Toutefois, Barack Obama s'est efforcé de donner une meilleure image du pays. Le Brésil, quant à lui, cherche à s'imposer comme une puissance diplomatique sur le continent américain.

● **Les États-Unis sont les premiers débiteurs de la planète.** La réduction du déficit budgétaire est devenue un enjeu important. Si le Brésil a réduit sa dette extérieure, il doit encore combler son retard technologique vis-à-vis des pays du Nord, en investissant davantage dans l'innovation.

● **Les deux pays sont critiqués pour leurs atteintes à l'environnement.** Leur agriculture recourt massivement aux OGM et ils sont les premiers producteurs mondiaux d'éthanol, alors qu'une partie de leur population reste confrontée à la sous-nutrition. Au Brésil, la protection de l'Amazonie n'empêche pas les nouveaux aménagements aux lourds impacts (barrage de Belo Monte) malgré l'émergence d'une conscience environnementale dans la société **(doc. 2)**.

B À l'échelle nationale, un développement très inégal

● **Le Brésil demeure un des pays les plus inégalitaires au monde.** Depuis 2003, le programme d'aide *Bolsa familia* (bourse famille) a toutefois permis de diviser par deux le pourcentage de pauvres entre le début des années 1990 et aujourd'hui. Aux États-Unis, 45 millions de personnes vivent sans protection sociale.

● **Dans les deux pays, les disparités régionales sont fortes.** Au Brésil, le développement du Sud et du Sudeste contraste avec les difficultés du Nordeste : seulement 7 % des familles de l'État de Santa Catarina (sud) reçoivent une aide contre 48 % dans celui du Maranhão (nord). Aux États-Unis, l'Alabama, la Géorgie ou le Mississipi sont particulièrement confrontés à la pauvreté **(doc. 1)**.

● **Au Brésil, la question agraire reste au cœur des inégalités.** De vastes *fazendas* plus ou moins productives côtoient des *minifundios*. Le nombre de paysans sans terre est important. Ils investissent souvent de grandes propriétés de manière illégale, mais s'exposent à la répression des autorités et des propriétaires. La question de la *réforme agraire* reste donc d'actualité.

C À l'échelle locale, de forts clivages intra-urbains

● **Les villes reflètent les difficultés des deux pays à intégrer leurs minorités.** Les Noirs sont les premières victimes de la pauvreté et de la violence urbaine. Ils sont surreprésentés dans les ghettos américains et les *favelas* **(doc. 3)**. Aux États-Unis, loin du modèle du *melting pot*, le communautarisme conduit à des formes de fragmentation urbaine.

● **Ces logiques de repli génèrent de nouveaux types d'urbanisme et de pratiques.** Les *Gated Communities* (quartiers privatisés et sécurisés où vit une population aisée) sont nés aux États-Unis avant de se développer à la périphérie des métropoles brésiliennes sous le nom de *condomínios fechados*. São Paulo est la première ville du monde pour le trafic d'hélicoptères privés, utilisés par les plus riches pour se déplacer dans une mégapole saturée et violente.

● **La violence caractérise certaines villes américaines et brésiliennes.** Rio et Recife (Brésil), où le luxe côtoie la pauvreté, figurent parmi les métropoles les plus violentes du monde. Aux États-Unis, les villes les plus frappées par la désindustrialisation et la pauvreté sont celles où la criminalité est la plus élevée (Saint-Louis, Detroit).

REPÈRES

	États-Unis	Brésil
IDH[1]	0,937	0,730
Rang mondial pour l'IDH	3	85
Espérance de vie (en années)	78,6	72,9
Coefficient de Gini[2]	0,45	0,52
Part de la population vivant sous le seuil de pauvreté	15 %	21 %

Source : PNUD, 2012 et CIA Factbook 2013.

1. IDH de la France : 0,893.
2. Mesure des inégalités sociales : plus il s'approche de 1, plus les inégalités sont importantes.

VOCABULAIRE

Fazenda : grande propriété agricole au Brésil.

Melting pot : assimilation des immigrés à la société américaine. Sa dimension largement mythique conduit aujourd'hui à privilégier l'image de la mosaïque ethnique (le *Salad Bowl*), plus proche de la réalité.

Minifundio : très petite exploitation, souvent de moins d'un hectare, très insuffisante pour vivre décemment.

Réforme agraire : processus de redistribution des terres en vue d'une répartition plus équitable.

1 Les limites du rêve américain

Le melting pot américain a été remis en cause notamment par l'accroissement des inégalités raciales qui furent cristallisées, entre autres, dans les émeutes noires de Los Angeles en 1992. En 2013, la situation n'est malheureusement pas réglée sur le plan économique. [...] « Le rêve américain est un mythe », écrivait en juin 2012 le prix Nobel d'économie Joseph E. Stiglitz, dressant ainsi un portrait sombre mais réaliste d'une Amérique où l'extrême richesse côtoie l'extrême pauvreté. Aux États-Unis, les 5 % des ménages les plus riches disposaient en 2010 de 21,3 % du revenu global et les 20 % les plus pauvres n'en détenaient que 3,3 %. Le revenu annuel de ces 5 % s'établissait à 287 686 dollars, tandis que les 20 % les plus pauvres devaient se contenter en moyenne de 11 034 dollars. [...] En 2011, 49,7 millions d'Américains vivent sous le seuil de pauvreté, soit le niveau le plus élevé depuis cinquante-deux ans en chiffres absolus.

Carto, n° 16, mars-avril 2013.

▶ Quels types d'inégalités caractérisent les États-Unis ?

2 Mobilisation contre le barrage de Belo Monte (Brésil)

Le barrage (« *Dam* » en anglais) de Belo Monte sur le rio Xingu (affluent du fleuve Amazone), dont les travaux de construction ont débuté en 2012, est un imposant projet hydroélectrique contesté par les populations locales (comme les Xicrin-Kayapó ou les Juruna) et des associations internationales pour ses conséquences environnementales et sociales.

▶ Comment expliquer que la protection de l'Amazonie fasse l'objet d'une mobilisation mondiale ?

3 La *favela* de Terra Firme à Belém (Brésil, État du Pará)

▶ Montrez que ce paysage illustre les enjeux de développement auxquels se trouve confronté le Brésil.

BAC Révision

L'Amérique : puissance du Nord, affirmation du Sud

L'essentiel

1 Tensions et intégrations régionales sur le continent

• **L'Amérique n'a pas connu de guerre depuis de nombreuses années.** Toutefois, des litiges frontaliers demeurent et l'instabilité politique persiste dans certains pays latino-américains malgré un contexte de démocratisation. À l'échelle locale, le continent est confronté à différentes formes de violence. ▶ COURS 2

• **L'intégration régionale a été approfondie dans la dernière décennie** mais des obstacles demeurent : rivalités entre pays, affirmation des nationalismes et fortes disparités Nord/Sud. Les deux principaux blocs économiques, MERCOSUR et ALENA, sont en concurrence. Le projet de ZLEA n'a pas abouti. ▶ COURS 1 ET 2

2 États-Unis, Brésil : entre puissance et affirmation

• **Les États-Unis restent le pays leader de la mondialisation.** Troisième exportateur mondial et premier importateur, ils demeurent aussi premier émetteur et récepteur d'IDE. Ils occupent le meilleur rang pour la recherche scientifique. Leur puissance est aussi culturelle, militaire et politique. ▶ COURS 3

• **La puissance du Brésil, avant tout régionale, tend à devenir mondiale.** Ses exportations, en forte augmentation, se sont diversifiées ces dernières années. Le Brésil défend une mondialisation plus en phase avec les intérêts des pays du Sud mais son influence politique et culturelle reste secondaire. ▶ COURS 3

3 Dynamiques des territoires américain et brésilien

• **L'adaptation à la mondialisation a entraîné de profondes mutations du territoire américain.** Si le Nord-Est demeure un centre majeur de la mondialisation, la Sun Belt joue aussi un rôle moteur. Plusieurs villes américaines exercent un rayonnement mondial. Même les périphéries sont au service de la puissance. ▶ COURS 4 ET 5

• **Le Brésil est marqué par de fortes inégalités territoriales, à différentes échelles.** Les écarts de développement opposent le Sud et le Sudeste au reste du pays. Le Centre-Ouest du pays et l'Amazonie sont désormais intégrés aux marchés mondiaux. Les villes sont traversées par de profondes fractures socio-spatiales. ▶ COURS 4 ET 5

NOTIONS CLÉS

- Intégration régionale p. 282
- Interface p. 284

LES CHIFFRES CLÉS

États-Unis
- 316 millions d'habitants
- 17 fois la superficie de la France
- PIB : 15 600 milliards de dollars en 2012
- 1re puissance mondiale

Brésil
- 201 millions d'habitants
- 15 fois la superficie de la France
- PIB : 2 400 milliards de dollars en 2012
- 6e puissance mondiale

États-Unis et Brésil
- 3e et 25e exportateurs mondiaux de marchandises
- Premiers pays exportateurs de produits agricoles

Part des pauvres dans la population
- 15 % aux États-Unis et 21 % au Brésil

Échanges multipliés par 10
- au sein du MERCOSUR entre 1991 et 2011

São Paulo et New York
- plus de 19 millions d'habitants chacune

Pour approfondir

LIVRES, REVUES

• O. Dabène (dir.), *Atlas de l'Amérique latine*, Autrement, 2012.

• *Brésil. L'autre géant américain*, « Questions internationales », La Documentation française, 2012

• C. Ghorra-Gobin, G. Poiret, *États-Unis/Canada. Regards croisés*, « La Documentation Photographique » n° 8092, La Documentation française, 2013.

• C. Ghorra-Gobin, A. Musset, *Canada, États-Unis, Mexique*, Sedes, 2012.

• M.-F. Prévost-Schapira, S. Velut, *Amérique latine. Les défis de l'émergence*, « La Documentation Photographique » n° 8089, La Documentation française, 2012

SITES

• Atlas du Mercosur : http://www.iheal.univ-paris3.fr/mercosur_fr/

RÉVISION BAC

Schémas pour réviser

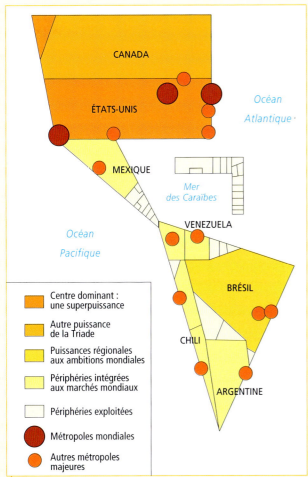

1 L'Amérique : puissance du Nord, affirmation du Sud

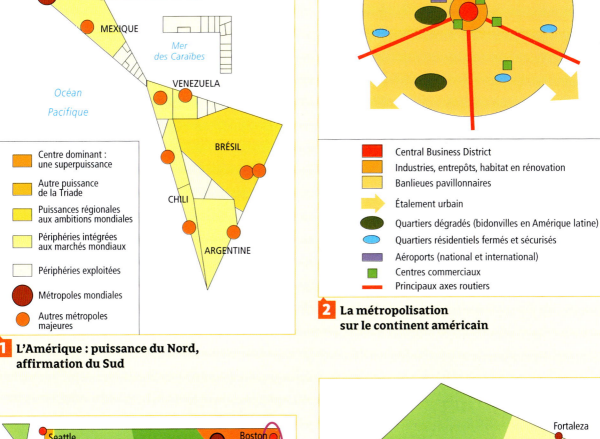

2 La métropolisation sur le continent américain

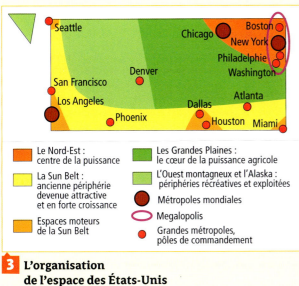

3 L'organisation de l'espace des États-Unis

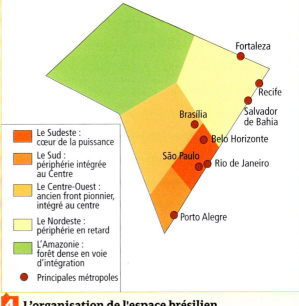

4 L'organisation de l'espace brésilien

Chapitre 11. L'AMÉRIQUE : PUISSANCE DU NORD, AFFIRMATION DU SUD **301**

BAC Composition

①	Analyser le sujet	p. 270
②	Mobiliser ses connaissances	p. 274
③	Rédiger la composition	p. 334

Sujet guidé

▶ **Sujet :** Le continent américain entre tensions et intégrations régionales

Démarche	Guide de travail
① Analyser le sujet	→ **MÉTHODE** p. 270.
➡ Définir les termes du sujet	1. Donnez des exemples de tensions en Amérique (voir pp. 282-283). 2. Définissez « intégrations ». **CONSEIL** Le sujet porte sur l'ensemble du chapitre : tous les États américains peuvent être cités comme exemples.
➡ Formuler une problématique	C'est le **fil directeur** du sujet. 3. Quels sont les enjeux des tensions en Amérique ? 4. Quels sont les enjeux de l'intégration pour le continent ?
② Mobiliser ses connaissances	→ **MÉTHODE** p. 274.
➡ Sélectionner les informations	5. Classez vos idées dans un tableau à deux colonnes : – les facteurs de tensions, avec exemples ; – le renforcement de l'intégration, avec exemples. **CONSEIL** Pensez aux divers aspects du sujet. *Exemple* 1. Les réseaux énergétiques et les réseaux de transport sont en pleine expansion. 2. Des villes-jumelles ont émergé sur les frontières les plus actives du fait de la complémentarité entre les États.
➡ Organiser ses idées	6. Le sujet indique partiellement les idées principales à développer : tensions et intégrations en 1re et 2e parties ; en 3e partie : limites de l'intégration.
③ Rédiger la composition	→ **MÉTHODE** p. 334.
➡ Rédiger l'introduction	7. Présentez le sujet. *Exemple* Le continent américain est marqué par de fortes disparités économiques entre les États mais aussi par des tensions frontalières liées à l'affirmation des nationalismes face à l'hégémonie étatsunienne. Les initiatives d'intégration régionale et le renforcement des relations économiques et politiques permettent de résorber ces tensions mais créent des concurrences nouvelles. Énoncez ensuite la question problématique et les différents grands paragraphes du devoir.
➡ Rédiger le développement	8. Rédigez votre devoir. **CONSEIL** Pensez à faire des transitions. *Exemple de transition entre le 2e et le 3e paragraphe* Malgré une intégration régionale de plus en plus importante, des divisions persistent. **CONSEIL** Pensez à insérer un schéma pour valoriser votre copie.
➡ Rédiger la conclusion	9. En bilan, montrez les profondes mutations du territoire américain.

BAC Composition

Sujet guidé

> **Sujet :** États-Unis-Brésil : rôle mondial, dynamiques territoriales
>
> **Consigne :** À partir de vos connaissances, vous comparerez les puissances États-Unis et Brésil en étudiant leur rôle dans l'économie mondialisée, leur influence et leur rayonnement, ainsi que leurs dynamiques territoriales.

Démarche	Guide de travail
1. Analyser le sujet	→ **MÉTHODE** p. 270.
→ Définir les termes du sujet	1. Définissez « dynamiques territoriales » ; « rôle mondial ». 2. À quelles échelles le sujet se situe-t-il ?
→ Formuler une problématique	3. Quels enjeux le sujet évoque-t-il ? **CONSEIL** Reformulez le sujet en utilisant les termes « puissances mondiales » ; « territoire » ; « concurrence ».
2. Mobiliser ses connaissances	→ **MÉTHODE** p. 274.
→ Sélectionner les informations	4. En vous aidant des cours 3, 4 et 5 pp. 288-299, relevez les informations utiles pour répondre au sujet. Quelles données statistiques permettent de comparer le rôle mondial des deux puissances ? *EXEMPLE* PIB, taux de croissance, IDH, IDE, exportations. 5. Comment pouvez-vous utiliser les schémas de l'organisation du territoire des États-Unis et du Brésil dans votre développement (p. 301) ? 6. Quelles informations complémentaires donnent les cartes pp. 290-291 ?
→ Organiser ses idées	7. Classez vos idées en trois parties. *EXEMPLE* I. Des territoires reflets de leur puissance économique mondiale II. Deux puissances concurrentes III. Deux puissances inégales et contestées
3. Rédiger la composition	→ **MÉTHODE** p. 334.
→ Rédiger l'introduction	8. Rédigez l'introduction en vous aidant des réponses précédentes pour présenter le sujet, la problématique et les principaux thèmes.
→ Rédiger le développement	9. Rédigez votre développement avec des transitions entre les paragraphes.
→ Rédiger la conclusion	10. Quel bilan apparaît ? Faites la synthèse de vos arguments pour répondre à la question problématique. 11. Vous pouvez élargir le sujet en utilisant la notion de développement et en ouvrant sur les difficultés des espaces et des populations en marge de la mondialisation.
→ Intégrer une production graphique	12. Insérez un ou plusieurs schémas pour valoriser votre copie : voir p. 301. **CONSEIL** Vous pouvez utiliser les schémas du cours mais aussi réaliser des schémas simplifiés.

Chapitre 11. L'AMÉRIQUE : PUISSANCE DU NORD, AFFIRMATION DU SUD

BAC Croquis

1 Analyser le sujet	p. 270
2 Sélectionner les informations	p. 272
3 Choisir les figurés et construire la légende	p. 366

Sujet guidé

▶ **Sujet :** Les dynamiques territoriales des États-Unis

Démarche	Guide de travail
1 Analyser le sujet	→ **MÉTHODE** p. 270.
2 Mobiliser ses connaissances	→ **MÉTHODE** pp. 272 et 366.
→ Sélectionner les informations à cartographier	**1.** Observez le croquis ci-dessous : comment justifiez-vous la sélection des informations représentées ?
→ Choisir les figurés	**2.** Complétez les figurés manquants dans la légende. **CONSEIL** Voir le langage cartographique en fin de manuel.
→ Construire la légende	**3.** Comment justifiez-vous l'organisation de la légende telle qu'elle est proposée ?
3 Réaliser le croquis	

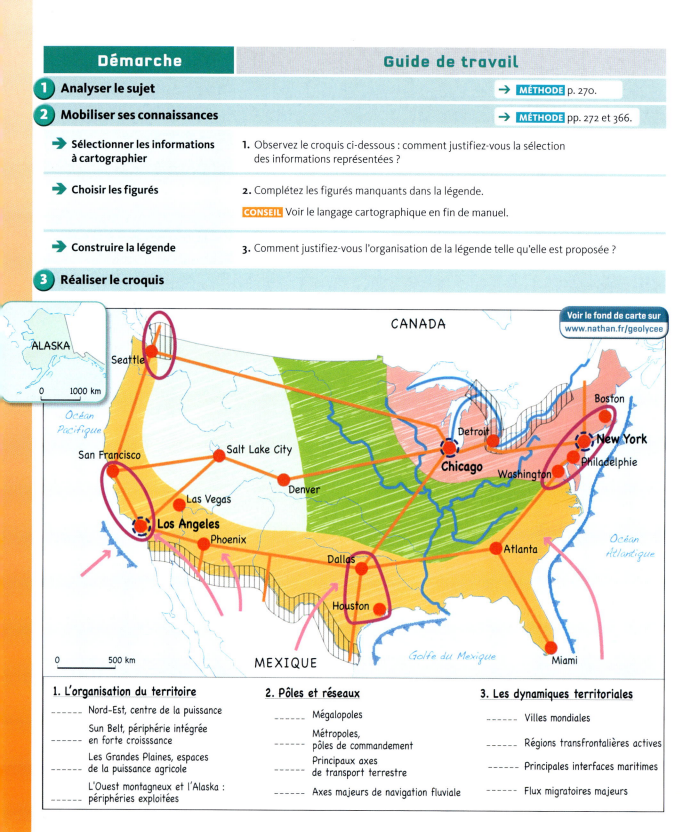

1. L'organisation du territoire
- ------ Nord-Est, centre de la puissance
- ------ Sun Belt, périphérie intégrée en forte croisssance
- ------ Les Grandes Plaines, espaces de la puissance agricole
- ------ L'Ouest montagneux et l'Alaska : périphéries exploitées

2. Pôles et réseaux
- ------ Mégapoles
- ------ Métropoles, pôles de commandement
- ------ Principaux axes de transport terrestre
- ------ Axes majeurs de navigation fluviale

3. Les dynamiques territoriales
- ------ Villes mondiales
- ------ Régions transfrontalières actives
- ------ Principales interfaces maritimes
- ------ Flux migratoires majeurs

Croquis — Sujet guidé

▶ **Sujet : Les dynamiques territoriales du Brésil**

Démarche	Guide de travail
1 Analyser le sujet	→ MÉTHODE p. 270.
2 Mobiliser ses connaissances	→ MÉTHODE pp. 272 et 366.
→ Sélectionner les Informations à cartographier	1. Observez le croquis ci-dessous : comment justifiez-vous la sélection des informations représentées ?
→ Choisir les figurés	2. Complétez les figurés manquants dans la légende. **CONSEIL** Voir le langage cartographique en fin de manuel.
→ Construire la légende	3. Comment justifiez-vous l'organisation de la légende telle qu'elle est proposée ?
3 Réaliser le croquis	

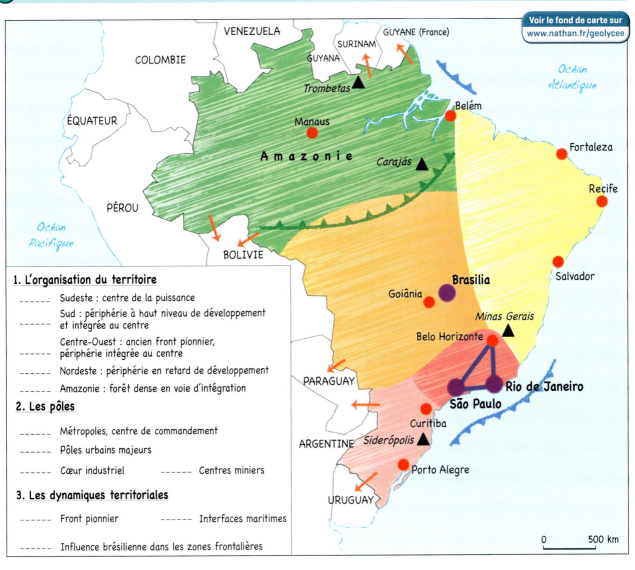

1. L'organisation du territoire
- ------ Sudeste : centre de la puissance
- ------ Sud : périphérie à haut niveau de développement et intégrée au centre
- ------ Centre-Ouest : ancien front pionnier, périphérie intégrée au centre
- ------ Nordeste : périphérie en retard de développement
- ------ Amazonie : forêt dense en voie d'intégration

2. Les pôles
- ------ Métropoles, centre de commandement
- ------ Pôles urbains majeurs
- ------ Cœur industriel   ------ Centres miniers

3. Les dynamiques territoriales
- ------ Front pionnier   ------ Interfaces maritimes
- ------ Influence brésilienne dans les zones frontalières

BAC — Analyse de document

Montrer l'intérêt et les limites du document

1 Analyser le sujet	p. 242
2 Identifier et déterminer l'idée centrale du(des) document(s)	p. 244
3 **Montrer l'intérêt et les limites du document**	
4 Extraire et confronter les informations	p. 338
5 Répondre à la consigne	p. 370

▶ **Sujet :** L'Amérique : intégrations régionales et concurrences

Consigne : À partir de l'analyse du document, vous expliquerez le renforcement de l'intégration régionale du continent américain. Vous mettrez en évidence l'intérêt et les limites du document en montrant les concurrences entre le nord et le sud de l'Amérique.

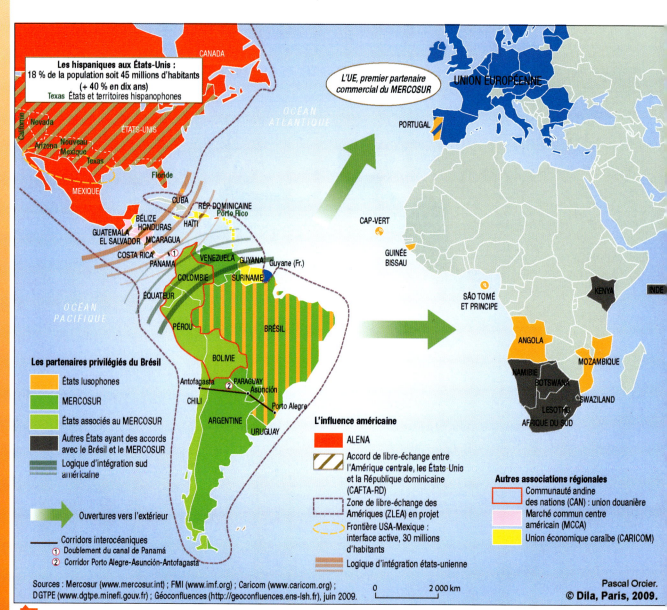

1 L'intégration régionale du continent américain
Les États lusophones sont les États de langue portugaise.

Démarche	Guide de travail
1 Analyser le sujet	→ **MÉTHODE** p. 242.
2 Analyser le document	→ **MÉTHODE** pp. 244 et 338.

→ **Identifier le document**
1. Quelle est la nature du document ?
2. Indiquez la source et la date de publication.

→ **Déterminer l'idée centrale du document**
3. Quels sont les thèmes abordés ?

→ **Extraire les informations**
4. Définissez : « Mercosur », « Alena », « zone de libre-échange des Amériques ».
5. Comment s'effectue l'intégration régionale des Amériques ?
6. Quelles informations montrent que les pays d'Amérique du Sud étendent leur influence économique dans le monde ?
7. Quels sont les pays partenaires du Brésil ? Quels sont ceux des États-Unis ?
8. Qu'observez-vous au niveau de la frontière des États-Unis et du Mexique ?
9. Quelles sont les autres alternatives aux deux principales organisations régionales ?

EXEMPLE *Communauté andine des nations, etc.*

→ **Déterminer les enjeux spatiaux**
10. Quels sont les enjeux spatiaux de la rivalité entre les États-Unis et le Brésil à l'échelle du continent américain ?
11. Pourquoi le développement des liens avec les pays émergents constitue-t-il un enjeu important pour le Brésil ?

CONSEIL Vous devez vous aider de vos connaissances pour répondre à ces questions.

12. Quelle image ce document donne-t-il de l'intégration régionale américaine ?
13. Comment traduit-il le choc des influences entre le nord et le sud de l'Amérique ?
14. Les disparités culturelles et de niveau de développement ne sont pas évoquées dans le document. Pourquoi devrez-vous pourtant en tenir compte dans votre réponse au sujet ?

● **POINT MÉTHODE**
Montrer l'intérêt et les limites du document
• Montrer comment le document permet de mieux comprendre la question géographique à laquelle il se rapporte.
• S'interroger sur l'objectif du document et sur le point de vue exprimé.
• Rechercher les aspects du sujet qui ne sont pas abordés dans le document.

3 Répondre à la consigne → **MÉTHODE** p. 370.

→ **Organiser ses idées**
15. Reprenez l'organisation de thèmes suggérés dans la consigne.

→ **Rédiger la réponse au sujet**
16. Présentez le sujet et le document.
17. Rédigez la réponse au sujet en utilisant un vocabulaire précis.
18. Pour conclure, faites un bilan de votre analyse.

Chapitre 11. L'AMÉRIQUE : PUISSANCE DU NORD, AFFIRMATION DU SUD **307**

CHAPITRE 12
L'AFRIQUE : LES DÉFIS DU DÉVELOPPEMENT

Longtemps décrite comme le continent du mal-développement, l'Afrique connaît aujourd'hui de profonds bouleversements. Forte de ses immenses ressources et d'une croissance démographique rapide, elle s'insère dans la mondialisation. Mais les inégalités demeurent très importantes et beaucoup d'Africains sont encore confrontés aux conflits, à la faim et à la pauvreté.

PROBLÉMATIQUE

➡ À quels défis l'Afrique est-elle confrontée, face aux enjeux du développement et de la mondialisation ?

PLAN DU CHAPITRE

Étude de cas	Le Sahara : ressources, conflits	310
	Bilan de l'étude de cas	314
Cartes	L'Afrique : villes, ressources et développement	316
Cours	1. L'Afrique : les défis du développement	318
Dossier	Les défis de la sécurité alimentaire en Afrique	320
Cours	2. Un continent en pleine transition	322
Dossier	Le Soudan du Sud, un nouvel État en Afrique	324
Cartes	L'Afrique : développement durable et insertion dans la mondialisation	326
Cours	3. L'Afrique dans la mondialisation	328
	4. Une Afrique, des Afrique	330
Révision		332
BAC	Composition	334
	Croquis	336
	Analyse de documents	338

Le Cap (Afrique du Sud) : une métropole émergente

À la pointe sud du continent africain (cap de Bonne-Espérance), la ville du Cap est de longue date une terre de passage et d'immigration. Elle compte aujourd'hui 3,5 millions d'habitants.

Le grand stade de Green Point (70 000 places, à droite de l'image) a accueilli la Coupe du monde de football en 2010 ; au second plan, le port de commerce de niveau mondial.

➔ En quoi la ville du Cap est-elle une métropole mondiale ?

ÉTUDE DE CAS

Le Sahara : ressources, conflits

Le Sahara est le plus vaste désert du monde. Il s'étend sur une dizaine de pays aux frontières héritées de l'histoire coloniale. Ses immenses ressources sont devenues stratégiques à l'échelle mondiale.

➡ **En quoi les ressources du Sahara sont-elles à la fois facteurs de développement et de conflits ?**

A Le Sahara : des ressources considérables

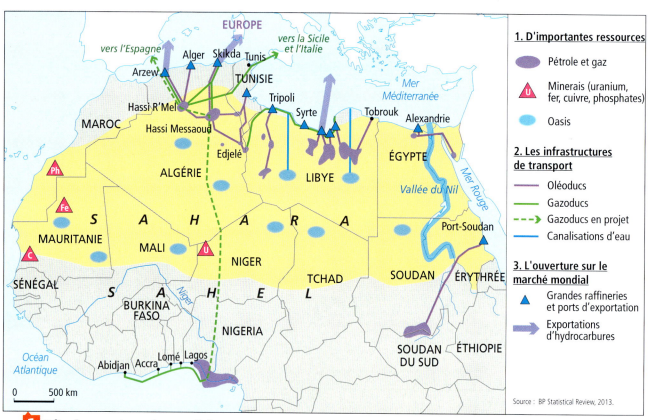

1 Pétrole, gaz et uranium au Sahara

2 Les énergies renouvelables au Sahara

Lancé en 2009, le grandiose projet « Desertec », qui prévoyait la production d'énergies vertes en Afrique et au Moyen-Orient, semble faire long feu. Le consortium qui s'est fixé pour but de créer, en 40 ans, un vaste réseau de centrales solaires et de fermes éoliennes sur le pourtour de la Méditerranée afin de fournir les pays de cette zone en énergie et d'exporter le surplus vers l'Europe (et y couvrir 20 % des besoins en électricité) [...] a été victime de plusieurs coups durs. La crise économique mondiale, l'instabilité politique en Afrique du Nord (Tunisie, Libye, Égypte), et l'abandon du secteur des énergies renouvelables par plusieurs industriels phares, comme Siemens ou Bosch, ont été autant de difficultés à gérer. [...]

Deux projets sont actuellement en cours de réalisation au Maroc. [...] Parmi les quelques partenaires français du consortium, on retrouve Saint-Gobain Solar et Soitec Solar, une société iséroise qui produit des systèmes solaires. Les énergéticiens E.On, RWE (Allemagne) et Enel (Italie) sont également associés.

www.batiactu.com, 2 juillet 2013.

ÉTUDE DE CAS

3 Le Niger, riche en uranium

Le Niger vit principalement de ses ressources en uranium[1], dont les exportations – plus de 3 000 tonnes par an – représentent 5 % des recettes fiscales et contribuent pour 5 % au PIB. [...] L'exploitation de l'uranium au Niger a, de tout temps, été une affaire française. De la prospection à la production, puis à l'exportation, l'activité est largement dominée par des groupes de l'Hexagone. La carte minière du Niger a été élaborée par le Bureau de recherches géologiques et minières (BRGM) basé à Paris, et la production actuelle du pays [...] tient exclusivement aux activités du groupe français Areva [...]. Cependant, l'exclusivité française dans l'exploitation de ce minerai a été mise à mal par la politique de l'ex-président Mamadou Tandja, qui avait érigé en priorité nationale la diversification des partenaires miniers. Permis d'exploration et concessions ont été négociés avec des groupes chinois, canadiens, australiens et indiens. [...] La China National Nuclear Corporation (CNNC) qui a décroché le contrat de la mine la plus prometteuse, celle d'Azelik, est la première à concrétiser le souhait des Nigériens de sortir de l'« Areva-dépendance ».

C. Ouazani, « Mines, À chacun sa part du gâteau ? », *Jeune Afrique*, n° 2 621, 3-9 avril 2011, dossier spécial Niger.

[1]. L'uranium est la principale matière première utilisée dans l'industrie nucléaire.

4 L'oasis de Djanet, dans le Tassili N'Ajjer (Algérie)

Malgré la contrainte de l'aridité, le Sahara dispose de réserves d'eau souterraines. Les oasis sont des lieux ponctuels de développement agricole (Djanet compte 12 000 habitants et 30 000 palmiers-dattiers), et des villes d'étape pour les migrants transsahariens.

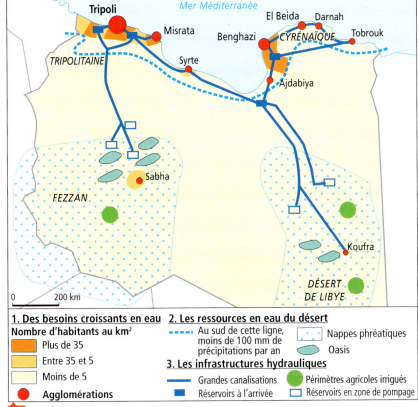

5 L'exploitation des nappes phréatiques en Libye

Questions

▶ **Exploiter et confronter des informations**

1. Dressez la liste des ressources du Sahara. **(doc. 1, 2, 3 et 5)**

2. Quelles sont les différentes infrastructures permettant d'exploiter les ressources ? **(doc. 1, 2 et 5)**

3. Quels sont les différents acteurs en compétition pour l'exploitation des ressources ? **(doc. 2 et 3)**

4. Montrez que l'exploitation des ressources du Sahara a des implications locales, régionales et mondiales. **(doc. 1 à 5)**

5. Cette exploitation des ressources est-elle durable ? **(doc. 1, 2, 4 et 5)**

▶ **Dégager le sens général**

6. En vous aidant des documents, vous montrerez la diversité des ressources du Sahara et en quoi elles sont un facteur de développement, dans un paragraphe de plusieurs lignes pouvant être utilisé dans une composition.

ÉTUDE DE CAS — Le Sahara : ressources, conflits

B Tensions et conflits au Sahara

6 Le Sahara, région du terrorisme international

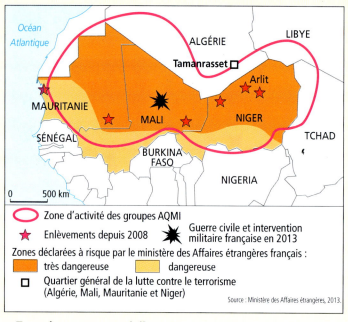

a. Terrorisme et guerre civile

b. Le terrorisme d'AQMI

Le noyau dur d'AQMI (Al-Qaida au Maghreb Islamique) s'est constitué à partir d'islamistes algériens qui avaient revendiqué en 2003 l'enlèvement de 32 touristes européens avant de les libérer au Mali contre rançon. Repoussés par l'armée algérienne vers le sud, ils ont été adoubés par Ben Laden en 2006 et sont devenus la branche Al-Qaida au Maghreb islamique. AQMI est aujourd'hui composée de plusieurs groupes, rejoints par certaines populations du Sahel[1] comme les rebelles Touaregs du Niger et du Mali qui revendiquent la reconnaissance de leur identité, ou les populations arabes du Niger au Mali souvent marginalisées. Depuis 2008 on assiste à une recrudescence des attentats perpétrés par AQMI. Ce sont avant tout les prises d'otages, plus lucratives, qui sont privilégiées, dont plusieurs ont eu une issue tragique. Malgré sa labellisation « Al-Qaida », l'objectif de l'organisation sahélienne reste avant tout à visée régionale et a des caractéristiques mafieuses : elle est impliquée dans le trafic de drogue et le racket des migrants transsahariens.

D'après « Les territoires d'Al-Qaida », Carto n° 3, décembre 2010-janvier 2011.

1. Le Sahel est l'étendue géographique aux marges sud du Sahara.

7 Les revendications territoriales à l'ouest du Sahara

a. Les origines du conflit

Le Sahara occidental était une ancienne colonie espagnole. Lorsque l'Espagne s'est retirée en 1975, le Maroc et la Mauritanie se sont aussitôt partagé ce vaste territoire désertique sans trop se préoccuper des souhaits des populations. […] Les 450 000 Sahraouis[1], nomades aux origines arabes, berbères et noires, se sont éparpillés au Maroc, en Mauritanie et, surtout, en Algérie (160 000 réfugiés).

Après des décennies d'épisodes guerriers entre le Maroc et le Front Polisario[2], un cessez-le-feu a été négocié sous les auspices de l'ONU, en 1991, avec la perspective d'un référendum d'autodétermination qui laisserait le choix entre l'indépendance, l'autonomie ou l'intégration dans le Maroc. Mais il n'a jamais été organisé, et le Maroc affirme jusqu'à présent ne pas vouloir renoncer à sa souveraineté sur le Sahara occidental.

D'après « L'Atlas des atlas, Le monde vu d'ailleurs en 200 cartes », *Courrier International*, Arthaud, 2008.

1. Sahraouis : Habitants du Sahara occidental.
2. Front Polisario : Combattants armés sahraouis revendiquant l'indépendance du Sahara occidental.

b. Le Maroc et le Sahara occidental

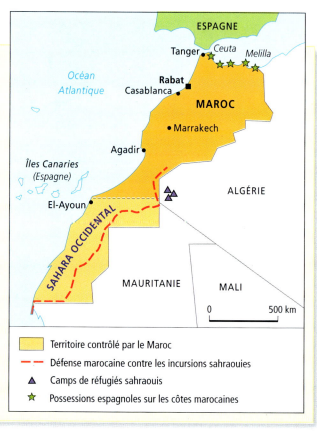

ÉTUDE DE CAS

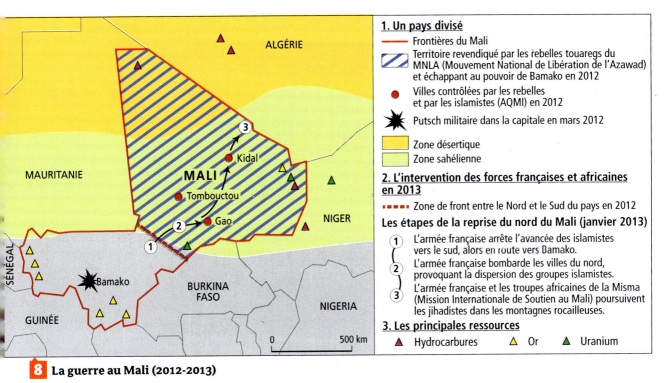

8 La guerre au Mali (2012-2013)

9 Le Sahara, un espace convoité

Depuis une dizaine d'années, on assiste à un retour du Sahara sur la scène politique internationale et médiatique.

Cette immense étendue désertique traverse en effet une période agitée en raison de l'installation de groupes terroristes islamistes sur son sol, du développement de trafics en tous genres (cigarettes, drogues, armes, etc.), de l'immigration clandestine de Subsahariens […] et enfin de la compétition engagée entre pays du Nord et pays émergents pour s'approprier ses richesses minières et pétrolières.

Espace très convoité, le Sahara est désormais morcelé en une série de territoires et de routes contrôlés par des acteurs multiples et variés qui se moquent des frontières étatiques. Sa géopolitique s'en trouve bouleversée […]. Vieille de plus de cent ans, l'hégémonie française est d'ores et déjà battue en brèche par les États-Unis dont le retour en force […] s'explique par des motifs sécuritaires : lutter contre le terrorisme international après les attentats du 11 septembre 2001. Depuis 2007, elle est également remise en cause par la Chine qui effectue une percée remarquable en Afrique.

E. Grégoire, A. Bourgeot, « Désordre, pouvoirs et recompositions territoriales au Sahara », *Hérodote*, n° 142, *Géopolitique du Sahara*, 2011.

Questions

▶ **Exploiter et confronter des informations**

1. Quels sont les pays confrontés au terrorisme dans le Sahel et le Sahara ? **(doc. 6 et 8)**
2. Quelles sont les causes du conflit au Sahara occidental ? **(doc. 7)**
3. Pourquoi le Sahara est-il un espace convoité ? **(doc. 9)**

▶ **Porter un regard critique sur deux documents cartographiques**

4. Analysez la représentation des frontières sur les documents 6, 7 et 8.

▶ **Synthèse**

Montrez que le Sahara est une région aux ressources très importantes, traversée par des conflits de multiples natures, et aux enjeux internationaux.

DE L'ÉTUDE DE CAS À LA GÉNÉRALISATION

Disposant de ressources considérables et stratégiques à l'échelle mondiale, le Sahara est une région de tensions et de conflits.

➔ **Quels sont les liens entre ressources et développement ?**
CARTES pp. 316-317 et 326
COURS 1 ET 2 pp. 318-319 et 322-323

➔ **Quels sont les conflits et tensions qui freinent le développement ?**
COURS 2 pp. 322-323
DOSSIER pp. 324-325

➔ **Comment l'Afrique s'insère-t-elle dans la mondialisation ?**
CARTE p. 327
COURS 3 pp. 328-329

Chapitre 12. L'AFRIQUE : LES DÉFIS DU DÉVELOPPEMENT **313**

BILAN DE L'ÉTUDE DE CAS

Du croquis au schéma

CROQUIS Le Sahara : ressources, conflits

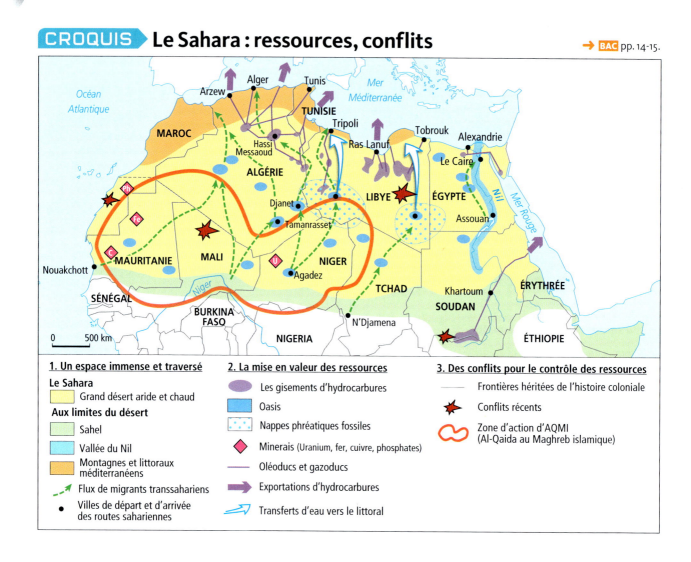

SCHÉMA Le Sahara : ressources, conflits

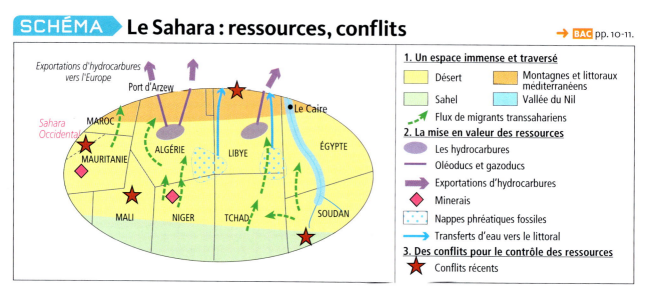

BILAN DE L'ÉTUDE DE CAS

Notions clés

▶ Ressource

Une **ressource naturelle** est une matière première utilisée et transformée par les sociétés humaines. Pour être exploitée, une ressource doit être accessible et rentable. Elle dépend donc des capacités techniques des sociétés à l'exploiter.

On distingue des **ressources renouvelables** capables de se reconstituer (air, eau à l'exception des nappes fossiles, sol, productions agricoles, etc.) et des **ressources non renouvelables** qui ne se reconstituent pas (minerais, énergies fossiles).

Les enjeux territoriaux
- Localisation des gisements
- Appropriation des ressources
- Conflits frontaliers

Les enjeux financiers
- Investissements dans les infrastructures (exploitation, transformation et/ou exportation)

RESSOURCES

Les enjeux environnementaux
- Échelle locale (préservation des écosystèmes)
- Échelle mondiale (épuisement des ressources fossiles ; réchauffement climatique)

Les enjeux économiques et sociaux
- Partage des richesses et « piège de la rente » (inégalités sociales fortes malgré les richesses, dépendance des cours mondiaux)

▶ Les ressources au Sahara : les enjeux

▶ Conflit

Un **conflit** est une contestation plus ou moins violente opposant deux parties (groupes organisés, États, groupes d'États) déterminées à défendre leurs intérêts et à atteindre leurs objectifs.

Les conflits ne se limitent pas aux seules rivalités entre les États, mais incluent également les conflits internes (guerres civiles) ou mettant en cause des acteurs non étatiques contestant tel État ou telle idéologie (Al-Qaida face à l'Occident, etc.).

Les conflits ont comme enjeu le contrôle de territoires pour des motifs idéologiques, économiques (ressources), religieux, ethniques, etc.

La guerre est l'aboutissement le plus violent d'un conflit.

Les types de conflits	Exemples de conflits liés aux ressources
Conflits d'usage	Les conflits entre pasteurs nomades et agriculteurs sédentaires au Sahel pour le contrôle des puits.
Conflits territoriaux ou frontaliers pour l'appropriation de la ressource	Le conflit entre le Soudan et le Soudan du Sud au sujet de la région d'Abyei, riche en pétrole.
Conflits sociaux pour le partage de la rente	Les conflits au Nigeria sur le partage des revenus tirés du pétrole.
Guerres civiles pour les ressources	L'appropriation des diamants a alimenté la guerre entre groupes armés au Liberia et en Sierra Leone dans les années 1990.

▶ Ressources et conflits

Chapitre 12. L'AFRIQUE : LES DÉFIS DU DÉVELOPPEMENT **315**

CARTES

L'Afrique : villes, ressources et développement

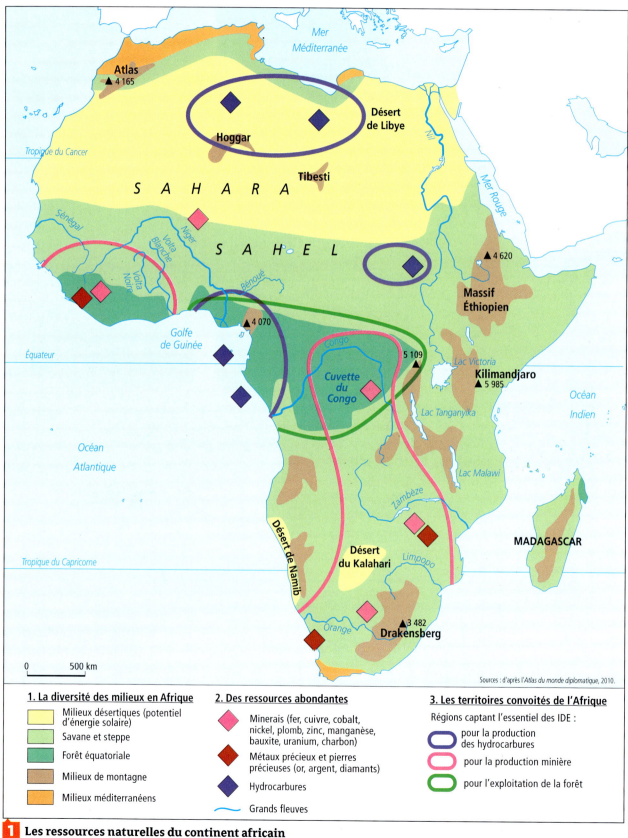

1 Les ressources naturelles du continent africain

CARTES

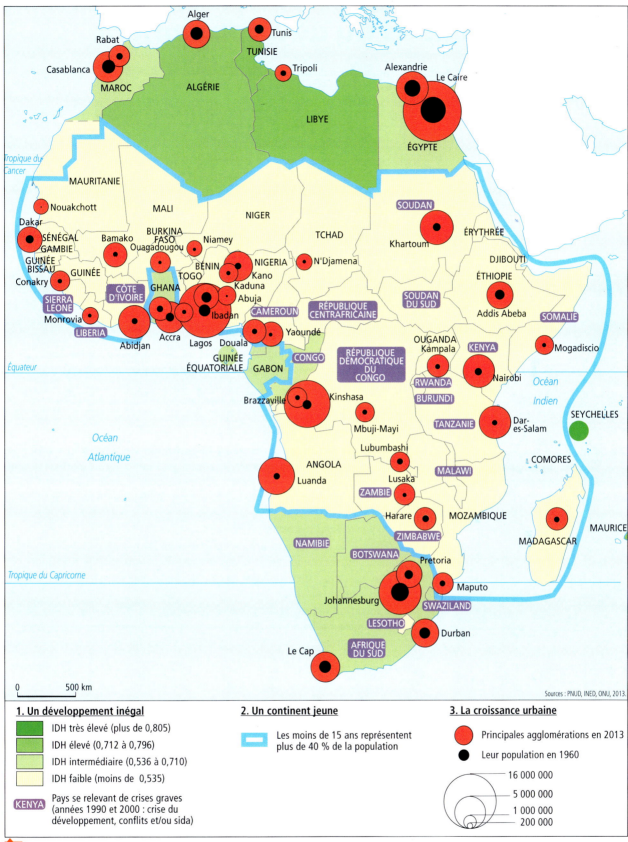

1. Un développement inégal
- IDH très élevé (plus de 0,805)
- IDH élevé (0,712 à 0,796)
- IDH intermédiaire (0,536 à 0,710)
- IDH faible (moins de 0,535)
- KENYA : Pays se relevant de crises graves (années 1990 et 2000 : crise du développement, conflits et/ou sida)

2. Un continent jeune
- Les moins de 15 ans représentent plus de 40 % de la population

3. La croissance urbaine
- Principales agglomérations en 2013
- Leur population en 1960
- 16 000 000 / 5 000 000 / 1 000 000 / 200 000

Sources : PNUD, INED, ONU, 2013.

2 Les défis du développement en Afrique

Questions

1. Pourquoi les ressources naturelles du continent africain sont-elles stratégiques à l'échelle mondiale ? (doc. 1)
2. Le continent africain est-il homogène face au développement ? (doc. 2)

COURS

1. L'Afrique : les défis du développement

→ Voir **NOTION** p. 228.
→ Voir **CARTES** pp. 316-317.
→ Voir **DOSSIER** pp. 320-321.

Quels défis démographiques l'Afrique doit-elle relever ?

A Une forte croissance démographique

• **L'Afrique compte aujourd'hui plus d'un milliard d'habitants.** C'est le continent où la croissance démographique est la plus forte. L'Afrique pourrait compter 1,5 milliard d'individus en 2030, 2 milliards en 2050. Cette explosion démographique, sans précédent dans l'histoire de l'humanité, est le résultat d'une ==transition démographique== particulièrement rapide.

• **La population est la plus jeune du monde.** 43 % des habitants de l'==Afrique subsaharienne== ont moins de 15 ans, 32 % en Afrique du Nord (**doc. 1**). L'éducation est donc un enjeu majeur mais les écarts sont grands : plus de 80 % des enfants suivent une scolarité primaire au Botswana contre seulement 30 % au Niger. Dans les régions rurales pauvres d'Éthiopie, plus de 40 % des filles ne sont jamais allées à l'école. En Afrique subsaharienne, 1 étudiant sur 16 part faire ses études à l'étranger. Cette migration des cerveaux (*brain drain*) handicape le ==développement==.

• **La forte croissance démographique est un défi majeur pour les États.** C'est une source de tensions sociales. Cependant, la croissance démographique peut aussi être considérée comme un facteur de décollage économique : les jeunes actifs, plus nombreux, constituent des atouts pour le développement futur du continent.

B Les villes, leviers du développement

• **La croissance urbaine caractérise le continent depuis 50 ans** (**doc. 2**). L'urbanisation s'est accélérée depuis les indépendances (années 1960) et de gigantesques mégapoles se sont développées. Le Caire, Lagos, Abidjan, Kinshasa, Johannesburg ont connu une croissance spectaculaire. Lagos compte aujourd'hui environ 13 millions d'habitants, contre 300 000 en 1950. On estime qu'en 2030, un Africain sur deux vivra en ville, soit 750 millions d'urbains.

• **La rapidité de l'étalement urbain constitue un autre défi.** Il faut répondre à des besoins croissants d'aménagement des réseaux pour l'eau potable, les égouts, les transports et l'électricité. Les coupures de courant sont fréquentes, les routes souvent non bitumées faute de moyens.

• **L'urbanisation est un atout pour le développement.** Les conditions de vie sont généralement meilleures en ville qu'à la campagne, comme l'accès à la santé et à l'éducation. En Afrique subsaharienne, un citadin a deux fois plus de chances d'avoir accès à des réseaux d'eau potable qu'en zone rurale.

C Une pauvreté encore très présente

• **Plus de 400 millions de personnes vivent avec moins de 1,25 dollar par jour en Afrique subsaharienne.** La majorité d'entre eux sont des ruraux, mais la précarité concerne aussi les habitants des bidonvilles : 62 % des habitants des villes d'Afrique subsaharienne y vivent (**doc. 3**), même si la situation s'améliore nettement dans certains pays. Au Sénégal, ils sont passés de 70 % en 1990 à 30 % en 2011. Cette extrême pauvreté se traduit par une sous-alimentation importante.

• **L'espérance de vie reste faible en Afrique :** 57 ans en moyenne (avec de grands contrastes entre pays), alors que la moyenne mondiale est de plus de 69 ans. D'énormes progrès ont été réalisés depuis les années 1950, notamment dans la lutte contre le paludisme. Mais les conflits des années 1990, la crise économique et la pandémie du sida (3,9 % de la population du continent, contre 0,8 % pour l'ensemble du monde) ont fait reculer l'espérance de vie dans de nombreux pays, par exemple au Botswana ou en Sierra Leone.

• **D'importants investissements sont nécessaires.** De nombreuses maladies liées à l'eau pourraient être évitées avec des réseaux d'égouts et d'assainissements plus performants. Seulement 30 % de la population d'Afrique subsaharienne est raccordée à des installations sanitaires de base, contre 90 % en Afrique du Nord.

REPÈRES

• **a. Les États les plus peuplés**
(en millions d'habitants)

Nigeria	171
Éthiopie	88,4
Égypte	85,3
République démocratique du Congo (RDC)	71,5
Afrique du Sud	50,9

Source : INED, 2013.

• **b. Le nombre moyen d'enfants par femme**

AFRIQUE	4,3
Tunisie	1,9
Afrique du Sud	2,4
Kenya	4,6
Niger	6,9
EUROPE	1,6
France métropolitaine	2
MONDE	2,4

Source : INED, 2013.

VOCABULAIRE

Afrique subsaharienne : ensemble des États africains situés au sud du Sahara.

Développement : voir p. 228.

Transition démographique : période de forte croissance de la population, due à une diminution massive de la mortalité et à l'allongement de l'espérance de vie, alors que la natalité reste élevée. La transition s'achève quand la natalité a baissé à son tour et a rejoint le niveau de la mortalité.

COURS

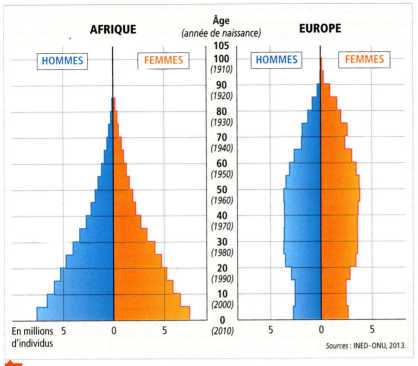

1 Les pyramides des âges de l'Afrique et de l'Europe

▶ Quelles sont les principales différences entre les pyramides des âges africaine et européenne ?

2 La croissance urbaine en Afrique

Pays	Taux d'urbanisation		
	1950	1975	2012
Afrique du Sud	42,2 %	48,1 %	62 %
Nigeria	10,2 %	25,5 %	49,6 %
Égypte	31,9 %	43,5 %	43,5 %
Tanzanie	3,5 %	11,1 %	26,7 %
Soudan	3,5 %	11,1 %	33 %
Éthiopie	4,6 %	9,5 %	17 %
Moyenne de l'Afrique	14,4 % (soit 33 millions de personnes)	25,7 % (soit 108 millions de personnes)	39,6 % (soit 413 millions de personnes)

Source : Nations Unies, *World Urbanisation Prospect*, 2013.

▶ Commentez l'évolution du taux d'urbanisation en Afrique depuis 1950.

3 Kibera, bidonville de Nairobi (Kenya)

Le bidonville de Kibera, en périphérie de Nairobi la capitale du Kenya, compte environ 1 million d'habitants. C'est l'un des plus vastes bidonvilles d'Afrique.

Chapitre 12. L'AFRIQUE : LES DÉFIS DU DÉVELOPPEMENT 319

DOSSIER — Les défis de la sécurité alimentaire en Afrique

→ Voir **COURS** pp. 318-319.

L'Afrique dispose de riches terres agricoles. Cependant, faute d'investissements et de débouchés, les rendements restent souvent faibles. Dans les régions en guerre, la famine menace les populations les plus pauvres. Nourrir une population croissante, assurer l'approvisionnement des villes et réduire la sous-alimentation sont des enjeux majeurs pour assurer la sécurité alimentaire du continent africain.

→ **Comment l'agriculture africaine peut-elle relever le défi de la croissance démographique ?**

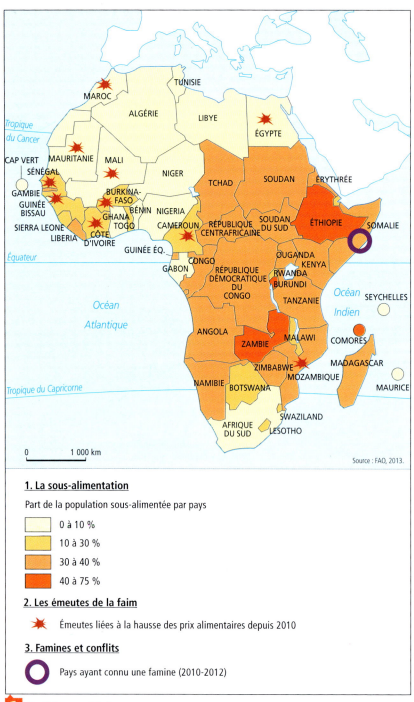

1 La faim en Afrique

1. La sous-alimentation
Part de la population sous-alimentée par pays
- 0 à 10 %
- 10 à 30 %
- 30 à 40 %
- 40 à 75 %

2. Les émeutes de la faim
✸ Émeutes liées à la hausse des prix alimentaires depuis 2010

3. Famines et conflits
◯ Pays ayant connu une famine (2010-2012)

Source : FAO, 2013.

2 L'objectif de sécurité alimentaire au Malawi

En 2006, à la suite de plusieurs années de famine, le gouvernement du Malawi a initié une politique très volontariste de soutien aux petits producteurs de maïs, qui est la céréale de base de l'alimentation, en subventionnant largement les engrais et les semences. L'initiative fut violemment dénoncée par les bailleurs de fonds, Banque mondiale en tête, à cause des dépenses qu'elle entraînait. Le gouvernement a répondu à ces critiques en affirmant qu'« il est beaucoup moins coûteux d'aider les gens à produire leur nourriture que de les aider à consommer de la nourriture importée ».

L'opération fut couronnée de succès puisqu'elle mit un terme aux famines à répétition en relançant le secteur agricole traditionnel. L'agriculture, qui représente un tiers du PIB et emploie 85 % de la population, reste vulnérable aux aléas climatiques. Mais ce programme de subventions à l'agriculture familiale (14 % du budget) a permis de vaincre les disettes chroniques et d'atteindre une sécurité alimentaire fragile mais réelle, faisant du Malawi un exemple sur le continent.

D'après J.-M. Severino et O. Ray, *Le Temps de l'Afrique*, Odile Jacob, Paris, 2011 et le *Bilan de l'Afrique 2011*, Hors-Série de *Jeune Afrique*.

VOCABULAIRE

Sous-alimentation : situation dans laquelle les individus disposent d'un apport énergétique alimentaire en permanence inférieur au besoin minimal (estimé à 2 500 kcal par jour). 23 % de la population du continent africain est en situation de sous-alimentation.

DOSSIER

3 L'Afrique vend ses terres

En 2012, la cession de 20 000 hectares de terres à des investisseurs privés italiens à Fanaye dans la vallée du fleuve Sénégal a déchaîné la colère d'une partie des villageois. [...] Les Italiens projetaient de produire du biocarburant.

La location ou la vente des terres à de gros investisseurs dans les pays pauvres prend de l'ampleur dans le monde. Trois raisons principales l'expliquent : la concurrence effrénée pour l'acquisition des terres agricoles surtout depuis la dernière crise alimentaire mondiale[1] qui a eu pour conséquence une forme de financiarisation des produits agricoles ; la recherche d'autres sources de profit par des investisseurs échaudés par la crise immobilière ; et la volonté politique de l'Union européenne d'incorporer 10 % d'agrocarburants dans sa consommation énergétique.

Si le phénomène touche aussi le Honduras et le Guatemala en Amérique centrale, l'Indonésie en Asie, il est beaucoup plus répandu en Afrique pour trois raisons : le continent africain dispose encore suffisamment de terres disponibles, le prix du foncier est peu élevé, les investisseurs ont plus de marge de manœuvre pour contourner le droit local, généralement peu appliqué.

Les principaux acquéreurs sont de gros investisseurs privés étrangers, essentiellement européens comme dans le nord du Sénégal, et de grandes multinationales. Mais aussi des États très riches, notamment les pays du golfe Arabique ou d'autres.

D'après Valentin Hodonou sur Slate.fr,
« Comment l'Afrique brade ses terres », mars 2012.

1. Entre 2008 et 2011, la flambée des cours des matières premières et des produits agricoles a provoqué une hausse brutale des prix de l'alimentation pour les populations les plus pauvres.

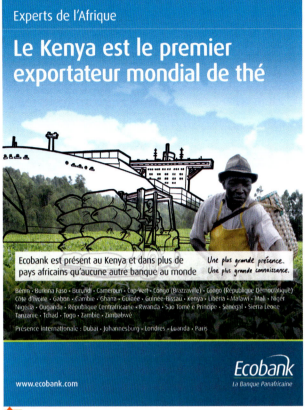

4 Le Kenya, exportateur de produits agricoles
Le Kenya (44 millions d'habitants) a une agriculture d'exportation dynamique (thé, fleurs). Publicité de la banque panafricaine Ecobank parue dans *Jeune Afrique*, juin 2011.

5 De plus en plus d'urbains à nourrir
L'expansion des banlieues de l'agglomération du Caire en Égypte (16 millions d'habitants) s'effectue au détriment des marges désertiques et des terres agricoles.

Questions

▶ **Exploiter et confronter des informations**

1. Quelles sont les régions d'Afrique où la population souffre de la faim ? (doc. 1)

2. Quelle a été la stratégie du Malawi pour assurer sa sécurité alimentaire ? (doc. 2)

3. Quelles sont les conséquences de la croissance urbaine du Caire pour la production agricole ? (doc. 5)

4. Pour quelles raisons l'Afrique connaît-elle le phénomène de ventes de terre ? (doc. 3)

5. Le document 4 donne-t-il une représentation objective de la sécurité alimentaire au Kenya ? Confrontez-le au document 1.

▶ **Dégager le sens général**

6. En vous aidant de l'ensemble des documents, vous expliquerez quels sont les défis auxquels les pays africains doivent faire face pour assurer leur sécurité alimentaire.

COURS 2. Un continent en pleine transition

> Quelles sont les nouvelles perspectives de développement en Afrique ?

→ Voir ÉTUDE DE CAS pp. 310-313.
→ Voir NOTION p. 315.
→ Voir CARTES pp. 316-317.
→ Voir DOSSIER pp. 320-321.

REPÈRES

a. Les 5 premiers IDH en Afrique

Seychelles	0,86
Libye	0,769
Île Maurice	0,737
Algérie	0,713
Tunisie	0,712

b. Les 5 premiers PIB en Afrique
(en milliards de dollars)

Afrique du Sud	384
Nigeria	262
Égypte	257
Algérie	207
Angola	114

Source : FMI, 2013.

VOCABULAIRE

Afrique australe : ensemble des États situés au sud du continent africain.

Conflit : voir p. 315.

Économie informelle : économie illégale, qui échappe à la fiscalité de l'État. Elle n'est pas enregistrée dans les statistiques officielles.

Exploitation prédatrice : appropriation des ressources ayant pour objectif un profit immédiat, sans souci de leur renouvellement ni des conséquences écologiques et sociales à long terme.

Malédiction de la rente : forte dépendance d'un territoire à l'égard d'une ressource naturelle, qui concentre les investissements au détriment du développement économique et social.

ONG (organisation non gouvernementale) : association qui milite et agit dans des domaines humanitaires variés (santé, alimentation, environnement, droits de l'homme, etc.) afin de pallier les carences des États et des institutions internationales.

Ressources : voir p. 315.

A Un décollage économique récent

• **Depuis le début du XXIe siècle, la plupart des pays africains connaissent une forte croissance économique :** plus de 5 % en moyenne en 2001-2013. Des économistes comparent la situation actuelle de l'Afrique à celle de l'Asie dans les années 1970, et parlent d'un contexte de décollage économique prometteur tiré par la croissance démographique, l'urbanisation et la hausse des cours des matières premières sur les marchés mondiaux. Toutefois, les IDH demeurent globalement aux derniers rangs mondiaux.

• **Une classe moyenne émerge.** Elle représente environ 100 millions de personnes, principalement en Afrique australe, au Kenya et au Maghreb (doc. 1). Urbains et jeunes, ces individus consomment les produits mondialisés et rendent le continent attractif pour les firmes transnationales.

• **Des difficultés persistent.** La forte croissance repose souvent quasi exclusivement sur l'exportation de matières premières (hydrocarbures, minerais, bois) et est dépendante de l'évolution des cours mondiaux. Le poids de la dette s'est amoindri pour la plupart des pays africains, mais leurs ressources fiscales restent très faibles : l'économie informelle est très développée.

B Un continent riche en ressources

• **L'Afrique possède d'importantes réserves d'hydrocarbures et de minerais.** C'est un atout pour les pays producteurs, mais qui peut avoir des effets pervers qualifiés de « malédiction de la rente » : manque d'investissements dans les autres domaines d'activités, dépendance face aux cours mondiaux, conflits. Les grandes multinationales sont régulièrement accusées d'exploitation prédatrice des ressources : pollution, évasion fiscale, exploitation de la main-d'œuvre (doc. 2). Des ONG africaines ainsi que certains États leur intentent des procès.

• **Le potentiel agricole du continent est très important.** Avec de vastes plaines et plateaux, de grandes ressources en eau et des terres fertiles, la production agricole du continent africain pourrait être très importante. Cependant l'autosuffisance alimentaire est loin d'être acquise : les rendements demeurent faibles faute d'investissements suffisants et la pauvreté rurale domine.

C Des obstacles à surmonter

• **Les infrastructures sont loin d'être suffisantes** (doc. 3). Les réseaux ferroviaires et routiers sont très incomplets et de nombreuses régions restent enclavées. Les taux d'électrification sont faibles en dépit du grand potentiel hydroélectrique.

• **Les conflits armés aggravent le sous-développement.** Le pillage des ressources, le grand nombre de réfugiés et de déplacés, les traumatismes subis par les populations sont autant de défis à relever une fois la paix rétablie.

• **Les inégalités et tensions sociales sont grandes.** Les jeunes sont confrontés à d'importantes difficultés. Les écarts de richesse criants et la corruption des élites dirigeantes sont sources de tensions.

• **De nombreux écosystèmes sont menacés.** L'exploitation prédatrice des matières premières a des conséquences graves. Le delta du Niger aurait subi plus de 7 000 marées noires entre 1970 et 2000. La pêche industrielle au large des côtes ouest-africaines, particulièrement poissonneuses, a déjà considérablement réduit les stocks dont dépendent près d'1 million de pêcheurs artisanaux. Les perspectives d'un développement durable du continent sont menacées.

COURS

1 **Famille de classe moyenne au Mozambique**
Le week-end, les familles de la classe moyenne de la capitale Maputo se retrouvent à la plage.

▶ Relevez les éléments montrant le niveau de vie et de consommation de cette famille.

2 **Des ONG dénoncent les mauvaises pratiques des FTN**

Existe-t-il une gestion durable des forêts dans le bassin du Congo, ou s'agit-il d'un marketing visant à donner une image écologique responsable peu suivie d'action, subventionnée notamment par des fonds publics européens ? C'est la question que pose le rapport publié aujourd'hui par Greenpeace, qui a enquêté en République démocratique du Congo (RDC) sur l'allemand Danzer. Leader mondial du bois de placage, le groupe fait l'objet d'une plainte pour crimes divers.

[...] De fortes tensions existent entre Danzer et des communautés villageoises. Depuis la réforme du secteur forestier entamée en 2002 en RDC, il faut offrir des contreparties aux communautés locales pour obtenir une concession forestière. Mais ces contreparties peuvent aller de la caisse de bières à la construction d'un dispensaire ou d'une école ! Personne ne contrôle. En réalité, la vie des populations ne s'améliore pas. [...]

En RDC, des groupes comme Danzer se limitent à élaborer un plan d'aménagement forestier, planifiant coupes et régénération, ce qui est devenu là-bas une obligation légale pour obtenir une concession. Mais les aspects sociaux et écologiques sont inexistants.

E. Patriarca, « RDC : une ONG dénonce les exploitants du bois », *Libération*, 7 novembre 2011.

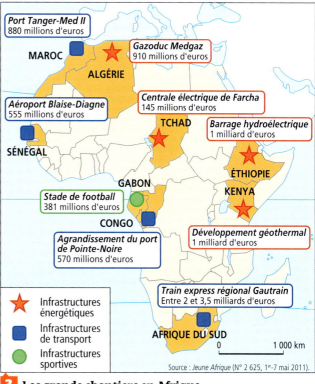

3 **Les grands chantiers en Afrique**

▶ À quels besoins ces grands projets répondent-ils ?
▶ En quoi révèlent-ils un retard de développement ?

Chapitre 12. L'AFRIQUE : LES DÉFIS DU DÉVELOPPEMENT **323**

DOSSIER — Le Soudan du Sud, un nouvel État en Afrique

→ Voir COURS pp. 322-323.

Le Soudan du Sud est né le 9 juillet 2011 de la scission du Soudan. C'est le 54e pays d'Afrique et le 193e État membre de l'ONU. Depuis son indépendance en 1956, le Soudan était en proie à des affrontements continus entre nord et sud qui ont fait plus de 2 millions de morts, dans un conflit à la fois territorial, économique, ethnique et religieux.

➡ **Quels sont les enjeux géoculturels, géoéconomiques et géopolitiques de la naissance du Soudan du Sud ?**

1 Le mal-développement

Même si les royalties du pétrole — 90 % des ressources de la région — lui permettent d'afficher un PIB par habitant présentable, le Soudan du Sud indépendant figurera parmi les pays les plus pauvres au monde en terme de développement humain. Une femme sur sept meurt en couches, plus d'un bébé sur cent ne survit pas à la naissance. La région ne compte qu'un médecin pour 100 000 habitants. « Nous n'avions pas réalisé l'ampleur du problème, raconte un responsable de l'ONU. Ici, il ne suffit pas de construire des écoles, encore faut-il trouver des enseignants pour y enseigner. » Aussi a-t-il fallu recruter massivement au Kenya et en Ouganda.

[…] Il suffit de parcourir 50 km hors de Juba pour constater que rien n'a changé depuis des siècles. À se demander où est passé l'argent de l'aide et du pétrole […]. On chemine sur une route si défoncée que les camions restent coincés plusieurs jours et que seules les bicyclettes peuvent passer et assurer l'indispensable importation de bière depuis l'Ouganda.

C. Ayad, « Sud-Soudan, naissance d'un nouvel État », *Géo*, n° 383, janvier 2011.

FICHE D'IDENTITÉ

Superficie : 589 700 km²
Population : environ 10,8 millions
Religions : chrétiens (90 %) et animistes
50,6 % de la population vit sous le seuil de pauvreté
Taux d'urbanisation : 18 %
Taux d'alphabétisation : 37 %
Accès à l'eau potable : 55 % de la population rurale
Capitale : Juba
Chef de l'État : Salva Kiir

2 Un jeune État fragile

Quelques mois après la proclamation de son indépendance, le Soudan du Sud a été victime de la sécheresse mais aussi de conflits tribaux qui firent plus de 3 000 victimes. Une grande partie de la population dépend de l'aide alimentaire internationale, et ce malgré l'importance des ressources pétrolières dans le pays.

DOSSIER

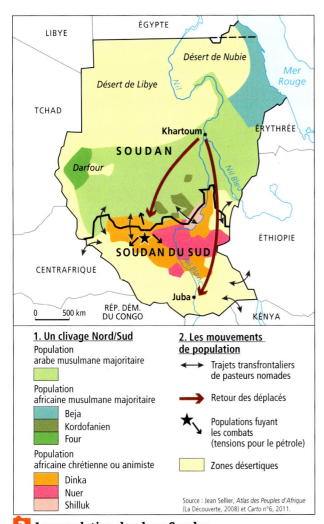

3 La population des deux Soudan

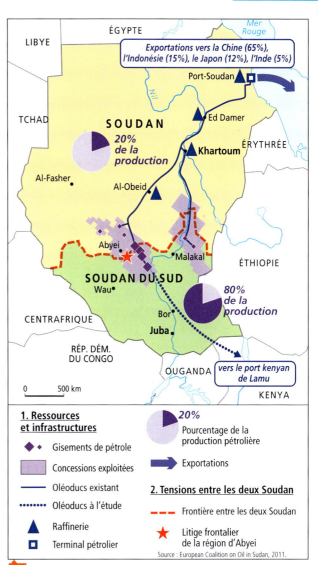

4 L'importance des ressources pétrolières

5 Une paix fragile

C'est de part et d'autre de la frontière [entre les deux Soudans] de 1 800 kilomètres que se concentrent les tensions les plus graves et une grande partie des zones pétrolières. Car la frontière, objet de litiges, coupe en deux l'éponge pétrolière et pousse donc à la guerre [...].

Avant la sécession, le processus de paix avait permis au Soudan, grâce à ses partenaires (Chine, Malaisie, Inde), de continuer à développer son secteur pétrolier, surtout au Sud ou dans des zones contestées le long de la frontière, le pétrole étant exporté par un oléoduc passant par le Nord. Après la séparation, Khartoum[1] réclamait de 32 à 36 dollars par baril pour prix de ce transit. Juba[2] a refusé ce tarif. Le ton est monté.

Juba a décidé en janvier 2012 d'interrompre production et exportation, engageant une épreuve de force. La reprise de la guerre est-elle inévitable ? Khartoum comme Juba peuvent aussi compter sur les pressions exercées par un acteur désormais central : Pékin. La Chine a tout à perdre en cas de guerre entre les deux voisins : principal acheteur de brut soudanais, elle a investi des milliards de dollars dans le secteur. C'est peut-être la chance des frères ennemis soudanais que de partager, au moins, ce partenaire.

D'après Jean-Philippe Rémy, « Soudan du Sud : indépendance et menace de guerre », *Le Monde*, 6 juillet 2012.

1. Khartoum : capitale du Soudan.
2. Juba : capitale du Soudan du Sud.

Questions

▶ **Exploiter et confronter des informations**

1. Quels sont les enjeux géoculturels et géoéconomiques de la naissance du Soudan du Sud ? **(doc. 3 et 4)**

2. Quelles sont les tensions frontalières ? **(doc. 3, 4 et 5)**

3. En quoi les populations du Soudan du Sud sont-elles vulnérables ? **(doc. 1, 2, 3 et 5)**

4. Pourquoi le pétrole est-il source de tensions entre les deux Soudan ? **(doc. 4)**

▶ **Porter un regard critique sur une carte**

5. Commentez le choix du figuré pour représenter les frontières sur le document 4.

▶ **Dégager le sens général**

6. Expliquez à quels défis le nouvel État du Soudan du Sud est confronté.

L'Afrique : développement durable et insertion dans la mondialisation

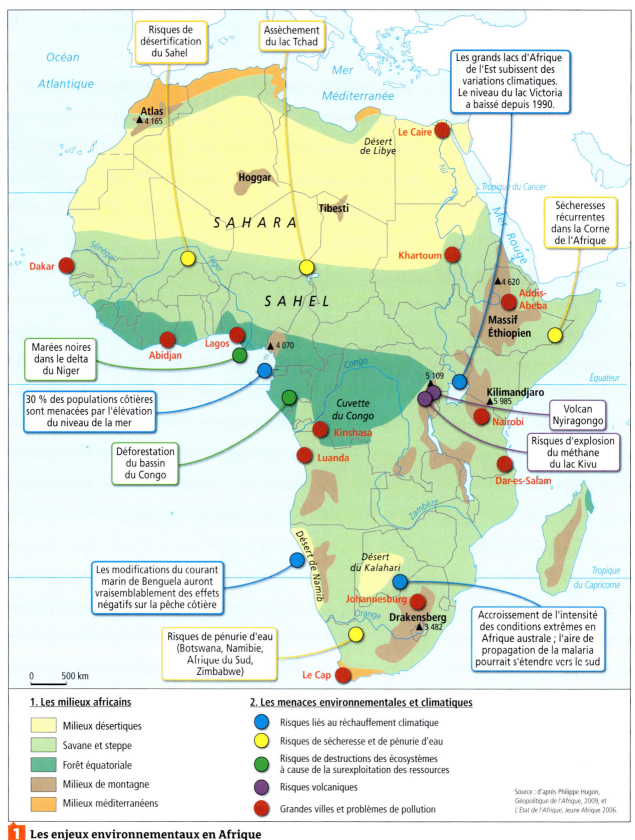

1 Les enjeux environnementaux en Afrique

CARTES

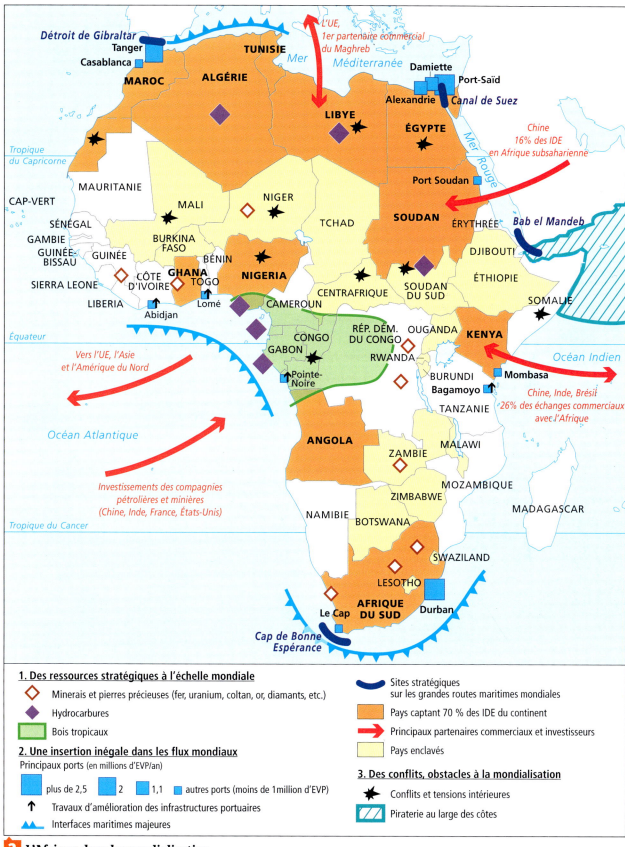

1. Des ressources stratégiques à l'échelle mondiale
- ◇ Minerais et pierres précieuses (fer, uranium, coltan, or, diamants, etc.)
- ◆ Hydrocarbures
- ▬ Bois tropicaux

2. Une insertion inégale dans les flux mondiaux
Principaux ports (en millions d'EVP/an)
- ■ plus de 2,5   ■ 2   ■ 1,1   ■ autres ports (moins de 1 million d'EVP)
- ↑ Travaux d'amélioration des infrastructures portuaires
- ▲▲▲ Interfaces maritimes majeures

- ⌒ Sites stratégiques sur les grandes routes maritimes mondiales
- ▬ Pays captant 70 % des IDE du continent
- → Principaux partenaires commerciaux et investisseurs
- ▬ Pays enclavés

3. Des conflits, obstacles à la mondialisation
- ★ Conflits et tensions intérieures
- ▨ Piraterie au large des côtes

2 L'Afrique dans la mondialisation

Questions

1. À quels défis environnementaux majeurs l'Afrique est-elle confrontée ? **(doc. 1)**
2. De quelle manière l'Afrique s'insère-t-elle dans la mondialisation ? **(doc. 2)**

Chapitre 12. L'AFRIQUE : LES DÉFIS DU DÉVELOPPEMENT **327**

COURS
3. L'Afrique dans la mondialisation

> Quelle est la place de l'Afrique dans la mondialisation ?

→ Voir ÉTUDE DE CAS pp. 310-313.
→ Voir CARTES pp. 326-327.

A Une part encore marginale dans les flux mondiaux

• **L'Afrique ne réalise que 3% du commerce mondial de marchandises.** Elle exporte surtout des matières premières peu transformées (pétrole, bois, minerais). Ses principaux partenaires commerciaux sont la Chine, l'Europe et les États-Unis. Les échanges interrégionaux sont faibles : les pays africains commercent plus avec les pays des autres continents qu'entre eux.

• **Les pays d'Afrique subsaharienne accueillent de nombreux migrants.** 22 millions des 800 millions de subsahariens (soit 2,75%) sont installés dans un autre pays que le leur, en majorité dans un autre pays africain **(doc. 2)**. Ce sont surtout des migrations de travail, mais les réfugiés fuyant les conflits sont nombreux. Les migrations vers l'Europe sont proportionnellement bien moins importantes.

• **La faiblesse des États favorise l'implantation de réseaux de trafics illégaux internationaux.** Le trafic de cocaïne entre l'Amérique du Sud et l'Europe transite désormais par le Nigeria ou le Mali. Les États manquent de moyens pour lutter contre le braconnage et la vente illégale d'ivoire, le trafic de pierres précieuses ou la **contrebande** de médicaments. L'Afrique recycle les déchets informatiques venus du monde entier : cette activité informelle pose de graves problèmes de santé en raison de la toxicité des matériaux.

B Un enclavement lié à la faiblesse des infrastructures

• **L'accès à Internet progresse.** 5% des internautes mondiaux vivent en Afrique. L'accès aux contenus Internet reste souvent lent et cher. De nouveaux réseaux de câbles à fibre optique sont construits pour mieux relier l'Afrique au reste du monde. Mais les contrastes entre pays restent importants. L'utilisation d'Internet est la plus importante au Maghreb, où les jeunes de la classe moyenne sont très connectés aux réseaux sociaux.

• **Les ports africains sont encore peu compétitifs dans la mondialisation.** Durban est le premier port d'Afrique subsaharienne avec 2,7 millions de conteneurs par an (contre 32 millions de conteneurs par an pour le 1er port du monde, Shanghai). Le déchargement des navires est souvent lent, les infrastructures multimodales peu développées. De nombreux ports se modernisent (Pointe-Noire au Congo, Tanger au Maroc) **(doc. 1)**.

• **L'Afrique est encore en marge des grands flux planétaires.** L'augmentation des échanges avec l'Asie et l'intérêt croissant des pays émergents pour les ressources naturelles du continent expliquent que de nombreux États africains cherchent à développer leurs capacités portuaires et leurs réseaux de transport.

C De nouvelles perspectives

• **Les investissements étrangers en Afrique se multiplient.** Entre 2003 et 2010, ils ont augmenté de plus de 80%. Ils se concentrent sur dix pays qui captent plus des deux tiers des **IDE** : l'Afrique du Sud, l'Égypte, le Maroc, l'Algérie, la Tunisie, le Nigeria, l'Angola, le Kenya, la Libye et le Ghana. Il s'agit généralement de marchés de consommation potentiellement importants, ou bien de pays disposant d'une économie à fort potentiel de développement reposant sur une main-d'œuvre peu onéreuse.

• **La Chine, l'Inde et le Brésil investissent de plus en plus en Afrique.** Projets miniers, achat de terres agricoles **(doc. 3)**, financement d'infrastructures ferroviaires, etc., les investissements des pays émergents sont considérables. Ils contribuent à faire de l'Afrique un continent attractif et stratégique au XXIe siècle.

REPÈRES

• **L'explosion des NTIC**

Taux pour 100 habitants
- Abonnements à la téléphonie mobile
- Internautes
- Lignes tél. fixes

Source : Base de données de l'UIT, 2013.

• **b. Les grands ports d'Afrique subsaharienne**

1	**Durban** (Afrique du Sud ; océan Indien ; 2,7 millions de conteneurs/an)
2	**Mombasa** (Kenya ; océan Indien ; 903 000 conteneurs/an)
3	**Le Cap** (Afrique du Sud ; océan Atlantique ; 853 000 conteneurs/an)
4	**Abidjan** (Côte d'Ivoire ; golfe de Guinée ; 648 000 conteneurs/an)

Source : ISEMAR, 2013.

VOCABULAIRE

Contrebande : commerce illégal, souvent de produits volés ou copiés (contrefaçon).

IDE (investissements directs étrangers) : sommes d'argent investies par des entreprises étrangères sur un territoire.

1 La modernisation du port de Tanger (Maroc)

Le port en eaux profondes de Tanger Med 1 a été inauguré en 2004. Les travaux se poursuivent avec Tanger Med 2, dont le Maroc veut faire le plus grand port de conteneurs africain.

2 Les flux migratoires en Afrique

Selon les médias, ce seraient les Africains les plus démunis qui migreraient vers l'Europe. En réalité, ce ne sont pas les plus pauvres qui émigrent. Car partir loin n'est pas à la portée de tous et nécessite une véritable chaîne de collaborations. Les Africains migrent d'abord vers l'Afrique ! Les principaux pays récepteurs étaient jusqu'à une date récente la Côte d'Ivoire en Afrique de l'Ouest, le Gabon en Afrique centrale, le Botswana et l'Afrique du Sud en Afrique australe. Les migrants partaient du Mali, Niger et Burkina-Faso en Afrique de l'Ouest et du Mozambique, Angola et Lesotho en Afrique australe. Avec la crise économique, les pays africains d'accueil ont restreint les entrées d'immigrés sur leurs territoires (Côte d'Ivoire, Libye ou Afrique du Sud).

Deux types de migrations peuvent être identifiées : les migrations d'itinérance où les protagonistes sont portés par un projet de promotion sociale vers l'Occident développé et les migrations de « déshérence » (errance et désespérance) qui concernent surtout les migrations infra-africaines. Ainsi, « on part pour essayer de mieux vivre » ou « pour fuir l'insupportable ».

D'après *L'Afrique des idées reçues*, dir. G. Courade, Belin, 2006.

▶ Quels sont les types de migration sur le continent africain ?

3 Les investissements indiens dans l'agriculture éthiopienne

La firme indienne Kanturi Global Limited possède de nombreuses exploitations en Éthiopie et au Kenya spécialisées dans les cultures d'exportations (notamment les fleurs) destinées au marché mondial. Les semences sont d'origine américaine.

▶ Comment l'agriculture éthiopienne est-elle insérée dans la mondialisation ?

COURS 4. Une Afrique, des Afrique

À quelles inégalités l'Afrique est-elle confrontée ?

→ Voir ÉTUDE DE CAS pp. 310-313.
→ Voir CARTES pp. 316-317 et 326-327.
→ Voir DOSSIERS pp. 320-321 et 324-325.

A L'extrême diversité du continent africain

• **Les contrastes de densités sont très marqués.** La population est nombreuse depuis longtemps sur les littoraux du Maghreb, du golfe de Guinée, en Afrique orientale (région des grands lacs, Éthiopie). En revanche, d'immenses régions sont quasiment vides : les déserts, les vastes forêts tropicales de l'Afrique centrale.

• **L'Afrique est une mosaïque linguistique et culturelle.** Il existe 54 États africains si l'on inclut les îles de l'océan Indien (Madagascar, Maurice, les Seychelles et les Comores). Des centaines de langues sont parlées (doc. 1). La plupart des États, aux frontières héritées du découpage colonial, comportent de très nombreux groupes ethniques, souvent transfrontaliers, et une grande diversité d'appartenances religieuses.

• **La diversité des paysages et des climats est considérable.** L'immense continent africain (7 600 km de Tunis au Cap, 7 000 km de l'Atlantique à l'Océan indien) comprend deux vastes zones désertiques (le Sahara au Nord, le Kalahari au Sud-Ouest) et une grande variété de paysages marqués par l'alternance de la saison sèche et de la saison des pluies dans le monde tropical. La diversité du potentiel naturel permet le développement de différents types de tourisme (doc. 2).

B Des régions aux difficultés persistantes

• **La guerre entrave le développement de certaines régions.** C'est le cas de la Somalie, de l'est de la République démocratique du Congo (RDC). Beaucoup d'États africains sont dans des situations post-conflits où toute la société et l'économie sont à reconstruire : c'est un défi gigantesque pour le Liberia, la Sierra Leone, la Côte d'Ivoire.

• **Les États pauvres enclavés cumulent les difficultés.** Sans être un facteur déterminant en soi, l'enclavement représente un défi supplémentaire compte tenu de l'insuffisance des réseaux de transports et de communication. Le Burkina-Faso, le Mali et le Tchad dépendent des infrastructures portuaires de leurs voisins. Le nouvel État du Soudan du Sud est lui aussi confronté à ce problème.

• **La richesse en ressources ne se traduit pas toujours par le développement.** L'Angola, le Nigeria, le Gabon sont des États pétroliers qui subissent la « malédiction de la rente » : la grande majorité de leurs habitants reste pauvre (doc. 3). Une gestion prédatrice des ressources peut handicaper le développement durable à long terme, c'est un des nombreux défis auxquels l'immense République démocratique du Congo (RDC) est confrontée.

C Une Afrique qui émerge

• **Des puissances régionales apparaissent en Afrique sub-saharienne.** L'Afrique du Sud s'impose comme la seule véritable puissance émergente du continent. Son PIB est le plus important avec près de 400 milliards de dollars en 2013. Les deux tiers des plus grandes entreprises sont sud-africaines. Ailleurs, le Nigeria, l'Éthiopie, la Côte d'Ivoire sont également des pays qui disposent d'une importante influence régionale et d'un fort potentiel de développement.

• **L'Afrique du Nord est en pleine mutation depuis les révoltes populaires de 2011.** Si La Tunisie, l'Égypte (dont le PIB est le plus important de la région avec 250 milliards de dollars en 2012) et la Libye connaissent actuellement des transformations profondes sur le plan politique et social, leur développement économique demeure fragile. Dans cette région du monde, l'Algérie aspire à devenir la nouvelle puissance économique émergente grâce à ses ressources et à ses exportations d'hydrocarbures.

REPÈRES

• **Un grand continent**

EUROPE 10 306 659 km²
Alaska
ÉTATS-UNIS 9 526 629 km²
CHINE 9 534 000 km²
AFRIQUE 30 221 532 km²

VOCABULAIRE

Groupes ethniques : les membres d'une même ethnie sont liés par un sentiment d'appartenance, ils partagent les mêmes références culturelles et historiques, la même langue. Les ethnies sont des identités collectives qui se superposent à celles liées aux États-nations.

Malédiction de la rente : forte dépendance d'un territoire à l'égard d'une ressource naturelle, qui concentre les investissements au détriment du développement économique et social.

Pays enclavé : pays qui n'a pas accès à la mer.

COURS

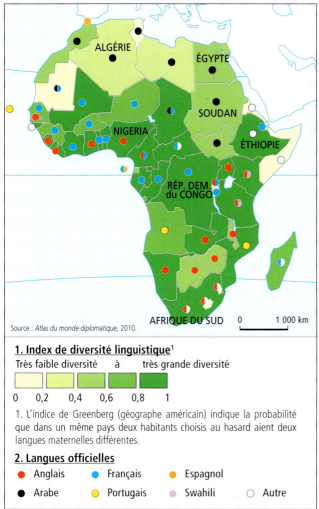

Source : *Atlas du monde diplomatique*, 2010.

1. Index de diversité linguistique[1]

Très faible diversité à très grande diversité

0   0,2   0,4   0,6   0,8   1

1. L'indice de Greenberg (géographe américain) indique la probabilité que dans un même pays deux habitants choisis au hasard aient deux langues maternelles différentes.

2. Langues officielles

- ● Anglais
- ● Français
- ● Espagnol
- ● Arabe
- ● Portugais
- ● Swahili
- ○ Autre

1 La diversité linguistique et culturelle

▶ Analysez la diversité linguistique sur la carte, et montrez quelles en sont les conséquences pour le continent.

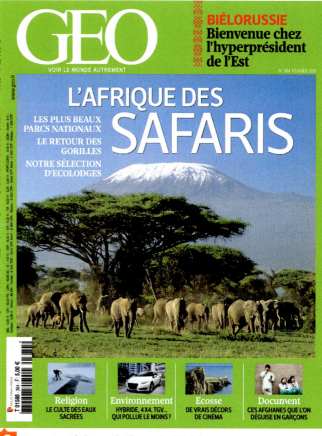

2 Le potentiel touristique de l'Afrique

Vue du parc du Serengeti, en Tanzanie. Couverture du magazine *Géo*, n° 384, février 2011.

▶ À quelles autres représentations de l'Afrique cette image s'oppose-t-elle ?

3 La malédiction de la rente au Nigeria

Un village de pêcheurs face aux cuves de la société Mobil, 2005.

Chapitre 12. L'AFRIQUE : LES DÉFIS DU DÉVELOPPEMENT **331**

BAC Révision — L'Afrique : les défis du développement

L'essentiel

1. Les défis du développement en Afrique

- **L'Afrique est encore le continent de la pauvreté.** 400 millions d'Africains vivent avec moins de 2 dollars par jour, près des deux tiers de la population souffrent de malnutrition, d'un accès limité aux soins, à l'éducation, à l'électricité. L'extrême précarité touche surtout les ruraux mais aussi les habitants pauvres des grandes villes. ▶ COURS 1

- **Les facteurs de fragilité sont nombreux.** Les conflits armés déstabilisent l'Afrique centrale et orientale. De nombreux pays ont dû se reconstruire après les violences des années 1990 et lutter contre l'épidémie du sida. Mais depuis le début du XXIe siècle, beaucoup de pays ont renoué avec une forte croissance économique. L'IDH progresse à nouveau et les conflits sont moins nombreux. ▶ COURS 2

2. Un continent en pleine transition

- **La population du continent devrait doubler d'ici 2050.** L'Afrique connaît une très forte croissance démographique, sa population est jeune : c'est un atout et en même temps un défi à relever. L'urbanisation s'accélère, les grandes métropoles africaines comme Le Caire, Lagos, Durban, Abidjan sont devenues des pôles économiques majeurs. ▶ COURS 1

- **Des classes moyennes émergent.** Environ 100 millions de personnes, surtout en Afrique du Nord et en Afrique du Sud, ont les moyens de consommer et sont vraiment sorties de la pauvreté. Encore peu nombreuses, mais en plein essor, les classes moyennes sont le symbole d'une Afrique en pleine transition qui attire de plus en plus les investisseurs. ▶ COURS 2

3. L'Afrique dans la mondialisation

- **Les richesses naturelles du continent deviennent de plus en plus stratégiques.** Minerais, terres agricoles, hydrocarbures : l'Afrique regorge de matières premières dont les pays riches et émergents ont besoin pour leur croissance. La Chine est devenue le premier partenaire commercial du continent africain. ▶ COURS 3

- **Les situations sont très variées.** Il n'y a pas une mais « des » Afrique. Les pays du Maghreb, l'Afrique du Sud sont très insérés dans la mondialisation. Mais sur 54 pays, 34 font partie de la liste des Pays les moins avancés (PMA) établie par l'ONU. ▶ COURS 4

NOTIONS CLÉS

- Conflit — p. 315
- Développement — p. 228
- Ressource — p. 315

LES CHIFFRES CLÉS

Le continent africain
- 1,1 milliard d'habitants
- 30,2 millions de km²
- 34,6 hab./km²
- 41 % de moins de 15 ans
- 15,3 % de la population mondiale
- Taux d'urbanisation : 40 %
- 2,6 % du PIB mondial
- 54 pays, dont 34 PMA
- 1er port : Durban (2,7 millions de conteneurs par an)

Pour approfondir

▶ LIVRES, REVUES

- S. Brunel, *L'Afrique, un continent en réserve de développement*, Bréal, 2010.
- J.-C. Rufin, *Katiba*, Flammarion, 2010 (roman sur le Sahara).
- V. Thébault (dir.), *Géopolitique de l'Afrique et du Moyen-Orient*, coll. « Nouveaux Continents », Nathan, 2009.
- « L'Afrique en mouvement », *Questions internationales* n° 33, La Documentation française, 2008.

▶ SITES

- PNUD, rapport annuel sur le développement humain, et outil cartographique STAT PLANET : http://hdr.undp.org/fr.
- Web-documentaires d'Arte à l'occasion du cinquantenaire des indépendances africaines (2010), parcours à suivre à travers 10 grandes villes africaines : http://afriques.arte.tv.

▶ FILM

- *Mon nom est Tsotsi*, de Gavin Hood (2005), sur les difficultés de la jeunesse des townships en Afrique du Sud.

Schémas pour réviser

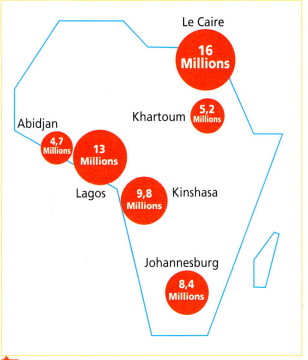

1 Les grandes villes d'Afrique

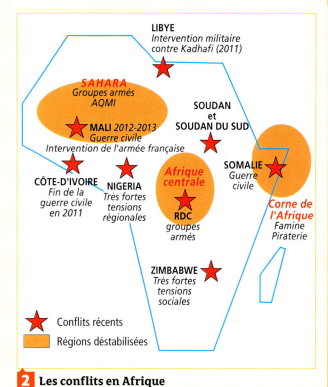

2 Les conflits en Afrique

3 L'Afrique dans la mondialisation

BAC Composition

Rédiger la composition

① Analyser le sujet	p. 270
② Mobiliser ses connaissances	p. 274
③ Rédiger la composition	

▶ **Sujet :** Le continent africain face au développement et à la mondialisation

Démarche	Guide de travail
① Analyser le sujet	→ **MÉTHODE** p. 270.
➡ Définir les termes du sujet	1. Définissez « développement » ; « mondialisation ». 2. Quel sens l'expression « face au » donne-t-elle au sujet ? 3. Quels sont les aspects du développement à prendre en compte ? 4. Quelle échelle d'analyse le sujet propose-t-il ? **CONSEIL** Le libellé du sujet suggère une étude globale, à l'échelle continentale, mais il faut tenir compte de la grande diversité des situations régionales en Afrique.
➡ Formuler une problématique	C'est le **fil directeur** du sujet. 5. Le sujet invite-t-il à s'interroger sur : – la situation actuelle de l'Afrique par rapport au développement et à la mondialisation ? – les défis que doit relever l'Afrique ? – le lien entre développement et mondialisation en Afrique ?
② Mobiliser ses connaissances	→ **MÉTHODE** p. 274.
➡ Sélectionner les informations	6. En vous aidant des cours et des documents du chapitre, relevez les informations utiles pour répondre au sujet : EXEMPLE Poids dans les échanges mondiaux, partenaires commerciaux, IDE, économie de rente, dette, ressources, exploitation du potentiel naturel, trafics illicites, conflits, PIB, IDH, santé, démocratisation, insécurité alimentaire, intégration régionale, dynamiques urbaines, pauvreté, etc.
➡ Organiser ses idées	7. Classez vos idées en plusieurs paragraphes EXEMPLE I. Un continent en mal-développement en marge du monde II. Des perspectives récentes : potentiel et progrès III. Des territoires diversement intégrés (puissances émergentes, économies de rentes, PMA, villes/campagnes)

3 Rédiger la composition

POINT MÉTHODE

Rédiger l'introduction

L'introduction se compose des étapes suivantes :
- La présentation du sujet ;
- l'énoncé de la problématique ;
- vous pouvez aussi annoncer du plan.

Rédiger le développement

- Chaque paragraphe correspond à une idée développée et illustrée par des exemples. Les idées doivent être ordonnées et reliées entre elles par des connecteurs logiques.
- La rédaction d'une phrase de transition entre chaque partie montre la cohérence de la réponse au sujet.

Rédiger la conclusion

- La conclusion se compose des étapes suivantes :
– répondre à la problématique : il s'agit de faire le bilan de l'argumentation. Il faut rédiger deux ou trois phrases répondant à la question posée dans l'introduction.
– éventuellement, mettre en perspective le sujet : élargir le sujet à d'autres espaces présentant une situation similaire ou replacer le thème du sujet à une échelle différente.

8. **Rédigez l'introduction** en vous aidant des réponses précédentes pour présenter le sujet, la problématique et le plan.

   CONSEIL Vous pouvez commencer l'introduction en opposant l'image que renvoient les médias de l'Afrique (continent du mal-développement où règnent la faim et les conflits, en marge des réseaux mondiaux d'échanges) à une réalité aujourd'hui plus nuancée et complexe.

9. **Rédigez chaque partie :** présentez le thème principal de la partie en quelques phrases et développez ce thème en deux ou trois sous-parties avec des exemples précis.

   EXEMPLE
   - **Partie 1 :** L'Afrique est un continent marqué par le mal-développement et la faible intégration dans le réseau mondial des échanges.
   - **Partie 1 – sous partie 1 :** Le mal-développement (IDH) et ses composantes (pauvreté, insuffisance des structures de soin et de prévention, Sida, insécurité alimentaire)
   - **Partie 1 – sous-partie 2 :** La faible intégration dans les échanges mondiaux (3,4 % des échanges) et ses causes (faiblesse des infrastructures et des États, faible compétitivité portuaire).

10. Rédigez une transition entre chaque partie en une ou deux phrases.

    EXEMPLE
    - **Transition avec la deuxième partie :** Cependant sous l'effet de la mondialisation, des interventions des organisations internationales et fort de ses propres ressources, le continent africain connaît actuellement de profonds bouleversements.

11. **En conclusion**, faites la synthèse de vos arguments pour répondre à la question problématique.

    EXEMPLE Le continent le plus pauvre mais un continent en transition avec des situations très diverses (L'Afrique plurielle). Vers une voie africaine de développement ?

12. Vous pouvez mettre le sujet en perspective avec les stratégies de développement des pays du Sud.

→ **Intégrer une production graphique**

13. Insérez un schéma simple dans le développement pour valoriser votre copie.

    EXEMPLE L'IDH en Afrique

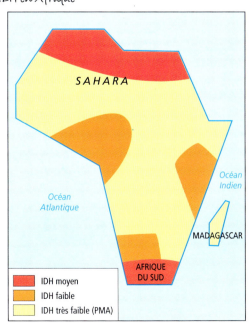

Chapitre 12. L'AFRIQUE : LES DÉFIS DU DÉVELOPPEMENT

BAC Croquis — Sujet guidé

1	Analyser le sujet	p. 270
2	Sélectionner les informations	p. 272
3	Choisir les figurés et construire la légende	p. 366

▶ **Sujet :** Le continent africain : contrastes de développement et inégale intégration dans la mondialisation

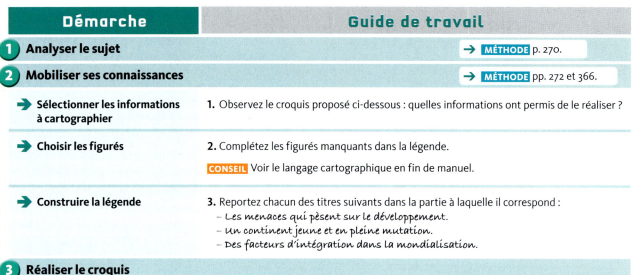

Démarche	Guide de travail
1 Analyser le sujet	→ MÉTHODE p. 270.
2 Mobiliser ses connaissances	→ MÉTHODE pp. 272 et 366.
→ Sélectionner les informations à cartographier	1. Observez le croquis proposé ci-dessous : quelles informations ont permis de le réaliser ?
→ Choisir les figurés	2. Complétez les figurés manquants dans la légende. **CONSEIL** Voir le langage cartographique en fin de manuel.
→ Construire la légende	3. Reportez chacun des titres suivants dans la partie à laquelle il correspond : – Les menaces qui pèsent sur le développement. – Un continent jeune et en pleine mutation. – Des facteurs d'intégration dans la mondialisation.

3 Réaliser le croquis

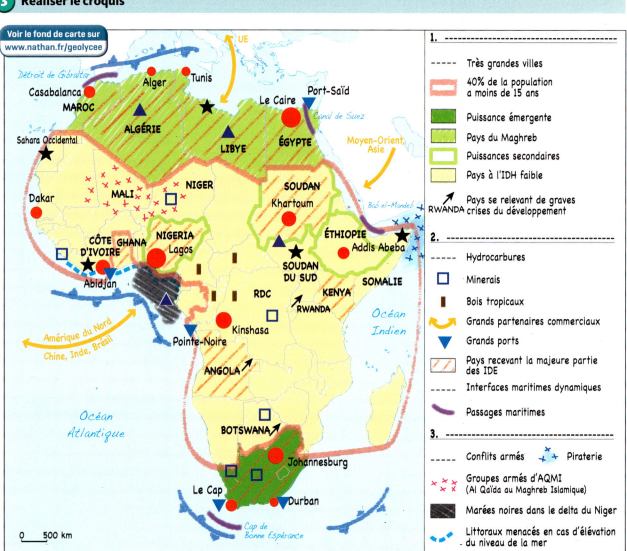

336

BAC Composition — Sujet guidé

① Analyser le sujet	p. 270
② Mobiliser ses connaissances	p. 274
③ Rédiger la composition	p. 334

▶ Sujet : Le Sahara, un espace convoité

Consigne : À partir de vos connaissances, et en vous appuyant sur l'étude de cas, vous rédigerez une composition répondant au sujet.

Démarche	Guide de travail
① Analyser le sujet	→ **MÉTHODE** p. 270.
➜ Définir les termes du sujet	1. Définissez « espace convoité ». 2. À quelle échelle le sujet se situe-t-il ? **CONSEIL** Pensez à prendre en compte toutes les échelles d'étude du sujet : régionale, continentale, mondiale.
➜ Formuler une problématique	3. Déterminez le fil directeur du sujet à partir des interrogations suivantes : Par qui et pour quelles raisons le Sahara est-il convoité ? Comment cette convoitise se traduit-elle ? Quelles en sont les conséquences ?
② Mobiliser ses connaissances	→ **MÉTHODE** p. 274.
➜ Sélectionner les informations	4. En vous aidant des documents de l'étude de cas p. 310, dégagez les informations concernant : – les caractéristiques du Sahara (désert, immensité, localisation en Afrique, espace transnational) ; – les ressources naturelles et leur mise en valeur (eau, hydrocarbures, minerais, gisements, exploitation, investissements, transports) ; – les différents types de conflits dans le Sahara (d'usage, territoriaux, guerres civiles, etc.) et leurs causes (ethniques, idéologiques, économiques, politiques, etc.) ; – les acteurs internes à l'Afrique et extérieurs (États, groupes ethniques, groupes industriels, etc.).
➜ Organiser ses idées	5. Classez vos idées en plusieurs thèmes *EXEMPLE 1 Les ressources ; les conflits ; les enjeux internationaux.* *EXEMPLE 2 Les enjeux territoriaux ; les enjeux économiques et financiers ; les conflits à plusieurs échelles.*
③ Rédiger la composition	→ **MÉTHODE** p. 334.
➜ Rédiger l'introduction	6. Rédigez l'introduction en vous aidant des réponses précédentes pour présenter le sujet et énoncer la question problématique. **CONSEIL** Vous pouvez débuter l'introduction en présentant l'originalité de l'espace du Sahara.
➜ Rédiger le développement	7. Rédigez votre développement en faisant des paragraphes correspondant chacun à un thème du sujet. **CONSEIL** Utilisez les notions de géographie et les termes spécifiques liés au sujet. Pensez à en préciser brièvement le sens quand cela est nécessaire. *EXEMPLE Ressources, conflits, frontières.*
➜ Rédiger la conclusion	8. En conclusion, faites la synthèse de vos arguments pour répondre à la question problématique.
➜ Intégrer une production graphique	9. Insérez un schéma simple dans le développement pour valoriser votre copie. *EXEMPLE Le Sahara : ressources et conflits, p. 314*

Chapitre 12. L'AFRIQUE : LES DÉFIS DU DÉVELOPPEMENT **337**

Analyse de documents

Extraire et confronter les informations

① Analyser le sujet	p. 242
② Identifier et déterminer l'idée centrale du(des) document(s)	p. 244
③ Montrer l'intérêt et les limites du document	p. 306
④ Extraire et confronter les informations	
⑤ Répondre à la consigne	p. 370

▶ Sujet : Urbanisation et développement en Afrique

Consigne : À partir de l'analyse des documents et en vous aidant de vos connaissances, vous mettrez en évidence les effets de la croissance urbaine sur le développement économique et humain en Afrique. Confrontez les deux documents pour montrer les inégalités que génère l'urbanisation.

1 Aspects du développement en Afrique subsaharienne

	Croissance du PIB (%)	IDH	Population urbaine (% de la population totale)	Population des bidonvilles (% de la population urbaine)	Accès à l'eau potable % des citadins	Accès à l'eau potable % des ruraux	Accès à un réseau d'assainissement % des citadins	Accès à un réseau d'assainissement % des ruraux
2000	3,1	0,405	32,7	65	–	–	–	–
2013	5,7	0,475	38,2	61	83	49	42	23

Sources : ONU, UN-Habitat, Banque mondiale, 2013.

2 La croissance urbaine en Afrique

Cela n'a échappé ni aux États, ni aux bailleurs de fonds, ni aux investisseurs, les villes africaines génèrent de plus en plus de revenus (80 % en moyenne du produit national brut des pays) et sont devenues l'un des premiers moteurs du développement humain et économique.

L'Afrique est désormais le continent où la croissance urbaine est la plus forte. Le nombre de ses citadins augmente de 5 % à 7 % par an. 400 millions d'Africains vivent en milieu urbain (soit 40 % de la population, contre 3 % il y a cinquante ans), et ils seront 1,2 milliard en 2050 (soit 60 % de la population).

Par ailleurs, contrairement à ce qui s'est passé en Europe et en Asie, cette urbanisation se fait sans développement industriel. Faute d'emplois, de ressources et d'anticipation de la part des pouvoirs publics en matière d'aménagement, les nouveaux arrivants sont contraints de vivre dans des taudis. C'est le cas de 60 % des citadins subsahariens – et même de plus de 90 % des citadins soudanais, centrafricains ou tchadiens. Si l'on peut regretter que les États et les collectivités n'aient pas anticipé les besoins et que les efforts restent encore très inégaux, force est de constater que, sur tout le continent, les politiques de la ville s'organisent et les plans d'aménagement et de développement urbain deviennent la règle.

Ces politiques ne sont plus exclusivement centrées sur les capitales, mais élargies à leur agglomération et déclinées à l'échelle des villes plus petites. Les investissements, publics et privés, sont considérables, et les chantiers, qu'ils soient confiés à des opérateurs étrangers ou nationaux, créent des milliers d'emplois locaux : logements, infrastructures de base (approvisionnement en électricité et en eau, assainissement), équipements publics, routes, ponts, etc.

[Cependant] certains gouvernements se cantonnent encore à une politique de prestige, menée surtout dans les quartiers chics de la capitale ou sur « la route de l'aéroport ».

Cécile Manciaux, Jeuneafrique.com, 9 décembre 2011.

Démarche	Guide de travail
1 Analyser le sujet	→ **MÉTHODE** p. 242.
→ Définir les termes du sujet	1. Définissez « urbanisation », « développement ».
→ Analyser la consigne	2. Quelles sont les grandes parties du devoir suggérées par la consigne ?
2 Analyser les documents	→ **MÉTHODE** pp. 244, 306 et 370.
→ Identifier les documents	3. Quelle est la nature de chacun des documents ? 4. Que pouvez-vous dire à propos des sources ?
→ Déterminer l'idée centrale des documents	5. Quelle est l'idée majeure exprimée par ces documents ? *EXEMPLE Ces documents montrent que le développement économique et humain et l'urbanisation progressent en Afrique.*

● **POINT MÉTHODE**

Extraire et confronter les informations
- Relever, dans les documents, les informations en rapport avec le sujet.
- Mobiliser les connaissances pour :
  – développer et expliquer ces informations ;
  – mettre en relation les informations, les expliquer les unes par rapport aux autres ;
  – relier ces informations aux notions importantes du thème étudié.

6. **Doc. 1.** Quelles données traduisent les progrès de l'Afrique ? Quelles données montrent les retards de développement ?
7. **Doc. 2.** Relevez les effets positifs de la croissance urbaine. Identifiez les problèmes posés par l'urbanisation.
8. Comment le document 2 permet-il de comprendre le document 1 ? Quel lien existe-t-il entre croissance urbaine et développement ?

→ Déterminer les enjeux spatiaux	9. Quels sont les enjeux spatiaux liés à l'urbanisation et au développement humain en Afrique ?
→ Montrer l'intérêt et les limites des documents	10. Que pouvez-vous dire de l'échelle géographique du document 1 ? 11. Quelle idée le document 2 donne-t-il de la ville africaine ? Pourquoi ce point de vue peut-il être discuté ?
3 Répondre à la consigne	→ **MÉTHODE** p. 370.

	12. Classez les informations selon le plan suggéré par la consigne.
	EXEMPLE I. Les effets de la croissance urbaine
	    a. Sur le développement économique :
	      – PIB + explications et exemples ;
	      – investissements + explications et exemples ;
	      – emplois + explications et exemples.
	    b. Sur le développement humain :
	      – IDH + explications et exemples ;
	      – population urbaine + explications et exemples ;
	      – hygiène et santé + explications et exemples.
	II. Les inégalités générées par l'urbanisation
	Etc.
	13. Pour définir le sujet et présenter les documents, rédigez vos réponses aux questions 1, 3 et 4.
	14. Rédigez la réponse au sujet avec un vocabulaire précis.
	CONSEIL Vous pouvez faire la critique des documents dans chaque partie, en accompagnement de votre argumentation.
	15. En conclusion, quel bilan pouvez-vous faire sur le développement économique, urbain et humain de l'Afrique ?

CHAPITRE 13 — L'ASIE DU SUD ET DE L'EST : LES ENJEUX DE LA CROISSANCE

Depuis deux décennies, l'Asie du Sud et de l'Est connaît une croissance économique sans précédent et s'impose comme un pôle d'impulsion majeur de la mondialisation. Les enjeux de cette aire continentale sont considérables : réduction des inégalités et de la pauvreté, maîtrise de la croissance urbaine, limitation des risques de dégradation environnementale, diminution des tensions entre les principaux États de la région.

PROBLÉMATIQUE

➡ Quelles sont aujourd'hui les ambitions de l'Asie du Sud et de l'Est dans la mondialisation ?

PLAN DU CHAPITRE

Cartes	L'Asie du Sud et de l'Est : espace, population et enjeux de la croissance	342
Cours	1. Plus de la moitié de l'humanité	344
Dossier	▪ L'Asie : une aire continentale en voie d'urbanisation	346
Cours	2. Les défis de la croissance économique	348
Cartes	Tensions et fragilités en Asie du Sud et de l'Est	350
Cours	3. L'Asie : un colosse aux pieds d'argile ?	352
Dossier	▪ Le Xinjiang : l'intégration d'une marge chinoise	354
Cartes	Japon et Chine : organisation des territoires	356
Cours	4. Japon et Chine : des ambitions mondiales	358
	5. Japon et Chine : une concurrence régionale	360
Dossier	Japon et Chine : les ambitions de deux puissances militaires concurrentes	362
Révision		364
BAC	▪ Croquis	366
	▪ Compositions	368
	▪ Analyse de documents	370

Shanghai : une vitrine de la croissance économique chinoise

Shanghai (20 millions d'habitants) est le symbole urbain de la croissance économique chinoise depuis plus de deux décennies. Carrefour portuaire et aéroportuaire, elle s'inscrit dans le réseau des grandes métropoles mondiales et contribue à faire de l'Asie de l'Est un des espaces moteurs de la mondialisation.

➲ En quoi ce paysage urbain est-il significatif de la croissance actuelle de la Chine en particulier et de l'Asie de l'Est en général ?

L'Asie du Sud et de l'Est : espace, population et enjeux de la croissance

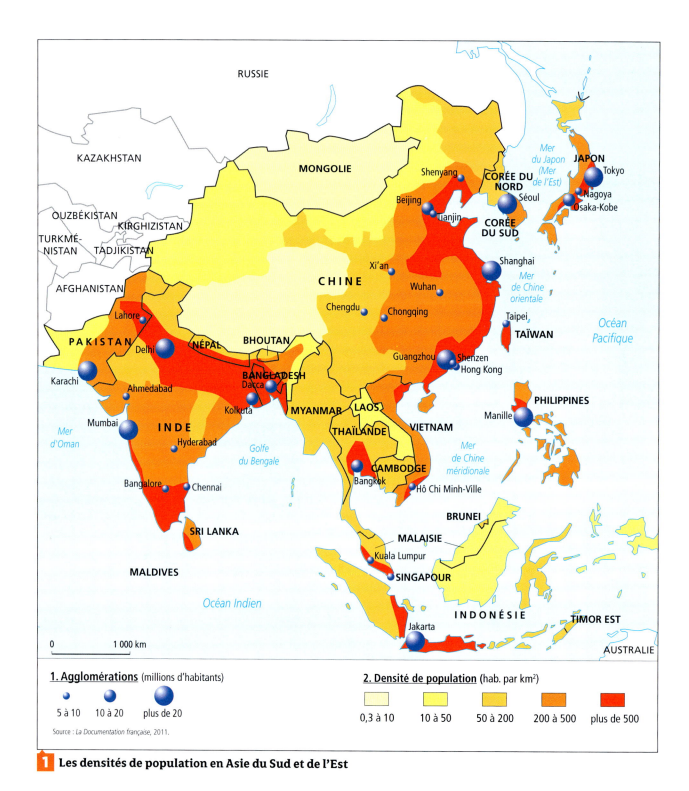

1 Les densités de population en Asie du Sud et de l'Est

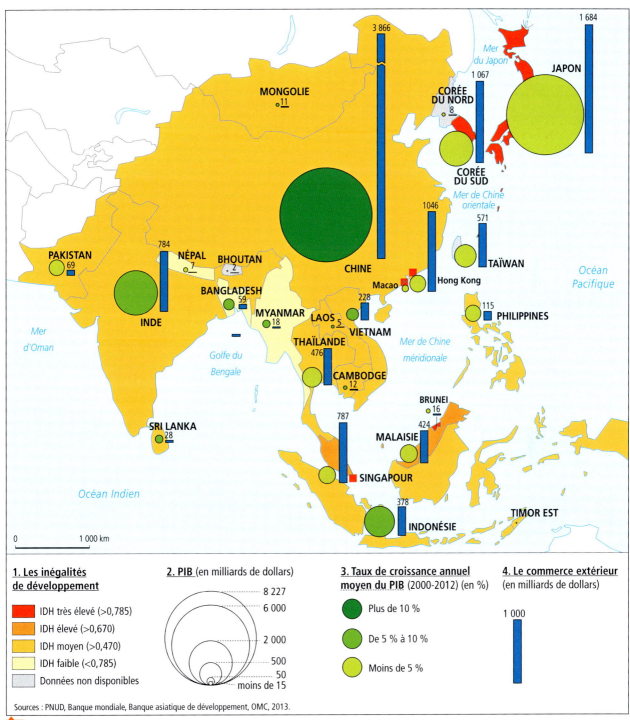

2 Les inégalités en Asie du Sud et de l'Est

Questions

1. La population de l'Asie est-elle répartie de manière uniforme ? Pour quelles raisons ? **(doc. 1)**
2. Pourquoi emploie-t-on l'expression « Asie des foules » quand on évoque l'Asie du Sud et de l'Est ? **(doc. 1)**
3. En quoi l'Asie du Sud et de l'Est est-elle une aire géographique inégale ? **(doc. 2)**

COURS   **1. Plus de la moitié de l'humanité**

■ Quels sont les enjeux démographiques en Asie du Sud et de l'Est ?

→ Voir **CARTES** pp. 342-343.
→ Voir **DOSSIER** pp. 346-347.

A Un continent inégalement peuplé

• **L'Asie du Sud et de l'Est constitue le principal foyer de peuplement de la planète.** 4 milliards d'individus (55 % de la population mondiale) occupent un territoire de 27 millions de km² (20 % des terres émergées). La **densité** moyenne est de 150 habitants au km², soit près du triple de la moyenne mondiale. L'Asie méridionale (1,7 milliard) est plus peuplée que l'Asie orientale (1,6 milliard) et que l'Asie du Sud-Est (700 millions d'habitants).

• **Les États asiatiques sont inégalement peuplés.** Derrière les deux géants démographiques que sont la Chine et l'Inde, plusieurs pays dépassent 100 millions d'habitants. En revanche, d'autres États sont très peu peuplés.

• **Les espaces pleins s'opposent aux espaces vides.** À toutes les échelles on trouve les plus fortes densités de la planète. À Java (Indonésie), au Bangladesh, dans les **mégapoles** très peuplées comme Jakarta **(doc. 1)**, les densités dépassent 1 000 habitants par km². Mais d'autres territoires sont quasi vides : les déserts de Thar (Inde) et du Baloutchistan (Pakistan), les hauts plateaux tibétains, les îles de l'est de l'Indonésie.

B Une urbanisation massive et rapide

• **L'Asie est entrée dans la transition urbaine.** Avec un taux moyen d'urbanisation de 42 %, le continent effectue un rattrapage rapide depuis deux décennies. La Corée du Sud (83 %), la Malaisie (72 %) ou le Japon (67 %) sont très urbanisés. La Chine est majoritairement urbaine depuis 2011. L'Inde (35 %), le Sri Lanka, le Népal ou le Cambodge sont encore très largement ruraux, signe d'un retard de développement.

• **Le nombre d'urbains est considérable.** La population urbaine totale est de 1,7 milliard d'individus (43 % des urbains dans le monde). On compte ainsi 750 millions d'urbains en Chine et près de 450 millions en Inde. Chaque année, près de 40 millions d'urbains supplémentaires participent à la croissance des villes d'Asie.

• **Les plus grandes mégapoles du monde sont asiatiques.** Parmi les 500 métropoles de plus de 1 million d'habitants dans le monde (en 2013), 199 se situent en Asie du Sud et de l'Est (dont 79 en Chine). Au rang des 10 agglomérations les plus peuplées du monde, 8 sont asiatiques dont les 6 premières : Tokyo (34,7 millions d'habitants), Guangzhou (26,4), Jakarta (26), Shanghai (26), Séoul (25,6) et Delhi (23,7).

C Trois grands défis démographiques

• **La croissance démographique est forte mais inégale.** D'ici 2040, l'Asie du Sud devrait croître de 600 millions d'individus. Dès 2025, la population de l'Inde dépassera celle de la Chine, où le processus de vieillissement de la population est déjà engagé, conséquence de la **politique de l'enfant unique (doc. 2)**. En revanche, au Japon la population diminue.

• **La pauvreté urbaine demeure l'un des fléaux de l'Asie.** L'**exode rural** alimente massivement les bidonvilles des métropoles asiatiques mal développées. Plus du tiers de la population urbaine asiatique (650 millions) habite dans des bidonvilles. Dans les villes indiennes, des millions de personnes vivent dans les rues. Les migrants chinois se regroupent dans des campements à proximité des chantiers. Les sans-abris se multiplient dans les villes japonaises, victimes de la crise économique.

• **L'Asie est confrontée à un déficit de femmes.** Il manque plus de 100 millions de femmes sur tout le continent, principalement en Inde **(doc. 3)** et en Chine. Les avortements sélectifs, la surmortalité féminine due aux mauvais traitements expliquent ce phénomène unique au monde, qui met en danger l'avenir démographique du continent.

REPÈRES

• **a. Les 5 États les plus peuplés d'Asie**
(en millions d'habitants)

Chine	1 385
Inde	1 252
Indonésie	249
Pakistan	182
Bangladesh	156

• **b. Les 5 États les moins peuplés d'Asie**
(en millions d'habitants)

Maldives	0,4
Brunei	0,4
Bhoutan	0,7
Timor-Est	1,1
Mongolie	2,8

Source : ONU, *World Population Prospects*, 2013.

VOCABULAIRE

Densité : nombre d'habitants par km².

Exode rural : migration importante et définitive de populations des campagnes vers les villes.

Mégapoles : très grandes agglomérations urbaines, dépassant 8 millions d'habitants selon le critère de l'ONU.

Politique de l'enfant unique : politique démographique mise en place en Chine depuis les années 1970, instaurant l'obligation de ne pas dépasser un enfant par famille.

Transition urbaine : processus au cours duquel une population, initialement rurale, devient majoritairement urbaine.

1 Jakarta (Indonésie), une mégapole densément peuplée

Comme de nombreuses mégapoles asiatiques, Jakarta (26 millions d'habitants) est réputée pour la saturation de ses réseaux de transport.

▶ En quoi Jakarta est-elle représentative de l'« Asie des foules » ?

2 Les défis de la démographie chinoise

Véritable bombe à retardement, la démographie vieillissante de la Chine menace d'en faire un « pays de vieux » avant d'en faire un pays riche, sa population en âge de travailler ayant entamé son déclin en 2012 […]. Définie comme celle des Chinois âgés de 15 à 59 ans, la population en âge de travailler a diminué de 3,45 millions de personnes [en 2012] pour la première fois depuis 1963 […]. La baisse devrait s'accentuer dans les années à venir. Et la population dans son ensemble pourrait cesser de croître après avoir atteint 1,4 milliard de personnes vers 2020 (contre 1,354 milliard fin 2012) […]. Entre 2014 et 2030, le nombre de Chinois âgés de 15 à 64 ans devrait chuter d'environ 40 millions […]. Vers 2060, trois actifs chinois devront subvenir aux besoins de deux personnes âgées de plus de 60 ans […]. Actuellement, le ratio est de cinq actifs pour une personne âgée. La proportion des plus de 65 ans est appelée à doubler, de 7 % à 14 % de la population totale en seulement 26 ans […]. Une population vieillissante signifie moins de personnes disponibles pour l'emploi et des coûts salariaux en hausse. En outre, le niveau très élevé de l'investissement, l'un des principaux moteurs de la croissance chinoise, sera difficile à maintenir si les familles dépensent leurs économies pour soigner leurs aînés.

Le Point.fr, 30 janvier 2013.

▶ À quels défis démographiques la Chine est-elle confrontée ?

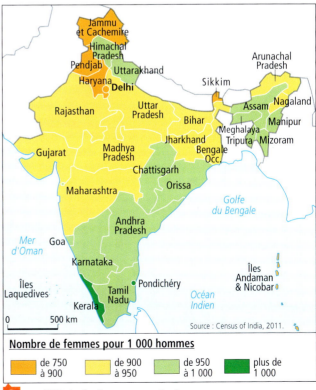

3 Le déficit de femmes en Inde

Le rapport de féminité prend en compte le ratio entre les femmes et les hommes, tous âges confondus.

▶ Pourquoi peut-on dire que l'Inde est inégalement confrontée à un déficit de femmes ?

DOSSIER — L'Asie : une aire continentale en voie d'urbanisation

→ Voir **COURS** pp. 344-345.

L'Asie connaît une croissance urbaine spectaculaire depuis les années 1950. Les villes asiatiques ont ainsi gagné 1 milliard d'individus en un demi-siècle, et les mégapoles du continent sont les plus peuplées de la planète. Un important exode rural devrait contribuer à accélérer cette transition urbaine dans les années à venir.

➡ **Quels sont les défis de la croissance urbaine en Asie ?**

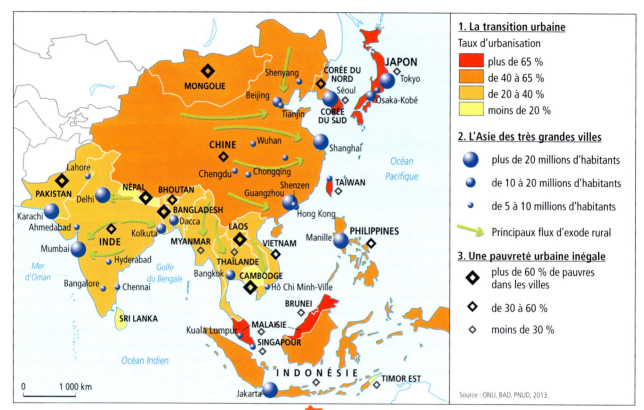

1 Villes et urbanisation en Asie

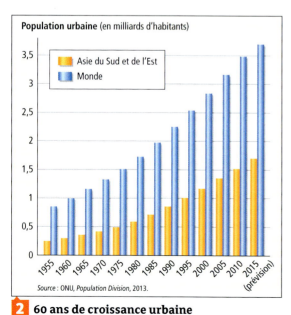

2 60 ans de croissance urbaine

3 Des villes polluées

L'air de Karachi, agglomération la plus peuplée du Pakistan avec 18 à 20 millions de personnes, présente selon l'Organisation mondiale de la Santé un niveau moyen de particules [...] de 193 microgrammes par mètre cube, bien plus élevé que les 121 de Pékin. Les sources de cette pollution sont multiples, comme le souligne un rapport de l'Agence pakistanaise pour la protection de l'environnement, qui évoque « les nombreuses usines » du principal centre industriel du pays, ainsi que « la circulation très dense ». Les voitures et camions de Karachi sont souvent en très mauvais état. Et, en l'absence totale de transports en commun publics, des compagnies privées font rouler de vieux bus [...].

Autre source majeure de pollution de l'air : le sable venu du désert proche. Dans cette ville aux infrastructures inexistantes, la dégradation de l'environnement est générale. L'eau, distribuée par camions citernes, est à l'origine de nombreuses maladies. Aucun ramassage d'ordures n'est effectué : celles-ci sont brûlées dans les rues, emplissant la ville de fumée.

Les Échos, 5 février 2013.

DOSSIER

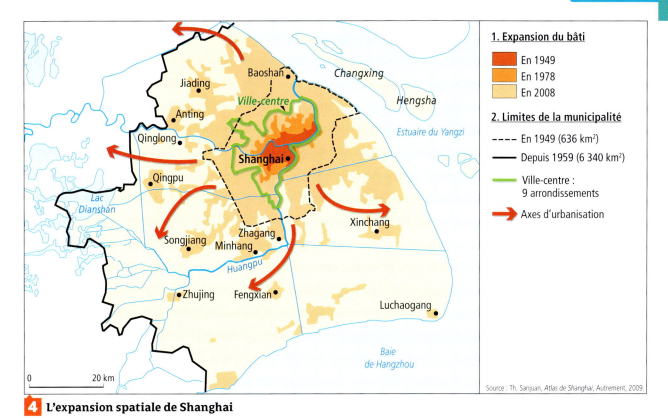

4 L'expansion spatiale de Shanghai

5 Les bidonvilles de Dacca (Bangladesh)

Le Bangladesh est un des pays les plus pauvres au monde. Exposés à des risques sociaux, environnementaux et sanitaires très importants, les habitants de la capitale Dacca (16 millions d'habitants) vivent majoritairement dans d'immenses bidonvilles.

Questions

▶ Exploiter et confronter des informations

1. Quelles sont les inégalités liées au processus d'urbanisation en Asie ? **(doc. 1)**

2. Comparez les colonnes de la croissance urbaine mondiale et de celle de l'Asie. Quelle est la place prise par l'urbanisation asiatique dans l'urbanisation mondiale depuis 1950 ? **(doc. 2)**

3. Quels sont les défis de l'urbanisation en Asie ? **(doc. 1, 3, 4 et 5)**

▶ Porter un regard critique sur une carte **(doc. 1)**

4. De quel type de carte s'agit-il ? Quelles sont les informations mises en valeur sur la carte ?

5. Quels sont les objectifs de la carte ?

6. Y avait-il d'autres possibilités de représenter le taux d'urbanisation ?

▶ Dégager le sens général

7. En vous aidant de l'ensemble des documents, vous montrerez que les problèmes rencontrés par la forte urbanisation de l'Asie constituent des enjeux majeurs au XXIe siècle.

Chapitre 13. L'ASIE DU SUD ET DE L'EST : LES ENJEUX DE LA CROISSANCE **347**

COURS

2. Les défis de la croissance économique

> Quels sont les caractéristiques et les enjeux de la croissance économique en Asie du Sud et de l'Est ?

→ Voir **CARTES** pp. 342-343.
→ Voir **DOSSIER** pp. 346-347.

A Un pôle majeur de la mondialisation

• **L'Asie représente près de 30 % du PIB mondial en 2013.** Grâce à une production industrielle diversifiée (charbon, textile, informatique, construction navale, etc.), elle est devenue « l'usine du monde ». Avec plus de 25 % du commerce mondial, l'Asie est au cœur des échanges planétaires de marchandises. Hong Kong, le Japon et la Chine font partie des 10 principaux pays émetteurs et récepteurs d'IDE.

• **L'Asie est le continent qui connaît la croissance économique la plus forte** (doc. 1). Partie du Japon et de son modèle de croissance, dit en vol d'oies sauvages, relayée par les Dragons, elle s'est progressivement diffusée dans les pays voisins. La croissance approche ou dépasse 10 % en Chine, à Macao ou en Mongolie. Elle est cependant plus faible dans des pays déjà très développés (Japon, Corée du Sud).

• **Les économies asiatiques sont fortement littoralisées.** Grâce à de nombreuses ouvertures maritimes (mer de Chine, détroit de Malacca, mer d'Oman), les territoires littoraux se sont organisés au service de la production et des échanges. Le choix de la conteneurisation dès les années 1980 a favorisé l'émergence de la plus grande interface portuaire mondiale (doc. 2).

B Des acteurs économiques performants

• **Le rôle des États a été déterminant dans la réussite de la croissance asiatique.** L'interventionnisme en matière économique, l'établissement d'un capitalisme sous contrôle étatique, le rôle des diasporas chinoise et indienne dans les investissements régionaux, l'importance des excédents commerciaux, ont permis la réussite financière du continent. Des capacités financières considérables renforcent cette position et permettent des investissements vers les marchés occidentaux (doc. 3).

• **Les grandes firmes transnationales asiatiques se sont imposées sur les marchés mondiaux.** En 2013, 171 grandes entreprises asiatiques sont classées parmi les 500 plus importantes dans le monde. Les Japonais Toyota (automobile), Hitachi ou Sony (électronique), les entreprises pétrolières Sinopec (Chine) ou Petronas (Malaisie), les firmes coréennes Samsung, Hyundai ou LG, l'Indien Tata, le Taïwanais Acer sont des grandes firmes mondialisées, leaders dans leurs secteurs. Un réseau très dense et efficace de sous-traitants accompagne les grands groupes asiatiques.

C Un vaste marché mais des inégalités qui se renforcent

• **Le commerce intra-régional ne cesse de se développer.** Il représente désormais 55 % du commerce extérieur des pays asiatiques. Une vaste zone de libre-échange, l'AFTA (Asian Free Trade Area) est en projet, et devrait faire de l'Asie un gigantesque marché de consommation et un pôle mondial du commerce du luxe (doc. 4). L'Asie s'impose également comme une grande destination du tourisme international avec la Chine (4e rang mondial), la Malaisie (9e) ou la Thaïlande (15e). Singapour est un important centre mondial pour le tourisme d'affaire.

• **Malgré la croissance, les inégalités sociales se renforcent.** En 2013, on comptait 350 milliardaires asiatiques (sur 1 342 dans le monde) qui tiraient principalement leur fortune de l'immobilier, de la finance, de l'industrie manufacturière et du commerce de détail. Une classe moyenne de plusieurs centaines de millions d'individus est en train d'émerger. Mais, dans le même temps, en Inde près de la moitié de la population vit avec moins de 2 dollars par jour, et la pauvreté urbaine persiste dans les immenses bidonvilles des mégapoles asiatiques.

REPÈRES

• **La croissance économique en Asie**
Taux de croissance annuel moyen (2007-2012)

Macao	13,6 %
Chine	10,1 %
Bhoutan	9,3 %
Mongolie	8,9 %
Timor-Est	8,6 %
Myanmar	8,3 %
Inde	7,4 %
Laos	6,5 %
Sri Lanka	6,5 %
Vietnam	6,3 %

Sources : Banque asiatique de développement, Banque mondiale, 2013.

VOCABULAIRE

Conteneurisation : processus de développement des échanges maritimes par l'utilisation de conteneurs.

Croissance : variation (positive ou négative), pendant une période donnée, de la production d'un pays. On retient généralement le PIB (produit intérieur brut) comme indicateur de croissance.

Dragon : nom donné dans les années 1970 à Singapour, Taïwan, la Corée du Sud et Hong Kong.

Vol d'oies sauvages : image utilisée pour décrire l'évolution de la spécialisation productive du Japon depuis les années 1960 (importation, production domestique, exportation, abandon d'un groupe de produits).

COURS

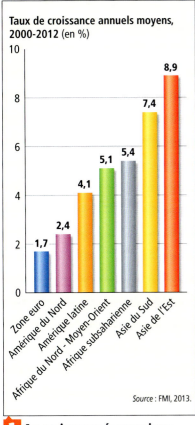

1 La croissance économique des grandes régions du monde

▸ Quelle est la position de l'Asie du Sud et de l'Est dans les taux de croissance annuels moyens des grandes régions du monde ?
▸ Comparez avec la zone euro : que constatez-vous ?

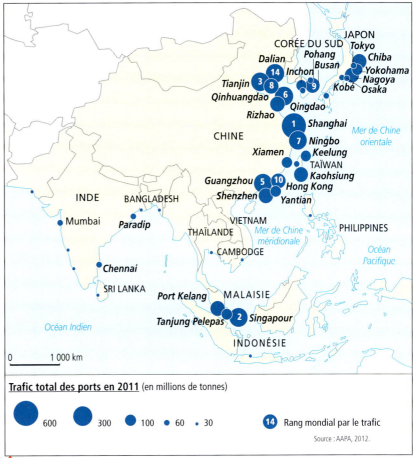

2 Les ports en Asie

▸ Où se localisent les principaux ports d'importance mondiale ?
▸ Quelle facteurs expliquent ces concentrations ?

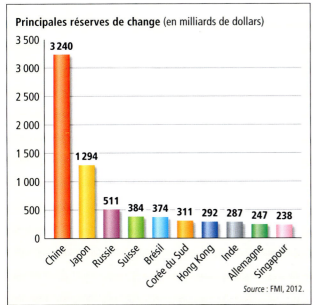

3 Les principales réserves de change dans le monde en 2013

▸ Quelle est la place des pays asiatiques dans les réserves mondiales de change ?
▸ Quels facteurs permettent de l'expliquer ?

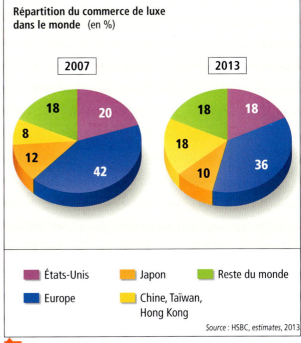

4 L'Asie : nouveau pôle du commerce de luxe

▸ Quelle évolution connaît l'Asie dans la répartition du commerce de luxe dans le monde ?

Chapitre 13. L'ASIE DU SUD ET DE L'EST : LES ENJEUX DE LA CROISSANCE **349**

CARTES

Tensions et fragilités en Asie du Sud et de l'Est

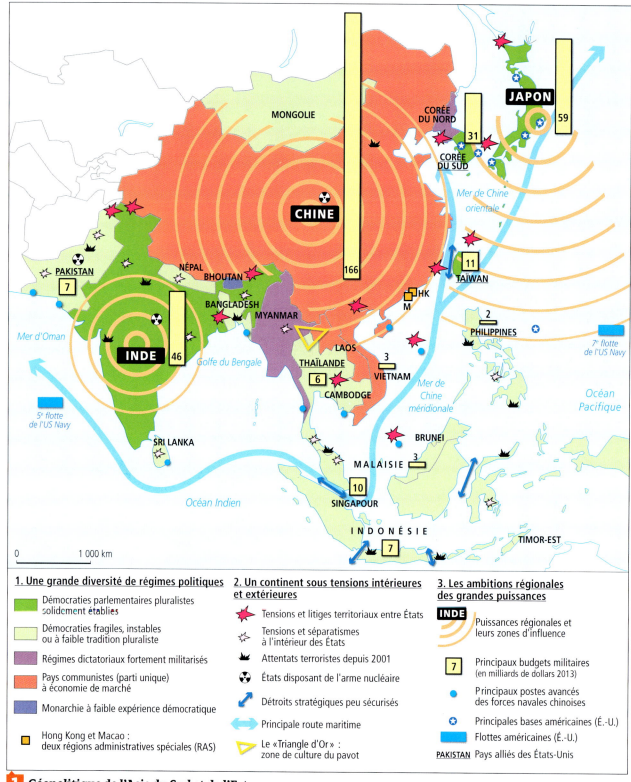

1 Géopolitique de l'Asie du Sud et de l'Est

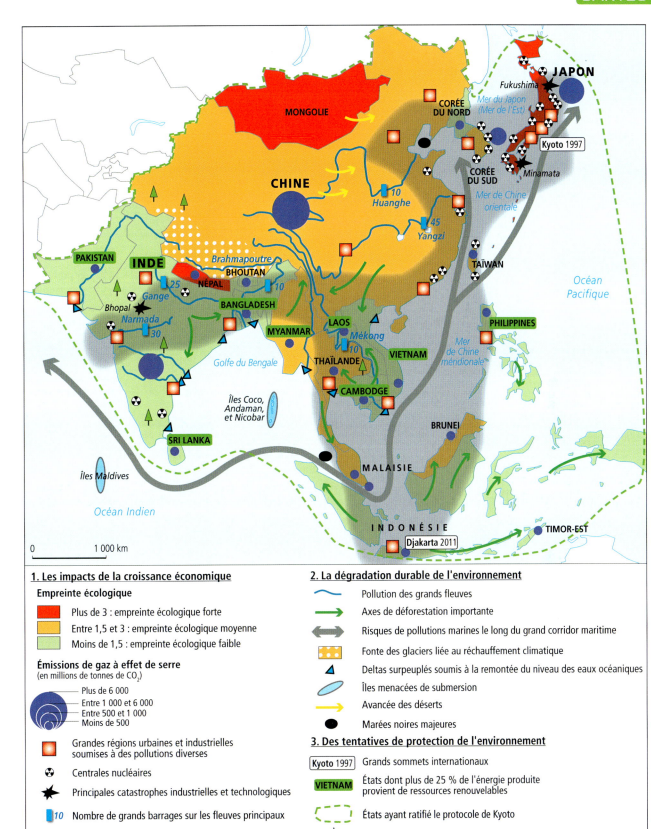

2 L'Asie du Sud et de l'Est face aux enjeux et aux défis environnementaux

Questions

1. À quelles tensions géopolitiques l'Asie du Sud et de l'Est est-elle confrontée ? (doc. 1)
2. À quels enjeux environnementaux l'Asie du Sud et de l'Est doit-elle faire face ? (doc. 2)

COURS
3. L'Asie : un colosse aux pieds d'argile ?

▌ Quelles sont les limites à la puissance économique de l'Asie ?

→ Voir **CARTES** pp. 350-351.
→ Voir **DOSSIER** pp. 354-355.

A Une grande dépendance à l'égard de la mondialisation

• **La croissance de l'Asie est dépendante de l'économie mondiale.** Soumise aux soubresauts de l'économie planétaire, l'Asie n'échappe pas aux crises économiques depuis la fin des années 1990. Toutefois, et malgré la crise financière de 2008 qui a vu la fermeture de milliers d'usines sur tout le continent, la plupart des pays d'Asie ont très vite renoué avec des taux de croissance élevés.

• **L'Asie est fragilisée par la financiarisation excessive de ses économies.** La valorisation du profit à court terme, l'afflux massif d'investissements, l'environnement spéculatif, particulièrement sur les marchés immobiliers, la corruption généralisée, le manque de transparence des systèmes bancaires, etc., fragilisent l'Asie tout entière.

• **Le dynamisme de l'Asie dépend de son approvisionnement énergétique.** L'Asie consomme de plus en plus de charbon, de gaz et de pétrole. Bien que de nombreux pays développent les énergies renouvelables, la Chine construit une centrale thermique par semaine et a lancé de nombreux programmes de construction de centrales nucléaires.

B Une insertion inégale des territoires dans la mondialisation

• **Les interfaces maritimes sont les territoires les plus dynamiques.** La mégalopole japonaise concentre 100 millions d'habitants et 80 % du potentiel économique du pays (doc. 1). Les grandes métropoles (Shanghai, Hong Kong, Taipei, Séoul, Singapour, Mumbai) et les grands ports font des littoraux les hauts-lieux de la prospérité asiatique au XXIe siècle.

• **La croissance du littoral de l'Asie se diffuse vers les territoires intérieurs.** Les provinces intérieures chinoises, comme le Xinjiang, sont en plein développement. En Corée du Sud, en Malaisie, en Inde, en Thaïlande, des corridors de développement se structurent le long des grandes vallées fluviales et des axes de communication. Les grandes métropoles s'étalent et forment de gigantesques desakotas.

• **Certains territoires demeurent en marge de la mondialisation.** La Corée du Nord est le pays le plus fermé au monde. Le Laos, le Népal et le Bhoutan subissent les contraintes de l'enclavement. Les hautes montagnes de l'Inde et du Pakistan (Cachemire, Sikkim), les îles éloignées des Philippines et de l'Indonésie, sont également des « angles morts » de la mondialisation en Asie.

C Tensions géopolitiques et dégradation environnementale

• **Les tensions géopolitiques sont nombreuses.** La Chine s'oppose au Vietnam en mer de Chine où elle cherche à contrôler les richesses potentielles en hydrocarbures. Les frontières sont des zones de tensions, par exemple entre les deux Corée, entre la Thaïlande et le Cambodge, ou entre l'Inde et le Bangladesh (doc. 2). De nombreuses tensions internes persistent. L'Inde doit faire face à la guérilla des Naxalites. La Chine peine à contenir les revendications autonomistes du Tibet. Les minorités de l'Asie du Sud-Est (Vietnam, Philippines, etc.) sont souvent réprimées.

• **L'Asie est un continent très pollué.** Les rejets industriels, la pollution produite par les moyens de transport et les centrales thermiques au charbon dégradent la qualité de l'air, de l'eau et des sols (doc. 3). La Chine est devenue le premier émetteur de gaz à effet de serre dans le monde. L'érosion des sols et la déforestation intensive (Indonésie), l'avancée des déserts en Chine, la pollution des fleuves en Inde, la concentration en arsenic dans les nappes phréatiques du Bangladesh, la catastrophe nucléaire de Fukushima (2011), etc., témoignent d'un bilan écologique désastreux.

REPÈRES

• **Le desakota asiatique**

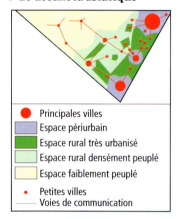

- ● Principales villes
- ▨ Espace périurbain
- ▨ Espace rural très urbanisé
- ▨ Espace rural densément peuplé
- ▨ Espace faiblement peuplé
- · Petites villes
- — Voies de communication

VOCABULAIRE

Corridor de développement : territoire où se concentrent des activités industrielles et technologiques, le long d'une autoroute, d'une voie ferrée ou d'une voie navigable.

Desakota : terme d'origine indonésienne (*desa* : village ; *kota* : ville) qui désigne les espaces de grande densité de peuplement, où se mêlent activités agricoles intensives, activités industrielles et territoires urbanisés.

Mégalopole japonaise : grande région urbaine s'étendant sur 1 500 km, de Sendai au nord à Kumamoto au sud, sur la façade orientale du Japon.

Naxalites : groupes révolutionnaires armés, très actifs dans l'est de l'Inde, qui revendiquent l'accès aux terres pour tous les paysans ainsi que l'établissement d'un régime communiste agraire. Cette guérilla est née à la fin des années 1960 dans un petit village du nord de l'Inde appelé Naxalbari.

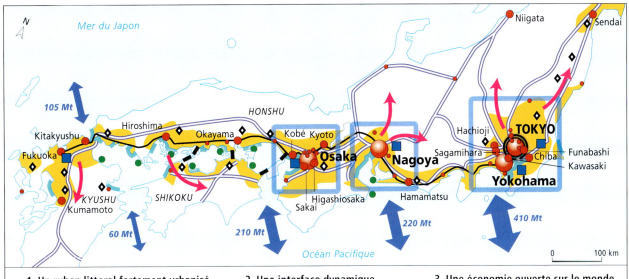

1. Un ruban littoral fortement urbanisé

- Fortes densités urbaines (plus de 300 hab.km²)

Principales agglomérations (nombre d'habitants)
- plus de 8 millions
- de 2 à 8 millions
- de 500 000 à 2 millions
- de 350 000 à 500 000
- Axes de développement de l'espace mégalopolitain

2. Une interface dynamique
- Tokyo, capitale et ville mondiale
- Shinkansen (train à grande vitesse)
- Autoroutes
- Aéroports internationaux
- Technopôles et centres de haute technologie
- Principaux ponts reliant les îles

3. Une économie ouverte sur le monde
- Terre-pleins et aménagements industriels
- Aquaculture
- Principaux ensembles portuaires (trafic en millions de tonnes en 2010)
- Principales régions industrialo-portuaires

1 La mégalopole japonaise

▶ Quelles sont les caractéristiques géographiques de la mégalopole japonaise ?
▶ Pourquoi peut-on dire qu'il s'agit d'un espace multipolaire ?

2 Une frontière de barbelés entre Inde et Bangladesh

Le long de ses 4 000 kilomètres de frontières avec le Bangladesh, l'Inde a érigé une double clôture de barbelés gardée par 50 000 militaires afin d'empêcher l'entrée clandestine de populations.

▶ En quoi cette frontière est-elle révélatrice des tensions entre les deux États ?

3 Une pollution qui traverse les frontières

La pollution chinoise devient un sujet régional. Les médias japonais multiplient les articles sur l'inquiétant nuage gris qui voile le ciel de certaines villes du sud-ouest de l'Archipel. Et l'*Asahi Shimbun*[1] contait ce matin le dépit d'une mère de famille originaire de la région de Fukushima qui avait fui, en 2011, la côte nord-est du pays pour s'installer à Fukuoka à 2 000 kilomètres plus au sud, afin de protéger sa petite fille de la contamination s'échappant de la centrale en détresse. Désormais, elle fait porter à son enfant un masque pour lui éviter de respirer d'éventuelles particules toxiques provenant de l'autre côté de la mer de Chine orientale. Si les autorités japonaises ont, pour l'instant, évité d'interpeller publiquement Pékin sur le sujet, les experts nippons lui rappelleront la révolution environnementale que l'Archipel a lui-même enclenchée dans les années 1960 et 1970. Au faîte de sa croissance industrielle, le Japon connaissait alors des tragédies environnementales comparables à celles dont souffre aujourd'hui la Chine.

Les Échos, 5 février 2013.

1. Journal quotidien japonais.

▶ En quoi la pollution peut-elle devenir un sujet de tension diplomatique ?

Chapitre 13. L'ASIE DU SUD ET DE L'EST : LES ENJEUX DE LA CROISSANCE

DOSSIER — Le Xinjiang : l'intégration d'une marge chinoise

→ Voir **COURS** pp. 352-353.

Le Xinjiang est longtemps resté aux marges de la croissance chinoise. Depuis le début du XXIe siècle, les autorités ont décidé de faire de cette périphérie éloignée un territoire intégré. Mais la croissance de cette « nouvelle frontière » de la Chine intérieure s'effectue au détriment des fondements historiques et culturels de la région.

➔ Quels sont les enjeux de la croissance chinoise au Xinjiang ?

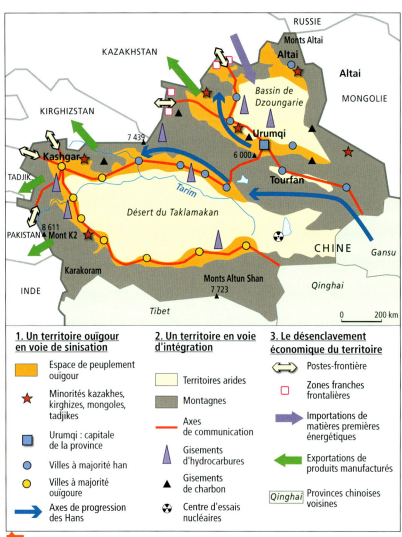

1 Le Xinjiang : croissance économique et intégration territoriale

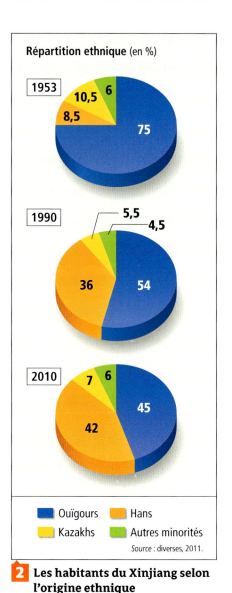

2 Les habitants du Xinjiang selon l'origine ethnique

3 Le Xinjiang : un enjeu pour la Chine

Longtemps délaissé, le Xinjiang, trois fois grand comme la France et peuplé en majorité de musulmans, est un territoire stratégique pour Pékin. Le sous-sol contient d'importantes réserves d'hydrocarbures ; de 2000 à 2010, l'exploitation pétrolière a été multipliée par 20. Autre intérêt stratégique de la province, ses frontières : huit pays ont une frontière commune avec le Xinjiang. Jusqu'en 2015, le gouvernement central a prévu d'investir chaque année au Xinjiang 45 milliards d'euros, soit l'équivalent annuel du PNB de la province […]. Des milliers d'ouvriers et de techniciens construisent des villes et des barrages, des oléoducs et des lignes à haute tension. Presque tous sont des Chinois hans […]. Ces *min-gongs* (travailleurs migrants issus des campagnes) n'hésitent pas à s'exiler à des milliers de kilomètres de leur village pour gagner leur vie.

Géo, n° 386, avril 2011.

4 Urumqi : une nouvelle « cité des steppes »

Capitale du Xinjiang, Urumqi est la vitrine urbaine de la croissance économique du Xinjiang. La ville se modernise rapidement en faisant table rase des héritages du peuple ouïgour.

5 Les relations entre Hans et Ouïgours

> Le Xinjiang, cette « nouvelle frontière » que les Chinois ont baptisée comme telle il y a plus d'un siècle pour désigner l'ancien Turkestan oriental, a été intégré tardivement à l'Empire. La singularité de son histoire et de sa culture, par rapport au reste de la Chine, porte les graines de la discorde et de la méfiance semées depuis des lustres entre Ouïgours turcophones musulmans et Chinois d'ethnie han. [...]
>
> Parmi les Ouïgours, à part les élites que le Parti communiste chinois a cooptées au sein des institutions, il est presque impossible de trouver un partisan de la colonisation han au Xinjiang. Le pouvoir exercé dans les plus hautes instances politiques et économiques est détenu en majorité par les cadres hans du parti.
>
> Au plan social, les Ouïgours quittent l'école plus tôt que les Hans, le taux de mortalité infantile est aussi plus élevé chez eux. Ils sont largement minoritaires dans les professions libérales et l'administration.
>
> Une population de déclassés perçoit les Hans comme un peuple prédateur, indifférent à leur culture. La répression policière s'est accrue ces dernières années et le pouvoir chinois n'a cessé de restreindre la liberté religieuse. Résultat, les turcophones se sentent de plus en plus frustrés et ont le sentiment que l'enrichissement réel de la région profite surtout à ceux venus tardivement les coloniser.
>
> B. Philip, « Un irrédentisme attisé par la colonisation du Xinjiang », *Le Monde*, 8 juillet 2009.

VOCABULAIRE

Han : ethnie majoritaire en Chine.
Ouïgour : ethnie autochtone du Xinjiang.

Questions

▶ **Exploiter et confronter des informations**

1. À quelles contraintes le Xinjiang a-t-il longtemps été confronté ? Quels sont aujourd'hui ses atouts ? **(doc. 1 et 3)**

2. Pour quelles raisons les autorités de Pékin ont-elles engagé un vaste programme de croissance et de développement ? **(doc. 1 et 3)**

3. Quels problèmes ce programme pose-t-il aux populations ouïgoures ? **(doc. 2, 4 et 5)**

▶ **Porter un regard critique sur deux documents**

4. Montrez, à l'aide des documents 4 et 5, que la croissance économique que le Xinjiang connaît aujourd'hui s'effectue au détriment de la culture, du patrimoine et des populations locales.

▶ **Dégager le sens général**

5. À partir de l'ensemble des documents, vous rédigerez deux paragraphes dans lesquels vous montrerez les réussites et les limites de l'intégration du Xinjiang dans la mondialisation.

CARTES

Japon et Chine : organisation des territoires

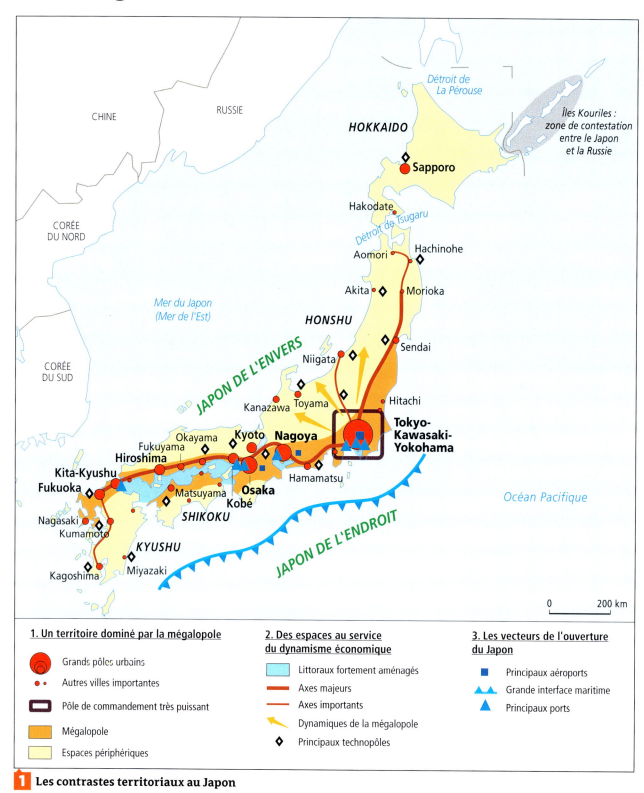

1 Les contrastes territoriaux au Japon

CARTES

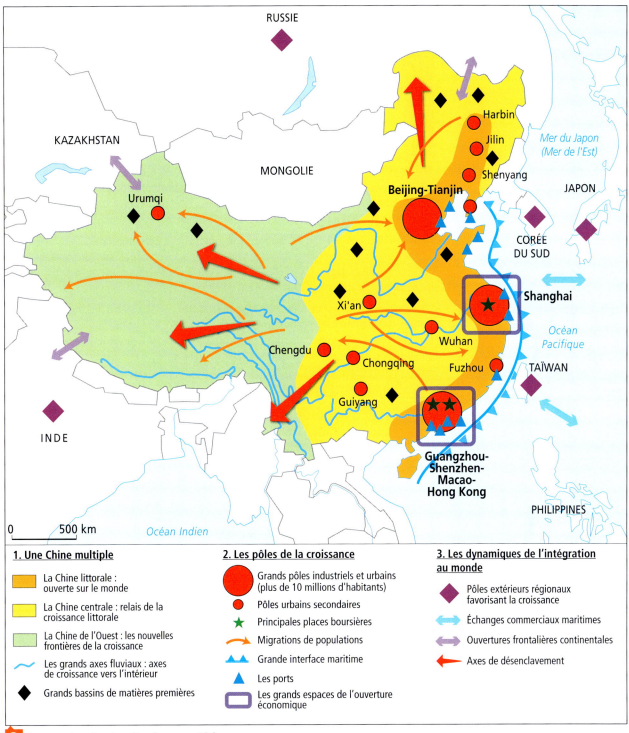

2 Les contrastes territoriaux en Chine

Questions

1. De quel type de cartes s'agit-il ? Que représentent-elles ?
2. De quelle manière s'organisent les territoires chinois et japonais ?
3. Quelles informations démontrent qu'il s'agit de deux territoires insérés dans la mondialisation ?

Chapitre 13. L'ASIE DU SUD ET DE L'EST : LES ENJEUX DE LA CROISSANCE 357

COURS

4. Japon et Chine : des ambitions mondiales

> Quelles sont les ambitions du Japon et de la Chine à l'échelle mondiale ?

→ Voir **CARTES** pp. 356-357.
→ Voir **DOSSIER** pp. 362-363.

A Deux puissances économiques de rang mondial

• **La Chine et le Japon sont les 2ᵉ et 3ᵉ puissances économiques mondiales.** Avec des PIB respectifs de 8 227 et 5 960 milliards de dollars en 2012, ces deux pays représentent 20 % du PIB mondial. La Chine a opéré un rattrapage rapide depuis la fin des années 1970 (doc. 1), avec des taux de croissance annuels moyens de l'ordre de 10 %, tandis que le PIB japonais stagne ou croît faiblement (doc. 3).

• **Les deux pays sont également des puissances commerciales.** La Chine est le premier exportateur mondial (2 000 milliards et 11,5 % des exportations mondiales), soit plus du double du Japon (800 milliards et 4,5 %). Forts de leurs excédents commerciaux, les deux pays investissent massivement à l'étranger.

• **La Chine est partie à la conquête du monde.** Depuis 2000, les investissements chinois à l'étranger ont été multipliés par 20. Toutes les régions du monde et tous les secteurs d'activité sont concernés : achat de terres agricoles en Afrique et en Amérique du Sud, rachat d'entreprises aux États-Unis et en Europe, construction d'infrastructures dans les pays émergents, etc.

B À l'échelle nationale, un développement très inégal

• **Le Japon et la Chine ont longtemps été des « nains politiques ».** Vaincu en 1945, le Japon s'est contenté d'être un acteur commercial influent et un contributeur à l'aide publique au développement. Malgré un siège permanent au Conseil de sécurité de l'ONU, la Chine maoïste s'est refermée sur elle-même entre 1949 et 1978.

• **La Chine devient une puissance culturelle planétaire.** Forte de l'implantation des instituts Confucius, de l'organisation de grands évènements internationaux (J.O., Exposition universelle) et d'un cinéma mondialement reconnu (doc. 4), la Chine cherche à exploiter son *Soft Power*. Elle peut notamment s'appuyer sur une diaspora très active de 50 millions de Chinois d'outre-mer, présents dans près de 150 pays.

• **Les deux pays aspirent à devenir des puissances militaires.** L'armée japonaise (5ᵉ budget militaire mondial avec 59 milliards de dollars) était présente en Irak en 2003. L'Armée populaire de libération chinoise (2,2 millions d'hommes) est la plus importante du monde et se modernise. En 2013, la Chine disposait du 2ᵉ budget militaire du monde (166 milliards de dollars, soit 2 % de son PIB).

C Des signes de fragilité et de faiblesse

• **Le Japon est aujourd'hui fragilisé.** Le pays doit faire face depuis le milieu des années 2000 à une diminution de sa population, les décès dépassant les naissances. La population vieillit, la part des plus de 65 ans (23 % de la population) étant près du double de celle des moins de 15 ans (13 %). La précarisation de sa population (doc. 2), la vulnérabilité face aux risques naturels, la concurrence d'autres puissances asiatiques (Corée du Sud, Inde, etc.) remettent en question son statut de grande puissance économique.

• **La réussite chinoise est également fragile.** La Chine doit composer avec la méfiance de ses partenaires commerciaux. Elle est souvent accusée de concurrence déloyale à l'OMC par les États-Unis et les pays européens. Sa stratégie de conquête des marchés est dénoncée comme agressive et arrogante. De plus, le régime communiste doit faire face aux réprimandes internationales sur la question des droits de l'homme, aux contestations sociales au sein même du pays et aux aspirations populaires à plus de liberté et à moins de corruption.

REPÈRES

• **Les IDE de la Chine et du Japon**

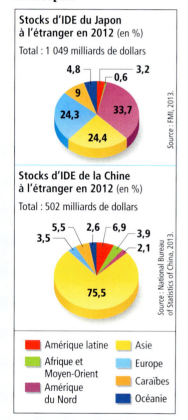

Stocks d'IDE du Japon à l'étranger en 2012 (en %)
Total : 1 049 milliards de dollars
33,7 — 24,4 — 24,3 — 9 — 4,8 — 3,2 — 0,6
Source : FMI, 2013.

Stocks d'IDE de la Chine à l'étranger en 2012 (en %)
Total : 502 milliards de dollars
75,5 — 6,3 — 5,5 — 3,9 — 3,5 — 2,6 — 2,1
Source : National Bureau of Statistics of China, 2013.

■ Amérique latine   ■ Asie
■ Afrique et Moyen-Orient   ■ Europe
■ Amérique du Nord   ■ Caraïbes
   ■ Océanie

VOCABULAIRE

Instituts Confucius : instituts culturels chinois installés à l'étranger et chargés de diffuser la langue et la culture chinoises.

Soft Power : littéralement « puissance douce ». Terme apparu dans les années 1990 pour qualifier le rayonnement, l'influence, le prestige culturel d'un État. Il se démarque du « hard power », qui se fonde sur la puissance militaire.

1 La montée en puissance de la Chine

Durant l'été 2010, la Chine est officiellement devenue la deuxième puissance économique du monde derrière les États-Unis.

Si la croissance de la Chine a été rapide entre 1949 et 1978, elle s'est amplifiée après 1978. Le taux de croissance économique annuel a été de 9,6 % durant la période 1978-2005 et il s'est encore accru les années suivantes. Ce boom économique a contribué à faire de la Chine l'une des économies les plus dynamiques du monde […].

En matière commerciale, la Chine en est venue à occuper une place de premier rang. En dix ans, sa part dans le commerce mondial a quasiment quintuplé […].

La Chine a aussi gagné en importance dans d'autres domaines, tel celui de la connaissance, et plus particulièrement de la recherche et développement (R&D). Entre 1995 et 2007, le nombre de chercheurs chinois a plus que doublé, passant de 500 000 à 1,4 million. Ce chiffre, qui représente 25 % du nombre total des chercheurs dans le monde, place la Chine juste devant les États-Unis et les pays de l'UE.

J.-M Coicaud, Z. Jin, « La Chine face aux défis de la puissance », *Questions internationales*, n° 48, mars-avril 2011, La Documentation française.

▶ Quels indicateurs économiques témoignent de la montée en puissance de la Chine ces dernières décennies ?

2 Osaka : des sans-abri au coeur de la ville

Depuis la crise financière de 1990 et avec un taux de croissance faible, le nombre des sans-abris s'est multiplié au Japon, comme ici dans la métropole d'Osaka.

▶ De quoi l'apparition de la pauvreté urbaine au Japon est-elle significative ?

3 Chine et Japon : des taux de croissance différents

Dessin de No-rio paru dans *Courrier International* n° 1039 du 30 septembre 2010.
1. GDP : *Gross Domestic Product*. Désigne le PIB.

▶ Quelle signification donner à cette caricature ?

4 Le cinéma chinois s'exporte

▶ En quoi cette affiche témoigne-t-elle du rayonnement culturel de la Chine ?

5. Japon et Chine : une concurrence régionale

> En quoi le Japon et la Chine sont-elles deux puissances régionales concurrentes ?

→ Voir **CARTES** pp. 356-357
→ Voir **DOSSIER** pp. 362-363

A Deux acteurs économiques majeurs en Asie

• **La Chine et le Japon sont les deux principales puissances économiques et commerciales de l'Asie.** Leur PIB cumulé de plus de 14 000 milliards de dollars correspond à 70 % du PIB asiatique. Leur commerce extérieur régional, estimé aux deux-tiers de celui du continent, structure les échanges en Asie (doc. 1).

• **La Chine s'impose aujourd'hui comme le géant régional.** Le socialisme de marché et l'ouverture sur le monde depuis la fin des années 1970 ont permis à la Chine de sortir du sous-développement et de devenir une puissance émergente.

• **Le Japon demeure toutefois dominant en matière de recherche et de développement.** Le Japon consacre 3,6 % de son PIB à la recherche et développement, contre 1,5 % pour la Chine (doc. 2). Dans les domaines de la robotique, de l'électronique, de l'informatique, de l'économie de l'intelligence et du savoir, des nanotechnologies ou de l'environnement, les entreprises japonaises sont nettement plus innovantes que les entreprises chinoises.

B Une interdépendance croissante entre les deux pays

• **Les relations commerciales sino-japonaises se sont intensifiées.** La Chine est devenue en 2009 le premier partenaire commercial du Japon et représente 20 % de ses échanges extérieurs. Le Japon est le troisième client (8 %) et le premier fournisseur de la Chine (13 %). Entre 1972 et 2013, les échanges entre les deux pays ont été multipliés par 300. Leur commerce bilatéral représente 3 % du commerce mondial.

• **Les investissements croisés entre les deux pays sont importants.** Le Japon a directement contribué à l'essor de la Chine en y investissant et en délocalisant ses usines massivement. Le Japon est le premier investisseur étranger en Chine, loin devant les États-Unis et l'UE, à l'exception des investissements chinois de Taïwan ou de Hong Kong. Près de 20 000 entreprises japonaises sont présentes en Chine aujourd'hui.

• **Les flux de personnes s'intensifient entre les deux pays.** Longtemps peu nombreux, les ressortissants chinois installés au Japon sont estimés aujourd'hui à près de 500 000, majoritairement des étudiants et des expatriés des grandes firmes multinationales. Les Japonais résidant en Chine sont au nombre de 127 000, dont 50 000 à Shanghai.

C Des relations diplomatiques tendues

• **L'histoire récente entretient un climat de rivalité entre les deux États.** Alors que les relations diplomatiques n'ont été rétablies qu'en 1972, le souvenir des guerres sino-japonaises, de l'occupation japonaise en Chine (1931-1945) et du massacre de Nankin en 1937 alimentent les tensions entre les deux pays (doc. 3).

• **Certains contentieux persistent, notamment au sujet des frontières maritimes.** Les îlots inhabités de Diaoyutai (en chinois) – Senkaku (en japonais) –, situés en mer de Chine et annexés par le Japon en 1895, sont toujours revendiqués par la Chine. Les escarmouches entre pêcheurs chinois et garde-côtes japonais y sont fréquents. Les fonds marins environnants sont reconnus pour leurs réserves potentielles d'hydrocarbures.

• **Les tensions n'empêchent pas toutefois des manifestations de solidarité mutuelle.** À l'occasion du tremblement de terre du Sichuan (2008), le Japon a proposé son aide à la Chine. Ce fut l'inverse lors du tsunami de mars 2011 dans la région de Sendai (nord-est du Japon).

REPÈRES

• **a. Principaux partenaires commerciaux du Japon**

Reste de l'Asie	29 %
Chine	20,5 %
Amérique du Nord	13,4 %
UE	11,6 %

• **b. Principaux partenaires commerciaux de la Chine**

Reste de l'Asie	43,1 %
UE	19 %
Amérique du Nord	14,4 %
Japon	10,6 %

Source : Banque asiatique de développement, OMC, 2012.

VOCABULAIRE

Délocalisation : transfert d'activités, de capitaux et d'emplois vers des régions ou des pays bénéficiant de coûts de main-d'œuvre moins élevés, d'un meilleur accès aux ressources naturelles, d'une fiscalité et d'une réglementation plus attractives ou d'un marché local plus vaste.

Recherche et Développement (R&D) : activités de recherche scientifique et d'innovations technologiques ayant pour objectif des applications rapides et directes dans la production de marchandises et de services.

Socialisme de marché : système économique de la Chine depuis la fin des années 1970. Il repose sur une économie de marché largement encadrée par les initiatives de l'État et du Parti communiste.

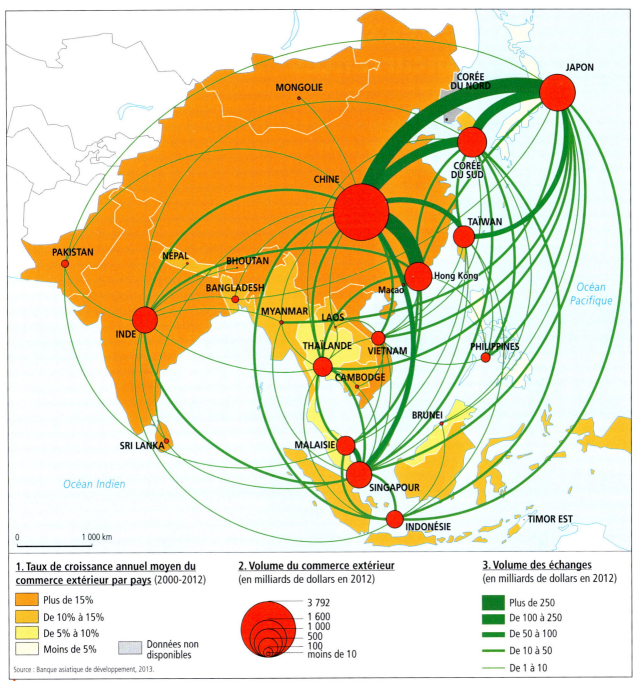

1 La Chine et le Japon au cœur du commerce intra-asiatique

2 Des entreprises japonaises innovantes

Rang	Entreprise	Brevets déposés aux États-Unis (2012)	Pays
1	International Business Machines	6 478	États-Unis
2	Samsung Electronics	5 081	Corée du Sud
3	Canon	3 174	**Japon**
4	Sony	3 032	**Japon**
5	Panasonic	2 769	**Japon**
6	Microsoft	2 613	États-Unis
7	Toshiba	2 447	**Japon**
8	Foxconn	2 013	Taïwan
9	General Electic	1 652	États-Unis
10	LG Electronics	1 624	Corée du Sud

Source : IFI Claines, *Le Figaro*, 11 janvier 2013.

3 Chine/Japon : le match de l'Asie orientale

Le Japon, depuis longtemps développé et intégré à l'économie mondiale, voit l'émergence de la Chine comme une nouvelle menace. Ces relations sont traversées par des rivalités économiques, mais aussi par des questions géopolitiques régionales. Elles se nourrissent d'un fort contentieux historique […]. Le conflit sino-japonais (1931-1945) est perçu [en Chine] comme une guerre patriotique et le pouvoir chinois instrumentalise cette mémoire : manifestations, slogans antijaponais, boycott des produits japonais sont tolérés, voire entretenus par le régime chinois. Dorénavant l'enjeu consiste à empêcher Tokyo d'entrer au Conseil de sécurité des Nations unies.

T. Sanjuan, « Le défi chinois », *La Documentation photographique*, n° 8 064, juillet-août 2008.

Japon et Chine : les ambitions de deux puissances militaires concurrentes

→ Voir **COURS** pp. 358-359 et 360-361.

« **N**ains militaires » depuis la fin de la Seconde Guerre mondiale, le Japon et la Chine aspirent aujourd'hui à devenir des puissances militaires aux échelles régionale et mondiale. C'est l'équilibre géostratégique du continent asiatique, mais aussi du monde qui est aujourd'hui remis en cause.

➡ **Quels sont les enjeux stratégiques de la militarisation de la Chine et du Japon ?**

1 Les 10 premiers budgets militaires dans le monde

Les 10 premiers budgets militaires en 2012 (en milliards de dollars)

- États-Unis : 682
- Chine : 166
- Russie : 91
- Royaume-Uni : 61
- Japon : 59
- France : 58
- Arabie Saoudite : 57
- Inde : 46
- Allemagne : 45
- Italie : 34

Source : SIPRI, 2013.

2 Les facteurs de l'émergence militaire de la Chine

La montée en puissance de la Chine s'inscrit dans un grand dessein, relayé par la presse et les discours des dirigeants, le « *minzu fuxing* » : l'idée, qui date de Sun Yat-sen[1], renvoie à une Chine impériale supposée toute-puissante avant d'avoir été malmenée et humiliée par les puissances occidentales et le Japon. Pékin légitime ainsi nombre de ses revendications territoriales : il s'agirait de recouvrer des droits anciens, violés à une époque où la Chine était en position de faiblesse.

L'angoisse compulsive de la pénurie (d'énergie, de terres agricoles, etc.) que nourrit aujourd'hui la deuxième puissance économique mondiale, ainsi que son expansion programmée, ont donc de quoi susciter des inquiétudes.

B. Pedroletti, « Bilan Géostratégie », *Le Monde*, 2011.

[1]. Sun Yat-sen (1866-1925) : premier président de la République de Chine en 1912, considéré comme le « Père de la Chine moderne ».

3 Défilé de l'Armée populaire de libération chinoise à Beijing (Pékin)

Défilé organisé à l'occasion du 60e anniversaire de la fondation de la République populaire de Chine en octobre 2009. Avec 2,2 millions d'hommes, l'armée chinoise est la plus importante du monde. Cependant elle n'est déployée qu'en Chine et dans les mers bordières. La Chine ne dispose d'aucune base militaire extérieure.

DOSSIER

4 Les bases militaires maritimes chinoises dans la région
Depuis deux décennies, la présence militaire navale chinoise s'est renforcée dans les mers bordières sur lesquelles elle revendique une extension de sa souveraineté.

5 Les ambitions de l'armée japonaise

La revendication par le Japon du statut de puissance politique passe par l'affirmation de celui de puissance militaire. Son budget militaire, au sixième rang mondial en montant total, au huitième rang par habitant, est en augmentation constante.

Les Forces d'auto-défense (FAD) japonaises atteignent le quatrième rang mondial en puissance de feu. Elles interviennent désormais sur des théâtres extérieurs, depuis la loi dite PKO (Peace Keeping Operations) de 1992[1].

La marine déploiera en 2015 seize nouveaux vaisseaux, dont des porte-avions, pour étendre sa présence sur les mers japonaises sinon asiatiques. Les garde-côtes relevant du ministère des Transports évoluent en force militaire. Avec des chasseurs F-15 américains ou F-2 japonais, des ravitailleurs en vol, des missiles balistiques Aegis, l'armée japonaise peut se déployer au-delà de sa zone de défense.

P. Pelletier, *Atlas du Japon : une société face à la post-modernité*, Autrement, 2008.

[1]. Vaincu par les États-Unis en 1945, le Japon a été contraint à la démilitarisation. Seule une force armée ne pouvant quitter le territoire est alors conservée. Depuis 1992, elle peut agir hors du Japon pour des missions humanitaires.

Questions

▶ **Exploiter et confronter des informations**

1. Quelles informations permettent d'affirmer que la Chine et le Japon sont en train de devenir des puissances militaires ?
(doc. 1, 3 et 6)

2. Pour quelles raisons la Chine s'affirme-t-elle comme une puissance maritime régionale ?
(doc. 2 et 4)

3. Pourquoi peut-on parler de militarisation et de course aux armements entre les deux pays ?
(doc. 1, 3, 4, 5 et 6)

▶ **Porter un regard critique sur deux documents** (doc. 3 et 6)

4. Commentez les deux photographies. Que révèlent-elles des ambitions militaires des deux pays ?

▶ **Dégager le sens général**

5. En vous aidant de l'ensemble des documents, vous montrerez que les ambitions militaires de la Chine et du Japon révèlent une concurrence entre les deux pays dans le statut de puissance régionale.

6 Un nouveau navire de guerre pour le Japon
En août 2013, le Japon a lancé son plus grand navire de guerre construit depuis la fin de la Seconde Guerre mondiale. L'Izumo est un porte-hélicoptères, mais sa taille, 248 mètres de long, peut théoriquement en faire un porte-avions.

BAC Révision — L'Asie du Sud et de l'Est : les enjeux de la croissance

L'essentiel

1. L'Asie du Sud et de l'Est face aux défis de la croissance

- **L'Asie est confrontée à de nombreux enjeux démographiques.** La transition démographique n'est pas achevée et l'urbanisation est rapide du fait d'un exode rural important. L'Asie doit également faire face au déficit de femmes, à la pauvreté urbaine et au vieillissement des populations (Japon, Chine). ▶ **COURS 1**

- **Les pays d'Asie connaissent les plus fortes croissances économiques dans le monde.** Entraînée par la réussite chinoise, l'Asie est le premier pôle productif mondial et un carrefour des investissements internationaux. L'abondance de la main-d'œuvre, le gigantisme des marchés, le rôle des États et des entreprises expliquent cette réussite. ▶ **COURS 2**

2. Limites et inégalités face à la croissance

- **Les fruits de la croissance sont mal répartis dans toute l'Asie.** Les inégalités de développement entre les pays, entre les régions et entre les individus ne cessent de croître. ▶ **COURS 3**

- **Les fragilités sont nombreuses.** L'Asie est dépendante de la bonne santé de l'économie mondiale, de son approvisionnement énergétique ainsi que de sa stabilité politique. Les tensions géopolitiques, les dégradations environnementales et les catastrophes naturelles n'épargnent pas le continent. ▶ **COURS 3**

3. Chine et Japon : deux moteurs, deux puissances concurrentes

- **La Chine et le Japon sont deux puissances concurrentes à l'échelle mondiale.** 2e et 3e puissances économiques de la planète, les deux pays sont des puissances commerciales, des investisseurs planétaires, des puissances culturelles et militaires en devenir. ▶ **COURS 4**

- **La Chine et le Japon sont également deux puissances régionales concurrentes.** Leurs échanges commerciaux sont de plus en plus interdépendants. Leur hégémonie mutuelle pose problème pour les autres pays d'Asie. Leurs relations diplomatiques sont également fragilisées par les pesanteurs de l'histoire. ▶ **COURS 5**

NOTIONS CLÉS

- Conteneurisation — p. 348
- Corridor de développement — p. 352
- Croissance — p. 348
- Desakota — p. 352
- Mégapole — p. 344
- Socialisme de marché — p. 360

LES CHIFFRES CLÉS

Asie du Sud et de l'Est
- 4 milliards d'habitants.
- Densité moyenne : 150 habitants au km².
- 1,5 milliard d'urbains.
- Déficit de femmes en Asie : 100 millions.
- 30 % du PIB mondial.
- 25 % du commerce mondial.

Japon et Chine
- Chine + Japon : 20 % du PIB mondial.
- Chine : 2e budget militaire du monde.
- Chine + Japon : 70 % du PIB asiatique.
- 20 réacteurs nucléaires en construction en Chine.
- 57 millions de touristes internationaux en Chine.

Pour approfondir

▶ LIVRES, REVUES

- R. Scoccimarro, « Le Japon : renouveau d'une puissance », *La Documentation photographique*, La Documentation française, n° 8076, juillet-août 2010.
- T. Sanjuan, « Le Défi chinois », *La Documentation photographique* n° 8064, La Documentation française, juillet-août 2008.
- « La Chine et la nouvelle Asie », *Questions internationales* n° 48, La Documentation française, mars-avril 2011.

▶ SITES

- Banque asiatique de développement : des rapports et des statistiques : http://www.adb.org
- Observatoire stratégique de l'Asie : http://www.iris-france.org/analyse/obs-strategique-asie.php
- Asia Centre : des rapports et des publications : http://www.centreasia.eu/

Schémas pour réviser

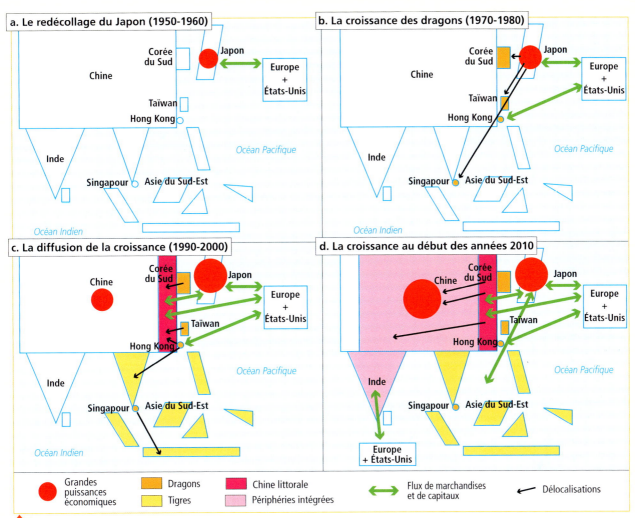

1 La diffusion de la croissance économique en Asie

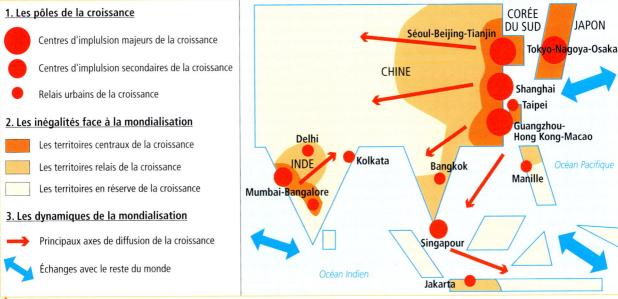

2 Une Asie inégale : l'organisation régionale de la croissance

BAC Croquis

Choisir les figurés et organiser la légende

① Analyser le sujet	p. 270
② Sélectionner les informations	p. 272
③ **Choisir les figurés et construire la légende**	

▶ **Sujet :** Les défis de la croissance en Asie du Sud et de l'Est

Démarche | Guide de travail

① Analyser le sujet
→ **MÉTHODE** p. 270.

→ Définir les termes du sujet
1. Quel sens pouvez-vous donner à l'expression « défis de la croissance » ?

→ Formuler une problématique
2. Que devez-vous montrer dans le croquis ?

② Mobiliser ses connaissances
→ **MÉTHODE** p. 272.

→ Sélectionner les informations à cartographier
3. À l'aide du cours pp. 352-353, identifiez les informations qui figurent sur le croquis ci-joint.

4. Observez le croquis : quels figurés sont utilisés pour représenter les centres et les périphéries ?
5. À quelle information correspond la couleur rouge ?
6. Que traduit la couleur jaune ?
7. Que représente le figuré en étoile ?

CONSEIL Voir le langage cartographique en fin de manuel.

8. À l'aide de la phrase suivante déterminez les trois parties de votre légende :
L'Asie est un continent au développement contrasté avec des pôles de croissance urbains concentrés sur les zones littorales alors que ses périphéries sont diversement intégrées ou en marge.

9. Rédigez les titres manquants dans la légende du croquis joint.
10. Classez les informations retenues dans les trois parties.

CONSEIL Une légende de croquis doit contenir entre 12 et 18 informations maximum.

● POINT MÉTHODE

Choisir les figurés
- Rechercher la cohérence des figurés pour représenter, hiérarchiser et différencier les informations.
- Utiliser toujours des figurés abstraits : ne pas utiliser de pictogramme pour représenter des faits ponctuels (avion pour aéroport, bateau pour port, etc.).

Construire la légende
- Regrouper les informations en deux ou trois thèmes majeurs permettant de répondre au sujet (chaque thème correspond à une partie).
- Ordonner les parties.
- Hiérarchiser les informations dans chaque partie.

③ Réaliser le croquis

→ Compléter la légende
11. Observez le croquis :
– Comment les espaces sont-ils hiérarchisés ?
– Quelle combinaison d'informations fait apparaître les pôles de croissance ?
– En quoi la légende répond-elle au sujet ?

CONSEIL La légende du croquis est l'équivalent d'un plan de composition. Les parties et leur contenu doivent être organisés selon une démarche de démonstration.

→ Insérer le titre du croquis

CONSEIL Écrire de manière bien lisible le titre au-dessus du croquis.

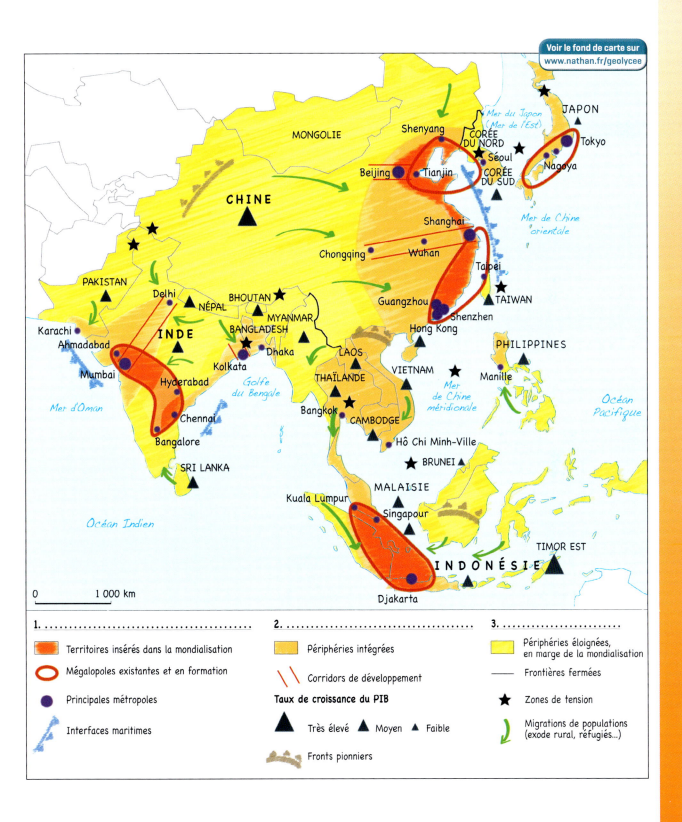

BAC Composition

Sujet guidé

❶	Analyser le sujet	p. 270
❷	Mobiliser ses connaissances	p. 274
❸	Rédiger la composition	p. 334

▶ **Sujet :** Les défis de la population et de la croissance en Asie du Sud et de l'Est

Consigne : À partir de vos connaissances et en vous appuyant sur l'étude de cas, vous rédigerez une réponse au sujet.

Démarche	Guide de travail
❶ Analyser le sujet	→ **MÉTHODE** p. 270.
➡ Définir les termes du sujet	1. Définissez les termes : « défis » ; « croissance ». 2. Quel sens « et » donne-t-il au sujet ? 3. Quel rapport existe-t-il entre « croissance » et « population » ? 4. Quels sont les espaces concernés par le sujet ?
➡ Formuler une problématique	5. Quels problèmes le sujet évoque-t-il ? 6. Que devez-vous montrer ?
❷ Mobiliser ses connaissances	→ **MÉTHODE** p. 274.
➡ Sélectionner les informations	7. Identifiez les problèmes liés au développement. 8. Quelles difficultés la population asiatique doit-elle affronter ? 9. Quelles notions du cours pouvez-vous utiliser ? 10. Quelles données évaluent la croissance économique ? (→ Repères p. 348)
➡ Organiser ses idées	11. Classez vos connaissances en trois thèmes.
❸ Rédiger la composition	→ **MÉTHODE** p. 334.
➡ Rédiger l'introduction	12. Présentez le sujet et le fil directeur (la problématique) de la composition. *EXEMPLE* Nous étudierons successivement les défis sociaux, économiques et environnementaux de la croissance pour la population en Asie, en précisant leur ampleur et leur diversité, les problèmes et les enjeux pour le développement.
➡ Rédiger le développement	13. Rédigez chaque paragraphe en utilisant des exemples précis pour illustrer vos idées. *EXEMPLE POUR LE 1ᵉʳ PARAGRAPHE* Défis sociaux. • **Idée principale :** défi alimentaire, besoins alimentaires d'une population qui ne cesse d'augmenter (1/5ᵉ de la population mondiale avec 7 % des terres arables). • **Idée secondaire :** enjeu : nourrir la population sur un territoire en tenant compte des effets de la croissance (changement de régime alimentaire, adaptation de la production à la consommation).
➡ Rédiger la conclusion	14. Sur quel bilan l'argumentation débouche-t-elle ?
➡ Intégrer une production graphique	15. En vous inspirant de la carte p. 347, réalisez un schéma utilisant les notions : « densité », « centre », « expansion urbaine », et intégrez-le dans un paragraphe du devoir pour le valoriser.

Composition

Sujet guidé

▶ **Sujet :** Japon-Chine : concurrences régionales, ambitions mondiales

Démarche	Guide de travail
① Analyser le sujet	→ **MÉTHODE** p. 270.
→ Définir les termes du sujet	1. Définissez les termes : « concurrence » ; « ambition ». 2. Quels sont les espaces concernés par le sujet ? 3. Quels enjeux le sujet évoque-t-il ? **CONSEIL** Reportez-vous au cours 3 pour identifier les enjeux.

→ Formuler une problématique	4. Choisissez le fil directeur le plus adapté au sujet :
	   a. En quoi le Japon et la Chine sont-elles deux puissances régionales concurrentes aux ambitions mondiales ?
	   b. Quelles sont les ambitions mondiales du Japon et de la Chine ?

② Mobiliser ses connaissances	→ **MÉTHODE** p. 274.
→ Sélectionner les informations	5. Identifiez les éléments de la puissance régionale et mondiale de chaque pays. **CONSEIL** Pour vous aider, vous pouvez classer les informations dans un tableau, au brouillon, comme ci-dessous. | Facteurs de puissance | Japon, puissance régionale | Chine, puissance régionale | Japon, puissance mondiale | Chine, puissance mondiale | |---|---|---|---|---| | économiques | | | | | | politiques, militaires | | | | | | culturels, sociaux | | | | | 6. Comparez les données à l'échelle régionale et à l'échelle mondiale. 7. Quels sont les atouts et les limites des deux puissances dans la mondialisation ? 8. Quelles notions du cours pouvez-vous utiliser ? **CONSEIL** Aidez-vous des cours 2 et 3. *EXEMPLE* littoralisation, urbanisation, territoire, IDE, firmes transnationales, poids de la population, régime politique, marché intra régional. 9. Qu'apportent au sujet les données sur la répartition des IDE de la Chine et du Japon dans le monde (→ Repères p. 358) ?
→ Organiser ses idées	10. Regroupez vos idées concernant les domaines économiques, politiques et militaires, culturels et sociaux en trois parties.
③ Rédiger la composition	→ **MÉTHODE** p. 334.
→ Rédiger l'introduction	11. Présentez le sujet, la question problématique et éventuellement le plan de la composition.
→ Rédiger le développement et intégrer une production graphique	12. Rédigez chaque paragraphe en utilisant des exemples pour illustrer vos idées. 13. Réalisez un schéma montrant la concurrence entre le Japon et la Chine. **CONSEIL** Vous pouvez vous inspirer du croquis p. 361.
→ Rédiger la conclusion	14. Sur quel bilan l'argumentation débouche-t-elle ? **CONSEIL** Ouvrez le sujet sur l'interdépendance des deux puissances régionales : Japon et Chine.

Analyse de documents

Répondre à la consigne

①	Analyser le sujet	p. 242
②	Identifier et déterminer l'idée centrale du (des) document(s)	p. 244
③	Montrer l'intérêt et les limites du document	p. 306
④	Extraire et confronter les informations	p. 338
⑤	**Répondre à la consigne**	

▶ **Sujet :** Population et développement en Asie du Sud et de l'Est

Consigne : Vous montrerez l'importance du poids démographique et de l'urbanisation en Asie et vous mettrez en évidence leurs conséquences spatiales, socio-économiques et environnementales.
En confrontant les documents, vous expliquerez les défis du développement en Asie du Sud et de l'Est.

1 En Asie, un tsunami de population déferle vers les villes

Un « tsunami de population » déferle sur les villes d'Asie en quête de travail et dans l'espoir d'une vie meilleure, selon la Banque asiatique de développement. […] En 2022, pour la première fois, il y aura plus d'Asiatiques vivant dans les agglomérations que dans les campagnes. En moins de 20 ans, près d'1,1 milliard d'habitants vont migrer vers les villes, soit 137 000 personnes par jour. Les défis pour les autorités sont immenses pour conjuguer à la fois développement économique, urbanisme et création de services publics, réduction de la pauvreté, prévention des catastrophes et préservation de l'environnement. Pour faire face à ce raz-de-marée humain, l'Inde à elle seule va devoir construire l'équivalent d'une ville comme Chicago chaque année pour offrir suffisamment de logements et de commerces aux migrants. […] Mais « la transition d'un monde rural à un monde urbain ne conduit pas automatiquement à la prospérité d'une classe moyenne, beaucoup sont laissés au bord de la route. […] Plus de 40% des habitants des villes d'Asie-Pacifique vivent dans des bidonvilles, sans accès aux services de base, au logement ou à des revenus[1] ». […] Si les villes concentrent les problèmes, elles concentrent aussi les solutions : écoles, hôpitaux, services publics. […] « En Asie en général, en Chine, à Hong Kong et Singapour, la croissance et l'urbanisation se sont accompagnées d'une amélioration de la qualité de vie[2]. »

« En Asie, un tsunami de population déferle vers les villes », AFP, 21 juin 2011.

1. Edward Glaeser, économiste et professeur à l'université de Harvard (États-Unis), *Le Triomphe des villes*, 2011.
2. Ricky Burdett, London School of Economics (Londres, Royaume-Uni).

2 Quelques indicateurs du développement dans les principaux pays d'Asie du Sud et de l'Est

Pays	IDH (2012)	Population (en millions d'hab.)	Taux d'urbanisation (en %)	Taux de pauvreté (%)	PIB /habitant (2012, en dollars)
Japon	0,912	127,2	92	–	35 178
Corée du Sud	0,909	48,9	83	–	30 801
Hong Kong (Chine)	0,906	7,2	100	–	51 946
Singapour	0,895	5,4	100	–	61 803
Malaisie	0,769	29,6	73	2,3	17 143
Chine	0,699	1 359	52	27,2	9 233
Thaïlande	0,690	67,4	34	–	8 001
Philippines	0,654	105,7	49	41,5	4 410
Indonésie	0,629	251,1	51	43,3	4 956
Vietnam	0,617	92,4	32	43,4	3 635
Inde	0,554	1258	32	68,8	3 876
Laos	0,543	6,7	35	–	2 926
Cambodge	0,543	15,2	20	49,5	2 494
Pakistan	0,515	193,2	37	60,2	2 891
Bangladesh	0,515	163,6	29	76,5	1 883
Myanmar	0,498	55,1	34	–	1 400
Total Monde	**0,693**	**7 052**	**52,6**		**12 700**

Sources : Banque mondiale, UN-Escap, 2013.

Démarche	Guide de travail
1 Analyser le sujet	→ **MÉTHODE** p. 242.
→ Définir les termes du sujet	1. Définissez « poids démographique » ; « urbanisation » ; « développement ». 2. Quel espace est concerné ?
→ Analyser la consigne	3. Reformulez la consigne sous forme de question en utilisant les termes « économie », « sociétés », « développement », « organisation spatiale ».
2 Analyser les documents	→ **MÉTHODE** pp. 244, 306 et 338.
→ Identifier les documents	4. Identifiez la nature et la source des documents proposés. 5. Quelles indications permettent de dire que les informations sont d'actualité ?
→ Déterminer l'idée centrale des documents	6. Montrez que les problèmes démographiques sont étroitement liés à la question du développement.
→ Extraire et confronter les informations	7. **Document 1 :** Expliquez « un tsunami de population ». À quels défis les autorités sont-elles confrontées ? Quels sont les pays les plus touchés ? Pourquoi ? Identifiez les avantages et les difficultés de l'augmentation de la population et du développement urbain. 8. **Document 2 :** Quels pays d'Asie ont le meilleur PIB par habitant ? Observez leur classement par IDH : que remarquez-vous ? Les pays les plus peuplés sont-ils les plus urbanisés et les plus développés ? Justifiez votre réponse en utilisant les données du tableau. 9. Quels pays sont les moins développés ? Comparez leur taux d'urbanisation avec celui des pays les plus développés : qu'en déduisez-vous ? 10. Comment le document 2 montre-t-il les défis évoqués dans le document 1 ?
→ Déterminer les enjeux spatiaux	11. Quels contrastes spatiaux se développent à l'échelle des États mais aussi à celle des villes avec la pauvreté et l'urbanisation ? Quels défis apparaissent pour assurer le bien-être des populations urbaines ?
→ Montrer l'intérêt et les limites des documents	12. Montrez que les documents illustrent la question du développement en Asie mais qu'ils n'en couvrent pas tous les aspects.
3 Répondre à la consigne	

POINT MÉTHODE

Organiser ses idées
- Déterminer 2 à 4 idées directrices qui correspondent chacune à une partie.
- Ordonner ces idées selon une logique de démonstration répondant au sujet.
- Hiérarchiser les informations dans chaque partie.

Rédiger la réponse au sujet
- Rédiger une introduction d'une dizaine de lignes : définition du sujet, présentation des documents, annonce de la problématique et du plan.
- Rédiger le développement en plusieurs paragraphes.
- Rédiger une courte conclusion faisant le bilan de l'étude.

CONSEIL Vous pouvez organiser vos idées en trois parties en suivant les indications de la consigne :
I. Une croissance urbaine sans précédent.
II. Des conséquences spatiales et environnementales.
III. Des conséquences économiques et sociales.

13. Rédigez une introduction.
14. Rédigez le devoir et la conclusion.

ATLAS

La population mondiale en 2014

Population et densités par continent

	Population (en millions)	Densités (nombre d'hab./km²)
Afrique	1 101	36
Amérique du Nord (Canada, États-Unis, Mexique)	469	22
Amérique du Centre et du Sud et Caraïbe	489	27
Asie	4 305	136
Russie d'Asie	23	1,6
Europe et Russie d'Europe	717	76
Océanie	38	4
Monde	7 142	52,5

Source : Ined, 2013.

• Chaque point représente 1 million d'habitants

ATLAS

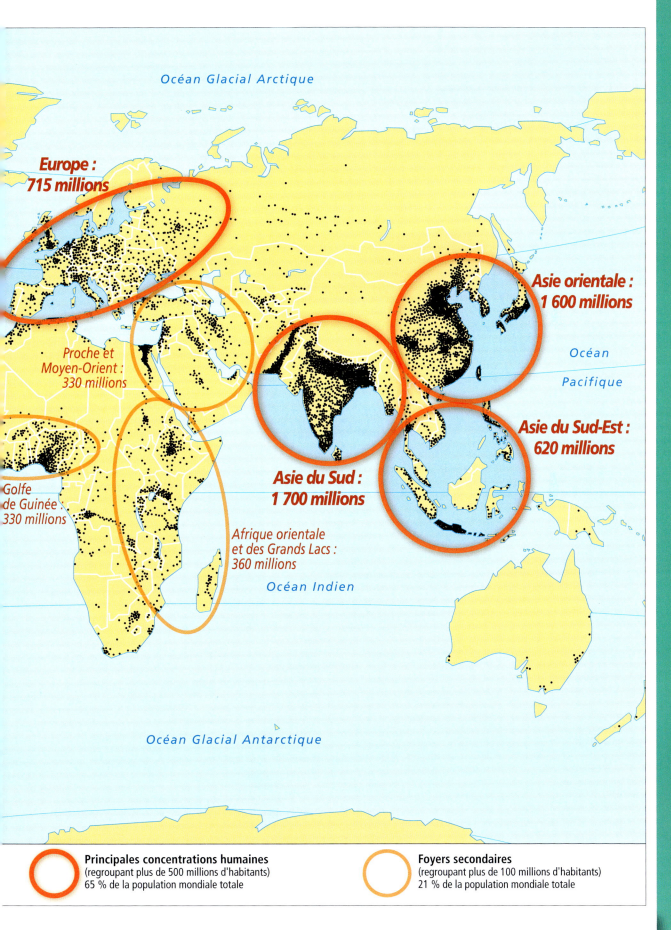

ATLAS

L'Amérique : États et grandes métropoles

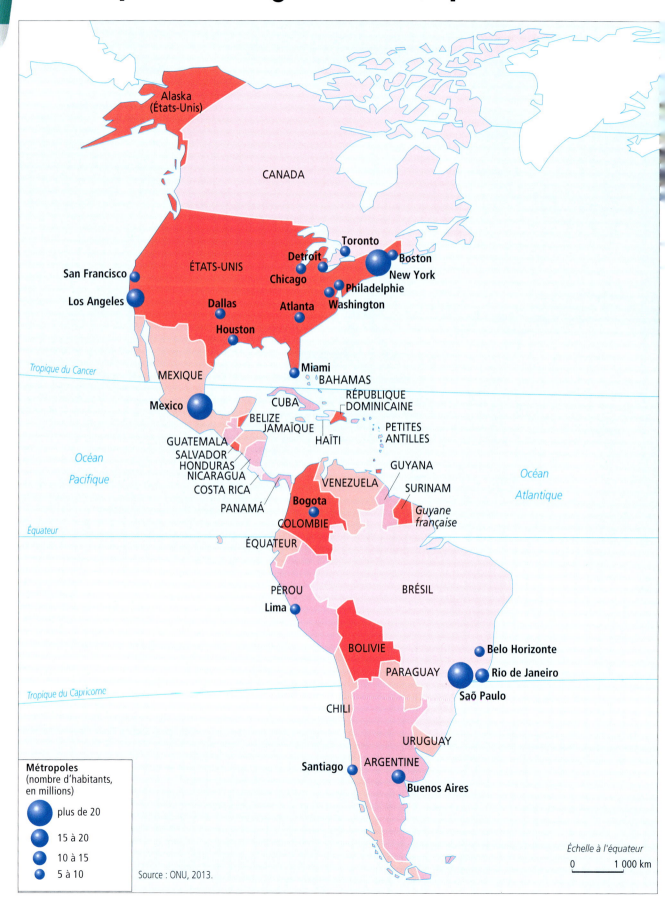

L'Amérique : richesse et développement

ATLAS

L'Afrique : États et grandes métropoles

L'Afrique : richesse et développement

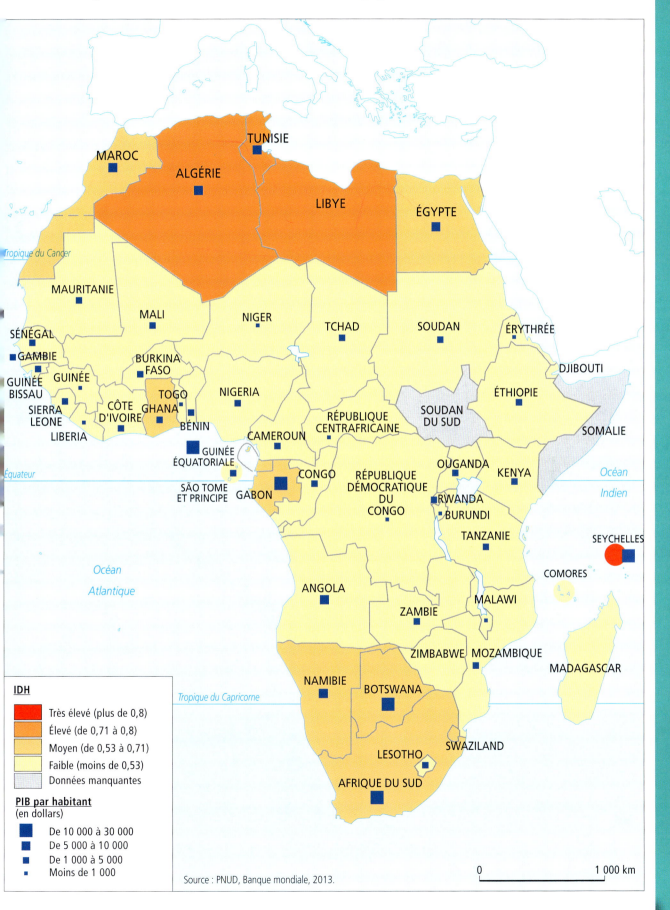

ATLAS
L'Asie du Sud et de l'Est : États et grandes métropoles

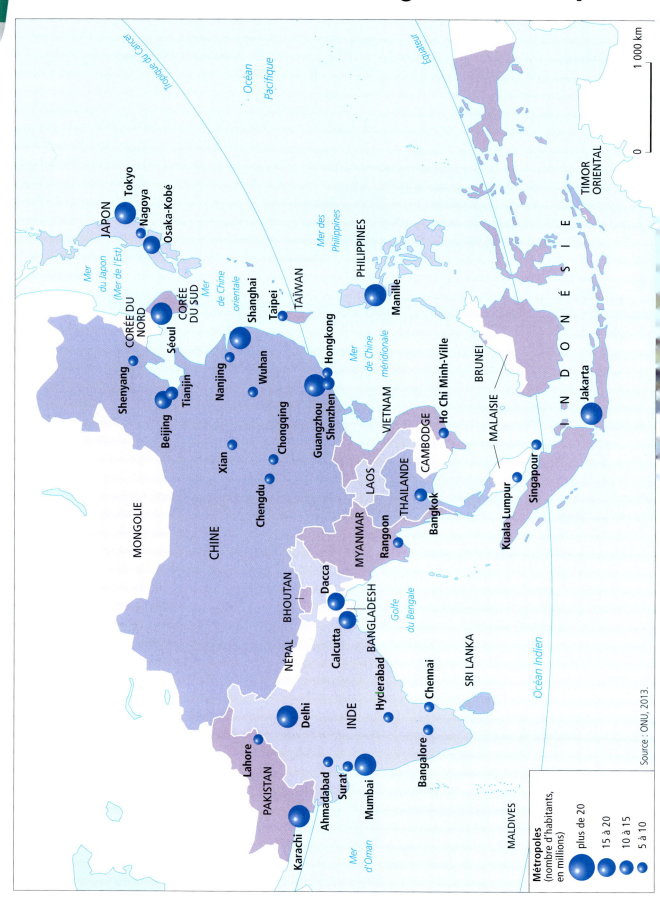

L'Asie du Sud et de l'Est : richesse et développement

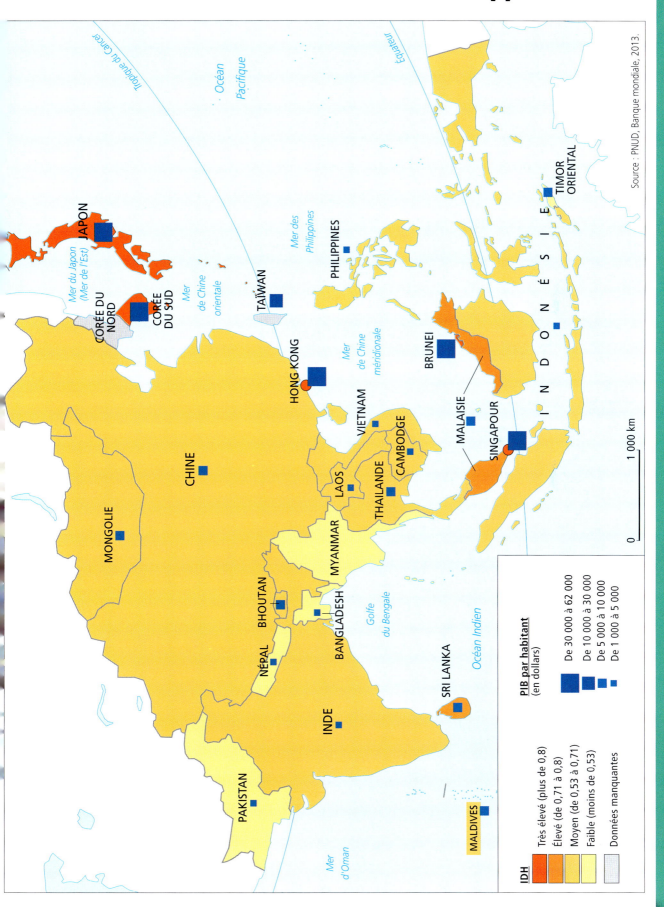

LEXIQUE

> Lexique Histoire : p. 207

Acteurs transnationaux : Les acteurs transnationaux sont des acteurs spatiaux (individus, firmes transnationales, médias, ONG, organisations criminelles, etc.) dont l'action dépasse les frontières des États, pour se déployer dans le monde entier. Les acteurs profitent des réseaux de transport et de télécommunication mondiaux pour établir des stratégies planétaires. Ces stratégies d'implantation et d'investissement pour conquérir de nouveaux marchés économiques créent des interdépendances entre les territoires du monde. Les acteurs transnationaux peuvent avoir des intérêts communs ou contradictoires. Ainsi, il peut exister des coopérations ou des conflits entre les acteurs (voir p. 253 et 256).

Afrique australe : ensemble des États situés au sud du continent africain (voir p. 322).

Afrique subsaharienne : ensemble des États africains situés au sud du Sahara (voir p. 318).

Agences de notation financière : entreprises chargées d'évaluer les risques liés à la solvabilité des emprunteurs (États, entreprises, etc.) (voir p. 260).

Agrobusiness : filière intégrant les activités liées à l'agriculture, en amont (machines agricoles, engrais) comme en aval (industries agroalimentaires, transport, distribution) (voir p. 292).

Agrocarburants : carburants produits à partir de matières premières agricoles (voir p. 292).

Aire linguistique : espace géographique sur lequel vivent des sociétés qui parlent la même langue (voir p. 234).

ALENA : accord de libre-échange nord américain (1994) entre les États-Unis, le Canada et le Mexique (voir p. 280).

Altermondialisme : mouvement regroupant des personnes et des associations qui condamnent l'actuelle mondialisation libérale tout en proposant sa réforme (voir p. 256).

Amérique : on distingue l'Amérique du Nord (Canada, États-Unis, Mexique) de l'Amérique centrale et de l'Amérique du Sud (au sud de l'isthme de Panamá) (voir p. 280).

AMM (Archipel métropolitain mondial) : ensemble des villes mondiales, connectées en réseaux, qui sont les centres d'impulsion de la mondialisation (voir p. 260).

Blanchiment d'argent : fait de donner une existence légale à des fonds d'origine illicite (voir p. 264).

Capitalisation boursière : ensemble des valeurs des entreprises cotées sur une place boursière (voir p. 228 et 258).

Central Business District : quartier des affaires (voir p. 292).

Conflit : contestation plus ou moins violente opposant deux parties (groupes organisés, États, groupes d'États) déterminées à défendre leurs intérêts et à atteindre leurs objectifs. Les conflits ne se limitent pas aux seules rivalités entre États ; ils incluent également les conflits intra-étatiques (guerres civiles) ou mettant en cause des acteurs contestant un État ou une idéologie (Al-Qaida face à l'Occident par exemple). Les conflits ont pour enjeu le contrôle de territoires pour des motifs idéologiques, économiques (ressources), religieux, ethniques, etc. La guerre est l'aboutissement le plus violent d'un conflit (voir p. 227, 315 et 322).

Conflit dormant : se dit d'un conflit pour lequel la violence et les affrontements entre les différentes parties sont irréguliers et discontinus dans le temps (voir p. 227).

Conteneurisation : processus de développement des échanges maritimes par l'utilisation de conteneurs (voir p. 348).

Contrebande : commerce illégal, souvent de produits volés ou copiés (contrefaçon) (voir p. 328).

Corridor de développement : territoire où se concentrent des activités industrielles et technologiques, le long d'une autoroute, d'une voie ferrée ou d'une voie navigable (voir p. 352).

Croissance : variation (positive ou négative), pendant une période donnée, de la production d'un pays. On retient généralement le PIB (produit intérieur brut) comme indicateur de croissance (voir p. 348).

Culture mainstream : courant culturel dominant très influencé par les États-Unis et véhiculé par les médias (voir p. 288).

Délocalisation : transfert d'activités, de capitaux et d'emplois vers des régions ou des pays bénéficiant de coûts de main-d'œuvre moins élevés, d'un meilleur accès aux ressources naturelles, d'une fiscalité et de réglementation plus attractives ou d'un marché local plus vaste (voir p. 360).

Densité : nombre d'habitants par km² (voir p. 344).

Desakota : terme d'origine indonésienne (*desa* : village ; *kota* : ville) qui désigne les espaces de grande densité de peuplement, où se mêlent activités agricoles intensives, activités industrielles et territoires urbanisés (voir p. 352).

Désertification : processus d'avancée des déserts qui s'installent durablement sur des régions où il y avait auparavant de la végétation ou des cultures (voir p. 236).

Développement : processus qui marque le passage d'une économie agricole et d'une société rurale, où la pauvreté est généralisée, à une économie urbaine et une société citadine où la pauvreté est minoritaire. La production plus abondante et plus diversifiée de biens, l'apparition de nouveaux services, l'accroissement des échanges permettent une amélioration générale des conditions de vie de la population et s'accompagnent généralement de la démocratie (voir p. 228, 231 et 318).

Développement durable : développement économique, social et environnemental qui doit répondre aux besoins des générations du présent sans compromettre la capacité des générations futures à répondre aux leurs (voir p. 236).

Diaspora : dispersion d'une communauté ethnique dans le monde. Celle-ci parvient à conserver son identité culturelle en maintenant des liens de solidarité forts entre ses membres (voir p. 256).

Doctrine Monroe : déclaration de 1823 du président américain James Monroe considérant l'Amérique latine comme le domaine réservé de l'influence des États-Unis. (voir p. 280).

Dragons : territoires asiatiques (Hong Kong, Singapour, Taïwan et Corée du Sud) qui ont connu un décollage économique rapide à la fin des années 1960 pour atteindre le niveau de développement des pays du Nord (voir p. 260 et 348).

Échanges : opérations d'achat et de vente internationales intégrant les flux du commerce de marchandises et de services, et les flux de capitaux (voir p. 258).

Économie informelle : économie illégale, qui échappe à la fiscalité de l'État. Elle n'est pas enregistrée dans les statistiques officielles (voir p. 322).

Écosystème : espace terrestre correspondant à un milieu naturel et aux espèces qui y vivent (voir p. 239).

Empreinte écologique : l'empreinte écologique indique le nombre d'hectares nécessaires en ressources biologiques (bois, nourriture, viande, etc.) pour assurer le niveau de consommation d'un individu (voir p. 239).

Environnement : ensemble des éléments naturels (air, eau, sol, faune, flore, etc.) et artificiels (habitat, densité de population)

380

LEXIQUE

déterminant les conditions de vie (le milieu) des sociétés humaines et pouvant influencer leur état de santé (voir p. 239).

État : ensemble territorial, géographiquement délimité par des frontières, dans lequel vit une population et soumis à l'autorité d'un même gouvernement qui exerce ses compétences en toute indépendance (voir p. 224).

Ethnolinguistique : se dit d'une situation qui combine à la fois le caractère ethnique et le caractère linguistique d'une population donnée (voir p. 234).

Exode rural : migration importante et définitive de populations des campagnes vers les villes (voir p. 344).

Exploitation prédatrice : appropriation des ressources ayant pour objectif un profit immédiat, sans souci de leur renouvellement ni des conséquences écologiques et sociales à long terme (voir p. 322).

FARC (Forces Armées Révolutionnaires de Colombie) : guérilla marxiste s'opposant au pouvoir colombien (voir p. 282).

Fazenda : grande propriété agricole au Brésil (voir p. 298).

Firme transnationale (FTN) : entreprise implantée dans de nombreux pays et qui réalise la majeure partie de son chiffre d'affaires en dehors de son pays d'origine (voir p. 256).

Fonds souverains : excédents financiers détenus par des États. Ils sont généralement investis dans l'économie mondiale et produisent des intérêts (voir p. 256).

Front pionnier : processus d'appropriation d'un territoire considéré comme « vierge » à des fins de mise en valeur (agricole, minière, etc.) et/ou de peuplement (voir pp. 292 et 296).

Frontière : limite administrative et juridique séparant deux États qui exercent chacun leur souveraineté sur un territoire. Son tracé résulte généralement d'un accord entre les deux États. La frontière peut aussi être le produit d'un armistice après une guerre non suivie par un traité de paix (voir p. 224).

Géoculture : analyse territoriale des phénomènes culturels, de leur affrontement ou interaction dans l'espace et de leur diffusion géographique (langues, religions, gastronomie, patrimoine, paysages, etc.) (voir p. 232).

Géoéconomie : analyse territoriale des stratégies économiques des États, des entreprises, des différents acteurs du monde de la finance et du commerce dans un monde globalisé, et des inégalités produites par les rapports de force entre ces acteurs. La géoéconomie permet de comprendre que les phénomènes de puissance ne sont plus désormais liés à la simple puissance militaire (voir p. 228).

Géoenvironnement : analyse territoriale des phénomènes environnementaux (réchauffement climatique, pollutions, conséquences économiques, sociales, sanitaires sur les populations, etc.) (voir p. 236).

Géopolitique : analyse territoriale (à différentes échelles) des rapports de force ou des rivalités de pouvoirs entre les États et/ou différents acteurs spatiaux (mouvements politiques, citoyens, entreprises, guérillas armées, etc.) (voir p. 224).

Géostratégie : stratégie d'un État pour s'assurer une position dominante sur un territoire dans l'éventualité d'un affrontement militaire avec un autre État (voir p. 264).

Groupes ethniques : les membres d'une même ethnie sont liés par un sentiment d'appartenance, ils partagent les mêmes références culturelles et historiques, la même langue. Les ethnies sont des identités collectives qui se superposent à celles liées aux États nation (voir p. 330).

Halieutique : qui concerne la pêche (voir p. 264).

Han : ethnie majoritaire en Chine (voir p. 355).

Hub : plate-forme ou nœud de correspondance (aéroport, port, etc.) qui concentre et redistribue les flux de marchandises et de personnes à différentes échelles (voir p. 260).

IDE (investissements directs à l'étranger) : sommes d'argent investies par des entreprises étrangères sur un territoire (voir p. 258 et 328).

IDH (indicateur de développement humain) : indicateur prenant en compte trois variables, le PIB par habitant, le taux d'alphabétisation et l'espérance de vie à la naissance (voir p. 231).

Indigènes : habitants appartenant à un groupe ethnique présent dans le pays avant la colonisation (voir p. 280 et 282).

Instituts Confucius : instituts culturels chinois installés à l'étranger et chargés de diffuser la langue et la culture chinoises (voir p. 358).

Indigènes : habitants appartenant à un groupe ethnique présent dans le pays avant la colonisation (voir p. 280 et 282).

Intégration régionale : processus de renforcement des relations entre différents territoires d'un même ensemble géographique (voir p. 282).

Interface : zone de contact entre deux ensembles géographiques différents. Cette discontinuité spatiale peut générer des tensions, ou, le plus souvent, des échanges et influences réciproques (voir p. 284).

Jaguars : nom parfois donné aux pays émergents latino-américains, en comparaison avec les Tigres asiatiques (voir p. 280)

Littoralisation : concentration des hommes et des activités sur les littoraux (voir p. 264).

Main Street : ou « Grande Rue » canadienne. Axe majeur qui s'étend le long du Saint Laurent jusqu'à la région des Grands Lacs. Il concentre 65 % de la population canadienne (voir p. 280).

Malédiction de la rente : forte dépendance d'un territoire à l'égard d'une ressource naturelle, qui concentre les investissements au détriment du développement économique et social (voir p. 322 et 330).

Mégalopole japonaise : grande région urbaine s'étendant sur 1500 km, de Sendai au nord à Kumamoto au sud, sur la façade orientale du Japon (voir p. 352).

Mégapoles : très grandes agglomérations urbaines, dépassant 8 millions d'habitants selon le critère de l'ONU (voir p. 344).

Melting pot : assimilation des immigrés à la société américaine. Sa dimension largement mythique conduit aujourd'hui à privilégier l'image de la mosaïque ethnique (le *Salad Bowl*), plus proche de la réalité (voir p. 298).

Mercosur : union douanière (1991) qui évolue vers un marché commun et une dimension plus politique. C'est l'expérience la plus avancée d'intégration régionale en Amérique (voir p. 282).

Migrant : personne qui change de pays de résidence pour des raisons économiques, politiques ou climatiques (voir p. 258).

381

LEXIQUE

Minifundio : très petite exploitation, souvent de moins d'un hectare, très insuffisante pour vivre décemment (voir p. 298).

Mondialisation : interdépendance de tous les espaces et de toutes les économies mondiales par une intensification des échanges. Elle se traduit par une multiplication des flux de marchandises, de personnes, de capitaux et d'informations à l'échelle mondiale (voir p. 228 et 232).

Mondialisation occidentale : expression qui désigne, dans le cadre de la mondialisation, l'influence des pays d'Amérique du Nord et d'Europe sur les modes de vie et de consommation des autres régions du monde (voir p. 234).

Naxalites : groupes révolutionnaires armés, très actifs dans l'est de l'Inde, qui revendiquent l'accès aux terres pour tous les paysans ainsi que l'établissement d'un régime communiste agraire. Cette guérilla est née à la fin des années 1960 dans un petit village du nord de l'Inde appelé Naxalbari (voir p. 352).

Offshore : activité se déroulant en haute mer (voir p. 264).

ONG (organisation non gouvernementale) : association qui milite et agit dans des domaines humanitaires variés (santé, alimentation, environnement, droits de l'homme, etc.) afin de pallier les carences des États et des institutions internationales (voir p. 256 et 322).

Ouïgour : ethnie autochtone du Xinjiang (voir p. 355).

Paradis fiscaux : pays où la réglementation monétaire et la fiscalité sont plus favorables que dans le reste du monde (voir p. 258).

Pays émergent : pays en développement, dont la croissance économique rapide s'explique par une bonne intégration dans les échanges commerciaux mondiaux (voir p. 256).

Pays enclavé : pays qui n'a pas accès à la mer (voir p. 330).

Pays lusophones : pays de langue portugaise (Portugal, Brésil, Mozambique, Angola, Cap Vert, etc.) (voir p. 288).

Pergélisol : sol gelé en permanence (voir p. 236).

PMA (Pays les moins avancés) : États cumulant tous les critères du sous développement (faible espérance de vie, grande pauvreté, systèmes éducatifs et sanitaires déficients) (voir p. 260).

Points chauds : les points chauds de la biodiversité sont les régions où les activités humaines constituent une menace pour la durabilité de la biodiversité (voir p. 239).

Politique de l'enfant unique : politique démographique mise en place en Chine depuis les années 1970, instaurant l'obligation de ne pas dépasser un enfant par famille (voir p. 344).

Recherche et Développement (R&D) : activités de recherche scientifique et d'innovations technologiques ayant pour objectif des applications rapides et directes dans la production de marchandises et de services (voir p. 360).

Réforme agraire : processus de redistribution des terres en vue d'une répartition plus équitable (voir p. 298).

Remises (ou transferts financiers) : transfert d'argent par un émigré vers son pays d'origine (voir p. 258 et 282).

Réseau : Un réseau est un ensemble de lignes ou de relations permettant de connecter des lieux entre eux ainsi que les acteurs spatiaux qui y sont présents. Ces lignes peuvent correspondre à des infrastructures matérielles (câbles, routes, voies ferrées) ou à des lignes immatérielles (routes maritimes, lignes aériennes). Elles favorisent l'accessibilité de ces lieux. Cette interconnexion, permanente ou temporaire, permet une circulation de flux de différentes natures (personnes, biens, capitaux, informations, relations sociales) (voir p. 253).

Ressource : Une ressource naturelle est une matière première utilisée et transformée par les sociétés humaines. Pour être exploitée, une ressource doit être accessible et rentable. Elle dépend donc des capacités techniques des sociétés à l'exploiter. On distingue des ressources renouvelables capables de se reconstituer (air, eau à l'exception des nappes fossiles, sol, productions agricoles, etc.) et des ressources non renouvelables qui ne se reconstituent pas (minerais, énergies fossiles) (voir p. 315 et 322).

Socialisme de marché : système économique de la Chine depuis la fin des années 1970. Il repose sur une économie de marché largement encadrée par les initiatives de l'État et du Parti communiste (voir p. 360).

Soft Power : littéralement « puissance douce ». Terme apparu dans les années 1990 pour qualifier le rayonnement, l'influence, le prestige culturel d'un État. Il se démarque du « hard power », qui se fonde sur la puissance militaire (voir p. 358).

Sous-alimentation : situation dans laquelle les individus disposent d'un apport énergétique alimentaire en permanence inférieur au besoin minimal (estimé à 2 500 kcal par jour). 23 % de la population du continent africain est en situation de sous-alimentation (voir p. 320).

Spéculation : achats ou ventes de capitaux en Bourse pour tirer profit des fluctuations des marchés (voir p. 258).

Sun Belt : littéralement « ceinture du soleil », qui désigne les espaces attractifs et en forte croissance démographique et économique de l'ouest et du sud des États-Unis (voir p. 292).

Transition démographique : période de forte croissance de la population, due à une diminution massive de la mortalité et à l'allongement de l'espérance de vie, alors que la natalité reste élevée. La transition s'achève quand la natalité a baissé à son tour et a rejoint le niveau de la mortalité (voir p. 318).

Transition urbaine : processus au cours duquel une population, initialement rurale, devient majoritairement urbaine (voir p. 344).

Vol d'oies sauvages : image utilisée pour décrire l'évolution de la spécialisation productive du Japon depuis les années 1960 (importation, production domestique, exportation, abandon d'un groupe de produits) (voir p. 348).

ZEE (zone économique exclusive) : espace large de 200 milles à partir du littoral, qui accorde à l'État bordier la souveraineté sur les ressources qui s'y trouvent (voir p. 224 et 264).

ZLEA : Zone de libre-échange des Amériques. Projet d'intégration continentale souhaité par les États-Unis (voir p. 282).

Zone franche : territoire bénéficiant d'avantages fiscaux et/ou douaniers (voir p. 260).

Crédits photographiques

Couverture : h © Huang Jingwen/Xinhua Press/Corbis ; b © agefotostock/Giovanni Mereghetti
Rabat de haut en bas: Archivo LARA/Planeta ; Musée McCord Montreal (reprise p. 71) ; IISG Collection (International Institute of Social History, Amsterdam) ; Keystone (Reprise p. 42) ; Keystone/Gamma Rapho (reprise p. 170) ; Sygma ; East News/Sipa ; DR ; Cagle Cartoons Inc. ; Wissam Nassar/Corbis (reprise p. 125).

18 © OT Bayeux Intercom-2013 ; **18 bas d** © OT Bayeux Intercom-2013 ; **18 bas g** © OT Bayeux Intercom-2013 ; **19 g** LE POINT-DROITS DE REPRODUCTION ; **19 d** LE NOUVEL OBSERVATEUR ; **20 bas** Rue des Archives / AGIP ; **20 bas m** BHVP / Roger Viollet ; **20 ht** BIS / Ph. Coll. Archives Larbor ; **20 m** BIS / Ph. Signal, Archives Larbor – DR ; **20 m ht** Rue DES ARCHIVES ; **21** SIPA PRESS ; **23 bas d** Mémorial de Caen / affiche de Guy Georget 1946 / DR ; **23 bas g** DR/Chantal Ouairy ; **23 ht d** BIS / Archives Larbor / J. Hautefeuille ; **23 h g** KHARBINE-TAPABOR ; **25 bas** Coll. Christophe L ; **25 m** Coll. Christophe L ; **27 bas** Coll. Christophe L ; **27 ht** Coll. Christophe L ; **28 d** ROGER-VIOLLET; **28 g** Ludovic/ Rea ; **29** GAMMA RAPHO ; **30** Gjon Mili / Time & Life Picture / Getty Images ; **31** Godong / Afp ; **32** Coll. Christophe L ; **33** ROGER-VIOLLET / Zucca-BHVP ; **39** DR ; **40** Patrick Kovarik / Afp ; **41** Boris Horvat / Afp ; **42 bas** GAMMA RAPHO / Keystone ; **42 bas m** AFP ; **42 ht** ECPAD ; **42 ht** ECPAD / Stelian ; **42 m** Rue des Archives / RDA ; **45 ht** d AFP / Patrick Kovarik ; **45 ht g** MAGNUM photos / Abbas ; **47** BAILLET Christine ; **48** DR / Anfanoma ; **49 bas** Jp Amet / Fedephoto ; **49 ht** DR/CNAR ; **50** DR / FNACA ; **51** DR / FNACA ; **52** PANORAMIC / Imago ; **53** PANORAMIC / Imago ; **60** GETTY IMAGES France ; **61** Mate Todd P. Cichonowicz / U.S. Navy / Corbis ; **62 m** The Granger Collection NYC / Rue des Archives ; **62 ht** The Granger Collection NYC / Rue des Archives ; **62 ht m** The Granger Collection NYC / Rue des Archives; **62 bas m** ECPAD ; **62 bas** Corbis ; **64** FOTOLIA ; **65** Sony Music France ; **69 ht d** DR ; **69 ht g** SIPA PRESS / AP ; **71 g** Musée McCord Montréal ; **71 d** Coll.A. Gesgon / CIRIP © Thibault de Champrosay / D.R. ; **73** RIBOUD Marc ; **75** US Army / Alexander Burnett-DR ; **76** AFP / Jim Watson ; **77** AFP / Getty-images Justin Sullivan ; **82 ht g** BIS Coll. Archives Nathan ; **82 hd et 204 hm** GAMMA RAPHO / Upi ; **82 bg** GAMMA RAPHO ; **82 bd** GAMMA RAPHO ; **84** Joe Raedle/ Getty Images ; **85** AP/SIPA ; **88** International Institute of Social History ; **89** GLEZ Damien ; **90 ht** Musée Guimet/ RMN ; **90 bas** CORBIS / bettmann ; **90 m** KHARBINE-TAPABOR ; **90 m bas** International Institute of Social History ; **93** CORBIS / Sygma / JP Laffont ; **91** ARCHIVES NATHAN ; **92** BIS / Ph. Bernard Sonneville © Archives Nathan ; **93 h** IISG Collection (International Institute of Social History (Amsterdam) ; **93 b** CORBIS / Sygma / JP Laffont ; **94** CORBIS / Bettmann ; **95** International Institute of Social History ; **97** International Institute of Social History / Landsberger Collection ; **98** SIPA PRESS / Boccon Gibod ; **99** CHAPATTE dans « Le Temps » Genève - www.globecartoon.com ; **100** © Chappatte in « International Herald Tribune » www.globecartoon.com ; **102** Droits Réservés ; **103** Nate Beeler ; **113** International Institute of Social History / IISH Collection ; **114** CORBIS / Simon Simonpietri / Sygma ; **115** AFP / Fabio Bucciarelli ; **116 ht** DR ; **116 ht m** Gérard Blot (Château de Versailles) / RMN ; **116 m** Photo Josse/ Leemage ; **116 mb** Government Press Office ; **116 bas** ROGER-VIOLLET ; **123 h** ROGER-VIOLLET ; **123 bas** Ben Ami / Gamma Rapho ; **124** © Gamma Rapho / Eslami Rad ; **125** Wissam Nassar / Corbis ; **127** Bettmann / Corbis ; **128** Alfred/ Sipa ; **129** Behrouz Mehri/ Afp ; **131** Laurent Maous/ Gamma Rapho ; **133** SIPA PRESS / APA images-Rex Features ; **137** Les Stone / Sygma / Corbis ; **138 bg et md** GAMMA RAPHO ; **138 hd** GAMMA RAPHO / upi / ISRAEL ; **138 bd** Franck Fife / Afp ; **138 hg** CORBIS ; **140** Corbis / Reza ; **144** Philippe Wojazer / AP / Sipa ; **145** IP3 / Marlène Awaad ; **146 bas** BRIDGEMAN – GIRAUDON ; **146 bas m** Roger Viollet ; **146 ht** Christophe Lehenaff / Photononstop RM / Getty Images ; **146 ht m** DeAgostini / Leemage ; **146 m** RMN / Hervé Lewandowski ; **149 hg et 205 hg** © La Documentation française. Photo Jean-Marie Marcel ; **149 hm** © La Documentation française. Photo François Pagès / Paris-Match ; **149 hd** © La Documentation française. Photo Jacques-Henri Lartigue ; **149 bg** © La Documentation française. Photo Gisèle Freund ; **149 b mg** © La Documentation française. Photo Bettina Rheims ; **149 bmd** © La Documentation française. Photo Philippe Warrin ; **149 bd et 205 hm** DILA-La Documentation française. Photo Raymond Depardon ; **151** Coll.Rossignol / Kharbine Tapabor ; **154** SIPA PRESS/Boccon Gibo ; **155 h** AFP ; **155 b** SCOOP HACHETTE FILIPACCHI ; **157 b** © Libération / 26-09-2011 ; **157 h** Daniel Janin / Afp ; **159** Michel Pieyre/ Photopqr / Le Midi Libre / MaxPPP ; **160 h** SIPA PRESS / GINIES ; **161 bas** © Libération / 04.08.2008 ; **161 ht** AFP / Dominique Faget ; **168** Présidence Portugaise ; **169** Der Spiegel ; **170 h** Médiathèque de la Commission européenne ; **170 mh** Haus der Geschichte, Boon ; **170 m m** Keystone/GAMMA RAPHO ; **170 mb** Médiathèque de la Commission européenne ; **170 b** CIRIP / Alain Gesgon / © Adagp Paris 2014 ; **175 ht d** AFP / Photo NIPA ; **175 b** Pierre Kroll / Le Soir ; **176** AFP / Bertrand Guay ; **177** SIPA PRESS / AP / Frank Prevel ; **178** © LA POSTE, 2013 © Création graphique de Tomi Ungerer, mis en page par Bruno Ghiringhelli ; **179** DR / Keith Bernstein ; **180** © Europa.eu / youreurope ; **185 d** Virginie Clavieres / SIPA ; **186** GETTY IMAGES / Bloomberg ; **187** ABIB Lahcène ; **188 bas** GETTY IMAGES /FPG ; **188 ht** CIRIP / Coll. A.Gesgon ; **188 ht m** GETTY IMAGES / Time & Life pictures ; **188 m bas** CORBIS / Dean Conger ; **188 m m** CIRIP / Coll.A. Gesgon ; **193** © L'Express n° 1454 / 25-05-1979 ; **195** CORBIS / sygma - Sion Touhig ; **197** © L'HUMANITÉ, la « Une » du 29 Avril 2010 ; **199** © CCFD-Terre Solidaire ; **204 hg** GAMMA-RAPHO ; **204 bm** GAMMA-RAPHO ; **204 bg** GAMMA-RAPHO / UPI ; **204 mm** GAMMA-RAPHO / Gilbert Uzert ; **204 mb** GAMMA-RAPHO / Alexis Duclos ; **204 hd** GAMMA RAPHO / Gilbert Uzert ; **204 bd** BIS / Ph. Coll. Archives Nathan ; **205 mm** Magnum / © Wayne Miller ; **205 bm** GAMMA RAPHO / Alexis Duclos ; **205 hd** ROGER-VIOLLET ; **205 bd** CORBIS ; **213** HEMIS / Jean-Pierre Degas ; **218** COSMOS / Dieter Telemans ; **231** Chapatte / Globecartoon.com ; **235** ALTERNATIVES INTERNATIONALES ; **239** Alternatives Économiques ; **247** CORBIS / Shawn Baldwin ; **249** IUT ; **251** REA / Redux / Tony Law ; **257** PHOTO12.COM / ALAMY ; **259** AGE FOTOSTOCK / Mark Henley ; **261** REA / Arabianeye / Susmit Dey ; **261 bas** Courrier International ; **267** AFP / tengku Bahar ; **267 bas** Chapatte-Courrier International, www.globecartoon.com ; **277** ALTITUDE / Yann Arthus-Bertrand ; **281** GETTY IMAGES France / Bloomberg ; **283** GETTY IMAGES France / Bloomberg ; **283 bas** CORBIS / epa / Juan de Dios Garcia Davish ; **285** CORBIS / epa / Mike Nelson ; **289** Agencia Brasil / PR / Ricardo Stuckert ; **293** TYBA / Rogerio Reis ; **294** PHOTO12.COM / ALAMY ; **295** Digital Globe ; **296** REA / Nasa / Hanning ; **297 ht** TYBA / Rogerio Reis ; **297 bas** LATUFF Carlos ; **299** International rivers / Nate Gallagher ; **299 bas** REUTERS / Paulo Santos ; **308** Cap Town Tourism ; **311** CORBIS / Hemis / Paule Seux ; **319** CORBIS / JAI / Nigel Pavitt ; **321** Droits Réservés ; **321 bas** Ecobank ; **323** PICTURETANK / Joan Bardeletti ; **324** AFP / Unmis / Tim Mckulka ; **329 bas** REA / Panos / Petterick Wiggers ; **329 ht** AGE FOTOSTOCK / Taka ; **331** REA / Jean Claude MOSCHETTI ; **331 bas** CORBIS / Ed Kashi ; **331 ht** GEO ; **341** REA / Laif / Peter Bialobrzeski ; **345** REUTERS / Supri Supri ; **347** MAGNUM Photo / Jonas Bendiksen ; **353** SIPA PRESS / Chani Annad ; **355** SABRIE GILLES ; **359 bas d** Fondation Groupama Gan ; **359 bas g** Dessin de No-Rio (Japon) © cartoons@courrierinternational.com ; **359 ht** AFP / Richard A. Brooks ; **362** SIPA PRESS / Chine Nouvelle ; **363** SIPA PRESS

Ouvertures de parties

Gardes américains accueillant le président chinois Hu Jintao à la base américaine Andrews Air Force dans le Maryland, à l'occasion du sommet sur la sécurité nucléaire à Washington, 12 avril 2010.
© Reuters/ Johnathan Ernst

Rio de Janeiro (Brésil) est une mégapole d'Amérique du Sud de 13 millions d'habitants. Elle accueille d'importants événements internationaux : le sommet sur le Développement durable en 2012, de nombreux matchs de la Coupe du monde de football en 2014 ainsi que les Jeux olympiques d'été en 2016.
© Jean-Pierre Degas/hemis.fr

Édition : Agnès Botrel, Catherine Bourges, Séverine Bulan
Relecture : Isabelle Macé, Marie-Ève Foutieau
Iconographie : Katia Davidoff/Booklage, Laure Penchenat, Any-Claude Médioni, Juliette Barjon, Laurence Vacher
Cartographie : AFDEC
Infographie : Renaud Scapin
Conception graphique de couverture : Élise Launay
Mise en page : JPM

N° d'éditeur : 10210651-JPM-Septembre 2014 – Imprimé en Italie par Grafica Veneta